나눔의집 **사회복지사1급**

강의로 복습하는
기출회독

1영역

인간행동과 사회환경

사회복지교육연구센터 편저

기출을 정복하는 **새로운 학습법!**

23개년 **기출 데이터** 완벽 분석

3회독 반복학습을 통한 **합격완성**

이 책의 강의를
수강권 등록일부터 **365일** 동안
무료로 제공합니다.

사회복지
전문출판 **나눔의집**

나눔의집 **사회복지사1급**

강의로 복습하는
기출회독

1영역

인간행동과 사회환경

사회복지교육연구센터 편저

사회복지
전문출판 **나눔의집**

사회복지사1급, 이보다 완벽한 기출문제 분석은 없다!

1회 시험부터 함께해온 도서출판 나눔의집에서는 23회 시험까지의 기출문제를 모두 분석, 그동안 출제된 키워드를 정리하여 키워드별로 복습할 수 있도록 『기출회독』을 마련하였다.

최근 10년간 출제빈도를 중심으로 자주 출제된 키워드는 좀 더 집중력 있게 공부할 수 있도록 '빈출' 표시를 하였으며, 자주 출제되지는 않지만 언제든 출제될 가능성이 있는 키워드도 놓치지 않고 공부할 수 있도록 하였다.

10년간 출제되지 않았더라도 향후 출제가능성이 있다고 판단되거나 다른 키워드와 연계하여 봐둘 필요가 있다고 생각되는 경우에는 본 책에 포함하여 소개하였다.

기출문제를 풀어보는 것으로 그치는 것이 아니라 기출문제를 통해 24회 합격이 가능한 학습이 될 것이디.

키워드별 '3단계 복습'으로 효율적으로 공부하자!

『기출회독』은 키워드별 3단계 복습 과정을 제시하여 1회독만으로도 3회독의 효과를 누릴 수 있도록 구성하였다.

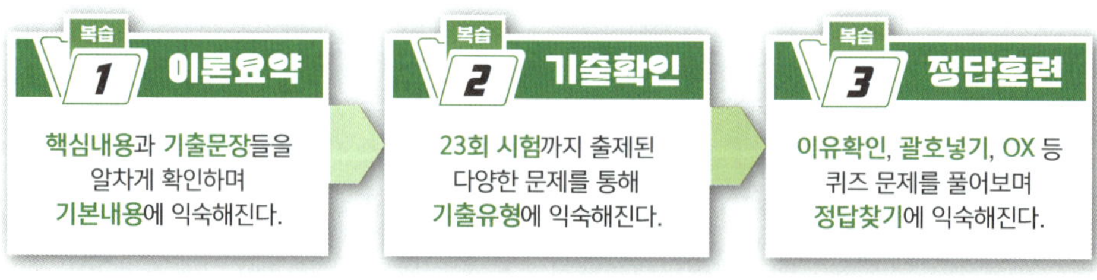

강의로 복습하는 **기출회독** **인간행동과 사회환경**

10년간 데이터로 찾아낸 핵심키워드

여기에서 **99.5%** 출제

■ 빈출

장		키워드	출제문항수	23회 기출	3회독 체크
1장	001	인간발달	11	🏆	✓ ✓ ✓
	002	인간발달이론	6	🏆	✓ ✓ ✓
	003	발달과 유사개념	3	🏆	✓ ✓ ✓
2장	004	프로이트의 정신분석이론	11	🏆	✓ ✓ ✓
	005	에릭슨의 심리사회이론	11		✓ ✓ ✓
	006	아들러의 개인심리이론	8	🏆	✓ ✓ ✓
	007	융의 분석심리이론	9		✓ ✓ ✓
3장	008	피아제의 인지발달이론	13	🏆	✓ ✓ ✓
	009	스키너의 행동주의이론	11	🏆	✓ ✓ ✓
	010	반두라의 사회학습이론	8		✓ ✓ ✓
	011	콜버그의 도덕성 발달이론	3	🏆	✓ ✓ ✓
4장	012	매슬로우의 욕구이론	7	🏆	✓ ✓ ✓
	013	로저스의 현상학이론	11	🏆	✓ ✓ ✓
5장	014	체계이론	11	🏆	✓ ✓ ✓
	015	생태체계이론	21	🏆	✓ ✓ ✓
6장	016	가족체계	2		✓ ✓ ✓
	017	집단체계	5		✓ ✓ ✓
7장	018	문화체계	8		✓ ✓ ✓
8장	019	태아기	9		✓ ✓ ✓
	020	영아기	9	🏆	✓ ✓ ✓
	021	유아기	9	🏆	✓ ✓ ✓
9장	022	아동기	8	🏆	✓ ✓ ✓
10장	023	청소년기	12	🏆	✓ ✓ ✓
11장	024	청년기	6	🏆	✓ ✓ ✓
12장	025	장년기	10	🏆	✓ ✓ ✓
13장	026	노년기	8	🏆	✓ ✓ ✓

들어가기 전에

이 장에서는
각 장마다 학습할 내용을 간략히 소개하였다.

10년간 출제분포도
이 책에서 키워드에 따라 분석한 기출문제 중 10년간 출제문항 수를 그래프로 구성하여 각 장의 출제비중이 얼마나 되는지, 어떻게 변화하고 있는지 등을 확인할 수 있다.

기출 키워드 확인

이 책은 기출 키워드에 따라 학습하도록 구성하였다. 특히 자주 출제된 키워드나 앞으로도 출제 가능성이 높은 키워드는 따로 '빈출' 표시를 하여 우선 배치하였다. 빈출 키워드는 전체 출제율과 최근 10개년간의 출제율을 중심으로 하되 내용 자체의 어려움, 다른 과목과의 연계성 등을 고려하여 선정하였다.

강의 QR코드
모바일을 통해 해당 키워드의 동영상 강의를 바로 볼 수 있다.

10년간 출제문항수
각 키워드에서 최근 10년간 출제된 문항수를 안내하여 출제빈도를 확인할 수 있도록 하였다.

5개년 기출회차
최근 5개년 기출회차를 표시하였다.

복습 1. 이론요약

요약 내용과 기출문장을 함께 담아 이론을 정답으로 연결하도록 구성하였다.

이론요약
주요 내용을 간략히 정리하였으며 부족한 내용을 보충할 수 있도록 기본개념서의 쪽수를 표시하였다.

기출문장 CHECK
그동안 출제되었던 기출문제의 문장들 중 꼭 알아두어야 할 문장들을 선별하여 제시하였다.

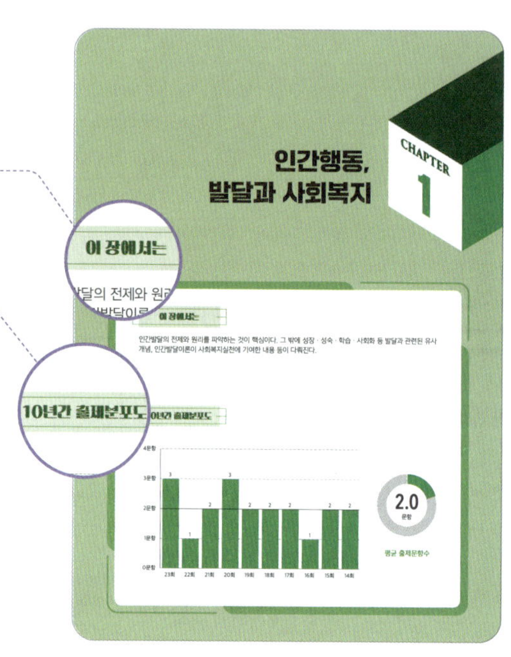

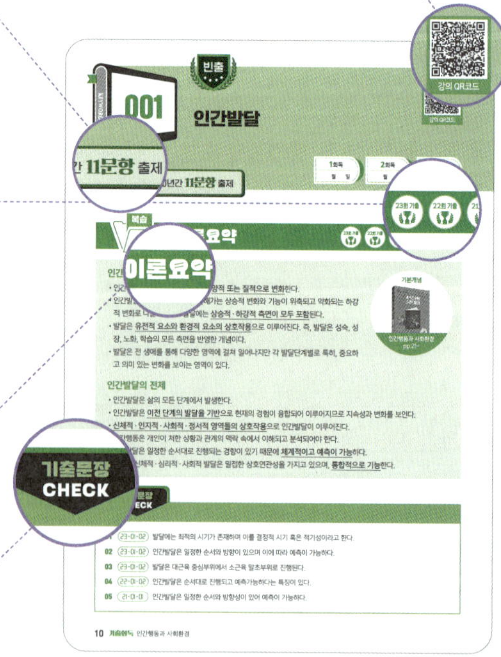

바로 기출문제를 풀어보며 학습한 이론을 되짚어보도록 구성
하였다.

기출문제 풀기 ●
다양한 유형의 문제를 최대한 접해볼 수 있도록 선정하였다.

알짜확인 ●
해당 키워드에서 살펴봐야 할 내용들, 주의해야 할 사항들을
짚어주었다.

난이도 ●
정답률, 내용의 어려움, 출제빈도, 정답의 혼란 정도 등을 고려
하여 3단계로 구분하였다.

응시생들의 선택 ●
5개의 선택지에 대한 마킹률을 표시하여 응시생들이 어떤 선
택지들을 헷갈려했는지 등을 참고해볼 수 있도록 하였다.

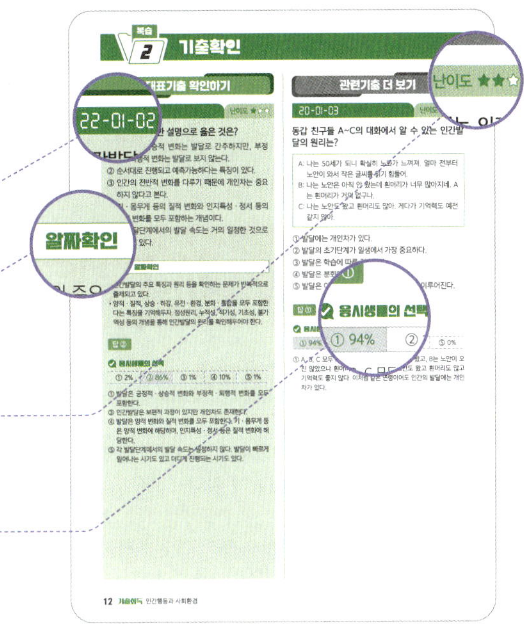

출제빈도와 난이도 등을 고려하여 정답찾기에
능숙해지도록 구성하였다.

이유확인 문제 ●
제시된 문장에서 잘못된 부분을 확인함으로써
헷갈릴 수 있는 부분들을 짚어준다.

괄호넣기 문제 ●
정답률이 낮게 나타나는 단답형 문제에 대비할
수 있다.

OX 문제 ●
제시된 문장이 옳은 내용인지, 틀린 내용인지를
빠르게 판단해보는 훈련이다.

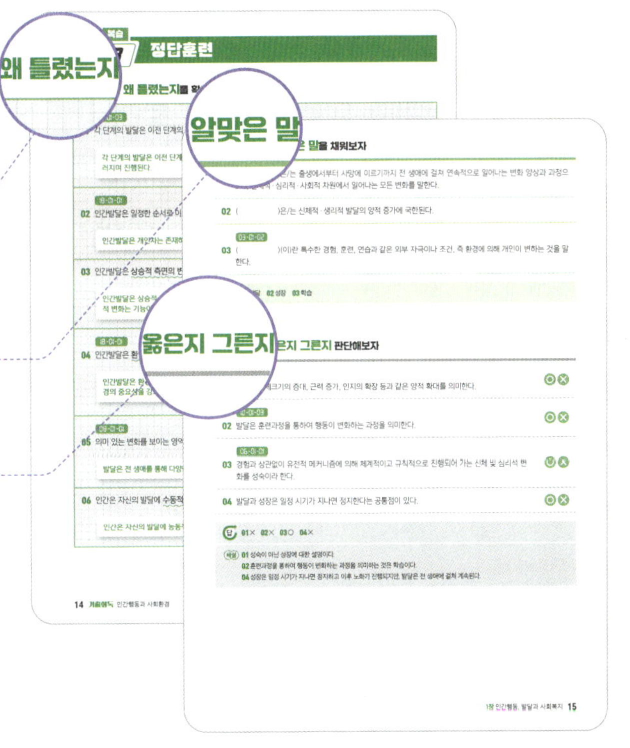

아임패스와 함께하는 4단계 합격전략

나눔의집은 '진심'을 다해 오직 사회복지사1급 시험만을 연구한다.
나눔의집의 온라인 강의 사이트인 아임패스를 통해 단계별로 전문적이고 체계적인 학습을 시작해 보자. 아임패스는 강의 제공뿐만 아니라 문제은행, 학습자료, 보충자료, 과목별 질문 등 사회복지사1급 시험에 관한 다양한 자료를 제공하고 있다.

1단계 기본개념 과정

강의로 쌓는 기본개념

다양한 유형의 문제에서 명확하게 답을 찾기 위해서는 기본개념이 탄탄하게 잡혀있어야 한다. 기본개념 학습은 말 그대로 1급 시험에 출제되는 총 8영역의 기본적인 개념들을 정리하는 학습이다. 즉, 1급 시험을 위해 가장 기초적이고 중요한 첫 단계로서 집을 짓기 위해 바닥을 단단하게 다지는 과정이다. 그만큼 학습해야 할 양도 많고 오랜 시간이 걸리는 과정이지만 바닥이 단단하지 않으면 그 위에 아무리 멋진 집을 쌓아도 무너질 수 있듯이 기본개념 학습은 반드시 탄탄하게 학습해야 한다.

핵심을 바로 체크하는 개념노트

개념노트 왼쪽 페이지에는 장별로 학습한 기본개념을 바로바로 확인할 수 있는 빈칸 넣기 퀴즈가 수록되어 있고, 오른쪽 페이지에는 학습한 내용을 정리할 수 있는 노트 형태로 구성되어 있다.
장별로 표시된 학습 중요도와 기출포인트를 통해 핵심요약집과 연계하여 학습할 수 있으며, QR코드를 통해 기출회독과도 연계하여 학습할 수 있다.

2단계 기출회독 과정

강의로 복습하는 기출회독

기출문제는 결국 또다시 기출문제가 된다. 따라서 기출문제를 분석하고 반복하여 풀어보는 것은 합격을 위한 가장 기본적이고 필수적인 과정이다. 기출회독은 1회 시험부터 가장 최근 시험까지 모든 기출문제를 분석하여 가장 출제가 많이 된 총 250개의 기출 키워드를 '1단계 이론요약 정리', '2단계 기출문제 풀이', '3단계 정답훈련 퀴즈 풀이'라는 3단계의 복습 시스템으로 학습한다. '데이터 기반 학습법'과 '3단계 복습 시스템'의 결합을 통해 기출 개념들을 힘들게 노력하여 외우지 않아도 저절로 이해할 수 있는 마법을 경험하게 된다.

23회 시험 결과

23회 필기시험의 합격률은 지난 22회 합격률 29.7%보다 10%가량 상승한 39.4%로 나타났다. 2교시 4영역 사회복지실천기술론의 난이도가 높게 출제되었으나, 많은 수험생들이 어려워하는 1교시 2영역 사회복지조사론과 3교시 8영역 사회복지법제론이 평이하게 출제되어 전반적인 점수가 상승하였고, 이로 인해 합격률이 높게 나타난 것으로 보인다.

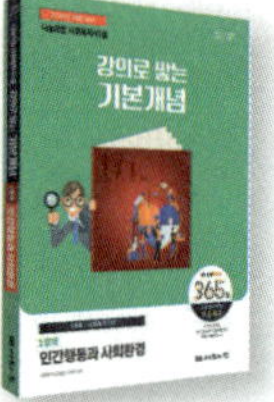

23회 기출 분석 및 24회 합격 대책

23회 기출 분석 

대부분 예년의 출제분포와 문제유형에서 크게 벗어나지 않은 문제들이 출제되었다. 특히, 5장 브론펜브레너의 생태체계이론에서 3문제나 출제되었으며, 2장 프로이트 이론의 방어기제 중 내면화에 관한 내용이 새롭게 등장한 점, 3장 콜버그의 도덕성 발달단계 문제가 상세지문으로 구성되어 단독문제로 출제된 점, 발달단계에 관한 문제에서 학자별 발달단계 연결은 물론 신체적·인지적·정서적 특성을 모두 포괄하였다는 점은 주목할 만하다.

24회 합격 대책 

인간행동과 사회환경은 점차 학자별 비교 이해와 생애주기별 비교 이해를 근간으로 종합적 사고를 요구하는 문제들이 증가하고 있으며, 하나의 개념을 세분화한 지문으로 구성한 단독문제가 증가하고 있다. 또한 하나의 발달단계라 하더라도 그 영역별(신체, 인지, 정서 등) 지문내용이 세분화되고 있어 넓은 비교력과 깊은 이해력를 요하는 전방위적 학습이 더욱 필요하다.

23회 출제 문항수 및 키워드

장	23회	키워드
1	3	인간발달이론과 사회복지실천, 인간발달의 개념과 원리, 인간행동에 관한 관점
2	3	프로이트의 정신분석이론, 아들러의 개인심리이론
3	4	피아제의 인지발달이론, 스키너의 행동주의 이론, 콜버그의 도덕성 발달이론
4	2	매슬로우의 욕구이론, 로저스의 현상학적 이론
5	5	체계이론의 주요 개념, 브론펜브레너의 생태체계 구성, 생태체계이론과 사회복지실천
6	0	–
7	0	–
8	2	영아기의 발달 특성, 유아기의 발달 특성
9	1	아동기의 발달 특성
10	2	청소년기의 발달 특성, 청소년기의 발달 과업
11	1	청년기의 발달 특성
12	1	중년기의 발달 특성
13	1	노년기의 발달 특성

인간행동, 발달과 사회복지

CHAPTER 1

이 장에서는

인간발달의 전제와 원리를 파악하는 것이 핵심이다. 그 밖에 성장·성숙·학습·사회화 등 발달과 관련된 유사 개념, 인간발달이론이 사회복지실천에 기여한 내용 등이 다뤄진다.

10년간 출제분포도

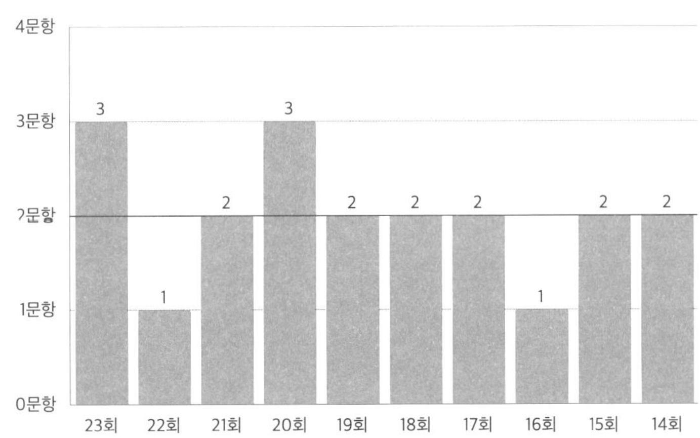

평균 출제문항수

인간발달

1회독	2회독	3회독
월　일	월　일	월　일

최근 10년간 11문항 출제

이론요약

인간발달의 주요 특징

- 인간발달은 시간이 경과함에 따라 **양적 또는 질적으로 변화**한다.
- 인간발달은 기능과 구조가 발달해가는 상승적 변화와 기능이 위축되고 약화되는 하강적 변화로 나눌 수 있다. 발달에는 **상승적·하강적 측면이 모두 포함**된다.
- 발달은 **유전적 요소와 환경적 요소의 상호작용**으로 이루어진다. 즉, 발달은 성숙, 성장, 노화, 학습의 모든 측면을 반영한 개념이다.
- 발달은 전 생애를 통해 다양한 영역에 걸쳐 일어나지만 각 발달단계별로 특히, 중요하고 의미 있는 변화를 보이는 영역이 있다.

기본개념

인간행동과 사회환경
pp.21~

인간발달의 전제

- 인간발달은 삶의 모든 단계에서 발생한다.
- 인간발달은 **이전 단계의 발달을 기반**으로 현재의 경험이 융합되어 이루어지므로 지속성과 변화를 보인다.
- **신체적·인지적·사회적·정서적 영역들의 상호작용**으로 인간발달이 이루어진다.
- 인간행동은 개인이 처한 상황과 관계의 맥락 속에서 이해되고 분석되어야 한다.
- 인간발달은 일정한 순서대로 진행되는 경향이 있기 때문에 **체계적이고 예측이 가능**하다.
- 인간의 신체적·심리적·사회적 발달은 밀접한 상호연관성을 가지고 있으며, **통합적으로 기능**한다.

인간발달의 원리

- 인간발달은 **상부에서 하부로, 중심부위에서 말초부위로, 전체운동에서 특수운동**으로 진행한다.
- 전 생애를 통해 이전 발달에 이어 **연속적으로 계속 진행**한다.
- 발달의 **순서는 일정**하지만 발달의 **속도는 항상 일정한 것은 아니다.**
- 유전적 요인과 환경의 영향은 비중이 다르지만, 양쪽의 상호작용으로 진행한다.
- 발달은 보편적인 성장의 과정을 거치지만 **개인차가 존재**한다.
- 발달은 점진적으로 분화해가고 전체로 통합되어 가는 과정이다.
- **이전 단계의 발달을 토대**로 다음 단계의 발달이 진행한다. – 점성원리
- 신체 및 심리발달이 가장 용이하게 이루어지는 **결정적 시기 혹은 최적의 시기**가 있다. – 적기성

기출문장 CHECK

01 (23-01-02) 발달에는 최적의 시기가 존재하며 이를 결정적 시기 혹은 적기성이라고 한다.

02 (23-01-02) 인간발달은 일정한 순서와 방향이 있으며 이에 따라 예측이 가능하다.

03 (23-01-02) 발달은 대근육 중심부위에서 소근육 말초부위로 진행된다.

04 (22-01-02) 인간발달은 순서대로 진행되고 예측가능하다는 특징이 있다.

05 (21-01-01) 인간발달은 일정한 순서와 방향성이 있어 예측이 가능하다.

06 (21-01-01) 인간발달은 생애 전 과정에 걸쳐 진행되는 환경적, 유전적 상호작용의 결과이다.

07 (21-01-01) 각 발달단계별 인간행동의 특성이 있다.

08 (21-01-01) 인간발달은 개인차가 있다.

09 (20-01-01) 대근육이 있는 중심부위에서 소근육의 말초부위 순으로 발달한다.

10 (20-01-03) 인간발달에는 개인차가 있다.

11 (19-01-02) 인간발달에는 결정적 시기가 있다.

12 (18-01-01) 특정단계의 발달은 이전의 발달과업 성취에 기초한다.

13 (17-01-03) 인간발달의 정도와 속도는 개인마다 다르다.

14 (16-01-01) 인간발달은 유전과 환경의 상호작용에 의해 이루어진다.

15 (15-01-03) 인간발달에는 일반적인 원리가 존재하지만 모든 사람들이 동일하게 발달하는 것은 아니다.

16 (14-01-01) 인간발달은 '환경 속의 인간(person in environment)'의 맥락으로 이해되어야 한다.

17 (13-01-02) 인간발달은 연속적인 과정이지만 발달속도는 일정하지 않다.

18 (12-01-01) 인간발달은 인간행동 양식의 전체적인 맥락 안에서 분석되어야 한다.

19 (10-01-01) 인간발달은 태아기에서 노년기에 이르기까지 시간적 흐름에 따라 일어나는 변화이다.

20 (10-01-02) 인간발달은 인간의 내적 변화뿐만 아니라 외적 변화도 포함한다.

21 (09-01-01) 인간발달은 분화의 과정이면서 통합의 과정이다.

22 (08-01-01) 인간발달은 환경 속 인간관계의 맥락에서 이해되어야 한다.

23 (07-01-01) 인간발달은 연령이 높을수록 예측이 어렵다.

24 (05-01-01) 인간발달은 상부에서 하부로, 중심에서 말초로 발달이 진행된다.

25 (05-01-03) 인간발달은 이전 단계의 발달이 이후 단계에 영향을 미친다.

26 (04-01-01) 인간발달은 신체적·심리적 기능 간 상호관련성을 설명한다.

27 (03-01-01) 인간의 성장과 발달은 삶의 모든 기간에 걸쳐 일어난다.

대표기출 확인하기

22-01-02 · 난이도 ★★☆

인간발달에 관한 설명으로 옳은 것은?

① 긍정적 · 상승적 변화는 발달로 간주하지만, 부정적 · 퇴행적 변화는 발달로 보지 않는다.
② 순서대로 진행되고 예측가능하다는 특징이 있다.
③ 인간의 전반적 변화를 다루기 때문에 개인차는 중요하지 않다고 본다.
④ 키 · 몸무게 등의 질적 변화와 인지특성 · 정서 등의 양적 변화를 모두 포함하는 개념이다.
⑤ 각 발달단계에서의 발달 속도는 거의 일정한 것으로 알려져 있다.

▶ 알짜확인

• 인간발달의 주요 특징과 원리 등을 확인하는 문제가 반복적으로 출제되고 있다.
• 양적 · 질적, 상승 · 하강, 유전 · 환경, 분화 · 통합을 모두 포함한다는 특징을 기억해두자. 점성원리, 누적성, 적기성, 기초성, 불가역성 등의 개념을 통해 인간발달의 원리를 확인해두어야 한다.

답 ②

✓ 응시생들의 선택

① 2%	② 86%	③ 1%	④ 10%	⑤ 1%

① 발달은 긍정적 · 상승적 변화와 부정적 · 퇴행적 변화를 모두 포함한다.
③ 인간발달은 보편적 과정이 있지만 개인차도 존재한다.
④ 발달은 양적 변화와 질적 변화를 모두 포함한다. 키 · 몸무게 등은 양적 변화에 해당하며, 인지특성 · 정서 등은 질적 변화에 해당한다.
⑤ 각 발달단계에서의 발달 속도는 일정하지 않다. 발달이 빠르게 일어나는 시기도 있고 더디게 진행되는 시기도 있다.

관련기출 더 보기

20-01-03 · 난이도 ★★☆

동갑 친구들 A~C의 대화에서 알 수 있는 인간발달의 원리는?

> A: 나는 50세가 되니 확실히 노화가 느껴져. 얼마 전부터 노안이 와서 작은 글씨를 읽기 힘들어.
> B: 나는 노안은 아직 안 왔는데 흰머리가 너무 많아지네. A는 흰머리가 거의 없구나.
> C: 나는 노안도 왔고 흰머리도 많아. 게다가 기억력도 예전 같지 않아.

① 발달에는 개인차가 있다.
② 발달의 초기단계가 일생에서 가장 중요하다.
③ 발달은 학습에 따른 결과이다.
④ 발달은 분화와 통합의 과정이다.
⑤ 발달은 이전의 발달과업 성취에 기초하여 이루어진다.

답 ①

✓ 응시생들의 선택

① 94%	② 1%	③ 1%	④ 4%	⑤ 0%

① A, B, C 모두 50세로 동갑이지만, A는 노안이 왔고, B는 노안이 오진 않았으나 흰머리가 많아 졌고, C는 노안도 왔고 흰머리도 많고 기억력도 좋지 않다. 이처럼 같은 연령이어도 인간의 발달에는 개인차가 있다.

인간발달의 원리에 관한 설명으로 옳은 것은?

① 무작위적으로 발달이 진행되기 때문에 예측이 불가능하다.
② 발달에는 결정적 시기가 있다.
③ 안정적 속성보다 변화적 속성이 강하게 나타난다.
④ 신체의 하부에서 상부로, 말초부위에서 중심부위로 진행된다.
⑤ 순서와 방향성이 정해져 있으므로 발달속도에는 개인차가 존재하지 않는다.

답 ②

✔ 응시생들의 선택

① 1%	② 95%	③ 3%	④ 1%	⑤ 0%

① 인간발달은 일정한 순서대로 진행되는 경향이 있기 때문에 체계적이고 예측이 가능하다.
③ 발달과정에는 안정적 속성과 변화의 속성이 서로 공존하여 나타난다.
④ 인간발달은 신체의 상부에서 하부로, 중심부위에서 말초부위로 진행된다.
⑤ 발달의 순서는 일정하지만 발달의 속도는 항상 일정한 것이 아니다. 또한 발달은 보편적인 성장의 과정을 거치지만 개인차도 존재한다. 연령이 증가할수록, 환경 등 외적인 변수들의 영향이 많을수록 개인차의 폭은 커지고 발달을 예측하기도 어려워진다.

인간발달의 원리로 옳지 않은 것은?

① 유전과 환경의 영향을 모두 받는다.
② 일생에 걸친 예측 불가능한 변화이다.
③ 발달의 정도와 속도는 개인마다 다르다.
④ 일정한 순서와 방향성이 존재한다.
⑤ 멈추는 일 없이 지속된다.

답 ②

✔ 응시생들의 선택

① 0%	② 75%	③ 1%	④ 4%	⑤ 20%

② 인간발달은 일정한 순서대로 진행되는 경향이 있어 다음에 진행될 발달을 예측할 수 있다.

인간발달에 관한 설명으로 옳지 않은 것은?

① 발달은 일정한 순서를 거친다.
② 발달과 변화는 전 생애에 걸쳐 일어난다.
③ 발달은 특수활동에서 전체활동으로 이루어진다.
④ 발달을 이해하는 데 사회환경은 필수적 요인이다.
⑤ 발달은 '환경 속의 인간(person in environment)'의 맥락으로 이해되어야 한다.

답 ③

✔ 응시생들의 선택

① 3%	② 1%	③ 91%	④ 4%	⑤ 1%

③ 발달은 상부에서 하부로, 중심 부위에서 말초 부위로, 전체운동에서 특수운동으로 진행한다.

인간발달의 원리에 관한 설명으로 옳은 것은?

① 유전적 요인보다 환경적 요인을 중시한다.
② 일생에 걸쳐 일어나는 예측 불가능한 변화이다.
③ 연속적인 과정이지만 발달속도는 일정하지 않다.
④ 발달상의 결정적 시기와 바람직한 성격형성은 무관하다.
⑤ 개인차가 존재하므로 일정한 순서와 방향성을 제시하기 어렵다.

답 ③

✔ 응시생들의 선택

① 1%	② 1%	③ 94%	④ 1%	⑤ 3%

① 인간발달에 있어서 유전적 요인과 환경적 요인이 미치는 영향의 비중은 이론적 입장에 따라 차이가 있다.
② 인간발달은 일정한 순서대로 진행되는 경향이 있고, 체계적이므로 예측이 가능하다는 특성이 있다.
④ 발달이 가장 용이하게 이루어지는 결정적 시기 혹은 최적의 시기가 존재하며, 이 시기를 놓칠 경우에는 이후 성격형성에 영향을 미치게 된다.
⑤ 인간발달은 일정한 순서와 방향성을 갖고 있지만, 발달의 속도는 일정하지 않으며 개인차가 존재한다.

정답훈련

다음 내용이 왜 틀렸는지를 확인해보자

15-01-03

01 각 단계의 발달은 이전 단계의 발달에 의하여 **영향을 받지 않는다.**

> 각 단계의 발달은 이전 단계의 영향을 받는다. 현재의 발달은 이전 단계의 발달을 바탕으로 현재의 경험이 어우러지며 진행된다.

18-01-01

02 인간발달은 일정한 순서로 이루어지는 것은 **아니다.**

> 인간발달은 개인차는 존재하지만 일정한 순서에 따라 이루어진다.

03 인간발달은 **상승적 측면의 변화만** 일어난다.

> 인간발달은 상승적 측면과 하강적 측면이 모두 포함된다. 상승적 변화는 기능과 구조가 발달해가는 것이고 하강적 변화는 기능이 위축되고 약화되는 것이다.

18-01-01

04 인간발달은 **환경적 요인보다 유전적 요인을 중요시**한다.

> 인간발달은 환경적 요인과 유전적 요인의 상호작용에 의해서 진행된다. 유전적 요인의 중요성도 인정하면서 환경의 중요성을 강조한다.

08-01-01

05 의미 있는 변화를 보이는 영역은 **발달단계마다 동일**하다.

> 발달은 전 생애를 통해 다양한 영역에 걸쳐 일어나지만 각 발달단계별로 특히 중요한 변화를 보이는 영역이 있다.

06 인간은 자신의 발달에 **수동적으로** 기여한다.

> 인간은 자신의 발달에 능동적으로 기여한다.

07 인간발달은 순서와 방향성이 정해져 있으므로 발달속도에는 **개인차가 존재하지 않는다.**

발달의 순서와 방향성은 보편적으로 정해져 있지만 발달의 속도는 사람마다 다르다.

08 정서적 발달은 성격 발달과 **관련이 없다.**

인간발달의 각 측면은 상호 밀접하게 관련되어 있다.

09 인간발달은 키 · 몸무게 등의 질적 변화와 인지특성 · 정서 등의 양적 변화를 모두 포함한다.

키 · 몸무게 등은 양적 변화에 해당하며, 인지특성 · 정서 등은 질적 변화에 해당한다.

빈칸에 들어갈 알맞은 말을 채워보자

01 (   )의 원리는 인간의 발달에 신체 및 심리발달이 가장 용이하게 이루어지는 결정적 시기 혹은 최적의 시기가 존재한다는 것이다.

02 (   )의 원리는 어떤 시기의 결손이 계속 누적되어 다음 단계에 영향을 미치는 원리를 말한다.

03 인간발달은 상부에서 하부로, 중심부위에서 (   )부위로 진행된다.

04 세살 버릇 여든까지 간다는 속담에는 (   )의 원리가 담겨 있다.

 **답** **01** 적기성 **02** 누적성 **03** 말초 **04** 기초성

다음 내용이 옳은지 그른지 판단해보자

01 인간발달은 신체적 변화에 한정된 개념이다. ◎ ⊗

`14-01-01`
02 인간발달은 환경 속 인간의 맥락에서 이해되어야 한다. ◎ ⊗

03 인간발달에서 이전 단계의 발달을 토대로 다음 단계의 발달이 이루어지는 것을 가역성이라고 한다. ◎ ⊗

`09-01-01`
04 인간발달은 분화의 과정이면서 동시에 통합의 과정이다. ◎ ⊗

`17-01-03`
05 인간발달은 일생에 걸친 예측 불가능한 변화이다. ◎ ⊗

`18-01-01`
06 특정단계의 발달은 이전의 발달과업 성취에 기초한다. ◎ ⊗

`15-01-03`
07 발달과정에는 결정적 시기가 있다. ◎ ⊗

`14-01-01`
08 발달과 변화는 전 생애에 걸쳐 일어난다. ◎ ⊗

`19-01-02`
09 인간발달은 안정적 속성보다 변화적 속성이 강하게 나타난다. ◎ ⊗

답 01 ✕ 02 ◯ 03 ✕ 04 ◯ 05 ✕ 06 ◯ 07 ◯ 08 ◯ 09 ✕

해설 01 인간발달은 신체적, 심리적, 사회적 차원에서 일어나는 모든 변화를 포함한다.
03 점성원리라고 한다.
05 인간발달은 일정한 순서를 예측할 수 있다.
09 안정적 속성과 변화적 속성이 모두 나타난다.

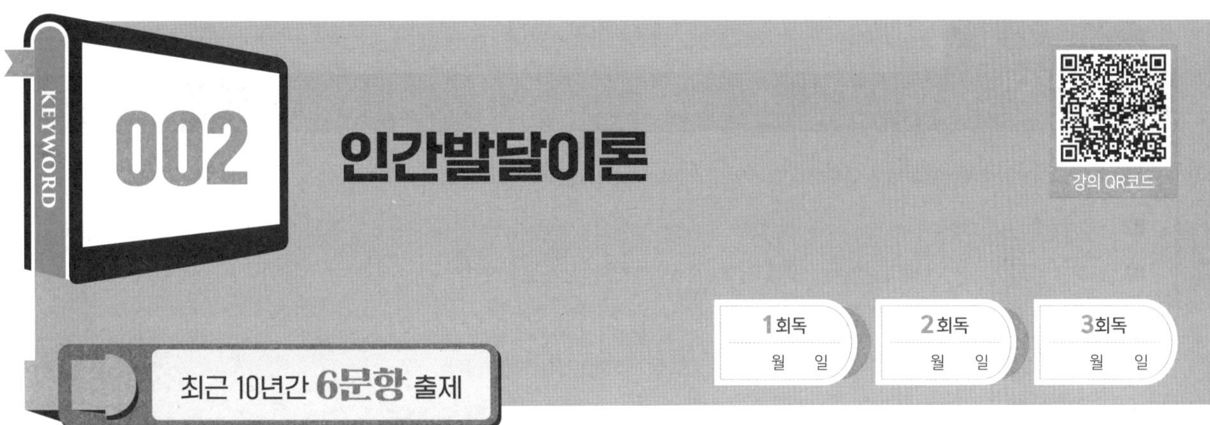

인간발달이론의 유용성

- 전 생애를 통해 일어나는 변화와 특정 단계에서 발생하는 특징적인 변화를 파악하는 데 도움을 줄 수 있다.
- **다양한 연령층의 클라이언트를 이해**할 수 있는 기반을 제공한다.
- **인간의 사회적 기능과 적응수준을 평가할 수 있는 근거를 제공**하며, 개인의 적응과 부적응을 판단할 수 있는 기준을 설정하는 데 유용하다.
- **인간과 환경 간의 상호작용**을 파악할 수 있다.
- 개인의 성장 과정에서 나타나는 문제의 원인을 이해하는 데 도움을 준다.
- 개인의 발달에 영향을 주는 **다양한 신체적·심리적·사회적 요인을 이해**할 수 있다.
- 개인의 적응과 부적응을 판단하기 위한 기준을 제공한다.
- 발달에 영향을 미치는 사회적 영향력을 평가할 수 있는 준거틀을 제공한다.
- 클라이언트의 **발달과업과 문제를 파악할 수 있는 준거틀**을 제공한다.

기본개념

인간행동과 사회환경
pp.29~

인간발달이론이 사회복지실천에 기여하는 점

- 생애주기를 순서대로 정리할 수 있게 해준다.
- 각 발달단계에서 **개인이 수행해야 할 과제들을 제시**해준다.
- 각 발달단계에서 **그 단계의 발달에 기여하는 요소들을 제시**해준다.
- 각 발달단계에서 발달내용을 구성하는 신체적·심리적·사회적 요소들과 그 요소들의 관계를 보여준다.
- 출생부터 사망에 이를 때까지 변화하거나 지속되는 과정을 제시해준다.
- 이전 단계의 결과가 각 발달단계의 성공이나 실패에 미치는 영향을 보여준다.
- 특정한 발달단계에서 **발달과업을 성취할 수 있도록 지원**한다.

01 (23-01-01) 인간발달이론은 생물학적 요소인 유전과 환경 양자 모두를 중시한다.

02 (21-01-03) 인간발달이론은 사회복지실천에서 다양한 연령층의 클라이언트와 일할 수 있는 토대가 된다.

03 (21-01-03) 발달단계별 발달과제는 문제해결의 목표와 방법 설정에 유용하다.

04 (21-01-03) 인간발달이론에서 제시된 발달단계별 욕구를 기반으로 사회복지서비스를 개발할 수 있다.

05 (21-01-03) 인간발달이론은 발달단계별 저해 요소들을 이해하는 데에 유용하다.

06 (17-01-02) 인간발달이론은 모든 연령 계층의 클라이언트와 일할 수 있는 기반이 된다.

07 (14-01-02) 인간발달이론은 클라이언트의 발달과업 수행에 필요한 서비스가 무엇인지 파악할 수 있게 한다.

08 (13-01-01) 인간발달이론을 통해 전 생애에 걸쳐 일어나는 안정성과 변화의 과정을 이해할 수 있다.

09 (13-01-01) 인간발달이론을 통해 발달단계에 따른 클라이언트의 욕구와 문제를 파악할 수 있다.

10 (13-01-01) 인간발달이론을 통해 특정 발달단계에서 나타나는 특징적 발달요인을 이해할 수 있다.

11 (13-01-01) 인간발달이론을 통해 이전 발달단계의 결과가 다음 단계에 미치는 영향을 파악할 수 있다.

12 (12-01-02) 인간발달이론은 개인의 성장 과정에서 나타나는 문제의 원인을 이해하는 데 도움을 준다.

13 (11-01-01) 인간발달이론은 개인의 적응과 부적응을 판단하기 위한 기준을 제공한다.

14 (08-01-02) 인간발달이론은 신체적·심리적·사회적 기능 간 상호관계성을 이해하는 데 유용하다.

15 (06-01-02) 인간발달이론은 생활주기를 순서대로 정리할 수 있는 준거틀을 제공해 준다.

16 (05-01-02) 인간발달이론은 전문적 사정과 개입을 가능하게 한다.

대표기출 확인하기

23-01-01 · 난이도 ★★★

인간발달이론과 사회복지실천에 관한 설명으로 옳은 것은?

① 인간발달이론은 문제의 사정단계에서만 유용하다.
② 발달단계별 욕구를 기반으로 사회복지서비스를 개발할 수 있다.
③ 클라이언트를 둘러싼 환경의 영향력을 평가할 수 없다.
④ 사회환경보다 클라이언트의 생물학적 요소를 더 중시한다.
⑤ 다양한 클라이언트의 발달과업을 획일적으로 이해할 수 있다.

▶ 알짜확인

- 인간발달이론의 주요 특징을 이해해야 한다.
- 인간발달이론이 사회복지실천에 미친 영향을 파악해야 한다.

답 ②

✔ 응시생들의 선택

① 2%	② 95%	③ 1%	④ 0%	⑤ 2%

① 인간발달이론은 사정단계에서만 유용한 것이 아니라 사회복지실천의 전 과정에서 유용하다.
③ 인간발달이론은 개인뿐만 아니라 환경의 영향력 및 양자의 상호작용을 함께 평가한다.
④ 인간발달이론은 생물학적 요소인 유전과 환경 양자 모두를 중시한다.
⑤ 사회복지실천에서는 다양한 클라이언트의 고유성을 인정하고 개별화하여 이해한다.

➕ 덧붙임

각 개별 이론의 의의를 파악하는 문제도 출제되곤 하는데, 이후 각 이론에 대한 학습과정에서 각 이론별 특징과 연결하며 이해해야 한다.

관련기출 더 보기

21-01-03 · 난이도 ★★★

인간발달이론과 사회복지실천에 관한 설명으로 옳지 않은 것은?

① 다양한 연령층의 클라이언트와 일할 수 있는 토대가 된다.
② 발달단계별 욕구를 기반으로 사회복지서비스를 개발할 수 있다.
③ 발달단계별 발달과제는 문제해결의 목표와 방법 설정에 유용하다.
④ 발달단계별 발달 저해 요소들을 이해하는데 유용하다.
⑤ 인간발달이론은 문제 사정단계에서만 유용하다.

답 ⑤

✔ 응시생들의 선택

① 1%	② 1%	③ 1%	④ 2%	⑤ 95%

⑤ 인간발달이론은 클라이언트의 문제를 파악하고 분석함에 있어 준거 틀이 되기도 하며, 목표를 설정하기 위한 기준이 되기도 하며, 개입과정에서 클라이언트의 행동과 변화과정을 이해하는 기반이 되기도 한다.

17-01-02 · 난이도 ★★☆

인간발달이론이 사회복지실천에 유용한 이유로 옳지 않은 것은?

① 개인 적응과 부적응의 판단 기준이 된다.
② 모든 연령 계층의 클라이언트와 일할 수 있는 기반이 된다.
③ 생애주기에 따른 변화와 안정 요인을 이해하게 한다.
④ 발달단계에 따라 신체적·심리적·사회적 기능을 분절적으로 이해하게 한다.
⑤ 발달단계별 욕구에 따른 사회복지제도의 기반을 제공한다.

답 ④

✔ 응시생들의 선택

① 15%	② 12%	③ 1%	④ 69%	⑤ 3%

④ 인간발달이론은 발달단계에 따른 신체적·심리적·사회적 기능을 통합적으로 이해하게 한다.

다음 내용이 **왜 틀렸는지**를 확인해보자

11-01-01

01 인간발달이론은 개인이 경험하는 사회문화적 요인들을 정형화하여 이해할 수 있는 시각을 제공한다.

> 인간발달이론은 개인과 사회문화적 요인들 사이의 관계를 다양한 관점에서 설명하므로 정형화되고 편협한 시각을 탈피할 수 있도록 도와준다.

06-01-02

02 인간발달이론은 발달단계마다 동일한 발달적 요인을 설명할 수 있다.

> 인간발달이론은 특정 발달단계에서 특징적으로 나타나는 발달적 요인을 설명해준다.

03 인간발달이론은 인간 전 생애의 변화와 지속되는 과정을 제시하지는 못한다.

> 인간발달이론은 출생부터 사망에 이를 때까지 변화하거나 지속되는 과정을 제시해준다.

05-01-02

04 인간발달이론을 통해 클라이언트의 발달단계에 따른 발달과업을 파악하는 것은 어렵다.

> 인간발달이론은 클라이언트의 발달과업과 문제를 파악할 수 있는 준거틀을 제공한다.

05 인간발달이론은 인간발달에 영향을 미치는 사회의 영향력을 평가할 수 있는 기준을 제공하지 못한다.

> 인간발달이론은 인간발달에 영향을 미치는 사회의 영향력을 평가할 수 있는 기준을 제공해준다.

06 인간발달이론은 개인차에 상관없이 동일한 발달관심영역과 발달과업 성취의 판단기준을 제공해준다.

> 인간발달이론은 학자에 따라 발달관심영역과 발달과업 성취의 판단기준에 있어서 차이가 있으며, 발달의 개인차를 파악할 수 있도록 한다.

다음 내용이 옳은지 그른지 판단해보자

01 인간발달이론은 인간의 사회적 기능과 적응 수준을 평가할 수 있게 해준다. ◎ ⊗

`13-01-01`
02 인간발달이론은 이전 단계의 결과가 다음 단계에 미치는 영향을 파악할 수 있도록 돕는다. ◎ ⊗

03 인간발달이론은 클라이언트 개인의 성장 과정에서 나타나는 문제의 원인을 이해하는 데 도움을 준다. ◎ ⊗

04 인간발달이론에 기초하여 인간의 성격을 이해하는 것은 사회복지실천에 중요한 지식 기반이 된다. ◎ ⊗

05 사회복지사는 발달단계의 올바른 이해를 통해 클라이언트의 발달에 대한 기대를 조절하고 지나친 염려를 줄일 수 있도록 도움을 줄 수 있다. ◎ ⊗

`13-01-01`
06 인간발달이론을 통해 다양한 클라이언트의 발달과업을 획일적으로 이해할 수 있다. ◎ ⊗

07 인간 행동과 발달에 대한 지식은 사회복지실천에 직접적인 영향을 주는 것은 아니지만 사회복지실천은 인간인 클라이언트와 함께한다는 점에서 중요하다. ◎ ⊗

`13-01-01`
08 인간발달이론을 통해 특정 발달단계에서 나타나는 특징적 발달요인을 이해할 수 있다. ◎ ⊗

`08-01-02`
09 인간발달이론은 이상행동 문제의 원인을 단일적으로 파악할 수 있도록 해준다. ◎ ⊗

답 01 ○ 02 ○ 03 ○ 04 ○ 05 ○ 06 ✕ 07 ✕ 08 ○ 09 ✕

해설 **06** 다양한 클라이언트의 발달과업을 다차원적으로 이해할 수 있다.
07 인간 행동과 발달에 대한 지식은 사회복지실천에 직접 적용된다. 실천과정에서 클라이언트의 현재 발달단계와 발달과업을 살펴봄으로써 개입을 계획한다.
09 인간발달이론을 기반으로 이상행동 문제를 다차원적으로 살펴볼 수 있다.

003 발달과 유사개념

강의 QR코드

최근 10년간 3문항 출제

1회독	2회독	3회독
월 일	월 일	월 일

복습 1 이론요약

 23회 기출  20회 기출

성장

- 신체의 크기가 커지거나 근육의 힘이 더 세지는 것과 같은 양적 증가와 확대를 말한다.
- 성장은 **신체적 · 생리적 발달의 양적 증가에 국한**된다.

성숙

- **유전적 기제의 작용에 의해 나타나는** 체계적 · 규칙적으로 진행되는 변화를 말한다.
- 부모에게 받은 유전인자 정보에 따라 변화하므로 경험이나 훈련과는 관계가 없다.

학습

- 직 · 간접적 경험의 산물로 나타나는 변화를 말한다.
- 특수한 경험, 훈련, 연습과 같은 외부 자극이나 조건, 즉 **환경에 의해 개인이 변하는 것**을 말한다.

사회화

- **개인이 자기가 속한 사회구성원으로서 자연스럽게 동화**되어 가는 과정을 말한다.
- 가족, 지역사회 등을 포함한 사회구성원과의 상호작용을 통해 그 안에서 통용되는 사회적 기대, 관습, 가치, 신념, 역할, 태도 등을 전 생애적으로 익혀가는 과정을 말한다.

기본개념

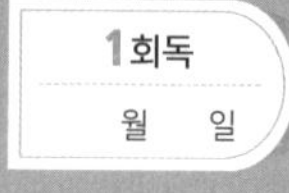

인간행동과 사회환경
pp.21~

01 (23-01-02) 성숙(maturation)은 경험이나 훈련의 결과와 상관없이 진행된다.

02 (20-01-02) 성장(growth)은 시간의 경과에 따라 나타나는 양적 변화이다.

03 (20-01-02) 학습(learning)은 경험이나 훈련의 결과로 나타나는 행동변화이다.

04 (18-01-03) 성장은 키가 커지거나 몸무게가 늘어나는 등의 양적 변화를 의미한다.

05 (18-01-03) 성숙은 유전인자에 의해 발달 과정이 방향 지어지는 것을 의미한다.

06 (18-01-03) 학습은 직·간접 경험 및 훈련과정을 통한 변화를 의미한다.

07 (11-01-18) 성장은 신체크기의 증대, 근력 증가, 인지의 확장 등과 같은 양적 확대를 의미한다.

08 (11-01-18) 성장은 일정한 시기가 지나면 정지된다.

09 (11-01-18) 성숙은 유전인자가 지니고 있는 정보에 따른 변화를 의미한다.

10 (11-01-18) 성숙은 경험이나 훈련과 관계없이 체계적으로 일어난다.

11 (10-01-03) 학습은 훈련과정을 통하여 행동이 변화하는 과정을 의미한다.

12 (06-01-01) 성숙이란 경험이나 훈련에 관계없이 인간의 내적 또는 유전적 기제의 작용에 의해 나타나는 체계적이고 규칙적으로 진행되어가는 신체 및 심리적 변화를 의미한다.

13 (03-01-02) 학습은 경험, 훈련 또는 연습과 같은 외부 자극의 결과로 인해 개인이 내적으로 변하는 것을 의미한다.

대표기출 확인하기

23-01-02 · 난이도 ★★☆

인간발달의 개념과 원리에 관한 설명으로 옳은 것은?

① 발달에는 개인차가 존재하므로 최적의 시기가 따로 존재하지 않는다.
② 일정한 순서와 방향이 없어서 예측이 불가능하다.
③ 성숙(maturation)은 경험이나 훈련의 결과와 상관없이 진행된다.
④ 발달은 소근육 말초부위에서 대근육 중심부위로 진행된다.
⑤ 성장(growth)은 유전적으로 미리 정해진 정도까지 도달하는 생물학적 변화이다.

 **알짜확인**

• 발달의 유사개념인 성장, 성숙, 학습, 사회화의 주요 특징을 이해한다.

답 ③

✓ 응시생들의 선택

① 4%	② 1%	③ 61%	④ 7%	⑤ 27%

① 발달에는 최적의 시기가 존재하며 이를 결정적 시기 혹은 적기성이라고 한다.
② 인간발달은 일정한 순서와 방향이 있으며 이에 따라 예측이 가능하다.
④ 발달은 대근육 중심부위에서 소근육 말초부위로 진행된다.
⑤ 성장은 신체의 크기가 커지거나 근육의 힘이 더 세지는 양적 증가와 확대를 말한다. 유전적으로 미리 정해진 정도까지 도달하는 생물학적 변화는 성숙의 개념이다.

➕ 덧붙임

발달의 유사개념으로는 성장, 성숙, 학습 등이 있는데 각 개념을 옳게 설명한 지문을 찾는 형식으로 주로 출제된다. 앞서 학습했던 발달은 가장 포괄적인 개념이며, 성장은 이 중에서 신체적, 양적, 상승적 변화에 국한된 개념이며, 성숙은 유전으로 인한 변화와 질적 변화에 국한된 개념이다.

관련기출 더 보기

20-01-02 · 난이도 ★★★

인간발달 및 그 유사개념에 관한 설명으로 옳지 않은 것은?

① 성장은 시간의 경과에 따라 나타나는 양적 변화이다.
② 성숙은 환경과의 상호작용에 의한 사회적 발달이다.
③ 학습은 경험이나 훈련의 결과로 나타나는 행동변화이다.
④ 인간발달은 유전과 환경의 상호작용 결과이다.
⑤ 인간발달은 상승적 변화와 하강적 변화를 모두 포함한다.

답 ②

✓ 응시생들의 선택

① 7%	② 75%	③ 6%	④ 4%	⑤ 8%

② 성숙은 부모에게 받은 유전인자 정보에 따라 변화하므로 환경과의 상호작용은 관계가 없다.

18-01-03 · 난이도 ★★★

다음의 설명으로 옳은 것을 모두 고른 것은?

> ㄱ. 성장은 키가 커지거나 몸무게가 늘어나는 등의 양적 변화를 의미한다.
> ㄴ. 성숙은 유전인자에 의해 발달 과정이 방향 지어지는 것을 의미한다.
> ㄷ. 학습은 직·간접 경험 및 훈련과정을 통한 변화를 의미한다.

① ㄱ
② ㄴ
③ ㄱ, ㄴ
④ ㄴ, ㄷ
⑤ ㄱ, ㄴ, ㄷ

답 ⑤

✓ 응시생들의 선택

① 6%	② 0%	③ 2%	④ 5%	⑤ 87%

ㄱ. 성장은 신체의 크기가 커지거나 근육의 힘이 더 세지는 것과 같은 양적 증가와 확대를 말한다. 신체적·생리적 발달의 양적 증가에 국한된다.
ㄴ. 성숙은 유전적 기제의 작용에 의해 나타나는 체계적·규칙적으로 진행되는 변화를 말한다.
ㄷ. 학습은 직·간접적 경험의 산물로 나타나는 변화를 말한다.

다음 내용이 왜 틀렸는지를 확인해보자

01 성장은 유전적 요소와 환경적 요소의 상호작용으로 진행되며, 성숙과 학습에 의해 추진된다.

> 성장이 아닌 발달에 대한 설명이다.
> 성장은 신체가 더 커지고 힘이 세지는 등의 양적인 증가와 확대를 말한다. 즉 성장은 신체적 측면의 발달에 한정되는 개념이다.

02 성숙이란 경험의 산물로서 훈련이나 연습에 기인하는 발달적 변화를 의미한다.

> 성숙이 아닌 학습에 대한 설명이다.
> 성숙은 유전적 요인에 따라 나타나는 변화를 말한다.

03 사춘기에 나타나는 2차 성징이나 태아가 모체 내에서 발달해가는 것을 **성장**이라 한다.

> 사춘기에 나타나는 2차 성징이나 태아가 모체 내에서 발달해가는 것은 성숙에 해당한다.

`18-01-03`

04 학습은 **직접적 경험을 통해서만** 나타나는 변화를 말한다.

> 학습은 직접적, 간접적 경험의 산물이다.

05 성장은 신체의 양적 증가와 확대를 의미하는 것으로 **예측할 수 없다**는 특징이 있다.

> 성장은 유전적 영향을 받기 때문에 키가 어느 정도까지 클지 등과 같이 예측할 수 있는 부분이 있다.

`11-01-18`

06 성장은 **일정한 시기가 지나도 정지되지 않는다.**

> 성장은 신세 변화 중에서도 양직 변화를 의미하는 것으로써 일정 시기기 지나면 정지한다.

빈칸에 들어갈 알맞은 말을 채워보자

01 (   )은/는 출생에서부터 사망에 이르기까지 전 생애에 걸쳐 연속적으로 일어나는 변화 양상과 과정으로서 신체적·심리적·사회적 차원에서 일어나는 모든 변화를 말한다.

02 (   )은/는 신체적·생리적 발달의 양적 증가에 국한된다.

`03-01-02`

03 (   )(이)란 특수한 경험, 훈련, 연습과 같은 외부 자극이나 조건, 즉 환경에 의해 개인이 변하는 것을 말한다.

 **답** **01** 발달　**02** 성장　**03** 학습

다음 내용이 옳은지 그른지 판단해보자

`11-01-18`

01 성숙은 신체크기의 증대, 근력 증가, 인지의 확장 등과 같은 양적 확대를 의미한다. 

`10-01-03`

02 발달은 훈련과정을 통하여 행동이 변화하는 과정을 의미한다. 

`06-01-01`

03 경험과 상관없이 유전적 메커니즘에 의해 체계적이고 규칙적으로 진행되어 가는 신체 및 심리적 변화를 성숙이라 한다. 

04 발달과 성장은 일정 시기가 지나면 정지한다는 공통점이 있다. 

답 **01** ✕　**02** ✕　**03** ○　**04** ✕

해설 **01** 성숙이 아닌 성장에 대한 설명이다.
　　　02 훈련과정을 통하여 행동이 변화하는 과정을 의미하는 것은 학습이다.
　　　04 성장은 일정 시기가 지나면 정지하고 이후 노화가 진행되지만, 발달은 전 생애에 걸쳐 계속된다.

정신역동이론

CHAPTER 2

이 장에서는

프로이트의 정신분석이론, 에릭슨의 심리사회이론, 아들러의 개인심리이론, 융의 분석심리이론을 학습한다. 프로이트는 리비도에 따라 발달단계를 구분하였고, 에릭슨은 노년기까지 심리사회적 위기에 따라 단계를 제시하였으며, 아들러는 발달단계를 제시하지 않았다는 점, 융은 페르소나, 음영, 아니마와 아니무스 등 다양한 개념을 제시하면서 중년기 개성화 과정을 강조했다는 점 등 기본적인 특징을 바탕으로 각 이론을 상세히 살펴봐야 한다.

10년간 출제분포도

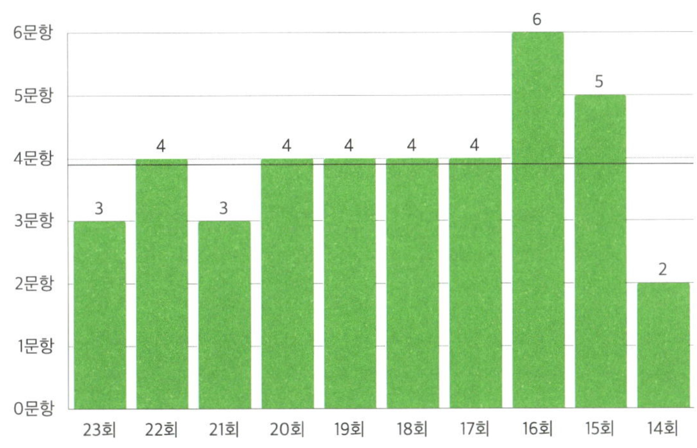

평균 출제문항수

프로이트의 정신분석이론

1회독	2회독	3회독
월 일	월 일	월 일

최근 10년간 **11문항** 출제

이론요약

복습 1

23회 기출 22회 기출 21회 기출 20회 기출 19회 기출

정신분석이론의 특징

기본개념

인간행동과 사회환경
pp.35~

- 인간의 행동은 **무의식적인 본능(성적 본능과 공격적 본능)에 의해 결정**된다.
- 인간의 자율성을 인정하지 않았으며, 인간은 비합리적이고 통제할 수 없는 무의식적인 생물학적 성적 본능에 의해 지배받는 **수동적 존재**로 보았다.
- **어린 시절의 경험이 중요한 영향**을 미치며, 유아기에 해결되지 않은 무의식적인 갈등은 성인기에 경험하는 심리적 문제의 중요한 원인이 된다.
- 인간은 무의식적인 내적 충동에 의해 야기된 긴장상태를 제거하여 쾌락을 추구하려는 속성을 지니고 있다.

정신분석이론의 모형

▶ **지형학적 모형(의식수준)**

- **의식**: 우리가 자신에게 주의를 기울이는 바로 그 순간에 알아차릴 수 있는 경험과 감각을 말한다. 우리가 지각하고 있는 의식은 마음의 극히 일부분이다.
- **전의식**: 의식과 무의식의 중간 지점에 있으며, 이들 사이에서 교량 역할을 한다.
- **무의식**: 정신의 가장 깊은 곳에 위치해 있으며, 우리가 자각하지 못하는 경험과 기억으로 구성되었다. 인간의 지각, 경험, 행동의 상당 부분은 무의식에 의해서 결정된다.

▶ **구조적 모형(성격구조)**

- **원초아(id)**: 본능과 충동의 원천으로서 외부 세계와 단절되어 있다. 원초아에서 자아와 초자아가 분화되어 나온다. 원초아를 지배하는 원리는 고통을 피하고 쾌락을 추구하는 쾌락원리이다.
- **자아(ego)**: 원초아의 충동적 욕구를 외부세계의 제약을 고려하면서 현실적으로 표현하고 충족시키려고 노력하는 조직적, 합리적, 현실지향적 성격구조를 의미한다. 원초아와 초자아 사이에서 현실적이고 이성적인 균형을 유지하려는 역할을 하며, 현실원리에 의해 작동한다.
- **초자아(superego)**: 옳고 그름을 판단하고 결정하여 사회가 인정하는 도덕적 기준에 따라서 행동하도록 유도하는 기능을 한다. 현실적인 것보다는 이상적인 것을 추구하고 쾌락보다는 완전함을 추구한다. 자아와 함께 행동을 통제하는 기능을 한다.

주요 개념

- 인간의 본능: 신체적 흥분이나 요구가 소망의 형태로 나타나는 것으로써 선천적인 신체적 흥분상태를 말하며, 모든 인간의 행동은 이러한 본능에 의해서 결정된다. 즉, 모든 행동의 궁극적인 원인이 된다. 본능은 직접 영향을 줄 수도 있고, 우회해서 행동에 영향을 주거나 가장될 수도 있다. 본능은 태어나면서 나타나며, 삶의 본능과 죽음의 본능은 서로 영향을 미치며 서로 융합되기도 한다.
- 리비도: 인간행동과 성격을 규정하는 에너지의 원천, 성적 에너지를 말한다. 리비도가 집중되면 성적 긴장이 발생하고, 이 긴장을 해소함으로써 만족과 쾌감을 느낀다. 프로이트는 리비도 개념을 초기에는 자아본능(자기보존의 본능)에 대립하고 있는 성 본능(종족보존의 본능)에 따른 성적 에너지라고 보았고, 후기에는 사랑과 쾌감의 모든 표현이 포함된 것으로 보았다. 리비도는 인간발달단계에 대응한 성감대(입, 항문, 성기 등)와 충족의 목표 및 대상을 가지는데, 충족을 얻지 못할 경우 불안을 낳는다.

정신분석이론의 심리성적 발달의 5단계

- **구강기(출생~18개월)**: 입이 자극과 상호작용의 초점이다.
- **항문기(18개월~3세)**: 항문이 자극과 상호작용의 초점이다.
- **남근기(3~6세)**: 오이디푸스 콤플렉스와 엘렉트라 콤플렉스를 경험한다.
- **잠복기(6세~11세)**: 성적 활동이 잠재되는 시기이다.
- **생식기(12세~성인기 이전)**: 정신적 · 신체적 성숙이 거의 완성된다.

방어기제

- 억압: 의식에서 용납하기 어려운 생각, 욕망, 충동 등을 무의식 속에 머물도록 눌러 놓는 것
- 반동형성: 무의식 속의 받아들여질 수 없는 생각, 욕구, 충동 등을 정반대의 것으로 표현하는 경우
- 동일시: 부모, 형, 윗사람, 주위의 중요한 인물들의 태도와 행동을 닮는 것
- 투사: 자신이 용납할 수 없는 충동, 생각, 행동 등을 무의식적으로 다른 사람이 이러한 충동, 생각, 행동을 느끼거나 행한다고 믿는 것
- 대리형성: 받아들여질 수 없는 소망, 충동, 감정 또는 목표를 좀 더 받아들여질 수 있는 것으로 전치하는 기제
- 상환: 잃어버린 대상을 다른 대상으로 대치하는 것으로 대리형성의 특수한 형태, 죄책감으로부터 벗어나려는 기제
- 부정: 의식수준으로 표출되면 도저히 감당할 수 없는 생각이나 욕구를 무의식적으로 부정하는 현상
- 보상: 어떤 분야에서 특별히 뛰어나다는 인정을 받음으로써 다른 분야에서의 실패나 약점을 보충하고자 하는 경우
- 퇴행: 심한 스트레스 또는 좌절을 당했을 때, 현재의 발달단계보다 더 이전의 발달단계로 후퇴하는 것
- 합리화: 자신의 언행 속에 숨어 있는 용납하기 힘든 충동이나 욕구에 대해 사회적으로 그럴듯한 설명이나 이유를 대는 것
- 승화: 수용될 수 없는 충동이 사회적으로 받아들여질 수 있는 충동으로 대체되는 것

01 (23-01-08) 초자아(superego)의 특질은 자아이상(ego ideal)과 양심(conscience)으로 구성된다.

02 (23-01-08) 방어기제 중 전환(conversion)은 심리적 갈등이 근육계통의 증상으로 나타나는 것이다.

03 (23-01-08) 자아(ego)는 2차적 사고과정과 현실원칙에 의해 지배된다.

04 (22-01-01) 프로이트 이론은 인간행동의 무의식적 측면을 심층적으로 분석할 수 있는 기반을 제공하였다.

05 (22-01-11) 합리화의 예: 지원한 회사에 불합격한 후 그냥 한번 지원해본 것이며 합격했어도 다니지 않았을 것이라 생각한다.

06 (22-01-11) 억압의 예: 시험을 망친 후 성적발표 날짜를 아예 잊어버린다.

07 (22-01-11) 투사의 예: 자신이 싫어하는 직장 상사에 대해서 상사가 자기를 싫어하기 때문에 사이가 나쁘다고 여긴다.

08 (22-01-11) 반동형성의 예: 관심이 가는 이성에게 오히려 짓궂은 말을 하게 된다.

09 (21-01-06) 성격구조를 원초아, 자아, 초자아로 구분하였다.

10 (20-01-04) 방어기제는 외부세계의 요구로부터 스스로를 보호하고자 하는 무의식적 시도이다.

11 (20-01-04) 잠복기에 원초아(id)는 약해지고 초자아(superego)는 강해진다.

12 (19-01-04) 프로이트의 심리성적 발달단계 중 남근기는 동성 부모에 대한 동일시의 기제가 나타나는 시기이다.

13 (18-01-12) 전치는 실제 어떤 대상에 대한 감정을 다른 대상을 상대로 표출하는 것이다.

14 (17-01-05) 도덕적 불안은 원초아와 초자아 간의 갈등에서 느끼는 양심에 대한 두려움이다.

15 (17-01-06) 반동형성은 어떤 충동이나 감정을 반대로 표현하는 것이다.

16 (16-01-06) 남자아이는 남근기에 오이디푸스 콤플렉스(Oedipus complex)로 인한 거세불안을 경험한다.

17 (15-01-04) 투사는 자신의 부정적인 충동, 욕구, 감정 등을 타인에게 찾아 그 원인을 전가시키는 것이다.

18 (13-01-12) 자아(ego)는 의식, 전의식, 무의식의 세 측면을 모두 가지고 있다.

19 (11-01-02) 프로이트 이론은 무의식적 동기의 중요성을 인식하는 데 유용하다.

20 (10-01-05) 반동형성의 예: 남편이 바람피워 데려온 아이를 싫어함에도 오히려 과잉보호로 키우는 부인

21 (09-01-06) 방어기제는 정신내적 갈등의 원천을 왜곡, 대체, 차단하기 위해 활용한다.

22 (08-01-03) 자아는 본능적 욕구가 현실적으로 만족될 것을 추구한다.

23 (07-01-06) 이드(원초아)는 원시적이고 본능적인 성격을 갖는다.

24 (06-01-03) 프로이트의 심리성적 발달단계는 구강기, 항문기, 남근기, 잠복기, 생식기로 설명한다.

25 (05-01-04) 아동 초기 경험으로 성인기에 정신병리가 발생 가능하다.

26 (05-01-05) 잠복기에는 동성또래에 대한 관심이 증대한다.

27 (03-01-04) 항문기에는 자기조절을 경험한다.

28 (03-01-05) 승화의 예: 공격적 욕구가 강한 사람이 폭력적인 성향을 발전시켜 권투선수가 된 것

29 (01-01-02) 자아는 성격의 집행자이다.

대표기출 확인하기

23-01-08 ‧ 난이도 ★★☆

프로이트(S. Freud)의 이론에 관한 설명으로 옳지 않은 것은?

① 초자아(superego)의 특질은 자아이상(ego ideal)과 양심(conscience)으로 구성된다.
② 프로이트(S. Freud)는 실수행위를 통해 무의식이 작용하는 증거를 파악하였다.
③ 내면화(introjection)는 심리적 갈등이 근육계통의 증상으로 나타나는 방어기제이다.
④ 자아(ego)는 2차적 사고과정과 현실원칙에 의해 지배된다.
⑤ 남자아이는 남근기에 오이디푸스 콤플렉스(Oedipus complex)로 인한 거세불안을 경험한다.

▶ 알짜확인

- 과거 및 무의식 강조, 성적 본능 등의 특징과 함께 의식–전의식–무의식, 원초아–자아–초자아 등의 개념을 잡아두어야 한다.
- 프로이트의 심리성적 발달단계는 구강기 → 항문기 → 남근기 → 잠복기 → 생식기로 제시되어 성인기 이후에 대한 언급이 없다는 점도 기억해두자.
- 방어기제는 사례와 연결할 수 있도록 해야 한다.

답 ③

✓ 응시생들의 선택

① 6%	② 17%	③ 68%	④ 7%	⑤ 2%

③ 심리적 갈등이 근육계통의 증상으로 나타나는 방어기제는 전환(conversion)이다. 전환은 심리적 갈등이 감각기관이나 수의근계통의 증상으로 나타나는 것이다. 내면화는 개인이 외부의 대상을 자신의 내면으로 흡수하거나 동화시키는 심리적 과정으로서 무의식적으로 이루어지며, 자아를 보호하거나 정체성을 형성하기 위해 사용된다.

관련기출 더 보기

22-01-11 ‧ 난이도 ★★★

방어기제와 그 예시로 옳지 않은 것은?

① 합리화(rationalization): 지원한 회사에 불합격한 후 그냥 한번 지원해본 것이며 합격했어도 다니지 않았을 것이라 생각한다.
② 억압(repression): 시험을 망친 후 성적발표 날짜를 아예 잊어버린다.
③ 투사(projection): 자신이 싫어하는 직장 상사에 대해서 상사가 자기를 싫어하기 때문에 사이가 나쁘다고 여긴다.
④ 반동형성(reaction formation): 관심이 가는 이성에게 오히려 짓궂은 말을 하게 된다.
⑤ 전치(displacement): 낮은 성적을 받은 이유를 교수가 중요치 않은 문제만 출제한 탓이라 여긴다.

답 ⑤

✓ 응시생들의 선택

① 2%	② 24%	③ 22%	④ 2%	⑤ 50%

⑤ 전치는 실제 어떤 대상에 대한 감정을 다른 대상(덜 위험한 대상)을 상대로 표출하는 것이다. 대표적인 예로 '종로에서 뺨 맞고 한강에서 화풀이 한다'라는 속담이 해당한다. '낮은 성적을 받은 이유를 교수가 중요치 않은 문제만 출제한 탓이라 여긴다'는 합리화 중 투사형 합리화에 해당한다. 중요치 않은 문제만 출제한 점을 원인으로 두어 자신의 낮은 점수에 대해 합리화를 시도한 것이며, 특히 자신이 공부를 열심히 하지 않은 것을 인정하는 것이 어려워 성적이 낮은 원인을 출제자인 교수한테 돌렸다는 점은 투사로 볼 수 있기 때문에 투사형 합리화이다.

프로이트(S. Freud)의 정신분석이론에 관한 설명으로 옳은 것을 모두 고른 것은?

> ㄱ. 자아(ego)는 일차적 사고과정과 현실원칙을 따른다.
> ㄴ. 잠복기에 원초아(id)는 약해지고 초자아(superego)는 강해진다.
> ㄷ. 신경증적 불안은 자아의 욕구를 초자아가 통제하지 못하고 압도될 때 나타난다.
> ㄹ. 방어기제는 외부세계의 요구로부터 스스로를 보호하고자 하는 무의식적 시도이다.

① ㄷ
② ㄱ, ㄷ
③ ㄴ, ㄹ
④ ㄱ, ㄴ, ㄹ
⑤ ㄱ, ㄴ, ㄷ, ㄹ

답 ③

✅ **응시생들의 선택**

① 3%	② 5%	③ 36%	④ 27%	⑤ 29%

ㄱ. 일차적 사고과정을 따르는 것은 원초아(id)이다. 일차적 사고는 비합리적 사고방식으로서 긴장을 감소시키고 본능적 충동의 만족에 필요한 대상의 표상을 만들어내며, 어떤 것이 현실인지 아닌지를 구별하지 못하는 사고를 말한다.

ㄷ. 신경증적 불안은 원초아의 욕구, 즉 성적 본능이나 공격적 본능이 표출되는 것에 대해 자아가 조절할 수 없을 것이라는 위협을 느낄 때 발생하는 불안이다. 원초아와 자아 사이의 충돌이나 갈등으로 발생하는 불안이다.

프로이트(S. Freud)의 심리성적 발달단계에 관한 설명으로 옳은 것은?

① 남근기: 동성 부모에 대한 동일시의 기제가 나타나는 시기이다.
② 항문기: 양육자와의 상호작용과정에서 최초로 갈등을 경험하는 시기이다.
③ 구강기: 자율성과 수치심을 주로 경험하는 시기이다.
④ 생식기: 오이디푸스 · 엘렉트라 콤플렉스가 강해지는 시기이다.
⑤ 잠복기: 리비도(libido)가 항문부위로 집중되는 시기이다.

답 ①

✅ **응시생들의 선택**

① 67%	② 18%	③ 4%	④ 9%	⑤ 2%

② 양육자와의 상호작용과정에서 최초로 갈등을 경험하는 시기는 구강기이다.
③ 자율성과 수치심을 주로 경험하는 시기는 항문기이다.
④ 오이디푸스 · 엘렉트라 콤플렉스가 강해지는 시기는 남근기이다.
⑤ 리비도(libido)가 항문부위로 집중되는 시기는 항문기이다.

받아들일 수 없는 자신의 욕망이나 충동을 타인에게 돌리는 방어기제는?

① 전치(displacement)
② 억압(repression)
③ 투사(projection)
④ 합리화(rationalization)
⑤ 반동형성(reaction formation)

답 ③

✅ **응시생들의 선택**

① 36%	② 1%	③ 57%	④ 2%	⑤ 4%

① 전치: 실제 어떤 대상에 대한 감정을 다른 대상을 상대로 표출하는 것
② 억압: 의식에서 용납하기 어려운 생각, 욕망, 충동 등을 무의식 속에 머물도록 눌러 놓는 것
④ 합리화: 자신의 언행 속에 숨어 있는 용납하기 힘든 충동이나 욕구에 대해 사회적으로 그럴듯한 설명이나 이유를 대는 것
⑤ 반동형성: 무의식 속의 받아들여질 수 없는 생각, 욕구, 충동 등을 정반대의 것으로 표현하는 경우로 원래의 생각, 소원, 충동 등을 의식화하지 못하게 하는 것

프로이트(S. Freud)의 정신분석이론에 관한 설명으로 옳지 않은 것은?

① 어린 시절에 겪었던 과거 경험의 중요성을 강조한다.
② 엄격한 배변훈련으로 항문보유적 성격이 형성될 수 있다.
③ 초자아는 성격의 실행자이자 마음의 이성적인 부분이다.
④ 생식기에는 이성에 대한 관심과 호기심이 높아진다.
⑤ 남자아이는 남근기에 오이디푸스 콤플렉스(Oedipus complex)로 인한 거세불안을 경험한다.

답 ③

✅ 응시생들의 선택

① 1%	② 9%	③ 76%	④ 11%	⑤ 3%

③ 성격의 실행자이자 마음의 이성적인 부분은 자아이다. 초자아는 옳고 그름을 판단하고 결정하여 사회가 인정하는 도덕적 기준에 따라서 행동하도록 유도하는 기능을 한다.

프로이트(S. Freud) 이론에 관한 설명으로 옳은 것은?

① 거세불안과 남근선망은 주로 생식기에 나타난다.
② 치료의 주요 목표는 개성화(individuation)를 완성하는 것이다.
③ 자아(ego)는 의식, 전의식, 무의식의 세 측면을 모두 가지고 있다.
④ 리비도는 인생 전반에 걸쳐 작동하는 일반적인 생활에너지를 말한다.
⑤ 초자아(super ego)는 방어기제를 작동하여 갈등과 불안에 대처하다.

답 ③

✅ 응시생들의 선택

① 8%	② 43%	③ 29%	④ 10%	⑤ 10%

① 거세불안과 남근선망은 남근기에 나타난다.
②④ 융이 분석심리이론에 해당하는 설명이다.
⑤ 방어기제를 작동하여 갈등과 불안에 대처하는 것은 자아이다.

방어기제에 관한 설명으로 옳지 않은 것은?

① 갈등과 불안에 대처하기 위해 초자아가 사용하는 심리적 기제이다.
② 정신내적 갈등의 원천을 왜곡, 대체, 차단하기 위해 활용한다.
③ 긍정적인 기능을 하는 경우도 있다.
④ 억압(repression)은 갈등해결에 사용되는 대표적인 방어기제이다.
⑤ 두 가지 이상의 방어기제를 동시에 사용하는 경우도 있다.

답 ①

✅ 응시생들의 선택

① 59%	② 8%	③ 28%	④ 3%	⑤ 2%

① 방어기제는 자아가 불안에 대처할 때 작용하는 심리적 기제이다.

프로이트 이론에 대한 설명으로 옳지 않은 것은?

① 무의식이 인간행동을 결정한다.
② 자아는 본능적 욕구가 현실적으로 만족될 것을 추구한다.
③ 방어기제는 무의식적인 자아의 과정으로 건강한 사람에게도 나타날 수 있다.
④ 인간의 정신에너지 체계는 폐쇄체계이다.
⑤ 초자아, 자아, 원초아가 출생부터 형성된다.

답 ⑤

✅ 응시생들의 선택

① 12%	② 3%	③ 45%	④ 30%	⑤ 10%

⑤ 출생 직후의 신생아는 원초아로 충만한 상태이며 외부 세계를 인식할 수 있는 능력이 없기 때문에 외부세계와 자주 충동을 일으킨다. 따라서 외부에서 오는 고통스러운 자극들에서 유기체를 방어하기 위해 원초아로부터 자아가 분화된다. 그리고 자아로부터 초자아가 가장 늦게 분화된다. 자아와 초자아는 결국 원초아로부터 발생한 것이지 출생부터 이 세 가지가 모두 형성되는 것은 아니다.

정답훈련

다음 내용이 왜 틀렸는지를 확인해보자

19-01-04

01 항문기는 양육자와의 상호작용과정에서 최초로 갈등을 경험하는 시기이다.

> 양육자와의 상호작용과정에서 최초로 갈등을 경험하는 시기는 구강기이다.

12-01-08

02 부모의 가장 싫은 점을 자신이 닮아가며 그대로 따라하는 행동은 방어기제 중 **반동형성**에 해당한다.

> 부모의 가장 싫은 점을 자신이 닮아가며 그대로 따라하는 행동은 적대적 동일시에 해당한다.

03 정신분석이론은 **성인기의 경험이 중요한 영향**을 미친다고 보았다.

> 정신분석이론은 어린 시절의 경험이 중요한 영향을 미친다고 보았다.

21-01-06

04 정신분석이론은 **인간 자유의지의 중요성을** 인식하는 데 유용하다.

> 정신분석이론은 인간이 무의식적인 충동에 의해 움직이는 지극히 수동적인 존재라고 본다.

05 프로이트는 개인과 부모의 관계를 비롯해서 **가족에게 영향을 미친 역사적·사회적 상황에까지 관심**을 갖는다.

> 개인과 부모의 관계를 비롯해서 가족에게 영향을 미친 역사적·사회적 상황에까지 관심을 가진 것은 에릭슨이다.

10-01-05

06 가까운 사람의 죽음을 받아들이는 것이 너무 고통스러워 그 사람이 잠시 여행을 간 것이라고 믿는 것은 방어기제 중 **상징화**에 해당한다.

> 가까운 사람의 죽음을 받아들이는 것이 너무 고통스러워 그 사람이 잠시 여행을 간 것이라고 믿는 것은 방어기제 중 부정에 해당한다.

01 프로이트의 심리성적 발달단계: 구강기 → (①) → (②) → 잠복기 → 생식기

`16-01-06`
02 남근기에 남아는 ( ) 콤플렉스로 인한 거세불안(아버지가 근친상간적 행동을 거세를 통해 벌할 것이라는 두려움)을 경험한다.

---

03 ( )은/는 옳고 그름을 판단하고 결정하여 사회가 인정하는 도덕적 기준에 따라서 행동하도록 유도하는 기능을 한다.

`07-01-06`
04 ( )은/는 원시적이고 본능적인 성격을 갖는다.

---

05 원초아를 지배하는 원리는 고통을 피하고 쾌락을 추구하는 ( )원리를 따른다.

---

06 프로이트 이론에서 ( )(이)란 인간행동과 성격을 규정하는 에너지의 원천, 성적 에너지를 말한다.

---

07 ( )은/는 리비도가 어떤 대상을 향해 정지해 있어 발달단계가 다음 단계로 진행되지 못하고 특정 단계에 머무르는 것이다.

`09-01-06`
08 자아의 무의식 영역에서 일어나는 심리기제로서, 인간이 고통스러운 상황에 적응하려는 무의식적인 노력을 ( )(이)라고 한다.

`22-01-11`
09 ( )은/는 자신의 언행 속에 숨어 있는 용납하기 힘든 충동이나 욕구에 대해 사회적으로 그럴듯한 설명이나 이유를 대는 방어기제이다.

`15-01-04`
10 ( )은/는 자신의 부정적인 충동, 욕구, 감정 등을 타인에게 찾아 그 원인을 전가시키는 것이다.

`10-01-05`
11 입원 중 간호사에게 아기 같은 행동을 하며 불안을 감소시키려는 노인의 방어기제는 ( )에 해당한다.

답 **01** ① 항문기 ② 남근기 **02** 오이디푸스 **03** 초자아 **04** 원초아 **05** 쾌락 **06** 리비도 **07** 고착 **08** 방어기제 **09** 합리화
10 투사 **11** 퇴행

다음 내용이 옳은지 그른지 판단해보자

01 보상(compensation)은 죄의식을 느끼게 하는 일들을 의식으로부터 무의식으로 밀어내는 방어기제이다. 

02 프로이트의 이론은 모방학습의 중요성을 인식하는 데 공헌하였다. 

03 정신분석이론은 지나치게 결정론적이고, 비합리적인 인간관을 가지고 있다는 비판을 받았다. 

04 운동을 잘 못하는 사람이 공부에 열중하는 행동은 신체화에 해당한다. 

05 해리는 어떤 대상에 피해를 주었을 경우, 취소 또는 무효화하는 것이다. 

06 인간의 모든 정신활동에는 목적이 있으며, 이는 지나온 과거의 발달과정에서 경험한 것에 의해 결정된다고 본다. 

07 생식기에 리비도가 추구하는 방향은 타인이 아닌 자기 자신에게만 국한된다. 

08 유아기에 해결되지 않은 무의식적인 갈등은 성인기에 경험하는 심리적 문제의 중요한 원인이 된다. 

09 방어기제는 정신내적 갈등의 원천을 왜곡, 대체, 차단하기 위해 활용한다. 

10 프로이트 이론은 인간의 성장 잠재력, 사회적 관계에 대한 욕구, 문제해결 능력 등을 과소평가하고 있다는 비판을 받았다. 

답 01× 02× 03○ 04× 05× 06○ 07× 08○ 09○ 10○

해설 **01** 보상은 실제적인 것이든 상상 속의 것이든 자신의 결함을 다른 것으로 보상받기 위해 자신의 강점을 지나치게 강조하는 것을 말한다.
02 모방학습의 중요성을 강조한 학자는 반두라이다.
04 운동을 잘 못하는 사람이 공부에 열중하는 행동은 보상에 해당한다.
05 해리는 의식세계에서 받아들이기 힘든 성격의 일부가 자아의 지배를 벗어나 하나의 독립된 기능을 수행하는 경우를 말한다.
07 구강기에 리비도가 추구하는 방향은 타인이 아닌 자기 자신에게만 국한된다.

005

에릭슨의 심리사회이론

강의 QR코드

1회독 월 일 · 2회독 월 일 · 3회독 월 일

최근 10년간 **11문항** 출제

이론요약

22회 기출 · 21회 기출 · 20회 기출 · 19회 기출

심리사회이론의 특징

- 인간행동의 기초로서 원초아(id)보다 **자아(ego)를 더 강조하며**, 자아는 환경에 대한 유능성과 지배감을 확보하려고 하기 때문에 발달에 중요한 역할을 한다.
- 인간행동은 무의식에 의해서 결정되는 것이 아니라 **의식 수준에서 통제 가능한 자아에 의해서 동기화**된다.
- 발달과정에서 자아에 영향을 주는 **환경적 영향을 중요하게 생각**하였다.
- 발달단계에서 외부 환경에 대처하고 적응하는 과정을 중요하게 다룬다.
- **환경 속의 인간이라는 관점 형성에 크게 기여**하였다.

기본개념

인간행동과 사회환경
pp.55~

심리사회이론의 주요 개념

- 자아정체감: 개인의 자아가 그의 인격체를 통합하는 방식에 있어서 동질성과 연속성이 유지되고 있다는 사실을 인식하는 동시에 자기 존재의 동일성과 독특성을 지속하고 고양시켜 나가는 자아의 자질을 의미한다.
- 점성원리: 발달은 기존의 기초 위에서 이루어지며, 특정 단계의 발달은 이전 단계에서 성취한 발달과업의 영향을 받는다.
- 위기: 각 단계의 심리사회적 위기를 성공적으로 극복하면 긍정적 자아특질이 강화되고, 개인의 성격이 발달한다.

심리사회적 발달단계

- 유아기(출생~18개월): **신뢰감 대 불신감 ➡ 희망**, 주요 관계: 어머니
- 초기 아동기(18개월~3세): **자율성 대 수치심 ➡ 의지**, 주요 관계: 부모
- 학령전기(3~6세): **주도성(솔선성) 대 죄의식 ➡ 목적**, 주요 관계: 가족
- 학령기(아동기, 6~12세): **근면성 대 열등감 ➡ 능력**, 주요 관계: 이웃 및 학교(교사)
- 청소년기(12~20세): **자아정체감 대 역할혼란 ➡ 충성심, 성실성**, 주요 관계: 또래집단
- 성인초기(20~24세): **친밀감 대 고립감 ➡ 사랑**, 주요 관계: 우정 · 애정 · 경쟁 · 협동의 대상들
- 성인기(24~65세): **생산성 대 침체 ➡ 배려**, 주요 관계: 직장동료 및 확대가족
- 노년기(65세 이후): **자아통합 대 절망 ➡ 지혜**, 주요 관계: 인류 및 동족

01 (22-01-01) 에릭슨 이론은 생애주기별 실천개입의 기반을 제공하였다.

02 (22-01-07) 에릭슨의 심리사회적 발달단계에서 주도성 대 죄의식 단계의 성취 덕목은 목적(purpose)이다.

03 (21-01-05) 에릭슨은 개인의 성격은 전 생애를 통하여 발달한다고 보았다.

04 (21-01-05) 에릭슨은 성격발달에 있어서 환경과의 상호작용이 중요하다고 본다.

05 (21-01-05) 에릭슨의 심리사회 발달단계에서 청소년기의 주요 발달과업은 자아정체감 형성이다.

06 (21-01-05) 에릭슨에 따르면, 각 단계의 발달은 이전 단계의 발달을 토대로 이루어진다.

07 (20-01-20) 에릭슨의 발달단계 중 아동기(7~12세)에 발달과업을 성취하지 못할 경우 경험하는 심리사회적 위기는 열등감이다.

08 (19-01-05) 에릭슨 이론은 인간발달에 있어서 유전적 · 생물학적 요인도 영향을 미친다고 보았다.

09 (18-01-09) 에릭슨은 청소년기의 자아정체감 발달을 강조한다.

10 (18-01-09) 에릭슨의 이론은 성격발달에 있어서 환경과의 상호작용이 중요하다고 본다.

11 (18-01-09) 에릭슨은 발달은 점성의 원리에 기초한다고 보았다.

12 (18-01-09) 에릭슨은 각 단계의 발달이 이전 단계의 심리사회적 갈등해결과 통합을 토대로 이루어진다고 보았다.

13 (17-01-04) 에릭슨의 발달단계에서 유아기의 위기는 자율성 대 수치심과 의심, 긍정적 결과는 의지, 주요 관계는 부모이다.

14 (17-01-04) 에릭슨의 발달단계에서 학령전기의 위기는 주도성 대 죄의식, 긍정적 결과는 목적, 주요 관계는 가족이다.

15 (17-01-04) 에릭슨의 발달단계에서 아동기의 위기는 근면성 대 열등감, 긍정적 결과는 능력, 주요 관계는 이웃 및 학교이다.

16 (17-01-04) 에릭슨의 발달단계에서 청소년기의 위기는 자아정체감 대 정체감 혼란, 긍정적 결과는 성실, 주요 관계는 또래집단
이다.

17 (16-01-04) 각 단계의 발달은 이전 단계의 발달을 토대로 이루어진다.

18 (15-01-11) 통합성 대 절망감은 노년기 단계의 심리사회적 위기에 해당하며, 주요 관계는 인류, 동족이다.

19 (14-01-07) 점성원칙에 의하면 인간발달은 최적의 시기가 있고, 모든 단계는 예정된 계획대로 전개된다.

20 (13-01-09) 에릭슨의 심리사회적 이론은 발달단계에서 외부 환경에 대처하고 적응하는 과정을 중요하게 다룬다.

21 (12-01-14) 에릭슨 이론에서 자율성 대 수치심 단계는 프로이트 이론의 항문기에 해당한다.

22 (11-01-11) 에릭슨 이론에 의하면 인간의 행동은 사회적 관심에 대한 욕구, 유능성에 대한 욕구에서 비롯된다.

23 (10-01-06) 에릭슨은 각 단계별 심리사회적 위기를 극복하면 자아특질(ego quality)이 강화된다고 하였다.

24 (09-01-07) 생산성 대 침체의 위기를 성공적으로 해결하면 배려라는 능력을 얻게 된다.

25 (08-01-04) 발달과정에서 경험하는 위기는 긍정적, 부정적 영향을 미친다.

26 (06-01-06) 노년기에는 자아완성 대 절망이라는 심리사회적 위기를 겪는다.

27 (05-01-07) 근면성 대 열등감의 위기를 성공적으로 해결하면 유능성이라는 능력을 얻게 된다.

28 (04-01-05) 에릭슨은 전 생애에 걸친 발달을 주장한다.

29 (03-01-15) 유아기에는 기본적 신뢰감 대 기본적 불신감의 심리사회적 위기를 겪는다.

30 (02-01-03) 자아정체감 대 역할혼란의 단계에서 중요한 사회관계는 또래집단이다.

대표기출 확인하기

21-01-05 · 난이도 ★★★

에릭슨(E. Erikson)의 이론으로 옳지 않은 것은?

① 개인의 성격은 전 생애를 통하여 발달한다.
② 청소년기의 주요 발달과업은 자아정체감 형성이다.
③ 각 단계의 발달은 이전 단계의 발달을 토대로 이루어진다.
④ 성격발달에 있어서 환경과의 상호작용이 중요하다고 본다.
⑤ 학령기(아동기)는 자율성 대 수치와 의심의 심리사회적 위기를 겪는다.

▶ 알짜확인

- 심리사회이론의 특징 및 인간관, 주요 개념, 발달단계를 이해해야 한다.
- 에릭슨의 8단계는 이후에 나오는 개별 생애주기와 연관해 자주 출제되므로 각 단계별 발달과업, 위기를 잘 극복했을 때 얻게 되는 결과, 발달단계의 구분 기준, 해당 단계의 주요한 사회적 환경 등을 꼼꼼하게 학습해야 한다.

답 ⑤

✓ 응시생들의 선택

① 3%	② 2%	③ 2%	④ 5%	⑤ 88%

⑤ 학령기(아동기, 6~12세)는 근면 대 열등의 심리사회적 위기를 겪는다. 자율성 대 수치와 의심의 심리사회적 위기를 경험하는 단계는 초기아동기(18개월~3세)에 해당한다.

관련기출 더 보기

22-01-07 · 난이도 ★★★

에릭슨(E. Erikson)의 심리사회적 발달단계 위기와 성취 덕목(virtue)이 옳게 연결된 것은?

① 근면성 대 열등감 – 성실(fidelity)
② 주도성 대 죄의식 – 목적(purpose)
③ 신뢰 대 불신 – 의지(will)
④ 자율성 대 수치심과 의심 – 능력(competence)
⑤ 정체감 대 정체감 혼란 – 희망(hope)

답 ②

✓ 응시생들의 선택

① 41%	② 50%	③ 3%	④ 4%	⑤ 2%

① 학령기: 근면성 대 열등감 → 능력(유능성)
③ 유아기: 신뢰감 대 불신감 → 희망
④ 초기아동기: 자율성 대 수치심(의심) → 의지
⑤ 청소년기: 자아정체감 대 정체감 혼란 → 성실

에릭슨(E. Erikson)의 이론에 관한 설명으로 옳은 것은?

① 발달에 영향을 미치는 유전적·생물학적 요인을 배제하였다.
② 발달에 영향을 미치는 사회적·문화적 요인을 인정하지 않았다.
③ 성인기 이후의 발달을 고려하지 않았다.
④ 자아(ego)의 자율적, 창조적 기능을 고려하지 않았다.
⑤ 과학적 근거나 경험적 증거가 미흡하다.

답 ⑤

✅ 응시생들의 선택

① 17%	② 8%	③ 11%	④ 12%	⑤ 52%

① 에릭슨 이론은 인간발달에 있어서 유전적·생물학적 요인도 영향을 미친다고 보았다.
② 에릭슨 이론은 사회적·문화적 요인을 배경으로 인간발달을 이해하게 함으로써 정신분석학을 확대, 발전시켰다.
③ 에릭슨 이론은 유아기부터 노년기까지 8단계로 이루어진 발달단계를 제시했다.
④ 에릭슨 이론은 인간행동의 기초로서 원초아(id)보다 자아(ego)를 더 강조한다. 에릭슨은 자아를 성격의 자율적 구조로 보았으며, 자아는 원초아로부터 분화된 것이 아니라 그 자체로 형성되며 환경에 대해 적극적이고 창조적으로 대응한다고 보았다.

에릭슨(E. Erikson)의 이론에 관한 설명으로 옳지 않은 것은?

① 사회적 관심, 창조적 자아, 가족형상 등을 강조한다.
② 청소년기의 자아정체감 발달을 강조한다.
③ 성격 발달에 있어서 환경과의 상호작용이 중요하다고 본다.
④ 각 단계의 발달은 이전 단계의 심리사회적 갈등해결과 통합을 토대로 이루어진다.
⑤ 발달은 점성의 원리에 기초한다.

답 ①

✅ 응시생들의 선택

① 78%	② 6%	③ 5%	④ 6%	⑤ 5%

① 사회적 관심, 창조적 자아, 가족형상 등을 강조한 것은 아들러 이론이다.

에릭슨(E. Erikson)의 심리사회적 발달단계에서 긍정적 결과와 주요 관계의 연결이 옳지 않은 것은?

① 영아기(0~2세, 신뢰감 대 불신감): 지혜 – 어머니
② 유아기(2~4세, 자율성 대 수치심과 의심): 의지 – 부모
③ 학령전기(4~6세, 주도성 대 죄의식): 목적 – 가족
④ 아동기(6~12세, 근면성 대 열등감): 능력 – 이웃, 학교
⑤ 청소년기(12~19세, 자아정체감 대 정체감 혼란): 성실 – 또래집단

답 ①

✅ 응시생들의 선택

① 71%	② 4%	③ 11%	④ 8%	⑤ 6%

① 에릭슨의 심리사회적 발달단계에 의하면 영아기에는 희망이라는 긍정적 결과를 획득하며, 어머니와 주요 관계를 맺는다.

에릭슨(E. Erikson)의 이론에 관한 설명으로 옳은 것을 모두 고른 것은?

> ㄱ. 각 단계의 발달은 이전 단계의 발달을 토대로 이루어진다.
> ㄴ. 사회문화적 환경이 성격 발달에 영향을 미친다.
> ㄷ. 청소년기의 주요 발달과업은 자아정체감 형성이다.
> ㄹ. 인간의 발달은 전 생애에 걸쳐 일어난다.

① ㄱ, ㄴ　　　　　② ㄱ, ㄷ
③ ㄷ, ㄹ　　　　　④ ㄱ, ㄴ, ㄹ
⑤ ㄱ, ㄴ, ㄷ, ㄹ

답 ⑤

✅ 응시생들의 선택

① 1%	② 2%	③ 2%	④ 5%	⑤ 90%

에릭슨의 심리사회이론에 의하면 발달은 신체적·심리적·사회적 속성을 지니며, 전체 생애에 걸쳐 일어난다고 보았다. 또한 발달과정에서 자아에 영향을 주는 환경적 영향을 중요하게 생각하였으며, 특정 단계의 발달은 이전 단계에서 성취한 발달과업의 영향을 받는다고 보았다.

에릭슨(E. Erikson) 이론의 주요 개념과 그에 관한 설명으로 옳은 것은?

① 전이: 치료자가 클라이언트의 문제를 자신에게 투사하는 것이다.
② 창조적 자기: 개인이 인생의 목표를 직시하고 결정하는 능력이다.
③ 페르소나: 자아의 가면으로 개인이 외부세계에 내보이는 이미지이다.
④ 집단무의식: 모든 개인의 정신이 공통으로 가지고 있는 하부구조를 일컫는다.
⑤ 점성원칙: 인간발달은 최적의 시기가 있고, 모든 단계는 예정된 계획대로 전개된다.

답 ⑤

✔ 응시생들의 선택

① 4%	② 13%	③ 22%	④ 2%	⑤ 59%

① 전이: 프로이트 이론의 주요 개념에 해당한다. 전이는 치료과정에서 클라이언트가 치료자에게 보이는 정서적 반응이다.
② 창조적 자기: 아들러 이론의 주요 개념에 해당한다. 창조적 자기는 목표를 직시하고 결정하며, 선택하고 개인의 목표와 가치관에 부합하는 모든 종류의 배려를 나타내는 능력이다.
③ 페르소나: 융 이론의 주요 개념에 해당한다. 페르소나는 자아의 가면, 즉 사회적으로 자신에게 주어진 역할과 기대에 부응하기 위해 취하는 태도나 모습이다.
④ 집단무의식: 융 이론의 주요 개념에 해당한다. 개인적 경험과는 상관없이 조상 또는 종족 전체의 경험 및 생각과 관계된 원시적 감정, 공포, 사고, 원시의 성향 등을 포함하는 무의식을 말한다. 모든 인류에게 공통적으로 유전된 무의식이다.

에릭슨(E. Erikson)의 심리사회적 이론의 기본가정에 관한 설명으로 옳지 않은 것은?

① 발달은 점성원칙을 따른다.
② 인간의 공격성과 성적 충동의 영향력을 강조한다.
③ 인간을 합리적이고, 이성적이며, 창조적인 존재로 간주한다.
④ 인간행동은 의식 수준에서 통제 가능한 자아(ego)에 의해 동기화된다.
⑤ 발달단계에서 외부 환경에 대처하고 적응하는 과정을 중요하게 다룬다.

답 ②

✔ 응시생들의 선택

① 2%	② 55%	③ 21%	④ 20%	⑤ 2%

② 프로이트의 정신분석이론에 해당하는 설명이다.

에릭슨(E. Erikson)의 심리사회적 위기와 프로이트(S. Freud)의 심리성적발달 단계의 연결이 옳은 것은?

① 자율성 대 수치심 – 생식기
② 근면성 대 열등감 – 남근기
③ 신뢰감 대 불신감 – 구강기
④ 친밀감 대 고립감 – 항문기
⑤ 정체감 대 정체감 혼란 – 잠재기

답 ③

✔ 응시생들의 선택

① 3%	② 5%	③ 88%	④ 1%	⑤ 3%

① 자율성 대 수치심 – 항문기
② 근면성 대 열등감 – 잠재기(잠복기)
④ 친밀감 대 고립감 – 생식기
⑤ 정체감 대 정체감 혼란 – 생식기

다음 내용이 **왜 틀렸는지**를 확인해보자

18-01-09

01 에릭슨 이론은 사회적 관심, 창조적 자아, 가족형상 등을 강조한다.

> 사회적 관심, 창조적 자아, 가족형상 등을 강조한 것은 아들러 이론이다.

13-01-09

02 심리사회적 이론은 인간의 공격성과 성적 충동의 영향력을 강조한다.

> 에릭슨의 심리사회이론이 아닌 프로이트의 정신분석이론에 해당하는 설명이다.

03 에릭슨 이론은 발달과정을 5단계로 제시하고 있다.

> 에릭슨 이론은 발달과정을 8단계로 제시하고 있다. 에릭슨의 8단계는 부분적으로는 프로이트가 제안한 단계에 근거하지만, 또 부분적으로는 에릭슨의 광범위한 문화연구에 기초한다.

04 에릭슨은 노년기의 중요한 발달과업으로 친밀감 형성을 들고 있다.

> 에릭슨은 성인초기의 중요한 발달과업으로 친밀감 형성을 들고 있다. 노년기는 더 이상 자신이 사회에 필요한 존재가 아니라는 사실을 인식하며 자아통합이라는 과업에 직면하게 된다.

05 발달단계 중 5단계는 어느 때보다 경제적으로 안정되어 있고 다양한 삶의 경험을 통해 지혜를 터득하며 가정과 사회에서 중요한 역할을 수행하는 인생의 황금기이다.

> 경제적으로 안정되어 있고 다양한 삶의 경험을 통해 지혜를 터득하며 가정과 사회에서 중요한 역할을 수행하는 인생의 황금기는 7단계인 성인기(중년기)이다. 발달단계 중 5단계는 청소년기이다.

06 에릭슨은 부모가 아동의 성격발달에 주는 영향을 매우 강조하였다.

> 부모가 아동의 성격발달에 주는 영향을 강조한 것은 프로이트이다. 반면, 에릭슨은 개인과 부모의 관계를 비롯해서 가족에게 영향을 미친 역사적·사회적 상황에까지 관심을 갖는다.

22-01-07

01 에릭슨의 심리사회발달 8단계 중 학령기의 심리사회적 위기는 근면성 대 (　　　　　)이다.

02 에릭슨에 의하면 성격은 (　　　　　)의 지배력과 사회적인 지지로 형성된다.

03 성인기에는 직장 및 가족과의 관계 속에서 (① 　　　　　) 대 침체라는 심리사회적 위기를 겪으며, 이 위기를 극복함으로써 (② 　　　　　)(이)라는 자아특질을 획득해나간다.

04 (　　　　　)은/는 개인의 자아가 그의 인격체를 통합하는 방식에 있어서 동질성과 연속성이 유지되고 있다는 사실을 인식하는 동시에 자기 존재의 동일성과 독특성을 지속하고 고양시켜 나가는 자아의 자질을 의미한다.

17-01-04

05 에릭슨의 심리사회적 발달단계에 의하면 영아기(0~2세, 신뢰감 대 불신감)에는 (　　　　　)(이)라는 긍정적 결과를 획득하며, 어머니와 주요 관계를 맺는다.

14-01-07

06 인간발달은 (　　　　　)을/를 따르며, 이는 8단계의 단계별 성격이 앞서 전개된 발달단계의 결과로부터 발달한다는 것을 의미한다.

14-01-14

07 에릭슨의 발달단계 중 4단계인 학령기는 프로이트 발달단계의 (　　　　　)에 해당한다.

08 8단계인 노년기에는 (① 　　　　　)을/를 추구하며, 심리사회적 위기를 잘 극복하면 (② 　　　　　)(이)라는 자아특질을 획득한다.

13-01-09

09 인간행동은 의식 수준에서 통제 가능한 (　　　　　)에 의해 동기화된다.

15-01-11

10 에릭슨의 발달단계 중 자율성 대 수치심의 심리사회적 위기를 겪는 단계에서의 주요 관계는 (　　　　　)이다.

답 **01** 열등감　**02** 자아　**03** ① 생산성 ② 배려　**04** 자아정체감　**05** 희망　**06** 점성원리　**07** 잠복기　**08** ① 자아통합 ② 지혜　**09** 자아　**10** 부모

다음 내용이 옳은지 그른지 판단해보자

19-01-05

01 에릭슨 이론은 과학적 근거나 경험적 증거가 미흡하다는 비판을 받기도 했다. ◎ ✕

14-01-14

02 에릭슨의 자율성 대 수치와 의심 단계는 프로이트의 항문기 단계이다. ◎ ✕

10-01-06

03 에릭슨은 각 단계별 심리사회적 위기를 극복하면 부정적 자아특질이 강화된다고 하였다. ◎ ✕

04 에릭슨은 유아기부터 노년기까지 성격발달을 전 생애로 확장했다. ◎ ✕

05 인간행동의 기초로서 원초아(id)보다 자아(ego)를 더 강조한다. ◎ ✕

06 에릭슨에 의하면 자아는 그 자체로 형성되며 환경에 대해 적극적이고 창조적으로 대응한다. ◎ ✕

11-01-11

07 인간의 행동은 사회적 관심에 대한 욕구, 유능성에 대한 욕구에서 비롯된다. ◎ ✕

08 에릭슨의 심리사회이론은 인간의 정상적인 위기와 사건을 좀 더 정확하게 이해할 수 있는 준거틀을 제시한다. ◎ ✕

09 에릭슨은 원초아의 에너지가 현실세계에서 만족을 추구하는 데 사용되기 시작하면서 자아가 원초아에서 분화된 것으로 보았다. ◎ ✕

10-01-06

10 에릭슨은 성격발달에서 유전적 요인의 영향력을 배제하였다. ◎ ✕

답 01 ◯ 02 ◯ 03 ✕ 04 ◯ 05 ◯ 06 ◯ 07 ◯ 08 ◯ 09 ✕ 10 ✕

해설 **03** 에릭슨은 각 단계별 심리사회적 위기를 극복하면 긍정적 자아특질이 강화되고, 반대로 갈등이 지속되거나 만족스럽게 해결되지 못하면 자아의 발달은 손상을 입게 되고 부정적 자아특질이 강화된다고 보았다.
09 에릭슨은 자아가 원초아에서 분화된 것이 아니라 그 자체로 형성된 것으로 보았다.
10 에릭슨은 사회적 요인이 성격발달에 미치는 영향을 강조하는 심리사회적 이론을 제시하였으나 유전적 요인의 영향력을 배제하지는 않았다.

006

아들러의 개인심리이론

강의 QR코드

1회독 월 일 · 2회독 월 일 · 3회독 월 일

최근 10년간 **8문항** 출제

복습 1 이론요약

 23회 기출  22회 기출  20회 기출  19회 기출

개인심리이론의 특징

- 열등감과 보상을 위한 노력이 모든 발달의 근원이 된다고 보았다.
- 유전인자나 타고난 환경 등의 선천적인 요인보다는 **우리가 가진 능력을 어떻게 활용하는지가 더 중요**하다고 본다.
- 가치, 신념, 태도, 목표, 관심, 현실적 지각과 같은 내적 결정인자를 강조하는 인간관, 총체적이고 사회적이며, 목표지향적인 인간관이 특징이다.
- 인간을 합리적이고 창조적인 존재로 본다.
- 개인의 창조적 자아의 중요성을 강조한다.

기본개념

인간행동과 사회환경
pp.66~

개인심리이론의 주요 개념

- 열등감: 모든 인간으로 하여금 무언가를 추구할 수 있는 동기가 되며, 아들러는 자기완성을 위한 필수요인으로 열등감을 제시함으로써 열등감을 긍정적인 것으로 보았다.
- 보상: 좀 더 나은 상태로 나아가기 위해 신체적 · 정신적인 기술을 훈련하여 부족한 점을 충족하려는 시도를 말한다.
- 우월성 추구: 인간생활의 궁극적인 목적은 바로 우월하게 되는 것이며, 우월은 모든 인간이 갖는 기본적인 동기로서 선천적이다.
- 생활양식: 개인의 독특한 특징을 포괄하는 개념이며, 개인의 생활양식은 생각하고 느끼고 행동하는 모든 것의 기초가 된다. **생활양식의 유형에는 지배형, 획득형, 회피형, 사회적으로 유용한 유형**이 있다.
  - 지배형: 활동 수준 높음, 사회적 관심 낮음. 활동적인 반면, 독단적 · 공격적
  - 획득형: 활동 수준 중간, 사회적 관심 낮음. 기생적 · 의존적인 방식으로 욕구를 충족
  - 회피형: 활동 수준 낮음, 사회적 관심 낮음. 성공에 대한 욕구보다 실패에 대한 두려움이 더 큼
  - 사회적으로 유용한 유형: 활동 수준 높음, 사회적 관심 높음. 심리적으로 건강한 사람
- 사회적 관심: 각 개인이 이상적인 공동사회의 목표를 달성하고자 할 때 사회에 공헌하려는 성향을 말한다.
- 창조적 자기: 목표를 직시하고 결정하고 선택하고, 개인의 목표와 가치관에 부합하는 모든 종류의 배려를 나타내는 능력을 의미한다.

01 (23-01-07) 우월에 대한 추구는 선천적으로 타고나는 것이다.

02 (23-01-07) 가상적 목표(fictional finalism)는 어려움에 부딪힐 때 효과적으로 대처하는 데 도움이 된다.

03 (22-01-06) 아들러는 인간을 목표지향적 존재로 본다.

04 (20-01-06) 지배형 생활양식은 사회적 관심은 낮으나 활동수준이 높은 유형이다.

05 (20-01-06) 아들러 이론에서 개인이 궁극적으로 추구하는 목적은 가상적 목표이다.

06 (20-01-06) 아들러는 인간을 목적론적 존재로 보았다.

07 (20-01-06) 아들러는 아동에 대한 방임은 병적 열등감을 초래할 수 있다고 보았다.

08 (19-01-01) 아들러의 이론은 인간을 하나의 통합된 유기체로 인식하는 데 공헌하였다.

09 (19-01-07) 개인이 추구하는 목표는 현실에서 검증하기 어려운 가상적 목표이다.

10 (19-01-07) 아들러 이론에 의하면 사회적 관심은 선천적으로 타고 나는 것이다.

11 (18-01-10) 아들러에 의하면 출생순위, 가족과 형제관계에서의 경험은 생활양식에 영향을 준다.

12 (16-01-08) 인간은 자신의 삶을 스스로 창조해갈 수 있는 능동적인 존재이다.

13 (15-01-10) 아들러의 생활양식 유형 중 지배형은 사회적 관심이 적고 활동수준이 높아 독단적이고 공격적이며 자신의 욕구를 충족시킨다.

14 (13-01-04) 개인의 성장과 발달은 열등감을 극복하려는 시도에서 나온다.

15 (11-01-21) 아들러에 의하면 우월의 목표에는 긍정적 경향과 부정적 경향 모두가 포함될 수 있다.

16 (10-01-07) 아들러 이론에서 창조적 자기는 성격형성에서 개인의 자유와 선택을 강조하는 개념이다.

17 (09-01-08) 아들러에 의하면 우월에 대한 추구는 개인적·사회적 수준에서 나타난다.

18 (08-01-05) 열등감은 주관적이고 상대적인 것으로 누구나에게 존재한다.

19 (07-01-20) 아들러 이론에서 생활양식은 생의 목표를 이루기 위한 지침 및 좌표, 자신이 만들어가는 독특한 방식을 말한다.

20 (06-01-07) 아들러의 개인심리학은 개인의 자아가 창조적인 힘을 가지고 있고 자기 삶을 결정할 수 있다는 관점을 갖는다.

21 (05-01-09) 아들러는 개인이 지닌 창조적 힘이 인간 본성을 결정한다고 본다.

22 (04-01-06) 아들러 이론은 사회적인 요인이 성격에 미치는 영향을 강조한다.

23 (03-01-06) 아들러 이론의 주요 개념으로는 우월성의 추구, 생활양식 등이 있다.

24 (02-01-04) 아들러 이론의 주요 개념으로는 열등감과 보상, 생활양식, 창조적 자아, 가족형상 등이 있다.

대표기출 확인하기

23-01-07   난이도 ★★☆

아들러(A. Adler)의 이론에 관한 설명으로 옳지 않은 것은?

① 인간은 사회적 관심에 의해 동기화된다.
② 출생순위는 성격형성에 영향을 준다.
③ 우월에 대한 추구는 선천적으로 타고나는 것이다.
④ 성격유형을 태도와 기능의 조합에 따라 구분했다.
⑤ 가상적 목표(fictional finalism)는 어려움에 부딪힐 때 효과적으로 대처하는 데 도움이 된다.

 **알짜확인**

- 창조적 자기, 열등감, 사회적 관심, 생활양식(성격유형) 등 아들러가 제시한 주요 개념들을 살펴봐야 한다.
- 아들러는 성격구조나 발달단계를 제시하지 않았다는 점에 주의하자.

답 ④

✅ **응시생들의 선택**

① 5%	② 7%	③ 17%	④ 56%	⑤ 15%

④ 성격유형을 자아의 태도와 정신기능으로 구분한 학자는 융이다. 융은 자아의 태도를 외향형(E)과 내향형(I)으로 나누었고, 자아의 정신기능을 비합리적 기능인 감각형(S)과 직관형(N), 합리적 기능인 사고형(T)과 감정형(F)으로 나누었다.

관련기출 더 보기

22-01-06   난이도 ★★☆

아들러(A. Adler)의 이론에 관한 설명으로 옳은 것은?

① 성격은 점성원리에 따라 발달한다.
② 개인의 창조성을 부정한다.
③ 무의식적 결정론을 고수하고 있다.
④ 유전적 · 환경적 요인의 중요성을 배제한다.
⑤ 인간을 목표지향적 존재로 본다.

답 ⑤

✅ **응시생들의 선택**

① 15%	② 3%	③ 4%	④ 3%	⑤ 75%

① 점성원리는 에릭슨 심리사회이론의 특징이다.
② 아들러는 인간을 창조적인 존재로 보았다(창조적 자기).
③ 아들러는 인간행동의 동기를 무의식이 아닌 열등감으로 보았다.
④ 아들러는 열등감 및 생활양식 등과 관련하여 유전적 · 환경적 요인을 중요하게 고려하였다.

19-01-07   난이도 ★★★

아들러(A. Adler)의 이론에 관한 설명으로 옳지 않은 것은?

① 개인이 지닌 창조성과 주관성을 강조한다.
② 위기와 전념을 기준으로 생활양식을 4가지 유형으로 구분하였다.
③ 열등감은 모든 인간이 지닌 보편적인 감정이다.
④ 사회적 관심은 선천적으로 타고 나는 것이다.
⑤ 개인이 추구하는 목표는 현실에서 검증하기 어려운 가상적 목표이다.

답 ②

✅ **응시생들의 선택**

① 2%	② 23%	③ 3%	④ 31%	⑤ 41%

② 아들러는 생활양식을 사회적 관심과 활동수준에 따라 지배형, 획득형, 회피형, 사회적으로 유용한 유형 등 4가지 유형으로 구분하였다.

아들러(A. Adler)의 이론에 관한 설명으로 옳은 것을 모두 고른 것은?

> ㄱ. 인간을 사회적 존재로 보았다.
> ㄴ. 인간의 성격발달 단계를 제시하였다.
> ㄷ. 출생순위, 가족과 형제관계에서의 경험은 생활양식에 영향을 준다.

① ㄱ
② ㄴ
③ ㄷ
④ ㄱ, ㄴ
⑤ ㄱ, ㄷ

답 ⑤

✔ 응시생들의 선택

① 3%	② 1%	③ 12%	④ 4%	⑤ 80%

ㄴ. 아들러는 성격구조나 발달단계를 제시하지는 않았다. 대신에 부모와 자녀와의 관계, 가족의 크기, 형제와의 관계, 가족 내에서의 아동의 출생순위 등 다양한 요소들이 성격의 발달에 영향을 준다고 주장하면서 잘못된 생활양식을 왜곡시킬 수 있는 상황을 설명하였다.

아들러(A. Adler)의 생활양식 유형 중 '지배형'에 관한 설명으로 옳은 것은?

① 사회적 관심이 적고 활동수준이 높아 독단적이고 공격적이며 자신의 욕구를 충족시킨다.
② 사회적 관심과 활동수준이 높아 자신과 타인의 욕구를 동시에 충족시키며 인생과업을 완수한다.
③ 사회적 관심과 활동수준이 낮은 유형으로 성공보다 실패하는 것을 더 두려워한다.
④ 기생적인 방법으로 외부세계와 관계를 맺으며 다른 사람에게 의존하여 자신의 욕구를 충족시킨다.
⑤ 사회적 관심이 많고 활동수준이 낮으며 타인의 안녕에 관심이 많다.

답 ①

✔ 응시생들의 선택

① 86%	② 10%	③ 1%	④ 2%	⑤ 1%

② 아들러의 생활양식 유형 중 사회적으로 유용한 유형에 해당한다.
③ 아들러의 생활양식 유형 중 회피형에 해당한다.
④ 기생적인 방법으로 외부세계와 관계를 맺으며 다른 사람에게 의존하여 자신의 욕구를 충족시키는 것은 획득형에 해당한다.
⑤ 아들러의 생활양식 유형에 해당하지 않는다.

아들러(A. Adler) 이론에 관한 설명으로 옳지 않은 것은?

① 인간행동의 객관성과 보편성을 강조한다.
② 인간을 하나의 통합된 유기체로 인식한다.
③ 출생순위는 생활양식 형성에 영향을 미친다.
④ 사회적 관심은 선천적이지만 의식적인 개발을 필요로 한다.
⑤ 개인의 성장과 발달은 열등감을 극복하려는 시도에서 나온다.

답 ①

✔ 응시생들의 선택

① 61%	② 11%	③ 4%	④ 21%	⑤ 4%

① 아들러는 인간행동에 유전적 요인과 환경적 요인이 영향을 미치며, 이러한 요인의 중요성을 배제하지는 않았지만 개인의 주관적 판단과 능동적 선택을 더 중요하게 고려하였다. 이런 맥락에서 인간행동의 객관성과 보편성을 강조했다기보다는 인간행동에 있어서 주관성과 창조적 자아의 중요성을 더 강조했다고 볼 수 있다.

아들러(A. Adler)의 이론에 관한 설명으로 옳은 것은?

① 우월의 목표에는 긍정적 경향과 부정적 경향 모두가 포함될 수 있다.
② 개인은 환경을 객관적으로 파악하고 객관적 믿음에 따라 행동한다.
③ 치료목표는 증상의 경감이나 제거에 있다.
④ 기본적인 생활양식은 4~5세경에 형성되며 그 이후 지속적으로 변화한다.
⑤ 인간은 자신의 삶을 스스로 만들어 나가기 어려운 의존적 존재이다.

답 ①

✔ 응시생들의 선택

① 55%	② 9%	③ 5%	④ 29%	⑤ 2%

② 인간은 창조적 자기에 의해 자신의 관점으로 해석한다고 보았다.
③ 치료목표는 열등감 극복, 우월성 추구, 생활양식 수정, 사회적 관심 확장, 잘못된 동기의 수정 등으로 정리할 수 있다.
④ 아들러는 4~5세경에 형성된 생활양식은 거의 변하지 않는다고 보았다.
⑤ 아들러는 창조적 인간관을 견지하며 인간은 스스로 자신의 삶을 선택하고 만들어갈 수 있다고 보았다.

다음 내용이 **왜 틀렸는지**를 확인해보자

18-01-10

01 아들러 이론은 인간의 성격발달 단계를 제시하였다.

> 아들러 이론은 성격구조나 발달단계를 제시하지 않았다.

15-01-10

02 생활양식 유형 중 회피형은 독단적이고 공격적이며 활동적이지만, 사회적인 인식이나 관심은 거의 없다.

> 독단적이고 공격적이며 활동적이지만, 사회적인 인식이나 관심이 거의 없는 유형은 지배형이다. 회피형은 사회적 관심도 거의 없고 인생에 참여하려 하지도 않는다.

03 아들러 이론에 의하면 열등감은 개인의 독특한 특징을 포괄하는 개념이며, 생각하고 느끼고 행동하는 모든 것의 기초가 된다.

> 아들러 이론에서 제시된 개념 중 생활양식에 대한 설명이다.
> 열등감은 개인이 잘 적응하지 못하거나 해결할 수 없는 문제에 직면했을 때 생기는 것으로써 좀 더 안정을 추구하려는 데서 생겨난다.

04 아들러가 강조한 것은 주관적 열등감이 아니라 객관적 열등감이다.

> 아들러가 강조한 것은 객관적 열등감이 아니라 주관적 열등감이다.

05 아들러 이론은 인간발달에 있어서 유전인자나 타고난 환경 등의 선천적인 요인이 중요하다고 본다.

> 아들러 이론은 인간발달에 있어서 유전인자나 타고난 환경 등의 선천적인 요인보다는 우리가 가진 능력을 어떻게 활용하는지가 더 중요하다고 본다.

04-01-06

06 아들러의 개인심리이론에 의하면 인간의 생애초기 경험의 영향력은 매우 약하다.

> 아들러는 프로이트의 정신역동이론이 생물학적 요인이나 본능을 지나치게 강조한다고 생각하여 그의 이론에 반대했지만, 생애초기의 경험이 성인기에 많은 영향을 준다는 믿음은 공통적이다.

빈칸에 들어갈 알맞은 말을 채워보자

19-01-07

01 아들러는 생활양식을 (   )와/과 활동수준에 따라 지배형, 획득형, 회피형, 사회적으로 유용한 유형 등 4가지 유형으로 구분하였다.

16-01-08

02 (   )은/는 각 개인이 이상적인 공동사회의 목표를 달성하고자 할 때 사회에 공헌하려는 성향을 말한다.

13-01-04

03 아들러의 이론에서는 인간을 하나의 통합된 (   )(으)로 인식한다.

04 (   )은/는 잠재력을 발휘하도록 인간을 자극하는 건전한 반응이다.

09-01-08

05 (   )은/는 목표를 직시하고 결정하고, 선택하고, 개인의 목표와 가치관에 부합하는 모든 종류의 배려를 나타내는 능력을 의미한다.

06 기생적인 방법으로 외부세계와 관계를 맺으며 다른 사람에게 의존하여 대부분의 욕구를 충족하는 성격특성은 생활양식 유형 중 (   )에 해당한다.

20-01-06

07 (   ) 생활양식은 사회적 관심은 낮으나 활동 수준은 높은 유형이다.

 **답**   **01** 사회적 관심   **02** 사회적 관심   **03** 유기체   **04** 보상   **05** 창조적 자기   **06** 획득형   **07** 지배형

다음 내용이 옳은지 그른지 판단해보자

01 열등감은 보다 나은 자기완성의 의지를 약화시키는 요소이다. ◎ ⊗

02 프로이트와의 차이점은 과거에 대한 탐색에 초점을 두는 것이 아니라 과거 경험이 현재에 미치는 영향에 더 관심을 두었다는 것이다. ◎ ⊗

03 아들러는 부모와 자녀와의 관계, 가족의 크기, 형제와의 관계, 가족 내에서의 아동의 출생순위 등이 성격의 발달에 영향을 준다고 주장하였다. ◎ ⊗

04 아들러는 생활양식을 형성함에 있어서 가족 밖에서의 경험이 중요하다고 보았다. ◎ ⊗

05 창조적 자기는 성격형성에서 개인의 자유와 선택을 강조하는 개념이다. ◎ ⊗

06 생활양식 유형 중 사회적으로 유용한 유형은 사회적 관심이 많아서 자신과 타인의 욕구를 충족시키는 한편 인생과업을 완수하기 위해 다른 사람들과 협동한다. ◎ ⊗

07 출생순위가 성격형성에 미치는 영향은 형제자매의 수와는 관련이 없다. ◎ ⊗

08 아들러는 인간을 합리적이고 창조적인 존재로 보며, 개인의 창조적 자아의 중요성을 강조한다. ◎ ⊗

09 생활양식은 개인적인 관점이나 개인 고유의 목표를 추구하는 행동들로 구성된다. ◎ ⊗

10 아들러는 인간은 항상 좀 더 나아지기를 원하기 때문에 본질적으로 열등감을 경험하게 된다고 보았다. ◎ ⊗

답 01× 02○ 03○ 04× 05○ 06○ 07× 08○ 09○ 10○

해설 **01** 열등감은 모든 인간으로 하여금 무언가를 추구할 수 있는 동기가 되며, 아들러는 자기완성을 위한 필수요인으로 열등감을 제시함으로써 열등감을 긍정적인 것으로 보았다.
04 가족 내에서의 경험을 중요시하였다.
07 출생순위가 성격형성에 미치는 영향은 형제자매의 수와도 관련이 있다.

빈출

007 융의 분석심리이론

강의 QR코드

1회독	2회독	3회독
월 일	월 일	월 일

최근 10년간 **9문항** 출제

복습 **1**

이론요약

 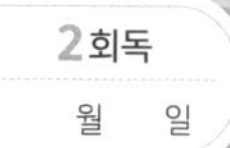
22회 기출 21회 기출 20회 기출 19회 기출

분석심리이론의 특징

- **인간행동은** 의식과 무의식의 상반되는 두 가지 힘에 의해서 형성된다.
- 인간은 **자기실현을 위해 앞으로 나아가고자 하는 경향을 지닌 성장지향적 존재**이다.
- 인간을 무의식의 영향을 받지만 **의식에 의해 조절될 수 있는 가변적 존재**로 보았다.
- 인간행동은 과거에 의해 일정 부분 결정되지만, 미래의 목표와 가능성에 따라 조정된다.
- 융은 성격 발달을 개성화의 과정을 통한 자기실현과정이라고 본다.

기본개념

인간행동과 사회환경
pp.74~

분석심리이론의 주요 개념

- 자아(ego): 의식의 심층을 형성하고 있는 의식적 마음으로, 우리가 의식할 수 있는 지각, 기억, 사고, 감정 등이다.
- 자기(self): 의식과 무의식의 세계를 모두 포괄하는 진정한 나를 의미하며 통합성을 추구하는 원형이다.
- 원형: 인간이면 누구나 정신에 존재하는 인간정신의 보편적이고 근본적인 핵이다.
- 페르소나: **자아의 가면**, 사회적으로 자신에게 주어진 역할과 기대에 부응하기 위해 취하는 태도나 모습을 말한다.
- 아니마와 아니무스: **남성이 억압시킨 여성성을 아니마(anima)라고 하고, 여성이 억압시킨 남성성을 아니무스(animus)라고 한다.**
- 음영: 동물적 본성을 포함하여 스스로 의식하기 싫은 자신의 부정적 측면을 말한다.
- 개성화: 고유한 자기 자신이 되는 것으로서 무의식적 내용을 의식화하고 통합해 가는 과정이다.
- 리비도: 인생 전반에 걸쳐 작동하는 생활에너지 혹은 모든 지각, 사고, 감정, 충동의 원천이 되는 에너지로 간주한다.
- 콤플렉스: 특수한 종류의 감정으로 이루어진 무의식 속의 관념덩어리(정서, 기억, 사고의 집합)이다.

융의 무의식 구분

- 개인무의식: 본질적으로 의식 속에 더 이상 남아 있지는 않지만 쉽게 의식의 영역으로 떠오를 수 있는 자료의 저장소를 의미한다. 개개인의 과거 경험으로부터 형성되며, 무의식의 상부(표면)에 위치한다.
- 집단무의식: 개인적 경험과는 상관없이 조상 또는 종족 전체의 경험 및 생각과 관계된 원시적 감정, 공포, 사고, 성향 등을 포함하는 무의식을 의미한다. 성격구조 중 접촉하기 어려운 가장 깊은 수준, 즉 정신의 심층(하부)에 위치한다.

자아의 태도

융은 자아의 기본적인 태도가 태어날 때부터 결정된다고 보고, 이를 외향성과 내향성으로 구분했다.
- 외향성(E): 리비도가 주로 외부 대상을 향함
- 내향성(I): 리비도가 주로 내적 성찰을 향함

자아의 정신기능

▶ 비합리적 기능
- 감각형(S): 오감에 의존하며 실제의 경험을 중시한다. 지금, 현재에 초점을 두며, 정확하고 철저하게 일을 처리한다.
- 직관형(N): 육감, 영감에 의존한다. 미래지향적이고 가능성과 의미를 추구한다. 신속하고 비약적으로 일을 처리한다.

▶ 합리적 기능
- 사고형(T): 진실과 사실에 큰 관심을 가진다. 논리적이고 분석적이며 객관적으로 판단한다.
- 감정형(F): 사람과 관계에 큰 관심을 가진다. 상황적이며 정상을 참작한 설명을 한다.

01 (22-01-01) 융 이론은 중년기 이후의 발달을 이해하는데 도움을 제공하였다.

02 (22-01-09) 융은 개성화를 통한 자기실현과정을 중요시하였다.

03 (21-01-13) 융은 무의식을 개인무의식과 집단무의식으로 구분하였다.

04 (21-01-13) 그림자(shadow)는 인간에게 있는 동물적 본성을 포함하는 부정적인 측면이다.

05 (21-01-13) 페르소나(persona)는 개인이 외부세계에 보여주는 이미지 혹은 가면이다.

06 (20-01-05) 자아의 정신기능에서 판단이나 평가를 필요로 하는 기능인 '사고'와 '감정'은 합리적 기능이다.

07 (19-01-06) 융은 과거의 사건 및 미래에 대한 열망이 성격발달에 동시에 영향을 미친다고 보았다.

08 (19-01-06) 성격발달은 개성화를 통한 자기실현의 과정이다.

09 (19-01-06) 자기(self)는 중년기 이후에 나타나는 원형(archetype)이다.

10 (19-01-06) 리비도(libido)는 전반적인 삶의 에너지를 말한다.

11 (18-01-06) 페르소나(persona)는 개인이 외부 세계에 보여주는 이미지이며, 사회적 요구에 대한 반응이다.

12 (17-01-07) 융 이론의 성격특성 중 외향형은 정신에너지(리비도)가 외부세계를 향하고 있다.

13 (17-01-07) 융 이론의 성격특성 중 사고형은 객관적인 진실과 원리원칙에 의해 판단하며 논리적, 분석적이고 규범과 기준을 중시한다.

14 (16-01-11) 융 이론에 의하면 인간은 자신의 일부로 받아들이기 꺼리는 그림자(shadow)를 가지고 있다.

15 (15-01-08) 자아(ego)는 의식과 무의식을 결합시키는 원형적인 심상이며, 의식은 자아에 의해 지배된다.

16 (15-01-19) 융 이론에 따르면 장년기에는 자아가 발달하고 외부세계에 대처하는 역량을 발휘한다.

17 (13-01-07) 융은 자기실현을 인간발달의 궁극적 목표로 보았다.

18 (12-01-13) 융 이론에서 페르소나는 자아의 가면으로서 개인이 외부에 보이는 이미지이다.

19 (11-01-03) 융은 성격의 발달을 자기실현의 과정으로 보았다.

20 (10-01-04) 융은 프로이트의 성적 에너지인 리비도의 개념을 확장시켜 창의적인 생활력으로 보았다.

21 (08-01-06) 융의 성격구조에서 개성화는 중년에 외형적인 특성을 내적으로 돌리는 과정이다.

22 (07-01-18) 분석심리이론은 의식의 세계와 무의식의 세계가 융화되어 양쪽이 모두 자유롭게 발달되도록 허용되어야 한다는 관점을 갖고 있다.

23 (06-01-08) 융에 의하면 콤플렉스는 특수한 종류의 감정으로 이루어진 무의식의 관념덩어리이다.

24 (05-01-08) 아니무스는 여자의 무의식에 존재하는 남성적인 면을 말한다.

25 (04-01-07) 융의 심리유형 중에서 사고형과 감정형은 합리적이고, 감각형과 직관형은 비합리적이다.

26 (02-01-05) 아니마는 남자의 여성적인 면을, 아니무스는 여성의 남성적인 면을 말한다.

27 (01-01-03) 아니무스는 여성이 남성화하려는 개념이다.

대표기출 확인하기

22-01-09   난이도 ★★☆

융(C. Jung)의 이론에 관한 설명으로 옳은 것은?

① 정신분석(psychoanalysis)이론이라 불린다.
② 사회적 관심과 활동수준을 기준으로 심리적 유형을 8가지로 구분하였다.
③ 발달단계에 관하여 언급하지 않았다는 특징을 지니고 있다.
④ 개성화(individuation)를 통한 자기실현과정을 중요시하였다.
⑤ 성격형성에 있어서 창조적 자기(creative self)의 역할을 강조하였다.

알짜확인

- 분석심리이론의 특징 및 인간관을 비롯해 자아, 자기, 무의식, 음영, 페르소나 등 주요 개념을 이해해야 한다.
- 융의 중년기 개성화 과정은 이후 중년기의 특징에 관한 문제에서도 자주 등장한다.

답 ④

응시생들의 선택

① 8%	② 5%	③ 10%	④ 72%	⑤ 5%

① 융의 이론은 분석심리이론으로 불린다.
② 사회적 관심과 활동수준을 기준으로 생활양식 유형을 4가지(사회적으로 유용한 형, 지배형, 획득형, 회피형)로 나눈 것은 아들러이다. 융은 인간의 심리적 유형(성격유형)을 자아성향(외향형, 내향형)과 정신기능(사고, 감정, 직관, 감각)이라는 2가지 기준을 근거로 분류하였다.
③ 융은 성격발달을 아동기,청년기 및 성인초기, 중년기, 노년기의 4단계로 기술하였다.
⑤ 창조적 자기(creative self)는 아들러의 개념이다.

관련기출 더 보기

21-01-13   난이도 ★☆☆

융(C. Jung)의 이론으로 옳은 것을 모두 고른 것은?

> ㄱ. 무의식을 개인무의식과 집단무의식으로 구분하였다.
> ㄴ. 그림자(shadow)는 인간에게 있는 동물적 본성을 포함하는 부정적인 측면이다.
> ㄷ. 페르소나(persona)는 개인이 외부세계에 보여주는 이미지 혹은 가면이다.
> ㄹ. 남성의 여성적 면은 아니무스(animus), 여성의 남성적 면은 아니마(anima)이다.

① ㄱ, ㄴ   ② ㄷ, ㄹ
③ ㄱ, ㄴ, ㄷ   ④ ㄱ, ㄴ, ㄹ
⑤ ㄱ, ㄴ, ㄷ, ㄹ

답 ③

응시생들의 선택

① 12%	② 2%	③ 78%	④ 3%	⑤ 5%

ㄹ. 남성의 여성적 면은 아니마(anima), 여성의 남성적 면은 아니무스(animus)이다.

융(C. Jung)의 이론에 관한 설명으로 옳은 것을 모두 고른 것은?

> ㄱ. 자기(self)는 중년기 이후에 나타나는 원형(archetype)이다.
> ㄴ. 과거의 사건 및 미래에 대한 열망이 성격발달에 동시에 영향을 미친다.
> ㄷ. 리비도(libido)는 전반적인 삶의 에너지를 말한다.
> ㄹ. 성격발달은 개성화를 통한 자기실현의 과정이다.

① ㄴ
② ㄱ, ㄴ
③ ㄷ, ㄹ
④ ㄱ, ㄷ, ㄹ
⑤ ㄱ, ㄴ, ㄷ, ㄹ

답 ⑤

✔ 응시생들의 선택

① 3%	② 4%	③ 35%	④ 24%	⑤ 34%

ㄱ. 자기는 의식과 무의식의 세계를 모두 포괄하는 진정한 나를 의미하며 통합성을 추구하는 원형이다. 개성화를 통해 성격이 충분히 발달될 때까지, 즉 중년기 때까지는 거의 드러나지 않는다.

ㄴ. 인간의 행동과 성격은 과거 사건에 의해 일정 부분 결정되지만, 미래의 목표와 가능성에 따라 조정된다고 보았다.

ㄷ. 리비도는 정신이 작용하는 데 사용되는 에너지, 즉 정신에너지를 일컫는다. 프로이트가 말한 성적 에너지에 국한되지 않고, 인생 전반에 걸쳐 작동하는 생활에너지 혹은 모든 지각, 사고, 감정, 충동의 원천이 되는 에너지로 간주한다.

ㄹ. 융은 성격 발달을 개성화의 과정을 통한 자기실현과정이라고 본다. 개성화는 자아를 외적·물질적 차원으로부터 내적·정신적 차원으로 전환시키는 것을 의미한다.

융(C. Jung)이 제시한 성격특성에 관한 설명으로 옳은 것을 모두 고른 것은?

> ㄱ. 외향형: 정신에너지(리비도)가 외부세계를 향하고 있다.
> ㄴ. 감정형: 구체적이고 사실적인 측면에 초점을 두고 매우 일관성 있는 현실수용을 중시한다.
> ㄷ. 사고형: 객관적인 진실과 원리원칙에 의해 판단하며 논리적, 분석적이고 규범과 기준을 중시한다.
> ㄹ. 직관형: 미래의 가능성과 육감에 초점을 두어 변화와 다양성을 중시하며 이성을 필요로 한다.

① ㄱ, ㄷ
② ㄴ, ㄹ
③ ㄱ, ㄴ, ㄷ
④ ㄴ, ㄷ, ㄹ
⑤ ㄱ, ㄴ, ㄷ, ㄹ

답 ①

✔ 응시생들의 선택

① 65%	② 3%	③ 5%	④ 9%	⑤ 18%

ㄴ. 구체적이고 사실적인 측면에 초점을 두고 매우 일관성 있는 현실수용을 중시하는 것은 감각형이다.

ㄹ. 직관형은 미래의 가능성과 육감에 초점을 두어 변화와 다양성을 중시하지만 이성을 필요로 하지는 않는다.

융(C. Jung)의 분석심리이론에 관한 설명으로 옳지 않은 것은?

① 인간은 생물학적, 심리적, 사회문화적 존재이다.
② 인간은 자신의 일부로 받아들이기 꺼리는 그림자(shadow)를 가지고 있다.
③ 집단무의식을 '조상 대대로의 경험의 침전물'로 보았다.
④ 남자의 여성적인 면은 '아니무스(animus)', 여자의 남성적인 면은 '아니마(anima)'이다.
⑤ 페르소나(persona)는 개인이 외부에 표출하는 이미지 혹은 가면을 의미한다.

답 ④

✔ 응시생들의 선택

① 2%	② 3%	③ 4%	④ 90%	⑤ 1%

④ 남성이 억압시킨 여성성을 아니마(anima)라고 하고, 여성이 억압시킨 남성성을 아니무스(animus)라고 한다.

융(C. Jung)의 분석심리이론에 관한 설명으로 옳지 않은 것은?

① 자아(ego): 의식과 무의식을 결합시키는 원형적인 심상이며, 의식은 자아에 의해 지배된다.
② 페르소나(persona): '자아의 가면'이라고 하며 외부와의 적응에서 생긴 기능 콤플렉스이다.
③ 음영/그림자(shadow): 자신이 모르는 무의식적 측면에 있는 부정적인 또 다른 나의 모습으로 모순된 행동을 하게 만든다.
④ 집단무의식(collective unconscious): 인류역사를 통해 조상으로부터 물려받은 정서적 소인으로 개인마다 그 원형은 다르다.
⑤ 개성화(individuation): 자기실현이라고도 하며 모든 콤플렉스와 원형을 끌어들여 성격을 조화하고 안정성을 유지하는 것이다.

답 ④

✅ 응시생들의 선택

① 29%	② 17%	③ 4%	④ 35%	⑤ 15%

④ 집단무의식은 개인적 경험과는 상관없이 조상 또는 종족 전체의 경험 및 생각과 관계된 원시적 감정, 공포, 사고, 원시의 성향 등을 포함하는 무의식으로서, 모든 인류에게 공통적으로 유전된 무의식이다.

융(C. Jung) 이론의 주요 개념으로 옳지 않은 것은?

① 페르소나는 자아의 가면으로 개인이 외부에 보이는 이미지이다.
② 음영은 인간의 정신에 존재하는 보편적이고 근원적인 핵이다.
③ 아니무스는 무의식 속에 존재하는 여성의 남성적 측면이다.
④ 자기(self)는 성격의 중심으로 통일성과 안정성을 제공한다.
⑤ 리비도는 인생 전반에 작동하는 생활에너지이다.

답 ②

✅ 응시생들의 선택

① 2%	② 65%	③ 4%	④ 11%	⑤ 18%

② 융의 이론에서 인간의 정신에 존재하는 보편적이고 근원적인 핵은 원형을 의미한다. 음영은 동물적 본능을 포함하여 의식적인 지아와 상충되는 무의식적인 측면을 의미한다.

프로이트(S. Freud)의 정신분석이론과 구별되는 융(C. Jung)의 분석심리이론의 특징으로 옳지 않은 것은?

① 인간행동과 경험의 역동적이고 무의식적 영향을 연구하였다.
② 인간의 성격은 과거사건 및 미래에 대한 열망에 의해 형성된다고 보았다.
③ 성격발달은 전 생애에 걸쳐 이루어지며 후천적으로 변할 수 있다고 보았다.
④ 프로이트의 성적에너지인 리비도의 개념을 확장시켜 창의적인 생활력으로 보았다.
⑤ 성격의 여러 측면을 통합하여 자기실현을 할 수 있는 인생의 후반기를 강조하였다.

답 ①

✅ 응시생들의 선택

① 31%	② 20%	③ 26%	④ 14%	⑤ 9%

① 두 이론의 공통점에 해당되는 내용으로 두 이론 모두 인간의 행동과 경험을 정신 내면의 역동을 토대로 설명하였다. 프로이트는 주로 개인적인 차원의 무의식을, 융은 집단적인 무의식을 강조했다는 점에서는 차이가 있으나, 둘 다 무의식이 인간행동에 미치는 영향을 강조했다는 점에서는 공통적이다.

➕ 덧붙임

융은 프로이트의 정신분석 이론을 일정부분 받아들였다. 따라서 융 이론과 프로이트 이론을 비교하면서 살펴볼 필요가 있다.
- 프로이트와 융 모두 인간은 과거의 경험에 영향을 받는다고 보았지만, 프로이트는 불변적·결정론적으로 봤다면 융은 성장지향적 존재로 보았다.
- 프로이트의 리비도가 성적 에너지에 국한된다면 융의 리비도는 정신에너지로 확장된다.
- 프로이트는 발달단계를 5단계로 제시하면서 유년기 경험을 강조한 반면, 융은 4단계로 제시하면서 중년기를 강조했다.

다음 내용이 왜 틀렸는지를 확인해보자

01 융은 프로이트 이론의 영향을 받아 **인간을 불변적이고 결정론적인 존재로 보았다.**

> 융은 인간을 가변적 존재로 보고 인간의 정신구조는 살아가는 과정을 통해 후천적으로 변할 수 있다고 보았다.

`12-01-13`

02 융은 **페르소나에 갇힌 삶을 강조**했다.

> 융은 페르소나에 갇힌 삶이 아니라 진정한 자기를 발견하고 실현해가는 삶을 강조했다.

`08-01-06`

03 **개인무의식**은 분석심리학이론 중 가장 핵심적인 개념이며, 성격구조 중 가장 접촉하기 어려운 가장 깊은 수준, 즉 정신의 심층(하부)에 위치한다.

> 융 이론에 따르면 무의식은 개인무의식과 집단무의식이 있다. 분석심리학이론 중 가장 핵심적인 개념이며, 성격 구조 중 가장 접촉하기 어려운 가장 깊은 수준, 즉 정신의 심층(하부)에 위치하는 것은 집단무의식이다. 개인무 의식은 본질적으로 의식 속에 더 이상 남아 있지는 않지만 쉽게 의식의 영역으로 떠오를 수 있는 자료의 저장소 를 의미한다.

04 융에 의하면 **청년 및 성인초기**는 대부분 삶에서 요구하는 것에 비교적 잘 적응하여 상당한 만족감을 얻는 시기이다.

> 융에 의하면 중년기는 대부분 삶에서 요구하는 것에 비교적 잘 적응하여 상당한 만족감을 얻는 시기이므로 가 정과 사회에 있어서 중요한 위치에 있고 경제적으로 안정되어 있다.

`20-01-05`

05 자아의 기능에서 감각(sensing)과 직관(intuiting)은 **이성을 필요로 하는 합리적 기능**이다.

> 감각과 직관은 이성적 판단을 필요로 하지 않는 비합리적 기능이다.

06 융에 의하면 **개성화는 노년기에 나타나며, 개성화 기간 중 리비도, 콤플렉스 등의 변화가 주로 생긴다.**

> 개성화는 중년기에 나타나며, 개성화 기간 중 페르소나, 아니마와 아니무스 등의 변화가 생긴다.

빈칸에 들어갈 알맞은 말을 채워보자

01
남성이 억압시킨 여성성을 아니마라고 하고, 여성이 억압시킨 남성성을 (   )(이)라고 한다.

02
(   )은/는 중년기에 자아를 외적·물질적 차원으로부터 내적·정신적 차원으로 전환시키는 것을 의미한다.

03
자아가 의식된 나라면, (   )은/는 의식과 무의식의 세계를 모두 포괄하는 진정한 나를 의미하며 통합성을 추구하는 원형이다.

04
(   )은/는 외부의 요구나 기대에 부응하는 과정에서 생긴 자아의 가면이다.

05
무의식은 개인무의식과 (   )이 있다.

06
융은 자아의 정신기능을 감각, 직관, 사고, (   )(으)로 구분하였다.

07
무의식적인 관념 덩어리를 (   )(이)라고 한다.

08 융은 (   )의 개념을 프로이트가 말한 성적 에너지에 국한하지 않고, 인생 전반에 걸쳐 작동하는 생활에너지 혹은 모든 지각, 사고, 감정, 충동의 원천이 되는 에너지로 간주한다.

답 **01** 아니무스   **02** 개성화   **03** 자기   **04** 페르소나   **05** 집단무의식   **06** 감정   **07** 콤플렉스   **08** 리비도

다음 내용이 옳은지 그른지 판단해보자

[18-01-06]

01 융 이론은 원초아(id), 자아(ego), 초자아(super-ego)의 중요성을 강조한다. ◎ ✕

02 융은 인간을 의식과 무의식 간의 본질적인 대립양상을 극복하고 하나로 통일해나가는 전체적 존재로 본다. ◎ ✕

[13-01-07]

03 융은 생애주기에서 중년기와 노년기보다 유년기와 청년기를 강조하였다. ◎ ✕

[12-01-13]

04 자기(self)는 성격의 중심으로 통일성과 안정성을 제공한다. ◎ ✕

[22-01-09]

05 융은 성격발달을 개성화의 과정을 통한 자기실현 과정이라고 본다. ◎ ✕

06 개인무의식에는 인류의 축적된 경험과 정서가 다양한 원형의 모습으로 내재되어 있다. ◎ ✕

07 융은 5세 이전에 성적 리비도가 나타나기 시작하여 청년기에 최고에 이른다고 보았다. ◎ ✕

[11-01-03]

08 자기(self)는 유아기에 발현되는 원형으로 성격의 조화와 통일을 관장한다. ◎ ✕

[20-01-05]

09 융은 인간을 성(性)적 에너지인 리비도(libido)에 의해 지배되는 수동적 존재로 보았다. ◎ ✕

답 01 ✕ 02 ○ 03 ✕ 04 ○ 05 ○ 06 ✕ 07 ○ 08 ✕ 09 ✕

해설 **01** 원초아, 자아, 초자아의 중요성을 강조한 것은 프로이트 이론이다.
03 융은 생애주기에서 중년기와 노년기의 성격발달을 상대적으로 중요하게 다루고 있다.
06 집단무의식에는 인류의 축적된 경험과 정서가 다양한 원형의 모습으로 내재되어 있다.
08 융은 자기(self)가 장년기 개성화의 과정을 통해 발현된다고 보았다.
09 융은 리비도를 프로이트가 말한 성적 에너지에 국한하지 않았다. 인생 전반에 걸쳐 작동하는 생활에너지 혹은 모든 지각, 사고, 감정, 충동의 원천이 되는 에너지로 간주하였다.

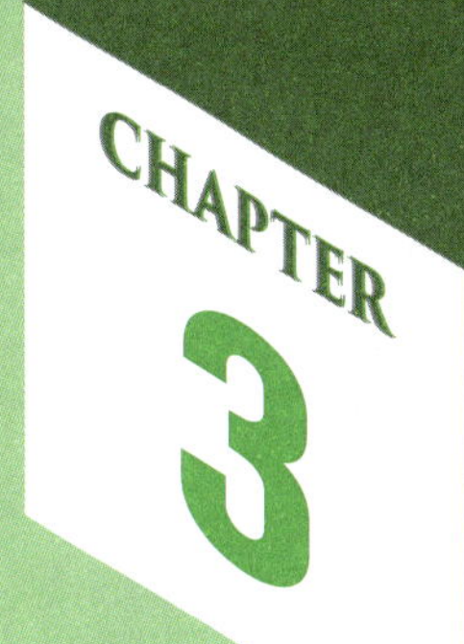

인지행동이론

피아제의 인지발달이론, 스키너의 행동주의이론, 반두라의 사회학습이론, 콜버그의 도덕성 발달이론을 다룬다. 피아제 이론에서는 발달단계별 특징을 꼼꼼히 살펴봐야 하고, 스키너의 이론에서는 강화, 처벌, 변별자극, 행동주의 기법 등을 확인해두어야 한다. 반두라 이론에서는 관찰학습의 과정을 비롯해 자기강화, 자기효능감 등의 개념을 정리하고, 피아제의 영향을 받은 콜버그의 도덕성 발달단계의 특징을 파악해두자.

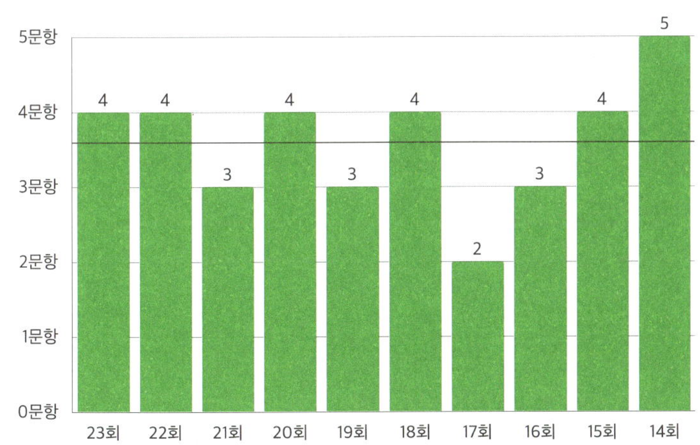

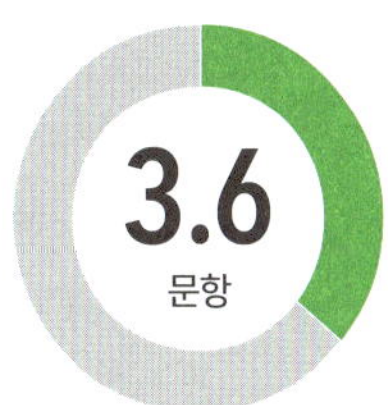

피아제의 인지발달이론

강의 QR코드

최근 10년간 **13문항** 출제

인지발달이론의 특징

- 인간은 인지적 특성에 따라서 <u>환경적 자극을 인지적으로 재해석하고 환경에 반응</u>한다고 가정한다.
- **인간의 감정이나 행동은 인지 혹은 생각에 의해 통제**될 수 있다.
- 인간은 매우 주관적인 존재이기 때문에 객관적인 현실이란 존재하지 않는다.
- 각 개인의 정서, 행동, 사고는 개인이 현실세계를 구성하는 방식에 따라 다르다.
- <u>**인간의 의지는 환경과 상호작용하면서 변화하고 발달**</u>한다.
- 발달단계에 있어서 각 단계에 도달하는 개인 간 연령의 차이는 있을 수 있으나 발달순서는 뒤바뀌지 않는다.

기본개념

인간행동과 사회환경
pp.90~

인지발달이론의 주요 개념

- 인지능력: 사람들에게 마음으로 무언가를 하게 만드는 인간의 모든 성격 또는 특성을 말한다.
- 보존: 6세 이상의 아이들은 동일한 양의 액체를 서로 다른 모양의 컵에 넣어도 항상 그 양이 동일하다는 개념을 이해하고 있는데, 이 개념을 보존이라 한다.
- 도식(스키마): 사물이나 사건, 자극에 대한 전체적인 윤곽이나 개념을 말하며, 세상을 인식하고 이해하는 가장 바탕이 되는 정신적 틀을 의미한다.
- 적응: 직접적인 환경과의 상호작용을 통해 도식이 변화하는 과정으로서, 동화와 조절이라는 수단을 통해 진행된다.
  - 동화: 기존의 도식으로 새로운 경험, 자극, 사물을 이해하는 것. 인지구조의 양적 변화
  - 조절: 새로운 경험과 사물을 이해하기 위해 기존의 인지구조 자체를 변경. 인지구조의 질적 변화
  - 평형화: 동화와 조절을 통해 균형 상태를 이루는 것
- 조직화: 상이한 도식들을 자연스럽게 서로 결합하는 것을 말한다.

인지발달단계

▶ 감각운동기(0~2세)

- 감각운동기는 간단한 반사반응을 하고 기본적인 환경을 이해하는 시기이다.
- 외부세계에 대한 정보를 습득하기 위해 빨기, 쥐기, 때리기와 같이 반복적 반사활동을 한다.

- 목적지향적 행동을 하며, 대상영속성을 이해하기 시작한다.
- 감각운동기의 하위 6단계: 반사활동기 → 1차순환반응 → 2차순환반응 → 2차도식들의 협응 → 3차순환반응 → 통찰기(정신적 표상)

▶ 전조작기(2~7세)
- 언어능력이 발달하면서 사고는 가능하지만, 아직 논리적이지 못한 시기이다.
- 상징적 사고가 본격화되면서 **가상놀이(상상놀이)를 즐긴다**.
- 감각운동기에 형성되기 시작한 **대상영속성이 확립**된다.
- 자신만을 인식하며 다른 사람의 욕구와 관점을 인식하지 못하는 **자아중심성을 갖는다**.
- 한 가지 대상 또는 한 부분의 상황에만 집중하고 다른 모든 측면을 무시하는 **중심화 경향**이 있다.
- 관계의 또 다른 면을 상상하지 않고 한 방향에서만 생각하는 **비가역성을 갖는다**.
- 보존개념을 어렴풋이 이해하기 시작하지만 아직 획득하지 못한 단계이다.

▶ 구체적 조작기(7~11/12세)
- 사고 능력은 **논리적인 수준으로 발달**한다.
- **구체적인 사물이나 행위에 대해서만** 체계적인 사고가 가능하다(이해력, 응용력 한계).
- 모든 정신적 활동은 **대상이 실제로 눈에 보일 때만 가능**한 시기다.
- 형태 혹은 위치가 변할 수 있음을 이해하는 **보존개념(동일성, 보상성, 가역성)을 획득**한다.
- 사물을 일정한 속성에 따라 분류할 수 있는 능력인 **유목화 기능을 갖는다**.
- 특정한 속성이나 특징을 기준으로 하여 사물을 순서대로 배열하는 능력인 **서열화를 갖는다**.
- 논리적 사고를 방해하는 전조작기 사고의 특징인 **자아중심성을 극복**한다.
- 더 이상 한 가지 변수에만 의존하지 않고 더 많은 변수를 고려하게 된다.
- 사고의 비가역성을 극복함으로써 **가역적 사고가 가능**해진다.

▶ 형식적 조작기(11/12세~성인기)
- 구체적인 자료가 없어도 추론하고 생각하는 **추상적 사고가 가능**하다.
- 어떤 정보로부터 가설을 수립하여 일반적인 원리를 바탕으로, 특수한 원리를 논리적으로 이끌어내는 사고가 가능하다.
- 문제해결을 위해 사전에 모든 가능한 방법들을 생각하고 체계적으로 조합할 수 있는 능력이 형성된다.
- 관련된 모든 변인들의 관련성을 파악하여 적절한 문제해결 방법을 찾아낼 수 있다.
- **가설을 설정하고 미래의 사건을 예측**할 수 있다.

도덕성 발달단계

▶ 타율적 도덕성
- 4~7세
- 성인이 정한 규칙에 아동이 맹목적으로 복종
- 규칙은 불변하는 절대적인 것이라고 생각
- 규칙을 지키지 않으면 벌을 받기 때문에 지켜야 한다고 생각

▶ 자율적 도덕성
- 10세 이후(7~10세는 과도기)
- 규칙은 상호합의에 따라 만들어지고 바꿀 수 있다고 생각
- 규칙을 어긴 것에 대해서도 상황에 따른 정상참작이 필요하다고 생각
- 행위의 결과보다 행위자의 의도에 따라 옳고 그름을 판단

01 (23-01-10) 구체적 조작기에는 보존개념을 획득한다.

02 (23-01-10) 구체적 조작기에는 순서대로 나열하는 것이 가능해진다.

03 (22-01-12) 피아제는 인간은 자신과 환경 사이에 조화로운 관계인 평형화를 이루고자 하는 경향성이 있다고 보았다.

04 (22-01-12) 피아제의 인지발달단계 중 감각운동기에는 대상영속성을 획득한다.

05 (22-01-12) 피아제 이론에서 조절은 새로운 정보를 접했을 때 기존의 도식을 변경하는 것을 말한다.

06 (22-01-12) 피아제는 보존개념을 획득하기 위해서는 동일성, 가역성, 보상성의 원리를 이해해야 한다고 보았다.

07 (21-01-17) 인지는 동화와 조절의 과정을 통하여 발달한다.

08 (20-01-11) 전조작기에는 물활론적 사고를 한다.

09 (19-01-12) 피아제는 인지발달 촉진요인으로 성숙, 물리적 경험, 사회적 상호작용, 평형화를 제시했다.

10 (18-01-13) 인지능력의 발달은 아동과 환경 간의 상호작용에 의해 단계적으로 성취되며 발달단계의 순서는 변하지 않는다.

11 (16-01-02) 인지발달은 동화기제와 조절기제를 활용하여 환경에 적응하는 것이다.

12 (16-01-12) 피아제의 인지발달단계 중 감각운동기의 세부 단계인 2차 도식협응기(8~12개월)에는 장애물을 치우고 원하는 물건을 잡는 등 의도적 행동을 할 수 있다.

13 (15-01-06) 구체적 조작기는 인지적 능력이 급속도로 발전하는 단계이다.

14 (15-01-09) 피아제의 인지발달이론에서 인지구조는 각 단계마다 사고의 방식이 질적으로 다르다.

15 (15-01-18) 감각운동기에는 대상영속성을 획득한다.

16 (14-01-06) 전조작기에는 자신의 관점과 상이한 다른 사람의 관점이 존재한다는 사실을 알지 못한다.

17 (14-01-13) 피아제 이론에 따르면 아동은 성인의 직접적인 가르침 없이도 인지구조가 발달된다.

18 (13-01-03) 피아제 이론의 주요 개념 중 도식은 사물이나 사건에 대한 전체적인 윤곽이나 개념을 말한다.

19 (13-01-06) 보존개념의 획득은 구체적 조작기의 특징이다.

20 (12-01-19) 구체적 조작기에는 유목화가 가능하여 동물과 식물이 생물보다 하위개념임을 안다.

21 (11-01-04) 피아제 이론은 성인기 이후의 발달을 다루고 있지 않다.

22 (10-01-09) 형식적 조작기에 자기중심성이 다시 나타나지만 추상적·합리적 사고가 가능하다.

23 (10-01-16) 피아제 이론은 아동대상 프로그램 실행 시 이론적 토대가 될 수 있다.

24 (09-01-09) 전조작기는 언어발달이 왕성한 시기이다.

25 (08-01-08) 피아제 이론은 문화적·사회경제적·인종적 차이 등을 충분히 고려하지 않았다는 한계점이 있다.

26 (07-01-15) 감각운동기의 발달순서: '반사활동기 – 1차순환반응 – 2차순환반응 – 2차도식협응 – 3차순환반응 – 정신적 표상'

27 (06-01-11) 전조작기에는 어떤 말을 반복해서 들으면 그 말의 의미를 알 수 있다.

28 (06-01-14) 구체적 조작기의 아동은 보존, 유목화, 조합 등의 능력을 성취한다.

29 (05-01-10) 전조작기에는 자기중심성이라는 특징을 갖는다.

30 (04-01-10) 피아제의 인지발달단계에서 대상영속성을 확립하는 시기는 전조작기이다.

31 (03-01-08) 구체적 조작기에는 보존개념을 획득한다.

32 (02-01-06) 아동이 경험하지 않은 미래의 사건을 예측할 수 있는 시기는 형식적 조작기이다.

대표기출 확인하기

22-01-12 난이도 ★★★

피아제(J. Piaget)의 이론에 관한 설명으로 옳지 않은 것은?

① 인간은 자신과 환경 사이에 조화로운 관계인 평형화(equilibration)를 이루고자 하는 경향성이 있다.
② 감각운동기에 대상영속성(object permanence)을 획득한다.
③ 조절(accommodation)은 새로운 정보를 접했을 때 기존의 도식을 변경하는 것을 말한다.
④ 구체적 조작기에는 추상적 사고가 가능해진다.
⑤ 보존(conservation) 개념 획득을 위해서는 동일성, 가역성, 보상성의 원리를 이해해야 한다.

알짜확인

- 피아제가 제시한 이론적 특징과 함께 각 인지발달단계에 등장하는 개념들을 이해해야 한다.
- 피아제의 인지발달단계는 이후 유아기, 영아기, 아동기, 청소년기 등의 문제에서도 자주 등장하기 때문에 각 단계별 특징을 연결해서 파악해두어야 한다.

답 ④

응시생들의 선택

① 7%	② 19%	③ 11%	④ 56%	⑤ 7%

④ 구체적 조작기에는 객관적·논리적 사고가 가능해지지만 추상적 사고까지 획득하지는 못한다. 추상적 사고는 형식적 조작기의 특징이다.

관련기출 더 보기

23-01-10 난이도 ★★☆

피아제(J. Piaget)의 이론에서 '구체적 조작기'에 관한 설명으로 옳지 않은 것은?

① 물활론적 사고를 한다.
② 논리적 사고가 가능해진다.
③ 보존개념을 획득한다.
④ 순서대로 나열하는 것이 가능해진다.
⑤ 자기중심성에서 벗어나 타인의 입장을 고려할 수 있게 된다.

답 ①

응시생들의 선택

① 68%	② 14%	③ 5%	④ 2%	⑤ 11%

① 물활론적 사고를 하는 시기는 전조작기이다. 물활론적 사고란 어린 아이들이 생명이 없는 대상에게 자신의 감정과 의식을 부여하여 생명이 있다고 믿는 사고방식을 의미한다.

20-01-11 난이도 ★☆☆

피아제(J. Piaget)의 인지발달이론에서 '전조작기'의 발달 특성으로 옳지 않은 것은?

① 상징놀이를 한다.
② 비가역적 사고를 한다.
③ 물활론적 사고를 한다.
④ 직관에 의존해 판단한다.
⑤ 다중 유목화의 논리를 이해한다.

답 ⑤

응시생들의 선택

① 4%	② 6%	③ 3%	④ 8%	⑤ 79%

⑤ 다중 유목화의 논리를 이해하는 시기는 구체적 조작기에 해당한다. 전조작기는 상징적 사고가 본격화되면서 가상놀이(상상놀이)를 즐긴다. 감각운동기에 형성되기 시작한 대상영속성이 확립되며, 관계의 또 다른 면을 상상하지 않고 한 방향에서만 생각하는 비가역성을 갖는다. 전조작기 사고를 나타내는 대표적인 예는 상징놀이와 물활론, 자아중심성이다. 보존개념을 어렴풋이 이해하기 시작하지만 아직 획득하지 못한 단계이다.

피아제(J. Piaget)의 인지이론에 관한 설명으로 옳은 것은?

① 구체적 조작기에는 추상적으로 사고하고 추론을 통해 가설을 검증할 수 있다.
② 인지능력의 발달은 아동과 환경 간의 상호작용에 의해 단계적으로 성취되며 발달단계의 순서는 변하지 않는다.
③ 인간의 무의식에 초점을 둔다.
④ 도덕발달단계를 1단계에서 6단계로 제시한다.
⑤ 보존개념은 전조작기에 획득된다.

답 ②

✔ **응시생들의 선택**

① 8%	② 75%	③ 2%	④ 4%	⑤ 11%

① 형식적 조작기에는 추상적으로 사고하고 추론을 통해 가설을 검증할 수 있다.
③ 인간의 무의식에 초점을 둔 것은 프로이트 이론이다.
④ 도덕발달단계를 1단계에서 6단계로 제시한 것은 콜버그 이론이다.
⑤ 보존개념은 구체적 조작기에 획득된다.

피아제(J. Piaget)의 인지발달이론에서 '구체적 조작기'에 관한 설명으로 옳은 것을 모두 고른 것은?

> ㄱ. 인지적 능력이 급속도로 발전하는 단계이다.
> ㄴ. 비논리적 사고에서 논리적 사고로 전환된다.
> ㄷ. 분류화, 서열화, 탈중심화, 언어기술을 획득한다.
> ㄹ. 대상의 형태와 위치가 변화하면 그 양적 속성도 바뀐다.

① ㄱ, ㄴ　　　　　　② ㄱ, ㄷ
③ ㄴ, ㄷ　　　　　　④ ㄴ, ㄹ
⑤ ㄷ, ㄹ

답 ①

✔ **응시생들의 선택**

① 14%	② 29%	③ 40%	④ 6%	⑤ 11%

ㄷ. 언어기술의 획득은 전조작기에 해당하는 내용이다.
ㄹ. 구체적 조작기에는 보존개념이 확립되면서 대상의 형태와 위치가 변화해도 그 양적 속성은 동일하다는 것을 이해할 수 있다.

피아제(J. Piaget)의 인지발달이론에 관한 설명으로 옳지 않은 것은?

① 발달단계의 순서는 문화와 개인에 따라 다르게 나타난다.
② 인지구조는 각 단계마다 사고의 방식이 질적으로 다르다.
③ 인지발달은 동화기제와 조절기제를 활용하여 환경에 적응하는 것이다.
④ 상위단계는 바로 하위단계를 기초로 형성되고 하위단계를 통합한다.
⑤ 각 단계는 내부적으로 일관된 체계를 갖추고 있는 하나의 완전체이다.

답 ①

✔ **응시생들의 선택**

① 47%	② 10%	③ 8%	④ 10%	⑤ 25%

① 피아제 이론에서는 발달단계에 있어서 각 단계에 도달하는 개인 간 연령의 차이는 있을 수 있으나 발달순서는 바뀌지 않는다고 보았으며, 모든 아동은 단계를 순서대로 통과하며 단계를 뛰어넘을 수 없다고 보았다.

피아제(J. Piaget)의 인지발달에 관한 설명으로 옳은 것은?

① 전 생애의 발달을 다루고 있다.
② 발달과정에서 자기대화의 중요성을 강조하였다.
③ 성인 대상 프로그램의 이론적 토대가 될 수 있다.
④ 문화적 · 사회경제적 · 인종적 차이를 충분히 고려하였다.
⑤ 아동은 성인의 직접적인 가르침 없이도 인지구조가 발달된다.

답 ⑤

✔ **응시생들의 선택**

① 14%	② 21%	③ 6%	④ 3%	⑤ 56%

① 피아제는 성인기 이후의 발달에 대해서는 논의하지 않았다.
② 자기대화의 중요성을 특별히 강조하지는 않았다.
③ 성인기보다는 아동의 인지발달과정에 중점을 두었기 때문에 성인 대상 프로그램의 이론적 토대가 되기엔 부족하다.
④ 성별에 따른 발달의 차이와 개인차, 문화적 · 사회경제적 · 인종적 차이에 대해서는 특별히 언급하지 않았다.

피아제(J. Piaget)의 인지발달에 관한 설명으로 옳지 않은 것은?

① 2차도식의 협응은 감각운동기에 나타난다.
② 대상영속성 개념은 감각운동기에 나타난다.
③ 보존개념의 획득은 전조작기의 특징이다.
④ 서열화와 유목화 개념의 획득은 구체적 조작기의 특징이다.
⑤ 추상적 사고의 확립은 형식적 조작기의 특징이다.

답 ③

응시생들의 선택

① 10%	② 48%	③ 36%	④ 3%	⑤ 3%

③ 보존개념이란 어떤 대상의 외양이 바뀌어도 그 속성이 바뀌지 않는다는 것을 이해하는 능력을 의미한다. 보존개념의 획득은 구체적 조작기의 특징이다.

피아제(J. Piaget)의 인지발달 이론 중 다음에서 설명하는 개념은?

- 보존의 개념을 획득하게 되어 역조작성의 논리를 사용할 수 있다.
- 유목화가 가능하여 동물과 식물이 생물보다 하위개념임을 안다.
- 탈중심화로 인해 또래들과의 관계 속에서 의사소통이 활발하게 이루어지는 시기이다.

① 반사기　　　　　② 전조작기
③ 구체적 조작기　　④ 형식적 조작기
⑤ 감각운동기

답 ③

응시생들의 선택

① 0%	② 6%	③ 85%	④ 8%	⑤ 1%

③ 역조작성(가역성)을 획득한다는 것은 보존개념 획득의 전제로서 변화과정을 반대로 거쳐 가면 본래의 상태로 되돌아갈 수 있다는 것을 이해하는 것이다. 분류화란 전체와 부분과의 관계를 이해할 수 있으며 사물을 위계에 따라 분류하는 것이 가능해지는 것을 의미한다. 탈중심화란 사물이나 상황을 판단할 때 한 요소에만 집착했던 전조작기의 사고에서 벗어나 다양한 요소들을 고려하여 판단할 수 있는 사고 능력을 의미한다. 보존개념의 획득, 분류화(유목화) 능력의 획득, 탈중심화라는 특징은 피아제의 인지발달단계에서 구체적 조작기에 해당한다.

피아제(J. Piaget)가 제시한 자기중심성에 관한 설명으로 옳지 않은 것은?

① 2차 순환반응기에는 자신과 외부대상의 구별이 가능하다.
② 구체적 조작기에는 놀이와 언어에서 외부의 관점을 고려하기 시작한다.
③ 전조작기에는 자신만의 규칙을 가지고 있어서 타인을 고려하지 않는다.
④ 형식적 조작기에 자기중심성이 다시 나타나지만 추상적·합리적 사고가 가능하다.
⑤ 구체적 조작기에 자기중심적 사고가 시작되며 사물을 분류하는 것이 가능하다.

답 ⑤

응시생들의 선택

① 9%	② 12%	③ 4%	④ 12%	⑤ 63%

⑤ 구체적 조작기에는 분류화(유목화)가 가능하다. 자기중심적 사고는 전조작기의 특성이며, 구체적 조작기에는 자기중심성을 극복하면서 타인의 입장이나 관점은 다를 수 있음을 이해하게 된다.

다음 중 피아제의 감각운동기의 발달단계 순서를 옳게 배열한 것은?

① 반사활동기 − 1차순환반응 − 2차순환반응 − 2차도식협응 − 3차순환반응
② 반사활동기 − 1차순환반응 − 1차순환도식협응 − 2차순환반응 − 3차순환반응
③ 1차순환반응 − 2차도식협응 − 3차순환반응 − 정신적 표상 − 반사활동기
④ 1차순환반응 − 2차순환반응 − 3차순환반응 − 정신적 표상 − 반사활동기
⑤ 반사활동기 − 1차순환반응 − 2차순환반응 − 2차도식협응 − 정신적 표상

답 ①

응시생들의 선택

① 44%	② 21%	③ 8%	④ 9%	⑤ 18%

① 감각운동기는 '반사활동기 − 1차순환반응 − 2차순환반응 − 2차도식협응 − 3차순환반응 − 정신적 표상'의 발달 순서로 진행된다.

정답훈련

다음 내용이 왜 틀렸는지를 확인해보자

01 피아제는 인간을 매우 객관적인 존재로 보았기 때문에 객관적인 현실이 존재한다고 보았다.

> 피아제는 인간은 매우 주관적인 존재이기 때문에 객관적인 현실이란 존재하지 않는다고 보았다.

02 `12-01-19` 전조작기에는 유목화가 가능하여 동물과 식물이 생물보다 하위개념임을 안다.

> 전조작기가 아닌 구체적 조작기에 해당한다. 전조작기에는 논리적 사고가 이루어지지 않아 유목화가 어렵다.

03 `11-01-04` 피아제는 발달단계에 있어서 각 단계에 도달하는 개인 간 연령의 차이가 있을 수 있으며, 발달의 순서도 뒤바뀔 수 있다고 보았다.

> 발달의 순서는 뒤바뀌지 않는다고 보았다.

04 `22-01-12` 구체적 조작기에는 대상이 실제로 눈에 보이지 않아도 가설을 세우고 추론할 수 있다.

> 대상이 눈에 보이지 않아도 머릿속으로 사고할 수 있는 추상적 사고가 가능한 시기는 형식적 조작기이다.

05 `12-01-13` 전조작기에는 감각운동기에 나타나기 시작한 대상영속성이 사라진다.

> 전조작기에는 감각운동기에 나타나기 시작한 대상영속성이 확립된다.

06 감각운동기의 하위 6단계 중 외부세계에 대한 대처로서, 쥐기, 빨기, 때리기, 차기와 같은 반사적 행동에 의존하는 단계는 3차순환반응기(12~18개월)이다.

> 감각운동기의 하위 6단계 중 외부세계에 대한 대처로서, 쥐기, 빨기, 때리기, 차기와 같은 반사적 행동에 의존하는 단계는 반사활동기(출생~1개월)이다. 3차순환반응기(12~18개월)에는 실험적 사고에 열중하며, 새로운 원인과 결과의 관계에 대해서 이를 가설화하여 다른 결과를 관찰하기 위해 다른 행동들을 시도하는 단계이다.

빈칸에 들어갈 알맞은 말을 채워보자

16-01-12

01 감각운동기의 6단계 중 손가락 빨기와 같이 우연한 신체적 경험을 하여 흥미 있는 결과를 얻었을 때 이를 반복하는 단계는 (　　　　　)이다.

15-01-06

02 (　　　　　　　)에는 비논리적 사고에서 논리적 사고로 전환된다.

03 동화와 조절을 통해 균형 상태를 이루는 것은 (　　　　　　　)라 하며, 모든 도식은 평형상태를 지향한다.

04 (　　　　　　　)은/는 대상이 시야에서 사라져도 계속 존재한다고 생각할 수 있는 것으로, 전조작기에 확립되는 특징이다.

14-01-06

05 (　　　　　　　)은/는 전조작기의 도덕적 수준으로 규칙은 불변적이며 지키지 않으면 벌을 받기 때문에 절대적으로 지켜야 한다고 생각한다.

06 인지발달단계는 (　　　　　　　) – 전조작기 – 구체적 조작기 – 형식적 조작기의 순서이다.

07 물질의 질량 혹은 무게가 동일하게 남아 있는 동안에도 형태 혹은 위치가 변할 수 있음을 이해하는 것이 (　　　　　　)이다.

13-01-03

08 (　　　　　　　)은/는 새로운 정보나 자극을 기존의 도식으로 받아들이는 과정으로 기존의 도식으로 새로운 경험, 자극, 사물을 이해하는 것을 말한다.

09 구체적 조작기에는 사물의 분류에서 전체와 부분과의 관계를 이해할 수 있는 능력인 (　　　　　　)을/를 획득한다.

09-01-09

10 전조작기에는 타인은 인식하지 못하고 자신만을 인식하는 (　　　　　　)이/가 나타난다.

답 **01** 1차순환반응기(1~4개월)　**02** 구체적 조작기　**03** 평형화　**04** 대상영속성　**05** 타율적 도덕성　**06** 감각운동기　**07** 보존개념　**08** 동화　**09** 분류화　**10** 자아중심성

다음 내용이 옳은지 그른지 판단해보자

14-01-13
01 피아제 이론은 전 생애의 발달을 다루고 있다.　　◎ ✕

12-01-19
02 구체적 조작기에는 보존의 개념을 획득하게 되어 역조작성의 논리를 사용할 수 있다.　　◎ ✕

22-01-12
03 구체적 조작기의 가장 중요한 특징은 추상적 사고가 가능하다는 것이다.　　◎ ✕

04 인간의 환경에 대한 적응은 동화와 조절의 상호작용에 의해 발생한다.　　◎ ✕

11-01-04
05 피아제 이론에 의하면 발달이 완성되면 낮은 단계의 사고로 전환하지 않는다.　　◎ ✕

08-01-08
06 피아제 이론은 문화적, 사회경제적, 인종적 차이 등을 충분히 고려하지 않았다는 한계점이 있다.　　◎ ✕

19-01-01
07 피아제의 이론은 발달단계의 순서가 개인과 문화에 따라 다르게 나타날 수 있음을 인식하는 데 공헌하였다.　　◎ ✕

08 인지발달을 위해서는 내적 성숙, 직접경험, 사회적 전달이 서로 잘 조화되어야 하고, 평형상태가 유지되어야 한다고 보았다.　　◎ ✕

09 형식적 조작기에는 가설을 설정하고 미래의 사건을 예측할 수 있으며, 제시된 문제가 자신의 이전 경험이나 신념과 어긋난다 할지라도 처리가 가능하다.　　◎ ✕

10 타율적 도덕성은 10세경까지 지속되다가 규칙이 협동적 상호작용을 위한 계약임을 배우게 되면서 자율적 도덕성으로 전환된다.　　◎ ✕

답 01 ✕　02 ◎　03 ✕　04 ◎　05 ✕　06 ◎　07 ✕　08 ◎　09 ◎　10 ◎

해설 **01** 피아제는 성인기 이후의 발달에 대해서는 논의하지 않았다.
03 추상적 사고는 형식적 조작기의 특징에 해당한다.
05 형식적 조작기에 도달한 아동이나 고도로 인지발달이 된 성인도 때로는 낮은 단계의 사고를 한다.
07 피아제 이론은 발달단계에 있어서 각 단계에 도달하는 개인 간 연령의 차이는 있을 수 있으나 발달단계의 순서는 뒤바뀌지 않는다고 보았다. 또한 문화적 차이를 인식하지는 못했다.

스키너의 행동주의이론

1회독	2회독	3회독
월 일	월 일	월 일

최근 10년간 **11문항** 출제

복습 1 이론요약

23회 기출 · 22회 기출 · 21회 기출 · 20회 기출 · 19회 기출

행동주의이론의 특징

- 행동주의이론은 구체적으로 관찰할 수 있는 행동에 초점을 둔다.
- 인간행동은 <u>내적 충동보다 외적 자극에 의해 동기화</u>되며, <u>인간행동에 영향을 주는 중요한 근원은 환경</u>이다.
- 인간행동이나 성격은 <u>인간이 환경적 자극에 반응하는 과정을 통해 형성된 결과물</u>이다.
- 인간은 <u>보상과 처벌에 따라 유지되는 기계적 존재</u>로, 모든 인간행동은 법칙적으로 결정되고 <u>예측 가능하므로 통제</u>할 수 있다.
- 인간행동은 <u>환경 자극에 의해 동기화</u>되며, 행동에 따르는 강화에 의해 전적으로 결정된다.

기본개념

인간행동과 사회환경
pp.112~

행동주의이론의 주요 개념

- 변별자극: 특정한 반응이 보상받거나 혹은 보상받지 못할 것이라는 단서 혹은 신호로서 작용하는 자극을 말한다.
- 강화: 특정 행동을 촉진시키는 것
  - **정적 강화**: 즐거운 자극을 주어 행동의 빈도를 증가시킴
  - **부적 강화**: 혐오하는 자극을 제거하여 행동의 빈도를 증가시킴
- 처벌: 특정 행동을 제거하는 것
  - **정적 처벌**: 혐오하는 자극을 주어 행동의 빈도를 감소시킴
  - **부적 처벌**: 즐거운 자극을 철회하여 행동의 빈도를 감소시킴
- 소거: 더 이상 강화를 받지 못해서 행동이나 반응이 사라지거나 약화되는 것을 말한다.
- 강화계획: 조작적 행동이 습득되고 유지될 수 있도록 강화물을 제시하는 빈도와 간격의 조건을 나타내는 규칙이다.
  - **연속적 강화계획**: 행동이 일어날 때마다 강화물을 제시하는 강화계획
  - **고정간격 강화계획**: 강화들 사이의 시간 간격이 일정한 강화계획
  - **가변간격 강화계획**: 강화들 사이의 시간 간격이 일정하지 않은 강화계획
  - **고정비율 강화계획**: 어떤 특정한 행동이 일정한 수만큼 일어났을 때 강화를 주는 강화계획
  - **가변비율 강화계획**: 강화를 받는 데 필요한 반응의 수가 어떤 정해진 평균치 범위 안에서 무작위로 변화하는 강화계획

- 일반화와 변별: 일반화는 특정 상황에서만 반응을 보이던 것이 그와 비슷한 다른 상황에서도 반응을 보이게 되는 것을 말하며, 변별은 주어지는 자극에 대해 선택적으로 반응을 보이는 것을 말한다.
- 행동형성: 기대하는 반응이나 행동을 학습할 수 있도록 목표로 삼는 바람직한 행동에 대해 강화하여 점진적으로 행동을 만들어가는 과정을 말한다.

기출문장 CHECK

01 (23-01-05) 행동주의이론은 선행조건과 결과에 따라 행동이 형성된다는 입장을 가지고 있다.

02 (23-01-05) 행동주의이론은 경험주의에 근간을 두고 구체적으로 관찰할 수 있는 행동에 초점을 둔다.

03 (23-01-06) 가변비율(variable-ratio) 계획이 강화계획 중에서 반응률이 가장 높다.

04 (22-01-04) 정적 강화물의 예시로 음식, 돈, 칭찬 등을 들 수 있다.

05 (22-01-04) 부적 강화는 바람직한 행동의 빈도를 증가시키는 데에 초점을 둔다.

06 (22-01-04) 강화계획 중 반응율이 가장 높은 것은 가변비율 계획이다.

07 (21-01-18) 행동주의 이론은 인간행동에 대한 환경의 결정력을 강조한다.

08 (21-01-18) 행동조성(shaping)은 복잡한 행동의 점진적 습득을 설명하는 개념이다.

09 (20-01-08) 1년에 6회 자체 소방안전 점검을 하되, 불시에 실시하여 소방안전 관리를 철저히 하도록 장려하는 것은 가변간격 강화의 사례에 해당한다.

10 (19-01-09) 행동조성(shaping)은 복잡한 행동의 점진적 습득을 설명하는 개념이다.

11 (18-01-14) 변별자극은 어떤 반응이 보상될 것이라는 단서 혹은 신호로 작용하는 자극이다.

12 (15-01-07) 행동주의 기법에는 이완훈련기법, 타임아웃기법, 토큰경제기법, 자기주장훈련 등이 있다.

13 (14-01-05) 스키너 이론은 인간행동에 대한 환경의 결정력을 강조한다.

14 (13-01-14) 스키너 이론은 인간행동이 객관적으로 구체화되고 조작될 수 있는 환경에 의해 다양하게 통제된다고 주장하였다.

15 (12-01-21) 조작적 조건화란 환경적 자극에 능동적으로 반응하여 원하는 결과를 얻기 위해 나타나는 자발적 행동을 설명하는 개념이다.

16 (11-01-22) 공부하는 자녀에게 한 과목 문제풀이를 끝낼 때마다 한 번의 간식을 제공하는 것은 고정비율 강화스케줄이다.

17 (10-01-12) 고정간격 강화계획은 반응에 대해 일정한 시간이 지난 후 강화를 주는 것이다.

18 (09-01-14) 스키너의 강화계획에서 가장 높은 반응의 빈도를 지속적으로 유발하는 것은 가변비율계획(variable-ratio schedule)이다.

19 (08-01-10) 스키너 이론은 인간의 행동을 반응적 행동과 조작적 행동으로 구분한다.

20 (07-01-24) 선생님이 학생들의 자원봉사 활동을 높이기 위해 '자원봉사 활동을 하면 청소를 면제해주겠다'라고 약속하였다면, 이것은 부적 강화의 개념을 활용한 것이다.

21 (06-01-12) 스키너의 행동주의이론에서 인간행동의 초점은 자극과 고전적 조건화보다는 행동의 결과와 조작적 조건화에 있다고 본다.

22 (05-01-11) 스키너의 행동주의이론에서 반응적 행동은 구체적 자극을 통해 나타나는 구체적 행동이다.

23 (04-01-08) 스키너 이론에 의하면 인간은 내적 충동보다 외적 자극에 의해 동기화된다.

기출확인

대표기출 확인하기

23-01-05 · 난이도 ★★☆

행동주의이론에 관한 설명으로 옳은 것을 모두 고른 것은?

ㄱ. 인간을 주관적인 존재로 규정하였다.
ㄴ. 인간행동은 인간이 지닌 자유의지의 결과이다.
ㄷ. 선행조건과 결과에 따라 행동이 형성된다는 입장을 가지고 있다.
ㄹ. 경험주의에 근간을 두고 구체적으로 관찰할 수 있는 행동에 초점을 둔다.

① ㄱ, ㄴ
② ㄱ, ㄷ
③ ㄴ, ㄷ
④ ㄷ, ㄹ
⑤ ㄱ, ㄴ, ㄹ

▶ 알짜확인

- 스키너 이론에서는 인간행동과 관련하여 환경적 자극, 학습, 보상과 처벌에 따른 기계적 존재, 통제 가능 등의 특징을 기억해야 한다.
- 강화 및 처벌의 개념을 비롯해 강화계획 등은 사례로 연결하여 출제되기도 한다는 점에 유의해서 살펴보자.

답 ④

✅ 응시생들의 선택

① 8%	② 9%	③ 6%	④ 54%	⑤ 23%

ㄱ. 행동주의이론은 인간을 보상과 처벌에 따라 유지되는 기계적 존재로 본다. 주관적 존재로 보는 것은 로저스의 현상학이론의 관점이다.
ㄴ. 행동주의이론은 인간행동이 자유의지의 결과가 아니라 외적 자극에 의해 동기화된다고 본다.

관련기출 더 보기

23-01-06 · 난이도 ★☆☆

스키너(B. Skinner)의 이론에 관한 설명으로 옳지 않은 것은?

① 부적 강화는 바람직한 행동의 빈도를 감소시킨다.
② 가변비율(variable-ratio) 계획이 강화계획 중에서 반응률이 가장 높다.
③ 인간행동은 내적 충동보다는 외적 자극에 반응하여 나타난다.
④ 고정간격(fixed-interval) 계획은 정해진 시간 간격이 지난 후 강화를 주는 것이다.
⑤ 인간행동은 예측 가능하며 통제할 수 있다.

답 ①

✅ 응시생들의 선택

① 84%	② 5%	③ 3%	④ 4%	⑤ 4%

① 부적 강화는 혐오스러운 결과를 제거함으로써 바람직한 행동의 빈도를 증가시킨다.

22-01-04 · 난이도 ★★☆

스키너(B. Skinner)의 이론에 관한 설명으로 옳지 않은 것은?

① 강화계획 중 반응율이 가장 높은 것은 가변비율(variable-ratio) 계획이다.
② 정적 강화물의 예시로 음식, 돈, 칭찬 등을 들 수 있다.
③ 인간행동은 예측가능하며 통제될 수 있다고 본다.
④ 인간의 창조성과 자아실현을 강조한다.
⑤ 부적 강화는 바람직한 행동의 빈도를 증가시키는데 초점을 둔다.

답 ④

✅ 응시생들의 선택

① 7%	② 4%	③ 5%	④ 72%	⑤ 12%

④ 스키너는 인간에 대해 보상과 처벌에 따라 유지되는 기계적 존재로 보면서 환경적 자극에 의해 동기화되고 학습에 의해 행동이 결정된다고 보았다. 인간이 창조성을 가지며 자아실현을 위한 욕구를 갖는다고 본 학자는 매슬로우이다.

행동주의 이론에 관한 설명으로 옳은 것을 모두 고른 것은?

> ㄱ. 인간행동에 대한 환경의 결정력을 강조한다.
> ㄴ. 강화계획은 행동의 반응 가능성을 증가시키고 유지시키기 위한 방법이다.
> ㄷ. 행동조성(shaping)은 복잡한 행동의 점진적 습득을 설명하는 개념이다.
> ㄹ. 고정간격 강화계획은 정해진 수의 반응이 일어난 후 강화를 주는 것이다.

① ㄱ, ㄴ　　　　② ㄱ, ㄹ
③ ㄴ, ㄹ　　　　④ ㄷ, ㄹ
⑤ ㄱ, ㄴ, ㄷ

답 ⑤

✅ 응시생들의 선택

① 15%	② 7%	③ 24%	④ 7%	⑤ 47%

ㄹ. 정해진 수의 반응이 일어난 후 강화를 주는 것은 고정비율 강화계획이다. 고정간격 강화계획은 일정한 시간간격에 따라 강화를 주는 것이다.

스키너(B. Skinner)의 조작적 조건형성을 위한 강화계획 중 '가변(변동)간격 강화'에 해당하는 사례는?

① 정시 출근한 아르바이트생에게 매주 추가수당을 지급하여 정시 출근을 유도한다.
② 어린이집에서 어린이가 규칙을 지킬 때마다 바로 칭찬해서 규칙을 지키는 행동이 늘어나도록 한다.
③ 수강생이 평균 10회 출석할 경우 상품을 1개 지급하되, 출석 5회 이상 15회 이내에서 무작위로 지급하여 성실한 출석을 유도한다.
④ 영업사원이 판매 목표를 10%씩 초과 달성할 때마다 초과 달성분의 3%를 성과급으로 지급하여 의욕을 고취한다.
⑤ 1년에 6회 자체 소방안전 점검을 하되, 불시에 실시하여 소방안전 관리를 철저히 하도록 장려한다.

답 ⑤

✅ 응시생들의 선택

① 3%	② 9%	③ 30%	④ 10%	⑤ 48%

① 고정간격 강화계획에 해당한다.
② 연속적 강화계획에 해당한다.
③ 가변비율 강화계획에 해당한다.
④ 고정비율 강화계획에 해당한다.

행동주의이론의 주요 개념에 관한 설명으로 옳은 것을 모두 고른 것은?

> ㄱ. 인간의 행동은 환경적 자극에 의해 동기화된다.
> ㄴ. 변별자극은 어떤 반응이 보상될 것이라는 단서 혹은 신호로 작용하는 자극이다.
> ㄷ. 강화에는 즐거운 결과를 의미하는 정적 강화와 혐오적 결과를 제거하는 부적 강화가 있고 이 두 가지는 모두 행동의 빈도를 증가시킨다.

① ㄱ　　　　　　② ㄴ
③ ㄱ, ㄴ　　　　④ ㄴ, ㄷ
⑤ ㄱ, ㄴ, ㄷ

답 ⑤

✅ 응시생들의 선택

① 7%	② 1%	③ 21%	④ 4%	⑤ 67%

ㄱ. 인간행동은 내적 충동보다 외적 자극에 의해 동기화되며, 인간행동이나 성격은 인간이 환경적 자극에 반응하는 과정을 통해 형성된 결과물이다.
ㄴ. 변별자극은 특정한 반응이 보상받거나 혹은 보상받지 못할 것이라는 단서 혹은 신호로서 작용하는 자극을 말한다.
ㄷ. 정적 강화는 정적 강화물을 제시함으로써 특정 행동을 증가시키는 것이고, 부적 강화는 부적 강화물을 제거함으로써 특정 행동의 빈도를 증가시킨다.

행동주의 기법에 해당하지 않는 것은?

① 이완훈련기법
② 토큰경제기법
③ 정보처리기법
④ 자기주장훈련
⑤ 타임아웃기법

답 ③

✅ 응시생들의 선택

① 4%	② 7%	③ 77%	④ 9%	⑤ 3%

③ 정보처리기법은 인지이론에 해당한다. 행동주의 기법에는 이완훈련기법, 타임아웃, 토큰경제기법, 체계적 둔감법, 과잉교정기법, 반응대가기법, 혐오기법, 자기 주장훈련 등이 있다.

스키너(B. F. Skinner)의 이론에 관한 설명으로 옳은 것은?

① 인간행동은 내적인 동기에 의해 강화된다.
② 조작적 행동보다 반응적 행동을 중요시한다.
③ 인간행동에 대한 환경의 결정력을 강조한다.
④ 자기효율성을 성취하기 위해 행동을 규제한다.
⑤ 인간은 자신의 행동을 통제할 수 있는 힘을 가지고 있다.

답 ③

✓ 응시생들의 선택

① 11%	② 13%	③ 47%	④ 9%	⑤ 20%

① 인간행동은 외적 자극에 의해 동기화된다고 보았다.
② 반응적 행동은 파블로프의 고전적 조건화에 해당한다.
④ 반두라의 사회학습이론에 해당한다.
⑤ 인간의 행동은 스스로 통제하는 것이 아니라 환경에 의해 통제된다고 보았다.

스키너(B. F. Skinner) 이론에 관한 설명으로 옳지 않은 것을 모두 고른 것은?

> ㄱ. 인간의 자유의지를 강조한다.
> ㄴ. 인간행동은 예측과 통제가 불가능하다고 보았다.
> ㄷ. 부적 강화는 특정 행동을 제거하는 데 목적이 있다.
> ㄹ. 고정간격 스케줄은 특정한 반응이 나타날 때마다 강화를 주는 것이다.

① ㄱ, ㄴ, ㄷ
② ㄱ, ㄷ
③ ㄴ, ㄹ
④ ㄹ
⑤ ㄱ, ㄴ, ㄷ, ㄹ

답 ⑤

✓ 응시생들의 선택

① 12%	② 8%	③ 37%	④ 12%	⑤ 31%

ㄱ. 인간행동에 대한 환경의 결정력을 지나치게 강조한 점이나 자유의지나 개인의 자율성을 간과하였다는 점이 비판을 받았다.
ㄴ. 인간행동이 객관적으로 구체화되고 조작될 수 있는 환경에 의해 다양하게 통제된다고 주장하였다.
ㄷ. 정적 강화나 부적 강화 모두 특정 행동을 증가시키는 것에 목적이 있다.
ㄹ. 고정간격 강화계획은 강화들 사이의 시간 간격이 일정한 강화계획을 의미한다. 특정한 반응이 나타날 때마다 강화를 주는 것은 연속적 강화계획에 해당한다.

다음 상황이 설명하는 개념은?

> 스키너의 상자에서 흰쥐는 계속 움직이면서 환경탐색을 하다가 우연히 지렛대를 눌러 먹이가 먹이통에 떨어지는 것을 보고, 지렛대를 누르는 행동을 계속 하게 된다. 이때 먹이로 인하여 지렛대를 누르는 행동이 증가한다.

① 조작적 조건화
② 고전적 조건화
③ 모방
④ 소거
⑤ 처벌

답 ①

✓ 응시생들의 선택

① 86%	② 13%	③ 1%	④ 0%	⑤ 0%

① 조작적 조건화는 환경적 자극에 능동적으로 반응하여 원하는 결과를 얻기 위해 실행하는 자발적 행동(조작적 행동)을 설명하는 개념이다. 조작적이라는 용어는 유기체가 원하는 결과를 얻기 위해 선택적으로 환경에 작용하는 것을 의미한다.

선생님이 학생들의 자원봉사 활동을 높이기 위해 "자원봉사 활동을 하면 청소를 면제해주겠다"라고 약속하였다. 이는 다음 중 어떤 개념을 활용한 것인가?

① 변별자극
② 정적 강화
③ 부적 강화
④ 관찰학습
⑤ 자기규제

답 ③

✓ 응시생들의 선택

① 3%	② 27%	③ 60%	④ 1%	⑤ 9%

③ 바람직한 행동(자원봉사)을 했을 때 학생들이 싫어하는 대상물(청소)을 제거(-, 부적)해줌으로써 바람직한 행동이 증가(+, 강화)할 수 있게 하는 방법을 사용하고 있으므로 이는 부적 강화에 해당한다.

다음 내용이 **왜 틀렸는지**를 확인해보자

14-01-05

01 스키너 이론에 의하면 인간은 **자신의 행동을 통제할 수 있는 힘**을 가지고 있다.

> 스키너는 인간은 자신의 행동을 통제할 힘이 없고, 인간행동이 객관적으로 구체화되고 조작될 수 있는 환경에 의해 다양하게 통제된다고 주장하였다.

02 **소거**는 행동빈도를 감소하기 위해 좋은 자극을 제거하거나 혐오스러운 자극을 제시한다.

> 소거가 아닌 처벌에 대한 설명이다.
> 소거는 지나치게 강화된 행동에 대해 더 이상 강화를 주지 않음으로써 그 행동을 약화시키는 것이다.

03 과수원에서 한 바구니의 과일을 딸 때마다 보수로 5,000원씩 지급하는 것은 **가변간격 강화계획**에 해당한다.

> 가변간격 강화계획이 아닌 고정비율 강화계획에 해당한다. 고정비율 강화계획은 어떤 특정한 행동이 일정한 수만큼 일어났을 때 강화를 주는 것이다.

04 보상을 제공하여 행동의 결과로서 그 행동을 좀 더 자주 유지하도록 했다면 그 결과를 **처벌**이라고 한다.

> 보상을 제공하여 행동의 결과로서 그 행동을 좀 더 자주 유지하도록 했다면 그 결과를 강화라고 한다.

05 철수가 방청소를 하면 아이스크림을 주는 것은 **부적 강화**의 예이다.

> 철수가 방청소를 하면 아이스크림을 주는 것은 정적 강화의 예이다. 정적 강화는 즐거운 결과를 부여하여 행동 재현을 가져오게 하는 것이다. 반면, 부적 강화는 혐오스러운 결과를 제거함으로써 바람직한 행동 재현을 가져오는 것이다.

06 **스키너**의 이론은 인간의 행동을 자극과 반응의 관계에서 살펴보았다.

> 인간의 행동을 자극과 반응의 관계에서 살펴본 것은 파블로프의 고전적 조건화(반응적 조건화)에 해당한다.
> 스키너는 행동의 결과에 초점을 두어 조작적 조건화를 제시하였다.

07 스키너의 이론은 **인간행동이 내적 동기에 의해 강화됨**을 이해하는 데 공헌하였다.

> 스키너 이론은 다른 성격이론들과 달리 내적인 동기와 욕구, 지각에 초점을 두기보다는 구체적으로 관찰할 수 있는 행동에 초점을 둔다. 스키너의 이론은 인간행동은 내적 충동보다 외적 자극에 의해 동기화된다고 보았다.

08 공부하는 자녀에게 하루 중 세 번의 간식을 주기로 하고 아무 때나 간식을 제공한 것은 **고정비율 강화계획**이다.

> 하루 세 번 아무 때나 강화를 주는 것은 가변간격 강화계획에 해당한다.

빈칸에 들어갈 알맞은 말을 채워보자

01 행동주의 이론의 실천기법 중 (   )은/는 특정행동의 발생 빈도를 줄일 목적으로 이전의 강화를 철회하는 것으로서 부적 처벌의 원리를 이용한 것이다.

02 (   )은/는 특정한 반응이 나타날 때마다 강화를 주는 것이다.

03 강화계획에서 가장 높은 반응의 빈도를 지속적으로 유발하는 것은 (   ) 강화계획이다.

04 (   )은/는 특정 행동 뒤에 부정적이거나 혐오스러운 자극을 제시하여 해당 행동의 빈도를 감소시키는 것을 말한다.

05 학생 모두가 수업 시작 전에 강의실에 도착하면, 교수가 그날 과제를 면제해주는 것은 (   )의 예이다.

06 (   )은/는 특정한 반응이 보상받거나 혹은 보상받지 못할 것이라는 단서 혹은 신호로서 작용하는 자극을 말한다.

답 **01** 타임아웃　**02** 연속적 강화계획　**03** 가변비율　**04** 정적 처벌　**05** 부적 강화　**06** 변별자극

다음 내용이 옳은지 그른지 판단해보자

18-01-14

01 정적 강화와 부적 강화는 모두 행동의 빈도를 감소시킨다. ◎ ✗

14-01-05

02 스키너 이론은 조작적 행동보다 반응적 행동을 중요시한다. ◎ ✗

03 일차적 강화물은 다른 강화물과 함께 학습되어 강화물로 기능하는 것이다. ◎ ✗

04 행동주의이론은 인간의 행동이 학습되거나 학습에 의해 수정될 수 있다고 보기 때문에 학습이론이라고도 한다. ◎ ✗

05 행동주의이론에서 강화된 행동은 습관이 되고 이 습관이 성격의 일부가 된다고 보는데, 강화된 행동은 일반화 자극에 대한 변별능력이 적절하게 발달한 결과로 건전한 성격을 형성한다고 본다. ◎ ✗

11-01-22

06 공부하는 자녀에게 1시간 간격으로 간식을 제공하는 것은 고정비율 강화계획에 해당한다. ◎ ✗

07 인간행동에 대한 환경의 결정력을 지나치게 강조한 점이나 자유의지나 개인의 자율성을 간과한 점 등은 비판을 받고 있다. ◎ ✗

10-01-12

08 반응률이 높은 강화계획순서는 가변비율, 고정비율, 가변간격, 고정간격 순이다. ◎ ✗

09 로아가 동생과 싸우지 않고 사이좋게 잘 놀면, 엄마는 로아가 좋아하는 핫케이크를 구워주는 것은 정적 강화에 해당한다. ◎ ✗

06-01-11

10 인간행동의 초점은 자극과 고전적 조건화보다는 행동의 결과와 조작적 조건화에 있다. ◎ ✗

답 01 ✗ 02 ✗ 03 ✗ 04 ◯ 05 ◯ 06 ✗ 07 ◯ 08 ◯ 09 ◯ 10 ◯

해설 **01** 정적 강화는 정적 강화물을 제시함으로써 행동의 빈도를 증가시키고, 부적 강화는 부적 강화물을 제거함으로써 행동의 빈도를 증가시킨다.

02 조작적 행동보다 반응적 행동을 중요시한 것은 파블로프의 고전적 조건화에 해당한다.

03 다른 강화물과 함께 학습되어 강화물로 기능하는 것은 이차적 강화물이다. 일차적 강화물은 다른 강화물과 연합하지 않은 보상 그 자체를 말한다.

06 일정한 시간 이후에 강화를 주었으므로 고정간격 강화계획에 해당한다.

반두라의 사회학습이론

강의 QR코드

1회독 월 일 2회독 월 일 3회독 월 일

최근 10년간 **8문항** 출제

22회 기출 21회 기출 19회 기출

사회학습이론의 특징

- 인간의 행동 또는 성격의 결정요인으로 사회적 요소를 중요하게 생각하며, 대부분의 학습은 **다른 사람의 행동을 관찰하고 모방한 결과**로 이루어진다고 본다.
- **인간의 주관성 및 능동성을 인정하는 상호작용론적 관점**이다.
- 인간행동은 발달단계나 고유한 특성에 의해서라기보다는 **자신이 처해 있는 상황과 그 상황에 대한 해석**에 의해 결정된다고 본다.
- 학습은 사람, 환경 및 행동의 상호작용에 의해서 이루어지며 환경적 자극에 반응하는 인간의 자기조절에 의해서 행동이 결정된다.
- **인간의 습관은 대부분 다른 사람을 관찰하고 모방**함으로써 배우는 것이며, 이러한 사회학습의 경험이 성격을 형성한다고 본다.

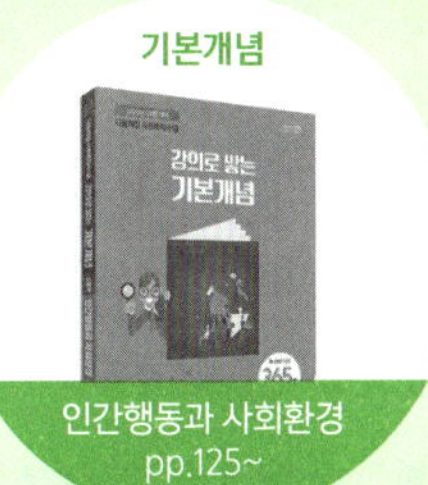

기본개념

인간행동과 사회환경
pp.125~

사회학습이론의 주요 개념

- 모델링 · 모방: 다른 사람의 행동을 관찰한 후 그 행동을 학습하여 따라하는 것을 의미한다.
- 자기조정 · 규제: 자기 자신의 행동에 영향력을 행사할 수 있는 개인의 능력을 의미하며, 자기수행, 자기판단, 자기반응 과정으로 구성된다.
- 자기강화: 자신이 통제할 수 있는 보상을 자기 자신에게 줌으로써 자기 행동을 개선 또는 유지하는 과정이다.
- 자기효능감: 자신이 특정한 행동을 성공적으로 수행할 수 있으며 긍정적인 결과를 도출할 수 있다는 믿음을 의미한다.
- 관찰학습: 인간이 단순한 환경적 자극에 대한 반응을 통하여 행동을 학습하는 것이 아니라 타인들의 행동을 관찰함으로써 학습한다는 것이다. **주의집중과정 − 보존과정 − 운동재생과정 − 동기과정의 순으로 진행**된다.

01 (22-01-10) 반두라 이론에서는 개인의 신념, 기대와 같은 인지적 요인을 중요시 하였다.

02 (22-01-10) 반두라 이론에서는 대리적 강화의 중요성을 강조하였다.

03 (21-01-08) 모델이 관찰자와 유사할 때 관찰자는 모델을 더욱 모방하는 경향이 있다.

04 (21-01-08) 자기가 통제할 수 있는 보상을 자신에게 줌으로써 행동을 유지시키거나 개선시킬 수 있다.

05 (21-01-08) 학습은 사람, 환경 및 행동의 상호작용에 의해 이루어진다.

06 (21-01-08) 관찰학습 과정: 주의집중과정 → 보존과정(기억과정) → 운동재생과정 → 동기화과정

07 (19-01-08) 반두라 이론은 특정행동을 성공적으로 수행할 수 있다는 신념을 강조한다.

08 (18-01-11) 자기강화란 자기 스스로 목표한 일을 달성하고 자신에게 강화물을 주어서 행동을 유지하고 변화해 나가는 과정이다.

09 (18-01-11) 자기효능감은 자신이 바라는 목적을 이루기 위해 특정 행동을 성공적으로 수행할 수 있다는 신념이다.

10 (18-01-11) 관찰학습은 단순한 환경적 자극에 대한 반응을 통하여 행동을 학습하는 것이 아니라 타인의 행동을 관찰함으로써 행동을 습득하는 것이다.

11 (18-01-11) 인간의 성격은 개인적, 행동적, 환경적 요소들 간의 지속적인 상호작용에 의하여 발달한다.

12 (17-01-10) 자기효능감의 형성요인으로는 사회적 모델이 제공하는 대리경험, 성공(성취)경험, 언어적 설득, 정서적 각성, 신체적·정신적 건강 등이 있다.

13 (16-01-09) 모델링, 관찰학습, 자기강화, 자기효능감 등은 반두라(A. Bandura)의 사회학습이론의 주요 개념이다.

14 (14-01-08) 반두라 이론에 의하면 모방(modeling)은 시연을 통해 행동을 습득할 수 있다.

15 (14-01-12) 관찰학습이란 반두라의 사회학습이론의 주요 개념으로서, 인간이 단순한 환경적 자극에 대한 반응을 통하여 행동을 학습하는 것이 아니라 타인들의 행동을 관찰함으로써 학습한다는 것이다.

16 (13-01-05) 반두라 이론에서 무방은 다른 사람의 행동을 관찰함으로써 학습하는 것을 의미한다.

17 (13-01-13) 반두라 이론에서 대리학습이란 타인의 행동에 대한 대리적 경험을 통한 행동의 변화를 말한다.

18 (11-01-12) 관찰학습의 과정은 주의집중, 기억(파지 혹은 보존), 운동재생, 그리고 동기(동기유발 혹은 동기화)의 네 단계로 진행된다.

19 (09-01-11) 반두라는 모방, 관찰학습, 자기효능감, 자기강화 등의 개념을 주장하였다.

20 (09-01-15) 반두라의 사회학습이론에 의하면 인간행동은 개인·행동·환경의 상호작용으로 발달한다.

21 (08-01-12) 반두라의 자기효능감 지표에는 언어적 설득, 대리경험, 성공경험, 생리적·정서적 상태 등이 있다.

22 (08-01-13) 반두라 이론은 인간의 행동이 사회적 요인에 의해서만 결정되는 것은 아니라고 본다.

23 (07-01-28) 반두라의 사회학습이론은 행동과 성격의 결정요인으로서 사회문화적 요인을 중요시한다.

24 (06-01-13) 반두라 이론에 의하면 대부분의 학습은 다른 사람의 행동을 관찰하고 모방한 결과로 일어난다.

25 (05-01-13) 반두라의 사회학습이론 중 모델행동의 상징적 표상을 적절한 행동으로 전환하는 과정은 운동재생과정이다.

26 (04-01-09) 반두라의 사회학습이론은 스스로 계기를 만들고 자기강화를 가능하게 하는 인간의 인지적 능력을 중요시한다.

27 (03-01-07) 반두라 이론에서 자기효능감이란 자신의 일 또는 특정 행동을 성공적으로 수행할 수 있다고 믿는 것을 말한다.

28 (02-01-08) 반두라 이론의 관찰학습 순서는 주의집중과정 – 보존과정(보유/기억/파지 과정) – 운동재생과정 – 동기과정이다.

29 (01-01-04) 사회학습이론에 의하면 인간은 행동을 모방하거나 사회학습 경험으로 성격을 형성한다.

대표기출 확인하기

22-01-10 · 난이도 ★★★

반두라(A. Bandura)의 이론에 관한 설명으로 옳은 것을 모두 고른 것은?

ㄱ. 개인의 신념, 기대와 같은 인지적 요인을 중요시 하였다.
ㄴ. 대리적 강화(vicarious reinforcement)의 중요성을 강조하였다.
ㄷ. 자기효능감을 높이는 가장 효과적인 방법으로 대리적 경험을 제시하였다.
ㄹ. 외부로부터 주어지는 강화의 중요성을 강조하는 자기강화(self reinforcement)의 개념을 제시하였다.

① ㄱ
② ㄴ
③ ㄱ, ㄴ
④ ㄴ, ㄷ, ㄹ
⑤ ㄱ, ㄴ, ㄷ, ㄹ

▶ 알짜확인

- 다른 사람의 행동 관찰 및 모방, 인간의 능동성, 상호작용, 대리적 조건화 등의 키워드로 사회학습이론의 특징을 잡아두자.
- 반두라의 이론에서는 관찰학습의 과정을 살펴보는 것도 필수이다.

답 ③

✔ 응시생들의 선택

① 7%	② 13%	③ 22%	④ 23%	⑤ 35%

ㄷ. 반두라는 자기효능감 지표로서 실제수행, 대리경험, 언어적 설득, 생리적 단서 등 4가지를 제시하였다. 실제수행을 통한 성공경험이 가장 영향력 있는 자기효능감의 원천이라고 보았다.
ㄹ. 자기강화는 자신이 통제할 수 있는 보상을 자기 자신에게 줌으로써 자기 행동을 개선 또는 유지하는 과정이다.

관련기출 더 보기

21-01-08 · 난이도 ★★☆

반두라(A. Bandura)의 사회학습이론의 주요 개념으로 옳지 않은 것은?

① 모델이 관찰자와 유사할 때 관찰자는 모델을 더욱 모방하는 경향이 있다.
② 자신이 통제할 수 있는 보상을 자신에게 줌으로써 자기 행동을 유지시키거나 개선시킬 수 있다.
③ 학습은 사람, 환경 및 행동의 상호작용에 의해 이루어짐을 강조한다.
④ 조작적 조건화에 의해 행동은 습득된다.
⑤ 관찰학습은 주의집중과정 → 보존과정(기억과정) → 운동재생과정 → 동기화과정을 통해 이루어진다.

답 ④

✔ 응시생들의 선택

① 10%	② 11%	③ 4%	④ 68%	⑤ 7%

④ 조작적 조건화는 유기체가 원하는 결과를 얻기 위해 자발적인 반응으로서 행동함을 설명하는 개념으로, 스키너는 쥐 실험을 통해 조작적 조건화의 개념을 제시하였다.

➕ 덧붙임

- 파블로프 = 반응적 조건화
- 스키너 = 조작적 조건화
- 반두라 = 대리적 조건화

반두라(A. Bandura)의 이론에 관한 설명으로 옳지 않은 것은?

① 학습은 사람, 환경 및 행동의 상호작용에 의해 이루어짐을 강조한다.
② 특정행동을 성공적으로 수행할 수 있다는 신념을 강조한다.
③ 개인이 지닌 인지적 요인의 영향력을 강조한다.
④ 관찰학습의 첫 번째 단계는 동기유발과정이며, 학습한 내용의 행동적 전환을 강조한다.
⑤ 인간은 스스로 자신의 행동을 강화할 수 있음을 강조한다.

답 ④

✅ **응시생들의 선택**

① 3%	② 11%	③ 25%	④ 47%	⑤ 14%

④ 관찰학습의 과정은 '주의집중과정 → 보존과정 → 운동재생과정 → 동기화과정'으로 진행된다. 관찰학습의 첫 번째 단계인 주의집중과정은 모방할 행동에서 중요한 특징에 관심을 기울이고, 정확하게 지각하기 위해 노력한다. 두 번째 단계인 보존과정은 모방한 행동을 상징적인 형태로 기억 속에 담는 것을 말한다. 세 번째 단계인 운동재생과정은 모델을 모방하기 위해 심상 및 언어로 기호화된 표상을 외형적인 행동으로 전환하는 단계이다. 마지막 단계인 동기화과정은 관찰한 것을 적절하게 수행하도록 동기유발을 시켜 행동을 통제하는 과정을 말한다.

반두라(A. Bandura)가 설명한 자기효능감의 형성요인이 아닌 것은?

① 대리경험
② 언어적 설득
③ 정서적 각성
④ 행동조성
⑤ 성취경험

답 ④

✅ **응시생들의 선택**

① 10%	② 50%	③ 20%	④ 17%	⑤ 3%

④ 자기효능감은 자신이 특별한 행동을 성공적으로 수행할 수 있으며 긍정적인 결과를 도출할 수 있다는 믿음을 의미한다. 자기효능감은 인간의 사고, 동기, 행위에 있어서 중요한 역할을 한다. 자기효능감의 형성요인으로는 사회적 모델이 제공하는 대리경험, 성공(성취)경험, 언어적 설득, 정서적 각성, 신체적 · 정신적 건강 등이 있다. 외적으로 환경 또는 행동을 조성하는 것은 자기효능감의 형성요인으로 볼 수 없다.

반두라(A. Bandura)의 사회학습이론의 주요 개념으로 옳지 않은 것은?

① 모델링
② 관찰학습
③ 자기강화
④ 자기효능감
⑤ 논박

답 ⑤

✅ **응시생들의 선택**

① 1%	② 1%	③ 3%	④ 3%	⑤ 92%

⑤ 논박은 엘리스의 합리적 정서행동이론의 주요 개념에 해당한다. 반두라 이론의 주요 개념으로는 모델링, 인지, 자기조정, 자기강화, 자기효율성, 관찰학습 등이 있다.

반두라(A. Bandura)의 모방(modeling)에 관한 설명으로 옳지 않은 것은?

① 대리경험에 의한 학습을 말한다.
② 조작적 조건화에 의해 습득된다.
③ 시연을 통해 행동을 습득할 수 있다.
④ 각 단계마다 칭찬을 해주면 효과적이다.
⑤ 쉽고 간단한 것부터 습득하며 점차 어렵고 복잡한 것으로 진전된다.

답 ②

✅ **응시생들의 선택**

① 4%	② 79%	③ 3%	④ 12%	⑤ 2%

② 스키너의 행동주의 이론에 해당하는 내용이다.

다음 사례와 관계있는 개념은?

> 철수는 친구가 학교규칙을 위반해 벌을 서는 것을 목격하고, 학교규칙을 준수하게 되었다.

① 소거
② 대리학습
③ 자기강화
④ 조작적 조건화
⑤ 고전적 조건화

답 ②

✅ **응시생들의 선택**

① 4%	② 49%	③ 35%	④ 7%	⑤ 5%

② 반두라는 학습이 직접적인 강화보다 대리적 경험을 통해 이루어진다고 보았다. 대리학습이란 타인의 행동에 대한 대리적 경험을 통한 행동의 변화를 말한다.

중간고사에서 나쁜 성적을 받은 학생이 기말고사를 치를 때까지 스스로 인터넷게임을 중단하고 학업에 매진하기로 결심하였다. 이러한 행동을 설명하는 개념은?

① 행동조성(shaping)
② 자기강화(self-reinforcement)
③ 처벌(punishment)
④ 정적 강화(positive reinforcement)
⑤ 소거(extinction)

답 ②

✅ **응시생들의 선택**

① 18%	② 64%	③ 5%	④ 4%	⑤ 9%

② 자기강화는 개인이 성취의 기준을 정하고 그 목표를 달성하거나 혹은 미치지 못하는 경우에 자신에게 보상 또는 벌을 내린다는 개념이다. 이 학생은 자신이 정한 기준에 미달하는 성석을 받고 자신에게 게임 중단이라는 처벌을 내렸으므로 자기강화에 해당한다.

반두라(A. Bandura)의 사회학습이론에 관한 설명으로 옳은 것은?

① 인간행동에서 외적 영향력보다 내적 영향력을 더 강조한다.
② 인간발달에서 인생 초기의 부정적 경험을 중요시 한다.
③ 인간행동 발달과 관련된 문화적 배경을 강조한다.
④ 인간행동 발달에서 연령별 단계를 제시하고 있다.
⑤ 인간행동은 개인·행동·환경의 상호작용으로 발달한다.

답 ⑤

✅ **응시생들의 선택**

① 10%	② 3%	③ 6%	④ 2%	⑤ 79%

① 반두라는 인간행동이 외적 요인이나 내적 요인 중 어느 하나, 혹은 둘의 단순한 조합으로 결정되는 것은 아니라면서 상호결정론을 제시하였다.
② 특별히 인생 초기의 부정적 경험에 초점을 두지는 않았다.
③ 반두라는 개인의 인지, 환경, 행동 사이의 상호작용으로 파악하였기 때문에 특별히 문화적 배경을 강조한 것은 아니다.
④ 반두라는 행동발달을 이해함에 있어 단계론이 유용하지 않다고 보아 발달단계를 제시하지 않았다.

다음 중 반두라의 사회학습이론에 해당되지 않는 것은?

① 학습과정에서 보상을 중요시하였다.
② 학습과 실행을 서로 구분하였다.
③ 행동과 성격의 결정요인으로서 사회·문화적 요인을 중요시한다.
④ 관찰학습, 대리학습을 강조한다.
⑤ 인간을 능동적으로 사고하는 존재로 간주한다.

답 ①

✅ **응시생들의 선택**

① 69%	② 8%	③ 10%	④ 7%	⑤ 6%

① 반두라는 인간의 행동이 보상이나 처벌의 조작결과로서 형성되는 것이 아니라 다른 사람의 행동을 관찰하고 모방한 결과로서 이루어진다고 보았다.

다음 내용이 왜 틀렸는지를 확인해보자

18-01-11

01 관찰학습은 단순한 환경적 자극에 대한 반응을 통하여 행동을 학습하는 것이다.

> 관찰학습은 단순한 환경적 자극에 대한 반응을 통하여 행동을 학습하는 것이 아니라 타인의 행동을 관찰함으로써 행동을 습득하는 것이다.

02 관찰학습의 과정 중 보존과정은 관찰한 것을 적절하게 수행하도록 동기유발을 시켜 행동을 통제하는 과정이다.

> 관찰한 것을 적절하게 수행하도록 동기유발을 시켜 행동을 통제하는 과정은 동기과정이다. 보존과정은 모방한 행동을 상징적인 형태로 기억 속에 담는 것을 말한다.

03 반두라는 아동의 도덕성 발달이 보상과 처벌에 의해 이루어진다고 보았다.

> 아동의 도덕성 발달이 보상과 처벌에 의해 이루어진다고 본 것은 스키너의 행동주의이론이다.

04 반두라 이론은 인간행동의 결정요인으로 사회적 요소를 중요시하지 않는다.

> 인간의 행동 또는 성격의 결정요인으로 사회적 요소를 중요하게 생각하며, 대부분의 학습은 다른 사람의 행동을 관찰하고 모방한 결과로 이루어진다고 본다.

05 반두라는 인간의 주관성 및 능동성을 인정하지 않았다.

> 반두라는 인간의 주관성 및 능동성을 인정하는 상호작용론적 관점을 취하고 있으며, 인간이 스스로 자신의 인지적 능력을 활용하여 사려 깊고 창조적인 사고를 함으로써 합리적 행동을 계획할 수 있는 능력이 있다고 하는, 즉 인지적 능력을 중시하였다.

06 반두라는 행동을 학습하는 데 있어서 스키너와 마찬가지로 외적 강화 없이는 어떠한 행동의 학습이나 수정도 이루어질 수 없다고 보았다.

> 반두라는 새로운 행동의 학습이 어떠한 외적 강화 없이도 이루어질 수 있다고 보았다.

07 반두라는 사회학습이론을 통해 **행동조성**, 관찰학습 등의 개념을 제시하였다.

> 행동조성은 스키너 이론에서 제시된 개념이다.

08 반두라의 사회학습이론은 **조작적 조건화**에 의해 행동이 습득된다고 보았다.

> 반두라의 사회학습이론은 대리적 조건화이다. 조작적 조건화는 스키너의 행동주의이론이다.

빈칸에 들어갈 알맞은 말을 채워보자

01 (   )(이)란 타인의 행동에 대한 대리적 경험을 통한 행동의 변화를 말한다.

02 사회학습이론은 인간행동이 개인·행동·환경이 서로 상호작용한 결과라고 보는 (   )을/를 취한다.

03 반두라는 인간은 자기수행, 자기판단, 자기반응의 과정을 따라 (   )을/를 하면서 자신의 행동에 영향을 행사한다고 보았다.

04 관찰학습과정 중 모델행동의 상징적 표상을 적절한 행동으로 전환하는 과정을 (   ) 과정이라고 한다.

05 반두라는 행동의 결정에 있어서 환경 못지않게 (   )와/과 같은 내적 요인을 중요시 했는데, 이는 자신이 특정한 행동을 성공적으로 수행할 수 있다는 믿음을 말한다.

06 (   )은/는 자신이 통제할 수 있는 보상을 자기 자신에게 줌으로써 자기 행동을 개선 또는 유지하는 과정이다.

↻ **답** **01** 대리학습 **02** 상호결정론 **03** 자기조정 **04** 운동재생 **05** 자기효율성 **06** 자기강화

다음 내용이 옳은지 그른지 판단해보자

`21-01-08`
01 관찰학습은 운동재생과정 → 주의집중과정 → 보존과정(기억과정) → 동기화과정을 통해 이루어진다. ◎ ✕

02 사회학습이론은 사회적 환경이 인간에게 얼마나 많은 영향을 미치는가에 대한 인식을 증진시킨다. ◎ ✕

03 인간은 자기효율성을 성취하는 방향으로 행동을 유지할 수 있다. ◎ ✕

`09-01-15`
04 반두라는 인간행동 발달에서 연령별 단계를 제시하고 있다. ◎ ✕

05 인간행동의 근원은 같은 환경일지라도 개인 내적 특성에 따라서 자극에 반응하는 것이 달라질 수 있다고 본다. ◎ ✕

06 자기조정·규제는 자기 자신의 행동에 영향력을 행사할 수 있는 개인의 능력을 의미한다. ◎ ✕

07 반두라는 인간행동이 내적 충동보다 외적 자극에 의해 동기화된다고 보았다. ◎ ✕

08 인간은 내적 기준을 가지고 그 기준 이상으로 행동했을 때에는 스스로 보상하지만 그것에 미치지 못할 때에는 스스로 벌을 주면서 행동을 규제하고 조절해나간다. ◎ ✕

09 반두라는 스키너와는 달리 관찰학습에서 행동에 영향을 줄 수 있는 인지적 요소(자기강화와 자기효능감 등)의 중요성을 강조한다. ◎ ✕

10 사회복지실천에서 반두라의 모델링 개념은 아이를 적절하게 치료하는 데에 사용할 수 있으며, 부모는 이를 관찰할 수 있다. ◎ ✕

답 **01** ✕ **02** ○ **03** ○ **04** ✕ **05** ○ **06** ○ **07** ✕ **08** ○ **09** ○ **10** ○

해설 **01** 관찰학습은 주의집중과정 → 보존과정(기억과정) → 운동재생과정 → 동기화과정을 통해 이루어진다.
04 반두라의 사회학습이론은 인간행동의 발달에서 연령별로 다르게 나타나는 인지수준을 고려하지 않았다는 비판을 받았다.
07 인간행동이 내적 충동보다 외적 자극에 의해 동기화된다고 본 것은 스키너이다.

011 콜버그의 도덕성 발달이론

강의 QR코드

1회독	2회독	3회독
월 일	월 일	월 일

최근 10년간 **3문항** 출제

복습 1 이론요약

 23회 기출  20회 기출

도덕성 발달단계

기본개념

인간행동과 사회환경
pp.103~

▶ 전인습적 수준(4~9세 이전)

자기중심적이고 이기적인 도덕적 판단이 특징이며, 이 수준의 아동은 사회의 규범이나 기대, 즉 인습을 잘 이해하지 못한다. 일반적으로 9세 이전 연령은 전인습적 수준에 해당된다.

- 제1단계(타율적 도덕성): 벌과 복종에 의해 방향이 형성되는 도덕성
- 제2단계(개인적·도구적 도덕성): 자신에게 이익이 되는 정도에 따라 행동을 판단

▶ 인습적 수준(10세 이상의 아동, 청소년, 대다수의 사람)

인습적 수준의 사람들은 다른 사람의 견해와 입장을 이해할 수 있다. **10세 이상의 아동, 청소년, 대다수의 성인**이 인습적 수준에 해당한다.

- 제3단계(개인 상호 간의 규준적 도덕성): 대인관계의 조화로서의 도덕성
- 제4단계(사회체계 도덕성): 법과 질서를 준수하는 것으로서의 도덕성

▶ 후인습적 수준(20세 이상의 소수만 도달함)

후인습적 수준의 도덕성은 **자신이 인정하는 도덕적 원리를 토대로 한 도덕성**으로, 사회규범을 이해하고 인정하지만, 법이나 관습보다는 개인의 가치기준에 우선순위를 두고 도덕적 판단을 한다.

- 제5단계(인권과 사회복지 도덕성): 사회계약 정신으로서의 도덕성
- 제6단계(보편적 원리, 일반윤리): 보편적 도덕원리에 대한 확신으로서의 도덕성

01 (23-01-14) 후인습적 수준에는 사회질서의 유지를 위해 법과 규칙은 준수되어야 하지만, 민주적인 절차를 통해 바뀔 수 있다고 생각한다.

02 (20-01-12) 도덕성 발달이론의 전인습적 수준에서는 행동의 원인보다 결과에 따라 옳고 그름을 판단한다.

03 (17-01-09) 콜버그의 후인습적 수준의 도덕성은 인간의 존엄성과 양심에 따라 자율적이고 독립적 판단이 가능하다.

04 (13-01-11) 콜버그 이론은 남성만을 연구의 대상으로 삼은 한계가 있다.

05 (12-01-03) 콜버그 이론은 도덕적 사고를 지나치게 강조하고 도덕적 행동이나 감정을 무시한다는 평가를 받았다.

06 (11-01-05) 콜버그 이론에 의하면 도덕발달은 개인의 인지구조와 환경 간 상호작용의 결과이다.

07 (07-01-26) 콜버그의 도덕성 발달단계 중 남을 기쁘게 하고 인정받고자 하는 욕구에 기초해 사회적 기대에 복종하는 방식으로 도덕적 행위를 결정하는 단계는 3단계 수준의 도덕발달이다.

08 (04-01-17) 콜버그의 도덕성 발달단계 중 전인습적 도덕기(2단계)는 욕구충족 수단으로서의 도덕성의 단계이다.

대표기출 확인하기

23-01-14   난이도 ★★☆

콜버그(L. Kohlberg)의 이론에 관한 설명으로 옳은 것은?

① 전인습적 수준: 사회적인 인정에 관심을 가지고 착한 행동을 함으로써 타인의 인정을 받고자 한다.
② 인습적 수준: 개인의 양심에 비추어 옳고 그름을 판단한다.
③ 인습적 수준: 행동의 결과가 가져오는 보상이나 처벌에 의해 옳고 그름을 판단한다.
④ 후인습적 수준: 사회질서의 유지를 위해 법과 규칙은 준수되어야 하지만, 민주적인 절차를 통해 바뀔 수 있다고 생각한다.
⑤ 후인습적 수준: 규칙을 준수하고 사회질서를 유지하는 것이 도덕적 행동이라 생각한다.

 **알짜확인**

• 도덕성 발달이론의 특징과 도덕성 발달단계를 이해해야 한다.

답 ④

✔ 응시생들의 선택

① 16%	② 15%	③ 9%	④ 43%	⑤ 17%

① 사회적인 인정에 관심을 가지고 착한 행동을 함으로써 타인의 인정을 받고자 하는 단계는 인습적 수준 중 3단계 개인 상호 간의 규준적 도덕성이다.
② 개인의 양심에 비추어 옳고 그름을 판단하는 단계는 후인습적 수준 중 6단계 보편적 원리에 의한 도덕성이다.
③ 행동의 결과가 가져오는 보상이나 처벌에 의해 옳고 그름을 판단하는 단계는 전인습적 수준의 1단계와 2단계이다. 처벌이 두려워서 복종하는 단계는 1단계 타율적 도덕성이고, 보상이나 개인의 욕구충족 수단으로서의 도덕성은 2단계 개인적·도구적 도덕성이다.
⑤ 규칙을 준수하고 사회질서를 유지하는 것이 도덕적 행동이라 생각하는 단계는 인습적 수준 중 4단계 사회체계 도덕성이다.

➕ 덧붙임

도덕성 발달단계의 주요 특징을 묻는 문제가 핵심을 이루고 있다. 이 외에도 콜버그 이론에 관한 전반적인 내용을 묻는 문제, 콜버그 이론에 대한 평가를 묻는 문제 등이 출제된 바 있다.

관련기출 더 보기

20-01-12   난이도 ★★☆

콜버그(L. Kohlberg)의 도덕성 발달이론에 관한 설명으로 옳지 않은 것은?

① 법과 질서 지향 단계는 인습적 수준에 해당한다.
② 피아제(J. Piaget)의 도덕성 발달이론에 기초를 제공하였다.
③ 전인습적 수준에서는 행동의 원인보다 결과에 따라 옳고 그름을 판단한다.
④ 보편적 윤리 지향 단계에서는 정의, 평등 등 인권적 가치와 양심적 행위를 지향한다.
⑤ 도덕적 딜레마가 포함된 이야기를 아동, 청소년 등에게 들려주고, 이야기 속 주인공의 행동에 대한 도덕적 판단과 그 근거를 질문한 후 그 응답에 따라 도덕성 발달 단계를 파악하였다.

답 ②

✔ 응시생들의 선택

① 13%	② 40%	③ 18%	④ 15%	⑤ 14%

② 콜버그는 피아제 학파의 전통을 이은 대표적 연구자로서 피아제의 도덕 추론연구를 청소년기와 성인기까지 확장했다.

17-01-09   난이도 ★★☆

콜버그(L. Kohlberg)의 후인습적 수준의 도덕성에 관한 설명으로 옳은 것은?

① 일반윤리에 의해 자신의 이익에 따라 행동을 판단한다.
② 개인 상호간 대인관계의 조화를 바탕으로 행동한다.
③ 인간의 존엄성과 양심에 따라 자율적이고 독립적 판단이 가능하다.
④ 타인 중심에서 벗어나 개인의 욕구충족을 위해 행동한다.
⑤ 도덕적으로 옳고 법적으로도 타당할 때 충족된다.

답 ③

✔ 응시생들의 선택

① 3%	② 10%	③ 63%	④ 3%	⑤ 21%

③ 후인습적 수준의 도덕성은 자신이 인정하는 도덕적 원리를 토대로 한 도덕성으로, 사회규범을 이해하고 인정하지만, 법이나 관습보다는 개인의 가치기준에 우선순위를 두고 도덕적 판단을 한다. 즉, 인간의 존엄성과 양심에 따라 자율적이고 독립적 판단이 가능하다.

콜버그(L. Kohlberg) 이론에 관한 설명으로 옳은 것은?

① 도덕성 발달은 아동기에 완성된다.
② 도덕성 발달단계의 순서는 가변적이다.
③ 남성만을 연구의 대상으로 삼은 한계가 있다.
④ 모든 사람이 도달하는 최종적 도덕단계는 동일하다.
⑤ 하위단계에 있는 사람도 상위단계의 도덕적 추론을 능동적으로 표현할 수 있다.

답 ③

✔ 응시생들의 선택

① 11%	② 11%	③ 44%	④ 7%	⑤ 28%

① 콜버그는 도덕성 발달 연구를 청소년기와 성인기까지 확장했으며, 아동기에 도덕성 발달이 완성되는 것은 아니다.
② 도덕성 발달은 순서대로 진행된다고 보았다.
④ 모든 사람이 도달하는 최종적 도덕단계는 동일하지 않다.
⑤ 콜버그의 이론은 상이한 도덕성 발달단계에서는 각기 다른 인지능력이 필요하다고 보았다. 따라서 하위단계에 있는 사람이 상위단계의 도덕적 추론을 위해 필요한 인지능력에 도달하기는 어렵다고 보았다.

콜버그(L. Kohlberg) 이론의 평가로 옳지 않은 것은?

① 모든 문화권에 보편적으로 적용하기에는 한계가 있다.
② 여성이 남성보다 도덕수준이 낮다는 성차별적 관점을 지닌다.
③ 인간의 자유의지를 부정하고 환경의 자극에 반응하는 존재로 본다.
④ 도덕적 행동에 영향을 미치는 여러 상황적 요인을 고려하지 않는다.
⑤ 도덕적 사고를 지나치게 강조하고 도덕적 행동이나 감정을 무시한다.

답 ③

✔ 응시생들의 선택

① 2%	② 30%	③ 48%	④ 9%	⑤ 11%

③ 성격이나 행동형성 과정에서 인간을 환경의 영향을 일방적으로 받는 수동적 존재로 인식한 것은 파블로프와 스키너의 이론에 해당하는 설명이다. 콜버그의 도덕성 이론에서는 도덕성 발달이 개인의 인지구조와 환경 간의 상호작용의 결과이며 인간을 합리적으로 사고하는 존재로 보았다.

콜버그(L. Kohlberg)의 이론에 관한 설명으로 옳지 않은 것은?

① 도덕발달은 개인의 인지구조와 환경 간 상호작용의 결과이다.
② 도덕적 판단에 위계적 단계가 있음을 강조한다.
③ 남성은 권리와 규칙, 여성은 책임감을 중시하는 형태로 도덕발달이 이루어진다.
④ 개인이 도달하는 최종 도덕발달단계는 다를 수 있다.
⑤ 아동은 동일한 발달단계 순서를 거친다.

답 ③

✔ 응시생들의 선택

① 3%	② 4%	③ 46%	④ 7%	⑤ 40%

③ 콜버그는 남성만을 대상으로 연구결과를 제시하였는데, 길리건(Gilligan)은 실제 여성은 남성과 다른 도덕적 관점을 갖는다는 점에서 이러한 콜버그 이론에는 문제가 있다고 비판한 바 있다. 따라서 남성만을 연구한 콜버그가 남성과 여성의 도덕발달 차이를 이론에 다룬 것처럼 제시된 지문은 옳지 않다.

콜버그의 도덕성 발달단계 중 남을 기쁘게 하고 인정받고자 하는 욕구에 기초해 사회적 기대에 복종하는 방식으로 도덕적 행위를 결정하는 단계는?

① 1단계 수준의 도덕발달
② 2단계 수준의 도덕발달
③ 3단계 수준의 도덕발달
④ 4단계 수준의 도덕발달
⑤ 5단계 수준의 도덕발달

답 ③

✔ 응시생들의 선택

① 4%	② 18%	③ 68%	④ 7%	⑤ 3%

③ 도덕성 판단에 있어 타인의 의견을 중요시하며, 타인을 기쁘게 하는 것이 선이라고 생각하는 단계는 인습적 수준인 3단계 도덕성 발달단계이다.

정답훈련

다음 내용이 왜 틀렸는지를 확인해보자

13-01-11

01 콜버그 이론에서 도덕성 발달은 아동기에 완성된다.

> 콜버그는 도덕성 발달 연구를 청소년기와 성인기까지 확장했으며, 아동기에 도덕성 발달이 완성되는 것은 아니다.

12-01-03

02 콜버그 이론은 인간의 자유의지를 부정하고 환경의 자극에 반응하는 존재로 본다.

> 콜버그 이론에서는 도덕성 발달이 개인의 인지구조와 환경 간의 상호작용의 결과이며, 인간을 합리적으로 사고하는 존재로 보았다.

03 후인습적 수준의 도덕성 발달단계는 자기중심적이고 이기적인 도덕적 판단이 특징이며, 이 수준의 아동은 사회의 규범이나 기대, 즉 인습을 잘 이해하지 못한다.

> 자기중심적이고 이기적인 도덕적 판단이 특징이며, 사회의 규범이나 기대, 즉 인습을 잘 이해하지 못하는 단계는 전인습적 수준의 도덕성 발달단계이다.

04 콜버그는 대부분의 사람들이 도덕성 발달단계의 최고 단계인 6단계에 도달할 수 있다고 보았다.

> 콜버그는 6단계 수준의 도덕적 사고에 도달하는 사람은 드물다고 보았다.

11-01-05

05 콜버그 이론에 의하면 남성은 권리와 규칙, 여성은 책임감을 중시하는 형태로 도덕발달이 이루어진다.

> 콜버그는 남성만을 대상으로 연구결과를 제시하였으며, 남성과 여성의 도덕발달 차이를 이론에서 다루지 않았다.

07-01-26

01 남을 기쁘게 하고 인정받고자 하는 욕구에 기초해 사회적 기대에 복종하는 방식으로 도덕적 행위를 결정하는 단계는 (   ) 수준의 도덕성 발달단계이다.

02 벌과 복종에 의해 방향이 형성되는 도덕성 단계는 (   ) 수준의 도덕성 발달단계이다.

03 법을 초월하는 어떤 추상적이고 보편적인 원리에 대한 보다 명확한 개념이 이루어지는 단계는 (   ) 수준의 도덕성 발달단계이다.

 **답** **01** 3단계 **02** 1단계 **03** 6단계

다음 내용이 옳은지 그른지 판단해보자

13-01-11

01 콜버그 이론의 도덕성 발달단계의 순서는 가변적이다. 

02 도덕적 사고를 지나치게 강조하고 도덕적 행동이나 도덕적 감정은 무시했다는 비판을 받았다. 

03 후인습적 수준의 도덕적 추론을 위해서는 형식적·조작적 사고가 필요하다. 

22-01-17

04 영아기(0~2세)는 콜버그의 전인습적 도덕기에 해당한다. 

 **답** **01** × **02** ○ **03** ○ **04** ×

해설 **01** 도덕성 발달은 순서대로 진행된다고 보았다.
04 콜버그의 전인습적 도덕기는 4~9세이다.

인본주의이론

매슬로우의 욕구이론과 로저스의 현상학이론을 학습한다. 매슬로우의 욕구 5단계(생-안-사-존-실)를 꼭 기억해두고, 인간의 주관적 경험을 강조한 로저스 이론의 주요 특징을 정리해두자.

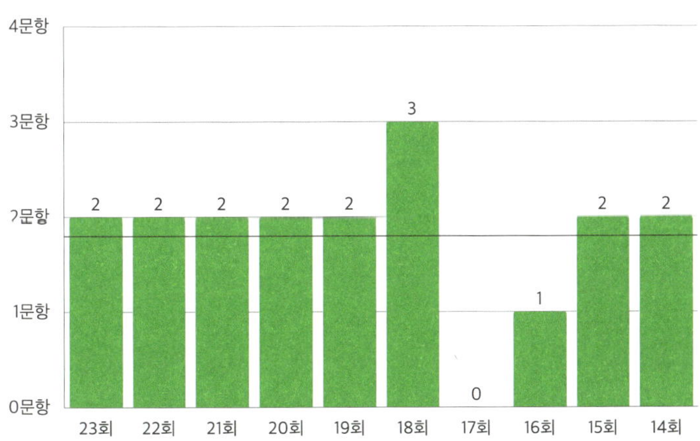

012 매슬로우의 욕구이론

강의 QR코드

1회독	2회독	3회독
월 일	월 일	월 일

최근 10년간 **7문항** 출제

이론요약

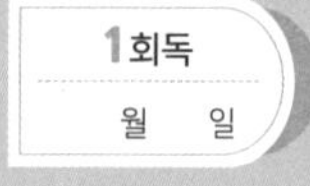 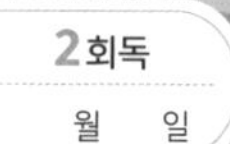 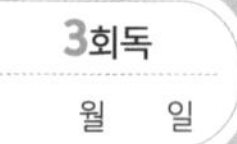
23회 기출 · 21회 기출 · 20회 기출 · 19회 기출

욕구이론의 특징

- **인간의 본성은 선하며**, 더불어 자기실현을 긍정적인 과정으로 갈망한다.
- 인간은 선천적으로 **자기실현을 이루고자 하는 노력 혹은 경향**이 있다.
- 소수의 사람만이 자기실현에 완전히 도달한다.
- 자기실현의 욕구 외에 인간은 본능적 욕구를 가지고 태어난다.
- 심리적인 성장과 건강에 대한 잠재력은 **인간이 세상에 태어날 때부터 이미 갖추어져 있는 것**이다.

기본개념

인간행동과 사회환경
pp.136~

욕구의 형태와 체계

▶ **욕구의 형태**
- 제1형태의 욕구(기본적 욕구 또는 결핍성의 욕구): 음식·물·쾌적한 온도, 신체의 안전, 애정, 존경 등의 욕구가 해당된다.
- 제2형태의 욕구(성장 욕구 또는 자기실현 욕구): 잠재능력, 기능, 재능을 발휘하려는 욕구를 말한다.

▶ **욕구의 체계**
- **생리적인 욕구**: 음식, 물, 산소, 배설 등 생존과 직접적으로 관련되어 있는 명백한 욕구이다.
- **안전에 대한 욕구**: 안전, 안정, 보호, 질서, 불안과 공포로부터의 해방 등 신체적 안전과 심리적 안정이 모두 다 포함된다.
- **소속과 애정에 대한 욕구**: 친구나 애인, 배우자, 자녀 등이 필요해지고, 이웃이나 직장 등에도 소속되고 싶어지는 것이 이에 해당한다.
- **자기존중에 대한 욕구**: 자기 자신과 다른 사람에게 존경받고 싶은 욕구이다.
- **자기실현의 욕구**: 자기실현 욕구의 결과로서 창조하고 학습하는 일에 정성을 쏟게 된다.

자기실현 욕구를 충족한 사람의 특징

- 사람과 환경을 정확하고 객관적으로 지각한다.
- 자기 자신과 타인들을 있는 그대로 받아들이며 관대하다.
- 자연스럽고, 자율적이며 창의적이다.

- 모든 인간에 대한 공감과 애정을 가지고 있다.
- 좋은 유머감각이 있다.
- 대인관계가 깊고 풍부하다.
- 민주적인 성격을 가진다.
- 자기중심적이지 않고 외부의 문제에 대한 관심이 크다.

기출문장 CHECK

01 (23-01-11) 매슬로우(A. Maslow)의 이론에서는 인간의 본성이 본래 선하다고 주장하였다.

02 (22-01-01) 매슬로우 이론은 인간의 욕구를 파악할 수 있는 근거를 마련하였다.

03 (21-01-07) 매슬로우는 인간에 대해 희망적이고 낙관적인 관점을 갖는다.

04 (21-01-07) 매슬로우는 인간은 자아실현을 이루려고 노력하는 존재라고 보았다.

05 (21-01-07) 매슬로우는 인간은 삶을 유지하려는 동기와 삶을 창조하려는 동기를 갖는다고 보았다.

06 (21-01-07) 매슬로우는 일반적으로 욕구 위계서열이 높을수록 욕구의 강도가 낮다고 보았다.

07 (20-01-10) 매슬로우의 욕구단계 중 자존감의 욕구는 소속과 사랑의 욕구보다 상위단계의 욕구이다.

08 (19-01-11) 매슬로우의 욕구이론에 의하면 인간의 욕구는 강도와 중요도에 따라 위계적으로 구성되어 있다.

09 (18-01-07) 매슬로우에 의하면 인간의 욕구는 자신을 성장하도록 동기부여 한다.

10 (15-01-05) 안전의 욕구에는 보호, 의존, 질서, 구조의 욕구가 있다.

11 (14-01-11) 매슬로우의 욕구단계이론은 클라이언트의 욕구를 사정하는 데 유용하다.

12 (13-01-08) 매슬로우 이론에 의하면 자아실현자는 사람과 주변환경을 객관적이고 명확하게 지각한다.

13 (11-01-23) 매슬로우 이론에 의하면 창조성이란 누구에게나 잠재해 있기 때문에 특별한 자질이나 능력을 요구하지 않는다.

14 (10-01-14) 매슬로우의 인본주의는 지나친 획일성으로 인해 개인의 차이나 상황을 고려하지 않았다는 비판을 받았다.

15 (09-01-13) 매슬로우 이론에 의하면 상위욕구는 하위욕구가 일정부분 충족되었을 때 나타날 수 있다.

16 (07-01-04) 매슬로우 이론에서 소속과 애정의 욕구는 생리적 욕구와 안전의 욕구가 충족되고 나서 충족된다.

17 (06-01-15) 매슬로우 이론 중 배우자를 만나 결혼하여 가정을 이루고자 하는 욕구는 소속감과 애정의 욕구이다.

18 (05-01-15) 매슬로우 이론에서 욕구는 강도와 중요성에 따라서 서열화된다.

19 (04-01-12) 매슬로우 이론에서 성장욕구는 자기실현욕구이다.

20 (03-01-11) 매슬로우 이론의 자아실현욕구를 충족한 사람은 독창적이고 창조적이다.

21 (01-01-05) 매슬루우의 욕구단계 중 안전에 대한 욕구 다음 단계의 욕구는 소속과 애정에 대한 욕구이다.

대표기출 확인하기

23-01-11   난이도 ★★☆

매슬로우(A. Maslow)의 이론에 관한 설명으로 옳은 것은?

① 인간의 무의식을 강조하였다.
② 인간의 본성은 본래 선하다고 주장하였다.
③ 인간행동에 대한 환경결정론을 강조하였다.
④ 자기완성의 필수 요인으로 열등감 극복을 강조하였다.
⑤ 모방학습의 중요성을 강조하였다.

 **알짜확인**

- 매슬로우가 가진 인간관을 비롯해 주요 특징을 파악해두자.
- 욕구단계를 위계에 따라 정리하고 각 단계별 욕구가 무엇을 의미하는지도 중요하다.
- 자기실현 욕구는 모두에게서 나타나는 것은 아니라는 점에 주의하면서 자기실현 욕구를 충족한 사람의 특징도 살펴두자.

답 ②

✓ 응시생들의 선택

① 4%	② 65%	③ 16%	④ 12%	⑤ 3%

① 인간의 무의식을 강조한 것은 정신분석이론의 프로이트이다.
③ 인간행동에 대한 환경결정론을 강조한 것은 행동주의 이론의 스키너이다.
④ 자기완성의 필수 요인으로 열등감 극복을 강조한 것은 개인심리이론의 아들러이다.
⑤ 모방학습의 중요성을 강조한 것은 사회학습이론의 반두라이다.

관련기출 더 보기

21-01-07   난이도 ★★☆

매슬로우(A. Maslow)의 이론으로 옳지 않은 것은?

① 인간에 대해 희망적이고 낙관적인 관점을 갖는다.
② 자아존중감의 욕구는 욕구 위계에서 가장 높은 단계이다.
③ 일반적으로 욕구 위계서열이 높을수록 욕구의 강도가 낮다.
④ 인간은 삶을 유지하려는 동기와 삶을 창조하려는 동기를 가진다.
⑤ 인간은 자아실현을 이루려고 노력하는 존재이다.

답 ②

✓ 응시생들의 선택

① 6%	② 65%	③ 19%	④ 8%	⑤ 2%

② 매슬로우의 욕구위계에서 가장 높은 단계는 자아실현의 욕구이다.

19-01-11   난이도 ★★☆

매슬로우(A. Maslow)의 욕구이론에 관한 설명으로 옳지 않은 것은?

① 생리적 욕구는 가장 하위단계에 있는 욕구이다.
② 극소수의 사람들만이 자아실현을 달성할 수 있다.
③ 자아실현의 욕구는 가장 상위단계에 있는 욕구이다.
④ 상위단계의 욕구는 하위단계의 욕구가 완전히 충족된 이후에 나타난다.
⑤ 인간의 욕구는 강도와 중요도에 따라 위계적으로 구성되어 있다.

답 ④

✓ 응시생들의 선택

① 2%	② 17%	③ 0%	④ 55%	⑤ 26%

④ 욕구단계 이론은 낮은 단계의 욕구가 어느 정도 충족되어야 더 높은 단계의 욕구를 의식하거나 동기가 부여된다고 가정한다. 그러나 상위 욕구가 출현하기 전에 하위 욕구가 100% 충족되어야 하는 것은 아니다.

매슬로우(A. Maslow)의 욕구단계에 관한 설명으로 옳지 않은 것은?

① 생리적 욕구 – 음식, 수면, 성의 욕구
② 안전의 욕구 – 보호, 의존, 질서, 구조의 욕구
③ 소속감과 사랑의 욕구 – 친분, 우정, 존경의 욕구
④ 자존감의 욕구 – 능력, 신뢰감, 성취, 독립의 욕구
⑤ 자아실현의 욕구 – 자발성, 포부실현, 창조성의 욕구

답 ③

✅ **응시생들의 선택**

① 4%	② 11%	③ 33%	④ 41%	⑤ 11%

③ 존경의 욕구는 다른 사람에게 존경받고 싶어하거나 자기 자신을 존중하고자 하는 욕구를 말한다. 보통 자기존중의 욕구, 자존감의 욕구로 표현되고 있다.

매슬로우(A. Maslow)의 자아실현자의 특성에 관한 설명으로 옳은 것을 모두 고른 것은?

> ㄱ. 관대하고 타인을 수용한다.
> ㄴ. 개방적이고 솔직하며 자연스럽다.
> ㄷ. 자율적이고 실수를 두려워하지 않는다.
> ㄹ. 사람과 주변환경을 객관적이고 명확하게 지각한다.

① ㄱ, ㄴ, ㄷ 　　　　　 ② ㄱ, ㄷ
③ ㄴ, ㄹ 　　　　　 ④ ㄹ
⑤ ㄱ, ㄴ, ㄷ, ㄹ

답 ⑤

✅ **응시생들의 선택**

① 17%	② 4%	③ 33%	④ 3%	⑤ 43%

모두 매슬로우 이론의 자아실현자의 특성에 해당한다.

매슬로우(A. Maslow)의 욕구단계이론이 사회복지실천에 미친 영향으로 옳은 것은?

① 클라이언트의 문제행동 수정에 유용하다.
② 클라이언트의 욕구를 사정하는 데 유용하다.
③ 중년기 이후에 발생하는 노화현상을 이해하는 데 유용하다.
④ 클라이언트에게 무조건적인 긍정적 관심을 갖는 데 유용하다.
⑤ 클라이언트의 생애발달 단계를 사정하고 개입의 유형을 결정하는 데 유용하다.

답 ②

✅ **응시생들의 선택**

① 19%	② 54%	③ 10%	④ 10%	⑤ 7%

① 클라이언트의 문제행동 수정에 중점을 두는 것은 행동주의이론이다.
③ 중년기 이후를 강조한 것은 융의 분석심리이론이다.
④ 무조건적인 긍정적인 관심을 강조한 것은 로저스의 현상학적 성격이론이다.
⑤ 매슬로우는 욕구세계 5단계를 제시했으며, 생애발달단계는 제시하지 않았다.

매슬로우(A. Maslow)의 인본주의에 관한 비판으로 옳지 않은 것은?

① 연령에 따른 욕구의 발달단계를 구체적으로 설명하지 않았다.
② 지나친 획일성으로 인해 개인의 차이나 상황을 고려하지 않았다.
③ 사회의 가치에 따라 욕구계층의 순서가 바뀔 수도 있음을 간과하였다.
④ 건전하고 창조적인 인간을 지나치게 강조함으로써 내적인 측면의 영향을 무시하였다.
⑤ 유기체적 평가과정, 완전히 기능하는 인간 등의 개념이 추상적이고 모호하다는 비판을 받았다.

답 ⑤

✅ **응시생들의 선택**

① 5%	② 9%	③ 15%	④ 39%	⑤ 32%

⑤ 유기체적 평가과정, 완전히 기능하는 인간 등은 매슬로우가 아니라 로저스가 제시한 개념이다.

다음 내용이 왜 틀렸는지를 확인해보자

20-01-10

01 매슬로우는 무조건적인 긍정적 관심을 강조하였다.

> 무조건적인 긍정적 관심을 강조한 학자는 로저스이다.

14-01-11

02 매슬로우의 욕구단계이론은 클라이언트의 생애발달단계를 사정하고 개입의 유형을 결정하는 데 유용하다.

> 매슬로우는 욕구체계 5단계를 제시했으며, 생애발달단계는 제시하지 않았다.

03 매슬로우는 모든 욕구가 동시에 생긴다고 보았다.

> 매슬로우는 모든 욕구가 동시에 생기지는 않는다고 보았다. 어느 한 시기에는 하나의 욕구만이 우세하게 되며, 그것이 어떠한 욕구인가는 다른 욕구가 충족되었느냐 그렇지 않느냐에 따라 결정된다.

04 매슬로우의 욕구이론에 의하면 욕구위계에서 상위 욕구일수록 충족비율이 상대적으로 높다.

> 매슬로우의 욕구이론에 의하면 욕구위계에서 상위 욕구일수록 충족비율이 상대적으로 낮다.

09-01-13

05 자아실현의 욕구는 인간의 모든 욕구 가운데 가장 강력한 욕구이다.

> 생리적인 욕구는 인간의 모든 욕구 가운데 가장 강력한 욕구이다.

06-01-15

06 배우자를 만나 결혼하여 가정을 이루고자 하는 욕구는 자기존중에 대한 욕구이다.

> 배우자를 만나 결혼하여 가정을 이루고자 하는 욕구는 소속감과 애정의 욕구이다.

빈칸에 들어갈 알맞은 말을 채워보자

01 매슬로우는 인간행동의 동기를 (　　　　　)(이)라고 보았다.

02 (　　　　　)은/는 개인이 모든 능력을 최대한 개발하고 사용하고자 하는 것이며, 모든 소질과 재능을 발휘하고자 하는 것이다.

03 심리적 건강을 유지하고 완전한 성장을 이루려면 제2형태의 욕구인 (　　　　　)의 욕구를 만족시켜야 한다.

04 생리적 욕구와 안전 욕구가 어느 정도 충족되면, 동반자와 가족에 대한 욕구가 생겨 남들과 어울리고, 애정을 나누고 싶어하는 (　　　　　)의 욕구가 생겨난다.

`20-01-10`
05 소속과 사랑의 욕구보다 상위단계의 욕구는 (　　　　　)의 욕구이다.

 **답** **01** 욕구　**02** 자기실현　**03** 자기실현(또는 성장)　**04** 소속감과 사랑　**05** 자기존중(자존감)

다음 내용이 옳은지 그른지 판단해보자

`18-01-07`
01 안전의 욕구는 소속과 사랑의 욕구보다 상위단계의 욕구이다.　

`21-01-07`
02 매슬로우는 인간본성에 대해 낙관적인 태도를 갖고 있다.　

`03-01-11`
03 자아실현의 욕구를 충족한 사람은 신비의 체험, 즉 절정의 경험을 한다.　

04 기본적인 욕구가 충족되지 않은 채 장기화되면 그 욕구에 대한 갈망이 감퇴하기도 하지만 심리적 역기능을 일으키기도 한다.　

`19-01-11`
05 상위 욕구기 출현하기 위해서는 하위 욕구가 100% 충족되어야 한다.　

답 **01** ×　**02** ○　**03** ○　**04** ○　**05** ×

해설 **01** 안전의 욕구는 소속과 사랑의 욕구보다 하위단계의 욕구이다.
05 하위 욕구가 100% 충족되어야 하는 것은 아니다. 하위 욕구가 어느 정도 충족되면 다음 단계의 욕구에 대한 동기가 일어난다고 보았다.

로저스의 현상학이론

강의 QR코드

1회독	2회독	3회독
월 일	월 일	월 일

최근 10년간 **11문항** 출제

이론요약

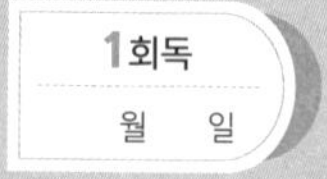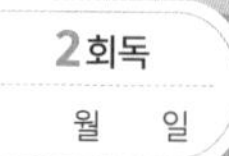 23회 기출 22회 기출 21회 기출 20회 기출 19회 기출

현상학이론의 특징

- 인간은 본래 특정한 성격 유형을 갖고 태어나는 것이 아니라, **다양한 주관적인 경험들을 통해 자신을 형성**한다.
- 인간은 삶의 경험에 따라 각 개인의 성격이 달라질 수 있다.
- 인간행동은 **개인이 세계를 지각하고 해석한 결과**로 보았다.
- 개인이 현상을 어떻게 경험하고 느끼는지, 개인이 현실을 지각하는 방식에 초점을 두었다.
- **개인의 주관적 경험의 중요성을 강조**하였다.
- 인간행동의 근원을 자기실현의 욕구로 보았다.

기본개념

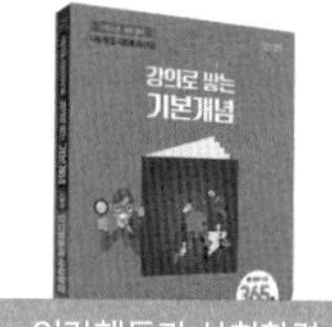

인간행동과 사회환경
pp.147~

현상학이론의 주요 개념

- 현상학적 장: 경험적 세계를 말하며, 같은 현상이라도 이를 경험하고 느끼는 방식에 차이가 있다고 본다.
- 자기(self): 자신에 대해 갖고 있는 조직적이고 지속적 인식을 말하며, 현재 자신이 어떤 존재인가에 대한 개인의 개념을 의미한다.
- 통합된 유기체: 인간을 개인의 사상, 행동 및 신체의 존재 모두를 포함하는 전체로서의 통합적 존재로 보았다.
- 자기실현 경향성: 인간은 자신을 유지하고 향상시키는 방향으로 자신이 지닌 모든 능력을 개발하려는 강한 성향을 가지고 있다고 보았다.

완전히 기능하는 사람의 특징

- 자기의 잠재력을 인식하고 능력과 자질을 발휘하며, 자신에 대해 완벽히 이해하고 경험을 풍부하게 하는 방향으로 나아가는 사람이다.
- 완전히 기능한다는 것은 자기실현을 위한 노력으로서 진정한 자기 자신이 된다는 의미이다.
- 경험에 대해 개방적이고, 실존적인 삶을 살며, 자신의 유기체에 대해 신뢰한다.
- 창조성이 있으며, 자기가 선택한 인생을 자유스럽게 살아가는 특징을 보인다.
- 의미 있는 타인으로부터 무조건적인 긍정적 관심을 경험한 사람이다.

기출문장 CHECK

01 (23-01-09) 로저스(C. Rogers)의 이론은 발달단계를 제시하지 않았다.

02 (22-01-05) 로저스는 자기실현 경향성 개념을 제시하였다.

03 (22-01-08) 로저스는 자기실현을 완성하는 사람의 특성을 완전히 기능하는 사람이라는 용어로 제시하였다.

04 (22-01-08) 로저스는 클라이언트에 대한 공감적 이해의 중요성을 강조하였다.

05 (22-01-08) 로저스는 주관적이고 사적인 경험 세계를 강조하였다.

06 (22-01-08) 로저스는 인간을 긍정적이며 창조적인 존재로 보았다.

07 (21-01-12) 로저스는 인간의 주관적 경험을 강조한다.

08 (21-01-12) 로저스는 인간은 자아실현 경향을 가지고 있다고 보았다.

09 (21-01-12) 완전히 기능하는 사람은 자신의 경험에 개방적이다.

10 (20-01-09) 로저스는 인간의 주관적 경험을 강조하였다.

11 (20-01-09) 로저스의 이론은 인간을 통합적 존재로 규정하였다.

12 (19-01-10) 로저스의 이론은 개입과정에서 상담가의 진실성 및 일치성을 강조하였다.

13 (19-01-10) 로저스는 무조건적 긍정적 관심과 수용을 강조하였다.

14 (19-01-10) 로저스는 인간 본성이 지닌 낙관적이고 긍정적인 측면을 강조하였다.

15 (19-01-10) 로저스는 자아실현 하는 사람을 완전히 기능하는 인간이라는 용어로 정리하였다.

16 (18-01-02) 로저스는 공감적 상담, 비지시적인 상담의 중요성을 강조한다.

17 (18-01-02) 로저스는 원조관계에서 비심판적 태도를 강조한다.

18 (18-01-02) 로저스의 이론은 클라이언트 자기결정권의 중요성을 강조한다.

19 (18-01-08) 로저스는 인간을 합목적적이며 건설적인 존재로 보았다.

20 (18-01-08) 완전히 기능하는 사람은 자신의 경험에 대해 개방적이다.

21 (18-01-08) 로저스의 이론에 의하면 무조건적인 긍정적 관심은 건강한 성격 발달을 위한 중요한 요소이다.

22 (17-01-08) 로저스 – 인본주의이론 – 완전히 기능하는 사람, 현상학적 장

23 (16-01-03) 로저스의 인본주의이론은 인간 본성의 긍정적인 측면과 자아개념의 중요성을 강조한다.

24 (15-01-02) 로저스의 이론은 클라이언트에 대한 비심판적인 태도의 중요성을 인식하는 데 유용하다.

25 (14-01-09) 로저스의 현상학이론에서 '완전히 기능하는 사람'은 창조성, 경험에 대한 개방성, 실존적인 삶, 선택과 행동의 자유 의식 등의 **특성**을 갖고 있다.

26 (12-01-10) 로저스는 인간의 주관적 경험을 강조한다.

27 (11-01-15) 로저스 이론에서는 원조관계에서 클라이언트가 자신의 세계를 다룰 수 있도록 지지한다.

28 (10-01-15) 로저스 이론에 의하면 인간은 통합적 유기체이므로 전체론적 관점에서 접근해야 한다.

29 (08-01-16) 주관적 경향, 긍정적 존재 등은 로저스 이론의 주요 개념이다.

30 (07-01-23) 칼 로저스의 현상학적 이론은 클라이언트의 자기결정권을 존중한다.

31 (05-01-14) 로저스의 현상학적 이론에서 완전한 기능을 하는 사람은 창조적인 삶, 경험에 대한 개방성, 자신의 유기체가 선택한 방향에 대한 신뢰, 선택과 행동의 자유의지 등의 특징을 갖는다.

32 (04-01-11) 로저스 이론에 의하면 인간은 개인의 내적 준거틀에 따라 세계를 지각한다.

33 (02-01-08) 무조건적인 긍정적 관심은 로저스 이론의 주요 개념이다.

대표기출 확인하기

23-01-09 · 난이도 ★★☆

로저스(C. Rogers)의 이론에 관한 설명으로 옳지 않은 것은?

① 인간의 내재된 잠재력을 강조한다.
② 인간의 욕구발달단계를 제시한다.
③ 인간의 자아실현 경향성을 강조한다.
④ 인간의 주관적 경험을 강조한다.
⑤ 인간을 통합적 존재로 본다.

 **알짜확인**

• 로저스 이론에서는 주관적 경험, 자기실현 경향, 완전히 기능하는 사람 등의 개념을 살펴봐야 한다.
• 로저스 이론은 클라이언트 중심 모델로 발전한 만큼 이와 관련된 무조건적 긍정적 관심, 비심판적 태도, 비지시적 치료 등의 특징도 기억해두자.

답 ②

✅ 응시생들의 선택

① 2%	② 92%	③ 1%	④ 2%	⑤ 3%

② 로저스는 인본주의자로서 발달단계를 제시하지 않았다. 아울러 같은 인본주의자인 매슬로우 역시 연령에 따른 발달적 접근은 제시하지 않았다. 매슬로우가 제시한 것은 엄밀히 말해 '욕구발달단계'가 아니라 '욕구단계'이며, 따라서 매슬로우의 이론을 욕구단계이론이라고 칭한다.

관련기출 더 보기

22-01-08 · 난이도 ★★☆

로저스(C. Rogers) 이론에 관한 설명으로 옳지 않은 것은?

① 개인의 잠재력 실현을 위하여 조건적 긍정적 관심의 제공이 중요함을 강조하였다.
② 자기실현을 완성하는 사람의 특성을 완전히 기능하는 사람(fully functioning person)이라는 용어로 제시하였다.
③ 클라이언트에 대한 공감적 이해의 중요성을 강조하였다.
④ 주관적이고 사적인 경험 세계를 강조하였다.
⑤ 인간을 긍정적이며 창조적인 존재로 보았다.

답 ①

✅ 응시생들의 선택

① 68%	② 4%	③ 4%	④ 20%	⑤ 4%

① 로저스는 인간은 누구나 사랑받고 존중받아야 한다고 보면서, 조건적 긍정적 관심이 아닌 무조건적 긍정적 관심을 강조하였다.

21-01-12 · 난이도 ★★☆

로저스(C. Rogers)의 인본주의이론에 관한 설명으로 옳은 것을 모두 고른 것은?

> ㄱ. 인간의 주관적 경험을 강조한다.
> ㄴ. 인간은 자아실현경향을 가지고 있다.
> ㄷ. 인간의 욕구발달단계를 제시했다.
> ㄹ. 완전히 기능하는 사람은 자신의 경험에 개방적이다.

① ㄱ, ㄹ
② ㄴ, ㄷ
③ ㄱ, ㄴ, ㄹ
④ ㄴ, ㄷ, ㄹ
⑤ ㄱ, ㄴ, ㄷ, ㄹ

답 ③

✅ 응시생들의 선택

① 12%	② 2%	③ 78%	④ 3%	⑤ 5%

ㄷ. 욕구발달단계를 제시한 학자는 매슬로우이다.

로저스(C. Rogers)의 이론에 관한 설명으로 옳지 않은 것은?

① 개입과정에서 상담가의 진실성 및 일치성을 강조하였다.
② 자아실현을 하는 사람을 완전히 기능하는 인간(fully functioning person)이라는 용어로 정리하였다.
③ 인간이 지닌 보편적·객관적 경험을 강조하였다.
④ 무조건적 긍정적 관심과 수용을 강조하였다.
⑤ 인간 본성이 지닌 낙관적이고 긍정적인 측면을 강조하였다.

답 ③

✔ 응시생들의 선택

① 12%	② 5%	③ 69%	④ 10%	⑤ 4%

③ 로저스 이론은 개인이 현상을 어떻게 경험하고 느끼는지, 개인이 현실을 지각하는 방식에 초점을 두었다. 개인의 주관적 경험의 중요성을 강조하였으며 경험들에 대한 개방성과 민감성이 필요하다고 믿었다.

로저스(C. Rogers)의 이론이 사회복지실천에 미친 영향으로 옳지 않은 것은?

① 비지시적인 상담의 중요성을 강조한다.
② 공감적 상담의 중요성을 강조한다.
③ 비심판적 태도는 원조관계에 유용하다.
④ 클라이언트 자기결정권의 중요성을 강조한다.
⑤ 클라이언트의 과거 정신적 외상의 중요성을 강조한다.

답 ⑤

✔ 응시생들의 선택

① 2%	② 2%	③ 5%	④ 1%	⑤ 90%

⑤ 로저스 이론은 인간의 과거 정신적 외상, 무의식적 과정 등을 중요시하지 않는다. 인간본성의 긍정적인 측면과 자기개념의 중요성을 강조하며, 개인 존재의 고유성, 개인의 잠재력과 자기결정권 등을 강조한다.

로저스(C. Rogers)의 이론에 관한 설명으로 옳은 것을 모두 고른 것은?

ㄱ. 인간은 합목적적이며 건설적인 존재이다.
ㄴ. 모든 인간에게는 객관적 현실만 존재한다.
ㄷ. 완전히 기능하는 사람은 자신의 경험에 대해 개방적이다.
ㄹ. 무조건적인 긍정적 관심이 건강한 성격 발달을 위한 중요한 요소이다.

① ㄱ, ㄴ　　　② ㄴ, ㄷ
③ ㄱ, ㄴ, ㄷ　　④ ㄱ, ㄷ, ㄹ
⑤ ㄱ, ㄴ, ㄷ, ㄹ

답 ④

✔ 응시생들의 선택

① 1%	② 2%	③ 5%	④ 88%	⑤ 4%

ㄴ. 객관적 현실세계란 존재하지 않으며 개인이 주관적으로 인식한 현실세계만 존재한다고 주장하였다.

로저스(C. Rogers)의 현상학이론에서 '완전히 기능하는 사람'의 성격 특성을 모두 고른 것은?

ㄱ. 창조성
ㄴ. 경험에 대한 개방성
ㄷ. 실존적인 삶
ㄹ. 선택과 행동의 자유의식

① ㄱ, ㄴ, ㄷ　　　② ㄱ, ㄷ
③ ㄴ, ㄹ　　　　　④ ㄹ
⑤ ㄱ, ㄴ, ㄷ, ㄹ

답 ⑤

✔ 응시생들의 선택

① 7%	② 2%	③ 2%	④ 1%	⑤ 88%

로저스의 완전히 기능하는 사람
• 경험에 대한 개방성
• 실존적인 삶
• 자신이라는 유기체에 대한 신뢰
• 선택과 행동에 대한 자유로움
• 창조성

로저스(C. Rogers)의 이론에 관한 설명으로 옳은 것을 모두 고른 것은?

> ㄱ. 주관적 경험을 존중하고 존경과 긍정적 관심을 통해 성장을 고양할 수 있다.
> ㄴ. 원조관계에서 클라이언트가 자신의 세계를 다룰 수 있도록 지지한다.
> ㄷ. 인간은 능력이 있고 자기이해와 자아실현을 위한 잠재력을 가지고 있다.
> ㄹ. 치료과정은 지시적이며 치료자는 능동적 참여자이다.

① ㄱ, ㄴ, ㄷ　　　　② ㄱ, ㄷ
③ ㄴ, ㄹ　　　　　④ ㄹ
⑤ ㄱ, ㄴ, ㄷ, ㄹ

답 ①

✔ 응시생들의 선택

① 81%	② 8%	③ 1%	④ 1%	⑤ 9%

ㄹ. 로저스는 비지시적 치료를 체계화하여 클라이언트 중심 모델로 발전시켰다. 치료자는 클라이언트의 자기 이해와 수용을 돕는 안내자이며, 클라이언트는 주체적·자발적·능동적 참여자이다.

로저스(C. Rogers)의 인간관에 관한 설명으로 옳지 않은 것은?

① 성격발달은 주로 자아(ego)를 중심으로 이루어진다.
② 로저스가 주장한 원조관계의 본질은 상담치료의 기본이 된다.
③ 인간은 통합적 유기체이므로 전체론적 관점에서 접근해야 한다.
④ 인간행동은 인간이 세계를 어떻게 지각하느냐에 따라 달라진다.
⑤ 개인의 존엄과 가치, 사회적 책임에 대한 소신은 사회복지실천 철학과 조화를 이룬다.

답 ①

✔ 응시생들의 선택

① 43%	② 17%	③ 13%	④ 17%	⑤ 10%

① 로저스에 의하면 성격발달은 대체로 자아가 아닌 자기(self)를 중심으로 이루어진다.

정답훈련

다음 내용이 **왜 틀렸는지**를 확인해보자

19-01-01

01 로저스의 이론은 클라이언트의 **생애발달 단계를 파악하고 평가**하는 데 공헌하였다.

> 로저스 이론은 성격발달 그 자체에 특별한 주의를 기울이지 않았기 때문에 발달단계에 대한 구체적인 시기를 언급하지 않았다.

10-01-15

02 성격발달은 주로 **자아(ego)**를 중심으로 이루어진다.

> 로저스는 성격발달은 대체로 자기(self)를 중심으로 이루어진다고 보았다.

03 현상학이론에 의하면 인간은 **본래 특정한 성격 유형을 갖고 태어난다.**

> 현상학이론에 의하면 인간은 본래 특정한 성격 유형을 갖고 태어나는 것이 아니라, 다양한 주관적인 경험들을 통해 자신을 형성한다.

04 로저스 이론의 주요 개념 중 **통합된 유기체**란 주관적 경험의 세계를 말한다.

> 로저스 이론의 주요 개념 중 주관적 경험의 세계를 말하는 것은 현상학적 장이다. 로저스는 같은 현상이라도 사람마다 그것을 경험하고 느끼는 방식에는 차이가 있기 때문에, 인간을 이해하려면 사람들이 자신의 경험들을 어떻게 주관적으로 느끼고 경험하느냐를 이해해야 한다고 보았다.

05 로저스 이론은 **인간의 무의식적 과정을 중요시** 하였다.

> 로저스 이론은 인간의 무의식적 과정에는 별다른 관심을 보이지 않았으며, 개인 존재의 고유성, 개인의 잠재력과 내적인 욕구의 중요성을 강조하였다.

15-01-02

06 로저스 이론은 상담사의 **지시적인 상담의 중요성을 인식**하는 데 유용하다.

> 로저스 이론은 비지시적인 상담, 내담자 중심 상담, 인간 중심 상담을 중요시 하였다.

07 로저스 이론은 인간의 <u>객관적인 경험을 강조</u>하는 이론이다.

> 로저스 이론은 인간의 주관적인 경험을 강조하는 이론이다. 인간은 다양한 주관적인 경험들을 통해 자신을 형성한다고 보았다.

08 현상학이론은 기본적인 <u>인간본성에 대해 악한 측면을 지나치게 강조한다</u>는 비판을 받았다.

> 현상학이론은 기본적인 인간본성에 대한 선한 측면을 너무 강조하여 인간의 악한 면과 부적응적인 인간에 대한 설명이 부족하다는 비판을 받았다.

빈칸에 들어갈 알맞은 말을 채워보자

10-01-15

01 로저스는 치료에서 중요한 것은 치료기법이 아니라 (　　　　　)(이)라고 보았다.

07-01-23

02 로저스는 심리사회적 문제는 자기개념과 (　　　　　)의 불일치에서 비롯된다고 보았다.

03 로저스가 말하는 (　　　　　)은/는 '주체로서의 나(I)'와 '객체로서의 나(me)'의 특징을 지각하여 구성한 것이다.

22-01-08

04 (　　　　　)은/는 자기실현을 위해 노력함으로써 진정한 자기 자신이 되는 사람을 의미한다.

05 인간은 자신을 유지하고 향상시키는 방향으로 자신의 능력을 개발하려는 (　　　　　)을/를 가지고 있다.

답　**01** 원조관계　**02** 주관적 경험　**03** 자기　**04** 완전히 기능하는 사람　**05** 자기실현 경향성

다음 내용이 **옳은지 그른지** 판단해보자

01 `19-01-10` 로저스 이론은 개입과정에서 상담가의 진실성 및 일치성을 강조한다. 

02 `18-01-08` 로저스 이론에 의하면 모든 인간에게는 객관적 현실세계만 존재한다. 

03 `20-01-09` 로저스는 공감과 지시적인 상담을 강조하였다. 

04 `20-01-09` 로저스는 인간을 통합적 존재로 규정하였다. 

05 현상학이론에서는 상담자가 클라이언트의 표현, 행동, 감정, 사고방식 등에 대해 객관적으로 평가하고 판단할 것을 강조한다. 

06 로저스에 의하면 미리 정해진 성격발달 패턴은 없으며, 삶의 경험에 따라 각 개인의 성격이 달라질 수 있다. 

07 완전히 기능하는 사람은 의미 있는 타인으로부터 무조건적인 긍정적 관심을 경험한 사람이다. 

 **답** 01 ○ 02 × 03 × 04 ○ 05 × 06 ○ 07 ○

해설
02 로저스 이론에 의하면 객관적 현실세계란 존재하지 않으며 개인이 주관적으로 인식한 현실세계만 존재한다.

03 로저스는 비지시적 상담을 강조하였다. 로저스는 클라이언트를 문제해결에 관한 자율성을 가진 존재로 보면서 문제에 대한 진단보다는 내담자와의 관계를 중요시하였다. 상담과정에서 클라이언트에게 상당 부분 주도권을 부여하면서 클라이언트의 자기결정권을 강조하였다.

05 현상학이론은 클라이언트의 주관적 경험을 강조하면서 상담자는 클라이언트를 평가하거나 판단하지 않고 있는 그대로 받아들여야 한다고 보았다.

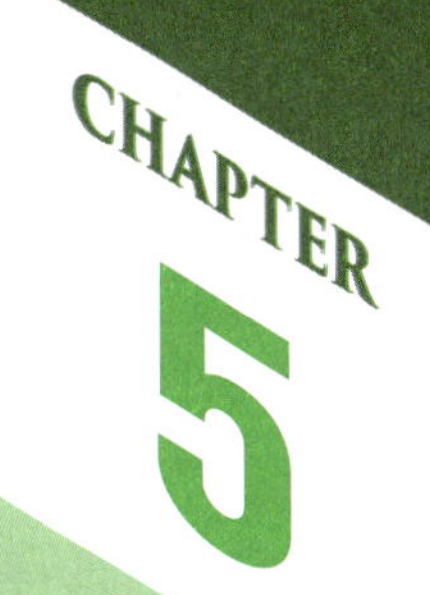

사회체계이론

이 장에서는

홀론, 개방체계와 폐쇄체계, 넥엔트로피와 엔트로피, 시너지, 균형상태, 항상성, 안정상태, 환류, 동등결과성, 다중결과성 등 체계이론의 다양한 개념들을 정리해두는 것은 필수이다. 생태체계이론에서는 이론적 특징 외에 브론펜브레너가 제시한 생태체계구성을 꼼꼼히 학습해두어야 한다.

10년간 출제분포도

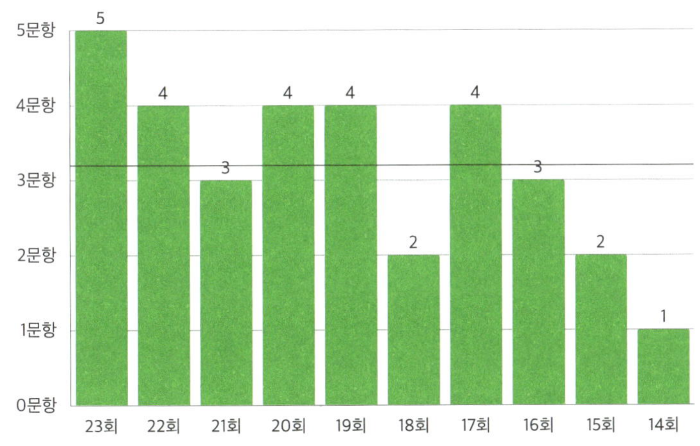

평균 출제문항수

014 체계이론

강의 QR코드

최근 10년간 **11문항** 출제

1회독	2회독	3회독
월 일	월 일	월 일

이론요약

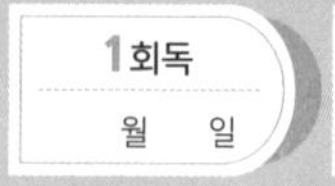 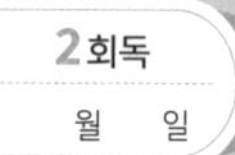 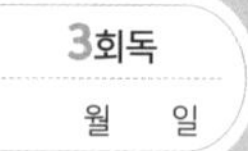
23회 기출　22회 기출　21회 기출　20회 기출　19회 기출

체계이론의 특징

- 인간은 신체, 심리, 사회적 부분으로 분리된 존재가 아닌 **통합된 전체로 기능하는 존재**이다.
- **'환경 속의 인간' 관점**을 취한다.
- 체계의 구성단위들은 상호의존적이며 상호 영향을 주고받기 때문에 체계의 어느 한 부분의 변화는 전체로서의 체계, 그리고 그 체계를 구성하는 요소들에 영향을 준다.
- 체계에서 한 성원의 변화는 전체에 영향을 미친다.

기본개념

인간행동과 사회환경
pp.160~

체계이론의 주요 개념

- **홀론**: 하나의 체계는 하위체계이면서 동시에 상위체계가 됨
- **개방체계**: 반투과적 경계, 외부 에너지를 자유롭게 받아들여 체계를 유지 · 발전시킴
- **폐쇄체계**: 다른 체계와 상호작용 하지 않음
- **넥엔트로피**: 외부 에너지를 유입해 체계 **내부에 있는 좋지 않은 에너지가 감소**되는 상태. 개방체계의 현상
- **엔트로피**: 외부와 교류하지 않아 **내부 에너지가 소모되고 무질서와 혼란**이 일어나는 상태. 폐쇄체계의 현상
- **시너지**: 체계 내 구성요소 간 상호작용으로 유용한 에너지의 증가. **개방체계**의 현상
- **균형상태(평형상태)**: 체계 내 수평적 상호작용을 하면서 외부와 관계하지 않고 현상유지에 초점을 두어 체계의 변화가 거의 없이 고정된 상태. **폐쇄체계**의 현상
- **항상성**: 체계가 균형을 위협받을 때 회복하고 일관성을 **유지**하려는 경향. **개방체계**의 현상
- **안정상태**: 체계 자체를 **변화**시키려는 경향. **개방체계**의 현상
- 투입 → 전환 → 산출 → 환류
  - 투입: 환경에서 체계로 자원, 에너지, 정보 등이 유입되는 것
  - 전환: 투입된 자원을 처리하는 과정
  - 산출: 자원이 처리된 결과
  - 환류: 결과 정보를 체계로 보내는 순환 과정
- 정적 환류: 체계가 한쪽 방향으로 계속 이탈되어 가는 것. 엔트로피 증가로 나타남
- 부적 환류: 체계의 이탈을 수정 또는 변화시키는 것. 체계의 일부를 변화시키고 전체는 유지

- 호혜성: 한 체계의 일부가 변하면 다른 부분들과의 상호작용에 따라 나머지 부분들도 변화함
- 동등결과성: 다르게 투입해도 동일한 결과를 얻을 수 있음
- 다중결과성: 동일하게 투입해도 다른 결과가 나올 수 있음

기출문장 CHECK

01 (23-01-13) 엔트로피(entropy)는 폐쇄체계에서 주로 나타난다.

02 (23-01-13) 체계(system)의 속성은 경계의 개방성과 침투성에 따라 결정된다.

03 (22-01-16) 호혜성은 한 체계에서 일부가 변화하면 그 변화가 체계의 나머지 부분들의 변화를 초래하게 되는 개념을 말한다.

04 (22-01-25) 넥엔트로피란 체계를 유지하고, 발전을 도모하고, 생존하는 것을 의미한다.

05 (22-01-25) 부적 환류는 체계가 목적 달성이 어려운 방식으로 움직이고 있다는 정보를 제공하여 체계의 변화를 도모한다.

06 (21-01-04) 피드백은 체계의 순환적 성격을 반영하는 개념으로 안정 상태를 유지하는데 필요하다.

07 (20-01-13) 항상성(homeostasis)은 비교적 안정적이며 지속적인 균형상태를 유지하기 위한 체계의 경향을 말한다.

08 (20-01-13) 시너지(synergy)는 체계 내부 간 혹은 외부와의 상호작용이 증가함으로써 체계 내에서 유용한 에너지양이 증가하는 현상이다.

09 (20-01-13) 균형(equilibrium)은 외부체계로부터의 투입이 없어 체계의 구조변화가 거의 없이 고정된 평형상태를 의미한다.

10 (20-01-13) 경계(boundary)란 체계와 환경 혹은 체계와 체계 간을 구분하는 일종의 테두리를 의미한다.

11 (19-01-13) 홀론(holon)은 하나의 체계는 상위체계에 속한 하위체계이면서 동시에 다른 것의 상위체계가 된다는 개념이다.

12 (18-01-15) 사회체계이론의 개념 중 체계 내부 간 또는 체계 외부와의 상호작용이 증가함으로써 체계 내의 에너지양이 증가하는 것은 시너지(synergy)이다.

13 (17-01-11) 체계는 부분성과 전체성을 동시에 가지며 위계질서가 존재하는 경우가 많다.

14 (16-01-10) 외부환경과 에너지의 상호교환이 이루어지지 않은 채 고립되어, 다른 체계로부터 투입도 없고 다른 체계로 산출도 전하지 못하는 체계는 폐쇄체계이다.

15 (15-01-13) 안정상태(steady state)는 환경과의 상호작용에서 부분들 간의 관계를 유지하기 위하여 에너지를 계속적으로 사용하는 상태를 의미한다.

16 (14-01-03) 인간행동은 체계 간에 에너지를 주고 받으면서 변화한다.

17 (12-01-12) 시너지는 체계 내에 유용한 에너지가 증가하는 것이다.

18 (11-01-06) 균형(equilibrium)은 외부로부터 새로운 에너지의 투입 없이 현상을 유지하려는 속성을 지닌다.

19 (11-01-20) 넥엔트로피는 체계 외부로부터 에너지를 유입함으로써 체계 내부에 유용하지 않은 에너지가 감소되는 것을 말한다.

20 (08-01-17) 개방체계는 체계 간 상호작용이 많다.

21 (08-01-18) 체계가 환경과 교류할 뿐 아니라 외부 여건에 응하기 위해 체계의 구조를 변형시키고자 노력하는 상태를 안정상태라고 한다.

22 (06-01-16) 항상성은 비교적 안정적이며 지속적인 균형 상태를 유지하기 위한 자동적 경향으로서 위협을 받았을 때 체계의 균형을 회복하려는 경향을 말한다.

23 (03-01-13) 체계에서 한 성원의 변화는 전체에 영향을 미친다.

대표기출 확인하기

23-01-13 난이도 ★★★

사회체계이론에 관한 설명으로 옳은 것을 모두 고른 것은?

ㄱ. 엔트로피(entropy)는 폐쇄체계에서 주로 나타난다.
ㄴ. 항상성(homeostasis)은 체계의 혼란과 무질서를 증가시킨다.
ㄷ. 체계(system)의 속성은 경계의 개방성과 침투성에 따라 결정된다.
ㄹ. 균형(equilibrium)은 주로 외부와의 교류가 활발한 개방체계에서 나타난다.

① ㄱ, ㄴ
② ㄱ, ㄷ
③ ㄴ, ㄹ
④ ㄷ, ㄹ
⑤ ㄴ, ㄷ, ㄹ

▶ 알짜확인

• 체계이론에서 제시된 주요 개념들을 살펴보는 것은 필수이다. 헷갈리기 쉬운 개념들이 많기 때문에 정확히 구분하여 이해하고 암기할 수 있도록 해야 한다.

답 ②

✓ 응시생들의 선택

① 3%	② 83%	③ 2%	④ 10%	⑤ 2%

ㄴ. 체계의 혼란과 무질서가 증가하는 것은 엔트로피 상태이다. 항상성은 체계가 균형을 위협받을 때 이를 회복하고자 하는 체계의 경향성이다.
ㄹ. 균형은 폐쇄체계에서 나타난다. 균형은 체계의 구조 변화가 거의 없는 고정된 평형상태이므로 변화보다는 현상을 유지하며 외부와 교류하지 않는다.

관련기출 더 보기

22-01-16 난이도 ★★★

다음에 해당하는 개념으로 옳은 것은?

• 한 체계에서 일부가 변화하면 그 변화가 체계의 나머지 부분들의 변화를 초래하게 되는 개념을 말한다.
• 예시로는 회사에서 간부 직원이 바뀌었을 때, 파생적으로 나타나는 조직의 변화 및 직원 역할의 변화 등을 들 수 있다.

① 균형(equilibrium)
② 호혜성(reciprocity)
③ 안정상태(steady state)
④ 항상성(homeostasis)
⑤ 적합성(goodness of fit)

답 ②

✓ 응시생들의 선택

① 14%	② 46%	③ 12%	④ 23%	⑤ 5%

① 균형(평형상태): 폐쇄체계에서 체계의 구조 변화가 거의 없는 현상 유지의 상태이다.
③ 안정상태: 역동적으로 체계를 변화시켜 체계의 안정을 추구하는 것으로 개방체계적 속성이다.
④ 항상성: 체계의 균형에 위협이 일어났을 때 안정적이고 지속적인 균형상태를 유지하기 위한 개방체계적 속성이다.
⑤ 적합성: 인간의 적응 욕구와 환경자원이 부합되는 정도이며, 개인적 욕구와 사회적 요구 사이의 조화와 균형 정도를 의미한다.

➕ 덧붙임

균형, 항상성, 안정 등 3가지는 헷갈리기 쉽다. 균형은 폐쇄체계 속성이며, 항상성과 안정은 개방체계 속성이다. 항상성은 체계를 유지하는 것에 초점이 있고 안정은 항상성보다 더 개방적으로 변화노력을 한다.

체계이론에 관한 설명으로 옳지 않은 것은?

① 넥엔트로피(negentropy)란 체계를 유지하고, 발전을 도모하고, 생존하는 것을 의미한다.
② 항상성(homeostasis)은 비교적 안정적으로 균형 상태를 유지하기 위한 체계의 경향을 말한다.
③ 경계(boundary)는 체계를 외부 환경과 구분 짓는 둘레를 말한다.
④ 다중종결성(multifinality)은 서로 다른 경로와 방법을 통해 같은 결과에 도달할 수 있음을 말한다.
⑤ 부적 환류(negative feedback)는 체계가 목적 달성이 어려운 방식으로 움직이고 있다는 정보를 제공하여 체계의 변화를 도모한다.

답 ④

응시생들의 선택

① 22%	② 6%	③ 2%	④ 56%	⑤ 14%

④ 다중종결성은 시작의 조건과 수단이 같아도 다른 결과가 나타날 수 있다는 것이다. 서로 다른 경로와 방법을 통해 같은 결과에 도달할 수 있음은 동등결과성이다.

사회체계이론의 주요 개념에 관한 설명으로 옳지 않은 것은?

① 넥엔트로피(negentropy)는 폐쇄체계가 지속되면 나타나는 현상이다.
② 항상성(homeostasis)은 비교적 안정적이며 지속적인 균형상태를 유지하기 위한 체계의 경향을 말한다.
③ 시너지(synergy)는 체계 내부 간 혹은 외부와의 상호작용이 증가함으로써 체계 내에서 유용한 에너지 양이 증가하는 현상이다.
④ 경계(boundary)란 체계와 환경 혹은 체계와 체계 간을 구분하는 일종의 테두리를 의미한다.
⑤ 균형(equilibrium)은 외부체계로부터의 투입이 없어 체계의 구조변화가 거의 없이 고정된 평형상태를 의미한다.

답 ①

응시생들의 선택

① 79%	② 4%	③ 3%	④ 1%	⑤ 13%

① 폐쇄체계가 지속될 때 나타나는 현상은 엔트로피이다. 넥엔트로피는 체계 내에 질서, 형태, 분화가 있는 상태로 개방체계에서 나타나는 특성이다. 넥엔트로피가 증가하면 체계 내에 질서의 법칙이 유지되며, 정보의 필요성이 높아진다.

체계이론의 개념에 관한 설명으로 옳은 것을 모두 고른 것은?

> ㄱ. 균형(equilibrium): 환경과 상호작용하기 위하여 체계의 구조를 변화시키는 과정 또는 상태
> ㄴ. 넥엔트로피(negentropy): 체계 내부의 유용하지 않은 에너지가 감소되는 상태
> ㄷ. 공유영역(interface): 두 개 이상의 체계가 공존하는 부분으로 체계 간의 교류가 일어나는 장소
> ㄹ. 홀론(holon): 외부와의 상호작용으로 체계 내의 에너지가 증가하는 현상 또는 상태

① ㄱ
② ㄱ, ㄹ
③ ㄴ, ㄷ
④ ㄴ, ㄷ, ㄹ
⑤ ㄱ, ㄴ, ㄷ, ㄹ

답 ③

응시생들의 선택

① 11%	② 3%	③ 68%	④ 10%	⑤ 8%

ㄱ. 균형은 체계가 고정된 구조를 가지고 주위환경과 수직적인 상호작용을 하기보다 체계 내에서 수평적인 상호작용을 하면서 거의 교류를 하지 않는 상태이다.
ㄹ. 홀론은 중간체계가 갖고 있는 이중적인 성격을 나타내주는 말로서 하나의 체계는 상위체계에 속한 하위체계이면서 동시에 다른 것의 상위체계가 된다는 개념이다.

사회체계이론의 개념 중 체계 내부 간 또는 체계 외부와의 상호작용이 증가함으로써 체계 내의 에너지양이 증가하는 것을 의미하는 것은?

① 엔트로피(entropy)
② 시너지(synergy)
③ 항상성(homeostasis)
④ 넥엔트로피(negentropy)
⑤ 홀론(holon)

답 ②

응시생들의 선택

① 5%	② 53%	③ 3%	④ 38%	⑤ 1%

② 시너지에 관한 내용이다.

사회체계이론의 주요 개념에 관한 설명으로 옳은 것은?

① 시너지(synergy)는 폐쇄체계의 특징과 관련이 있다.
② 안정상태(steady state)는 환경과의 상호작용에서 부분들 간의 관계를 유지하기 위하여 에너지를 계속적으로 사용하는 상태를 의미한다.
③ 항상성(homeostasis)은 시스템에서 위기가 왔을 때 불균형을 유지하려는 경향을 말한다.
④ 균형(equilibrium)은 주로 개방체계에서 나타나며 외부로부터 새로운 에너지를 투입하여 변화시키려 노력하는 속성이다.
⑤ 피드백(feedback)은 체계 구성 간의 상호작용이 증가함에 따라 유용한 에너지가 감소하는 상태를 의미한다.

답 ②

✅ 응시생들의 선택

① 2%	② 77%	③ 9%	④ 11%	⑤ 1%

① 시너지는 개방체계의 속성이다.
③ 항상성은 체계가 균형을 위협받았을 때 이를 회복하고자 하는 체계의 경향이다.
④ 균형은 주로 폐쇄체계에서 나타나며 체계가 고정된 구조를 가지고 주위환경과 수직적인 상호작용을 하기보다는 체계 내에서 수평적인 상호작용을 하면서 거의 교류를 하지 않는 상태이다.
⑤ 피드백은 자신이 수행한 것에 관한 정보를 체계가 받는 것으로써 체계의 작동을 점검하고 적응적 행동이 필요한지를 판단하여 이를 수정하는 능력을 의미한다.

다음 제시된 사례와 관계있는 개념은?

> 이혼 위기에 처한 부부가 상담을 받아 관계가 회복되는 계기를 맞게 되고, 외부 전문가의 도움으로 부부 간의 불화가 개선되고 긴장이 감소되었다.

① 엔트로피(entropy)
② 넥엔트로피(negentropy)
③ 시너지(synergy)
④ 균형(equilibrium)
⑤ 항상성(homeostasis)

답 ②

✅ 응시생들의 선택

① 9%	② 52%	③ 20%	④ 7%	⑤ 13%

② 가족이 부부상담을 받으면서 역기능적 관계가 개선되고 가족 내 긴장이 감소하는 경우는 넥엔트로피에 해당된다.

동일한 집단 프로그램에 참여한 청소년들이라 해도 부모나 교사와의 상호작용 과정에 따라 프로그램의 효과가 다르게 나타나게 된다. 이를 설명하는 체계이론의 개념은?

① 홀론(holon)
② 시너지(synergy)
③ 엔트로피(entropy)
④ 다중종결성(multifinality)
⑤ 안정상태(steady state)

답 ④

✅ 응시생들의 선택

① 13%	② 29%	③ 16%	④ 34%	⑤ 8%

④ 다중종결성은 처음의 조건과 수단이 비슷하다고 할지라도 다른 결과가 야기될 수 있음을 의미하는 개념이다. 즉, 동일한 치료적 접근을 사용하더라도 그 치료 결과의 질은 체계에 따라 달라질 수 있음을 의미한다고 하겠다. 이 문제의 핵심은 "동일한 집단프로그램에 참여하더라도 체계의 상호작용에 의해 그 결과에는 차이가 있다"이므로 이는 체계의 속성들 중 다중종결성에 해당된다고 볼 수 있다.

다음 내용이 **왜 틀렸는지**를 확인해보자

16-01-10

01 홀론은 체계를 외부환경으로부터 구분해주는 눈에 보이지 않는 선 혹은 테두리를 말한다.

> 경계는 체계를 외부환경으로부터 구분해주는 눈에 보이지 않는 선 혹은 테두리를 말한다. 홀론은 하나의 체계는 상위체계에 속한 하위체계이면서 동시에 다른 것의 상위체계가 된다는 개념이다.

15-01-13

02 시너지는 **폐쇄체계**의 특징과 관련이 있다.

> 시너지는 개방체계의 속성이다.

03 체계이론은 개인과 사회의 문제를 원인과 결과의 **직선적 관계로 해석**한다.

> 체계이론에서는 개인과 사회문제의 관계를 모두 원인인 동시에 결과라는 상호연결된 전체로 파악한다. 즉 직선적 원인론이 아닌 순환적 원인론에서 접근한다.

04 **동등결과성**은 처음의 조건과 수단이 비슷하다고 할지라도 다른 결과가 야기된다는 체계이론의 기본 가정이다.

> 다중결과성은 처음의 조건과 수단이 비슷하다고 할지라도 다른 결과가 야기된다는 체계이론의 기본 가정이다. 동등결과성은 각각 다른 체계들이 초기에는 각각 다른 상태였다고 하더라도 투입이 같은 경우에는 비슷한 안정 상태에 도달할 것이라는 의미이다.

20-01-13

05 넥엔트로피는 **폐쇄체계**가 지속되면 나타나는 현상이다.

> 넥엔트로피는 개방체계에서 나타나고, 엔트로피는 폐쇄체계에서 나타난다.

06 부부가 심각한 길등을 반복하면서 지내오다가 자녀가 아프면 자녀를 치료하는 동안 잠시 덮이두었디기 자녀가 완쾌하면 예전과 같이 갈등상태에 돌입하게 되는 경우는 체계이론의 주요 개념 중 **시너지**에 해당하는 사례이다.

> 위의 사례는 항상성에 해당한다. 체계가 균형을 위협받았을 때 이를 회복하고자 하는 체계의 경향을 말한다.

빈칸에 들어갈 알맞은 말을 채워보자

01 `12-01-12`
(　　　　　　　)은/는 체계 외부로부터 에너지를 유입함으로써 체계 내부에 유용하지 않은 에너지가 감소하는 상태를 의미한다.

02 `11-01-06`
(　　　　　　　)은/는 고정된 구조를 지니며, 외부로부터 새로운 에너지의 투입 없이 현상을 유지하려는 속성을 지닌다.

03 `16-01-10`
(　　　　　　　)체계는 외부환경과 에너지의 상호교환이 이루어지지 않은 채 고립되어, 다른 체계로부터 투입도 없고 다른 체계로 산출도 전하지 못하는 체계이다.

04 체계가 환경과 교류할 뿐 아니라 외부 여건에 응하기 위해 체계의 구조를 변형시키고자 노력하는 상태를 (　　　　　　　)상태라고 한다.

> **답** **01** 넥엔트로피　**02** 균형　**03** 폐쇄　**04** 안정

다음 내용이 옳은지 그른지 판단해보자

01 `19-01-13`
공유영역(interface)은 두 개 이상의 체계가 공존하는 부분으로 체계 간의 교류가 일어나는 장소이다.　

02 `12-01-12`
엔트로피는 체계 내에 질서, 형태, 분화가 있는 상태를 의미한다.　

03 체계는 안정을 유지하려는 속성과 변화하려는 속성을 동시에 내포한다.　

04 항상성은 주로 폐쇄체계에서 나타나는 균형상태이다.　

05 `21-01-04`
피드백은 체계의 순환적 성격을 반영하는 개념으로 안정상태를 유지하는 데 필요하다.　

> **답** **01** ○　**02** ×　**03** ○　**04** ×　**05** ○

> **해설** **02** 엔트로피란 체계 내에 질서, 형태, 분화가 없는 무질서한 상태로 체계 내에 유용한 에너지가 감소하는 상태를 의미한다.
> **04** 항상성은 주로 개방체계에서 나타나는 균형상태이다.

최근 10년간 **21문항** 출제

복습 1 이론요약

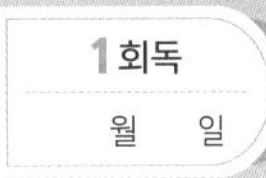 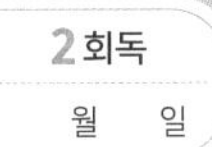 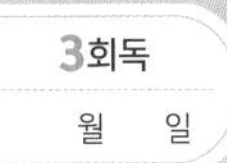

생태체계이론의 특징

- 인간과 환경 사이의 상호보완성을 설명한다.
- 인간과 환경은 서로 분리되어 있는 것이 아니라 **지속적인 상호교류 안에서 존재**하는 하나의 체계로 본다.
- '환경 속의 인간'을 설명하는 데 있어서 **개인-환경 간에 적합성, 개인과 환경 간의 상호교류, 적응을 지지하거나 또는 방해하는 요소 등을 중요**하게 여긴다.
- 인간의 현재 행동은 인간과 환경 모두의 상호 이익을 찾는 과정에서 나타나는 것으로 본다.
- 클라이언트가 가진 어떠한 문제도 클라이언트 자신의 책임으로 보지 않고 **클라이언트를 둘러싸고 있는 환경과의 상호작용의 산물**로서 본다.

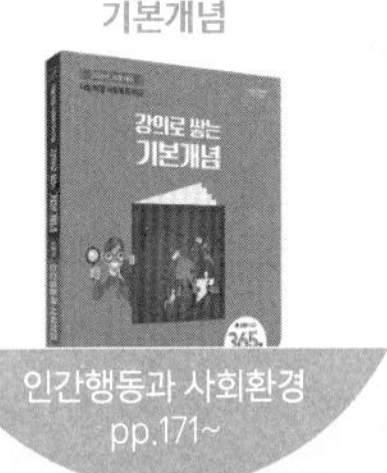

생태체계이론의 주요 개념

- 에너지: 인간과 환경 사이에 적극적으로 개입하는 자연발생적 힘. 투입이나 산출의 형태
- 적응: 주변 환경의 조건에 맞추어 조절하는 능력
- 적합성: 인간의 적응 욕구와 환경자원이 부합되는 정도
- 대처: 적응의 한 형태로 문제를 극복하기 위해 노력하는 것
- 유능성: 확고한 결정을 내리고, 자신의 판단을 신뢰하며, 자기확신을 갖고, 환경에 바람직한 영향을 미칠 수 있는 능력
- 스트레스: 개인과 환경 사이의 상호교류에서 나타나는 불균형으로 야기되는 생리·심리·사회적 상태
- 적소: 특정 집단이 공동체의 사회적 구조에서 차지하는 직접적 환경이나 지위

생태체계의 구성

- 미시체계(micro system): **개인 혹은 인간이 속한 가장 직접적인 사회적·물리적 환경**
- 중간체계(meso system): **두 가지 이상의 미시체계들 간의 관계 혹은 특정한 시점에서 미시체계들 간의 상호작용**
- 외(부)체계(exo system): **개인과 직접 상호작용하지는 않으나 미시체계에 영향을 주는 사회적 환경**
- 거시체계(macro system): **개인이 속한 사회의 이념이나 제도의 일반적인 형태 혹은 개인에게 영향을 미치는 환경 요소, 광범위한 사회적 맥락**
- 시간세계(chronosystem). 개인의 진 생애에 걸쳐 일어나는 변화와 역시적인 휜경올 포함하는 체계

01 (23-01-12) 생태체계이론은 사회복지실천을 위한 사정도구로서 유용성을 가진다.

02 (23-01-12) 생태체계이론은 각 체계들로부터 다양한 정보획득이 용이하다.

03 (23-01-15) 개인에게 영향을 주는 정부의 입법과 사회정책으로서 방송매체를 통하여 형성된 외모, 의복, 문화 등에 관한 유행은 거시체계에 해당한다.

04 (23-01-16) 부모와 교사와의 관계, 형제관계 등은 중간체계에 해당한다.

05 (23-01-17) 미시체계는 인간이 가장 밀접하게 상호작용하는 사회환경을 말한다.

06 (22-01-13) 중간체계는 미시체계 간의 상호작용에 초점을 둔다.

07 (22-01-15) 시간체계는 전 생애에 걸쳐 발생하는 변화와 사회역사적인 환경을 포함한다. 인간의 생에 단일 사건 뿐 아니라 시간의 경과와 함께 연속적으로 일어나는 사건들이 누적되어 영향을 미친다는 것을 보여주고 있다.

08 (21-01-02) 생태체계이론의 유용성: 문제에 대한 총체적 이해와 조망을 제공한다. 각 체계들로부터 다양하고 객관적인 정보획득이 용이하다. 각 환경 수준별 개입의 근거를 제시한다.

09 (21-01-02) 생태체계이론은 구체적인 방법과 기술 제시에는 한계가 있다.

10 (20-01-14) 브론펜브레너의 사회환경체계에서 중간체계는 상호작용하는 둘 이상의 미시체계 간의 관계로 구성된다.

11 (20-01-14) 생태이론에서는 인간을 목적지향적 존재로 보며, 환경 속 인간을 강조한다.

12 (20-01-14) 생태이론에서는 생활상의 문제는 전체 생활공간 내에서 이해해야 한다고 본다.

13 (20-01-14) 생태체계이론의 개념 중 스트레스는 개인과 환경 간 상호교류에서의 불균형이 야기하는 현상이다.

14 (20-01-15) 미시체계는 개인의 성장 시기에 따라 달라지며 상호호혜성에 기반을 두는 체계이다.

15 (19-01-03) 생태학 이론은 성격을 개인과 환경 사이의 상호교류의 산물로 이해한다.

16 (19-01-14) 중간체계는 개인이 참여하는 둘 이상의 미시체계 간의 상호작용으로서, 미시체계 간의 연결망을 의미한다.

17 (19-01-24) 거시체계는 역사적 · 사회적 · 문화적 요인에 의해서 형성되고 수정되는 특성이 있다.

18 (18-01-16) 생태학적 이론에 의하면 성격은 개인과 환경 사이의 상호작용의 산물이다.

19 (17-01-12) 개인–환경 간의 적합성은 생태학의 주요 개념이다.

20 (17-01-14) 중간체계는 개인이 새로운 환경으로 이동할 때마다 형성되거나 변화된다.

21 (17-01-15) 생태체계이론은 환경적 수준에 개입하는 근거를 제시한다.

22 (16-01-05) 생태체계이론은 체계이론과 생태학적 관점을 통합한다.

23 (16-01-19) 거시체계에는 국가, 사회제도가 포함된다.

24 (15-01-12) 생태학적 이론에서 적합성이란 인간의 욕구와 환경자원이 부합되는 정도를 말한다.

25 (11-01-17) '환경 속의 인간' 관점은 인간과 환경체계 사이의 유기적 관계를 설명한다.

26 (09-01-03) 생태체계적 관점은 개인, 집단, 지역사회 등 다양한 체계에 적용이 가능하다.

27 (05-01-16) 생태학 이론은 인간에 대한 낙관론적 견해를 지닌다.

28 (04-01-14) 생태학은 인간과 환경의 상호작용에 대하여 관점을 가진다.

29 (03-01-12) 생태체계이론의 원조 과정은 회복과 권한강화의 과정이라는 신념을 통해 사회복지전문직의 인본주의적 철학을 뒷받침해 준다.

30 (02-01-10) 생태학적 관점에서 생태학적 환경을 구분할 경우 가족, 학교, 사회복지관, 사회적 관계망 등은 체계의 범주에 속한다.

대표기출 확인하기

21-01-14   난이도 ★★☆

브론펜브레너(U. Bronfenbrenner)의 사회환경체계에 관한 설명으로 옳은 것은?

① 문화, 정치, 교육정책 등 거시체계는 개인의 삶에 직접적이고 강력한 영향을 미친다.
② 인간을 둘러싼 사회환경을 미시체계, 중간체계, 내부체계, 거시체계로 구분했다.
③ 중간체계는 상호작용하는 둘 이상의 미시체계 간의 관계로 구성된다.
④ 내부체계는 개인이 직접 참여하거나 관여하지는 않으나 개인에게 영향을 미치는 체계로 부모의 직장 등이 포함된다.
⑤ 미시체계는 개인이 새로운 환경으로 이동할 때마다 형성되거나 확대된다.

▶ 알짜확인

• 생태이론의 주요 특징과 개념들을 정리해두어야 한다.
• 브론펜브레너가 제시한 사회환경체계의 구성을 이해하고 각 요소들이 의미하는 바를 사례와 연결할 수 있어야 한다.

답 ③

✔ 응시생들의 선택

① 6%	② 8%	③ 69%	④ 3%	⑤ 14%

① 문화, 정치, 교육정책 등 거시체계는 개인의 삶에 직접적으로 개입하지 않으며, 간접적으로 강력한 영향을 미치는 환경요소이자 광범위한 사회적 맥락이다.
② 브론펜브레너는 인간을 둘러싼 사회환경을 미시체계, 중간체계, 외부체계, 거시체계로 구분하였다. 내부체계는 해당하지 않는다.
④ 개인이 직접 참여하거나 관여하지는 않으나 개인에게 영향을 미치는 체계로 부모의 직장 등이 포함되는 것은 내부체계가 아니라 외부체계이다.
⑤ 개인이 새로운 환경으로 이동할 때마다 형성되거나 확대되는 체계로 적절한 것은 미시체계가 아니고 중간체계이다.

관련기출 더 보기

23-01-15   난이도 ★☆☆

다음에 해당하는 사회환경 수준으로 옳은 것은?

• 개인에게 영향을 주는 정부의 입법과 사회정책
• 방송매체를 통하여 형성된 외모, 의복, 문화 등에 관한 유행

① 미시체계   ② 중간체계
③ 거시체계   ④ 외체계
⑤ 시간체계

답 ③

✔ 응시생들의 선택

① 2%	② 3%	③ 82%	④ 13%	⑤ 0%

③ 거시체계는 개인이 속한 사회의 이념이나 제도 혹은 개인에게 영향을 미치는 환경요소로서 광범위한 사회적 맥락이다. 개인의 생활에 직접적으로 개입하지는 않지만 간접적으로 강한 영향력을 발휘하며, 하위체계에 대한 지지기반과 가치 준거틀을 제공한다.

23-01-16   난이도 ★★☆

브론펜브레너(U. Bronfenbrenner)의 중간체계(meso system)에 관한 설명으로 옳은 것은?

① 가족, 친구, 학교, 종교단체 등이 포함된다.
② 부모와 교사와의 관계, 형제관계 등을 말한다.
③ 신념, 태도, 전통을 통해 개인에게 영향을 준다.
④ 아동의 발달에 영향을 주는 학교위원회가 해당된다.
⑤ 개인이 어느 시대에 출생했는지에 관심을 둔다.

답 ②

✔ 응시생들의 선택

① 19%	② 64%	③ 5%	④ 12%	⑤ 0%

① 가족, 친구, 학교, 종교단체 등은 인간과 직접적이고 대면적인 상호작용을 하는 미시체계이다.
③ 신념, 태도, 전통을 통해 개인에게 영향을 주는 것은 거시체계이다.
④ 아동의 발달에 영향을 주는 학교위원회는 아동과 직접 상호작용하지는 않지만 영향을 수는 사회환경이므로 외체계에 속한다.
⑤ 개인이 어느 시대에 출생했는지에 관심을 두는 것은 시간체계이다.

브론펜브레너(U. Bronfenbrenner)의 미시체계(micro system)에 관한 설명으로 옳은 것을 모두 고른 것은?

> ㄱ. 인간이 가장 밀접하게 상호작용하는 사회환경을 말한다.
> ㄴ. 전 생애에 걸쳐 일어나는 개인의 변화와 사회역사적 환경을 포함한다.
> ㄷ. 개인이 직접 참여하지 않으나, 부모의 직장, 형제가 속한 학급 등이 포함된다.

① ㄱ
② ㄱ, ㄴ
③ ㄱ, ㄷ
④ ㄴ, ㄷ
⑤ ㄱ, ㄴ, ㄷ

답 ①

✅ **응시생들의 선택**

① 74%	② 20%	③ 2%	④ 1%	⑤ 3%

ㄴ. 전 생애에 걸쳐 일어나는 개인의 변화와 사회역사적 환경을 포함하는 것은 시간체계이다.
ㄷ. 개인이 직접 참여하지 않으나, 부모의 직장, 형제가 속한 학급 등을 포함하는 것은 외체계이다.

생태체계 이론의 중간체계(meso system)에 관한 설명으로 옳은 것은?

① 미시체계 간의 상호작용에 초점을 둔다.
② 개인이 직접적으로 대면하는 체계를 의미한다.
③ 신념, 태도, 전통 등을 통해 영향력을 행사한다.
④ 대표적인 중간체계로 가족과 집단을 들 수 있다.
⑤ 문화, 정치, 사회, 법, 종교 등이 해당된다.

답 ①

✅ **응시생들의 선택**

① 77%	② 2%	③ 5%	④ 13%	⑤ 3%

② 개인이 직접적으로 대면하는 체계는 미시체계이다.
③⑤ 신념, 태도, 전통 등을 통해 영향력을 행사하는 체계는 거시체계이다. 구체적으로 문화, 정치, 사회, 법, 종교 등이 해당된다.
④ 가족과 집단은 개인에게 직접적인 환경인 미시체계이며, 가족과 집단 간의 관계 및 상호작용이 중간체계가 된다.

생태체계이론에 관한 설명으로 옳지 않은 것은?

① 인간은 목적 지향적이다.
② 적합성은 개인이 환경과 효과적으로 상호작용을 할 수 있는 능력이다.
③ 생활상의 문제는 전체 생활공간 내에서 이해해야 한다.
④ 스트레스는 개인과 환경 간 상호교류에서의 불균형이 야기하는 현상이다.
⑤ 환경 속의 인간을 강조한다.

답 ②

✅ **응시생들의 선택**

① 48%	② 22%	③ 24%	④ 5%	⑤ 1%

② 개인이 환경과 효과적으로 상호작용을 할 수 있는 능력은 유능성이다. 적합성은 인간의 적응 욕구와 환경자원이 부합되는 정도이며, 개인적 욕구와 사회적 요구 사이의 조화와 균형 정도를 의미한다.

브론펜브레너(U. Bronfenbrenner)의 거시체계(macro system) 수준에서 학교폭력 피해 청소년에게 개입한 사례는?

① 피해 청소년과 개별 상담을 실시한다.
② 피해 청소년의 성장사와 가족력 등을 파악한다.
③ 피해 청소년 부모의 근무환경, 소득 등을 살펴본다.
④ 피해 청소년이 다시 피해를 입지 않도록 학교폭력에 대한 처벌을 강화하는 특별법을 제정한다.
⑤ 피해 청소년의 부모, 교사, 사회복지사가 함께 피해 청소년 보호를 위한 구체적 방법을 정기적으로 의논한다.

답 ④

✅ **응시생들의 선택**

① 1%	② 2%	③ 5%	④ 81%	⑤ 11%

① 미시체계에 해당한다.
② 시간체계에 해당한다.
③ 외부체계에 해당한다.
⑤ 중간체계에 해당한다.

생태학 이론에 관한 설명으로 옳지 않은 것을 모두 고른 것은?

> ㄱ. 인간과 환경을 서로 영향을 주고받는 단일체계로 간주한다.
> ㄴ. 인간본성에 대한 정신적·환경적 결정론을 이론적 바탕으로 한다.
> ㄷ. 성격을 개인과 환경 사이의 상호교류의 산물로 이해한다.
> ㄹ. 타인과 관계를 맺는 인간의 능력은 환경과의 상호작용을 통하여 후천적으로 습득된다고 전제한다.

① ㄷ
② ㄱ, ㄷ
③ ㄴ, ㄹ
④ ㄱ, ㄴ, ㄹ
⑤ ㄱ, ㄴ, ㄷ, ㄹ

답 ③

✅ 응시생들의 선택

① 9%	② 14%	③ 16%	④ 45%	⑤ 16%

ㄴ. 생태이론은 '환경 속 인간'이라는 전체적 인간관을 갖고 있다. 인간 본성에 대한 유전적 결정론, 정신적 결정론, 환경적 결정론 중 어느 것도 따르지 않고 모두 배격했다.

ㄹ. 생태이론에서는 인간은 환경과 상호작용하는 잠재력을 가지고 태어난다고 보았다. 다만, 가지고 태어난 잠재력에 따라 타인과 관계를 맺지만, 일생을 통해 관계를 맺는 능력과 유형을 형성해가기 때문에 동일한 환경이라도 그에 대한 반응은 개인마다 다르다고 보았다.

생태체계이론이 사회복지실천에 유용한 점으로 옳지 않은 것은?

① 전체 체계를 고려하여 문제를 이해한다.
② 클라이언트와 사회복지사 간의 상호교류를 중시한다.
③ 각 체계들로부터 풍부한 정보의 획득이 가능하다.
④ 환경적 수준에 개입하는 근거를 제시한다.
⑤ 개인의 심리역동적 변화의지 향상에 초점을 둔다.

답 ⑤

✅ 응시생들의 선택

① 3%	② 5%	③ 3%	④ 4%	⑤ 85%

⑤ 생태체계이론은 개인의 심리역동적 변화의지 향상에 초점을 두기보다는 유기체들이 어떻게 상호 적응상태를 이루고 어떻게 상호 적응해가는지에 초점을 두며, 인간과 주변환경 간의 상호교류, 상호의존성 또는 역동적 교류와 적응을 설명하는 통합적 관점이다.

생태체계이론에 관한 설명으로 옳은 것을 모두 고른 것은?

> ㄱ. 체계이론과 생태학적 관점을 통합한다.
> ㄴ. 인간과 환경은 분리할 수 없으며 동시에 고려해야 한다.
> ㄷ. 적합성(goodness-of-fit)이란 체계가 균형을 위협받았을 때 이를 회복하려는 경향을 말한다.
> ㄹ. 실천과정의 사정(assessment) 단계에 유용하게 활용된다.

① ㄱ, ㄷ
② ㄴ, ㄷ
③ ㄷ, ㄹ
④ ㄱ, ㄴ, ㄹ
⑤ ㄱ, ㄴ, ㄷ, ㄹ

답 ④

✅ 응시생들의 선택

① 1%	② 1%	③ 1%	④ 92%	⑤ 5%

ㄷ. 체계가 균형을 위협받았을 때 이를 회복하려는 경향은 항상성(homeostasis)에 해당한다. 적합성이란 인간의 적응 욕구와 환경 자원이 부합되는 정도이며, 개인적 욕구와 사회적 욕구 사이의 조화와 균형 정도를 의미한다.

생태학적 이론에 관한 설명으로 옳지 않은 것은?

① 인간과 환경의 지속적인 상호작용을 강조한다.
② 인간의 병리적인 관점을 강조한다.
③ 적합성이란 인간의 욕구와 환경자원이 부합되는 정도를 말한다.
④ 인간은 자신의 요구에 맞게 환경을 만들어 내기도 한다.
⑤ 인간의 생활상의 문제는 전체 생활공간 내에서 이해한다.

답 ②

✅ 응시생들의 선택

① 0%	② 88%	③ 2%	④ 5%	⑤ 5%

② 생태학적 이론은 환경 속의 인간이라는 관점을 강조한다. 즉, 인간과 환경 사이의 상호보완성을 설명하는 데 관심을 둔다.

다음 내용이 **왜 틀렸는지**를 확인해보자

17-01-15

01 생태체계이론은 개인의 심리역동적 변화의지 향상에 초점을 둔다.

> 생태체계이론은 유기체들이 어떻게 상호 적응상태를 이루고 어떻게 상호 적응해가는지에 초점을 두며, 인간과 주변환경 간의 상호교류, 상호의존성 또는 역동적 교류와 적응을 설명하는 통합적 관점이다.

16-01-05

02 적합성이란 체계가 균형을 위협받았을 때 이를 회복하려는 경향을 말한다.

> 체계가 균형을 위협받았을 때 이를 회복하려는 경향은 항상성에 해당한다. 적합성이란 인간의 적응 욕구와 환경자원이 부합되는 정도이며, 개인적 욕구와 사회적 욕구 사이의 조화와 균형 정도를 의미한다.

11-01-17

03 '환경 속의 인간' 관점에 의하면 인간은 사회환경을 지배하는 독립적 존재이다.

> '환경 속의 인간'은 상호 긴밀히 영향을 주고받으며 상호교류하는 인간과 환경 사이의 관계에 초점을 둔다. 따라서 인간은 사회환경에 영향을 받으면서 영향을 미치기도 하는 존재이다.

04 거시체계는 두 가지 이상의 미시체계들 간의 관계 혹은 특정한 시점에서 미시체계들 간의 상호작용을 의미한다.

> 두 가지 이상의 미시체계들 간의 관계 혹은 특정한 시점에서 미시체계들 간의 상호작용을 의미하는 것은 중간체계이다. 거시체계는 개인이 속한 사회의 이념이나 제도의 일반적인 형태 혹은 개인에게 영향을 미치는 환경요소, 광범위한 사회적 맥락이다.

05 인간은 환경에 반응하지만 스스로 환경을 창조해 내지는 못한다.

> 인간은 환경에 반응할 뿐만 아니라 스스로 환경을 창조해 내는 주인이기도 하다.

06 생태체계이론의 주요 개념으로 대처는 인간의 적응 욕구와 환경자원이 부합되는 정도를 말한다.

> 인간의 적응 욕구와 환경자원이 부합되는 정도는 적합성을 의미한다. 대처란 적응의 한 형태로 문제를 극복하기 위해 노력하는 것을 말한다.

07 생태체계이론에서 인간은 목적지향적, 사회문화적, **환경순응적** 존재이다.

> 생태체계이론에서 강조하는 '환경 속 인간'이 인간을 환경순응적 존재, 수동적 존재로 본다는 의미는 아니다. 오히려 인간을 능동적, 목적지향적, 사회문화적 존재로 보면서 인간은 스스로 환경과 관계하며 환경에 적응하기도 하고 환경에 영향을 미치기도 하며 자아를 발달해가는 존재로 설명하였다.

`20-01-15`

08 브론펜브레너의 생태체계 구성에서 **미시체계**는 개인의 발달에 영향을 미치는 관계를 포함하며, 부모의 직업, 자녀의 학교 등이 해당한다.

> 미시체계는 개인 혹은 인간이 속한 가장 직접적인 사회적 · 물리적 환경으로 가족, 또래집단 등이 해당한다. 부모의 직업, 자녀의 학교 등은 외체계에 해당한다.

빈칸에 들어갈 알맞은 말을 채워보자

`19-01-14`

01 (　　　　　　)은/는 개인과 직접 상호작용하지는 않으나 미시체계에 영향을 주는 사회적 환경이다.

`16-01-05`

02 생태체계이론은 체계이론과 (　　　　　　)을/를 통합한다.

`07-01-22`

03 개인에게 직접적으로 영향을 미치며 성장함에 따라 변화하는 생태학적 환경은 (　　　　　　)이다.

04 (　　　　　　)은/는 개인이 지각한 요구와 이러한 요구를 충족시킬 수 있는 자원을 활용할 수 있는 능력 사이의 불균형에서 발생한다.

05 생태학적 관점에서의 인간관은 한마디로 (　　　　　　)(이)라는 전체적 인간관을 가지고 있다.

`22-01-15`

06 브론펜브레너의 생태체계 구성에서 (　　　　　　)은/는 인간의 생애 단일 사건 뿐 아니라 시간의 경과와 함께 연속적으로 일어나는 사건들이 누적되어 영향을 미친다는 것을 보여주고 있다.

답　**01** 외(부)체계　**02** 생태학적 관점　**03** 미시체계　**04** 스트레스　**05** 환경 속의 인간　**06** 시간체계

다음 내용이 옳은지 그른지 판단해보자

01 `18-01-16` 생태학적 이론은 환경과의 상호작용에서 인간을 수동적인 존재로 본다. ◎ ✕

02 `15-01-12` 생태학적 이론은 인간과 환경 사이의 상호보완성을 설명하는 데 관심을 둔다. ◎ ✕

03 `06-01-17` 생태체계관점은 클라이언트에게 개입할 수 있는 단 하나의 유일한 기법을 제시한다. ◎ ✕

04 `05-01-27` 생태학 이론은 인간에 대해 낙관론적 견해를 지닌다. ◎ ✕

05 생태체계이론은 사회복지사가 클라이언트체계의 자원을 발견하며, 클라이언트체계의 역량을 강화하는 개념적 도구로서 활용되기도 한다. ◎ ✕

06 미시체계는 사회환경 내의 다양한 중범위체계와 역동적으로 상호작용한다. ◎ ✕

07 생태체계관점에 의하면 모든 인간행동은 내적인 욕구와 환경적인 욕구 사이의 조화를 찾기 위한 적응과정으로 보고 있기 때문에, 어떤 행동도 부적응 행동으로 규정할 수 없다. ◎ ✕

08 생태체계 관점에서 클라이언트를 사정할 때에는 거시체계보다 미시체계에 초점을 두어야 한다. ◎ ✕

답 01 ✕ 02 ◯ 03 ✕ 04 ◯ 05 ◯ 06 ◯ 07 ◯ 08 ✕

해설 **01** 생태학적 이론은 환경과의 상호작용에서 인간을 능동적인 존재로 본다.
03 생태체계관점은 통합적 관점으로서 2가지 이상의 개입기법을 사용한다.
08 미시체계, 거시체계 모두 사정한다.

가족체계, 집단체계

가족체계와 집단체계는 실천기술론에서 상세히 공부하기 때문에 인행사에서는 출제율이 높지는 않다. 여기서는 실천기술론에 앞서 기본적인 사항을 예습하는 차원에서 살펴봐도 무방하다.

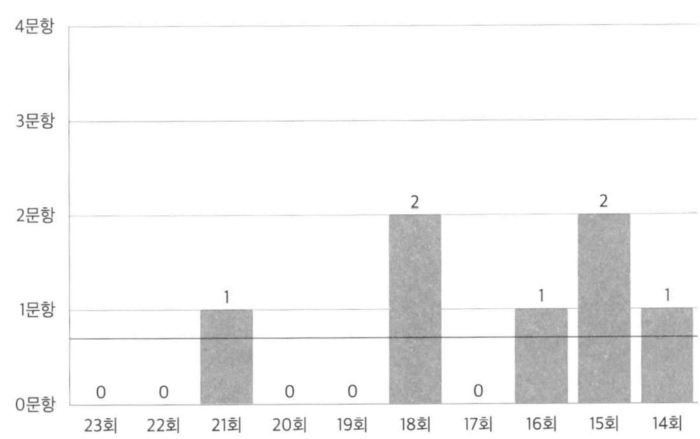

평균 출제문항수

가족체계의 개념

- 가족구성원 모두는 가족 내에서 다른 가족원에게 일어나는 일의 영향을 받는다.
- 가족구성원 각자와 전체로서의 가족은 가족을 둘러싼 다른 많은 환경체계에 영향을 받는다.
- 가족은 시간이 지나면서 반복되는 상호작용 패턴, 즉 적응과 균형을 추구하는 단위이다.
- 전체로서의 가족은 각 가족원의 개인적인 특성의 합보다 크다.
- 가족은 더 큰 사회체계에 속하며 많은 하위체계를 포함한다.
- 한 가족구성원의 변화는 가족성원 전체에 영향을 미친다.

가족의 경계

- 폐쇄형 가족체계: 가족 내에서 권위가 있는 사람이 이웃과 지역사회라는 더 넓은 공간과 떨어진 가족공간을 만들어 낸다. 따라서 폐쇄형 가족체계의 특징은 외부와의 상호작용과 사람, 물건, 정보, 생각의 출입을 엄격히 제한하는 것이다.
- 개방형 가족체계: 개방형 체계에서 구성원들의 행위를 제한하는 규칙은 집단의 합의과정에서 도출되며, 가족의 경계는 유동적이다. 가족의 영토는 더 큰 지역사회의 공간으로 확대되는 동시에 외부문화도 가족공간으로 유입되는 것이다. 개인은 다른 식구들에게 악영향을 주거나 가족규범을 위반하지 않는 범위 내에서 외부와의 왕래를 스스로 통제할 수 있다.
- 임의형 가족체계: 이 부류에 속하는 가족구성원은 각자 자신의 영역과 가족의 영역을 확보하면서 개별적인 패턴을 만들어 간다. 임의형 가족체계는 가족경계선의 방어를 중요하지 않게 생각한다. 그래서 외부와의 교류에 제한이 없다. 실제로 임의형 가족은 집안 출입의 권리를 손님이나 제3자에게까지 확대하려는 경향이 있다.

가족의 형태

- 핵가족: 부부와 미혼자녀로 구성된 가족을 말한다.
- 확대가족: 부모가 결혼한 자녀 및 그들의 손자녀와 함께 사는 가족형태를 말한다.
- 수정확대가족: 부모와 자녀의 가족들이 별개의 가구를 구성하여 살지만, 가까운 거리에 떨어져 살기 때문에 마치 한집에 사는 것처럼 자주 왕래하고 협조하면서 살아가는 방식이다.
- 한부모가족: 모자가족 또는 부자가족을 말한다.

01 (18-01-04) 개방형 가족체계는 에너지, 정보, 자원을 다른 체계들과 교환한다.

02 (15-01-15) 개방형 가족체계는 외부로부터 정보를 통해 체계의 기능을 발전시킨다.

03 (10-01-30) 폐쇄형 가족체계는 외부와의 상호작용을 제한한다.

04 (09-01-29) 가족은 상호의존성이 강한 구조적 특성을 지니고 있다.

05 (08-01-19) 가족체계는 가족만의 독특한 규칙이 있다.

06 (08-01-20) 전체로서 가족은 부분의 합 이상이다.

07 (04-01-26) 역기능적인 가족체계는 변화보다는 평형을 유지하려는 속성이 강하다.

대표기출 확인하기

18-01-04 난이도 ★★☆

개방형 가족체계에 관한 설명으로 옳은 것은?

① 외부체계와의 상호작용을 하지 않는다.
② 체계 내의 가족기능은 쇠퇴하게 된다.
③ 에너지, 정보, 자원을 다른 체계들과 교환한다.
④ 주변 환경으로부터 고립되어 있다.
⑤ 지역사회와의 교류가 제한된다.

 **알짜확인**

- 가족의 정의와 형태에 대해 이해해야 한다.
- 가족체계의 개념과 가족의 경계에 대해 이해해야 한다.

답 ③

✔ 응시생들의 선택

① 1%	② 1%	③ 98%	④ 0%	⑤ 0%

① 외부체계와의 지속적인 상호작용이 이뤄진다.
② 체계 내의 가족기능이 원만하다.
④ 주변 환경과 다양한 상호작용이 이뤄진다.
⑤ 지역사회와의 교류가 활발하다.

➕ 덧붙임

가족체계에 관한 문제는 출제비중이 낮다. 다른 과목들과 중복되는 내용이 많기 때문에 난이도가 낮은 문제들이 출제되고 있다. 가족이 갖는 특징, 가족의 경계 등에 대해 정리하도록 하자.

관련기출 더 보기

15-01-15 난이도 ★★★

개방형 가족체계에 관한 설명으로 옳은 것을 모두 고른 것은?

> ㄱ. 가족체계 내 엔트로피 상태가 지속된다.
> ㄴ. 외부로부터 정보를 통해 체계의 기능을 발전시킨다.
> ㄷ. 지역사회와의 교류가 활발하다.
> ㄹ. 투입과 산출이 거의 없는 상태이다.

① ㄱ, ㄴ　　② ㄱ, ㄷ
③ ㄴ, ㄷ　　④ ㄴ, ㄹ
⑤ ㄷ, ㄹ

답 ③

✔ 응시생들의 선택

① 1%	② 2%	③ 95%	④ 1%	⑤ 1%

ㄱ. 엔트로피는 체계 구성요소 간의 상호작용이 감소함에 따라 유용한 에너지가 감소하는 상태를 말한다. 엔트로피는 폐쇄형 가족체계에서 나타나는 특성이다.
ㄹ. 개방형 가족체계는 가족 외부와의 경계가 분명하면서도 침투력이 있는 가족으로 가족의 경계가 유동적이다. 투입과 산출이 거의 없는 상태는 폐쇄형 가족체계에서 나타나는 특성이다.

08-01-20 난이도 ★☆☆

가족체계에 관한 설명 중 옳지 않은 것은?

① 단선적 접근에 기반한다.
② 전체로서 가족은 부분의 합 이상이다.
③ 가족 내 하부체계의 구성은 시간의 흐름에 따라 변한다.
④ 가족규칙은 가족원의 지위, 역할, 가족의식을 규정한다.
⑤ 유리된 가족은 가족관계가 소원하여 상호작용이 어렵다.

답 ①

✔ 응시생들의 선택

① 79%	② 7%	③ 3%	④ 2%	⑤ 9%

① 가족에 대한 접근을 할 때는 문제의 본질을 보다 정확히 이해하기 위하여 단선적 접근보다는 순환적 접근에 기초해 문제를 개념화시킬 필요가 있다.

다음 내용이 **왜 틀렸는지**를 확인해보자

15-01-15

01 개방형 가족체계는 가족체계 내 엔트로피 상태가 지속된다.

> 엔트로피는 체계 구성요소 간의 상호작용이 감소함에 따라 유용한 에너지가 감소하는 상태를 말한다. 엔트로피는 폐쇄형 가족체계에서 나타나는 특성이다.

10-01-30

02 폐쇄형 가족체계는 경계가 자유롭고 유동적이다.

> 폐쇄적인 가족체계는 외부환경과 고립되어 있으며, 경계선이 폐쇄적일수록 자기 가족의 경계선 내부에서만 작동하므로 외부와의 상호작용이 제한적이다.

08-01-20

03 가족 내 하부체계의 구성은 시간이 흘러도 변하지 않는다.

> 가족 내 하부체계의 구성은 시간의 흐름에 따라 변한다.

04 핵가족은 부모가 결혼한 자녀 및 그들의 손자녀와 함께 사는 가족형태를 말한다.

> 부모가 결혼한 자녀 및 그들의 손자녀와 함께 사는 가족형태는 확대가족이다. 핵가족은 부부와 미혼자녀로 구성된 가족을 말한다.

05 한 가족구성원에게 변화가 일어나도 가족성원 전체에는 영향을 미치지 못한다.

> 한 가족구성원의 변화는 가족성원 전체에 영향을 미친다.

09-01-29

06 가족은 물리적 또는 지리적 특성에 근거한 하나의 사회체계이다.

> 물리적 또는 지리적 특성에 근거한 사회체계는 지역사회이다.

집단의 유형

기본개념

인간행동과 사회환경
pp.188~

▶ **치료집단, 과업집단, 자조집단**

• 치료집단: 사회정서적 욕구에 초점

  – 지지집단: 생활사건과 관련해 긴장감, 대처방법 등을 나눔 예 암환자의 가족 모임

  – 교육집단: 공통된 특정 관심사에 대한 지식, 정보 등을 학습 예 예비부모 학교

  – 성장집단: 자아향상, 사회정서적 건강 증진 예 잠재력 개발 집단

  – 치유집단: 병리 치료 및 회복 예 약물중독 치료집단

  – 사회화집단: 대인관계 등 사회적 기술 습득 예 ADHD 아동 집단

• 과업집단: 산출, 성과, 목표달성에 초점

• 자조집단: 지지집단과 유사하지만 구성원들이 주도하며 사회복지사는 간접적으로 도움을 줌

▶ **개방집단, 폐쇄집단**

• 개방집단: 집단 과정 중간에 새로운 성원을 받음

• 폐쇄집단: 새로운 성원을 받지 않음

▶ **일차집단, 이차집단**

• 일차집단: 원초집단. 가족, 또래집단, 이웃 등. 비공식적 통제

• 이차집단: 학교, 회사 등 계약된 관계. 공식적 통제

▶ **자연집단, 형성집단**

• 자연집단: 가족, 또래집단 등 자연발생적으로 만들어지는 집단 (≒일차집단)

• 형성집단: 과업을 진행하고 목적을 달성하기 위해 구성되는 집단 (≒이차집단)

01 (21-01-15) 집단활동을 통해 집단에 관한 정체성인 '우리의식'이 형성된다.

02 (18-01-17) 자조집단(self-help group)은 유사한 어려움과 관심사를 가진 구성원들의 경험을 나누며 바람직한 변화를 추구한다.

03 (16-01-13) 치료집단은 형성집단에 해당한다.

04 (16-01-13) 또래집단은 자연집단에 해당한다.

05 (15-01-14) 과업집단은 조직문제에 대한 해결책 모색이나 성과물 산출을 목적으로 한다.

06 (14-01-25) 집단은 구성원들 간의 관계를 형성하며 상호작용을 통해 성장한다.

07 (14-01-25) 집단 내 역할분화가 이루어진다.

08 (14-01-25) 집단을 통해 사회화의 기능이 이루어진다.

09 (14-01-25) 집단 구성원들은 서로 감정을 공유하며 규범과 목표를 수립한다.

10 (09-01-30) 치매노인 가족집단, 단도박모임, 자폐아동 부모집단은 자조집단에 해당한다.

11 (08-01-21) 집단지도자는 구성원들의 의도와 행동이 조화를 이루는지 살핀다.

12 (04-01-27) 자폐아를 둔 부모들의 모임은 자조집단에 해당한다.

대표기출 확인하기

21-01-15 인간행동과 사회환경 · 난이도 ★★☆

집단에 관한 설명으로 옳은 것은?

① 2차집단은 인간의 성격형성을 목적으로 한다.
② 개방집단은 구성원의 개별화와 일정 수준 이상의 심도 깊은 목적 달성에 적합하다.
③ 구성원의 상호작용이 중요하므로 최소 단위는 4인 이상이다.
④ 형성집단은 특정 목적 없이 만들 수 있다.
⑤ 집단활동을 통해 집단에 관한 정체성인 '우리의식'이 형성된다.

 **알짜확인**

• 집단체계의 특성과 집단의 유형에 대해 이해해야 한다.

답 ⑤

✔ **응시생들의 선택**

① 4%	② 10%	③ 4%	④ 6%	⑤ 76%

① 2차집단은 목적달성을 위해 인위적으로 계약에 의해 만들어진 집단을 말한다.
② 개방집단은 가입과 탈퇴가 자유롭기 때문에 구성원에 대한 개별화나 일정 수준 이상의 심도 깊은 목적을 달성하는 데에는 한계가 있다.
③ 집단은 소속감, 공동의 목적이나 관심 및 상호작용 등을 통해 이루어지며, 2인으로도 집단이 될 수 있다.
④ 형성집단은 각종 위원회나 팀처럼 일정한 목적에 따라 만들어지는 집단으로, 목적달성을 위한 과업과 과업을 진행하기 위한 구조와 규칙을 갖는다.

관련기출 더 보기

18-01-17 · 난이도 ★☆☆

집단에 관한 설명으로 옳은 것은?

① 일차집단(primary group)은 목적 달성을 위해 인위적으로 만들어진 집단이다.
② 이차집단(secondary group)은 혈연이나 지연을 바탕으로 자연발생적으로 이루어진 집단이다.
③ 자연집단(natural group)은 특정위원회나 팀처럼 일정한 목적을 갖는 것이 특징이다.
④ 자조집단(self-help group)은 유사한 어려움과 관심사를 가진 구성원들의 경험을 나누며 바람직한 변화를 추구한다.
⑤ 개방집단(open-end group)은 집단이 진행되는 동안 새로운 구성원의 입회가 불가능하다.

답 ④

✔ **응시생들의 선택**

① 1%	② 1%	③ 1%	④ 97%	⑤ 0%

① 목적 달성을 위해 인위적으로 만들어진 집단은 이차집단이다.
② 혈연이나 지연을 바탕으로 자연발생적으로 이루어진 집단은 일차집단이다.
③ 특정위원회나 팀처럼 일정한 목적을 갖는 것이 특징인 집단은 형성집단이다.
⑤ 개방집단은 집단이 진행되는 동안 새로운 구성원의 입회가 가능하다.

집단의 구성동기에 따른 유형과 그 예가 올바르게 연결된 것을 모두 고른 것은?

ㄱ. 자연집단(natural group) – 또래집단
ㄴ. 1차집단(primary group) – 과업집단
ㄷ. 형성집단(formed group) – 치료집단
ㄹ. 2차집단(secondary group) – 이웃

① ㄱ, ㄹ
② ㄱ, ㄷ
③ ㄴ, ㄹ
④ ㄴ, ㄷ, ㄹ
⑤ ㄱ, ㄴ, ㄷ, ㄹ

답 ②

✓ **응시생들의 선택**

① 12%	② 68%	③ 3%	④ 9%	⑤ 8%

② 1차집단은 혈연과 지연을 바탕으로 자연발생적으로 이루어지는 집단이고, 2차집단은 목적달성을 위해 인위적으로 계약에 의해 만들어진 집단이다. 따라서 과업집단은 2차집단에 해당하며(ㄴ), 이웃은 1차집단에 해당한다(ㄹ).

집단에 관한 설명으로 옳지 않은 것은?

① 역할분화가 이루어진다.
② 사회화의 기능을 수행한다.
③ 구성원들이 감정을 공유하며 규범과 목표를 수립한다.
④ 구성원들 간의 관계를 형성하며 상호작용을 통해 성장한다.
⑤ 구성원들을 지지하고 자극시키는 힘을 가지기 때문에 긍정적 기능만을 수행한다.

답 ⑤

✓ **응시생들의 선택**

① 0%	② 0%	③ 0%	④ 1%	⑤ 99%

⑤ 집단은 긍정적인 기능을 목표로 하지만, 항상 긍정적 기능만을 수행하는 것은 아니다.

다음 내용이 옳은지 그른지 판단해보자

01 자조집단에서 사회복지사는 직접 개입하지 않고 간접적인 도움을 제공한다. 

`15-01-14`
02 조직문제에 대한 해결책 모색이나 성과물 산출을 목적으로 하는 집단은 과업집단이다. 

03 A사회복지관에서는 청소년을 대상으로 자기이해 증진을 위한 집단 프로그램을 진행하고 있다. 이 때 집단 프로그램은 또래들과 함께하는 1차집단이다. 

`18-01-17`
04 개방집단은 집단이 진행되는 동안 새로운 구성원의 입회가 불가능하다. 

05 성장집단은 개인의 능력과 자의식을 넓히고 변화를 이끌어낼 수 있는 기회들을 성원들에게 제공하면서 자아향상을 강조하는 집단이다. 

`16-01-13`
06 과업집단은 1차집단에 해당하며, 이웃은 2차집단에 해당한다. 

07 집단 외부에 경쟁 집단이 존재하는 경우 내부 결속력이 강해지거나 갈등이 감소하는 등 집단의 역동성에 영향을 미치게 된다. 

`14-01-25`
08 집단은 구성원들을 지지하고 자극시키는 힘을 가지기 때문에 긍정적 기능만을 수행한다. 

답 01 ○ 02 ○ 03 ✕ 04 ✕ 05 ○ 06 ✕ 07 ○ 08 ✕

해설 **03** 집단 프로그램은 특정 목적을 달성하기 위해 인위적으로 만들어지는 2차집단이다.
04 집단이 진행되는 동안 새로운 구성원의 입회가 불가능한 집단은 폐쇄집단이다. 개방집단은 집단이 진행되는 과정 중이라도 언제든 새로운 구성원의 입회가 가능하다.
06 과업집단은 2차집단에 해당하며, 이웃은 1차집단에 해당한다.
08 집단은 긍정적인 기능을 목표로 하지만, 항상 긍정적 기능만을 수행하는 것은 아니다.

조직체계, 지역사회체계, 문화체계

CHAPTER 7

이 장에서는

보편성, 변동성, 누적성, 상징성, 다양성, 학습성, 공유성, 사회성 등 문화의 특징과 함께 문화의 기능을 이해해두어야 한다. 더불어 다문화와 관련하여 베리의 문화적응이론이나 용광로 및 샐러드볼 개념도 짚고 넘어가자.
※ 알림: 기본개념서 7장에서는 문화체계와 함께 조직체계, 지역사회체계 등을 다루는데, 기출은 주로 문화체계에서 출제되어 이 책에서는 문화체계의 내용만 구성하였다.

10년간 출제분포도

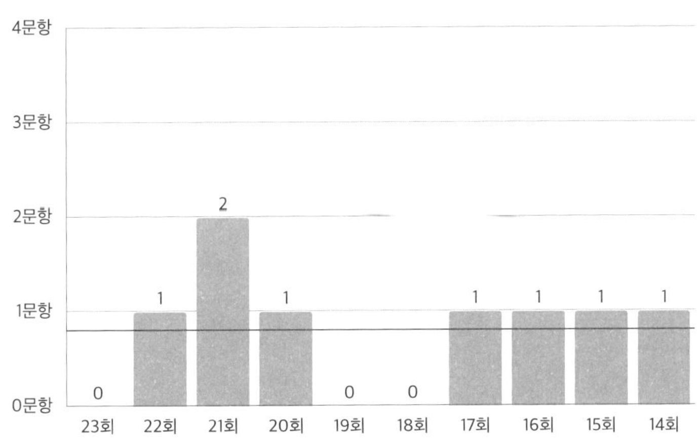

평균 출제문항수

최근 10년간 **8문항** 출제

문화의 특성

- 다른 사회의 구성원과 구별되는 **공통적인 속성을 지닌다**.
- 학습을 통해 후천적으로 획득되며, 사회화를 통해 개인의 일부가 된다.
- 상징적인 수단인 언어와 문자를 통해 **세대 간에 전승되며 축적**된다.
- 새로운 기술과 물리적 조건, 시대적 환경에 적합한 방식으로 **끊임없이 수정되고 조절**되며, 새로운 문화 특성이 추가되면서 변동된다.
- 지식, 도덕, 제도 등 수많은 부분들이 관계를 유지하면서 전체적으로 체계를 이룬다.
- 모든 문화는 외형으로 드러나는 것 외에 속으로 품고 있는 의미가 따로 존재한다.
- 모든 사회에 **공통적인 문화형태가 존재**한디.
- 문화는 형태를 갖는 **물질문화** 외에 가시적인 형태가 없는 비물질문화도 있다. **비물질문화**는 크게 **규범문화**(법, 제도 등)와 **관념문화**(철학, 종교, 예술 등)로 나뉜다.

문화의 기능

- 사회화 기능: 개인에게 다양한 생활양식을 내면화시켜 사회에 적응하면서 살아갈 수 있게 하는 기능이다.
- 욕구충족기능: 다양한 생활양식을 통해 의식주와 같은 개인의 기본적 욕구를 충족시키는 기능이다.
- 사회통제 기능: 규범이나 관습 등으로 개인 행동에 대한 규제와 사회악을 제거하는 기능이다.
- 사회존속 기능: 문화를 학습하고 전승하여 새로운 구성원들에게 필요한 생활양식을 전승하는 기능이다.

문화체계의 주요 개념

- 문화접촉: 둘 이상의 다른 문화가 서로 접촉하는 것이다.
- 문화마찰: 서로 다른 문화가 접촉하면서 발생하는 오해와 갈등이다.
- 문화변용: 둘 이상의 사회가 문화접촉에 의해 한쪽 또는 양쪽의 문화체계에 변화가 일어나는 현상이다.
- 문화변동: 내부적 요인 및 외부적 요인에 의해 사회와 문화체계가 변화하는 것을 말한다.
- 문화진화: 장기간에 걸쳐 일어나는 문화변동이다.
- 문화상대주의: 문화의 우열을 결정하는 것은 올바르지 않다고 주장하는 것이다.
- 문화사대주의: 다른 사회의 문화만을 동경, 숭상한 나머지 자기문화를 업신여기거나 낮게 평가하는 태도를 말한다.

기출문장 CHECK

01 (22-01-03) 문화는 인간집단의 생활양식의 총체로 정의할 수 있다.

02 (22-01-03) 문화는 학습되고 전승되는 특징이 있다.

03 (22-01-03) 주류와 비주류 문화 사이의 권력 차이로 차별이 발생할 수 있다.

04 (22-01-03) 다문화주의는 다양한 문화나 언어를 공유하고 상호 존중하여 적극 수용하려는 입장을 취한다.

05 (21-01-16) 문화는 다른 사회의 구성원과 구별되는 공통적 속성이 있다.

06 (20-01-17) 문화변용은 둘 이상의 문화가 지속적으로 접촉하여 한쪽이나 양쪽에 변화가 일어나는 현상이다.

07 (17-01-16) 사회체계로서 문화는 구성원 간 공유되는 생활양식으로 다른 사회 구성원과 구별된다.

08 (16-01-18) 비물질문화에는 관념문화와 규범문화가 포함된다.

09 (15-01-16) 문화는 개인의 생리적 욕구와 심리적 욕구 충족에 영향을 준다.

10 (14-01-24) 문화는 생득적이기보다는 사회 속에서 성장하며 학습을 통해 습득된다.

11 (14-01-24) 문화변용은 둘 이상의 이질적인 문화가 접촉한 결과 한쪽 또는 쌍방의 원래 문화 형태에 변화를 일으키는 현상이다.

12 (14-01-24) 인간의 생활양식은 세대 간에 전승된다.

13 (14-01-24) 문화는 삶의 모든 영역에 영향을 미치며 지속적으로 변화한다.

14 (13-01-24) 다문화주의는 인간 사회의 인종적·문화적 다양성을 설명하는 개념이다.

15 (13-01-25) 주류사회와의 관계는 유지하지만 모국의 문화적 가치는 유지하지 않는 상태를 말하는 것은 베리(J. Berry)의 문화적응모형 중 동화(assimilation)에 해당한다.

16 (12-01-22) 문화는 사회의 안정과 질서를 위해 문제들을 제거, 조절하는 기능을 수행한다.

17 (11-01-14) 문화는 인간의 행동과 사고에 직·간접적으로 영향을 미치며 세대 간 전승된다.

18 (11-01-24) 문화는 시대적 상황에 따라 변화하지만 사회마다 공통적인 문화형태가 존재한다.

19 (08-01-22) 둘 이상의 사회가 직접 접촉하면서 한쪽이나 양쪽의 문화체계에 변화가 일어나는 현상은 문화변용이다.

20 (06-01-26) 문화는 세대 간에 전승되고 축적된다.

21 (05-01-17) 문화는 개인, 집단, 지역사회의 행동양식에 영향을 미치는 거시체계이다.

22 (02-01-11) 생활양식, 행동의 지침, 사회적 규범, 목표의 명확화 등은 문화에 의해 영향을 받는다.

대표기출 확인하기

22-01-03 난이도 ★★★

문화와 관련된 설명으로 옳지 않은 것은?

① 문화는 인간집단의 생활양식의 총체로 정의할 수 있다.
② 다문화주의는 다양한 문화나 언어를 공유하고 상호 존중하여 적극 수용하려는 입장을 취한다.
③ 베리(J. Berry)의 이론에서 동화(assimilation)는 자신의 고유문화와 새로운 문화를 모두 존중하는 상태를 의미한다.
④ 문화는 학습되고 전승되는 특징이 있다.
⑤ 주류와 비주류 문화 사이의 권력 차이로 차별이 발생할 수 있다.

알짜확인

• 문화의 개념과 특성을 이해해야 한다.
• 문화체계의 주요 개념을 이해해야 한다.
• 다문화의 정의와 베리의 문화적응이론을 이해해야 한다.

답 ③

응시생들의 선택

① 2%	② 4%	③ 87%	④ 0%	⑤ 7%

③ 베리의 이론에서 동화는 고유문화를 포기하고 새로운 문화와 관계하려는 상태를 의미한다.

관련기출 더 보기

20-01-17 난이도 ★★★

문화에 관한 설명으로 옳지 않은 것은?

① 사회체계로서 중간체계에 해당된다.
② 사회구성원들 간에 공유된다.
③ 문화변용은 둘 이상의 문화가 지속적으로 접촉하여 한쪽이나 양쪽에 변화가 일어나는 현상이다.
④ 세대 간에 전승되며 축적된다.
⑤ 사회화에 대한 지침을 제공한다.

답 ①

응시생들의 선택

① 83%	② 0%	③ 6%	④ 2%	⑤ 9%

① 문화는 개별 클라이언트에게 영향을 주는 주요 거시체계 중 하나이다. 개별 미시체계가 살고 있는 사회 관습이나 습관, 기술, 예술, 가치, 사상, 과학, 종교적 · 정치적 행동을 포괄한다.

17-01-16 난이도 ★★★

사회체계로서 문화에 관한 설명으로 옳은 것은?

① 미시체계에 해당된다.
② 후천적으로 습득되기보다는 타고 나는 것이다.
③ 구성원 간 공유되는 생활양식으로 다른 사회 구성원과 구별된다.
④ 규범적 문화는 종교적 신념, 신화, 사상 등으로 구성된다.
⑤ 문화는 외부의 요구와 무관하게 고정되어 있다.

답 ③

응시생들의 선택

① 1%	② 1%	③ 80%	④ 16%	⑤ 2%

① 문화는 개별 클라이언트에게 영향을 주는 주요 거시체계이다.
② 문화는 학습을 통해 후천적으로 획득되며, 사회화를 통해 개인의 일부가 된다.
④ 종교적 신념, 신화, 사상 등은 관념 문화이다.
⑤ 문화는 새로운 기술과 물리적 조건, 시대적 환경에 적합한 방식으로 끊임없이 수정되고 변환한다.

문화와 관련된 내용으로 옳은 것은?

① 관념문화에는 법과 관습이 포함된다.
② 물질문화에는 신화와 전설이 포함된다.
③ 문화는 중간체계로서 개인에게 영향을 미친다.
④ 비물질문화에는 관념문화와 규범문화가 포함된다.
⑤ 규범문화에는 종교적 신념과 과학적 진리가 포함된다.

답 ④

✅ 응시생들의 선택

① 22%	② 1%	③ 21%	④ 49%	⑤ 7%

① 법과 관습은 규범문화에 해당한다.
② 신화와 전설은 비물질문화이며, 관념문화에 해당한다.
③ 문화는 개별 클라이언트에게 영향을 주는 주요 거시 체계 중 하나이다.
⑤ 종교적 신념과 과학적 진리는 관념문화에 해당한다.

문화에 관한 설명으로 옳은 것은?

① 동화(assimilation)는 원문화의 가치를 유지하면서 주류사회의 문화에 소극적으로 참여하는 유형이다.
② 인간행동에 영향을 주는 미시체계이다.
③ 개인의 생리적 욕구와 심리적 욕구 충족에 영향을 준다.
④ 예술, 도덕, 제도 등이 각기 독립적으로 존재하며, 서로 영향을 주지 않는다.
⑤ 지속적으로 누적되기 때문에 항상 같은 형태를 지닌다.

답 ③

✅ 응시생들의 선택

① 11%	② 5%	③ 82%	④ 1%	⑤ 1%

① 동화는 주류사회와 관계는 유지하지만 기존의 문화적 정체성을 포기하는 유형이다.
② 문화는 개별 클라이언트에게 영향을 주는 거시체계이다.
④ 문화는 예술, 도덕, 제도 등이 긴밀한 관계를 유지하면서 전체적으로 체계를 이루고 있다.
⑤ 문화의 형태는 다양하며, 끊임없이 수정되고 조절된다.

베리(J. Berry)의 문화적응모형 가운데 동화(assimilation)의 개념에 관한 설명으로 옳은 것은?

① 주류사회와의 관계는 유지하지만 모국의 문화적 가치는 유지하지 않는 상태를 말한다.
② 주류사회와의 관계를 유지하면서 동시에 모국의 문화적 가치를 유지하는 상태를 말한다.
③ 모국과는 강한 유대관계를 지니지만 주류사회와의 관계는 유지하지 않는 상태를 말한다.
④ 두 개 이상의 문화가 지속적 접촉을 통해 한쪽이나 양쪽에 변화가 나타나는 상태를 말한다.
⑤ 주류사회와의 관계를 유지하지 않으면서 동시에 모국의 문화적 가치도 유지하지 않는 상태를 말한다.

답 ①

✅ 응시생들의 선택

① 47%	② 31%	③ 1%	④ 20%	⑤ 1%

② 베리(J. Berry)의 문화적응모형 가운데 통합 유형에 해당한다.
③ 베리(J. Berry)의 문화적응모형 가운데 분리 유형에 해당한다.
④ 문화변용 개념에 대한 설명이다.
⑤ 베리(J. Berry)의 문화적응모형 가운데 주변화 유형에 해당한다.

문화의 기능에 관한 설명으로 옳은 것을 모두 고른 것은?

> ㄱ. 개인의 생리적·심리적 욕구 충족에 기여한다.
> ㄴ. 인간의 행동과 사고에 직·간접적으로 영향을 미치며 세대 간 전승된다.
> ㄷ. 다양한 생활양식을 내면화시켜 개인이 사회에 적응하며 살아갈 수 있게 한다.
> ㄹ. 사회의 안정과 질서에 악영향을 미치는 문제들을 제거·조절하는 기능을 수행한다.

① ㄱ, ㄴ, ㄷ
② ㄱ, ㄷ
③ ㄴ, ㄹ
④ ㄹ
⑤ ㄱ, ㄴ, ㄷ, ㄹ

답 ⑤

✅ 응시생들의 선택

① 51%	② 3%	③ 5%	④ 0%	⑤ 42%

문화의 기능에는 사회화 기능, 욕구충족 기능, 사회통제 기능, 사회존속 기능이 있다.

다음 내용이 **왜 틀렸는지**를 확인해보자

21-01-16

01 문화는 선천적으로 습득된다.

> 문화는 학습을 통해 후천적으로 획득되며, 사회화를 통해 개인의 일부가 된다.

16-01-18

02 문화는 중간체계로서 개인에게 영향을 미친다.

> 문화는 개별 클라이언트에게 영향을 주는 주요 거시체계 중 하나이다.

14-01-24

03 문화는 개인의 행동에 대한 규제와 사회통제의 기능을 수행하지 않는다.

> 문화의 기능에는 사회화 기능, 욕구충족 기능, 사회통제 기능, 사회존속 기능이 있다.

13-01-24

04 다문화주의란 일반적으로 인간사회의 인종적, 문화적 보편성을 설명하는 데 사용되는 개념이다.

> 다문화주의란 일반적으로 인간사회의 인종적, 문화적 다양성을 설명하는 데 사용되는 개념이다.

05 문화는 세월이 지나도 변동되지 않는 특성이 있다.

> 문화는 새로운 기술과 물리적 조건, 시대적 환경에 적합한 방식으로 끊임없이 수정되고 조절되며, 새로운 문화 특성이 추가되면서 문화는 변동한다.

22-01-03

06 동화(assimilation)는 원문화에 관한 정체성을 유지함과 동시에 이주민의 사회참여를 추구하는 것이다.

> 동화는 개인 혹은 집단의 고유 문화가 사회의 지배적인 문화에 통합되는 과정을 말하는 것이다. 다른 문화에 접촉하고 참여하면서 새로운 문화를 받아들이고, 점차 자신들이 과거에 가졌던 문화적 특성의 대부분을 잃게 되어 다른 사회구성원들과 비슷해지게 되는 것이다.

07 문화는 인간행동에 영향을 주는 **미시체계**이다.

> 문화는 인간행동에 영향을 주는 거시체계이다.

08 베리의 문화적응모형 중에서 **동화(assimilation)**는 주류사회와의 관계를 유지하면서 동시에 모국의 문화적 가치를 유지하는 상태를 말한다.

> 동화는 주류사회와의 관계는 유지하지만 모국의 문화적 가치는 유지하지 않는 유형이다.
> 주류사회와의 관계를 유지하면서 동시에 모국의 문화적 가치를 유지하는 상태는 통합이다.

09 용광로 개념은 주류 문화에 다양한 소수 문화가 녹아드는 양상을 설명하는 개념으로 **다양한 문화의 동등한 존중**을 강조한다.

> 용광로 개념은 주류 사회의 문화적 우월성을 전제로 하는 동화주의적 특징이 있다.

빈칸에 들어갈 알맞은 말을 채워보자

01 둘 이상의 사회가 장기간 직접적인 접촉에 의해 한쪽이나 양쪽의 문화체계에 변화가 일어나는 현상을 (　　　　　　)(이)라 한다.

02 (　　　　　　)은/는 지식, 신앙, 예술, 도덕 법률 및 기타 사회 구성원인 인간으로부터 획득된 모든 능력과 관습의 복합 총체이다.

03 문화는 물질문화와 비물질문화로 나뉘며, 비물질문화는 (① 　　　　　　)문화와 (② 　　　　　　)문화로 나뉜다. 비물질문화 중 (① 　　　　　　)문화는 인간에게 삶의 방향을 제시해주고 정신적인 삶을 풍요롭게 해주는 지식과 가치, 태도를 말한다.

04 베리는 동화, 통합, 분리, (　　　　　　)(이)라는 4가지 문화적응 유형을 제시하였다.

05 베리의 문화적응 유형 중 주류사회와의 관계는 유지하지 않고 모국의 고유문화 문화 정체성과 특성을 유지하는 유형은 (　　　　　　)이다.

답　**01** 문화변용　**02** 문화　**03** ① 관념 ② 규범　**04** 주변화　**05** 분리

다음 내용이 옳은지 그른지 판단해보자

01 규범문화에는 종교적 신념과 과학적 진리가 포함된다. ◎ ✕

02 문화는 사회적 구성물인 정치, 경제, 사회, 역사 등이 상호작용한 결과물이다. ◎ ✕

03 문화마찰은 서로 다른 문화가 접촉하면서 일어나는 갈등을 설명하는 개념이다. ◎ ✕

04 문화는 다양한 생활양식을 내면화시켜 개인이 사회에 적응하며 살아갈 수 있게 한다. ◎ ✕

05 모든 문화는 외형으로 드러나는 것 외에 속으로 품고 있는 의미, 즉 총체성을 갖고 있다. ◎ ✕

06 문화는 상징적인 수단인 언어와 문자를 통해 세대 간에 전승되며 축적된다. ◎ ✕

07 물질문화는 인간이 만들어서 사용하는 물리적인 대상을 말하며, 인간이 환경에 적응하고 기본적인 욕구를 충족시키기 위해 필요한 도구, 사용기술 등을 포함한다. ◎ ✕

08 문화는 인간의 정신활동보다 자연환경적 차원을 더 중시한다. ◎ ✕

09 문화는 다른 사회의 구성원과 구별되는 공통적 속성이 있다. ◎ ✕

10 샐러드볼 개념은 한 사회에 다양한 문화가 섞이며 어우러지는 양상을 동화주의적 관점에서 설명하는 것이다. ◎ ✕

답 01 ✕ 02 ◎ 03 ◎ 04 ◎ 05 ✕ 06 ◎ 07 ◎ 08 ✕ 09 ◎ 10 ✕

해설 **01** 종교적 신념과 과학적 진리는 관념문화에 해당한다.
05 문화가 내재적 의미를 갖고 있다는 것은 상징성이다. 문화의 특성 중 총체성은 여러 부분들이 연결되어 전체적인 체계를 이룸을 의미한다.
08 문화는 인간이 자연상태에서 벗어나 일정한 목적 또는 생활 이상(理想)을 실현하려는 활동 과정 및 그 과정에서 이룩한 물질적·정신적 산물이라고 말할 수 있다.
10 샐러드볼 개념은 한 사회에 다양한 문화가 자연스럽게 섞일 수 있음을 다문화주의적 관점에서 설명한 것이다.

태아기, 영아기, 유아기

태아기, 영아기, 유아기가 각각 한 문제는 꼭 출제된다고 생각하고 학습해야 한다. 태아기는 다운증후군, 클라인펠터증후군, 터너증후군 등 유전적 요인에 의한 장애까지 살펴봐야 한다. 영아기와 유아기는 헷갈리기 쉬운 특징들이 꽤 많기 때문에 구분하면서 기억해두어야 한다. 영아기에서는 신생아기에 나타나는 반사운동까지가 시험범위이다.

10년간 출제분포도

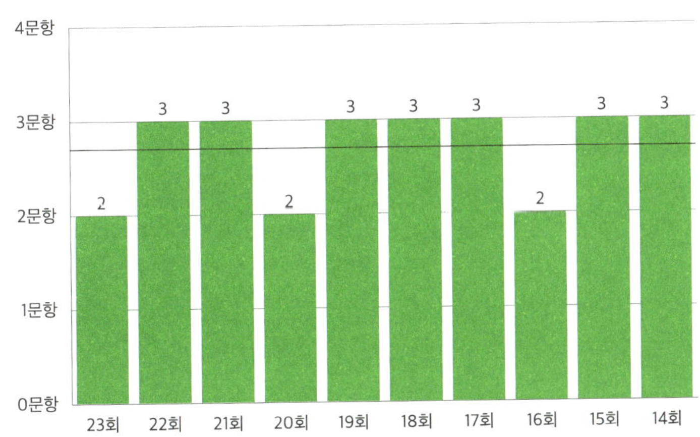

평균 출제문항수

태아기

강의 QR코드

1회독	2회독	3회독
월 일	월 일	월 일

최근 10년간 **9문항** 출제

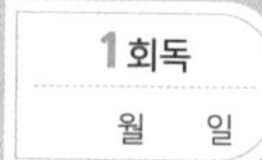 22회 기출 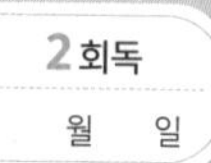 20회 기출 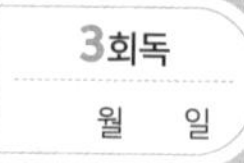 19회 기출

태아기의 성장

- 배란기(수정 후 2주): **수정(정자와 난자가 만남) 후 수정란이 자궁벽에 착상할 때까지의 시기**를 말한다.
- 배아기(수정 후 2~8주): 태반이 발달하며, 배아는 태반과 연결된 탯줄을 통해 모체로부터 영양분과 산소를 공급받고, 배설물을 방출한다.
- 태아기(수정 후 9주~출생): **태아는 인간의 모습을 갖추기 시작**하며, 임산부가 태아의 움직임을 알 수 있다.

기본개념

인간행동과 사회환경
pp.214~

임신기간 구분

▶ **제1단계(임신초기, 임신 1~3개월)**

- 가장 중요한 시기로, 태아의 급속한 세포분열이 일어나므로 임산부의 영양상태, 약물복용에 가장 영향을 받기 쉽다.
- 원시적인 형태의 심장과 소화기관이 발달한다. 두뇌와 신경계의 구조, 팔과 다리가 될 부위도 나타난다. 일반적으로 발달은 두뇌에서부터 몸 전체로 내려가면서 이루어진다.

▶ **제2단계(임신중기, 임신 4~6개월)**

- 태아는 계속 성장하며, 손가락, 발가락, 피부, 지문, 머리털 등이 형성된다.
- 16~20주 사이에 태아의 움직임을 느낄 수 있다.

▶ **제3단계(임신말기, 임신 7~9개월)**

- 태아 발달이 완성되고 출산 후 자궁 밖에서 생존하기 위한 준비를 마친다.
- 30주 정도가 지나면 신경계의 조절능력이 생기게 되므로 인큐베이터에서의 생존이 가능해진다. 임신 210일(7개월)을 출산예정일보다 빨리 태어난 태아가 살 수 있는 생존가능연령이라고 부른다.

태아기에 영향을 미치는 요인

- 임산부의 영양상태
- 약물 복용과 치료
- 알코올
- 흡연

- 임산부의 나이
- 임산부의 질병
- 모자의 혈액 불일치
- 임산부의 분만횟수

유전적 요인에 의해 발생할 수 있는 태아기의 주요 장애

- 다운증후군: **21번 염색체가 3개**. 신체 전반에 걸쳐 이상이 나타나며 특징적인 외모를 보임
- 터너증후군: 성염색체가 **X염색체 하나**. 외견상 여성으로 보이지만 2차 성징이 거의 없음
- 혈우병: X염색체의 이상으로 인해 **혈액이 응고되지 않는** 출혈성 질환
- 클라인펠터증후군: **XXY, XXXY 등 성염색체 이상**. 외모는 남성이지만 2차 성징에서 여성적 특징이 나타남
- 거대남성증후군: XYY와 같이 **Y염색체가 하나 더** 있음
- 페닐케톤뇨증: **단백질 분해효소의 결핍**으로 경련 및 발달장애 발생
- 겸상 적혈구 빈혈증: 적혈구 모양이 낫 모양으로 되는 유전자 돌연변이
- 흑내장성 지진아: 망막 위에 붉은 점이 생기고 점차 시력을 잃으며 신경세포가 퇴화

태아기 검사

- 초음파 검사: 임신 4주 혹은 5주에 시행할 수 있으며, 태아의 성별과 자궁 내의 자세, 다양한 신체의 이상을 탐지해낼 수 있다.
- 양수검사: 다운증후군, 근육영양장애 및 척추이열을 비롯한 선천성 기형을 알아낼 수 있으며, 태아의 성별도 구분할 수 있다.
- 융모생체표본검사: 태아의 선천성 기형을 진단하는 또 다른 방법으로서 임신 9~11주 사이에 검사가 가능하며, 염색체 이상이 의심되거나 35세 이상 임산부에게만 제한적으로 권고하는 검사이다.

01 (22-01-22) 배종기(germinal period)는 수정 후 수정란이 자궁벽에 착상할 때까지의 시기를 말한다.

02 (22-01-22) 임신 3개월이 지나면 태아의 성별구별이 가능해진다.

03 (20-01-18) 클라인펠터증후군은 X염색체를 더 많이 가진 남성에게 나타난다.

04 (19-01-16) 임산부의 심각하고 지속적인 불안은 높은 비율의 유산이나 난산, 조산, 저체중아 출산과 연관이 있다.

05 (18-01-18) 양수검사는 임신초기에 할 경우 자연유산의 위험성이 있으므로 임신중기에 실시하는 것이 좋다.

06 (17-01-17) 태아는 임신부의 정서 상태로부터 영향을 받을 수 있다.

07 (16-01-22) 태아의 발달과정 중 가장 먼저 발달하는 것은 심장이다.

08 (15-01-17) 유전성 질환은 유전자 이상으로 발생하는 신체적·정신적 이상을 모두 가리키는 것이다.

09 (15-01-22) 간접흡연, 항생제 섭취, 알코올 섭취, 폴리염화비페닐(PCB) 노출 등은 임신 중 태아기에 기형 혹은 저체중을 발생시키는 요인이다.

10 (14-01-17) 페닐케톤요증은 아미노산을 분해시키는 효소가 결핍된 열성유전자에 기인한다.

11 (13-01-16) 임신 16주경이 되면 산모는 태아의 움직임을 알 수 있다.

12 (12-01-07) 임산부의 연령, 영양상태, 정서적 상태, 흡연과 음주 등은 태아의 건강에 영향을 미치는 요인이다.

13 (11-01-09) 임산부의 연령이 16세 이하 또는 35세 이상일 경우, 태아의 선천성 결함 가능성이 높아진다.

14 (10-01-18) 융모생체표본검사는 임신 9~11주에 가능하며 염색체 이상이 의심되거나 35세 이상 임산부에게만 제한적으로 실시되는 태아진단검사이다.

15 (09-01-22) 혈우병은 대부분 남성에게 발병하며 X염색체의 열성 유전자에 기인한다.

16 (08-01-23) 임신 24주에는 태아가 영양분의 섭취와 배설을 한다.

17 (07-01-16) 산모의 흡연은 저체중아 출산, 임신기간의 단축, 자연유산의 증가 등을 가져온다.

18 (07-01-17) 다운증후군은 21번째 염색체가 하나 더 많이 생기는 증후군이다.

19 (06-01-17) 태아기 부부에게는 낙태에 대한 불안 상담, 선천성 장애아동에 대한 상담, 출산에 대한 불안 상담, 부부에 대한 사회적 정보제공 등의 사회복지서비스가 필요하다.

20 (05-01-18) 임산부의 정서상태, 임산부의 분만 횟수, 유전적 결함, 환경오염 등은 태아에게 영향을 미치는 요인이다.

21 (03-01-16) 태내기 때 어머니의 연령, 어머니의 건강상태, 어머니의 약물복용 등은 태아에게 영향을 미친다.

22 (02-01-13) 임산부의 약물복용이 태아에게 가장 많은 영향을 미치는 시기는 임신 1~3개월이다.

대표기출 확인하기

22-01-22 난이도 ★★★

다음 중 태내기(수정~출산)에 관한 설명으로 옳지 않은 것은?

① 배종기(germinal period)는 수정 후 수정란이 자궁벽에 착상할 때까지의 시기를 말한다.
② 임신 3개월이 지나면 태아의 성별구별이 가능해진다.
③ 양수검사(amniocentesis)를 통해서 다운증후군 등 다양한 유전적 결함을 판별할 수 있다.
④ 임신 중 어머니의 과도한 음주는 태아알콜증후군(fetal alcohol syndrome)을 초래할 수 있다.
⑤ 배아의 구성은 외배엽과 내배엽으로 이루어지며, 외배엽은 폐, 간, 소화기관 등을 형성하게 된다.

알짜확인

- 태아기 발달의 특징을 이해해야 한다.
- 태아에 영향을 미칠 수 있는 요인을 파악해야 한다.
- 태아기의 주요 장애를 파악해야 한다.

답 ⑤

응시생들의 선택

① 28%	② 16%	③ 3%	④ 2%	⑤ 51%

- 외배엽: 신경계로 분화하여 척추, 말초신경, 뇌 등 형성
- 중배엽: 근골격, 심혈관, 비뇨생식조직 등을 형성
- 내배엽: 폐, 간, 췌장 등 호흡 및 소화기관으로 분화

관련기출 더 보기

20-01-18 난이도 ★☆☆

태내기(수정~출산)에 유전적 요인으로 인해 발생할 수 있는 장애에 관한 설명으로 옳은 것은?

① 다운증후군은 지능 저하를 동반하지 않는다.
② 헌팅톤병은 열성 유전인자 질병으로서 단백질의 대사장애를 일으킨다.
③ 클라인펠터증후군은 X염색체를 더 많이 가진 남성에게 나타난다.
④ 터너증후군은 Y염색체 하나가 더 있는 남성에게 나타난다.
⑤ 혈우병은 여성에게만 발병한다.

답 ③

응시생들의 선택

① 2%	② 11%	③ 73%	④ 10%	⑤ 4%

① 다운증후군은 대부분 지능 저하를 동반한다.
② 헌팅톤병은 신경계에 영향을 미치는 유전성 뇌 질환이다. 4번 염색체의 유전자 돌연변이에 의한 상염색체 우성으로 유전되는 질환이며, 일반적인 증상으로는 불수의적 움직임, 비정상적인 걸음걸이, 늘어지는 말투, 음식물을 제대로 삼킬 수 없는 연하 곤란, 인지 장애, 성격 장애 등이 있다.
④ 터너 증후군은 XX 또는 XY의 형태로 정상적으로 존재해야 하는 성염색체가 X 단일 염색체(45, X) 또는 X 부분 단일 염색체로 변경되어 발생하는 질환이다. X염색체가 하나뿐이라서 외견상 여성으로 보이지만 2차 성징이 거의 없는 것이 특징이다.
⑤ 혈우병은 혈액이 응고되지 않는 선천적 장애이다. 일반적으로 혈우병 A와 혈우병 B 유형이 혈우병의 95%를 차지하는데, 두 유형 모두 성염색체인 X염색체의 혈액 응고 인자가 부족한 경우로서 X염색체가 하나인 남성에게서 발생한다(여성은 무증상의 보인자). 하지만 혈우병 C의 경우 성염색체가 아닌 상염색체의 이상이 원인이기 때문에 여성에게도 발생한다.

태아기의 유전성 질환에 관한 설명으로 옳지 않은 것은?

① 유전성 질환은 유전자 이상으로 발생하는 신체적·정신적 이상을 모두 가리키는 것이다.
② 유전자 이상으로 인한 장애에 묘성(cat-cry) 증후군이 포함된다.
③ 유전성 질환은 유전적 요인과 환경적 요인의 상호작용에 의해 발생할 수 있다.
④ 유전성 질환을 가진 태아는 임신초기에 유산된다.
⑤ 유전질환 가능성을 알기 위하여 임신 15~17주경 양수를 채취하여 진단할 수 있으나 태아에 손상을 줄 우려가 있다.

답 ④

✅ 응시생들의 선택

① 1%	② 7%	③ 7%	④ 76%	⑤ 9%

④ 유전성 질환을 가진 태아는 비정상적인 발달을 가져올 확률이 높지만, 유전성 질환을 가진 모든 태아가 유산되는 것은 아니다.

태아기의 유전적 요인에 의한 발달장애의 설명으로 옳지 않은 것은?

① 혈우병은 X염색체의 열성유전자에 기인한다.
② 터너증후군은 X염색체를 하나만 가진 여성에게 나타난다.
③ 클라인펠터증후군은 X염색체를 더 많이 가진 남성에게 나타난다.
④ 다운증후군은 23번 염색체가 하나 더 있어서 염색체 수가 47개이다.
⑤ 페닐케톤요증은 아미노산을 분해시키는 효소가 결핍된 열성유전자에 기인한다.

답 ④

✅ 응시생들의 선택

① 8%	② 13%	③ 6%	④ 51%	⑤ 22%

④ 다운증후군은 염색체 이상으로 생기는 선천성 질환으로서 다른 사람들보다 21번째 염색체가 하나 더 있는 경우에 나타난다.

태내기의 발달에 관한 설명으로 옳지 않은 것은?

① 배아기는 수정 후 약 2~8주 사이를 말한다.
② 임신 16주경이 되면 산모는 태아의 움직임을 알 수 있다.
③ 터너증후군, 클라인펠터증후군은 염색체 이상으로 나타난다.
④ 임신 2~3개월이 되면 배아는 인간의 모습을 갖추기 시작한다.
⑤ 일반적으로 임신 3개월 혹은 13주가 되면 조산아의 생존이 가능하다.

답 ⑤

✅ 응시생들의 선택

① 4%	② 6%	③ 6%	④ 43%	⑤ 41%

⑤ 30주 정도가 지나면 조산아보육기(인큐베이터, incubator)에서의 생존이 가능해지므로 임신 210일을 생존가능연령이라고 부른다.

태아기의 발달장애에 관한 설명으로 옳은 것은?

① 다운증후군은 23번 염색체가 하나 더 있어 염색체 수가 47개이다.
② 터너증후군은 남성의 정소발달이 불완전하여 생식이 불가능한 증상이다.
③ 클라인펠터증후군에서는 여성의 2차 성 특징이 나타나지 않는다.
④ 페닐케톤뇨증은 지방의 분해효소가 결여되어 발생한다.
⑤ 혈우병은 남성에게 발병하며 X염색체의 열성 유전자에 기인한다.

답 ⑤

✅ 응시생들의 선택

① 17%	② 14%	③ 6%	④ 28%	⑤ 35%

① 다운증후군은 21번째 염색체가 하나 더 있다.
②③ 터너증후군은 여성에게, 클라인펠터증후군은 남성에게 발생하는 성염색체 이상이다. 즉, 터너증후군은 여성이면서도 여성의 2차 성징이 나타나지 않으며, 클라인펠터증후군은 남성이면서도 정자생산이 불가능한 특징을 보인다.
④ 페닐케톤뇨증은 단백질 분해효소의 결여로 나타난다.

정답훈련

다음 내용이 왜 틀렸는지를 확인해보자

18-01-18

01 양수검사는 임신초기에 하는 것이 산모와 태아에게 좋다.

> 양수검사는 임신초기에 할 경우 자연유산의 위험성이 있으므로 임신중기에 실시하는 것이 좋다.

02 첫 아이를 임신한 산모가 출산경험이 있는 산모보다 태내환경이 더 좋다.

> 출산경험이 있는 산모가 첫 아이를 임신한 산모보다 자궁과 태반 사이의 혈액의 흐름이 빨라 태내환경이 더 좋다.

14-01-17

03 페닐케톤뇨증은 성염색체인 X염색체 이상으로 발생하며 질병 저항력이 약하다.

> 혈우병은 성염색체인 X염색체 이상으로 발생하며 질병 저항력이 약하다.

04 산모 혈액검사는 태아의 성별과 자궁 내의 자세, 그리고 다양한 신체의 이상을 탐지해낼 수 있다.

> 초음파 검사는 태아의 성별과 자궁 내의 자세, 그리고 다양한 신체의 이상을 탐지해낼 수 있다.

05 수정 후 2주 미만인 배아기의 배아는 태반과 연결된 탯줄을 통해 모체로부터 영양분과 산소를 공급받고, 배설물을 방출한다.

> 수정 후 2~8주인 배아기의 배아는 태반과 연결된 탯줄을 통해 모체로부터 영양분과 산소를 공급받고, 배설물을 방출한다. 수정 후 2주 미만은 배란기라 하며, 수정(정자와 난자가 만남) 후 수정란이 자궁벽에 착상할 때까지의 시기를 말한다.

03-01-16

06 임산부의 학력 수준은 태아기에 중대한 영향을 미친다.

> 임산부의 학력 수준보다는 임산부의 연령, 건강상태, 약물남용 등이 더 큰 영향을 미친다.

14-01-17

01 (   )증후군은 X염색체를 하나만 가진 여성에게 나타난다.

13-01-16

02 임신 (   )주경이 되면 산모는 태아의 움직임을 알 수 있다.

11-01-09

03 염색체 이상으로 생기는 선천성 질환으로서 다른 사람들보다 21번째 염색체가 많은 장애를 (   )증후군
이라고 한다.

22-01-22

04 임산부의 양수를 채취하는 (   )검사를 통해서 다운증후군 등 다양한 유전적 결함을 판별할 수 있다.

11-01-09

05 일반적으로 임산부의 연령이 16세 이하 또는 (   )세 이상일 경우 태아의 선천성 결함 가능성이 높아
진다.

06 임신초기인 (   )개월은 가장 중요한 시기로 태아의 급속한 세포분열이 일어나며, 인간의 모습을 갖추
기 시작한다.

07-01-17

07 태아기는 배란기 – (   ) – 태아기의 순으로 이루어진다.

18-01-18

08 (   )증후군은 남아가 XXY, XXXY 등의 성염색체를 가져 외모는 남성이지만 사춘기에 여성적인 2차 성
징이 나타난다.

답 **01** 터너 **02** 16 **03** 다운 **04** 양수 **05** 35 **06** 1~3 **07** 배아기 **08** 클라인펠터

다음 내용이 옳은지 그른지 판단해보자

01 `17-01-17` 태아는 임신부의 정서 상태로부터 영향을 받을 수 있다. ◎ ✕

02 `15-01-17` 유전성 질환은 유전적 요인에 의해서만 발생한다. ◎ ✕

03 `11-01-09` 정자의 X염색체와 난자가 만나 XX로 결합하면 여아가 태어나게 된다. ◎ ✕

04 `10-01-18` 임신 9~11주에 가능하며 염색체 이상이 의심되거나 35세 이상 임산부에게만 제한적으로 권고하는 태아진단검사는 융모생체표본검사이다. ◎ ✕

05 클라인펠터증후군은 혈액이 응고되지 않는 선천적 장애이다. ◎ ✕

06 `09-01-22` 페닐케톤뇨증은 단백질 분해효소가 결여되어 소변에 페닐피루브산이 함유되어 배출되는 증상이다. ◎ ✕

07 30주 정도가 지나면 신경계의 조절능력이 생기게 되므로 인큐베이터에서의 생존이 가능해진다. ◎ ✕

08 임신한 여성은 단백질과 엽산, 철분, 칼슘, 비타민을 충분히 섭취하는 것이 매우 중요하다. ◎ ✕

09 임신부는 음식을 평상시보다 15~30%(300~500kcal) 정도 적게 섭취하는 것이 바람직하다. ◎ ✕

10 다운증후군, 클라인펠터증후군 등은 불필요한 염색체가 존재하는 경우 발생하는 장애이다. ◎ ✕

답 01 ○ 02 ✕ 03 ○ 04 ○ 05 ✕ 06 ○ 07 ○ 08 ○ 09 ✕ 10 ○

해설 02 유전성 질환은 유전적 요인과 환경적 요인의 상호작용에 의해 발생할 수 있다.
05 혈액이 응고되지 않는 선천적 장애는 혈우병이다.
09 임신부는 음식을 평상시보다 15~30% 정도 더 섭취하는 것이 바람직하다.

020 영아기

강의 QR코드

1회독	2회독	3회독
월 일	월 일	월 일

최근 10년간 **9문항** 출제

복습 1 이론요약

23회 기출 · 22회 기출 · 21회 기출 · 19회 기출

영아기의 특징

- 프로이트의 구강기, 에릭슨의 유아기(신뢰 대 불신), 피아제의 감각운동기에 해당한다.
- 제1성장 급등기에 해당한다.
- 감각운동을 통하여 지능발달을 도모한다.
- 주로 양육자인 어머니와의 관계의 양과 질이 대상관계와 대인관계 그리고 사회관계에 있어서 신뢰감과 불신감을 형성하는 근간이 된다고 볼 수 있다.
- 이 시기의 발달과업을 충실히 수행하면 건강한 신체와 정신 및 정서적 안정이 조화롭게 이루어져 건전한 인격체로 성장·발달하는 밑거름이 형성된다.

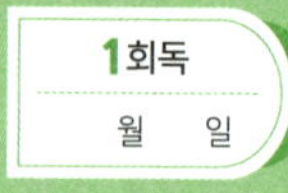

기본개념

인간행동과 사회환경
pp.224~

신체발달

- 머리에서 발가락으로 발달이 진행된다.
- 다리보다는 먼저 머리와 팔 같은 상체를 사용하는 법을 습득한다.
- 주로 입과 입 주위의 신체기관을 통하여 현실거래를 하는 시기로, 빨기, 깨물기, 침뱉기, 삼키기, 보유하기, 다물기 등의 형태를 보인다.

※ **신생아의 반사운동**

- **생존반사**
  - 빨기반사: 입에 닿으면 빠는 행동
  - 젖찾기반사: 탐색반사. 입 근처에 손가락을 대면 그 방향으로 입이나 머리를 돌려 찾음
  - 연하반사: 삼키기반사. 음식물을 삼키는 반사운동
- **원시반사**
  - **모로반사**: 경악반사. 외부자극이 있을 때 껴안는 것처럼 팔다리를 벌렸다가 움츠림
  - 걷기반사: 걸음마반사. 발이 바닥에 닿으면 한 다리를 들어올리려고 함
  - **파악반사**: 쥐기반사. 손가락으로 손바닥을 자극하면 손가락을 꼭 움켜쥠
  - **바빈스키반사**: 발바닥을 자극하면 발가락을 펼쳤다 오므림

인지발달

- 감각기관과 운동기능을 통해 세상을 인식한다.
- 자신의 욕구충족을 위해 의도적으로 행동하며, 새로운 목적을 성취하기 위해 의도적으로 익숙한 수단을 사용하기도 한다.
- 어떤 사물이 눈앞에 보이지 않아도 여전히 존재한다는 것을 믿는 **대상영속성이 생기기 시작**한다.
- **정신적으로 대상을 표상**하기 시작한다.

언어발달

▶ 언어 이전 시기(출생~12개월)

- 언어발달의 첫 단계는 울음이다. 출생 후 약 1개월까지 분화되지 않은 반사적인 울음을 울다가 점차 이유를 알 수 있는 분화된 울음으로 바뀌게 된다.
- 4~5개월경에 옹알이가 나타난다. 옹알이는 영아에게 놀이의 기능을 하며, 이후 모국어 습득의 중요한 기제로 작용한다.
- 생후 1년경이 되면 분명하게 이해할 수 있는 단어를 사용하게 된다.

▶ 언어 시기(생후 12~24개월)

- 생후 1년 반이 지나면, 두 단어를 결합한 의사표현이 가능하고, 2세경이 되면 어휘 수가 증가하여 250~300개의 단어를 이해하며 명사, 동사, 적은 수의 형용사도 구사할 수 있다.
- 24개월경에는 문장을 만들기 위해 단어를 연결시킬 수 있다.
- 언어발달의 특징은 자기중심적인 언어 사용이다. 상대방의 입장을 이해할 수 있는 능력이 없기 때문에 혼자 중얼거리거나 반복한다.

사회정서발달

- 정서발달은 성격발달의 기초가 되는 것으로 만 2세까지 성인에게서 볼 수 있는 대부분의 정서가 나타난다.
- 영아기 초기에는 기쁨, 슬픔, 놀람, 공포 등 일차정서가 나타나고, 첫 돌이 지나서 수치, 부러움, 죄책감 같은 이차정서가 나타난다.
- 신생아도 기쁨이나 슬픔 같은 정서를 가지고 태어나지만 분화가 덜 된 정서이며, 연령이 증가함에 따라 점차 분화된 정서를 나타낸다.
- **낯가림은 영아가 낯선 사람에 대해 불안반응을 보이는 현상**을 말한다.
- **분리불안은 영아가 부모나 애착을 느끼는 대상과 분리될 때 나타내는 불안반응**을 말한다.
- **애착은 영아와 양육자 사이에 형성되는 애정적 유대관계**이며, 애정이나 사랑과 같은 긍정적 정서의 의미를 말한다.

※ 애착 유형

- 안정애착형: 애착이 잘 형성된 상태. 양육자와 밀접한 관계를 맺으면서도 분리되었을 때 능동적으로 위안을 찾음
- 회피애착형: 양육자가 자리를 비우든 돌아오든 별로 반응을 보이지 않음
- 저항애착형: 분리불안과 함께 양육자가 있어도 안정을 얻지 못하고 분노하는 양면성을 보임
- 혼란애칙형: 불안정애착의 가장 심한 형태로 회피애착과 저항애차이 결합된 것

01 (23-01-18) 영아기(0~2세)에는 애착관계를 형성한다.

02 (22-01-17) 영아기(0~2세)는 에릭슨의 발달단계에서 주 양육자와의 '신뢰 대 불신'이 중요한 시기이다.

03 (22-01-21) 영아기(0~2세)는 애착발달이 중요하다.

04 (21-01-09) 영아기(0~2세) 인지발달은 감각기관과 운동기능을 통해 이루어지며 언어나 추상적 개념은 포함되지 않는다.

05 (21-01-09) 영아기 언어발달은 인지 및 사회성 발달과 밀접한 관련이 있다.

06 (21-01-09) 영아기에는 영아와 보호자 사이의 애착관계 형성이 중요하다.

07 (21-01-09) 영아기에는 낯가림이 시작된다.

08 (21-01-21) 파악반사는 손에 닿는 것을 움켜쥐고 놓지 않으려는 반사운동이다.

09 (21-01-21) 연하반사는 입 속에 있는 음식물을 삼키려는 반사운동이다.

10 (21-01-21) 모로반사는 갑작스러운 외부 자극에 팔과 다리를 쭉 펴면서 껴안으려고 하는 반사운동이다.

11 (21-01-21) 원시반사에는 바빈스키, 모로, 파악, 걷기 반사 등이 있다.

12 (20-01-25) 영아기(0~2세)의 발달과업으로는 신뢰감, 애착형성 등이다.

13 (19-01-17) 영아기(0~2세)는 제1성장 급등기라고 할 정도로 일생 중 신체적으로 급격한 성장이 일어난다.

14 (19-01-17) 영아기는 피아제의 감각운동기에 해당한다.

15 (19-01-17) 영아기는 프로이트의 구강기에 해당한다.

16 (18-01-19) 영아기(0~2세)는 제1성장 급등기라고 할 정도로 일생 중 신체적으로 급격한 성장이 일어난다.

17 (17-01-18) 영아기(0~2세)에는 주 양육자와 관계를 바탕으로 신뢰감을 형성한다.

18 (16-01-21) 불안정 저항애착형의 영아는 어머니가 떠나기 전부터 불안해하고, 어머니가 떠나면 극심한 불안을 보인다.

19 (14-01-23) 영아기(0~2세)는 피아제의 감각운동단계로서 목적지향적 행동을 한다.

20 (14-01-23) 영아기에는 모로반사, 바빈스키반사 등의 반사행동이 나타난다.

21 (13-01-22) 영아기(0~2세)에는 모로반사, 바빈스키반사 등의 반사행동이 나타난다.

22 (12-01-02) 영아기(0~2세)에는 애착관계를 형성한다.

23 (11-01-20) 피아제에 의하면, 영아기(0~2세)에는 통찰기 단계에서 상징적 표상사고가 시작된다.

24 (10-01-28) 영아기(0~2세)는 자아개념 및 성격발달의 기초를 형성하는 시기이다.

25 (09-01-23) 영아기(0~2세)에는 애착관계를 형성한다.

26 (08-01-24) 생후 9개월경 분리불안이 나타난다.

27 (05-01-19) 영아기(0~2세)에는 협응력이 생긴다.

28 (04-01-16) 영유아기에는 기초적 도덕성이 발달한다.

29 (02-01-14) 신생아의 발바닥을 자극시키면 발가락을 오므렸다 폈다 하고, 생후 1년 후에 사라지는 반사는 바빈스키반사이다.

대표기출 확인하기

23-01-18 | 난이도 ★★☆

영아기(0~2세)의 특징으로 옳은 것은?

① 애착관계를 형성한다.
② 분류화 개념을 획득한다.
③ 서열화를 획득한다.
④ 오이디푸스 콤플렉스(Oedipus complex)를 경험한다.
⑤ 상징적 사고가 활발한 시기이다.

알짜확인

- 영아기(0~2세)의 다양한 발달적 특징을 파악해야 한다.
- 프로이트의 구강기, 에릭슨의 유아기(신뢰 대 불신), 피아제의 감각운동기 등과 연결하여 학습해야 한다.
- 신생아기의 생존반사나 영아기의 애착형성에 관한 사항도 주의 깊게 살펴보자.

답 ①

응시생들의 선택

① 97%	② 0%	③ 0%	④ 1%	⑤ 2%

② 분류화 개념을 획득하는 시기는 구체적 조작기(7~12세)이다.
③ 서열화를 획득하는 시기는 구체적 조작기(7~12세)이다.
④ 오이디푸스 콤플렉스를 경험하는 시기는 프로이트의 발달단계에서 남근기(3~6세)이다.
⑤ 상징적 사고가 활발한 시기는 전조작기(2~7세)이다.

관련기출 더 보기

22-01-17 | 난이도 ★☆☆

영아기(0~2세)에 관한 설명으로 옳은 것은?

① 콜버그(L. Kohlberg): 전인습적 도덕기에 해당한다.
② 에릭슨(E. Erikson): 주 양육자와의 "신뢰 대 불신"이 중요한 시기이다.
③ 피아제(J. Piaget): 보존 개념이 확립되는 시기이다.
④ 프로이트(S. Freud): 거세불안을 경험하는 시기이다.
⑤ 융(C. Jung): 생활양식이 형성되는 시기이다.

답 ②

응시생들의 선택

① 5%	② 90%	③ 1%	④ 3%	⑤ 1%

① 콜버그의 전인습적 도덕기는 4~9세이다.
③ 피아제의 보존개념이 확립되는 시기는 구체적 조작기(7~11세)이다.
④ 프로이트의 거세불안을 경험하는 시기는 남근기(3~6세)이다.
⑤ 생활양식은 아들러의 개념이다.

21-01-21 | 난이도 ★★★

신생아기(출생~1개월)의 반사운동에 관한 설명으로 옳지 않은 것은?

① 바빈스키반사(Babinski reflect)는 입 부근에 부드러운 자극을 주면 자극이 있는 쪽으로 입을 벌리는 반사운동이다.
② 파악반사(grasping reflect)는 손에 닿는 것을 움켜쥐고 놓지 않으려는 반사운동이다.
③ 연하반사(swallowing reflect)는 입 속에 있는 음식물을 삼키려는 반사운동이다.
④ 모로반사(Moro reflect)는 갑작스러운 외부 자극에 팔과 다리를 쭉 펴면서 껴안으려고 하는 반사운동이다.
⑤ 원시반사(primitive reflect)에는 바빈스키, 모로, 파악, 걷기 반사 등이 있다.

답 ①

응시생들의 선택

① 53%	② 7%	③ 4%	④ 7%	⑤ 29%

① 바빈스키반사는 발바닥을 자극하면 엄지발가락은 위로 들어올리고 나머지 발가락은 부채꼴처럼 펼쳤다가 오므리는 반응이다.

18-01-19 난이도 ★★★

영아기(0~2세)에 관한 설명으로 옳지 않은 것은?

① 제1성장 급등기라고 할 정도로 일생 중 신체적으로 급격한 성장이 일어난다.
② 프로이트(S. Freud)의 구강기, 피아제(J. Piaget)의 감각운동기에 해당된다.
③ 생존반사로는 연하반사(삼키기반사), 빨기반사, 바빈스키반사, 모로반사 등이 있다.
④ 대상이 눈에 보이지 않아도 존재한다는 사실을 인식할 수 있는 대상영속성이 습득된다.
⑤ 양육자와의 애착관계 형성은 사회 · 정서적 발달에 매우 중요하다.

답 ③

✓ 응시생들의 선택

① 22%	② 5%	③ 28%	④ 42%	⑤ 3%

③ 바빈스키반사, 모로반사 등은 원시반사에 해당한다.

17-01-18 난이도 ★☆☆

영아기(0~2세)의 발달특성으로 옳은 것을 모두 고른 것은?

ㄱ. 외부자극에 주로 반사운동을 한다.
ㄴ. 주 양육자와 관계를 바탕으로 신뢰감을 형성한다.
ㄷ. 대상영속성이 발달한다.
ㄹ. 서열화 사고의 특징을 나타낸다.

① ㄱ, ㄴ
② ㄷ, ㄹ
③ ㄱ, ㄴ, ㄷ
④ ㄱ, ㄷ, ㄹ
⑤ ㄱ, ㄴ, ㄷ, ㄹ

답 ③

✓ 응시생들의 선택

① 17%	② 0%	③ 80%	④ 1%	⑤ 2%

ㄹ. 서열화 개념을 완전히 획득하는 시기는 구체적 조작기의 아동이다. 서열화는 어떤 특정의 속성이나 특징을 기준으로 하여 순서대로 배열하는 능력을 말한다.

13-01-22 난이도 ★★☆

영아기(0~2세)의 발달에 관한 설명으로 옳지 않은 것은?

① 애착관계를 형성한다.
② 성 정체성을 확립한다.
③ 울음, 옹알이 등의 언어적 표현을 한다.
④ 모로반사, 바빈스키반사 등의 반사행동이 나타난다.
⑤ 기쁨, 분노, 슬픔 등의 기초적인 정서를 느낄 수 있다.

답 ②

✓ 응시생들의 선택

① 2%	② 52%	③ 14%	④ 2%	⑤ 31%

② 성 정체성이 확고해지는 것은 청년기의 특징에 해당한다.

10-01-28 난이도 ★★★

영아기(0~2세)의 설명으로 옳지 않은 것은?

① 애착관계에 관심을 가져야 한다.
② 자아개념 및 성격발달의 기초를 형성하는 시기이다.
③ 프로이트의 구강기, 에릭슨의 유아기, 피아제의 전조작기에 해당한다.
④ 태어난 지 1년 이내 몸무게가 2~3배 정도 증가한다.
⑤ 장난감을 빼앗아 숨겨도 그것을 찾으려고 하지 않는다면 대상영속성의 개념을 획득하지 못한 것이다.

답 ③

✓ 응시생들의 선택

① 1%	② 9%	③ 72%	④ 3%	⑤ 15%

③ 에릭슨의 유아기(乳兒期)는 일반적으로 말하는 유아기(幼兒期, 3~6세)가 아니라 젖을 먹는 시기, 즉 영아기를 일컫는 말이므로 이는 맞는 설명이다. 그러나 피아제의 전조작기는 2세부터 7세까지에 해당하므로 영아기에 해당하지 않는다.

다음 내용이 **왜 틀렸는지**를 확인해보자

10-01-28

01 영아기는 프로이트의 남근기, 에릭슨의 유아기, 피아제의 전조작기에 해당된다.

> 영아기는 프로이트의 구강기, 에릭슨의 유아기, 피아제의 감각운동기에 해당된다.

02 24개월경에는 단어를 연결시킬 수는 없으나, 분명하게 이해할 수 있는 단어를 사용한다.

> 24개월경에는 문장을 만들기 위해 단어를 연결시킬 수 있다.

13-01-22

03 0~2세의 신생아는 기쁨이나 슬픔 같은 정서를 아직 갖지 못한다.

> 신생아도 기쁨이나 슬픔 같은 정서를 가지고 태어나지만 분화가 덜 된 정서이며, 연령이 증가함에 따라 점차 분화된 정서를 나타낸다.

12-01-02

04 영아기에는 성적 호기심을 갖게 되고, 오이디푸스 콤플렉스를 경험한다.

> 성적 호기심은 프로이트의 발달단계 구분 중 남근기에 해당되는 특징이며, 이는 학령전기에 해당한다. 남근기에 남아는 어머니에 대해 이성적 관심을 갖고 아버지를 경쟁자로 인식하여 아버지에게 적대감을 갖게 되는 오이디푸스 콤플렉스를 경험하게 된다.

05 영아기에는 여아가 남아에 비해 몸무게와 키에서 약간 큰 경향이 있다.

> 영아기에는 여아가 남아에 비해 몸무게와 키에서 약간 작은 경향이 있다.

19-01-17

06 영아기(0~2세)는 에릭슨의 자율성 대 수치심 단계에 해당한다.

> 영아기는 에릭슨의 신뢰감 대 불신감의 단계에 해당한다.

21-01-21

01 신생아의 발바닥을 자극시키면 발가락을 오므렸다 폈다 하고, 생후 1년 후에 사라지는 반사를 (　　　　　)(이)라고 한다.

02 어떤 대상이 시야에서 사라지거나 들리지 않아도 그것이 계속 존재한다고 믿는 것을 (　　　　　)(이)라 하며, 9~10개월이 되면 이 개념이 생기기 시작한다.

12-01-02

03 영아기 사회성 발달에서 중요한 특징은 영아와 양육자 사이의 (　　　　　) 형성이다.

08-01-24

04 일반적으로 영아의 연령이 (　　　　　) 이후에는 애착형성이 불가능한 것은 아니지만 매우 어렵다고 본다.

05 (　　　　　)은/는 영아가 애착 대상과 분리될 때 나타내는 불안반응으로 9개월경에 시작되어 첫 돌 혹은 15개월경에 절정에 이르고 이후 감소된다.

06 영아가 애착을 형성하게 되면, 그 반작용으로 낯선 사람에 대해서는 불안을 보이게 되는데, 영아가 낯선 사람에 대해 불안반응을 보이는 현상을 (　　　　　)(이)라고 한다.

07 영아기에는 눈앞에 없는 사물이나 사건들을 정신적으로 그려내기 시작하고 행동을 하기 전에 머릿속에서 먼저 생각한 후 행동을 하는 (　　　　　)을/를 사용하기 시작한다.

08 영아기의 (　　　　　) 반사는 음식물 섭취를 위한 중요한 반사운동으로서 입에 닿는 것은 무엇이든 빤다.

 **답** **01** 바빈스키반사　**02** 대상영속성　**03** 애착관계　**04** 2세　**05** 분리불안　**06** 낯가림　**07** 정신적 표상　**08** 빨기

다음 내용이 옳은지 그른지 판단해보자

01 영아기에는 서열화 사고의 특징을 나타낸다. ◎ ✕

02 영아기는 피아제의 감각운동단계로서 목적지향적 행동을 한다. ◎ ✕

03 영아기에는 성 정체성이 확고해진다. ◎ ✕

04 낯가림과 분리불안은 영아가 특정인물과 애착을 형성하지 못했을 경우에 나타나는 증상이다. ◎ ✕

05 태어난 지 1년 이내 몸무게가 2~3배 정도 증가한다. ◎ ✕

06 영아기는 신체적 발달이 급격하게 성장하는 제1성장 급등기에 해당한다. ◎ ✕

07 영아가 가지고 놀던 장난감을 빼앗아 숨겼을 때 그것을 찾으려고 하지 않는다면 대상영속성의 개념을 획득하지 못한 것이다. ◎ ✕

08 영아는 움직이는 것보다 정지된 것을 선호하여 지각한다. ◎ ✕

09 영아기에는 양육자와의 관계의 양과 질이 대상관계와 대인관계 그리고 사회관계에 있어서 신뢰감과 불신감을 형성하는 근간이 된다고 볼 수 있다. ◎ ✕

답 **01** ✕ **02** ○ **03** ✕ **04** ✕ **05** ○ **06** ○ **07** ○ **08** ✕ **09** ○

해설 **01** 서열화 개념을 완전히 획득하는 시기는 구체적 조작기의 아동이다.
03 성 정체성이 확고해지는 것은 청년기의 특징에 해당한다.
04 영아가 특정인물과 애착을 형성했다는 증거로 나타나는 것이 낯가림과 분리불안이다.
08 영아는 전체보다는 부분을, 정지된 것보다는 움직이는 물체를, 흑백보다는 색이 있는 것을, 직선보다는 곡선을, 단순한 도형보다는 좀 더 복잡한 도형을, 다른 사물보다는 인간의 얼굴(그 중에서도 눈)을 선호하는 것으로 알려져 있다.

최근 10년간 **9문항** 출제

유아기의 특징

- **프로이트 발달의 남근기**에 해당되며, 초기적 형태의 양심인 초자아가 발달한다.
- 에릭슨의 심리사회발달단계의 3단계인 학령전기에 해당되며, **주도성(솔선성) 대 죄의식**이 형성되는 시기이다.
- 피아제의 이론에 의하면, **전조작기 후기인 직관적 사고단계**이자, 도덕성 발달단계로는 **타율적 도덕성 단계**이며, 콜버그의 도덕성 발달단계에서는 **전인습적 도덕기**에 해당된다.
- 꾸준히 신체발달이 이루어지고 인지적 성장과 언어발달이 빠른 속도로 이루어진다.
- 부모로부터 사회화 교육을 받고 이를 바탕으로 향후 사회적 행동의 기준이 되는 가치관을 학습하게 된다.
- 오이디푸스 콤플렉스와 엘렉트라 콤플렉스의 시기이다. 남아는 오이디푸스적 갈등을 해결해가는 과정에서 도덕, 규범, 가치관, 성에 관련된 행동 등을 배운다. 여아는 엘렉트라적 갈등을 통해 아버지가 사랑하는 어머니의 모든 것을 모방하는 동일시를 시작함으로써 여자다움을 배운다.
- 또래집단과 상호작용을 통해 사회기술을 본격적으로 습득하고, 사물에 대한 호기심이 증가한다.

신체발달

▶ **걸음마기(1.5/2~4세)**

- 신체발달은 머리 부분에 집중되어 있으나, 점차 신체 하부로 확산되며, 머리가 신체에 비해 큰 편이지만 하체의 길이가 길어지고 가늘어 진다.
- 걷는 능력이 정교해지고 달리기와 뛰기 등 운동능력이 발달한다.
- 영아기에 비하면 신체 성장 비율은 감소한다.
- 유아 운동발달의 속도나 질적 특성은 유아의 동기, 학습 기회, 연습, 성인들의 지도에 따라 다르다.
- 대근육을 사용하는 달리기, 도약, 균형 잡기, 기어오르기, 던지기 등의 발달을 성취하게 되고, 소근육 운동인 블록 쌓기, 젓가락 잡기, 만들기, 그리기 등의 활동들을 한다.

▶ **학령전기(4~6세)**

- 5세가 되면 출생 시보다 5배 정도로 체중이 증가하고, 신장은 2배 정도 증가한다.
- 6세경에 뇌의 무게는 성인의 90~95%이다.

- 유치가 빠지고 보통 6세가 될 때까지 영구치는 나오지 않는다.
- 근육과 골격의 발달은 계속 진행되며, 머리 크기는 성인의 크기가 되고, 신경계의 전달능력도 향상된다.

인지발달

▶ 걸음마기(1.5/2~4세)

- 피아제의 인지발달단계 중 **전조작기 전기단계인 전개념적 사고단계(2~4세)에 해당**한다.
- 환경 내의 대상을 상징화하고 이를 내면화시키는 과정에서 성숙한 개념을 발달시키지 못한다.
- 걸음마기의 **상징적 사고, 자기중심적 사고, 물활론적 사고, 인공론적 사고, 전환적 추론 등은 전개념적 사고**의 특징 이다.
- 모방, 심상, 상징화, 상징놀이, 언어기술과 같이 상징적으로 사물을 조작할 수 있는 표상기술을 익힌다.

▶ 학령전기(4~6세)

- 피아제의 인지발달단계 중 **전조작기 후기단계인 직관적 사고단계(4~7세)에 해당**한다.
- 여전히 신체의 경험과 지각적인 경험에 머물러 있지만, 사물을 기억하는 능력과 문제를 해결하는 능력은 지속적으로 성장한다.
- 정신적 표상에 의한 사고는 가능하나 아직 개념적 조작 능력은 발달하지 않는다.
- 보존개념이 형성되지 못하며, 서열화, 분류화(유목화)를 할 수 없다.

사회정서발달

▶ 걸음마기(1.5/2~4세)

- 정서분화가 두드러지게 나타나며, 정서가 복잡하고 다양해진다.
- 정서이해 능력이 발달하여 정서를 표현하는 단어를 사용하거나 이해하는 능력이 급속도로 증가한다.
- 자기주장적이고 반항적 행동을 통해 자율성이 발달한다.
- 충동을 조절하고 통제하는 능력과 환경을 지배하는 능력이 발달한다.
- **성역할 고정관념과 유형화된 성적 행동양식이 발달**한다.

▶ 학령전기(4~6세)

- 3~4세가 되면 즐거움, 사랑, 분노, 공포, 질투, 좌절감 등을 적절히 경험하고 표현하는 방법을 배우며, 5~6세가 되면 자신의 감정을 감추거나 가장하는 방식을 배운다.
- 자아개념에 자신의 성을 연결시키며, **성안정성과 성항상성 개념이 확립**된다.

01 (23-01-19) 유아기(3~6세)에는 성역할의 내면화가 이루어진다.

02 (23-01-19) 유아기(3~6세)에는 영아기(0~2세)보다 발달속도가 느려진다.

03 (23-01-19) 유아기(3~6세)는 에릭슨(E. Erikson)의 주도성 대 죄책감 단계에 해당된다.

04 (22-01-19) 유아기(3~6세)에는 자신의 성을 인식하는 성 정체성이 발달한다.

05 (22-01-19) 유아기(3~6세)는 놀이를 통한 발달이 활발한 시기이다.

06 (22-01-19) 유아기(3~6세)는 언어발달이 현저하게 이루어지는 시기이다.

07 (22-01-19) 유아기(3~6세) 정서적 표현의 특징은 일시적이며 유동적이다.

08 (21-01-11) 유아기(3~6세) 남아는 오이디푸스 콤플렉스를 경험하고 여아는 엘렉트라 콤플렉스를 경험한다.

09 (20-01-19) 유아기(3~6세)에는 전환적 추론이 가능하다.

10 (19-01-18) 유아기(3~6세)는 성적 정체성(gender identity)이 발달하는 시기이다.

11 (19-01-18) 유아기는 프로이트의 오이디푸스 · 엘렉트라 콤플렉스가 나타나는 시기이다.

12 (19-01-18) 유아기는 콜버그의 도덕발달단계에서 보상 또는 처벌회피를 위해 행동을 하는 시기이다.

13 (19-01-18) 유아기는 에릭슨의 주도성 대 죄의식 단계에 해당한다.

14 (18-01-20) 유아기(3~6세)는 프로이트의 오이디푸스 콤플렉스와 엘렉트라 콤플렉스가 일어나는 시기이다.

15 (17-01-19) 유아기(3~6세)는 프로이트의 오이디푸스 콤플렉스 시기로 이성부모에게 관심을 갖게 된다.

16 (15-01-23) 유아기(3~6세)에는 표상에 의한 상징적 사고, 자기중심적 사고, 비가역적 사고, 물활론적 사고 등의 인지발달 특성을 갖는다.

17 (14-01-20) 유아기(3~6세)의 주요 발달과업 중의 하나는 배변훈련이다.

18 (13-01-17) 유아기(3~6세)는 에릭슨의 주도성과 죄책감이 중요한 시기이다.

19 (12-01-23) 유아기(3~6세)에는 자아개념과 자아존중감을 형성한다.

20 (11-01-10) 유아기(3~6세)는 피아제의 전조작기에 해당하며 상징적 사고가 활발한 시기이다.

21 (10-01-21) 유아기(3~6세)에는 사고발달에 있어 직관적 사고, 물활론 등의 특징이 나타난다.

22 (09-01-24) 유아기(3~6세)는 언어와 지능이 발달하는 결정적 시기이다.

23 (08-01-25) 유아기(3~6세)는 상징놀이가 가능하다.

24 (07-01-10) 유아기(3~6세)에는 내가 좋아하는 것을 다른 사람도 좋아한다고 생각한다.

25 (06-01-19) 유아기(3~6세)에는 장난감을 숨기면 의자 뒤로 가서 찾는다.

26 (05-01-20) 학령전기(4~6세)의 유아는 불완전한 분류능력을 갖고 있다.

27 (03-01-17) 학령전기 아동은 운동기술을 획득하고 타인의 역할을 수용하기 시작한다.

대표기출 확인하기

23-01-19   난이도 ★★★

유아기(3~6세)의 발달특성에 관한 설명으로 옳지 않은 것은?

① 성역할의 내면화가 이루어진다.
② 영아기(0~2세)보다 발달속도가 느려진다.
③ 에릭슨(E. Erikson)의 주도성 대 죄책감 단계에 해당된다.
④ 프로이트(S. Freud)의 남근기에 해당된다.
⑤ 피아제(J. Piaget)의 자율적 도덕성 단계에 도달한다.

 **알짜확인**

- 유아기(3~6세)의 주요 특징을 이해해야 한다.
- 프로이트의 남근기, 에릭슨의 학령전기(주도 대 죄의식), 피아제의 전조작기 및 타율적 도덕성, 콜버그의 전인습적 도덕성 등과 연결하여 살펴보자.

답 ⑤

✔ **응시생들의 선택**

① 5%	② 6%	③ 6%	④ 6%	⑤ 77%

⑤ 유아기(3~6세)는 피아제의 도덕성 발달에서 타율적 도덕성 단계에 해당한다. 피아제는 4~7세(전조작기 후기)까지를 타율적 도덕성 단계, 10세 이후(구체적 조작기 후기)를 자율적 도덕성 단계로 보았으며, 7~10세는 타율적 도덕성과 자율적 도덕성이 공존하는 과도기적 단계로 보았다.

관련기출 더 보기

22-01-19   난이도 ★★★

유아기(3~6세)에 관한 설명으로 옳지 않은 것은?

① 자신의 성을 인식하는 성 정체성이 발달한다.
② 놀이를 통한 발달이 활발한 시기이다.
③ 신체적 성장이 영아기(0~2세)보다 빠른 속도로 진행된다.
④ 언어발달이 현저하게 이루어지는 시기이다.
⑤ 정서적 표현의 특징은 일시적이며 유동적이다.

답 ③

✔ **응시생들의 선택**

① 4%	② 2%	③ 86%	④ 2%	⑤ 6%

③ 유아기(3~6세)에도 꾸준히 신체적 성장이 이루어지지만 영아기(0~2세)보다 성장 속도는 감소한다.

21-01-11   난이도 ★★★

유아기(3~6세)에 관한 설명으로 옳은 것은?

① 남아는 오이디푸스 콤플렉스를 경험하고 여아는 엘렉트라 콤플렉스를 경험한다.
② 콜버그(L. Kohlberg)에 의하면 인습적 수준의 도덕성 발달단계를 보인다.
③ 피아제의 구체적 조작기에 해당되며 상징적 사고가 가능하다.
④ 인지발달은 상위 개념과 하위 개념을 구분하여 완전한 수준의 분류능력을 보인다.
⑤ 영아기에 비해 성장 속도가 빨라지며 지속적으로 성장한다.

답 ①

✔ **응시생들의 선택**

① 84%	② 3%	③ 6%	④ 2%	⑤ 5%

② 유아기는 콜버그의 도덕성 발달단계 중 전인습적 수준에 해당한다.
③ 유아기는 피아제의 전조작기에 해당한다. 상징적 사고가 발달하면서 상징놀이를 한다.
④ 사물을 일정한 속성에 따라 상위 개념과 하위 개념을 구분하여 분류하는 능력을 분류화(유목화)라고 하는데, 이는 아동기(피아제의 구체적 조작기, 7~12세)에 획득된다.
⑤ 영아기(출생~2세)는 제1성장 급등기라고 할 만큼 폭발적인 신체발달이 일어난다. 이후 유아기, 아동기에는 완만하게 신체성장이 이루어지다가 청소년기에 제2성장 급등기가 진행된다.

유아기(3~6세)에 관한 설명으로 옳지 않은 것은?

① 영아기(0~2세)보다 성장속도가 느려진다.
② 성역할의 내면화가 이루어진다.
③ 오로지 자신의 관점에 비추어 타인의 감정이나 사고를 예측하는 경향이 있다.
④ 피아제(J. Piaget)의 형식적 조작기에 해당한다.
⑤ 전환적 추론이 가능하다.

답 ④

✓ 응시생들의 선택

① 5%	② 4%	③ 3%	④ 79%	⑤ 9%

④ 유아기는 피아제 이론의 인지발달단계 중 전조작기에 해당한다.

유아기(3~6세)의 발달에 관한 설명으로 옳은 것은?

① 프로이트(S. Freud)의 오이디푸스 콤플렉스와 엘렉트라 콤플렉스가 일어나는 시기이다.
② 콜버그(L. Kohlberg)의 후인습적 단계의 도덕적 사고가 나타나는 시기이다.
③ 피아제(J. Piaget)의 자율적 도덕성의 단계이다.
④ 심리사회적 유예가 일어나는 시기이다.
⑤ 보존기술, 분류기술 등 기본적 논리체계가 획득된다.

답 ①

✓ 응시생들의 선택

① 85%	② 3%	③ 4%	④ 1%	⑤ 7%

② 콜버그의 전인습적 단계의 도덕적 사고가 나타나는 시기이다.
③ 피아제의 타율적 도덕성의 단계이다.
④ 심리사회적 유예가 일어나는 시기는 청소년기이다.
⑤ 보존기술, 분류기술 등 기본적 논리체계가 획득되는 시기는 아동기이다.

유아기(3~6세)의 발달특성에 관한 설명으로 옳지 않은 것은?

① 피아제(J. Piaget)의 전조작기의 시기로 분리불안이 나타난다.
② 프로이트(S. Freud)의 오이디푸스 콤플렉스 시기로 이성부모에게 관심을 갖게 된다.
③ 콜버그(L. Kohlberg)의 도덕발달단계에서는 보상 또는 처벌회피를 위해 행동한다.
④ 에릭슨(E. Erikson)의 주도성 대 죄의식 단계로 부모와 가족이 가장 큰 영향을 미친다.
⑤ 성적 정체성(gender identity)이 발달하는 시기이다.

답 ①

✓ 응시생들의 선택

① 53%	② 5%	③ 9%	④ 8%	⑤ 25%

① 유아기는 피아제의 전조작기의 시기가 맞지만, 분리불안은 영아기에 나타나는 반응이다. 분리불안은 영아가 부모나 애착을 느끼는 대상과 분리될 때 나타내는 반응으로서 20~24개월경에 없어진다.

➕ 덧붙임

⑤와 관련하여, 유아기는 성 정체성이 발달하는 시기이다. 자신이 어느 성별에 속하는지를 인식하기 시작하고 성 안정성, 성 항상성 등이 차츰 형성된다.

유아기(3~6세)의 인지발달 특성에 해당하지 않는 것은?

① 표상에 의한 상징적 사고
② 자기중심적 사고
③ 비가역적 사고
④ 물활론적 사고
⑤ 연역적 사고

답 ⑤

✓ 응시생들의 선택

① 5%	② 1%	③ 5%	④ 5%	⑤ 84%

⑤ 연역적 사고는 피아제 인지발달의 형식적 조작기인 청소년기에 해당하는 내용이다.

유아기(3~6세)의 발달특성으로 옳은 것은?

① 주요 발달과업 중의 하나는 배변훈련이다.
② 피아제(J. Piaget)의 구체적 조작기에 해당한다.
③ 콜버그(L. Kohlberg)의 인습적 수준의 도덕성 발달단계
이다.
④ 에릭슨(E. Erikson)의 발달단계에서 신뢰감 대 불신감에
해당한다.
⑤ 물활론적 사고에서 완전히 벗어나 생명이 있는 것과 없는
것을 구분한다.

답 ①

✔ 응시생들의 선택

① 44%	② 9%	③ 16%	④ 4%	⑤ 27%

② 피아제의 전조작기에 해당한다.
③ 콜버그의 전인습적 도덕기에 해당한다.
④ 에릭슨의 학령전기에 해당하며, 주도성(솔선성) 대 죄의식이 형성되
는 시기이다.
⑤ 전조작기인 유아기에는 물활론적 사고를 한다.

유아기(3~6세)에 관한 설명으로 옳지 않은 것은?

① 콜버그의 후인습적 도덕발달단계에 해당하며 타인과 좋
은 관계를 맺는 데 치중하는 시기이다.
② 프로이트(S. Freud)의 남근기에 해당하며 이성부모에게
관심을 갖는 시기이다.
③ 피아제의 전조작기에 해당하며 상징적 사고가 활발한 시
기이다.
④ 에릭슨의 주도성 대 죄의식 단계에 해당하며 책임의식이
고취되는 시기이다.
⑤ 융의 아동기에 해당하며 자아가 형성되는 시기이다.

답 ①

✔ 응시생들의 선택

① 64%	② 4%	③ 4%	④ 14%	⑤ 14%

① 유아기는 콜버그의 전인습적 도덕발달단계에 해당한다. 타인과 좋
은 관계를 유지하는 것이 도덕적이라 보는 것은 인습적 수준에 해당
하는 3단계(착한 소년소녀지향)의 특징이므로 유아기에 적합한 설
명이 아니다.

유아기(3~6세)의 발달에 관한 설명으로 옳은 것을 모두 고른 것은?

ㄱ. 피아제의 자기중심적 사고가 활발한 시기이다.
ㄴ. 에릭슨의 주도성과 죄책감이 중요한 시기이다.
ㄷ. 프로이트의 오이디푸스 콤플렉스와 엘렉트라 콤플렉스
가 나타나는 시기이다.
ㄹ. 콜버그의 인습적 단계의 도덕적 사고가 나타나는 시기
이다.

① ㄱ, ㄴ, ㄷ
② ㄱ, ㄷ
③ ㄴ, ㄹ
④ ㄹ
⑤ ㄱ, ㄴ, ㄷ, ㄹ

답 ①

✔ 응시생들의 선택

① 32%	② 11%	③ 1%	④ 0%	⑤ 54%

ㄹ. 콜버그의 전인습적 단계에 해당한다.

유아기(3~6세)의 발달에 관한 설명으로 옳지 않은 것은?

① 정서의 분화가 두드러지게 나타난다.
② 영아기(0~2세)에 비해 성장속도가 완만해진다.
③ 주로 감각운동을 통하여 지능발달을 도모한다.
④ 사회성을 발달시키는 데 놀이가 중요한 역할을 한다.
⑤ 사고발달에 있어 직관적 사고, 물활론 등의 특징이 나타
난다.

답 ③

✔ 응시생들의 선택

① 12%	② 45%	③ 33%	④ 5%	⑤ 5%

③ 피아제는 감각기관과 운동기능을 통해 이루어지는 감각운동이 영아
의 지적 발달이 기본적 기제라고 하였다. 따라서 유아기가 아니라
영아기에 해당되는 설명이다.

다음 내용이 **왜 틀렸는지**를 확인해보자

17-01-19

01 에릭슨에 의하면 유아기는 **자아정체감 대 역할혼란의 단계**로서 **또래집단이 가장 큰 영향**을 미친다.

> 자아정체감 대 역할혼란의 단계로서 또래집단이 가장 큰 영향을 미치는 단계는 청소년기이다. 유아기는 주도성 대 죄의식의 단계로서 부모 또는 가족이 가장 큰 영향을 미친다.

14-01-20

02 유아기는 **피아제의 구체적 조작기**에 해당한다.

> 유아기는 피아제의 전조작기에 해당한다.

03 유아기 집단놀이의 또래관계에서 **남아는 여아와, 여아는 남아와 어울리는 경향**이 있다.

> 유아기 집단놀이의 또래관계에서 남아는 남아끼리, 여아는 여아끼리 어울리는 경향이 있다.

04 유아기에는 **주로 감각운동을 통하여 지능발달을 도모**한다.

> 주로 감각운동을 통하여 지능발달을 도모하는 시기는 영아기이다.

05 피아제에 따르면 이 시기 유아의 주요한 도덕적 발달은 **타율적인 도덕성에서 자율적인 도덕성으로의 전환**이다.

> 유아기는 타율적 도덕성 단계에 해당한다. 피아제는 7~10세의 아동기에 보통 타율적 도덕성과 자율적 도덕성이 함께 나타난다고 보았으며, 10세경부터 자율적 도덕성 단계에 도달한다고 보았다.

06 유아기의 **자기중심적** 사고는 무생물이 감정, 의도, 동기, 생각과 같은 살아 있는 생명의 특성을 가진다고 사고하는 것을 의미한다.

> 무생물에게 생명이 있다고 생각하는 것은 물활론적 사고라고 한다. 유아기의 자기중심적 사고는 자신과 타인을 구별할 능력이 생기지만 타인의 입장은 생각하지 못하는 경향을 말한다.

빈칸에 들어갈 알맞은 말을 채워보자

01 `21-01-11` 유아기 남아는 (①) 콤플렉스를, 여아는 (②) 콤플렉스를 경험한다.

02 `12-01-23` 유아기에는 피아제의 ( ) 도덕성이 발달한다.

03 유아기에는 ( )이 발달하기 시작하는데, 이는 생물학적인 의미를 넘어서 사회화 과정에서 습득된 것으로, 그 사회에서 기대하는 남녀의 규범을 의미한다.

04 3~4세 유아는 자기주장이 강하고 반항적인 행동이 절정에 달하는데, 이 시기를 ( )(이)라고 한다.

05 유아기의 ( )(이)란 어떤 사물을 볼 때 대상이나 상태가 갖는 여러 속성들 중에서 가장 두드러진 지각적 속성에 의해 판단하는 것이다.

06 유아기는 프로이트의 발달단계 중 ( )에 해당하며 이성부모에게 관심을 갖는 시기이다.

07 `11-01-10` 유아기는 에릭슨의 심리사회발달단계의 3단계인 ( )에 해당되며, 주도성 대 죄의식이 형성되는 시기이다.

08 유아기 보존개념의 획득을 어렵게 하는 ( )은/는 두 개 이상의 차원을 동시에 고려하지 못한 채 한 번에 한 가지 차원에만 주의를 집중하는 것을 말한다.

09 유아기 사고의 특성 중 하나인 ( )은/는 두 사건이 인접해서 일어날 때 두 현상 간에 관계가 없는데도 인과관계가 있는 것으로 생각하는 경향을 말한다.

답 **01** ① 오이디푸스 ② 엘렉트라 **02** 타율적 **03** 성역할 **04** 제1반항기 **05** 직관적 사고 **06** 남근기 **07** 학령전기 **08** 중심화 **09** 전환적 추론

다음 내용이 **옳은지 그른지** 판단해보자

19-01-18

01 유아기는 영아기(0~2세)에 비하여 성장속도는 감소되지만 그래도 꾸준히 성장한다. 

12-01-23

02 유아기는 자아(self) 개념과 자아존중감이 형성되기 시작하는 시기이다. 

11-01-10

03 콜버그의 후인습적 도덕발달단계에 해당하며 타인과 좋은 관계를 맺는 데 치중하는 시기이다. 

09-01-24

04 유아기에는 주도성 대 죄의식의 심리사회적 위기에 직면한다. 

---

05 유아기의 운동기능은 더욱 발달하여 사각형과 삼각형을 그릴 수 있을 정도로 근육이 정교해지며, 공을 주고받을 수 있게 된다. 

---

06 유아기에는 여전히 신체의 경험과 지각적인 경험에 머물러 있지만, 사물을 기억하는 능력과 문제를 해결하는 능력은 지속적으로 성장한다. 

10-01-21

07 유아기는 정서분화가 두드러지게 나타나며, 감각운동을 통해 지능발달을 도모한다. 

14-01-20

08 유아기에는 물활론적 사고에서 완전히 벗어나 생명이 있는 것과 없는 것을 구분할 수 있게 된다. 

---

09 자신의 성역할에 대한 인식이 생겨서 여아는 여자에 맞는 행동과 사회적 관계에, 남아는 남자에 맞는 행동과 사회적 관계에 관심을 가지고 동성의 친구들과 어울린다. 

---

10 유아기의 아동은 자신에게 중요한 타인의 반응에 따라 긍정적 혹은 부정적 자아개념을 형성하게 된다. 

답 01 ○ 02 ○ 03 × 04 ○ 05 ○ 06 ○ 07 × 08 × 09 ○ 10 ○

해설 **03** 유아기는 콜버그의 전인습적 도덕발달단계에 해당하며, 타인과 좋은 관계를 유지하는 것이 도덕적이라 보는 것은 인습적 수준에 해당하는 특징이다.

07 감각운동을 통해 지능발달을 도모한다는 것은 피아제의 감각운동기에 해당하며, 이는 유아기(3~6세)가 아닌 영아기(0~2세)의 특징이다.

08 물활론적 사고는 무생물을 살아있는 생명체처럼 여기는 것을 의미하는데, 이러한 물활론적 사고는 유아기의 주요 특징 중 하나이다.

CHAPTER 9

아동기

아동기(7~12세)의 주요 발달특징을 살펴본다. 유아기 자기중심성 극복, 보존개념 확립, 분류화, 서열화, 가역적 사고, 조합기술 획득, 또래집단과의 단체놀이 등의 특징을 이해해야 한다.

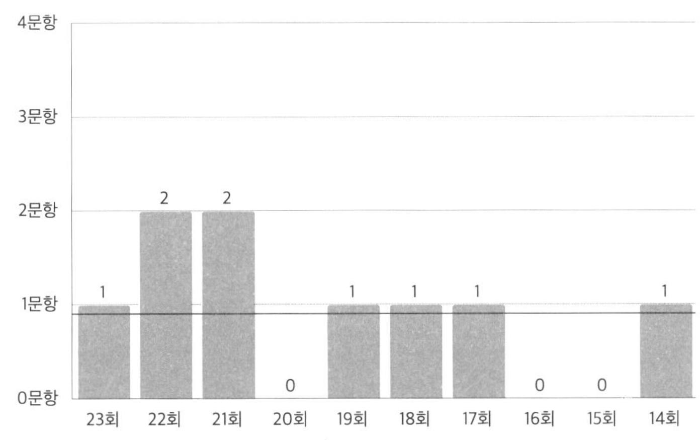

평균 출제문항수

아동기

강의 QR코드

최근 10년간 **8문항** 출제

복습 1 이론요약

23회 기출 | 22회 기출 | 21회 기출 | 19회 기출

아동기의 특징

- 프로이트 발달단계 중 **잠복기(잠재기)**에 해당하며, 아동기 이전 단계인 학령전기에서 오이디푸스 콤플렉스가 해결되고 성적·공격적 충동이 억제됨으로써 중요한 발달적 사건은 일어나지 않는다고 본다.
- 에릭슨의 발달단계 중 **학령기(근면성 대 열등감)**에 해당하는 시기로서, 자아의 성장이 가장 확실해지며 근면성을 성취하는 시기이다.
- 콜버그의 도덕성 발달수준 중 **인습적 수준**에 해당한다.
- 피아제의 도덕발달단계에서는 **자율적 도덕성 단계**에 해당하지만, 7~10세의 아동기는 보통 타율적 도덕성과 자율적 도덕성이 함께 나타난다고 보며, 10세경부터 자율적 도덕성 단계에 도달한다고 본다.

기본개념

인간행동과 사회환경
pp.252~

신체발달

- 10세 이전까지는 남자아이가 여자아이보다 키가 크고 체중이 많이 나간다.
- 11~12세경에는 여자아이들의 신체적 성숙이 남자아이들보다 앞서며, 청소년기가 되면 남자아이들의 발육이 우세하다.
- 6세경에 젖니가 빠지기 시작하여 아동기 동안에는 1년에 약 4개정도 영구치로 대치된다.
- 뼈가 신체보다 빠른 속도로 자라서 성장통을 겪는다.
- 운동능력은 속도, 정확성, 안정성, 호응성 등의 면에서 더욱 발달한다.

인지발달

- 피아제 인지발달단계 중 **구체적 조작기(7~11/12세)**에 해당한다.
- 구체적 조작기에는 구체적인 사물과 행위에 대한 체계적 사고 능력이 발달하며, 아동의 사고는 자신이 직접 경험한 구체적인 세계에 한정된다.
- 아동의 사고 능력은 구체적인 수준에서 논리적인 수준으로 발달하며, 전조작기의 논리적 사고발달을 방해하는 몇몇 요인들(자기중심성, 비가역적 사고, 중심화)을 극복한다.
- 유아기의 자기중심적이고 직관적인 사고와 같은 전조작적 사고의 특색은 남아 있지만, 인지적으로 성숙하여 자신을 둘러싼 세계에 대해 사고하고 이해하는 능력이 달라진다.
- 타인의 입장, 감정 등을 이해할 수 있는 **조망수용 능력을 습득**한다.

- 논리적 사고가 현저하게 발달하고 좀 더 복잡한 생각을 하며 다양한 변수를 고려하는 것도 가능하지만, **여전히 구체적인 부분에 머문다**는 한계도 있다.
- 구체적 조작을 성취함으로써 논리적으로 사고할 수는 있지만, 이러한 **논리를 언어나 가설적 문제에 적용하지는 못한다**.
- 아동기 후반은 형식적 조작사고가 발달하기 시작하므로 가설에 대한 연역적 추리가 가능해진다.
- 물체의 외형이 달라지더라도 양이나 부피 등 물체의 특성은 변하지 않고 원래와 동일하다는 사실을 인식하는 **보존개념을 확립**한다.
- 대상을 일정한 특징에 따라 다양한 범주로 나누는 능력으로서 상위유목과 하위유목 간의 관계, 즉 전체와 부분의 관계를 이해하는 **분류화가 가능**하다.
- 어떤 특정의 속성이나 특징을 기준으로 하여 순서대로 배열하는 능력인 **서열화 개념을 획득**하게 된다.
- 다양한 변수를 고려하여 상황과 사건을 파악하고 조사하는 등 좀 더 **복잡한 사고를 할 수 있다.**
- 사고의 비가역성을 극복함으로써 어떤 변화가 일어났을 때 이것을 이전 상태로 되돌려놓는 **가역적 사고가 가능**해진다.
- **조합기술을 획득**함으로써 덧셈이나 뺄셈과 같은 셈이 가능해진다.

사회정서발달

- 정서의 표현이 좀 더 지속적이며 정적이고, 직접적이었던 것이 다소 간접적으로 나타나는 것이 특징이다.
- 정서발달에 영향을 주는 요인은 **성숙, 학습, 정서의 조건화, 모방, 동정** 등이다.
- 아동의 **사회적 관계 범위가 학교로 확대**되면서 욕구가 좌절되고, 행동에 방해를 받고, 놀림을 당하거나 꾸중을 듣는 경우가 많아지면서 분노의 감정을 표현하는 경우가 빈번하게 된다.
- 애정을 쏟는 대상이 **가족성원에서 또래친구**로 변화해가며, 이성보다는 동성친구끼리 또래집단을 형성한다.
- 아동기에는 구체적인 방식으로 자신을 기술하던 것에서 벗어나 점차 추상적인 방식으로 자신에 대해 기술하기 시작한다.
- 부모 및 가족의 영향력이 줄어들고 학교라는 사회집단의 일원이 되면서 가족과는 다른 **새로운 친구관계를 경험**한다.
- 사회적 관계의 장이 가족에서부터 **이웃과 학교까지 확대**된다.
- 단체의 성공을 개인의 성공만큼 중요시하기 때문에 **단체놀이(팀놀이, team play)를 선호**한다.
- 공식적 **학교교육을 통하여 사회가 요구하는 기본적 기술을 습득**하는 단계로서, 학교는 아동이 가족 외에 처음으로 경험하는 사회적 기관이며 아동의 발달에 중요한 영향을 미친다.
- 7세부터 10세까지는 일종의 과도기적 단계로서, 타율적 도덕성과 자율적 도덕성이 함께 나타나며, 10세경에 대부분의 아동은 두 번째 단계인 자율적 도덕성 단계에 도달한다.

01 (23-01-20) 아동기(7~12세)에는 단체놀이를 통해 분업의 원리를 학습한다.

02 (23-01-20) 에릭슨(E. Erikson)은 근면성의 발달을 아동기(7~12세)의 중요한 과업으로 보았다.

03 (22-01-24) 아동기(7~12세)는 프로이트의 발달단계에서 성 에너지(리비도)가 무의식 속에 잠복하는 잠재기에 해당한다.

04 (22-01-24) 아동기(7~12세)는 피아제의 발달단계에서 보존, 분류, 유목화, 서열화 등의 개념을 점차적으로 획득하는 시기에 해당한다.

05 (22-01-24) 아동기(7~12세)는 콜버그 이론에서 인습적 수준의 도덕성 발달단계로 옮겨가는 시기에 해당한다.

06 (21-01-23) 아동기(7~12세)는 조합기술의 획득으로 사칙연산이 가능해진다.

07 (21-01-23) 아동기는 객관적, 논리적 사고가 가능해진다.

08 (21-01-23) 아동기는 정서적 통제와 분화된 정서표현이 가능해진다.

09 (19-01-19) 아동기(7~12세)에는 보존개념을 획득한다.

10 (19-01-19) 아동기에는 분류화 · 유목화가 가능하다.

11 (18-01-21) 단체놀이를 통해 개인의 목표가 단체의 목표에 속함을 인식하고 노동배분(역할분담)의 개념을 학습한다.

12 (17-01-20) 아동기(7~12세)에는 동성 또래관계를 통해 사회화를 경험한다.

13 (14-01-15) 아동기(7~12세)에는 한 가지 속성에 따라 대상을 배열하는 서열화가 가능하다.

14 (13-01-21) 아동기(7~12세)에는 논리적 사고를 하게 되고 물활론적 사고가 감소하는 시기이다.

15 (12-01-05) 아동기(7~12세)는 성에너지가 무의식 속으로 잠복하는 시기이다.

16 (12-01-16) 아동기에는 단체놀이를 통하여 협동, 경쟁, 협상하는 능력이 향상된다.

17 (11-01-29) 아동기(7~12세)는 사물의 분류와 보존의 개념을 획득한다.

18 (10-01-19) 아동기(7~12세)에는 단체놀이를 통하여 노동배분의 개념을 익힌다.

19 (09-01-20) 아동기(7~12세)는 자기중심성이 완화되고 역할수용이 가능한 시기이다.

20 (09-01-20) 아동기는 지적기능이 분화되어 객관적 지각이 가능해진다.

21 (09-01-20) 아동기는 정서적 통제와 분화된 정서표현이 가능해진다.

22 (09-01-20) 아동기는 사회적 관계의 장이 확대되는 시기이다.

23 (08-01-26) 아동기에는 보존, 분류, 조합의 개념이 점차 발달한다.

24 (07-01-11) 아동기(7~12세)에는 수와 보존개념을 논리적으로 알 수 있다.

25 (06-01-20) 아동기(7~12세)에는 또래집단에 어울리고 싶어 하며 그 집단의 규범과 압력에 민감해진다.

26 (06-01-21) 아동기(7~12세)에는 친지들을 자신과 가까운 순서대로 말할 수 있다.

27 (05-01-21) 아동기(7~12세)에는 부모 외의 새로운 영향력을 만난다.

28 (04-01-18) 가족, 친구, 개인적 요인, 자긍심 등은 후기 아동기의 자기개념 형성에 영향을 미친다.

29 (03-01-18) 아동기(7~12세)는 에릭슨 이론의 근면성 대 열등감의 시기이며, 피아제 이론의 구체적 조작기에 해당한다.

30 (02-01-18) 아동기는 친구와 어울리는 능력이 발달한다.

31 (02-01-19) 아동기에는 동성의 친구와 친밀한 관계를 경험한다.

대표기출 확인하기

23-01-20   난이도 ★★★

아동기(7~12세)의 발달에 관한 설명으로 옳지 않은 것은?

① 가역적 사고가 발달한다.
② 단체놀이를 통해 분업의 원리를 학습한다.
③ 운동기술이나 근육의 협응능력이 정교해진다.
④ 형식적 조작사고에서 구체적 조작사고로 전환된다.
⑤ 에릭슨(E. Erikson)은 근면성의 발달을 중요한 과업으로 보았다.

 **알짜확인**

- 아동기(7~12세)의 주요 발달특징을 파악해두어야 한다.
- 프로이트의 잠복기, 에릭슨의 학령기(근면 대 열등), 피아제의 구체적 조작기, 10세부터 자율적 도덕성, 콜버그의 인습적 도덕성(10~13세) 등에서 살펴본 특징을 상기하면서 학습하자.

답 ④

✓ **응시생들의 선택**

① 6%	② 3%	③ 5%	④ 80%	⑤ 6%

④ 피아제의 인지발달단계는 '감각운동기 → 전조작기 → 구체적 조작기 → 형식적 조작기'의 순으로 진행된다. 아동기는 구체적 조작기에 해당하며, 청소년기가 되어야 형식적 조작기로 전환되므로 형식적 조작사고에서 구체적 조작사고로 전환된다는 내용은 옳지 않다.

관련기출 더 보기

22-01-24   난이도 ★★★

아동기(7~12세)의 발달에 관한 설명으로 옳은 것을 모두 고른 것은?

ㄱ. 프로이트(S. Freud): 성 에너지(리비도)가 무의식 속에 잠복하는 잠재기(latency stage)
ㄴ. 피아제(J. Piaget): 보존, 분류, 유목화, 서열화 등의 개념을 점차적으로 획득
ㄷ. 콜버그(L. Kohlberg): 인습적 수준의 도덕성 발달단계로 옮겨가는 시기
ㄹ. 에릭슨(E. Erikson): "주도성 대 죄의식"의 발달이 중요한 시기

① ㄱ, ㄴ   ② ㄴ, ㄹ
③ ㄱ, ㄴ, ㄷ   ④ ㄱ, ㄷ, ㄹ
⑤ ㄴ, ㄷ, ㄹ

답 ③

✓ **응시생들의 선택**

① 6%	② 1%	③ 65%	④ 12%	⑤ 16%

ㄹ. 에릭슨의 심리사회 발달단계에서 주도성 대 죄의식에 해당하는 시기는 학령전기(3~6세)이다. 아동기(7~12세)는 근면성 대 열등감의 심리사회적 위기를 겪는다.

아동기(7~12세)에 관한 설명으로 옳은 것을 모두 고른 것은?

ㄱ. 제1의 반항기이다.
ㄴ. 조합기술의 획득으로 사칙연산이 가능해진다.
ㄷ. 객관적, 논리적 사고가 가능해진다.
ㄹ. 정서적 통제와 분화된 정서표현이 가능해진다.
ㅁ. 타인의 입장을 고려하지 못한다.

① ㄴ, ㄷ
② ㄱ, ㄴ, ㄹ
③ ㄴ, ㄷ, ㄹ
④ ㄷ, ㄹ, ㅁ
⑤ ㄱ, ㄷ, ㄹ, ㅁ

답 ③

✓ 응시생들의 선택

① 19%	② 16%	③ 56%	④ 3%	⑤ 6%

ㄱ. 제1의 반항기는 유아기에 해당한다. 부모와 자신이 분리된 존재라는 사실을 인식하면서 자기만의 방식대로 행동하려고 하는데, 이러한 자기주장적이고 반항적인 행동은 3~4세에 절정에 달한다. 제2의 반항기는 청소년기에 나타난다.
ㅁ. 피아제의 발달단계 중 구체적 조작기에 해당하는 아동기에는 전조작기의 자기중심성에서 벗어나 타인의 입장, 감정, 인지 등을 추론하고 이해할 수 있는 조망수용 능력을 습득하게 된다.

아동기(7~12세)에 관한 설명으로 옳은 것을 모두 고른 것은?

ㄱ. 보존개념을 획득한다.
ㄴ. 분류화 · 유목화가 가능하다.
ㄷ. 역조작 사고가 가능하다.
ㄹ. 자아정체감을 획득한다.

① ㄱ
② ㄴ, ㄹ
③ ㄱ, ㄴ, ㄷ
④ ㄱ, ㄷ, ㄹ
⑤ ㄴ, ㄷ, ㄹ

답 ③

✓ 응시생들의 선택

① 23%	② 15%	③ 51%	④ 5%	⑤ 6%

ㄹ. 자아정체감을 형성하고 확립하는 시기는 청소년기이다.

아동기(7~12세)의 발달에 관한 설명으로 옳은 것을 모두 고른 것은?

ㄱ. 에릭슨(E. Erikson)의 심리사회적 위기 중 솔선성 대 죄의식(initiative vs guilt)에 해당된다.
ㄴ. 조합기술을 획득하기 위해서는 가역성, 보상성, 동일성의 원리에 대한 이해가 필요하다.
ㄷ. 단체놀이를 통해 개인의 목표가 단체의 목표에 속함을 인식하고 노동배분(역할분담)의 개념을 학습한다.
ㄹ. 추상적 사고가 가능해져서 미래의 사건을 예측할 수 있는 가설적, 연역적 사고가 발달한다.

① ㄱ
② ㄷ
③ ㄱ, ㄷ
④ ㄴ, ㄷ
⑤ ㄴ, ㄹ

답 ②

✓ 응시생들의 선택

① 3%	② 14%	③ 20%	④ 57%	⑤ 6%

ㄱ. 에릭슨의 심리사회적 위기 중 근면성 대 열등감에 해당된다.
ㄴ. 보존개념을 획득하기 위해서는 가역성, 보상성, 동일성의 원리에 대한 이해가 필요하다.
ㄹ. 추상적 사고가 가능해져서 미래의 사건을 예측할 수 있는 가설적, 연역적 사고가 발달하는 시기는 청소년기이다.

아동기(7~12세)의 발달특성으로 옳은 것을 모두 고른 것은?

ㄱ. 자아정체감이 형성되는 결정적인 시기이다.
ㄴ. 유치가 영구치로 바뀌고 보존개념을 획득할 수 있다.
ㄷ. 가설연역적 추리 및 조합적 사고를 할 수 있다.
ㄹ. 한 가지 속성에 따라 대상을 배열하는 서열화가 가능하다.

① ㄱ, ㄴ, ㄷ
② ㄱ, ㄷ
③ ㄴ, ㄹ
④ ㄹ
⑤ ㄱ, ㄴ, ㄷ, ㄹ

답 ③

✓ 응시생들의 선택

① 3%	② 4%	③ 77%	④ 6%	⑤ 10%

ㄱ. 청소년기에 해당한다.
ㄷ. 형식적 조작기(청소년기)에 해당한다.

아동기(7~12세)에 관한 설명으로 옳은 것은?

① 생활의 중심이 가정에 한정된다.
② 자아정체감이 완성되는 시기이다.
③ 프로이트(S. Freud)의 남근기에 해당하는 시기이다.
④ 논리적 사고를 하게 되고 물활론적 사고가 감소하는 시기이다.
⑤ 에릭슨(E. Erikson)의 자율성 대 수치심의 단계에 해당하는 시기이다.

답 ④

✔ 응시생들의 선택

① 1%	② 3%	③ 6%	④ 40%	⑤ 50%

① 아동기에는 사회적 관계의 장이 이웃과 학교까지 확대된다.
② 자아정체감 형성은 청소년기의 주요 발달과업에 해당한다.
③ 프로이트(S. Freud)의 잠복기에 해당하는 시기이다.
⑤ 에릭슨(E. Erikson)의 근면성 대 열등감의 단계에 해당하는 시기이다.

아동기(7~12세)의 특징으로 옳은 것은?

① 성에너지가 무의식 속으로 잠복하는 시기이다.
② 자기중심적 사고에서 벗어나 추상적 개념을 획득하게 된다.
③ 또래집단과의 상호작용이 줄어들어 혼자 있는 시간이 늘어난다.
④ 신체적 성장과 발달이 급격하게 진행되어 골격이 완성되는 시기이다.
⑤ 학교에서의 성공이나 실패경험이 아동기 자아발달에 중요한 영향을 주지 않는다.

답 ①

✔ 응시생들의 선택

① 72%	② 22%	③ 1%	④ 4%	⑤ 1%

② 추상적 사고, 가설-연역적 사고, 조합적 사고가 가능해지는 것은 피아제의 인지발달단계 중 형식적 조작기에 해당하며, 이것은 청소년기의 특징에 해당한다.
③ 아동기에는 또래집단과의 상호작용이 증가하면서 집단에 대한 소속감이 발달한다.
④ 급격한 신체 변화와 발달이 이루어지는 것은 청소년기의 특징에 해당한다. 아동기에는 점진적이고 지속적인 발달이 이루어진다.
⑤ 학교는 아동이 가족 외에 처음으로 경험하는 사회적 기관이며, 아동기 자아발달에 중요한 영향을 미친다.

아동기(7~12세)의 설명으로 옳은 것은?

① 사물의 분류와 보존의 개념을 획득한다.
② 자율성 대 수치감이 형성되는 시기이다.
③ 물활론적 사고가 주요 특징이다.
④ 성역할 정체감이 완성되는 시기이다.
⑤ 심리사회적 유예가 일어나는 시기이다.

답 ①

✔ 응시생들의 선택

① 69%	② 9%	③ 6%	④ 12%	⑤ 4%

②③ 걸음마기에 해당한다.
④ 청년기에 해당한다.
⑤ 청소년기에 해당한다.

아동기(7~12세)의 설명으로 옳은 것은?

① 프로이트의 남근기에 해당한다.
② 단체놀이를 통하여 노동배분의 개념을 익힌다.
③ 제1성장 급등기에 해당한다.
④ 주요 과업은 대상영속성 개념의 획득이다.
⑤ 신체적 성숙이 거의 완성되며 성역할에 대한 정체성이 확고해진다.

답 ②

✔ 응시생들의 선택

① 12%	② 75%	③ 7%	④ 3%	⑤ 3%

① 프로이트의 남근기는 3~6세에 해당한다. 아동기는 프로이트의 잠복기에 해당한다.
③ 제1성장 급등기는 0~2세의 영아기이다.
④ 대상영속성의 발달은 영아기의 주요 과업이다.
⑤ 신체적 성숙이 거의 완성되며 성역할 정체감이 확립되는 시기는 청년기이다.

다음 내용이 왜 틀렸는지를 확인해보자

17-01-20

01 아동기에는 자아중심적 사고 특성을 나타낸다.

자아중심적 사고 특성을 나타내는 시기는 청소년기이다.

11-01-29

02 아동기에는 심리사회적 유예가 일어나는 시기이다.

심리사회적 유예가 일어나는 시기는 청소년기이다. 심리사회적 유예는 최종의 정체감을 성취하기 이전의 일정한 자유 시험기간을 의미한다.

10-01-19

03 아동기의 주요 과업은 대상영속성 개념의 획득이다.

대상영속성의 발달은 영아기의 주요 과업이다. 어떤 대상이 시야에서 사라지거나 들리지 않아도 그것이 계속 존재한다고 믿는 것이 대상영속성인데, 9~10개월이 되면 이 개념이 생기기 시작한다.

04 아동기에는 아직 조합기술을 획득하지 못하였으므로 덧셈이나 뺄셈과 같은 셈은 불가능하다.

조합기술이란 일정 수의 사물이 있으면 그것을 펼치든 모으든 또는 형태를 바꾸든 수는 같다는 것을 이해할 수 있는 능력을 말한다. 아동기에는 조합기술을 획득함으로써 덧셈이나 뺄셈과 같은 셈이 가능해진다.

05 11~12세 남자아이들이 여자아이들보다 몸집이 큰 경우가 많다.

10세 이전까지는 남자아이들이 여자아이들보다 키가 크고 체중이 많이 나가지만, 11~12세경에는 여자아이들의 신체적 성숙이 남자아이들보다 앞서며 청소년기가 되면 남자아이들의 발육이 우세해진다.

07-01-11

06 아동기에 접어들면서 논리적 사고가 발달하여 가설에 대한 연역적 사고가 가능해진다.

아동기에는 논리적 사고가 발달하지만 구체적인 부분에 머문다(구체적 조작기). 아동기 후반에 이르러서야 연역적 사고가 가능해지기 시작한다.

`10-01-19`

07 **아동기**에는 신체적 성숙이 거의 완성되며 성역할에 대한 정체성이 확고해진다.

> 신체적 성숙이 거의 완성되며 성역할 정체감이 확립되는 시기는 청년기이다.

`17-01-20`

08 아동기(7~12세)는 **신뢰감 대 불신감**이 형성되는 시기이다.

> 아동기에는 근면성 대 열등감이 형성된다. 신뢰감 대 불신감이 형성되는 시기는 영아기이다.

빈칸에 들어갈 알맞은 말을 채워보자

`18-01-21`

01 (　　　　　　)을/를 획득하기 위해서는 가역성, 보상성, 동일성의 원리에 대한 이해가 필요하다.

`22-01-24`

02 아동기는 성에너지가 무의식 속으로 잠복하는 시기로서, 프로이트의 발달단계 중 (　　　　)에 해당한다.

`12-01-16`

03 아동기에는 (　　　　　　)을/를 통하여 협동, 경쟁, 협상하는 능력이 향상된다.

04 아동기에는 어떤 특정의 속성이나 특징을 기준으로 하여 순서대로 배열하는 능력인 (　　　　)이/가 가능하다.

`03-01-18`

05 아동기는 피아제의 발달단계 중 (　　　　　)에 해당한다.

 **답** **01** 보존개념　**02** 잠재기(잠복기)　**03** 단체놀이　**04** 서열화　**05** 구체적 조작기

22-01-24

01 콜버그에 의하면 인습적 수준의 도덕성 발달단계로 옮겨가는 시기이다. ◎ ✕

06-01-22

02 아동기에는 사회적 규칙을 습득하기 시작한다. ◎ ✕

09-01-20

03 아동기는 제1성장 급등기에 해당하는 시기이다. ◎ ✕

07-01-11

04 아동기는 보존개념이 확립되는 시기이다. ◎ ✕

12-01-05

05 아동기는 자기중심적 사고에서 벗어나 추상적 개념을 획득하게 된다. ◎ ✕

22-01-21

06 아동기의 주요 발달과업은 자아정체감 확립이다. ◎ ✕

17-01-20

07 아동기는 동성 또래관계를 통해 사회화를 경험한다. ◎ ✕

17-01-20

08 아동기가 되면 경험하지 않고도 추론이 가능해진다. ◎ ✕

답 **01** ○ **02** ○ **03** ✕ **04** ○ **05** ✕ **06** ✕ **07** ○ **08** ✕

해설 **03** 제1성장 급등기는 영아기(출생~2세)이다.
05 추상적 사고의 획득은 피아제의 인지발달단계 중 형식적 조작기에 해당하며, 이 시기는 청소년기이다.
06 자아정체감 확립은 청소년기(13~19세)의 주요 발달과업이다.
08 경험하지 않고도 추론이 가능해지는 것은 청소년기이다.

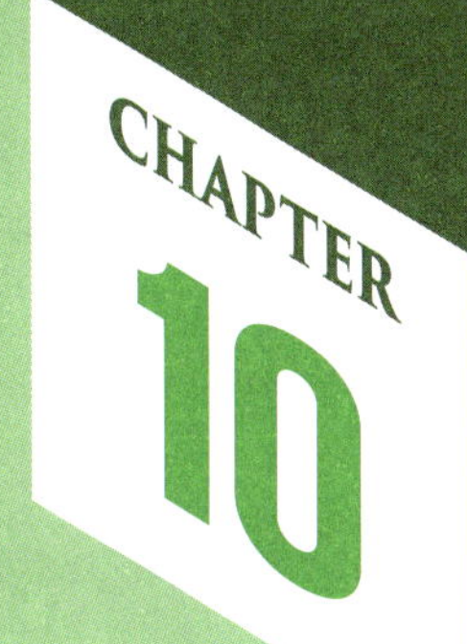

청소년기

청소년기(13~19세)에 나타나는 추상적 사고, 연역적 추론, 자아정체감 확립, 제2성장급등기, 심리사회적 유예기 등의 발달적 특징을 이해해야 한다. 더불어 청소년기의 자아중심성, 마르시아의 자아정체감 등에 대해서도 살펴봐야 한다.

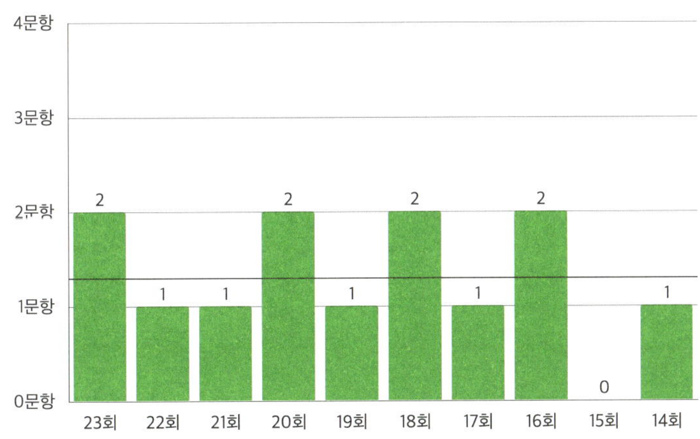

023 청소년기

강의 QR코드

1회독	2회독	3회독
월 일	월 일	월 일

최근 10년간 **12문항** 출제

 이론요약

 23회 기출  22회 기출  21회 기출  20회 기출  19회 기출

청소년기의 특징

- 자기중심적 사고에서 벗어나 **추상적 사고가 가능**해진다.
- 가설을 통한 **연역적 사고와 논리적 추론**을 할 수 있다.
- 신체적 성장과 발달이 급격하게 진행되어 골격이 완성되는 시기이다.
- **자아정체감 확립을 주요 발달과업**으로 한다.
- 자아의식이 발달하여 고독에 빠지기 쉽고, **심리사회적 유예가 일어나는 시기**이다.
- 성적 성숙은 감정 기복과 같은 극단적 정서변화를 가져오기도 하며, 불안, 우울, 질투 등 부정적인 감정을 많이 경험하는 시기이다.
- 부모로부터 심리적으로 독립하고 자아정체감을 형성하는 심리적 이유기이다.
- 정서적 변화가 급격히 일어나는 질풍노도의 시기 또는 제2의 반항기라고 한다.
- 어린이도 성인도 아니라는 점에서 주변인으로 부르기도 한다.
- 프로이트 발달단계의 **생식기**에 해당하며, 에릭슨 발달단계의 **청소년기(자아정체감 대 역할혼란)**에 해당한다.

신체발달

- 사춘기 현상으로 인한 **급속한 신체의 외형적 성장과 호르몬의 변화에 따른 생식능력**을 획득한다.
- 간기능과 폐활량, 소화기능이 현저히 발달한다.
- 내분비선의 발달로 지방이 과다해져서 여드름이 발생한다.
- **제2차 성징이 출현하는 시기**로 성적으로 발달한다.
- 남성보다 여성에게서 섭식장애가 더 많이 나타나며, 섭식장애 중 거식증과 폭식증의 빈도가 가장 높다.

인지발달

- 피아제의 인지발달단계 중 **형식적 조작기**에 해당한다.
- 자신의 생각이 옳고그른지에 대해 비판적으로 검토할 수 있다.
- 경험하지 못한 사건에 대해 **가설을 설정하고 미래에 대한 예측이 가능**하다.
- 가능한 개념적 조합을 실제로 수행해보지 않아도 고려할 수 있다.
- 사건이나 현상과 관련된 변인을 동시에 다룰 수 있는 사고능력이 발달한다.

기본개념

인간행동과 사회환경
pp.264~

- **엘킨드의 청소년기 자기중심성**: 청소년기에는 급격한 신체적·정서적 변화로 자신의 외모와 행동에 지나치게 몰두하면서 자신의 관심사와 타인의 관심사를 구분하지 못한다.
  - **상상 속 관중**: 자신은 무대 위에 오른 배우이고 타인은 자신에게 관심을 갖고 집중하는 관중으로 여기기 때문에 강한 자의식을 가짐 – **내가 주인공!**
  - **개인적 우화**: 자신의 감정이나 사고는 너무 독특한 것이어서 다른 사람들은 자신을 이해할 수 없고 자신은 예외적인 존재라고 생각함 – **나는 특별해!**

사회정서발달

- 정서가 매우 강하고 변화가 심하며, 불안·우울 등 극단적인 정서를 경험한다.
- 자신의 격한 감정을 받아들이고 자신의 감정에 좀 더 관대해지는 것이 주요 발달과제이다.
- 부모의 지지와 승인을 필요로 하면서 동시에 부모의 통제를 받지 않으려 하며, 부모나 가족으로부터 분리되어 **친구나 자기 자신에게 의존하려는 경향이 증가**한다.
- 또래집단으로부터 인정받는 것이 중요해지면서 **또래집단의 영향력이 가장 큰 시기**이다.

마르시아의 자아정체감 4범주

- **정체감 성취**: 자아정체감의 위기를 성공적으로 극복하여 신념, 직업, 정치적 견해 등에 대해 스스로 의사결정을 내릴 수 있는 상태이다.
- **정체감 유예**: 현재 정체감 위기의 상태에 있으면서 자아정체감 형성을 위해 다양한 역할, 신념, 행동 등을 실험하고 있으나 의사결정을 못한 상태이다.
- **정체감 유실**: 부모나 사회의 가치관을 자신의 것으로 그대로 선택하므로, 위기도 경험하지 않고 쉽게 의사결정을 내리지만 독립적인 의사결정을 하지 못하는 상태이다.
- **정체감 혼란**: 정체감을 확립하기 위한 노력도 없고, 기존의 가치관에 대한 의문도 제기하지 않는 상태이다.

기출문장 CHECK

01 `23-01-21` 마샤(마르시아)는 청소년기(13~19세)의 자아정체감을 4가지 유형으로 구분했다.

02 `23-01-25` 자아정체감 확립은 청소년기(13~19세)의 주요 과업에 해당한다.

03 `22-01-18` 청소년기(13~19세)는 심리적 이유기의 특징을 보인다.

04 `22-01-18` 청소년기(13~19세)는 프로이트의 심리성적발달단계에서 생식기에 해당한다.

05 `21-01-22` 청소년기(13~19세)는 신체적 발달이 활발하여 제2의 성장 급등기로 불린다.

06 `21-01-22` 청소년기는 정서의 변화가 심하며 극단적 정서를 경험하기도 한다.

07 `21-01-22` 청소년기는 추상적 이론과 관념적 사상에 빠져 때로 부정적 정서를 경험한다.

08 `21-01-22` 청소년기의 특징적 발달 중 하나로 성적 성숙이 있다.

09 `20-01-21` 엘킨드의 청소년기 자기중심성: 다른 사람이 경험하는 위기가 자신에게는 일어나지 않으리라 믿는다. 자신의 감정이나 경험이 매우 특별하다고 생각한다. 상상적 관중을 의식하여 작은 실수에 대해서도 번민한다. 자신이 타인으로부터 집중적인 관심의 대상이 된다고 믿는다.

10 `19-01-20` 청소년기(13~19세)의 성적 성숙에는 개인차가 있지만 발달의 순서는 일정하다.

11 (18-01-22) 청소년기(13~19세)는 신체적 성장이 급속히 이루어진다는 점에서 제2의 성장급등기라고 한다.

12 (18-01-22) 청소년기는 어린이도 성인도 아니라는 점에서 주변인이라고 불린다.

13 (18-01-22) 청소년기는 정서적 변화가 급격히 일어난다는 점에서 질풍노도의 시기라고 한다.

14 (18-01-22) 청소년기는 피아제의 인지발달과정 중 형식적 조작기에 해당된다.

15 (18-01-25) 마르시아의 자아정체감 유형: 정체감 성취, 정체감 유예, 정체감 유실, 정체감 혼란

16 (17-01-21) 청소년기(13~19세)에는 부모의 권위에 도전하며 잦은 갈등을 겪는 시기이다.

17 (17-01-21) 청소년기는 심리적 이유기라고도 한다.

18 (17-01-21) 청소년기는 애착대상이 부모에서 친구로 이동하며, 동년배 집단에 참여하여 다양한 경험을 한다.

19 (16-01-14) 피아제의 이론에 따르면 청소년기는 형식적 조작기에 속한다.

20 (16-01-15) 정체감 혼란은 정체감을 확립하기 위한 노력도 없고, 기존의 가치관에 대한 의문도 제기하지 않는 상태를 말한다.

21 (14-01-22) 청소년기(13~19세)는 극단적인 정서 변화를 경험하게 된다.

22 (13-01-18) 청소년기(13~19세)는 질풍노도의 시기, 심리적 이유기, 주변인 시기, 성장 급등기라는 용어로도 쓰인다.

23 (12-01-18) 청소년기(13~24세)의 성적 성숙은 감정 기복과 같은 극단적 정서변화를 가져온다.

24 (12-01-24) 정체감 유예는 정체감 위기에 처하여 정체감을 확립하기 위한 다양한 실험을 수행하고 있는 상태를 말한다.

25 (11-01-16) 청소년기(13~18세)는 이상적 자아와 현실적 자아의 괴리로 인해 갈등과 고민이 많은 시기이다.

26 (10-01-26) 청소년기(13~19세)는 불안, 우울, 질투 등 부정적인 감정을 많이 경험하는 시기이다.

27 (09-01-19) 청소년기(13~24세)는 추상적 사고, 가설적·연역적 사고, 은유에 대한 이해가 가능하다.

28 (08-01-27) 자아정체감 성취는 위기극복에 스스로 의사결정을 할 수 있는 상태이다.

29 (07-01-12) 청소년기(12~18세)에는 또래집단 문화 활동에 몰두하는 시기이다.

30 (06-01-22) 청소년기(13~24세)에는 또래로부터 인정을 받고자 하는 욕구가 강하다.

31 (05-01-22) 청소년기(12~24세)는 형식적 조작기에 해당한다.

32 (04-01-19) 청소년기에는 경험하지 않은 일에 대한 인과관계 추론이 가능하다.

33 (04-01-20) 청소년기에는 또래집단에서 인정받고자 한다.

34 (03-01-19) 부모나 사회의 가치관을 그대로 수용하는 자아정체감의 발달수준은 정체감 유실이다.

35 (02-01-17) 청소년기에는 자아성장집단을 통해 있는 그대로의 나를 개방하는 능력을 기른다.

대표기출 확인하기

23-01-21　난이도 ★★☆

청소년기(13~19세)의 발달에 관한 설명으로 옳은 것은?

① 조합기술(combination skill)이 획득된다.
② 가설연역적 사고에서 경험귀납적 사고로 전환된다.
③ 마샤(J. Marcia)는 자아정체감을 4가지 유형으로 구분했다.
④ 2차 성징은 직접적인 생식기능과 관련된 성적 성숙이다.
⑤ 상상적 청중(imaginary audience)과 개인적 우화(personal fable)를 통해 자아중심성에서 벗어날 수 있다.

▶ 알짜확인

- 청소년기의 주요 발달적 특징과 과업을 살펴보자.
- 엘킨드의 자기중심성이나 마르시아의 장아정체감 유형 등은 단독으로 출제되기도 한다.
- 청소년기는 프로이트의 생식기, 에릭슨의 자아정체감 대 역할혼란, 피아제의 형식적 조작기 등의 특징을 상기하며 학습하기 바란다.

답 ③

✓ 응시생들의 선택

① 3%	② 4%	③ 42%	④ 47%	⑤ 4%

① 조합기술이란 수를 다루는 능력으로 구체적 조작기(7~12세)에 획득한다.
② 경험귀납적 사고에서 가설연역적 사고로 전환된다. 경험귀납적 사고는 경험과 관찰을 통해 구체적 사례에서 일반적인 결론을 도출하는 사고방식으로서 구체적 조작기(아동기)에 나타나고, 가설연역적 사고는 특정 가설을 설정한 후 이를 검증하기 위해 논리적으로 결론을 도출하거나 실험으로 확인하는 사고방식으로서 형식적 조작기(청소년기)에 나타나는 특징이다.
④ 직접적인 생식기능과 관련된 성적 성숙은 1차 성징을 의미하며, 7차 성징은 간접적인 성적 성숙을 의미한다
⑤ 피아제가 말하는 전조작기(2~7세)의 자아중심성은 아동기인 구체적 조작기(7~12세)에는 극복한다. 그러나 엘킨드(Elkind)는 상상적 청중과 개인적 우화라는 개념으로 청소년기 특유의 자기중심성을 설명한다. 상상적 청중이란 자신은 무대 위의 배우이고, 타인은 자신에게 집중하는 관중이라는 자기중심성을 말하며, 개인적 우화는 자신을 독특하고 예외적인 존재로 인식하는 자기중심성을 말한다. 따라서 청소년기에 자아중심성에서 벗어난다는 표현을 옳지 않다.

관련기출 더 보기

22-01-18　난이도 ★★☆

청소년기(13~19세)에 관한 설명으로 옳지 않은 것은?

① 신체적 측면에서 제2의 급성장기이다.
② 심리적 이유기의 특징을 보인다.
③ 부모보다 또래집단의 영향력이 커진다.
④ 피아제(J. Piaget)에 의하면 비가역적 사고의 특징이 나타나는 시기이다.
⑤ 프로이트(S. Freud)의 심리성적발달단계에서 생식기에 해당한다.

답 ④

✓ 응시생들의 선택

① 1%	② 6%	③ 4%	④ 76%	⑤ 13%

④ 피아제는 전조작기(2~7세)에는 비가역적 사고의 특징이 나타나며 구체적 조작기(7~11세)에 가역적 사고가 가능해지면서 사물을 다양한 측면에서 이해하고 뒤집어 해석할 수도 있다고 설명하였다.

21-01-22　난이도 ★☆☆

청소년기(13~19세)에 관한 설명으로 옳지 않은 것은?

① 친밀감 형성이 주요 발달과업이다.
② 신체적 발달이 활발하여 제2의 성장 급등기로 불린다.
③ 특징적 발달 중 하나로 성적 성숙이 있다.
④ 정서의 변화가 심하며 극단적 정서를 경험하기도 한다.
⑤ 추상적 이론과 관념적 사상에 빠져 때로 부정적 정서를 경험한다.

답 ①

✓ 응시생들의 선택

① 89%	② 1%	③ 4%	④ 2%	⑤ 4%

① 친밀감 형성은 성인초기(청년기)의 주요 발달과업이다.

청소년기(13~19세)에 관한 설명으로 옳지 않은 것은?

① 신체적 성장이 급속히 이루어진다는 점에서 제2의 성장 급등기라고 한다.
② 어린이도 성인도 아니라는 점에서 주변인이라고 불린다.
③ 상상적 청중과 개인적 우화는 청소년기에 타인을 배려하는 사고가 반영된 예이다.
④ 피아제(J. Piaget)의 인지발달과정 중 형식적 조작기에 해당된다.
⑤ 정서적 변화가 급격히 일어난다는 점에서 질풍노도의 시기라고 한다.

답 ③

✔ 응시생들의 선택

① 1%	② 6%	③ 87%	④ 6%	⑤ 0%

③ 상상적 청중과 개인적 우화는 청소년기의 자기중심성 사고를 반영하는 개념이다.

청소년기 인지발달의 일반적 특성으로 옳지 않은 것은?

① 자기개념(self-concept)의 발달이 시작되고 자기효능감이 급격히 증가한다.
② 구체적인 사물에 한정되지 않고 추상적 개념을 다룰 수 있다.
③ 가설을 세울 수 있고 인과관계를 추론할 수 있는 연역적 사고가 가능해진다.
④ 피아제(J. Piaget)의 이론에 따르면 형식적 조작기에 속한다.
⑤ 자아중심적 사고로 상상적 청중 현상과 개인적 우화 현상을 보인다.

답 ①

✔ 응시생들의 선택

① 57%	② 10%	③ 4%	④ 7%	⑤ 22%

① 자기개념의 발달이 시작되고 자기효능감이 급격히 증가하는 시기는 아동기이다.

마르시아(J. Marcia)의 자아정체감이론에서 다음의 정체감 상태를 설명하는 것으로 옳은 것은?

> 철수는 어려서부터 변호사였던 아버지의 영향을 받아 법조인이 되는 것을 꿈으로 생각하였고, 사회에서도 유망한 직업이라 생각하여 법학과에 진학하였다. 철수는 법학 전공이 자신의 적성과 잘 맞는지 탐색해보지 못했지만 이미 선택했기에 법조인 외의 직업은 생각해본 적이 없다.

① 정체감 유실(identity foreclosure)
② 정체감 혼란(identity diffusion)
③ 정체감 성취(identity achievement)
④ 정체감 유예(identity moratorium)
⑤ 정체감 전념(identity commitment)

답 ①

✔ 응시생들의 선택

① 66%	② 4%	③ 3%	④ 19%	⑤ 8%

② 정체감 혼란은 정체감을 확립하기 위한 노력도 없고, 기존의 가치관에 대한 의문도 제기하지 않는 상태를 말한다.
③ 정체감 성취는 자아정체감의 위기를 성공적으로 극복하여 신념, 직업, 정치적 견해 등에 대해 스스로 의사결정을 내릴 수 있는 상태를 말한다.
④ 정체감 유예는 현재 정체감 위기의 상태에 있으면서 자아정체감 형성을 위해 다양한 역할, 신념, 행동 등을 실험하고 있으나 의사결정을 못한 상태를 말한다.
⑤ 정체감 전념은 마르시아의 자아정체감이론에 해당하지 않는다.

청소년기(13~24세)의 특징으로 옳지 않은 것은?

① 여성보다 남성에게서 섭식장애가 더 많이 나타난다.
② 자아정체감 확립이 주요 발달과업이다.
③ 또래에게 인정받고자 하는 욕구가 강하다.
④ 가설을 통한 연역적 사고와 논리적 추론을 할 수 있다.
⑤ 성적 성숙은 감정 기복과 같은 극단적 정서 변화를 가져
　온다.

답 ①

✔ 응시생들의 선택

① 90%	② 1%	③ 3%	④ 2%	⑤ 4%

① 섭식장애는 체중 증가에 대한 두려움이나 마른 몸매에 대한 강한 욕
　구, 다이어트에 대한 집착, 부적절한 체중조절 행위 등을 의미한다.
　대표적인 유형에는 거식증과 폭식증이 있으며, 섭식장애를 보이는
　이의 대다수는 여성이다.

인생주기별 주요 발달과업의 연결이 옳은 것은?

① 영아기(0~2세) – 애착발달, 자기중심성, 직관적 사고
② 아동기(7~12세) – 자존감의 발달, 부모로부터 독립
③ 청소년기(13~18세) – 자아정체감 형성, 형식적 조작사고
　발달
④ 중년기(40~64세) – 직업선택, 도덕성 발달, 노부모 부양
⑤ 노년기(65세 이상) – 가족 내 역할변화와 적응, 만족스러
　운 직업성취

답 ③

✔ 응시생들의 선택

① 18%	② 2%	③ 77%	④ 1%	⑤ 2%

① 자기중심성과 직관적 사고는 학령전기(혹은 유아기) 특성이다.
② 부모로부터의 독립은 청년기의 발달과업이다.
④ 직업선택은 청년기 발달과업이고, 도덕성이 발달하기 시작하는 시
　기는 학령전기(혹은 유아기)부터이다.
⑤ 장년기가 된 자녀는 노인이 된 부모를 부양하며 역할전도를 경험하
　게 된다. 또한 장년기는 직업생활에 따른 성취를 얻는 시기이기두
　하다.

청소년기(13~19세)의 설명으로 옳은 것을 모두 고른 것은?

> ㄱ. 구체적 조작기 사고에서 형식적 조작기 사고로 전환된다.
> ㄴ. 모든 사람이 자신에게 관심을 가지고 있다고 생각하는
> 　 '개인적 우화'가 나타난다.
> ㄷ. 불안, 우울, 질투 등 부정적인 감정을 많이 경험하는 시
> 　 기이다.
> ㄹ. 도덕적 발달이 시작되는 시기이다.

① ㄱ, ㄴ, ㄷ　　　　　② ㄱ, ㄷ
③ ㄴ, ㄹ　　　　　　　④ ㄹ
⑤ ㄱ, ㄴ, ㄷ, ㄹ

답 ②

✔ 응시생들의 선택

① 69%	② 16%	③ 4%	④ 1%	⑤ 10%

ㄴ. 모든 사람이 자신에게 관심을 가지고 있다고 생각하는 것은 상상적
　 청중에 해당한다. 개인적 우화는 자신을 특별한 사람, 예외적 존재
　 라고 생각하는 것이다.
ㄹ. 아동의 도덕적 발달을 연구한 피아제와 콜버그는 아동의 도덕적 발
　 달이 각각 전조작기와 전인습적 도덕기부터 시작된다고 보았는데,
　 이는 유아기에 해당한다.

청소년기(13~24세)에 관한 설명으로 옳지 않은 것은?

① 급격한 신체변화와 더불어 인지적·정서적 변화가 일어
　난다.
② 추상적 사고, 가설적·연역적 사고, 은유에 대한 이해가
　가능하다.
③ 자아정체감을 형성하고 발달시키는 과정에서 정서적 동
　요를 경험하는 시기이다.
④ 일차적 성 특징이 나타나는 시기이다.
⑤ 주변인으로서의 특성을 보인다.

답 ④

✔ 응시생들의 선택

① 4%	② 3%	③ 4%	④ 54%	⑤ 35%

④ 청소년기에는 2차 성징이 나타난다. 1차 성징은 사춘기 전부터 존재
　했고 사춘기에 부다 성숙해지는 것이므로 일차적 성 특징이 이 시기
　에 나타난다는 표현은 틀린 표현이다.

다음 내용이 **왜 틀렸는지**를 확인해보자

22-01-18

01 청소년기는 신체적 성장이 급속히 이루어진다는 점에서 **제1의 성장급등기**라고 한다.

> 제2의 성장급등기라고 한다. 제1의 성장급등기는 영아기(0~2세)에 해당한다.

13-01-18

02 질풍노도의 시기, 심리적 이유기, 주변인 시기, **제1반항기**, 성장급등기 등은 청소년기를 일컫는다.

> 제1반항기는 걸음마기에 해당한다. 유아기에는 부모와 자신이 별개의 존재라는 사실을 인식하기 시작하면서 자기주장이 강해져 반항적 행동을 보인다는 점에서 제1의 반항기라고 칭한다.

03 <u>피아제</u>는 청소년기에 성취해야 할 발달과업으로 자아정체감 형성을 제시하였다.

> 청소년기 발달과업으로 자아정체감을 제시한 학자는 에릭슨에 해당한다. 피아제는 청소년기를 형식적 조작기로 설명한 학자이다.

11-01-16

04 <u>청소년기</u>는 또래집단에서 단체놀이를 통해 상대를 존중하고 규칙과 예절을 배운다.

> 아동기의 특징이다.

19-01-20

05 청소년기의 성적 성숙에는 개인차가 있기 때문에 **발달의 순서가 일정하지 않다.**

> 성적 성숙에 개인차는 있지만 발달의 순서는 일정하다.

06 청소년기에는 신체의 외형적 성장이 급속하게 일어나지만, **신체 내부의 성장 속도는 다소 둔화된다.**

> 신체 외부뿐만 아니라 신체 내부의 발달도 크게 나타난다. 특히 간기능과 폐활량, 소화기능이 현저히 발달하며, 내분비선의 발달로 지방이 과다해져서 여드름이 발생한다.

빈칸에 들어갈 알맞은 말을 채워보자

11-01-16

01 에릭슨은 청소년기의 심리사회적 위기를 (　　　　　　) 대 역할혼란으로 보았다.

17-01-21

02 청소년기(13~19세)는 피아제 이론에서 (　　　　　　)에 해당한다.

10-01-26

03 (　　　　　　)은/는 청소년기에 나타나는 자기중심성 중 하나로 모든 사람이 자신에게 관심을 가지고 있다고 생각하는 것이다.

04 청소년기를 일컫는 말 중 (　　　　　　)은/는 이 시기에 호르몬의 변화로 급격한 신체적, 성적 성숙이 일어남을 표현하는 것이다.

05 청소년기는 아동기에서 성인기로 전환하는 과도기로, 아동도 아니고 성인도 아니라는 점에서 (　　　　　　)(이)라 부르기도 한다.

06 마르시아는 (　　　　　　)와/과 전념을 기준으로 자아정체감을 4가지 범주로 구분했다.

12-01-24

07 청소년기에 자신의 삶에 대하여 고민하며 다양한 정보를 수집하고 탐색하는 행동을 지속하지만, 여전히 불확실한 상태로 선택과 결정을 하지 못한 채 구체적인 과업에 몰입하지 못하는 상태는 마르시아의 자아정체감 유형 중 정체감 (　　　　　　)에 해당한다.

08 (　　　　　　)은/는 청소년기에 부모의 지지와 승인을 필요로 하면서도 부모의 통제를 벗어나려 하며, 친구 혹은 자기자신에게 의존하려는 경향을 말한다.

09 (　　　　　　)은/는 청소년기가 최종의 정체감을 성취하기 이전에 갖는 일종의 자유 시험기간임을 나타낸다.

답 01 자아정체감　**02** 형식적 조작기　**03** 상상적 청중(상상 속 관중)　**04** 사춘기　**05** 주변인　**06** 위기　**07** 유예　**08** 심리적 이유　**09** 심리사회적 유예기

다음 내용이 **옳은지 그른지** 판단해보자

01 청소년기(13~19세)에는 자기개념의 발달이 시작되고 자기효능감이 급격히 증가한다.

02 청소년기는 애착대상이 부모에서 친구로 이동한다.

03 청소년기에는 가설을 통한 연역적 사고와 논리적 추론이 가능하다.

04 1차 성징은 성적 성숙의 생리적 징후로서 여성의 가슴 발달과 남성의 넓은 어깨를 비롯하여 변성, 근육 발달 등의 변화가 나타나는 것을 말한다.

05 청소년기는 힘과 기술이 향상되지만 신체적 성장 속도는 둔화된다.

06 청소년기는 이상적 자아와 현실적 자아의 괴리로 인해 갈등과 고민이 많은 시기이다.

07 청소년기에는 이성이 새로운 관심의 대상이 되어 동성이 아닌 이성과의 친밀한 관계를 성취하려고 한다.

08 청소년기는 성역할 정체감이 완성되는 시기이다.

09 청소년기(13~19세)의 주요 발달과업으로는 생산성, 서열화 등을 꼽을 수 있다.

답 01 ✕ 02 ○ 03 ○ 04 ✕ 05 ✕ 06 ○ 07 ✕ 08 ✕ 09 ✕

해설 **01** 자기개념의 발달이 시작되고 자기효능감이 급격히 증가하는 시기는 아동기이다.

04 1차 성징은 사람이 처음 태어났을 때 생식기(생식기관)만으로 남자와 여자를 구분짓는 것을 말하며, 특별한 몸의 변화가 나타나지는 않는다.

05 청소년기는 신체적 성장과 발달이 급격하게 진행되어 골격이 완성되는 제2성장 급등기이다.

07 청소년기에는 이성이 새로운 관심의 대상이 되어 다양한 시도를 해보는 시기이지만 대체로 동성과의 관계가 더 강하고 중요하다. 이성과의 친밀한 관계를 성취하는 것은 청년기의 특징이다.

08 성역할 정체감이 완성되는 시기는 청년기이다.

09 생산성은 장년기의 발달과업이고, 서열화는 아동기의 발달과업이다. 청소년기(13~19세)의 주요 발달과업은 자아정체감 확립이다.

청년기

청년기의 발달과업에 대해 살펴본다. 학자들마다 연령 및 발달과업이 조금씩 다르긴 하지만, 대체로 직업선택 및 직업활동 시작, 사회적 관계 형성, 배우자 선택 및 결혼 등과 관련된 발달과업이 제시되고 있다.

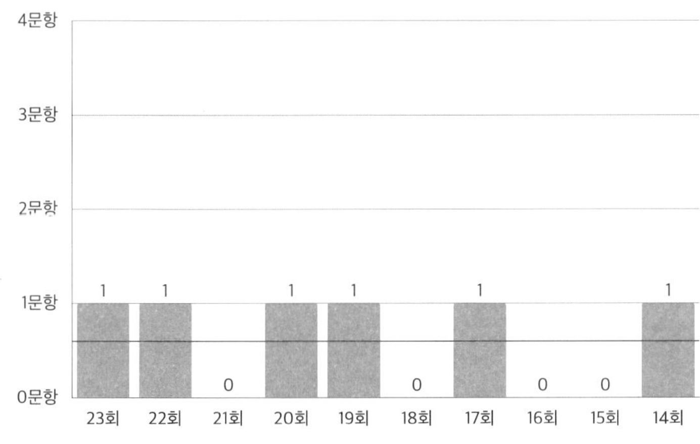

평균 출제문항수

024 청년기

강의 QR코드

1회독	**2**회독	**3**회독
월 일	월 일	월 일

최근 10년간 **6문항** 출제

복습 1 이론요약

 23회 기출  22회 기출  20회 기출  19회 기출

청년기의 특징

- <u>가족으로부터 독립</u>을 준비해야 하며, **직업을 선택하고 경력**을 쌓아야 한다.
- 신체적 성숙이 거의 완성되며 신체적 기능이 최고조에 달한다.
- **성역할 정체감이 완성**되는 시기이다.
- 직업과 배우자 선택, 자녀 양육 등으로 스트레스를 받는다.
- 에릭슨의 <u>친밀감 대 고립감의 위기 단계</u>에 해당한다.

기본개념

인간행동과 사회환경
pp.278~

신체발달

- 최상의 신체적 상태를 유지하며, 전 생애에 있어서 활기, 힘, 건강이 최고조 수준에 달한다.
- 근육 및 내부기관은 만 19세에서 26세 사이에 최고조에 이른다.
- 신체적 능력과 기술을 규칙적으로 사용하면 청년기 이후에도 기능이 지속된다.

인지발달

- 청년기의 인지발달에 대해서는 아직 학자들 간에 합의된 바가 없다.
- 피아제는 청소년기에 형식적 조작사고가 발달한 이후 거의 인지발달이 이루어지지 않는다고 보는 반면, 그 이후에도 인지발달이 지속적으로 이루어진다고 보는 학자들도 있다.
- 일반적으로는 아동기와 마찬가지로 피아제의 이론적 틀인 형식적 조작사고가 중심이 되어 설명되는 경우가 많다.

사회정서발달

- **부모로부터 정서 및 경제적 독립**을 하는 것이 주요 발달과제이며, <u>부모로부터 독립에 대한 갈망과 분리에 대한 불안이라는 양가감정을 갖기도 한다</u>.
- 직업을 통해 경제적으로 자립하고 자신의 인생을 개척해 나가면서 자아실현을 하는 시기이다.
- 결혼을 하고 자녀를 낳아 부모가 되면서 인생에 정착하는 시기이다.
- **성역할 정체감이 확고해지는 성적 사회화 과정**을 겪는다.

- 에릭슨의 발달단계 중 성인초기(20~24세)에 해당하며, 친밀감(intimacy) 형성이 주요 과제이다.
- 가족 외의 다른 사람들과 친밀한 관계를 형성하는 것은 자신의 정체성을 잃을지도 모른다는 두려움 없이 타인과 개방적이고 지지적이며 조화로운 관계를 형성하는 능력이다.
- 친밀감 형성을 위해서는 감정이입능력, 자기통제능력, 타인의 장단점을 수용하는 능력을 갖추어야 한다.
- 청소년기에 긍정적인 자아정체감을 확립한 사람은 좀 더 쉽게 타인과의 친밀한 관계를 형성하지만, 그렇지 못한 사람은 자신감을 갖지 못하므로 타인과의 사회적 관계에서 고립감을 느끼게 되어 자기 자신에게만 몰두하게 된다.

기출문장 CHECK

01 (23-01-22) 청년기(20~39세)는 부모로부터 독립하고자 하는 갈망과 분리에 대한 불안이라는 감정을 동시에 갖는 양가감정이 나타난다.

02 (22-01-20) 청년기(20~39세)는 직업 준비와 직업선택에 대한 의사결정을 하는 시기이다.

03 (20-01-22) 청년기(20~39세)는 부모로부터 심리적, 경제적으로 독립하여 자율성을 성취하는 시기이다.

04 (20-01-22) 청년기(20~39세)는 개인적 욕구와 사회적 욕구 사이에 균형을 찾아 직업을 선택하는 시기이다.

05 (20-01-22) 청년기(20~39세)는 타인과의 관계에서 친밀감을 형성하면서 결혼과 부모됨을 고려하는 시기이다.

06 (20-01-22) 청년기(20~35세)에는 자기부양 능력을 갖추어야 하는 시기이다.

07 (19-01-21) 하비거스트(R. Havighurst)는 청년기(20~35세)의 발달과업으로 배우자 선택, 직장생활 시작, 사회적 집단 형성, 직업의 준비와 선택 등을 제시하였다.

08 (17-01-22) 청년기(20~35세)에는 친밀감 형성과 성숙한 사회관계 성취가 중요하다.

09 (14-01-19) 청년기(20~34세)의 주요 발달과업은 진로 및 직업 선택, 혼인 준비 등이다.

10 (11-01-07) 성인초기(20~34세)에는 삶과 직업에 관한 목표와 희망을 명확하게 정의해야 한다.

11 (10-01-27) 청년기(20~35세)는 신체적 기능이 최고조에 달하며 이를 정점으로 쇠퇴하기 시작하는 시기이다.

12 (08-01-28) 청년기는 부모로부터 독립하여 자율성을 찾는 과정에서 양가감정을 경험한다.

13 (07-01-01) 청년기(성인초기, 19~29세)의 주요 발달과업은 직업의 선택이다.

14 (06-01-23) 청년기(성인초기)를 대상으로 예비부부 프로그램, 사회체험, 예비부모체험, 직장체험 등의 프로그램을 실시할 수 있다.

15 (05-01-23) 청년기에는 결혼과 부모역할을 준비한다.

16 (04-01-21) 청년기·성인초기에는 부모와 다른 성인들로부터 정서적으로 독립한다.

17 (04-01-22) 청년기의 친밀성은 이성교제와 결혼에 미치는 심리적 요인이다.

18 (02-01-18) 청년기 친밀감을 성취하는 데 있어서 또래는 사회적 관계의 장이 된다.

19 (01-01-06) 청년기(성인초기)에는 직업선택, 결혼이라는 과업을 수행한다.

대표기출 확인하기

23-01-22 · 인간행동과 사회환경 · 난이도 ★★★

청년기(20~39세)의 발달에 관한 설명으로 옳은 것은?

① 자아통합이 완성되는 시기로 삶 전체에 대한 평가를 시도한다.
② 전환적 추론이 가능해진다.
③ 부모로부터의 독립에 대한 양가감정에서 해방된다.
④ 피아제(J. Piaget)는 구체적 조작 사고가 발달한다고 보았다.
⑤ 에릭슨(E. Erikson)은 친밀감 대 고립의 심리사회적 위기가 발생한다고 보았다.

▶ 알짜확인

- 청년기의 특징을 이해해야 한다.
- 청년기의 주요 발달 및 발달과업을 파악해야 한다.

답 ⑤

✔ 응시생들의 선택

① 2%	② 6%	③ 13%	④ 2%	⑤ 77%

① 자아통합이 완성되는 시기로 삶 전체에 대한 평가를 시도하는 단계는 노년기이다.
② 전환적 추론이란 전조작기 유아의 특성으로서 귀납적·연역적 추론을 하지 못하고 두 현상 간에 아무런 관계가 없는데도 특정 사건으로부터 다른 특정 사건을 비약적으로 추론하는 전개념적 사고단계의 특징이다.
③ 청년기는 제2의 양가감정이 나타나는 시기이다. 즉, 부모로부터 독립하고자 하는 갈망과 분리에 대한 불안이라는 감정을 동시에 갖는 시기이다.
④ 청년기는 피아제의 형식적 조작기의 사고가 발달하는 시기이다.

관련기출 더 보기

22-01-20 · 난이도 ★★★

청년기(20~39세)에 관한 설명으로 옳은 것은?

① 에릭슨(E. Erikson)은 근면성의 발달을 중요한 과업으로 보았다.
② 다른 시기에 비하여 경제적으로 안정되어 있고 직업에서도 높은 지위와 책임을 갖게 된다.
③ 빈둥지 증후군을 경험하는 시기이다.
④ 또래와의 상호작용을 통하여 자아개념이 발달하기 시작한다.
⑤ 직업 준비와 직업선택에 대한 의사결정을 하는 시기이다.

답 ⑤

✔ 응시생들의 선택

① 2%	② 3%	③ 2%	④ 1%	⑤ 92%

① 에릭슨은 친밀성의 발달을 중요한 과업으로 보았다. 근면성의 발달은 학령기에 해당한다.
② 청년기는 아직 직업을 찾고 자신의 위치를 만들어가는 시기이다.
③ 빈둥지 증후군을 경험하는 시기는 중년기에 해당한다.
④ 또래와의 상호작용을 통하여 자아개념이 발달하기 시작하는 시기는 유아기(3~6세)에 해당한다.

17-01-22 · 난이도 ★★☆

청년기(20~35세)에 관한 설명으로 옳지 않은 것은?

① 부모로부터의 독립에 대한 양가감정에서 해방된다.
② 직업의 준비와 선택은 주요한 발달과업이다.
③ 사랑하고 보살피는 능력이 심화되는 시기이다.
④ 사회적 성역할 정체감이 확립되는 시기이다.
⑤ 친밀감 형성과 성숙한 사회관계 성취가 중요하다.

답 ①

✔ 응시생들의 선택

① 63%	② 1%	③ 16%	④ 18%	⑤ 2%

① 청년기는 부모로부터 정서 및 경제적 독립을 하는 것이 주요 발달과제 중 하나이지만, 부모로부터 독립하는 것에 대한 갈망과 분리에 대한 불안이라는 양가감정을 갖기도 한다.

청년기(20~34세)에 관한 설명으로 옳지 않은 것은?

① 신체적 기능이 최고조에 달하는 시기이다.
② 주요 발달과업은 진로 및 직업 선택, 혼인 준비 등이다.
③ 발달과업에서 신체적 요소보다는 사회문화적 요소를 중요시한다.
④ 아동기 이후 인생의 과도기로서 신체적·성적 성숙이 빠르게 진행된다.
⑤ 에릭슨(E. Erikson)의 발달단계에서 친밀감 대 고립감에 해당하는 시기이다.

답 ④

✔ 응시생들의 선택

① 1%	② 0%	③ 4%	④ 89%	⑤ 6%

④ 청년기에는 신체적 성숙이 거의 완성되며 신체적 기능이 최고조에 달하고, 성역할 정체감이 완성되는 시기이다.

청년기(20~35세)의 설명으로 옳은 것은?

① 제2성장 급등기이다.
② 또래집단의 영향력이 가장 큰 시기이다.
③ 질병으로 인한 사망률이 높아지는 시기이다.
④ 신체적 기능이 최고조에 달하며 이를 정점으로 쇠퇴하기 시작하는 시기이다.
⑤ 단기기억력은 약화되기 시작하지만 장기기억력은 변화하지 않는 시기이다.

답 ④

✔ 응시생들의 선택

① 6%	② 4%	③ 1%	④ 88%	⑤ 1%

① 제2의 성장급등은 청소년기에 일어난다.
② 또래집단의 영향력이 가장 큰 시기는 청소년기이다.
③ 질병으로 인한 사망률이 높아지는 시기는 장년기이다.
⑤ 단기기억력은 저하되지만 장기기억력에는 변화가 없는 시기는 장년기와 노년기의 인지특징에 해당된다.

성인초기(20~34세)에 관한 설명으로 옳지 않은 것은?

① 직업을 선택하고 경력을 쌓아야 한다.
② 타인과의 관계 속에서 친밀감을 형성한다.
③ 신체발달이 완성되며 매우 건강한 시기이다.
④ 자신의 과거에 대한 재평가를 통해 변화 가능성을 탐색해야 한다.
⑤ 삶과 직업에 관한 목표와 희망을 명확하게 정의해야 한다.

답 ④

✔ 응시생들의 선택

① 1%	② 4%	③ 2%	④ 91%	⑤ 2%

④ 자신의 과거에 대한 재평가를 통해 변화 가능성을 탐색해야 하는 시기는 장년기이다.

다음 중 청년기의 과업으로 맞는 것은?

① 구체적 조작기가 시작된다.
② 역할상실에 대한 대처가 가장 중요한 시기이다.
③ 직업활동과 여가선용이 주요 발달과업으로 등장한다.
④ 또래집단에게 인정받으려는 욕구가 강한 시기이다.
⑤ 부모로부터 독립하여 자율성을 찾는 과정에서 양가감정을 경험한다.

답 ⑤

✔ 응시생들의 선택

① 1%	② 2%	③ 2%	④ 3%	⑤ 92%

① 구체적 조작기는 아동기에 해당한다.
② 역할상실에 대한 대처가 가장 중요한 시기는 노년기이다.
③ 여가선용이 주요 발달과업으로 등장하는 시기는 장년기와 노년기이다.
④ 또래집단에게 인정받으려는 욕구가 강한 시기는 아동기이다.

다음 내용이 **왜 틀렸는지**를 확인해보자

01 에릭슨은 청년기의 위기로 **신뢰감 대 불신감**을 제시하였다.

> 에릭슨은 청년기의 위기로 친밀감 대 고립감을 제시하였다. 신뢰감 대 불신감은 유아기(출생~18개월)에 해당한다.

`14-01-19`

02 **청년기**는 아동기 이후 인생의 과도기로서 신체적·성적 성숙이 빠르게 진행된다.

> 청년기가 아닌 청소년기에 해당한다.
> 인간의 신체적 성장과 성숙은 청년기에 거의 완성되어 체력이 절정에 달하며 최상의 신체적 상태를 보인다.

`10-01-27`

03 **청년기**는 단기기억력은 약화되기 시작하지만 장기기억력은 변화하지 않는 시기이다.

> 단기기억력은 저하되지만 장기기억력에는 변화가 없는 시기는 중년기와 노년기이다.

04 청년기에 자신의 성역할에 대한 정체감이 확고해지는 과정을 **심리적 이유기**라고 한다.

> 자신의 성역할에 대한 정체감이 확고해지는 과정을 성적 사회화라고 한다. 성적 사회화의 요소로는 자신이 선호하는 성적 대상을 선택하는 것, 성역할 정체감을 확립하는 것, 적절한 성인의 성역할을 학습하는 것, 성행위에 대해서 이해하고 그 지식을 습득하는 것 등이 있다.

`02-01-18`

05 청년기 친밀감을 성취하는 데 가장 중요한 관계는 **부모**이다.

> 청년기 친밀감을 성취하는 데 가장 중요한 관계는 우정 및 애정의 관계이다.

`22-01-20`

06 청년기는 에릭슨의 발달단계 중 성인초기(20~24세)에 해당하며 **자아정체감 형성이 주요 과제**이다.

> 청년기는 에릭슨의 발달단계 중 성인초기(20~24세)에 해당하며 친밀감 형성이 주요 과제이다.

07 에릭슨은 청년기의 발달과업으로 배우자 선택, 직장생활 시작, 사회적 집단 형성, 직업의 준비와 선택 등을 제시하였다.

> 하비거스트는 청년기의 발달과업으로 배우자 선택, 직장생활 시작, 사회적 집단 형성, 직업의 준비와 선택 등을 제시하였다.

08 에릭슨은 청소년기의 자아정체감 확립이 청년기의 친밀감 형성에 **영향을 주지 않는**다고 보았다.

> 에릭슨은 청소년기에 긍정적인 자아정체감을 확립한 사람은 청년기에 좀 더 쉽게 타인과 친밀한 관계를 형성한다고 보았다.

09 청년기(20~35세)의 주요 발달과업은 친밀감, **서열화** 등이 있다.

> 서열화는 특정한 속성이나 특징을 기준으로 하여 사물을 순서대로 배열하는 능력을 말한다. 아동기, 피아제의 구체적 조작기에 나타나는 특징이다.

빈칸에 들어갈 알맞은 말을 채워보자

01 청년기는 부모로부터 독립하는 것에 대하여 독립에 대한 갈망과 분리에 대한 불안이라는 (　　　　　)을/를 갖기도 한다.

02 청년기의 주요한 사회적 발달과제로서, (　　　　　)은/는 청년기 친밀성과 성숙한 사회관계 성취의 중심에 있다.

03 청년기의 주요 과업 중 하나인 (　　　　　)은/는 단순히 경제적 이유뿐만 아니라 자아개념에도 영향을 미치는 중요한 요인 중 하나이다.

답　**01** 양가감정　**02** 결혼　**03** 직업선택

다음 내용이 옳은지 그른지 판단해보자

01 성인초기에는 자신의 과거에 대한 재평가를 통해 변화가능성을 탐색해야 한다. 

02 급속한 신체의 외형적 성장과 호르몬의 변화에 따른 생식능력을 획득한다. 

03 직업을 선택하고 나아가서 경력을 쌓고 발전시키는 것이 청년기의 발달과제이다. 

04 친밀감은 청년기 동안의 중요한 생활사건인 이성교제와 결혼에 영향을 미친다. 

05 친밀감 형성을 위해서는 감정이입능력, 자기통제능력, 타인의 장단점을 수용하는 능력을 갖추어야 한다. 

06 레빈슨은 성인 초기에는 젊음과 늙음, 남성성과 여성성 등 자아 내부에 존재하는 양극성을 통합해 가야 한다고 보았다. 

답 01× 02× 03○ 04○ 05○ 06×

해설 **01** 자신의 과거에 대한 재평가를 통해 변화가능성을 탐색하는 시기는 장년기이다.
02 급속한 신체의 외형적 성장과 호르몬의 변화에 따른 생식능력을 획득하는 시기는 청소년기이다.
06 성인 초기가 아닌 성인 중기(중년기)의 발달과제로 제시한 내용이다.

장년기

CHAPTER 12

이 장에서는

장년기에서는 융이 제시한 중년기(40~64세) 개성화 과정을 다시 한번 짚어보면서, 이 시기에 경험하는 갱년기의 특징이나 인지적·신체적 변화를 확인한다. 직업적 성취도가 가장 높은 인생의 전성기이지만, 성과에 대한 스트레스나 조기 실직의 문제도 있음을 이해해야 한다.

10년간 출제분포도

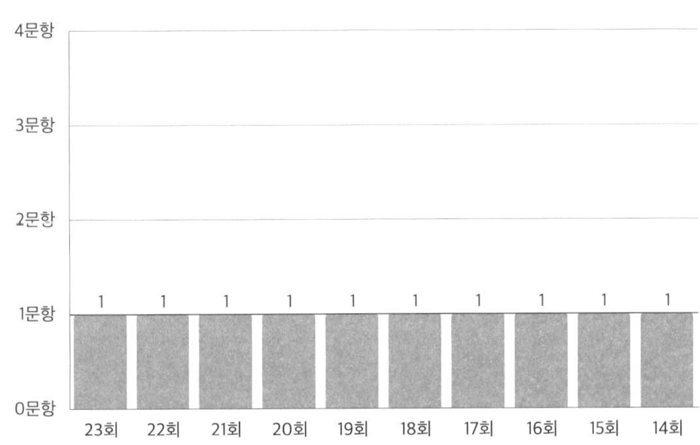

평균 출제문항수

장년기

강의 QR코드

1회독	2회독	3회독
월 일	월 일	월 일

최근 10년간 **10문항** 출제

 복습 1 이론요약

 23회 기출  22회 기출  21회 기출  20회 기출  19회 기출

장년기의 특징

- 질병으로 인한 사망률이 높아지는 시기이다.
- **단기기억력은 약화되기 시작하지만 장기기억력은 변화하지 않는** 시기이다.
- 유동성 지능은 감퇴하지만, 결정성 지능은 계속 증가하는 경향이 있다.
- 전반적인 신진대사의 둔화가 일어난다.
- 경제적 성취 시기로 **인생의 황금기**라고 하지만, 조기 실직에 대한 스트레스도 크다.
- 중년기 호르몬 변화로 **갱년기를 경험**하게 된다.

※ 갱년기의 특징

- 여성은 에스트로겐, 남성은 테스토스테론 감소
- 남녀 모두 성적 능력이 저하되며 갱년기를 경험하며, 여성은 폐경으로 생식능력을 상실
- 주요 증상: 홍조, 발한, 피로감, 짜증감, 우울감, 수면장애, 손발저림, 근육통, 관절염 등

기본개념

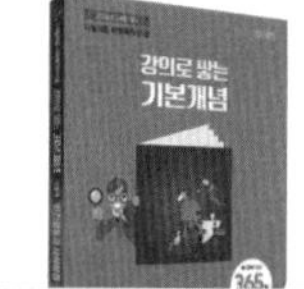
인간행동과 사회환경
pp.286~

신체발달

- 스트레스를 받거나 신체 한 부분에 기능 이상이 있은 후 **회복능력이 감소**한다.
- 심장기능의 저하, 위·장관에서의 효소 분비 저하, 변비와 소화불량의 위험, 신장기능 감소, 전립선 비대 등의 증상이 나타난다.
- 에너지 수준이 감소하고 신체적 작업능력이 저하된다.
- 고혈압을 비롯한 여러 **성인병의 위험에 노출**된다.

인지발달

- 정신적·신체적으로 적극적이지 못하여 **잠재 능력에 비해 수행 능력이 저하**된다.
- 창조적 생산성이 발달하며, 통합적 사고능력이 향상된다.
- 실제적인 **문제해결 능력이 정점**에 달한다.
- 자아의 에너지를 외적·물질적 차원으로부터 내적·정신적 차원으로 전환시키는 **개성화 현상**이 나타난다.
- **남자들은 여성적인 측면(아니마)**을, **여자들은 남성적인 측면(아니무스)**을 나타낸다.

사회정서발달

- 부부관계를 건강하고 활기 있게 유지하기 위해서 부부는 안정과 신뢰, 공감을 성취해야 한다.
- 자녀가 독립하는 시기에는 **빈둥지증후군으로 인해 우울증**과 같은 심리적 상태가 발생한다.
- 장년기 성인의 부모가 만성적인 질병이 있거나 부모 중 한 사람이 사망하는 등의 상황에 따라 부모와 자녀의 역할은 전환되어 장년기 자녀가 노년기의 부모를 부양하고 보살펴야 하는 **역할전도를 경험**하게 된다.
- 직업적 성취에 대한 열의가 가장 높기 때문에, 직업적 성공에 대한 스트레스도 많다.

장년기의 발달과제

▶ 에릭슨의 발달과업

- 에릭슨의 발달단계 중 **성인기(24~65세)에 해당하며, 생산성 대 침체의 심리사회적 위기**를 겪는다.
- 생산성이란 다음 세대를 이끌어 주고 돌봐주려는 일반적인 관심이다.
- 침체란 타인에게 거짓된 친밀성을 갖고 자기에게만 탐닉하는 것으로써, 자기만을 우선적으로 보호하는 것을 말한다.

▶ 펙의 발달과업

- 지혜에 가치를 부여하기 vs 물리적 힘에 가치를 부여하기: 현명한 선택을 할 수 있는 능력인 지혜 대신 육체적 힘을 중요시할 수도 있다.
- 대인관계의 사회화 vs 성적 대상화: 성 호르몬의 감소문제에 몰입하기보다는 폭넓고 개방적인 대인관계를 형성하고 사회화하는 데 관심을 기울일 필요가 있다.
- 정서적 유연성 vs 정서적 빈곤성: 다양한 이별을 통해 상실감을 경험하기 때문에 정서적으로 빈곤함을 경험할 수도 있다.
- 정신적 유연성 vs 정신적 경직성: 새로운 경험과 배움에 대해 폐쇄적인 태도를 취하기보다는 기존의 지식이나 경험과 통합하여 새로운 지혜를 창출하는 융통성을 발휘할 필요가 있다.

▶ 레빈슨의 발달과업

- 성인중기 혹은 장년기(40~60세)는 지혜와 판단력이 절정에 달하며 일에 몰두한다. 제자나 후배의 후견인으로서 그들을 지도하고 이끌어준다. 젊은 시절에 설정한 꿈과 현실 사이의 괴리를 발견하고 스스로 추구해오던 목표를 재평가하며, 노화의 증상과 신체능력의 감소를 경험한다.
- 전환기(40~45세): 젊음이 끝났다는 사실을 수용, 삶의 가치에 대한 재평가
- 초보 생애구조기(45~50세): 중년기 새로운 인생구조 만들기
- 전환기(50~55세): 중년기 생애구조 재평가
- 절정 생애구조기(55~60세): 중년기의 목표 실현, 완성

01 (23-01-23) 중년기(40~64세) 여성은 에스트로겐의 분비가, 남성은 테스토스테론의 분비가 감소한다.

02 (23-01-23) 중년기(40~64세)에 결정성(crystallized) 지능은 계속 발달한다.

03 (22-01-23) 에릭슨(E. Erikson)에 의하면 중년기(40~64세)에는 "생산성 대 침체"라는 심리사회적 위기를 극복하게 되면 돌봄(care)의 덕목을 갖추게 된다.

04 (21-01-10) 중년기(40~64세)에는 외부세계에 쏟았던 에너지가 자신의 내부로 향한다.

05 (20-01-23) 융에 따르면, 중년기(40~64세)에는 외부세계에 쏟았던 에너지를 자신의 내부에 초점을 두며 개성화의 과정을 경험한다.

06 (19-01-22) 융은 중년기(40~64세)에 관한 구체적인 개념을 발전시킨 학자이다.

07 (19-01-22) 레빈슨은 중년기(40~64세) 과업으로 성인 초기의 생애구조에 대한 평가, 중년기에 대한 가능성 탐구, 새로운 생애구조 설계를 위한 선택 등을 제시하였다.

08 (19-01-22) 에릭슨은 중년기를 생산성 대 침체성의 시기라고 하였다.

09 (18-01-23) 중년기(성인중기, 40~64세)는 에릭슨의 생산성 대 침체성의 단계에 해당된다.

10 (18-01-23) 중년기에는 결정성 지능은 계속 증가하지만 유동성 지능은 감소한다.

11 (18-01-23) 중년기에는 성인병 같은 다양한 신체적 질환이 많이 나타나고 갱년기를 경험한다.

12 (18-01-23) 중년기에 남성은 테스토스테론이, 여성은 에스트로겐의 분비가 감소되는 호르몬의 변화과정을 겪는다.

13 (17-01-23) 생산성 대 침체성, 빈둥지증후군, 개성화 등은 중장년기(36~64세)의 특성에 해당한다.

14 (16-01-24) 중년기 여성의 경우 에스트로겐의 분비가 감소되며 남성의 경우 테스토스테론의 분비가 감소된다.

15 (15-01-21) 펙은 장년기에 성취해야 할 발달과업으로 폭넓고 개방적인 대인관계의 형성과 사회화, 정서적·정신적 유연성 등을 제시하였다.

16 (14-01-16) 중년기(40~64세)에는 삶의 경험으로 인해 문제해결 능력이 높아질 수 있다.

17 (13-01-19) 중년기(40~64세)에는 사회적, 가정적으로 인생의 전성기이지만 갑작스러운 실직을 경험하기도 한다.

18 (12-01-06) 중년기(40~64세)에는 신체구조상 전반적인 신진대사의 둔화가 일어난다.

19 (11-01-27) 결정성 지능은 중년기에도 계속 발달한다.

20 (10-01-20) 중년기(40~64세)에는 기억의 감퇴현상이 나타나지만 문제해결능력은 높아질 수 있다.

21 (09-01-26) 중년기(40~64세)에는 생리적 변화와 함께 여성의 경우 홍조현상이 나타난다.

22 (08-01-29) 장년기(45~60세)에는 인지능력은 떨어지지만 경험에 의해서 문제해결능력은 높아진다.

23 (07-01-13) 중년기에는 생산성 대 침체의 심리사회적 위기가 나타난다.

24 (06-01-24) 성인 자녀들이 독립한 후 부부만 남은 상태에서 남편은 경제사회적 활동으로 바쁜 반면, 전업주부인 여성은 소외감과 심리적 어려움을 경험하는 현상을 빈둥지증후군이라 한다.

25 (05-01-24) 40~50세 연령층은 상황에 대한 가정을 바꾸기보다는 상황에 대한 사실을 바꾸는 경향이 있다.

26 (04-01-23) 중년기에는 신체기능이 저하된다.

27 (03-01-22) 중년기에 접어들면서 여성이 적극적이고 독립적으로 변해간다는 이론은 융의 심리분석이론이다.

28 (03-01-23) 중장년기의 발달과업으로는 자녀양육, 노인부양, 직장의 전환, 여가활동 개발 등이 있다.

29 (02-01-19) 중장년기에는 소득 감소, 건강에 대한 자신감 결여 등의 위기를 겪는다.

대표기출 확인하기

23-01-23   난이도 ★☆☆

중년기(40~64세)에 관한 설명으로 옳은 것은?

① 에릭슨(E. Erikson)의 정체성 대 침체 단계에 해당한다.
② 갱년기는 남성에게는 나타나지 않는다.
③ 여성은 에스트로겐 분비가 증가하고, 남성은 테스토스테론 분비가 감소한다.
④ 시각, 청각, 미각, 후각 등의 감각기능이 가장 좋은 시기이다.
⑤ 결정성(crystallized) 지능은 계속 발달한다.

알짜확인

- 장년기의 주요 발달과업을 살펴보자.
- 장년기에서는 갱년기의 증상을 알아두는 것도 필요하다.
- 융의 개성화 과정, 에릭슨의 생산성 대 침체성 외에 레빈슨이나 펙 등의 학자들도 등장한 바 있다.

답 ⑤

응시생들의 선택

① 18%	② 0%	③ 6%	④ 1%	⑤ 75%

① 중년기는 에릭슨의 생산성 대 침체의 단계에 해당한다.
② 갱년기는 여성과 남성 모두에게서 나타난다.
③ 여성은 에스트로겐의 분비가, 남성은 테스토스테론의 분비가 감소한다. 즉, 여성과 남성 모두 호르몬의 분비가 감소한다.
④ 감각기능과 더불어 최상의 신체적 상태를 갖는 시기는 청년기이다.

관련기출 더 보기

22-01-23   난이도 ★☆☆

중년기(40~64세)의 설명으로 옳은 것은?

① 에릭슨(E. Erikson)에 의하면 "생산성 대 침체"라는 심리사회적 위기를 극복하게 되면 돌봄(care)의 덕목을 갖추게 된다.
② 유동성 지능(fluid intelligence)은 높아지며 문제해결능력도 향상될 수 있다.
③ 자아통합이 완성되는 시기로 자신의 삶에 대한 평가를 시도한다.
④ 갱년기 증상은 여성에게 나타나고 남성은 경험하지 않는다.
⑤ 융(C. Jung)에 의하면 남성에게는 아니무스가, 여성에게는 아니마가 드러나는 시기이다.

답 ①

응시생들의 선택

① 59%	② 14%	③ 17%	④ 2%	⑤ 8%

② 유동성 지능은 떨어지지만, 결정성 지능은 더 좋아진다.
③ 자아통합은 노년기의 발달과업이다.
④ 갱년기 증상은 성별을 불문하고 나타난다.
⑤ 남성이 억압시킨 여성성을 아니마(anima)라고 하고, 여성이 억압시킨 남성성을 아니무스(animus)라고 한다. 중년기 개성화 과정에서 억압했던 남성의 아니마와 여성의 아니무스가 중년기에 드러나게 된다.

중년기(40~64세)에 관한 설명으로 옳은 것은?

① 여성만이 우울, 무기력감 등 심리적 증상을 경험한다.
② 여성은 에스트로겐의 분비가 감소되고 남성은 테스토스테론의 분비가 증가된다.
③ 인지적 반응속도가 최고조에 달한다.
④ 외부세계에 쏟았던 에너지가 자신의 내부로 향한다.
⑤ 친밀감 형성이 주요 과업이며 사회관계망이 축소된다.

답 ④

응시생들의 선택

① 1%	② 4%	③ 5%	④ 85%	⑤ 5%

① 중년기 남녀 모두 심리적 증상을 경험할 수 있다.
② 중년기 여성은 에스트로겐의 분비가 감소되고 남성은 테스토스테론의 분비가 감소된다.
③ 중년기에는 신체적 능력의 감소와 더불어 인지적 능력이 감소된다는 견해와 인지적 능력은 감소되지 않으며 오히려 특정 측면의 인지능력은 강화된다는 견해가 대립되고 있다.
⑤ 친밀감 형성은 에릭슨의 발달단계 중 성인초기(청년기)에 해당한다.

중년기(성인중기, 40~64세)에 관한 설명으로 옳지 않은 것은?

① 에릭슨(E. Erikson)의 생산성 대 침체성(generativity vs stagnation)의 단계에 해당된다.
② 아들러(A. Adler)는 외부에 쏟았던 에너지를 자기 내부로 돌리며 개성화 과정을 경험한다고 본다.
③ 결정성 지능은 계속 증가하지만 유동성 지능은 감소한다고 본다.
④ 성인병 같은 다양한 신체적 질환이 많이 나타나고 갱년기를 경험한다.
⑤ 남성은 테스토스테론이, 여성은 에스트로겐의 분비가 감소되는 호르몬의 변화과정을 겪는다.

답 ②

응시생들의 선택

① 4%	② 50%	③ 37%	④ 3%	⑤ 6%

② 외부에 쏟았던 에너지를 자기 내부로 돌리며 개성화 과정을 경험한다고 본 것은 융이다.

중년기(40~64세)의 특징으로 옳은 것은?

① 학습 능력은 증가하나 문제해결 능력은 감소한다.
② 남성이 여성보다 더 뚜렷한 갱년기를 경험한다.
③ 정서 변화가 매우 심하여 전인습적 도덕기라고 부른다.
④ 시각, 청각, 미각, 후각 등의 감각 기능이 가장 좋은 시기이다.
⑤ 사회적, 가정적으로 인생의 전성기이지만 갑작스러운 실직을 경험하기도 한다.

답 ⑤

응시생들의 선택

① 33%	② 8%	③ 1%	④ 1%	⑤ 57%

① 학습 능력은 저하되지만, 오랜 경험을 통해 획득한 문제해결 능력은 높아진다.
② 여성이 더 뚜렷한 갱년기를 경험한다.
③ 콜버그의 전인습적 도덕기에 해당하는 것은 유아기이다.
④ 신진대사 활동이 둔화되고, 신체 기능의 쇠퇴가 일어나는 시기이다.

중년기(40~64세)의 설명으로 옳은 것은?

① 왕성한 직업활동을 수행하고 있으므로 직업전환에 필요한 기술 습득을 위한 교육은 필요하지 않다.
② 폐경기 여성은 여성호르몬인 안드로겐의 감소로 인하여 관상동맥질환과 골다공증이 발생하는 경우가 많다.
③ 자아통합이 완성된 시기이므로 자신의 삶과 미래를 평가하려고 한다.
④ 어휘력과 언어 능력이 저하되므로 학습과 경험을 통합하여 사고하는 능력이 저하된다.
⑤ 결정성 지능은 중년기에도 계속 발달한다.

답 ⑤

응시생들의 선택

① 3%	② 22%	③ 8%	④ 6%	⑤ 62%

① 중년기는 재취업, 이직, 창업 등에 관한 관심도 높은 시기이기 때문에 직업훈련, 고용알선 등의 복지 프로그램이 필요하다.
② 여성호르몬은 에스트로겐이다. 안드로겐은 남성호르몬이나 이와 비슷한 생리작용을 가지는 물질을 통틀어 이르는 말이다.
③ 자아통합이 완성되어 자신의 삶과 미래를 평가하려고 하는 시기는 노년기이다.
④ 중년기에는 보고, 읽고, 듣는 것을 자신의 학습과 경험으로 통합하여 사고하는 통합적 사고 능력이 향상된다.

다음 내용이 왜 틀렸는지를 확인해보자

13-01-19

01 장년기에는 학습 능력은 증가하나 문제해결 능력은 감소한다.

> 장년기에는 학습 능력은 저하되지만, 오랜 경험을 통해 획득한 문제해결 능력은 높아진다.

16-01-24

02 중년기에는 결정성(crystallized) 지능은 감소하고 유동성(fluid) 지능이 증가하는 인지변화를 경험한다.

> 중년기에는 유동성 지능은 떨어지지만, 결정성 지능은 더 좋아진다.
> 유동성 지능은 타고난 지능으로서 모든 유형의 문제해결에 동원되는 지능을 말하며, 결정성 지능은 교육이나 일상생활에서의 학습경험에 의존하는 지능을 말한다.

03 장년기에 남성은 **남성적인 측면의 발달**이, 여성은 여성적인 측면의 발달이 일어난다.

> 융의 성격발달이론에 의하면 장년기에 남성은 여성적인 측면의 발달이, 여성은 남성적인 측면의 발달이 이루어져 성격의 변화가 일어난다.

10-01-20

04 장년기는 에릭슨의 자아통합 대 절망 단계에 해당한다.

> 장년기는 에릭슨의 생산성 대 침체 단계에 해당한다.
> 자아통합 대 절망 단계는 노년기에 해당한다.

07-01-13

05 장년기에는 성격이 성숙되며 성역할 정체감이 확립된다.

> 성역할에 대한 정체감이 개념화되고 확고해지는 시기는 청년기에 해당한다.

06 장년기에는 **내향성과 수동성이 증가**하며 사회적 역할 축소 때문에 자부심이 저하된다.

> 내향성과 수동성이 증가하며 사회적 역할 축소 때문에 자부심이 저하되는 것은 노년기의 특징에 해당한다.

18-01-23

01 중년기의 남성은 테스토스테론, 중년기의 여성은 (　　　　)의 분비가 감소되는 호르몬의 변화과정을 겪는다.

12-01-06

02 장년기에는 남녀의 성적 능력이 저하되며 (　　　　)을/를 경험하게 된다.

03 (　　　　)은/는 장년기에 자아의 에너지를 외적·물적 차원으로부터 내적·정신적 차원으로 전환시키는 것을 의미한다.

22-01-23

04 융에 의하면 장년기 후기 남자들은 여성적인 측면을 보이는 아니마를, 여자들은 남성적인 측면을 보이는 (　　　　)을/를 나타낸다.

07-01-13

05 장년기에는 자녀의 독립 및 결혼으로 인해 우울증과 같은 심리적 상태인 (　　　　)이 나타난다.

 **답** **01** 에스트로겐　**02** 갱년기　**03** 개성화·개별화　**04** 아니무스　**05** 빈둥지증후군

다음 내용이 **옳은지 그른지** 판단해보자

09-01-26

01 생리적 변화와 함께 갱년기 여성의 경우 홍조현상이 나타난다. 

02 장년기에는 정서가 매우 강하고 변화가 심하며, 극단적인 정서를 경험한다. 

08-01-29

03 장년기에는 자신의 관심사와 타인의 관심사를 구분하지 못한다. 

04 아들러는 장년기에 남아 있는 무의식적인 성장 잠재력을 개발해야 한다고 했다. 

05 펙은 장년기에 폭넓고 개방적인 대인관계를 형성하고 사회화하는 데 관심을 기울일 필요가 있다고 발달과업을 제시하였다. 

답 **01** ○　**02** ×　**03** ×　**04** ×　**05** ○

해설 **02** 청소년기에는 정서가 매우 강하고 변화가 심하며, 극단적인 정서를 경험한다. 이러한 정서적 특성 때문에 청소년기를 질풍노도의 시기라고 부른다.

03 자신의 관심사와 타인의 관심사를 구분하지 못하는 것은 청소년기의 자아중심성을 의미한다.

04 융은 장년기에 남아 있는 무의식적인 성장 잠재력을 개발해야 한다고 했다.

노년기

노년기는 내향성, 수동성, 조심성, 경직성, 의존성, 우울성향, 과거 회상, 애착성향 등 성격변화 및 퇴직 이후 역할변화에 대한 이해가 필수이다. 또한 성공적인 노화와 관련하여 분리이론 및 활동이론을 살펴보고, 큐블러-로스가 제시한 비애과정 5단계(부-분-협-우-수)도 자주 출제된다.

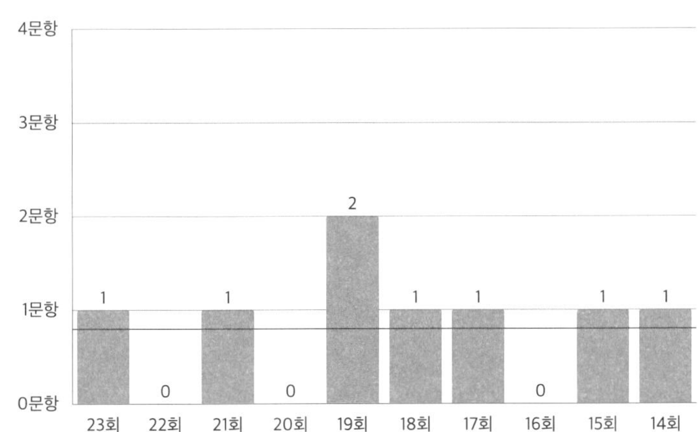

평균 출제문항수

026 노년기

강의 QR코드

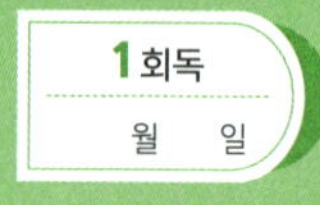 **1** 회독 월 일
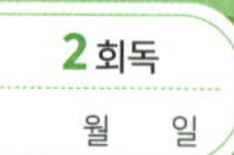 **2** 회독 월 일
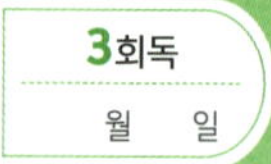 **3** 회독 월 일

최근 10년간 **8문항** 출제

복습 1 이론요약

 23회 기출  21회 기출  19회 기출

노년기의 특징

- **기능손상과 만성질환의 위험**으로 스트레스를 경험하기 쉽다.
- 전반적으로 반응속도가 저하되어 안전사고를 당할 가능성이 높다.
- **조심성, 경직성, 수동성, 내향성이 증가**한다.
- **자아통합 대 절망의 심리사회적 위기**를 경험한다.
- 노년기의 과업은 자신의 삶을 수용하는 것이다.
- 사회관계망의 축소로 인해 사회적 역할 변화를 경험한다.
- 사회적 역할의 축소는 고독과 소외를 초래하기도 한다.

기본개념

인간행동과 사회환경
pp.298~

신체발달

- 기민성과 민첩성이 떨어지며, 어깨는 굽고, 손발이 떨려 움직이기 어려워진다.
- 피부 건조와 주름이 늘면서 거칠어지기 때문에 촉각이 떨어진다.
- 어둠과 밝음의 상이한 수준에 적응할 수 있는 시력은 떨어지고, 색채 지각력 또한 줄어든다.
- 말은 느려지고 말을 멈추는 시간도 길고 잦아진다.
- 골다공증, 낙상이나 골절의 위험이 증가한다.
- 효소작용, 위액, 타액의 양이 줄어들어 소화가 힘들어진다.
- 폐의 크기가 줄어들어 산소섭취량(섭취율)이 줄어든다.
- 심장의 크기가 줄고 심장의 지방분이 늘어나며 심장근육은 늘어지며 말라붙는다.

인지발달

- 노인도 젊은이가 할 수 있는 것은 거의 할 수 있지만, 단지 그 속도가 느릴 뿐이다.
- 노년이라고 해서 인지능력이 반드시 감퇴하는 것은 아니다.
- 대부분의 지적 능력은 나이가 들더라도 유지된다. 지능 점수는 떨어지지만 이것이 지적 능력의 감소를 의미하는 것은 아니다.
- 새로운 정보를 축적하거나 정보를 처리하는 반응은 둔화되지만, 지식과 실용적 능력을 결합한 지혜가 발달한다.

성격발달

- 외부 사물이나 행동보다는 **내적인 측면에 관심과 주의**를 기울이며, 타인에 대한 **의존성이 증가**한다.
- 감각능력의 감퇴나 결정에 대한 자신감의 결여로 **확실한 것을 추구하려는 경향**이 강해진다.
- 자신에게 **익숙한 습관적 태도와 방법을 고수**한다.
- 질병, 배우자 사망, 경제사정 악화, 사회로부터의 고립, 일상생활에 대한 통제력 약화 등으로 **우울성향이 증가**한다.
- 과거 회상이 증가하면서 지금까지 해결하지 못한 것에 새로운 해결을 시도하고 새로운 인생의 의미를 발견하려 한다.
- 노화가 진행됨에 따라 **경제적 의존, 신체적 의존, 정서적 의존, 사회적 의존성이 전반적으로 증가**한다.

사회정서발달

- **직업역할을 상실**하므로 지위로 인한 위엄과 명예, 자아존중감, 삶의 만족도는 낮아진다.
- **퇴직으로 경제적 능력이 약화**되고, 이에 따라 사회적 지위도 점차 저하된다.
- 조부모로서의 역할을 통해 자신의 존재가치를 확인하고 상실감을 극복하며, 삶에 대한 의욕적인 자세를 가질 수 있다.
- **배우자 상실**은 슬픔이나 우울뿐만 아니라 극심한 혼란을 초래한다.

노년기의 발달과제

▶ 에릭슨의 발달과업

- 에릭슨의 발달단계 중 **노년기(65세 이후)에 해당하며, 자아통합 대 절망의 심리사회적 위기**를 겪는다.
- 자아통합은 자신의 인생을 수용하고 갈등, 실패, 실망과 성공, 기쁨, 보람을 전체의 삶 속에 통합시키는 것이다.
- 절망은 자기 과거에 대한 지속적인 후회를 의미한다.

▶ 하비거스트의 발달과업

- 신체적 힘과 건강 약화에 따른 적응
- 퇴직과 경제적 수입감소에 따른 적응
- 배우자의 죽음에 대한 적응
- 자기 동년배집단과의 유대관계 강화
- 사회적 역할을 융통성 있게 수행하고 적응하는 일
- 생활에 적합한 물리적 생활환경의 조성

성공적 노화이론

- **분리이론**: 노년기는 사회적 · 심리적으로 철회하는 선천적 경향을 갖는다. 장년기의 역할과 사회적 활동에서 스스로 물러나며 타인에 대한 관심도 감소한다.
- **활동이론**: 사회적 · 심리적 분리가 일어나기는 하지만, 성공적인 노화를 한 사람은 노년기에도 지속적으로 활동하고 사회에 참여한다.

큐블러-로스(Kübler-Ross) 모델

- **부인**: 사실로 받아들이지 않는다. 흔히 의사의 오진이라고 생각한다.
- **격노와 분노**: 왜 하필 자신에게 이런 일이 일어났냐며 가족이나 의료진에게 분노를 터뜨린다.
- **협상**: 상실의 전부 또는 일부를 다시 회복하여 어떤 불가사의한 힘과 협상하고자 한다.
- **우울**: 이별할 수밖에 없다는 데서 오는 우울증이 나타난다.
- **수용**: 사실을 받아들인다.

01 (23-01-24) 에릭슨(E. Erikson)은 노년기(65세 이상)에 심리사회적 위기를 극복하면 지혜라는 능력을 얻게 된다고 보았다.

02 (22-01-21) 노년기(65세 이상)에는 내향성과 수동성이 증가한다.

03 (21-01-20) 노년기(65세 이상) 주요 과업은 이제까지의 자신의 삶을 수용하는 것이다.

04 (21-01-20) 노년기에는 친근한 사물에 대한 애착이 많아진다.

05 (21-01-20) 노년기에는 내향성이 증가한다.

06 (21-01-20) 노년기에는 치매의 발병 가능성이 다른 연령대에 비해 높아진다.

07 (19-01-15) 큐블러-로스의 죽음과 상실에 대한 심리적 단계에서 자신의 죽음을 인정하고 가족과 함께 시간을 보내는 단계는 수용에 해당한다.

08 (19-01-23) 에릭슨은 노년기(65세 이상)의 발달과제로 자아통합이 중요하다고 주장하였다.

09 (19-01-23) 분리이론은 노년기를 노인 개인과 사회가 동시에 상호분리를 시작하는 시기로 보는 이론이다.

10 (19-01-23) 활동이론은 노년기를 잘 보내기 위해서는 은퇴와 같은 종결되는 역할들을 대치할 수 있는 활동을 발견하는 것이 중요하다는 이론이다.

11 (19-01-23) 큐블러-로스는 죽음과 상실에 대한 심리적 5단계를 제시하였다.

12 (18-01-24) 노년기(65세 이상)에는 시각, 청각, 미각 등의 감각기능이 약화되고, 생식기능 또한 점차 약화된다.

13 (18-01-24) 노년기의 주요 발달과업은 신체변화에 대한 적응, 인생에 대한 평가, 역할 재조정, 죽음에 대한 대비 등이다.

14 (18-01-24) 에릭슨은 노년기에 자아통합을 이루지 못하면 절망감을 느낀다고 보았다.

15 (18-01-24) 노년기에는 신장기능이 저하되어 신장질환에 걸릴 가능성이 증가하고, 방광이나 요도기능의 저하로 야간에 소변 보는 횟수가 증가한다.

16 (17-01-24) 큐블러-로스의 죽음에 대한 심리적 5단계: 부정 → 분노 → 타협 → 우울 → 수용

17 (15-01-24) 큐블러-로스가 제시한 '죽음의 직면단계'는 부정, 분노, 타협, 우울, 수용이 있다.

18 (14-01-18) 큐블러-로스가 주장한 인간이 죽음에 이르는 심리적 변화과정은 부정 → 분노 → 타협 → 우울 → 수용이다.

19 (13-01-20) 노년기(65세 이상)에는 중년기부터 나타나기 시작한 시각기능의 원시현상이 더욱 뚜렷해진다.

20 (12-01-20) 노년기(65세 이상)에는 단기기억보다 장기기억의 감퇴 속도가 느리다.

21 (11-01-13) 노년기(65세 이상)의 치매는 인지기능과 고등정신기능의 감퇴로 일상적 사회활동이나 대인관계에 지장을 준다.

22 (11-01-13) 노년기에는 일반적으로 단기기억 능력이 감퇴한다.

23 (11-01-13) 노년기에는 자아통합 대 절망의 심리사회적 위기를 경험한다.

24 (10-01-23) 노년기의 과업은 자신의 삶을 수용하는 것이다.

25 (10-01-23) 노년기 사회적 역할의 축소는 고독과 소외를 초래하기도 한다.

26 (10-01-23) 노년기에는 기능손상과 만성질환의 위험으로 인한 스트레스를 경험하기 쉽다.

27 (10-01-23) 노년기(65세 이상)에는 전반적으로 반응속도가 저하되어 안전사고를 당할 가능성이 높다.

28 (09-01-21) 노년기(65세 이상) 시기의 위기를 잘 극복하면 지혜라는 자아특질을 얻게 된다.

29 (09-01-27) 성공적 노화의 조건으로 원숙한 성격, 신체적 건강, 경제적 안정, 사회적 지지 등이 있다.

30 (08-01-30) 노년기에는 '자기몰두'에서 '자기초월'이라는 심리적 조절이 필요하다.

31 (07-01-04) 노년기의 성격적 특성으로는 내향성 증가, 우울성향 증가, 경직성 증가 등이 있다.

32 (07-01-14) 노년기에는 자아통합을 해야 하고 성취하지 못하면 절망감을 가진다.

33 (06-01-25) 노년기(65세 이상)에는 우울 성향이 증가한다.

34 (05-01-25) 노년기에는 새로운 역할 습득 기회를 갖는다.

35 (04-01-24) 손자녀의 양육을 부모에게 맡기고 조부모의 역할에 충실하는 조부모 유형은 공식형이다.

36 (04-01-25) 노년기에는 사회적 지위와 역할이 감소된다.

37 (03-01-24) 노년기에는 부양가족으로부터의 학대, 노화로 인한 의료비 증가, 퇴직으로 인한 역할 및 지위 상실, 민첩성 감소로 인한 범죄피해 가능성 증가 등의 문제에 사회복지사가 개입해야 한다.

38 (03-01-25) 노년기의 심리적 주요과업은 죽음에 대한 수용, 자아통합 대 자아절망 등이 있다.

39 (02-01-21) 노년기에는 내향성 및 의존성이 증가한다.

대표기출 확인하기

노년기(65세 이상)에 관한 설명으로 옳지 않은 것은?

① 외향성이 증가한다.
② 노년기 사회적 역할과 관계망의 축소는 고독과 소외를 초래할 수도 있다.
③ 친근한 사물에 대한 애착이 증가한다.
④ 생에 대한 회상경향이 증가한다.
⑤ 에릭슨(E. Erikson)은 심리사회적 위기를 극복하면 지혜라는 능력을 얻게 된다고 보았다.

알짜확인

• 노년기의 성격변화, 신체적 기능 약화 등 주요 특징을 살펴두자.
• 에릭슨 이론에서 자아통합 대 절망이라는 심리사회적 위기를 경험하는 시기이다.
• 큐블러-로스가 제시한 비애과정 5단계도 꼼꼼히 기억해두어야 한다.

답 ①

✓ 응시생들의 선택

① 96%	② 0%	③ 2%	④ 0%	⑤ 2%

① 노년기에는 외향성이 증가하는 것이 아니라 내향성이 증가한다. 노년기에는 조심성의 증가, 경직성의 증가, 우울 성향의 증가, 생에 대한 회상경험, 친근한 사물에 대한 애착 증가, 성역할 지각의 변화, 의존성의 증가, 시간 전망의 변화 등의 특성이 있다.

관련기출 더 보기

노년기(65세 이상)에 관한 설명으로 옳지 않은 것은?

① 주요 과업은 이제까지의 자신의 삶을 수용하는 것이다.
② 생에 대한 회상이 증가하고 사고의 융통성이 증가한다.
③ 친근한 사물에 대한 애착이 많아진다.
④ 치매의 발병 가능성이 다른 연령대에 비해 높아진다.
⑤ 내향성이 증가한다.

답 ②

✓ 응시생들의 선택

① 6%	② 68%	③ 16%	④ 2%	⑤ 8%

② 노년기에는 융통성이 아닌 경직성이 증가하여 습관에 따라 행동하고 익숙한 방식으로 문제를 해결하는 경향이 크다.

노년기(65세 이상)에 관한 설명으로 옳지 않은 것은?

① 분리이론은 노년기를 노인 개인과 사회가 동시에 상호분리를 시작하는 시기로 보는 이론이다.
② 활동이론은 노년기를 잘 보내기 위해서는 은퇴와 같은 종결되는 역할들을 대치할 수 있는 활동을 발견하는 것이 중요하다는 이론이다.
③ 에릭슨(E. Erikson)은 노년기의 발달과제로 자아통합이 중요하다고 주장하였다.
④ 큐블러-로스(E. Kübler-Ross)는 죽음과 상실에 대한 심리적 5단계를 제시하였다.
⑤ 펙(R. Peck)의 발달과업이론은 생애주기를 중년기와 노년기로 구분하여 설명하였다.

답 ⑤

✓ 응시생들의 선택

① 33%	② 4%	③ 7%	④ 2%	⑤ 54%

⑤ 펙은 에릭슨의 자아통합 대 절망을 노년기의 주요 발달과업으로 인정하면서 에릭슨 이론의 발달단계 7단계와 8단계를 통합하여 7단계 이론을 주장하였다.

인생주기별 특징에 관한 설명으로 옳지 않은 것은?

① 영아기(0~2세)에는 주 양육자와의 안정된 정서적 신뢰관계가 다른 사람이나 사물과의 관계를 형성하는 데 영향을 미치고 이후의 사회적 발달의 밑바탕이 된다.
② 유아기(3~6세)는 사물을 정신적으로 표상할 수 있는 능력이 발달하여 가장놀이를 즐기며, 이는 사회정서발달에 영향을 미친다.
③ 아동기(7~12세)는 또래 친구들과 함께 많은 시간을 보내면서 정서 및 사회적 발달에 영향을 받아 도당기라고도 한다.
④ 청소년기(13~19세)는 또래집단의 지지를 더 선호함으로써 부모로부터 독립하려는 경향을 보인다.
⑤ 노년기(65세 이상)는 생물학적으로 노화를 경험하는 시기이면서 경제적으로 안정된 시기이므로 심리적 위기를 경험하지 않는다.

답 ⑤

응시생들의 선택

① 0%	② 1%	③ 1%	④ 3%	⑤ 95%

⑤ 노년기는 소득감소의 문제가 있으며, 자아통합 대 절망의 심리사회적 위기를 경험한다.

큐블러-로스(E. Kübler-Ross)의 죽음에 이르는 5단계에 관한 설명으로 옳지 않은 것은?

① 1단계: 죽음을 사실로 받아들이지 않고 부정한다.
② 2단계: 주변 사람들에게 화를 내며 분노한다.
③ 3단계: 죽음의 연기를 위해 특정 대상과 타협을 시도한다.
④ 4단계: 의사의 오진이라고 생각하며 죽음을 회피한다.
⑤ 5단계: 죽음을 수용하고 임종을 준비한다.

답 ④

응시생들의 선택

① 0%	② 2%	③ 6%	④ 91%	⑤ 1%

④ 의사의 오진이라고 생각하며 죽음을 회피하는 단계는 1단계인 부인(부정)의 단계에 해당한다.

큐블러-로스(Kübler-Ross)가 주장한 인간이 죽음에 이르는 심리적 변화과정은?

① 부정 → 분노 → 우울 → 타협 → 수용
② 부정 → 분노 → 타협 → 우울 → 수용
③ 부정 → 분노 → 타협 → 수용 → 상실
④ 분노 → 부정 → 상실 → 타협 → 수용
⑤ 분노 → 부정 → 우울 → 타협 → 수용

답 ②

응시생들의 선택

① 29%	② 66%	③ 0%	④ 1%	⑤ 4%

② 큐블러-로스는 '부인 → 격노와 분노 → 협상 → 우울 → 수용'이라는 죽음에 이르는 5개의 심리적 단계를 제시하였다.

노년기(65세 이상)의 특징으로 옳은 것은?

① 연령이 증가함에 따라 수면시간이 증가한다.
② 장기기억은 약화되지만 단기기억과 최근 기억은 강화된다.
③ 우리 사회는 노년기 연령규범에 대한 명확한 합의가 있다.
④ 제도적 지위와 역할은 늘어나며 비공식적 역할은 축소된다.
⑤ 중년기부터 나타나기 시작한 시각기능의 원시현상이 더욱 뚜렷해진다.

답 ⑤

응시생들의 선택

① 2%	② 48%	③ 14%	④ 2%	⑤ 34%

① 연령이 증가함에 따라 수면시간이 감소한다.
② 장기기억 능력보다 단기기억과 최근기억 능력이 약화된다.
③ 급격한 변화를 경험한 우리 사회는 아직 노년기에 적합한 연령규범에 대한 합의가 이루어지지 않고 있다.
④ 제도적 지위와 역할은 줄어들며 비공식적 지위와 역할은 크게 변화가 없지만, 희박한 지위와 역할은 증가하기도 한다.

노년기(65세 이상)의 특징으로 옳은 것은?

① 심리사회적 위기는 친밀감 대 고립감이다.
② 결정할 일이 너무 많아 심리적 유예기간이 필요한 시기이다.
③ IQ 검사에서 젊은 사람과 점수 차이를 보이지 않는다.
④ 단기기억보다 장기기억의 감퇴 속도가 느리다.
⑤ 경제적으로 안정된 시기이므로 심리적 위기를 경험하지 않는다.

답 ④

☑ 응시생들의 선택

① 6%	② 4%	③ 9%	④ 80%	⑤ 1%

① 에릭슨의 발달단계에 있어서 노년기의 발달과업은 자아통합이며 자아통합을 이루지 못하면 절망감을 느끼게 된다.
② 청소년기는 신체적으로 성인과 유사하게 발달하지만, 사회적으로는 성인의 역할과 책임을 요구하지는 않고 일정 기간 연기하는 것이 허락된다. 이처럼 청소년기는 외부의 요구로부터 잠시 벗어나서 정체감 형성을 위한 다양한 실험을 해볼 수 있는 시기이며, 이러한 특성으로 인해 심리사회적 유예라고 표현한다.
③ 노년기에는 IQ 검사에서 노인이 젊은 사람보다 다소 낮은 점수를 받는 경향이 있으며 나이가 들수록 점수는 점점 떨어진다.
⑤ 노년기에는 퇴직으로 인한 소득 감소로 경제적 어려움을 경험할 수 있다.

노년기(65세 이상)에 관한 설명으로 옳지 않은 것은?

① 자아통합 대 절망의 심리사회적 위기를 경험한다.
② 치매는 인지기능과 고등정신기능의 감퇴로 일상적 사회활동이나 대인관계에 지장을 준다.
③ 조심성, 경직성, 능동성, 외향성이 증가한다.
④ 남성노인은 생식기능이 저하되고 성교 능력이 저하되긴 하지만 여성보다는 기능 저하가 덜하다.
⑤ 일반적으로 단기기억 능력이 감퇴한다.

답 ③

☑ 응시생들의 선택

① 3%	② 1%	③ 86%	④ 8%	⑤ 2%

③ 노년기에 조심성과 경직성이 증가하는 것은 맞지만, 능동성과 외향성이 증가하는 것은 아니다. 노년기에 증가하는 것은 수동성과 내향성이다.

노년기(65세 이상)의 설명으로 옳은 것을 모두 고른 것은?

> ㄱ. 노년기의 과업은 자신의 삶을 수용하는 것이다.
> ㄴ. 사회적 역할의 축소는 고독과 소외를 초래하기도 한다.
> ㄷ. 전반적으로 반응속도가 저하되어 안전사고를 당할 가능성이 높다.
> ㄹ. 기능손상과 만성질환의 위험으로 인한 스트레스를 경험하기 쉽다.

① ㄱ, ㄴ, ㄷ   ② ㄱ, ㄷ
③ ㄴ, ㄹ   ④ ㄹ
⑤ ㄱ, ㄴ, ㄷ, ㄹ

답 ⑤

☑ 응시생들의 선택

① 47%	② 3%	③ 1%	④ 0%	⑤ 49%

⑤ 에릭슨은 노년기의 과업으로 자신의 과거 및 현재의 삶을 수용하고, 만족하며, 의미있게 생각하는 자아통합을 제시하였다(ㄱ). 그런데 노인의 사회적 지위와 역할의 상실을 당연시하는 사회분위기는 노인의 사회적 분리와 소외를 초래하는 경향이 있다(ㄴ). 또한 노년기에는 반응속도가 저하되어 안전사고를 유발할 가능성이 높아지며(ㄷ), 노년기에 이르면 신체적 기능의 저하로 인해 야기되는 만성질환으로 고통을 받을 가능성도 높아진다(ㄹ).

노년기(65세 이상)의 발달특성으로 옳지 않은 것은?

① 생에 대한 회상이 증가하고 융통성이 증가한다.
② 이 시기의 위기를 잘 극복하면 지혜라는 자아특질을 얻게 된다.
③ 친근한 사물에 대한 애착심이 강하고 수동성이 증가한다.
④ 자아통합의 과업을 달성해야 하는 시기이기도 하다.
⑤ 전반적인 성취도는 떨어지지만 지적 능력이 전적으로 떨어지지는 않는다.

답 ①

☑ 응시생들의 선택

① 87%	② 5%	③ 1%	④ 1%	⑤ 6%

① 노년기에는 생에 대한 회상이 증가하고, 경직성이 증가하여 자신에게 익숙한 습관적 태도와 방법을 고수하는 경향이 있으며, 이로 인해 학습 능력과 문제해결능력이 저하되는 것이 일반적이다.

정답훈련

다음 내용이 **왜 틀렸는지**를 확인해보자

12-01-20

01 노년기의 심리사회적 위기는 **친밀감 대 고립감**이다.

> 노년기 심리사회적 위기는 자아통합 대 절망이다.

02 펙(R. Peck)은 노년기에 심리적으로 적응해야 할 과업과 관련하여 **사회활동**, 신체초월, 자기초월 등을 제시하였다.

> 펙은 노년기에 심리적으로 적응해야 할 과업과 관련하여 자기분화, 신체초월, 자기초월 등을 제시하였다. 그 중 자기분화는 그동안 직업역할에 몰두하던 것에서 벗어나 퇴직 이후에는 다른 역할을 통해 자아정체감을 유지하는 것이 중요함을 의미한다.

21-01-20

03 노년기에는 내적인 측면보다는 **외부의 사물이나 행동적인 것에 관심을 기울이는 등 외향성이 증가**한다.

> 노년기에는 내적인 측면에 관심과 주의를 기울이는 등 내향성이 증가한다.

04 노년기에는 자신에게 익숙한 습관적 태도와 방법을 고수하면서도 **융통성**이 증가한다.

> 노년기에는 경직성이 증가한다.

15-01-24

05 큐블러-로스의 죽음의 직면단계: 부정 → **자학** → **타협** → **우울** → **분노**

> 부정 → 분노 → 타협 → 우울 → 수용

12-01-20

06 큐블러-로스가 제시한 죽음의 적응단계 중 **4단계**는 조건을 받아들이고 이겨내기 위해 노력한다.

> 4단계는 우울단계로 주변 사람과 일상생활에 대한 애착을 보이고 이런 것들과 이별해야 한다는 점 때문에 우울이 나타난다.

01 에릭슨은 노년기에 (　　　　　)을/를 이루지 못하면 절망감을 느낀다고 보았다.

`19-01-23`

02 (　　　　　)이론은 노년기를 잘 보내기 위해서는 은퇴와 같은 종결되는 역할들을 대치할 수 있는 활동을 발견하는 것이 중요하다는 이론이다.

`19-01-15`

03 "요양병원에 입원하고 있는 A씨는 간암 말기 진단을 받았다. 그는 자신이 죽는다는 것을 인정하고, 가족들이 받게 될 충격을 최소화하기 위해 만남과 헤어짐, 죽음, 추억 등의 이야기를 나누며 시간을 보내고 있다."는 사례는 큐블러-로스의 비애과정 중 (　　　　　)에 해당한다.

---

04 큐블러-로스가 제시한 인간이 죽음에 적응하는 5단계 중 첫 단계는 (　　　　　)단계이다.

`09-01-21`

05 노년기 시기에 위기를 잘 극복하면 (　　　　　)(이)라는 자아특질을 얻게 된다.

`12-01-20`

06 노년기에는 (①　　　　　)기억보다 (②　　　　　)기억의 감퇴 속도가 느리다.

 **답**　**01** 자아통합　**02** 활동　**03** 수용　**04** 부정　**05** 지혜　**06** ① 단기 ② 장기

다음 내용이 옳은지 그른지 판단해보자

01 `10-01-23` 노년기에는 전반적으로 반응속도가 저하되어 안전사고를 당할 가능성이 높다. ◎ ⊗

02 `06-01-25` 노년기에는 친근한 사물에 대한 애착이 감소한다. ◎ ⊗

03 노년기에는 죽음에 대한 수용이 주요 발달과업 중 하나이다. ◎ ⊗

04 `18-01-24` 노년기에는 시각, 청각, 미각 등의 감각기능이 약화되고, 생식기능 또한 점차 약화된다. ◎ ⊗

05 `06-01-25` 노년기에는 성역할 고정관념이 더욱 강화되는 양상을 보인다. ◎ ⊗

06 노년기에는 조부모로서의 역할을 수행함으로써 상실감을 극복할 수 있다. ◎ ⊗

07 노년기 대상 사회복지실천에서는 소득이 감소함에 따라 심리적인 위축이나 신체적 건강 문제가 발생할 수 있음을 이해해야 한다. ◎ ⊗

08 `09-01-27` 원숙한 성격, 신체적 건강, 경제적 안정, 사회적 지지 등을 통해 성공적인 노화를 이룰 수 있다. ◎ ⊗

09 노년기 삶의 유형은 개인의 성격, 건강상태, 경제적 상황, 학력수준, 가족관계 및 주변인물 등 다차원적 요인에 영향을 받는다. ◎ ⊗

답 01 ○ 02 ✕ 03 ○ 04 ○ 05 ✕ 06 ○ 07 ○ 08 ○ 09 ○

해설 02 노년기에는 친근한 사물에 대한 애착이 더 강해진다.
05 남성은 친밀성, 의존성, 관계지향성이 증가하는 반면, 여성은 공격성, 자기 주장, 자기중심성, 권위주의 성향이 상대적으로 높아진다.

외운다고 외워지나요?

외우지 않아도 **기억**에 **저장**되는 마법

『기출회독』의 키워드별 3단계 복습 시스템

핵심내용과 기출문장들을
알차게 확인하며
기본내용에 익숙해진다.

23회 시험까지 출제된
다양한 문제를 통해
기출유형에 익숙해진다.

이유확인, 괄호넣기, OX 등
퀴즈 문제를 풀어보며
정답찾기에 익숙해진다.

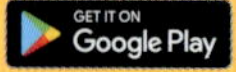
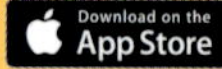

독자만족센터
대표전화 1688-4604 | 홈페이지 www.impass.co.kr

사회복지 전문출판 **나눔의집**

펴낸날 2025년 8월 31일 | **펴낸곳** 도서출판 나눔의집 | **편저** 사회복지교육연구센터 | **펴낸이** 박정희
주소 서울 금천구 디지털로9길 68, 1707호(가산동, 대륭포스트타워 5차)
등록번호 제320000015-355호 | **등록일자** 1998년 7월 30일
파본은 교환해 드립니다. 이 책에 실린 모든 글과 사진, 일러스트를 포함한 디자인 및 편집형태, 배포에 대한
권리는 도서출판 나눔의집에 있으므로 무단으로 전재하거나 복제, 배포할 수 없습니다.

사회복지사1급의 **모든 것**

나눔의집 수험서는 사회복지사1급 국가시험 1회~23회의 모든 기출문제 영역별 630문항, 총 5,040문항을 분석한 250개 핵심 키워드 및 내용을 바탕
으로 다양한 개념들을 체계적으로 정리하고 약점을 보강하여 실전에 더 강해질 수 있도록 구성하였습니다.

나눔의집 **사회복지사1급**

강의로 복습하는
기출회독

2영역

사회복지조사론

사회복지교육연구센터 편저

기출을 정복하는 **새로운 학습법!**

23개년 **기출 데이터** 완벽 분석

3회독 반복학습을 통한 **합격완성**

이 책의 강의를
수강권 등록일부터 **365일** 동안
무료로 제공합니다.

사회복지
전문출판 **나눔의집**

강의로 복습하는
기출회독

2영역

사회복지조사론

사회복지교육연구센터 편저

사회복지 전문출판 **나눔의집**

사회복지사1급, 이보다 완벽한 기출문제 분석은 없다!

1회 시험부터 함께해온 도서출판 나눔의집에서는 23회 시험까지의 기출문제를 모두 분석, 그동안 출제된 키워드를 정리하여 키워드별로 복습할 수 있도록 『기출회독』을 마련하였다.

최근 10년간 출제빈도를 중심으로 자주 출제된 키워드는 좀 더 집중력 있게 공부할 수 있도록 '빈출' 표시를 하였으며, 자주 출제되지는 않지만 언제든 출제될 가능성이 있는 키워드도 놓치지 않고 공부할 수 있도록 하였다.

10년간 출제되지 않았더라도 향후 출제가능성이 있다고 판단되거나 다른 키워드와 연계하여 봐둘 필요가 있다고 생각되는 경우에는 본 책에 포함하여 소개하였다.

기출문제를 풀어보는 것으로 그치는 것이 아니라 기출문제를 통해 24회 합격이 가능한 학습이 될 것이다.

키워드별 '3단계 복습'으로 효율적으로 공부하자!

『기출회독』은 키워드별 3단계 복습 과정을 제시하여 1회독만으로도 3회독의 효과를 누릴 수 있도록 구성하였다.

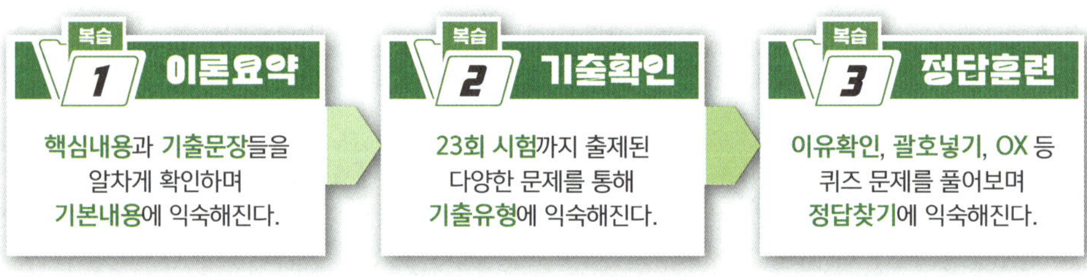

알림

- 이 책은 '나눔의집'에서 발간한 2026년 24회 대비 『기본개념』(2025년 3월 31일 펴냄)을 바탕으로 한다.
- 8회 이전 기출문제는 공개되지 않은 관계로 당시 응시생들의 기억을 바탕으로 검수 과정을 거쳐 기출문제를 복원하였다.
- <사회복지법제론>을 비롯해 법·제도의 변화와 관련된 기출문제의 경우 현재의 법·제도 내용이 반영될 수 있도록 수정하였다.
- 이 책에서 발생할 수 있는 오류 및 정정사항은 아임패스 내 '정오표' 게시판을 통해 확인할 수 있도록 게시할 예정이다.

강의로 복습하는 **기출회독** 사회복지조사론

10년간 데이터로 찾아낸 핵심키워드

여기에서 **99.6%** 출제

■ 빈출

장		키워드	출제문항수	23회 기출	3회독 체크
1장	027	과학적 방법의 특징 및 필요성	7	🏆	✓ ✓ ✓
	028	사회과학에서의 윤리	6		✓ ✓ ✓
	029	과학철학 및 패러다임	9		✓ ✓ ✓
	030	연역법과 귀납법	0		✓ ✓ ✓
	031	사회복지조사	3	🏆	✓ ✓ ✓
2장	032	조사의 유형	18	🏆	✓ ✓ ✓
	033	조사의 절차	3	🏆	✓ ✓ ✓
	034	분석단위	3		✓ ✓ ✓
3장	035	조사문제	5	🏆	✓ ✓ ✓
	036	가설	11	🏆	✓ ✓ ✓
	037	변수	11	🏆	✓ ✓ ✓
4장	038	조사설계의 타당도	14	🏆	✓ ✓ ✓
	039	인과관계의 논리	2		✓ ✓ ✓
5장	040	실험설계의 유형별 특징	17	🏆	✓ ✓ ✓
	041	실험설계의 특성	1		✓ ✓ ✓
6장	042	단일사례설계의 특성	6	🏆	✓ ✓ ✓
	043	단일사례설계의 유형별 특징	3		✓ ✓ ✓
7장	044	측정수준	11	🏆	✓ ✓ ✓
	045	측정의 신뢰도와 타당도	23	🏆	✓ ✓ ✓
	046	측정의 오류	6		✓ ✓ ✓
8장	047	척도화의 유형	7	🏆	✓ ✓ ✓
9장	048	표집방법	19	🏆	✓ ✓ ✓
	049	표본의 크기와 표본오차	9	🏆	✓ ✓ ✓
10장	050	서베이 방법의 특징	8		✓ ✓ ✓
	051	서베이의 유형	8	🏆	✓ ✓ ✓
11장	052	내용분석법	8	🏆	✓ ✓ ✓
	053	관찰법	2		✓ ✓ ✓
12장	054	욕구조사	6	🏆	✓ ✓ ✓
	055	평가조사	2		✓ ✓ ✓
13장	056	질적 연구의 특성	9		✓ ✓ ✓
	057	질적 연구의 유형과 방법	12	🏆	✓ ✓ ✓

※ 14장 조사계획서 및 조사보고서는 6회 시험 이후 출제되지 않아 기출회독 키워드에서 제외되었습니다.

들어가기 전에

이 장에서는
각 장마다 학습할 내용을 간략히 소개하였다.

10년간 출제분포도
이 책에서 키워드에 따라 분석한 기출문제 중 10년간 출제문항 수를 그래프로 구성하여 각 장의 출제비중이 얼마나 되는지, 어떻게 변화하고 있는지 등을 확인할 수 있다.

기출 키워드 확인

이 책은 기출 키워드에 따라 학습하도록 구성하였다. 특히 자주 출제된 키워드나 앞으로도 출제 가능성이 높은 키워드는 따로 '빈출' 표시를 하여 우선 배치하였다. 빈출 키워드는 전체 출제율과 최근 10개년간의 출제율을 중심으로 하되 내용 자체의 어려움, 다른 과목과의 연계성 등을 고려하여 선정하였다.

강의 QR코드
모바일을 통해 해당 키워드의 동영상 강의를 바로 볼 수 있다.

10년간 출제문항수
각 키워드에서 최근 10년간 출제된 문항수를 안내하여 출제빈도를 확인할 수 있도록 하였다.

5개년 기출회차
최근 5개년 기출회차를 표시하였다.

복습 1. 이론요약

요약 내용과 기출문장을 함께 담아 이론을 정답으로 연결하도록 구성하였다.

이론요약
주요 내용을 간략히 정리하였으며 부족한 내용을 보충할 수 있도록 기본개념서의 쪽수를 표시하였다.

기출문장 CHECK
그동안 출제되었던 기출문제의 문장들 중 꼭 알아두어야 할 문장들을 선별하여 제시하였다.

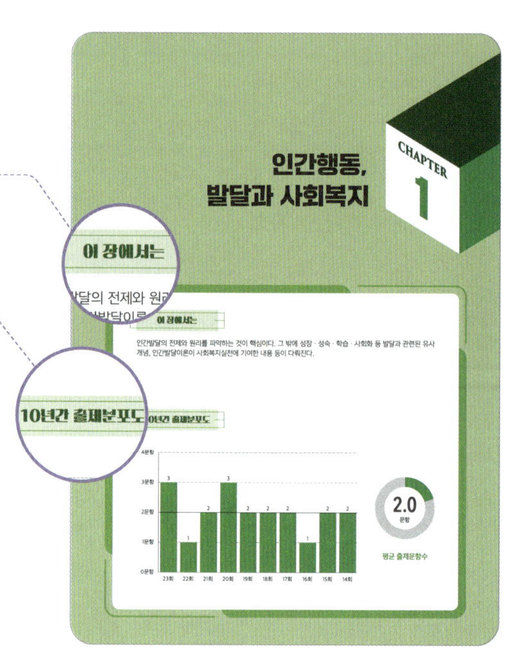

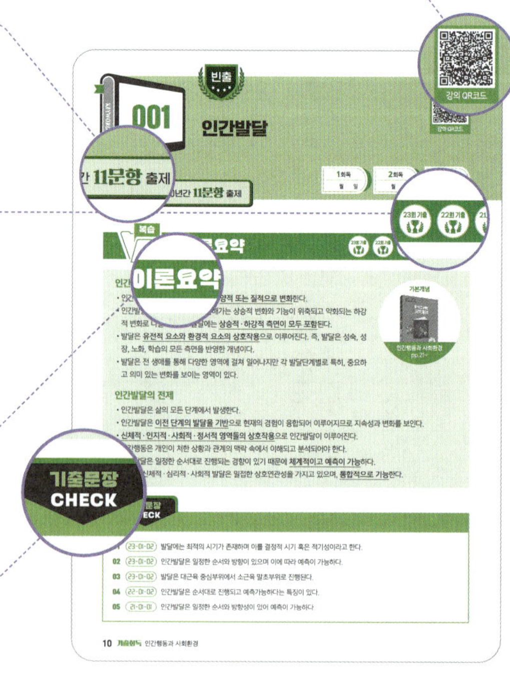

복습 2. 기출확인

바로 기출문제를 풀어보며 학습한 이론을 되짚어보도록 구성
하였다.

기출문제 풀기
다양한 유형의 문제를 최대한 접해볼 수 있도록 선정하였다.

알짜확인
해당 키워드에서 살펴봐야 할 내용들, 주의해야 할 사항들을
짚어주었다.

난이도
정답률, 내용의 어려움, 출제빈도, 정답의 혼란 정도 등을 고려
하여 3단계로 구분하였다.

응시생들의 선택
5개의 선택지에 대한 마킹률을 표시하여 응시생들이 어떤 선
택지들을 헷갈려했는지 등을 참고해볼 수 있도록 하였다.

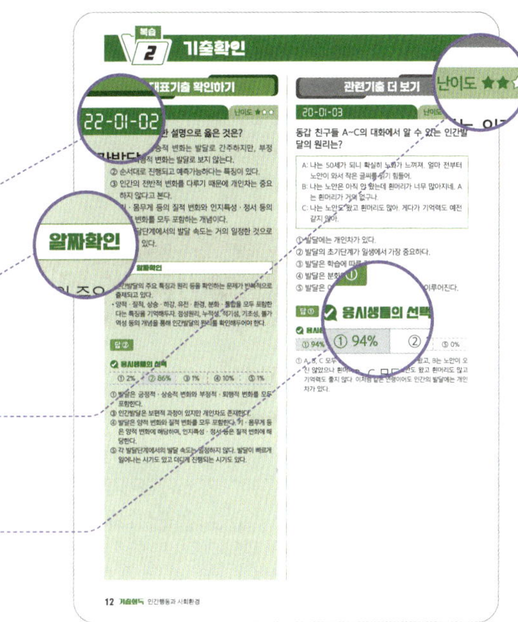

복습 3. 정답훈련

출제빈도와 난이도 등을 고려하여 정답찾기에
능숙해지도록 구성하였다.

이유확인 문제
제시된 문장에서 잘못된 부분을 확인함으로써
헷갈릴 수 있는 부분들을 짚어준다.

괄호넘기 문제
정답률이 낮게 나타나는 단답형 문제에 대비할
수 있다.

OX 문제
제시된 문장이 옳은 내용인지, 틀린 내용인지를
빠르게 판단해보는 훈련이다.

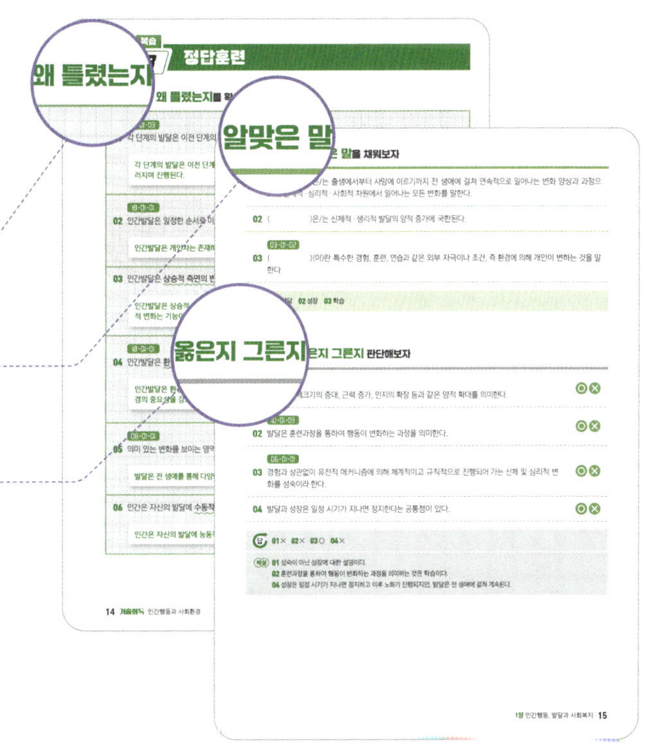

아임패스와 함께하는 **4단계 합격전략**

나눔의집은 '진심'을 다해 오직 사회복지사1급 시험만을 연구한다.
나눔의집의 온라인 강의 사이트인 아임패스를 통해 단계별로 전문적이고 체계적인 학습을 시작해 보자. 아임패스는 강의 제공뿐만 아니라 문제은행, 학습자료, 보충자료, 과목별 질문 등 사회복지사1급 시험에 관한 다양한 자료를 제공하고 있다.

1단계   기본개념 과정

강의로 쌓는 **기본개념**

다양한 유형의 문제에서 명확하게 답을 찾기 위해서는 기본개념이 탄탄하게 잡혀있어야 한다. 기본개념 학습은 말 그대로 1급 시험에 출제되는 총 8영역의 기본적인 개념들을 정리하는 학습이다. 즉, 1급 시험을 위해 가장 기초적이고 중요한 첫 단계로서 집을 짓기 위해 바닥을 단단하게 다지는 과정이다. 그만큼 학습해야 할 양도 많고 오랜 시간이 걸리는 과정이지만 바닥이 단단하지 않으면 그 위에 아무리 멋진 집을 쌓아도 무너질 수 있듯이 기본개념 학습은 반드시 탄탄하게 학습해야 한다.

핵심을 바로 체크하는 **개념노트**

개념노트 왼쪽 페이지에는 장별로 학습한 기본개념을 바로바로 확인할 수 있는 빈칸 넣기 퀴즈가 수록되어 있고, 오른쪽 페이지에는 학습한 내용을 정리할 수 있는 노트 형태로 구성되어 있다.
장별로 표시된 학습 중요도와 기출포인트를 통해 핵심요약집과 연계하여 학습할 수 있으며, QR코드를 통해 기출회독과도 연계하여 학습할 수 있다.

2단계   기출회독 과정

강의로 복습하는 **기출회독**

기출문제는 결국 또다시 기출문제가 된다. 따라서 기출문제를 분석하고 반복하여 풀어보는 것은 합격을 위한 가장 기본적이고 필수적인 과정이다. 기출회독은 1회 시험부터 가장 최근 시험까지 모든 기출문제를 분석하여 가장 출제가 많이 된 총 250개의 기출 키워드를 '1단계 이론요약 정리', '2단계 기출문제 풀이', '3단계 정답훈련 퀴즈 풀이'라는 3단계의 복습 시스템으로 학습한다. '데이터 기반 학습법'과 '3단계 복습 시스템'의 결합을 통해 기출 개념들을 힘들게 노력하여 외우지 않아도 저절로 이해할 수 있는 마법을 경험하게 된다.

'기출회차-영역-문제번호'의 순으로 기출문제의 번호 표기를 제시하여 어느 책에서든 쉽게 해당 문제를 찾아 볼 수 있도록 통일하였다.

3단계 — 핵심요약 과정

사회복지사1급 핵심요약집

반드시 출제되는 핵심내용을 '데이터 기반 학습전략'으로 공부한다.
최근 5개년 기출데이터 분석을 통해 8개 영역의 각 장을 목표 점수별로 구분(130점 목표 빨간색, 160점 목표 파란색, 200점 목표 초록색)하여 효율적이고 전략적으로 학습할 수 있다. QR코드를 통해 기출회독과 연계하여 학습할 수 있으며, 아임패스의 다양한 문제와 퀴즈도 풀 수 있다.

4단계 — 실전대비 과정

강의로 잡는 장별 기출문제집

최근 5개년 기출문제를 기본개념서에서 제시된 장별로 구성하였다. 기출문제를 장별 내용에 따라 구성하였기 때문에 문제를 풀다가 모르는 개념이 나오면 기본개념서에서 바로 해당 장의 내용을 찾아서 보다 쉽게 다시 정리할 수 있다. 또한 모든 문제에 해당 기출회독 키워드를 표시하였기에 기출회독과도 연계하여 학습할 수 있다.

강의로 풀이하는 합격예상문제집

최근 시험에서는 새로운 유형의 문제가 출제되는 비중이 점점 높아지고 있다. 따라서 기출문제를 기반으로 한 다양한 유형의 응용문제를 풀어보는 것이 매우 중요하다. 최신 기출문제의 내용과 유형을 분석하여 출제한 2,000개의 예상문제를 풀어봄으로써 어떠한 유형의 문제가 출제되어도 자신 있게 해결할 수 있는 훈련을 한다.

강의로 완성하는 FINAL 모의고사

길고 길었던 학습을 마무리하면서 자신의 실력을 최종 점검해 볼 수 있다. 모의고사는 총 3회분으로 구성되어 있는데, 난이도를 구분하여 1회가 가장 쉽고 3회가 가장 어렵다. 실제 시험지 구성과 동일하게 제작되었기 때문에 실전처럼 시간을 정해놓고 함께 들어 있는 답안카드에 직접 마킹을 해보면서 자신의 실력을 최종적으로 확인할 수 있다.

아임패스 앱 출시

당신이 있는 곳이 바로 강의실입니다.

아임패스 앱을 지금 다운로드 받으세요.
※ QR스캔 기능제공

합격자 수 9,980명

합격률 39.4%

23회 시험 결과

23회 필기시험의 합격률은 지난 22회 합격률 29.7%보다 10%가량 상승한 39.4%로 나타났다. 2교시 4영역 사회복지실천기술론의 난이도가 높게 출제되었으나, 많은 수험생들이 어려워하는 1교시 2영역 사회복지조사론과 3교시 8영역 사회복지법제론이 평이하게 출제되어 전반적인 점수가 상승하였고, 이로 인해 합격률이 높게 나타난 것으로 보인다.

23회 기출 분석 및 24회 합격 대책

23회　기출 분석 

각 장별 출제분포에 있어서 예년과 비슷한 패턴을 보였으며, 난이도도 높지 않게 출제되었다. 사례제시형 문제가 다수 출제되었으며, 측정수준이나 가설검증에 관한 문제에서 통계적 지식을 요구하는 문제가 지속적으로 출제되고 있다. 예년의 시험과 유사하게 7장 측정, 9장 표집에 관한 문제의 출제비중이 높았으며, 개념적 정의와 조작적 정의에 관한 문제가 오랜만에 등장하였다. 그동안 출제비중이 높았던 13장 질적 연구방법론에서는 1문제만 출제되었다.

24회　합격 대책 

사회복지조사론은 매년 출제되는 내용과 영역은 크게 변하지 않는 안정된 패턴을 나타낸다. 다만, 이 내용을 토대로 새롭게 변형된 문제가 지속적으로 출제되고 있으며, 다수의 문제가 사례를 접목시킨 형태로 출제되기 때문에 기출문제와 다양한 유형의 응용문제를 많이 접하는 것이 중요하다. 특히, 사례가 접목된 문제들을 많이 접해야 하고, 서로 상반되거나 비슷한 주요 개념들은 비교하여 정리할 필요가 있다.

23회 출제 문항수 및 키워드

장	23회	키워드
1	2	사회복지 조사연구의 필요성, 과학적 연구방법의 특징
2	3	종단조사의 유형, 사회복지조사 과정, 양적 연구방법의 특징
3	3	개념적 정의와 조작적 정의, 변수의 유형, 통계적 가설검증
4	1	내적 타당도 저해요인
5	3	솔로몬 4집단 설계, 단순시계열 설계, 전실험설계
6	1	단일사례설계의 특징
7	3	타당도와 신뢰도의 비교, 내용타당도, 비율변수의 사례
8	1	보가더스의 사회적 거리 척도
9	3	표본 연구의 특징, 체계적 표집법, 표본의 크기
10	2	온라인 설문의 특징, 자료수집방법의 비교
11	1	내용분석과 내러티브 탐구의 비교
12	1	델파이기법의 특징
13	1	질적 연구방법의 유형
14	0	–

과학적 방법과 조사연구

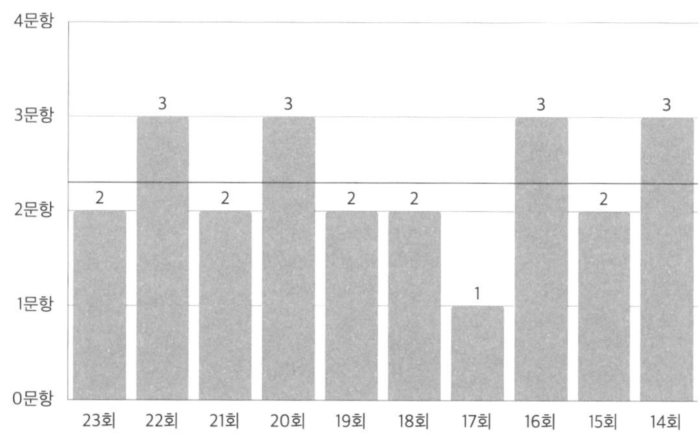

이 장에서는

과학적 방법의 특징, 과학적 조사의 논리인 연역법과 귀납법의 비교, 사회과학에서 발생할 수 있는 윤리적 문제 및 원칙, 사회복지조사의 유용성 및 한계 등을 다룬다.

10년간 출제분포도

2.3
문항

평균 출제문항수

과학적 방법의 특징 및 필요성

강의 QR코드

1회독	2회독	3회독
월 일	월 일	월 일

최근 10년간 **7문항** 출제

복습

1 이론요약

 23회 기출  22회 기출  19회 기출

과학적 방법의 특징

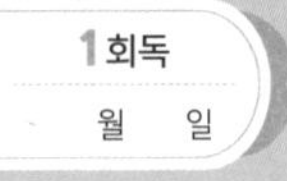
기본개념

- 과학은 인간의 논리적 사고에 기반한 활동이기 때문에 **논리적 추론을 거쳐 타당성이 입증**되어야 한다.
- 과학에서의 결정론은 **확률적 결정론**으로서 어떠한 결과에 대해 그 원인을 100% 확실하게 단정하기는 어렵다.
- 과학은 비교적 **일반적이며 보편적**으로 적용될 수 있는 지식을 추구한다.
- 과학적 지식은 **경험적으로 검증 가능**해야 한다.
- 이해관계, 선입견이나 편견의 영향을 최소화할 수 있도록 **객관성을 추구**하는 것을 강조한다.
- 연구자가 각기 다른 주관적인 동기가 있더라도 동일한 연구과정과 방법을 적용하였다면 **동일한 연구결과에 도달**해야 한다.
- 과학은 동일한 근거를 바탕으로 동일한 결과가 산출되는지를 확인하기 위해 연구를 반복하는 것, 즉 **반복 또는 재현이 가능**해야 한다.
- 과학은 어떤 현상이 발생하게 된 **원인을 탐구하여 현상을 설명**하기 위해 노력한다.
- 과학에서 추구하는 것은 영구불변한 절대적 진리가 아니며, 과학적 이론은 **반증되고 수정가능**하며 상대적인 것이다.

사회복지조사론
pp.26~

과학적 조사 연구의 필요성

- **실천현장에서의 문제 해결**을 위한 지식을 탐색할 수 있다.
- **사회복지서비스 질의 향상**을 위한 지식과 기술을 개발할 수 있다.
- 새롭고 효과적인 **사회복지실천 개입방법을 개발**할 수 있다.
- 지역주민의 복지욕구 분석 및 클라이언트에 관한 임상적 자료의 체계적 수집이 가능하다.
- 조사대상에 대한 **비윤리적 행위를 예방**할 수 있다.
- 서비스 프로그램의 **효과성을 평가**할 수 있다.

01 (23-02-02) 조사를 통해 검증된 인과관계에 입각하여 문제의 발생을 확률적 결정론으로 예측하였다.

02 (22-02-03) 과학적 지식은 같은 절차를 다른 대상에 반복적으로 적용하여 같은 결과가 나오는지 검토할 수 있다.

03 (19-02-01) 사회과학은 자연과학에 비해 인과관계에 대한 명확한 결론을 내리기 어렵다.

04 (16-02-04) 사회복지사는 지역주민의 복지적 욕구를 파악할 때 과학적 조사연구방법을 활용한다.

05 (15-02-22) 과학적 방법은 경험적인 증거에 기반하여 지식을 탐구한다.

06 (14-02-06) 서비스의 질을 높일 수 있는 실천기술 개발을 위해서 사회복지사에게는 과학적 조사방법론이 필요하다.

07 (12-02-15) 과학적 방법은 모든 지식은 잠정적이라는 태도에 기반한다.

08 (12-02-17) 주민대표자의 응답이 전체 주민의 의견을 대표하는지 알고 싶을 때 과학적 조사가 필요하다.

09 (11-02-01) 과학적 방법은 객관성의 추구를 강조한다.

10 (09-02-01) 과학적 조사는 일정한 규칙과 절차를 통해 이루어진다.

11 (05-02-01) 과학적 방법은 경험적 검증이 가능해야 한다.

12 (04-02-01) 조사연구는 과학성, 합리성, 객관성, 경험가능성 등의 특성을 갖는다.

13 (03-02-04) 과학적 연구방법은 연구목적상 필요한 자료수집과 분석의 기준과 방향을 제시한다.

대표기출 확인하기

22-02-03 난이도 ★★★

과학적 지식의 특성에 관한 설명으로 옳은 것을 모두 고른 것은?

> ㄱ. 경험적으로 검증 가능하여야 한다.
> ㄴ. 연구결과는 잠정적이며 수정될 수 있다.
> ㄷ. 연구자의 주관적 가치 판단이 연구과정이나 결론에 작용하지 않도록 객관성을 추구한다.
> ㄹ. 같은 절차를 다른 대상에 반복적으로 적용하여 같은 결과가 나오는지 검토할 수 있다.

① ㄱ, ㄷ
② ㄴ, ㄹ
③ ㄱ, ㄴ, ㄷ
④ ㄴ, ㄷ, ㄹ
⑤ ㄱ, ㄴ, ㄷ, ㄹ

▶ 알짜확인

- 과학 또는 과학적 방법의 주요 특징을 이해해야 한다.
- 과학적 조사 연구의 필요성을 이해해야 한다.

답 ⑤

✔ 응시생들의 선택

① 6%	② 2%	③ 4%	④ 7%	⑤ 81%

ㄱ. 과학적 지식은 경험적으로 검증 가능해야 한다. 즉, 과학은 이론적 논리나 가정의 현실적 타당성을 경험적으로 입증할 수 있을 때 성립한다.

ㄴ. 과학적 지식은 잠정적이며, 새롭게 교체될 수 있고, 끊임없는 검증과 재평가를 통해 오류를 수정하면서 발전하는 과정을 거치게 된다.

ㄷ. 과학적 지식은 이해관계, 선입견이나 편견의 영향을 최소화할 수 있도록 객관성을 추구하는 것을 강조한다.

ㄹ. 동일한 근거를 바탕으로 동일한 결과가 산출되는지를 확인하기 위해 연구를 반복하는 재현가능성이 있어야 한다.

➕ 덧붙임

과학적 방법의 특징을 묻는 문제가 가장 많이 출제되고 있다. 과학적 조사가 필요한 사례를 고르는 유형도 넓은 맥락에서는 유사한 유형이라고 할 수 있다. 과학적 방법의 특징을 묻는 문제뿐만 아니라 사회과학과 자연과학의 특징을 비교하는 문제도 출제된다. 사회과학과 자연과학의 주요 특징의 비교는 물론, 이후에 학습할 질적 방법과 양적 방법의 특징, 해석주의와 실증주의의 특징도 함께 비교하며 정리하면 더욱 효과적일 것이다.

관련기출 더 보기

23-02-02 난이도 ★★★

사회복지 조사연구에서 과학적 연구방법으로 옳은 것은?

① 기술(description)연구에서 문제발생의 원인을 설명하고자 하였다.
② 연구결과의 일반화를 위해 모집단의 속성이 반영된 충분한 표본을 조사하였다.
③ 가설 검증 결과가 연구자의 기대와 달라서 가설을 연구결과에 맞추어 수정하였다.
④ 연구자의 주관적 판단에 입각하여 연구결과를 해석하였다.
⑤ 조사를 통해 검증된 인과관계에 입각하여 문제의 발생을 단정적 결정론으로 예측하였다.

답 ②

✔ 응시생들의 선택

① 17%	② 76%	③ 2%	④ 2%	⑤ 3%

① 기술적 연구는 조사대상의 현황을 전체적으로 나타내고, 영향요인 간에 어떠한 관계가 있는지를 파악하기 위해 실시하는 조사로서 현상의 모양이나 분포, 크기, 비율 등 단순 통계적인 것에 대한 조사이다.

③ 연구자가 미리 생각하고 있었던 결론에 맞추어 자료를 가감, 조작한다거나 연구자의 의도와 다른 결과가 나왔다고 해서 이 부분을 고의적으로 제외하고 결과를 발표해서는 안 된다.

④ 연구결과는 객관적이고 논리적으로 해석되어야 한다.

⑤ 연구에서 결정론적이라는 것은 어떤 현상의 원인을 A라고 단정 짓는 단정적 결정론이 아니라 개연성을 가지고 A가 원인일 확률이 높다고 보는 확률적 결정론을 의미한다.

사회과학의 특성에 관한 설명으로 옳지 않은 것은?

① 자연과학에 비해 인과관계에 대한 명확한 결론을 내리기 어렵다.
② 끊임없이 변화하는 사회현상을 규명한다.
③ 관찰대상물과 관찰자가 분명히 구분된다.
④ 인간의 행위를 연구대상으로 한다.
⑤ 사회문화적 특성의 영향을 받는다.

답 ③

✅ **응시생들의 선택**

① 18%	② 1%	③ 74%	④ 6%	⑤ 1%

③ 자연과학에서는 관찰대상물과 관찰자가 분명히 구별될 수 있지만, 사회과학에서는 이들 양자가 대부분 혼연일체가 되는 경우가 많다. 이를 피란델로효과(pirandello effect)라고 한다. 사회과학에서는 관찰의 대상이 관찰자 자신이 되기도 하므로, 사회현상을 분석하는 과정에서 객관성이 결여될 가능성이 그만큼 크다.

과학적 방법에 관한 설명으로 옳지 않은 것은?

① 잠정적이지 않은 지식을 추구한다.
② 철학이나 신념보다는 이론에 기반한다.
③ 경험적인 증거에 기반하여 지식을 탐구한다.
④ 현상의 규칙성에 대한 관심이 높다.
⑤ 허위화(falsification)의 가능성에 대해 개방적이어야 한다.

답 ①

✅ **응시생들의 선택**

① 51%	② 3%	③ 12%	④ 4%	⑤ 30%

① 과학적 지식은 잠정적이다. 과학에서 추구하는 것은 영구불변한 절대적 진리가 아니며, 과학적 이론은 반증되고 수정가능하며 상대적인 것이다.

과학적 방법에 관한 설명으로 옳은 것은?

① 연역법적 논리의 상대적 우월성을 지지한다.
② 윤리적 실천을 수행할 수 있게 한다.
③ 모든 지식은 잠정적이라는 태도에 기반한다.
④ 연구의 반복을 요구하지 않는다.
⑤ 선별적 관찰에 근거한다.

답 ③

✅ **응시생들의 선택**

① 13%	② 9%	③ 66%	④ 3%	⑤ 9%

① 대표적인 과학적 조사의 논리인 연역법과 귀납법은 어느 한 가지 접근방법이 상대적으로 우월성을 가지고 있다기보다는 서로 순환적인 과정이며 상호보완적인 관계라고 볼 수 있다.
② 과학적으로 충분히 실험이 가능한 연구라고 하더라도 실험 대상인 인간에게 피해를 미칠 수 있다면 윤리적으로 수행할 수 없는 경우도 발생할 수 있다.
④ 과학적 방법은 반복적인 검증과정을 필요로 한다.
⑤ 선별적 관찰이란 과도한 일반화(소수의 사례를 관찰해서 얻은 결과를 일반적인 사실로 받아들이거나 다수에게 확대 적용하는 오류)에서 비롯되는 경우가 많으며, 어떤 현상을 관찰할 때 자신의 선입관에 들어맞는 경우들만을 선택하고, 이에 맞지 않은 경우에는 무시하거나 의미를 부여하지 않는 것을 의미한다. 선별적 관찰은 비과학적인 방법으로 인해 생겨날 수 있는 오류에 해당한다. 과학적 방법은 체계적이고 포괄적인 관찰에 근거한다.

과학적 조사가 필요한 사례에 해당하지 않는 것은?

① 사회복지사의 윤리적 갈등을 해소할 필요가 있을 때
② 결혼이주민 조사 시 연구자의 문화적 편견을 검토하고 싶을 때
③ 주민대표자의 응답이 전체 주민의 의견을 대표하는지 알고 싶을 때
④ 정량평가 외에 정성평가를 체계화하고 싶을 때
⑤ 선임사회복지사의 경험적 지식이 타당한지 알고 싶을 때

답 ①

✅ **응시생들의 선택**

① 57%	② 5%	③ 6%	④ 11%	⑤ 21%

① 사회복지사의 윤리적 갈등은 '윤리'의 성격상 가시적으로 측정 또는 계량화하기 어려우며 과학적 조사나 통계방법을 적용하는 것이 적절하지 않을 수 있다.

다음 내용이 **왜 틀렸는지**를 확인해보자

19-02-01

01 사회과학은 자연과학에 비해 **인과관계에 대한 명확한 결론을 내릴 수 있다.**

> 사회과학은 자연과학에 비해 인과관계에 대한 명확한 결론을 내리기 어렵다.

12-02-15

02 과학적 방법은 **연구의 반복을 요구하지 않는다.**

> 과학적 방법은 반복적인 검증과정을 필요로 한다.

22-02-03

03 과학은 **경험적 관찰을 통해서 곧바로 지식이 형성**된다.

> 과학은 경험적 관찰을 통해서 곧바로 지식이 형성되는 것이 아니라 논리적 추론을 거쳐 타당성이 입증되어야 한다.

04 과학이 결정론적이라는 것은 **확률적 결정론이 아니라 단정적 결정론을 의미**한다.

> 과학이 결정론적이라는 것은 단정적 결정론이 아니라 확률적 결정론을 의미한다.

11-02-01

05 과학은 다양한 이론과 의견을 수렴하기 위해 **주관성을 추구**한다.

> 과학은 이해관계, 선입견이나 편견의 영향을 최소화할 수 있도록 객관성을 추구하는 것을 강조한다.

06 과학에서 **절대불변의 진리는 존재하며, 모든 지식은 확정적이라는 태도**에 기반한다.

> 과학에서 절대불변의 진리는 없으며, 모든 지식은 잠정적이라는 태도에 기반한다.

빈칸에 들어갈 알맞은 말을 채워보자

01 과학적 방법은 철학이나 신념보다는 (　　　　　)에 기반한다.

02 과학적 이론은 반증되고 수정가능하며 (　　　　　)인 것이다.

03 과학적 조사방법론은 현장에서 서비스의 질을 높일 수 있는 (　　　　　)을/를 위해 필요하다.

04 과학은 인간의 (　　　　　) 사고에 기반한 활동이다.

05 과학적 조사는 원인과 결과의 관계, 즉 (　　　　　)의 규명을 추구한다.

06 과학은 특수한 현상이 아닌 (　　　　　)인 현상에 대한 일반적인 이해와 설명을 목표로 한다는 특징이 있다.

07 과학은 자연현상이나 사회현상 속에 존재하는 논리적이고 지속적인 패턴, 즉 규칙을 (　　　　　)한다.

08 자연과학에서는 관찰대상물과 관찰자가 분명히 구별될 수 있지만, 사회과학에서는 이들 양자가 대부분 혼연일체가 되는 경우가 많은데, 이를 (　　　　　)(이)라고 한다.

 **답**　**01** 이론　**02** 상대적　**03** 실천기술 개발　**04** 논리적　**05** 인과관계　**06** 보편적　**07** 일반화　**08** 피란델로효과

다음 내용이 옳은지 그른지 판단해보자

14-02-06
01 과학적 조사방법론은 사회복지사가 제공하는 서비스에 대한 평가를 위해 필요하다. ◎ⓧ

12-02-15
02 과학적 방법은 선별적 관찰에 근거한다. ◎ⓧ

03 과학은 이론적 논리나 가정의 현실적 타당성을 경험적으로 입증할 수 있을 때 성립한다. ◎ⓧ

04 과학은 끊임없는 검증과 재평가를 통해 오류를 수정하면서 발전하는 과정을 거친다. ◎ⓧ

07-02-01
05 사회과학은 사회문화적 특성의 영향을 받는다. ◎ⓧ

06 과학은 관심의 대상이 되는 경험적 사건이나 형태를 모두 포괄하여 설명할 수 있는 일반 법칙을 개발하고 예측하는 것이다. ◎ⓧ

07 과학은 어떤 현상이 발생하게 된 원인을 탐구하여 그 현상을 설명하기 위해 노력한다. ◎ⓧ

22-02-03
08 과학적 지식은 연구자의 주관적 가치 판단이 연구과정이나 결론에 작용해야 한다. ◎ⓧ

답 01 ○ 02 × 03 ○ 04 ○ 05 ○ 06 ○ 07 ○ 08 ×

해설 **02** 선별적 관찰은 비과학적인 방법으로 인해 생겨날 수 있는 오류에 해당한다. 과학적 방법은 체계적이고 포괄적인 관찰에 근거한다.
08 과학적 지식은 연구자의 주관적 가치 판단이 연구과정이나 결론에 작용하지 않도록 객관성을 추구해야 한다.

사회과학에서의 윤리

1회독	2회독	3회독
월 일	월 일	월 일

최근 10년간 **6문항** 출제

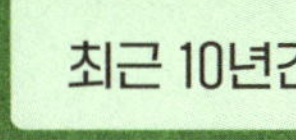

이론요약

사회과학에서의 윤리성 문제

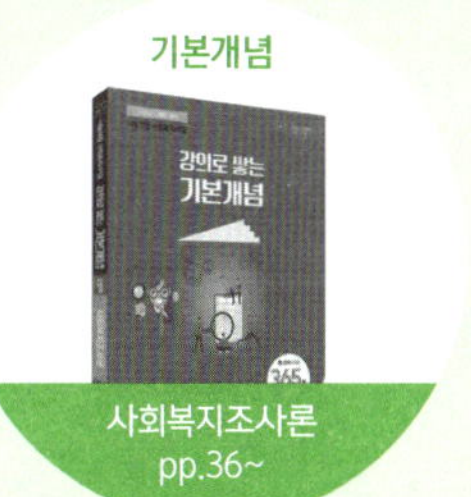

- 익명성 및 비밀보장: 조사대상자의 사생활을 보호하고 **익명성 및 비밀을 보장**해야 한다.
- 연구주제와 내용: **사회적 윤리를 고려**하여 연구주제와 내용을 선정해야 한다.
- 연구대상자에게 미치는 피해: 대부분의 연구대상이 인간이므로 연구과정이나 결과가 **대상자에게 피해를 끼칠 가능성**이 있는지를 확인해야 한다.
- 고지된 동의와 자발적 참여: 연구의 목적과 내용, 참여자에게 주어지는 혜택 또는 위험과 피해, 연구 참여가 가져올 수 있는 결과 등을 **미리 잠정적 조사대상자에게 알려준 후**에 조사대상자로 하여금 조사에 참여할 것인가 아닌가를 결정하게 해야 한다.
- 연구대상자를 속이는 것: **조사대상자를 속이는 행위**는 도덕적으로 바람직하지 않으며, 특정 답변을 유도해서는 안 된다.
- 연구대상자에게 필요한 서비스를 제공하지 않는 것: 통제집단으로 할당된 대상자들은 **필요한 서비스를 받지 못하여** 권익이 침해되는 문제가 발생할 수 있다.
- 연구결과의 분석과 보고: 연구결과는 객관적으로 해석되어야 하며, 정적인 결과뿐만 아니라 **부정적인 결과도 반드시 보고**해야 한다.

01 (22-02-02) 사회복지조사에서는 비밀유지가 엄격히 지켜질 수 없는 상황이 발생할 수 있다.

02 (21-02-01) 참여자가 연구에 참여하여 얻을 수 있는 혜택은 사전에 고지한다.

03 (18-02-06) 연구참여자에게 연구과정에서 발생할 수 있는 고통을 미리 알리고 사전 동의를 구하였다.

04 (16-02-07) 수업시간에 조사하는 설문지도 응답자의 동의와 자발적 참여가 필요하다.

05 (15-02-24) 조사과정에서 드러난 문제점과 실패도 모두 보고해야 한다.

06 (14-02-05) 아동 대상 연구에서 보호자에게 연구 참여 동의를 얻어야 한다.

07 (13-02-24) 조사 과정 중 본인이 원하면 언제라도 중단할 수 있음을 알려주었다.

08 (12-02-09) 고지된 동의는 조사자를 보호하기 위해 활용될 수 있다.

09 (11-02-11) 조사 참여에 대한 개별 동의서를 사전에 받아야 한다.

10 (10-02-20) 차량통행량을 측정하고자 할 때, 운전자에게 고지에 입각한 동의를 구할 필요는 없다.

11 (09-02-08) 동료집단 조언을 통해 편견을 방지해야 한다.

12 (06-02-03) 조사가 진행될 때 조사대상자의 사생활보호는 지켜져야 한다.

13 (03-02-01) 조사연구자는 응답자의 비밀을 보장해야 한다.

대표기출 확인하기

22-02-02   난이도 ★★★

과학적 탐구에서 제기되는 윤리적 문제에 관한 설명으로 옳지 않은 것은?

① 어떤 경우라도 연구참여자 속이기는 허용되지 않는다.
② 고지된 동의는 조사대상자의 판단능력을 고려하여야 한다.
③ 연구자는 기대했던 연구결과와 다르더라도 그 결과를 사실대로 보고해야 한다.
④ 사회복지조사에서는 비밀유지가 엄격히 지켜질 수 없는 상황이 발생할 수 있다.
⑤ 연구자는 개인정보 유출 등으로 인해 연구참여자에게 피해를 주지 않도록 신중을 기해야 한다.

 **알짜확인**

• 사회과학 또는 사회조사의 윤리적 원칙을 이해하고 이에 해당하는 사례를 파악해야 한다.

답 ①

✔ **응시생들의 선택**

① 38%	② 30%	③ 2%	④ 29%	⑤ 1%

① 연구대상자를 속이는 행위가 바람직하지 않다는 것은 반론의 여지가 없지만, 연구목적상 연구의 자세한 내용을 모두 밝히지 않고 숨겨야 하는 경우도 있을 수 있다. 특히 실험의 경우 연구대상자가 연구목적, 내용 등을 자세히 알게 되면 반응성 문제가 나타날 수 있어 어느 정도 대상자를 속이는 것이 불가피할 때가 많다. 관찰의 경우도 누군가가 자신을 관찰하고 있다는 사실을 알면 평소와 다른 행동을 보일 가능성이 있다.

➕ **덧붙임**

연구윤리를 묻는 문제는 사회조사연구의 윤리적 원칙을 고르는 형태나 윤리적으로 문제가 있는 사례를 고르는 형태로 출제되고 있다. 고지된 동의, 익명성, 비밀보장 등의 원칙과 함께 예외가 되는 경우를 함께 기억해둘 필요가 있다.

관련기출 더 보기

18-02-06   난이도 ★☆☆

연구윤리에 부합하는 사회복지조사로 옳은 것은?

① 연구참여자가 평소와 다른 행동을 하지 않도록 연구자의 신분을 숨기고 자료를 수집하였다.
② 연구결과의 확산을 위해 연구참여자의 신분을 다른 연구기관에 동의 없이 공개하였다.
③ 연구결과에 영향을 미치지 않도록 연구참여자에게 일어날 수 있는 이익을 미리 알리지 않았다.
④ 연구 참여여부를 성적평가와 연계하여 연구참여자의 참여동기를 높였다.
⑤ 연구참여자에게 연구과정에서 발생할 수 있는 고통을 미리 알리고 사전 동의를 구하였다.

답 ⑤

✔ **응시생들의 선택**

① 2%	② 0%	③ 2%	④ 2%	⑤ 94%

① 연구참여자의 반응성 문제가 연구 결과에 영향을 미칠 수 있겠으나, 연구참여자를 속이는 행위는 도덕적으로 바람직하지 않다.
② 연구참여자의 신분은 연구참여자의 동의를 반드시 구한 뒤에 활용하여야 한다.
③ 연구참여자에게 일어날 수 있는 이익뿐만 아니라 연구에 수반될 위험과 피해 등도 미리 고지하여야 한다.
④ 연구 참여여부를 성적평가와 연계하는 것은 자발적 참여의 윤리원칙에 위배된다.

사회과학의 연구윤리에 관한 설명으로 옳지 않은 것은?

① 수업시간에 조사하는 설문지도 응답자의 동의와 자발적 참여가 필요하다.
② 연구자는 연구대상자에게 피해를 줘서는 안 된다.
③ 응답자의 익명성과 비밀을 보장해야 한다.
④ 연구의 공익적 가치는 일반적으로 연구윤리보다 우선해야 한다.
⑤ 타인의 연구결과를 인용 없이 사용하는 경우를 표절이라 한다.

답 ④

✓ 응시생들의 선택

① 2%	② 1%	③ 1%	④ 95%	⑤ 1%

④ 연구의 공익적 가치는 일반적으로 연구윤리보다 우선해야 한다고 볼 수 없다. 연구의 공익적 가치나 장기적 이익이 윤리적으로 문제를 가진 실천으로 인한 해악보다 더 중요한지 반드시 판단해야 한다.

사회복지조사의 연구윤리에 관한 설명으로 옳은 것을 모두 고른 것은?

ㄱ. 연구대상을 관찰하기에 앞서 그들의 동의를 구해야 한다.
ㄴ. 연구로부터 얻을 수 있는 사회적 이익이 비용을 초과해야만 한다.
ㄷ. 조사과정에서 드러난 문제점과 실패도 모두 보고해야 한다.
ㄹ. 비밀성이 보장되면 익명성도 보장된다.

① ㄱ
② ㄴ
③ ㄱ, ㄷ
④ ㄱ, ㄷ, ㄹ
⑤ ㄱ, ㄴ, ㄷ, ㄹ

답 ③

✓ 응시생들의 선택

① 3%	② 1%	③ 47%	④ 43%	⑤ 6%

ㄴ. 연구로부터 얻을 수 있는 사회적 이익은 상황에 따라 달라질 수 있으며, 반드시 비용을 초과해야 하는 것은 아니다.
ㄹ. 비밀성이 보장된다고 무조건 익명성이 보장되는 것은 아니다.

연구윤리에 관한 설명으로 옳지 않은 것은?

① 아동 대상 연구에서 보호자에게 연구 참여 동의를 얻어야 한다.
② 연구결과의 분석과 보고단계에서도 연구윤리가 준수되어야 한다.
③ 기관생명윤리위원회의 심사를 통과한 경우 사전에 연구 참여자에게 연구목적을 밝히지 않을 수 있다.
④ 사회복지사인 연구자가 연구참여자의 아동학대행위를 알게 되었더라도 비밀보장의 원칙을 준수해야 한다.
⑤ 설문조사 참여자에게 자발적 참여를 보장하는 것은 연구윤리의 기본원칙이다.

답 ④

✓ 응시생들의 선택

① 1%	② 0%	③ 23%	④ 76%	⑤ 0%

④ 우리나라와 미국의 사회복지사 윤리강령에서는 클라이언트에 대해서 지켜야 할 일반적 윤리기준과는 별도로 '사회복지관련 연구의 연구대상은 신체적, 정신적 불편이나 위험, 위해로부터 보호되어야 한다'고 규정하고 있다.

사회조사의 윤리적 원칙으로 옳지 않은 것은?

① 윤리적 원칙은 연구결과의 보고에도 적용된다.
② 고지된 동의는 조사자를 보호하기 위해 활용될 수 있다.
③ 연구 참여에 따른 위험과 더불어 혜택도 고지되어야 한다.
④ 조사대상자의 익명성이 유지되어야만 조사내용의 비밀유지가 가능하다.
⑤ 아동 대상 연구에서는 부모 등 후견인에게 고지된 동의를 받아야 한다.

답 ④

✓ 응시생들의 선택

① 8%	② 15%	③ 11%	④ 61%	⑤ 5%

④ 익명성을 유지할 수 없더라도 연구자가 연구대상자의 신원과 개인 정보를 알고 있지만 이를 공개하거나 외부에 알리지 않는 방법을 통해 비밀을 보장하도록 한다.

정답훈련

다음 내용이 왜 틀렸는지를 확인해보자

21-02-01

01 조사가 진행되면 조사대상자가 원하더라도 조사의 객관적인 결과를 위해 **어떠한 경우에도 중단할 수 없음을 알려주어야 한다.**

> 조사대상자가 원하면 조사는 중단될 수 있으며, 또한 조사 과정 중 본인이 원하면 언제라도 중단할 수 있음을 알려주어야 한다.

---

02 **자발적으로 참여하는 사람만 연구에 포함시킬 경우** 연구목적을 달성하는 데 효과적이다.

> 자발적으로 참여하는 사람만 연구에 포함시킬 경우에 연구결과를 일반화하기가 어렵다.

15-02-24

03 **익명성**이란 연구의 목적과 내용, 소요시간, 참여자에게 주어지는 혜택과 위험 등을 잠정적 조사대상자에게 알려 준 후 조사의 참여여부를 결정하게 하는 것이다.

> 고지된 동의란 연구의 목적과 내용, 소요시간, 참여자에게 주어지는 혜택과 위험 등을 잠정적 조사대상자에게 알려 준 후 조사의 참여여부를 결정하게 하는 것이다.

12-02-09

04 조사대상자의 **익명성이 유지되어야만 조사내용의 비밀유지가 가능**하다.

> 익명성을 유지할 수 없더라도 연구자가 연구대상자의 신원과 개인정보를 알고 있지만 이를 공개하거나 외부에 알리지 않는 방법을 통해 비밀을 보장하도록 한다.

---

05 **'인종에 따른 지능 차이'와 같은 연구주제**는 사회과학에서의 연구윤리에 위반되지 않는다.

> '인종에 따른 지능 차이'와 같은 연구는 조사결과를 수용하는 데 논란의 여지가 있을 수 있으므로 사회적 윤리를 고려하여 연구주제를 선정해야 한다.

빈칸에 들어갈 알맞은 말을 채워보자

13-02-24

01 조사윤리를 준수하기 위해서는 조사 참여자의 익명성과 (　　　　　)을/를 보장하여야 한다.

12-02-09

02 연구 참여에 따른 위험과 더불어 (　　　　　)도 함께 고지되어야 한다.

03 연구결과는 반드시 (　　　　　)(으)로 해석되어야 한다.

09-02-08

04 조사연구를 진행하면서 동료집단의 조언을 통해 (　　　　　)을/를 방지한다.

05 (　　　　　)(이)란 조사대상자들이 자신의 신원을 밝히지 않고 응답할 수 있도록 하는 것을 의미한다.

 **답** **01** 비밀　**02** 혜택　**03** 객관적　**04** 편견　**05** 익명성

다음 내용이 옳은지 그른지 판단해보자

16-02-07

01 수업시간에 조사하는 설문지도 응답자의 동의와 자발적 참여가 필요하다. 

02 부모가 아동이 조사연구에 참여하는 데 동의한 경우라도 아동은 참여를 거부할 수 있다. 

03 연구목적을 대상자가 자세히 알게 될 경우에 목적에 맞춰서 반응하는 반응성의 문제가 생겨날 수도 있다. 

04 사회과학은 연구대상이 인간이기 때문에 연구과정이나 결과가 대상자에게 피해를 끼칠 가능성이 있는지를 따지는 것이 매우 중요하다. 

09-02-08

05 조사연구는 긍정적인 연구결과를 유도하는 질문 문항으로 구성해야 한다. 

 **답** **01**○　**02**○　**03**○　**04**○　**05**×

(해설) **05** 연구자가 미리 생각하고 있었던 결론에 맞추어 자료를 가감, 조작해서는 안 되며, 긍정적인 결과뿐만 아니라 부정적인 결과도 보고해야 한다.

029 과학철학 및 패러다임

1회독	**2**회독	**3**회독
월 일	월 일	월 일

최근 10년간 **9문항** 출제

복습 1 이론요약

 22회 기출  21회 기출  20회 기출

과학철학

- 귀납주의: 16세기에 귀납주의의 선구자라고 볼 수 있는 베이컨은 경험, 즉 현상에 대한 반복적인 실험과 관찰을 통해 과학적인 지식을 얻을 수 있다고 주장했다.
- 연역주의: 17세기에 연역주의는 데카르트에 의해 발전했는데, 일반적인 전제로부터 특별한 사례들에 대한 결론을 도출하는 연역적 사고에 바탕을 두고 있다.
- 논리실증주의: 고전적인 실증주의와 경험주의, 그리고 논리학 등의 영향이 결합되어 발전한 과학철학이다. 경험적으로 검증될 수 있는 명제만이 유의미하다고 주장하며, 형이상학적인 명제를 배제한다.
- 포퍼의 반증주의: 과학의 발전은 기존 이론과 상충되는 현상을 관찰하는 데서 출발하며, 기존 이론의 모순에 대한 **계속적인 반증과정을 통해** 이뤄진다고 본다. 진리로 끝없이 접근하는 과정을 과학의 목적으로 설정하고, 추측과 반박을 통해 오류를 제거함으로써 가장 효과적으로 과학의 목적을 이룰 수 있다고 본다.
- 쿤의 과학적 혁명론(패러다임론): 패러다임의 우열을 비교할 수 있는 객관적 기준은 존재하지 않는다고 보았으며, 과학의 변화와 발전은 지식이 축적되는 누적적인 과정이 아니라 **혁명적인 과정을 통해 성취**된다고 보았다.

기본개념

사회복지조사론
pp.29~

사회과학의 3대 패러다임

▶ **실증주의**

- 사회현상은 우연히 일어나는 것이 아니라 일정한 질서와 규칙에 의해 일어난다고 보며, 사회 내의 법칙, 규칙 등을 찾아내고자 한다.
- 대규모의 표본에 대한 **양적 연구방법을 사용**하는 경향이 강하다.
- **객관성, 정확성, 일반화(혹은 법칙화) 등을 강조**한다.
- 연구의 가치중립성을 중시하며, 경험적 관찰을 통해 이론을 재검증한다.
- 관찰자의 존재나 인식과는 무관하게 객관적 실재가 독립적으로 존재한다고 본다.

▶ **해석주의**

- 외형적으로 유형화된 어떤 행동을 관찰하는 것이 아니라, 행동 깊숙이 자리 잡고 있는 **행위자 입장에서의 의미**를 찾는 데 초점을 둔다.
- 인간의 **주관적 의식을 중요시**하며, 사회적 행위의 주관적 의미에 대한 이해를 강조한다.

기출문장 CHECK

01 (22-02-01) 포퍼(K. Popper)는 이론이란 증명되는 것이 아니라 반증되는 것이라고 하였다.

02 (21-02-02) 후기실증주의는 객관적인 지식에 대한 직접적 확증은 불가능하다고 본다.

03 (20-02-02) 논리적 경험주의는 과학의 이론들이 확률적으로 검증되는 관찰에 의해서만 정당화될 수 있다고 주장한다.

04 (20-02-03) 실증주의는 보편적이고 적용가능한 통계적 분석도구를 사용한다.

05 (18-02-04) 후기실증주의 과학철학은 지식의 본질을 잠정적, 확률적으로 본다.

06 (17-02-01) 실증주의는 인간행위를 예측할 수 있는 확률적 법칙을 강조한다.

07 (16-02-01) 해석주의적 패러다임은 삶에 대한 주관적 의미에 관해 깊이 있게 탐구한다.

08 (16-02-05) 쿤에 의하면 과학의 변화와 발전은 지식이 축적되는 누적적인 과정이 아니라 혁명적인 과정을 통해 성취된다.

09 (14-02-03) 쿤(T. Kuhn)은 패러다임의 우열을 비교할 수 있는 객관적 기준은 존재하지 않는다고 보았다.

10 (13-02-04) 실증주의는 적은 수의 표본으로 결과를 일반화하는 것은 무리라고 주장한다.

11 (11-02-03) 해석주의는 현상에 대한 직접적 이해가 가능하지 않다고 본다.

12 (11-02-10) 쿤(T. Kuhn)의 과학철학에 의하면 과학적 진리는 사회의 성격에 영향을 받는다.

13 (10-02-18) 해석주의는 개인의 일상경험을 해석하고 이해하는 것이 목적이다.

14 (06-02-02) 교통사고는 공단지역에서 많이 발생한다는 명제는 실증주의 사회과학의 특성을 가진 명제이다.

15 (03-02-03) 논리실증주의는 연역적 논리를 사용한다.

대표기출 확인하기

22-02-01 · 난이도 ★★★

과학철학에 관한 설명으로 옳지 않은 것은?

① 쿤(T. Kuhn)은 과학적 혁명에서 패러다임 전환을 제시하였다.
② 쿤(T. Kuhn)은 당대의 지배적 패러다임에서 벗어나지 않는 것을 정상과학이라고 지칭하였다.
③ 포퍼(K. Popper)는 쿤의 과학적 인식에 내재된 문제점을 극복하기 위하여 반증주의를 제시하였다.
④ 포퍼(K. Popper)의 반증주의는 연역법에 의존한다.
⑤ 포퍼(K. Popper)는 이론이란 증명되는 것이 아니라 반증되는 것이라고 하였다.

 **알짜확인**

- 다양한 과학철학(귀납주의, 연역주의, 논리실증주의, 포퍼의 반증주의, 쿤의 과학적 혁명론)의 주요 내용을 이해한다.
- 사회과학의 3대 주류 패러다임(실증주의, 해석주의, 비판적 사회과학)의 주요 내용을 이해한다.

답 ③

✔ **응시생들의 선택**

① 4%	② 43%	③ 23%	④ 27%	⑤ 3%

③ 포퍼의 반증주의가 쿤의 과학적 혁명론(패러다임론)보다 시대적으로 먼저 제시되었으며, 쿤이 포퍼의 반증주의에 대하여 문제점을 제시하였다.

➕ 덧붙임

과학철학의 경우 포퍼의 반증주의와 쿤의 과학적 혁명론에 관한 문제가 주로 출제되고 있다. 전반적인 과학철학의 흐름과 각각의 철학을 비교하여 어떠한 차이점이 있는지를 파악해야 한다. 패러다임의 경우 실증주의와 해석주의의 특성을 비교하는 문제가 주로 출제되고 있는데, 실증주의와 해석주의는 양적 연구와 질적 연구의 개념을 비교하는 문제에서도 자주 다루어지는 내용이므로 반드시 명확하게 정리해둘 필요가 있다.

관련기출 더 보기

21-02-02 · 난이도 ★★☆

사회과학의 패러다임에 관한 설명으로 옳지 않은 것은?

① 실증주의는 연구결과를 해석할 때 정치적 가치나 이데올로기의 영향을 적극적으로 고려한다.
② 해석주의는 삶에 관한 심층적이고 주관적인 이해를 얻고자 한다.
③ 비판주의는 사회변화를 목적으로 사회의 본질적이고 구조적 측면의 파악에 주목한다.
④ 후기실증주의는 객관적인 지식에 대한 직접적 확증은 불가능하다고 본다.
⑤ 포스트모더니즘은 객관적 실재와 진리의 보편적 기준을 거부한다.

답 ①

✔ **응시생들의 선택**

① 42%	② 4%	③ 7%	④ 37%	⑤ 10%

① 실증주의는 관찰자의 존재나 인식과는 무관하게 객관적 실재가 독립적으로 존재한다고 보며, 객관성, 정확성, 일반화(혹은 법칙화) 등을 강조한다.

17-02-01 · 난이도 ★★☆

실증주의에 관한 설명으로 옳지 않은 것은?

① 인간행위를 예측할 수 있는 확률적 법칙을 강조한다.
② 과학과 비과학을 철저히 구분하려 한다.
③ 관찰결과의 일반화 가능성을 강조한다.
④ 연구결과를 잠정적인 지식으로 간주한다.
⑤ 사회적 행동을 행위자의 입장에서 이해하려 한다.

답 ⑤

✔ **응시생들의 선택**

① 5%	② 16%	③ 6%	④ 13%	⑤ 60%

⑤ 사회적 행동을 행위자의 입장에서 이해하려 하는 것은 해석주의이다.

쿤(T. Kuhn)의 과학적 패러다임에 관한 설명으로 옳지 않은 것은?

① 현상에 대한 우리의 관점을 조직하는 근본적인 도식을 패러다임이라 한다.
② 과학은 지식의 누적에 의해 점진적으로 진보한다고 본다.
③ 학문 공동체의 사회적 성격이 과학이론 선택에 중요한 역할을 한다.
④ 상이한 과학적 패러다임은 실재의 본질에 대한 다른 입장을 반영한다.
⑤ 기존 패러다임의 위기가 명백해지면 새로운 패러다임으로 전환된다.

답 ②

✓ 응시생들의 선택

① 3%	② 44%	③ 17%	④ 20%	⑤ 16%

② 쿤에 의하면 과학의 변화와 발전은 지식이 축적되는 누적적인 과정이 아니라 혁명적인 과정을 통해 성취된다. 즉, 과학적 진보에 불연속성을 강조하였다.

사회과학 패러다임에 관한 설명으로 옳은 것을 모두 고른 것은?

> ㄱ. 사회과학의 패러다임이 폐기되는 경우는 자연과학의 패러다임에 비해 흔하지 않다.
> ㄴ. 한 시기에 여러 개의 패러다임이 공존할 수 있다.
> ㄷ. 쿤(T. Kuhn)은 패러다임의 변화를 점진적인 것이 아니라 혁신적인 것으로 봤다.
> ㄹ. 일반적으로 패러다임의 우열을 가릴 수 있는 객관적 기준이 존재한다.

① ㄱ, ㄴ, ㄷ   ② ㄱ, ㄷ
③ ㄴ, ㄹ   ④ ㄹ
⑤ ㄱ, ㄴ, ㄷ, ㄹ

답 ①

✓ 응시생들의 선택

① 62%	② 14%	③ 18%	④ 1%	⑤ 5%

ㄹ. 쿤(T. Kuhn)은 패러다임의 우열을 비교할 수 있는 객관적 기준은 존재하지 않는다고 보았다. 새로운 패러다임이 옛 패러다임보다 더 좋다고 말할 수 없으며, 두 패러다임을 비교할 수 있는 객관적인 언어도 존재하지 않는다고 보았다.

인식론에 관한 설명으로 옳지 않은 것은?

① 실증주의는 경험적 관찰을 통해 이론을 재검증한다.
② 해석주의는 사회적 행위의 주관적 의미에 대한 이해를 강조한다.
③ 실증주의는 적은 수의 표본으로 결과를 일반화하는 것은 무리라고 주장한다.
④ 해석주의는 주로 언어를 분석대상으로 활용한다.
⑤ 실증주의는 연구자의 가치나 태도 활용을 강조한다.

답 ⑤

✓ 응시생들의 선택

① 15%	② 9%	③ 12%	④ 6%	⑤ 58%

⑤ 연구자의 가치나 태도 활용을 강조하는 것은 해석주의에 해당하는 설명이다.

실증주의와 해석주의에 관한 설명으로 옳지 않은 것은?

① 해석주의는 주로 언어를 분석대상으로 활용한다.
② 실증주의는 흔히 경험주의라고도 불린다.
③ 해석주의는 현상에 대한 직접적 이해가 가능하지 않다고 본다.
④ 실증주의는 객관적 실재가 독립적으로 존재한다고 본다.
⑤ 해석주의는 보편적으로 적용가능한 분석도구가 존재한다고 본다.

답 ⑤

✓ 응시생들의 선택

① 6%	② 7%	③ 38%	④ 9%	⑤ 39%

⑤ 보편적으로 적용가능한 분석도구가 존재한다고 보는 입장은 실증주의다. 실증주의를 토대로 하는 양적 조사에서는 보통 표준화된 측정도구를 사용하여 자료를 수집하고 분석한다.

다음 내용이 **왜 틀렸는지**를 확인해보자

16-02-05

01 쿤에 의하면 과학은 **지식의 누적에 의해 점진적으로 진보**한다고 본다.

> 쿤에 의하면 과학의 변화와 발전은 지식이 축적되는 누적적인 과정이 아니라 혁명적인 과정을 통해 성취된다. 즉, 과학적 진보에 불연속성을 강조하였다.

13-02-04

02 **해석주의**는 적은 수의 표본으로 결과를 일반화하는 것은 무리라고 주장한다.

> 적은 수의 표본으로 결과를 일반화하는 것은 무리라고 주장하는 것은 실증주의에 해당하는 설명이다.

11-02-10

03 쿤의 과학적 혁명론에 의하면 과학의 진보에는 **특정한 패턴이나 구조가 존재하지 않는다**.

> 쿤은 과학의 진보를 패러다임의 이동 과정으로 설명하면서 특정한 패턴이나 구조가 존재한다고 보았다.

04 **패러다임**이란 어떠한 법칙이나 이론이 참이 아닌 것을 증명하는 특수명제를 찾아 보여주는 작업이다.

> 반증이란 어떠한 법칙이나 이론이 참이 아닌 것을 증명하는 특수명제를 찾아 보여주는 작업이다.

05 해석주의는 **서베이와 같은 양적 연구방법**을 주로 활용한다.

> 해석주의는 현장연구, 참여관찰 등과 같은 질적 연구방법을 주로 활용한다.

06 **실증주의 연구자들**은 사람들을 알 수 있는 최선의 방법은 유연하고 주관적인 접근 방법을 택하여 연구대상의 세계를 연구대상의 관점에서 바라보는 것이라고 주장한다.

> 해석주의 연구자들은 사람들을 알 수 있는 최선의 방법은 유연하고 주관적인 접근 방법을 택하여 연구대상의 세계를 연구대상의 관점에서 바라보는 것이라고 주장한다.

빈칸에 들어갈 알맞은 말을 채워보자

20-02-03

01 해석주의는 사회현상의 (　　　　　) 의미에 대한 해석을 중요시한다.

13-02-04

02 (　　　　　)은/는 경험적 관찰을 통해 이론을 재검증한다.

22-02-01

03 포퍼(K. Popper)에 의하면 과학의 발전은 기존 이론과 상충되는 현상을 관찰하는 데서 출발하며, 기존 이론의 모순에 대한 계속적인 (　　　　　)과정을 통해 이뤄진다고 본다.

04 (　　　　　)은/는 외형적으로 유형화된 어떤 행동을 관찰하는 것이 아니라, 행동 깊숙이 자리잡고 있는 행위자 입장에서의 의미를 찾는 데 초점을 둔다.

05 (　　　　　)은/는 특정 시기에 특정 공동체의 구성원들이 공유하고 있는 신념, 가치, 기술 등의 총체를 지칭하는 개념이다.

 **답**　**01** 주관적　**02** 실증주의　**03** 반증　**04** 해석주의　**05** 패러다임

다음 내용이 옳은지 그른지 판단해보자

17-02-01

01 실증주의는 사회적 행동을 행위자의 입장에서 이해하려 한다.

16-02-01

02 비판사회과학적 패러다임은 억압받는 집단의 권한을 강화하는 데에 관심을 둔다.

14-02-03

03 쿤(T. Kuhn)에 의하면 일반적으로 패러다임의 우열을 가릴 수 있는 객관적 기준이 존재한다.

04 해석주의에 의하면 사회적 현실은 사람들이 그것을 경험하고 의미를 부여함으로써 의식 속에 존재한다.

05 논리실증주의는 경험적으로 검증될 수 있는 명제만이 유의미하다고 주장하며, 형이상학적인 명제를 배제한다.

06 후기실증주의는 과학을 절대적인 것이 아닌 확률적인 관점에서 본다.

07 쿤에 의하면 서로 다른 패러다임을 가진 연구자들은 같은 문제를 바라보더라도 해당 문제를 다른 방식으로 인식할 수 있다.

08 실증주의 연구자들은 사람들의 일상적인 경험, 심층적 의미와 감정 등을 해석할 수 있는 자연스러운 환경에서 사람들을 관찰한다.

답 01 ✕ 02 ◯ 03 ✕ 04 ◯ 05 ◯ 06 ◯ 07 ◯ 08 ✕

해설 **01** 사회적 행동을 행위자의 입장에서 이해하려 하는 것은 해석주의이다.
03 쿤(T. Kuhn)은 패러다임의 우열을 비교할 수 있는 객관적 기준은 존재하지 않는다고 보았다.
08 해석주의 연구자들은 사람들의 일상적인 경험, 심층적 의미와 감정 등을 해석할 수 있는 자연스러운 환경에서 사람들을 관찰한다.

030 연역법과 귀납법

1회독	2회독	3회독
월 일	월 일	월 일

최근 10년간 **0문항** 출제

복습 **1** 이론요약

연역법

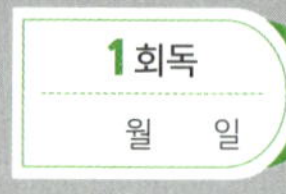

- 전통적인 과학적 조사의 접근방법이다.
- **일반적(general) 사실이나 법칙으로부터 특수한(specific) 사실이나 법칙을 추론**해내는 접근방법이다.
- 연구주제를 '가설'의 형태로 만들어 실증적으로 증명할 수 있다는 가정에서 출발한다.
- 연역법의 대표적인 예는 삼단논법이다.
- 논리 전개과정: 이론 → 가설 → 조작화(가설의 구체화) → 관찰 → 검증(가설 채택 또는 기각)

귀납법

- **개별적인 사실들로부터 일반적인 원리나 이론으로 전개**해 나가는 논리적 과정이다.
- 경험의 세계에서 관찰된 사실들이 공통적인 유형으로 전개되는 것을 객관적인 수준에서 증명하는 것이다.
- 논리 전개과정: 주제선정 → 관찰 → 유형발견(경험적 일반화) → 이론(임시결론)

기출문장 CHECK

01 (11-02-20) 경험적 관찰에서 보편적 유형을 찾는 것은 귀납법이다.

02 (10-02-17) 연구질문에 대한 연역적 탐구방법의 과정은 '이론적 이해 – 가설 – 조작화 – 측정 – 가설검증'이다.

03 (07-02-03) 귀납법의 순서는 '주제선정 – 관찰 – 유형발견 – 임시결론'이다.

04 (06-02-01) 귀납적 방법은 개별 사실에서 이론을 유추해가는 과정이다.

05 (04-02-02) 연역적 방법은 이론에 의해 가설을 세우고 이를 경험적으로 검증한다.

기출확인

대표기출 확인하기

11-02-20 · 난이도 ★☆☆

귀납법과 연역법에 관한 설명으로 옳은 것은?

① 귀납법과 연역법은 상호배타적이다.
② 귀납법은 이론에서 조작화와 관찰로 이어진다.
③ '모든 사람은 죽는다'와 같은 명제에서 시작하는 것은 귀납법이다.
④ 연역법은 개별 사례의 관찰에서 출발한다.
⑤ 경험적 관찰에서 보편적 유형을 찾는 것은 귀납법이다.

 **알짜확인**

• 과학적 조사의 논리인 연역법과 귀납법의 특징을 파악해야 한다.

답 ⑤

응시생들의 선택

① 5%	② 5%	③ 10%	④ 4%	⑤ 76%

① 귀납법과 연역법은 상호보완적으로 사용될 수 있다.
② 이론에서 조작화와 관찰로 이어지는 것은 연역법이다.
③ 일반적인 명제에서 시작하는 것은 연역법이다.
④ 개별 사례의 관찰에서 출발하는 것은 귀납법이다.

덧붙임

최근 시험에서는 단독 문제로 출제되고 있지는 않지만 연역법과 귀납법의 논리에 관한 내용은 이후 양적 연구와 질적 연구의 연구방법을 이해하는 데 있어서도 중요한 내용이므로 반드시 명확하게 정리해두어야 한다.

관련기출 더 보기

10-02-17 · 난이도 ★☆☆

연구질문에 대한 연역적 탐구방법의 과정으로 옳은 것은?

① 이론적 이해 → 가설 → 조작화 → 측정 → 가설검증
② 이론적 이해 → 조작화 → 측정 → 가설 → 가설검증
③ 관찰 → 잠정적 결론 → 일반화
④ 관찰 → 유형의 발견 → 잠정적 결론
⑤ 관찰 → 잠정적 결론 → 유형의 발견

답 ①

응시생들의 선택

① 90%	② 5%	③ 2%	④ 2%	⑤ 1%

① 연역적 방법은 기존의 이론적 틀에서 개념 간의 관계를 논리적으로 추론하여 가설을 설정하고, 가설을 조작적으로 구체화하여 이 가설이 현실에서 그대로 나타나고 있는가를 관찰하여 확인하는 절차를 취하는 것이다. 이와 같은 연역적 방법은 가설을 검증함으로써 이론을 간접적으로 검증하는 방법이 된다.

06-02-01 · 난이도 ★☆☆

귀납적 방법에 대한 설명이 아닌 것은?

① 개별 사실에서 이론을 유추해가는 과정이다.
② 얼마나 관찰해야 이론이 되는지 알 수 없다.
③ 관찰조사 → 경험적 일반화 → 이론화 과정을 거친다.
④ 일반화된 이론을 통해 개별적 사실을 확인하는 방법이다.
⑤ 기존의 이론이 없을 때 사용하는 방법이다.

답 ④

응시생들의 선택

① 2%	② 3%	③ 3%	④ 90%	⑤ 2%

④ 연역적 방법에 대한 설명이다.

다음 내용이 **왜 틀렸는지**를 확인해보자

01 귀납법은 전통적인 과학적 조사의 접근방법으로서, 일반적 사실이나 법칙으로부터 특수한 사실이나 법칙을 추론해내는 접근방법이다.

> 연역법은 전통적인 과학적 조사의 접근방법으로서, 일반적 사실이나 법칙으로부터 특수한 사실이나 법칙을 추론해내는 접근방법이다.

`07-02-03`

02 연역법의 순서는 주제선정 → 관찰 → 유형발견 → 임시결론이다.

> 귀납법의 순서는 주제선정 → 관찰 → 유형발견 → 임시결론이다.

`04-02-02`

03 연역적 방법은 관찰로부터 시작하여 이론을 확정하거나 수정한다.

> 관찰로부터 시작하여 이론을 확정하거나 수정하는 것은 귀납적 방법에 해당하는 내용이다.

04 일반적으로 기존의 이론이 존재할 때 귀납법을 사용하며, 기존의 이론이 존재하지 않을 때 연역법을 사용한다.

> 일반적으로 기존의 이론이 존재할 때 연역법을 사용하며, 기존의 이론이 존재하지 않을 때 귀납법을 사용한다.

05 연역적 방법과 귀납적 방법은 **상호배타적**이다.

> 연역적 방법과 귀납적 방법은 상호보완적이며 서로 순환적인 과정이다.

빈칸에 들어갈 알맞은 말을 채워보자

01 경험적 관찰에서 보편적 유형을 찾는 것은 (　　　　　　)이다.

02 (　　　　　　)의 대표적인 예는 삼단논법이다.

03 연역법에서 범할 수 있는 오류는 (　　　　　　)이다.

답 **01** 귀납법　**02** 연역법　**03** 구성의 오류

다음 내용이 옳은지 그른지 판단해보자

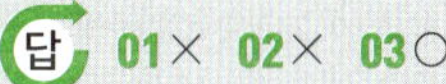

01 귀납적 방법은 일반화된 이론을 통해 개별적 사실을 확인하는 방법이다. 

02 귀납법은 이론에서 출발한다면, 연역법은 관찰에서 출발한다는 차이가 있다. 

03 연역법과 귀납법은 명확하게 구별되기보다는 서로 연결되어 있는 수레바퀴와 같아 이들을 반복하면서 과학을 발전시키게 된다. 

답 **01** ×　**02** ×　**03** ○

해설 **01** 일반화된 이론을 통해 개별적 사실을 확인하는 방법은 연역적 방법이다.
02 연역법은 이론에서 출발한다면, 귀납법은 관찰에서 출발한다는 차이가 있다.

031 사회복지조사

강의 QR코드

1회독	2회독	3회독
월 일	월 일	월 일

최근 10년간 **3문항** 출제

복습 1 이론요약

23회 기출 · 20회 기출 · 19회 기출

사회복지조사의 특성

- 사회복지조사는 주로 인간의 욕구 충족과 현실 문제해결을 위한 프로그램 수행 등에 필요한 지식 산출이라는 측면에서 **응용조사의 성격**이 강하다.
- 사회복지조사는 주로 사회적 약자의 문제를 다루기 때문에 **사회개량적 성격**이 있다.
- 사회복지조사의 하나인 욕구조사는 대상자 선정과 욕구의 종류 및 수준을 파악함으로써 **사회복지서비스를 계획적으로 제공**할 수 있도록 도와준다.
- 사회복지조사는 사회복지 서비스의 **효과성과 효율성을 평가하기 위한 도구**로서 활용된다.
- 프로그램이나 대안이 복지욕구에 적합한 것인지를 시험해야 하는데, 조사를 통해 **프로그램의 상호작용과 상관관계를 분석**함으로써 간접적으로 시험할 수 있다.
- 사회복지조사는 문제를 계량화하고 객관적·통계적으로 검증할 수 있는 **과학적 연구를 지향**한다.

기본개념

사회복지조사론
pp.40~

사회복지조사의 유용성

- 사회복지의 과학적 기초를 형성한다.
- 인간의 문제에 대한 객관적인 자료를 수집하고 개입 계획을 세우며, 개입 후 효과성을 평가하여 가설의 연관성과 문제의 인과관계를 검증할 수 있다.
- 사회복지이론을 형성하고 이를 바탕으로 실천기술을 구축하는 데 유용하다.
- 사회복지 개입의 효과를 입증하고 이를 통해 전문직으로서의 책임과 역할을 다하기 위해 사회복지조사가 활용될 수 있다.

사회복지조사의 한계

- 사회복지조사는 경험적으로 인식된 내용만을 포함하는데, 인간의 경험적 인식의 범위는 한계가 있다.
- 사회복지조사는 제한된 기간 내에 조사할 수 있는 내용이 양적으로 제한되어 있기 때문에 조사상 필요한 내용이 조사 종료 후 발생할 수도 있다.
- 사회복지조사는 일정한 지역 내에서 수행되므로 표본의 대표성 문제가 발생할 수 있다.
- 투입되는 조사요원과 조사대상의 확대, 조사기간의 연장 등에 대해 상당한 비용을 지불해야 한다.
- 사회복지학은 가치개입적 학문이므로 조사자의 개인적 가치가 조사과정에 개입될 가능성이 있다.

- 조사결과는 논리의 타당성보다는 조사 당시의 사회적 사상과 이념이나 정치적인 통제 및 문화적인 요인에 따라 수용과 거부가 결정되기도 한다.

사회복지조사방법론 지식이 필요한 이유

- 실천현장에서의 문제 해결을 위한 지식 탐색
- 사회복지서비스 질의 향상을 위한 지식과 기술의 개발
- 새롭고 효과적인 사회복지실천 개입방법의 개발
- 지역주민의 복지욕구 분석 및 클라이언트에 관한 임상적 자료의 체계적 수집
- 조사대상에 대한 비윤리적 행위의 예방
- 서비스 프로그램의 효과성 평가

기출문장 CHECK

01 (23-02-01) 사회복지실천에 있어 조사연구는 프로그램의 지속여부를 결정하는 객관적 근거를 제공할 수 있다.

02 (23-02-01) 사회복지실천에 있어 조사연구는 클라이언트의 욕구를 파악하여 문제해결의 방향을 제시할 수 있다.

03 (20-02-05) 사회복지조사는 연구의 전 과정에서 결정주의적 성향을 지양해야 한다.

04 (19-02-02) 사회복지학은 순수과학이 아닌 응용과학에 속한다.

05 (10-02-01) 지역주민의 복지욕구 분석을 위해서 사회복지실무자에게 사회복지조사방법론 지식이 필요하다.

06 (09-02-28) 실천지식과 기술을 과학적으로 발전시키기 위해 사회복지조사가 필요하다.

07 (05-02-03) 사회복지조사는 과학적 방법을 지향한다.

08 (04-02-26) 사회복지조사의 유용성에는 목표 효과성, 서비스 효과성, 과정의 효과성 등이 있다.

09 (02-02-01) 사회복지조사는 사회복지서비스의 효과성, 효율성을 평가하기 위한 도구로 활용된다.

대표기출 확인하기

23-02-01 난이도 ★★★

사회복지실천을 위한 조사연구의 필요성으로 옳지 않은 것은?

① 문제해결을 위한 사회복지 개입방법의 타당성을 검증할 수 있다.
② 사회복지 서비스를 위한 지식과 기술을 제공할 수 있다.
③ 문제의 원인을 설명함으로써 사회복지사의 직관에 의한 실천지식을 강화할 수 있다.
④ 프로그램의 지속여부를 결정하는 객관적 근거를 제공할 수 있다.
⑤ 클라이언트의 욕구를 파악하여 문제해결의 방향을 제시할 수 있다.

알짜확인

- 사회복지조사의 주요 특징을 파악해야 한다.
- 사회복지조사의 유용성 및 한계를 파악해야 한다.

답 ③

응시생들의 선택

① 1%	② 2%	③ 90%	④ 4%	⑤ 3%

③ 사회복지실천을 위한 조사연구는 문제의 원인을 설명함으로써 사회복지사의 직관에 의한 실천지식이 아닌 과학적이고 논리적인 실천지식을 강화할 수 있다.

덧붙임

사회복지조사에 관한 문제는 사회복지조사의 특징을 묻거나 사회복지조사가 사회복지사에게 왜 필요한지를 묻는 문제가 주로 출제되고 있다. 특히 사회복지조사의 필요성이나 사회복지조사방법론 지식이 필요한 이유를 묻는 문제가 가장 많이 출제되고 있는데, 과학적 방법의 필요성에 관한 내용과 함께 출제되기도 한다.

관련기출 더 보기

19-02-02 난이도 ★★★

사회과학과 사회복지학에 관한 설명으로 옳은 것을 모두 고른 것은?

ㄱ. 사회복지학은 사회문제에 대처하기 위한 학문이다.
ㄴ. 사회과학은 사회복지의 실천적 지식의 제공 및 이론적 발전에 기여할 수 있다.
ㄷ. 사회복지학은 응용과학이 아닌 순수과학에 속한다.
ㄹ. 사회복지학은 사회과학에 의해 발전된 개념들을 활용할 수 있다.

① ㄴ, ㄷ
② ㄷ, ㄹ
③ ㄱ, ㄴ, ㄷ
④ ㄱ, ㄴ, ㄹ
⑤ ㄱ, ㄷ, ㄹ

답 ④

응시생들의 선택

① 2%	② 1%	③ 4%	④ 89%	⑤ 4%

ㄷ. 사회복지학은 응용과학에 속한다.

09-02-28 난이도 ★★★

사회복지조사의 필요성에 관한 설명으로 옳은 것을 모두 고른 것은?

ㄱ. 개입의 효과성을 높이기 위해
ㄴ. 실천과정에서 적용한 이론 검증을 위해
ㄷ. 서비스 이용자에 대한 책임성을 높이기 위해
ㄹ. 실천지식과 기술을 과학적으로 발전시키기 위해

① ㄱ, ㄴ, ㄷ
② ㄱ, ㄷ
③ ㄴ, ㄹ
④ ㄹ
⑤ ㄱ, ㄴ, ㄷ, ㄹ

답 ⑤

응시생들의 선택

① 1%	② 0%	③ 1%	④ 0%	⑤ 98%

모두 옳은 내용이다.

다음 내용이 왜 틀렸는지를 확인해보자

01 사회복지조사는 조사문제의 선정이나 조사방법, 조사결과의 분석과 해석과정에 개인의 가치가 영향을 미칠 위험이 적다.

> 사회복지학은 가치개입적 학문이므로 조사자의 개인적 가치가 조사과정에 개입될 가능성이 있다.

02 사회복지조사는 인간을 대상으로 하기 때문에 주관적이고 비과학적이다.

> 사회복지조사는 문제를 계량화하고 객관적·통계적으로 검증할 수 있는 과학적 연구를 지향한다.

03 사회복지조사에서는 조작적 정의가 필요하지 않다.

> 사회복지조사는 개념적 정의를 경험적으로 측정이 가능하도록 구체화하는 조작적 정의가 필요하다.

`19-02-02`

04 사회복지학은 순수과학에 속하며, 실제 현장에서 직접 실천되는 실천과학이다.

> 사회복지학은 인간의 욕구를 충족시키기 위해 과학적인 지식을 사용하며, 복잡한 인간체계를 연구하기 위해 개발된 지식과 기술을 사용하는 응용과학이다.

빈칸에 들어갈 알맞은 말을 채워보자

01 (　　　　　　　)(이)란 개인의 복지욕구를 충족시키고 사회적 문제를 해결하기 위한 방안을 강구하기 위해 자료를 수집하는 절차이다.

02 사회복지조사는 (　　　　　　　)을/를 형성하고 이를 바탕으로 실천기술을 구축하는 데 유용하다.

03 사회복지조사는 주로 사회적 약자(장애인, 노동자, 노인 등)의 문제를 다루기 때문에 (　　　　　　) 성격이 있다.

답 **01** 사회복지조사　**02** 실천이론　**03** 사회개량적

다음 내용이 옳은지 그른지 판단해보자

09-02-28

01 사회복지조사는 서비스 이용자에 대한 책임성을 높이기 위해 필요하다. 

05-02-03

02 사회복지조사는 질적 연구방법만을 사용한다. 

03 사회복지 개입의 효과를 입증하고 이를 통해 전문직으로서의 책임과 역할을 다하기 위해 사회복지 조사가 활용될 수 있다. 

답 **01** ○　**02** ×　**03** ○

해설 **02** 사회복지조사는 양적 연구와 질적 연구의 방법을 모두 사용한다.

조사의 유형과 절차

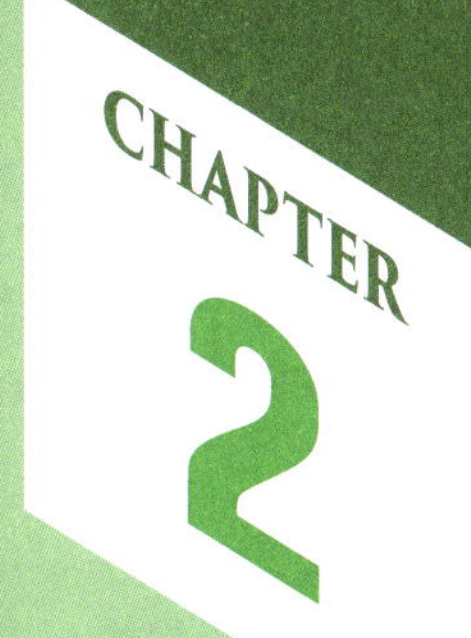

조사목적과 시간적 차원에 따른 조사의 유형, 조사의 과학적 수행절차, 분석단위의 개념과 유형, 분석단위와 관련된 오류 등을 다룬다.

032 조사의 유형

강의 QR코드

1회독 월 일 **2회독** 월 일 **3회독** 월 일

최근 10년간 **18문항** 출제

복습 1 **이론요약**

 23회 기출  22회 기출  21회 기출  20회 기출  19회 기출

조사목적에 따른 유형

▶ 탐색적 조사

- 기존에 연구되지 않았던 새로운 주제에 대해 연구하는 경우, 연구문제에 대한 사전 지식이 부족한 경우, 연구문제를 형성하거나 연구가설을 수립하기 위한 경우 등에 실시한다.
- 문헌조사, 경험자조사, 특례조사 등이 있다.

▶ 기술적 조사

- 영향요인 간에 어떠한 관계가 있을지를 파악하기 위해 실시하는 조사이다.
- 현상의 모양이나 분포, 크기, 비율 등 단순 통계적인 것에 대한 조사이다.
- 발생빈도와 비율을 파악할 때 사용한다.

▶ 설명적 조사

- 사실의 인과관계를 규명하거나 미래의 사실에 대해 미리 예측하는 조사이다.
- 특정 변수에 영향을 미치는 변수의 조사 등이 해당된다.

시간적 차원에 따른 유형

▶ 횡단조사

- 일정 시점에서 특정 표본이 가지고 있는 특성을 파악하거나, 특성에 따라 집단을 분류하는 조사이다.
- 일정 시점에서 측정하므로 정태적인 성격을 갖고 있다.
- 주로 표본조사를 행하며 측정이 반복해서 이루어지지 않는다.

▶ 종단조사

- 시간의 흐름에 따라 조사대상이나 상황의 변화를 측정하는 것으로 **일정한 시간 간격을 두고 반복적으로 측정**하여 자료를 수집한다.
- 일정한 시간적 간격을 두고 측정하므로 동태적이다.
- **장기간 동안 측정이 반복**해서 이루어진다.
- 패널조사: 장기간 반복적으로 조사를 실시하며, **매 조사시점마다 동일인을 대상**으로 조사한다.

기본개념

사회복지조사론
pp.46~

- 경향조사: 시간의 흐름에 따라 나타나는 **일반적인 대상 집단의 변화**를 조사한다.
- 동년배조사: 시간의 변화에 따른 특정 **동류집단의 변화**를 조사한다.

조사대상에 따른 분류

- 전수조사: 모집단 전체를 대상으로 하는 조사
- 표본조사: 모집단의 일부만을 추출하여 조사한 후 그 결과를 기초로 모집단의 특성을 추정하는 조사

자료수집의 성격에 따른 분류

- 양적 조사: 대상의 속성을 계량화하여 전체 모집단에 일반화
- 질적 조사: 현지조사, 심층면접, 관찰을 통해 맥락 속에서 현상에 대한 깊이 있는 이해 도모

기출문장 CHECK

01 (23-02-03) 2022년과 2025년이라는 시간의 흐름에 따른 조사항목의 변화를 측정한 것은 종단조사에 해당한다.

02 (23-02-03) 전국의 가구 중 일부를 표본으로 선정한 것은 표본조사에 해당한다.

03 (23-02-21) 양적 연구방법은 논리실증주의에 기반하며, 질적 연구방법은 주관적이며 직관적인 관점에서 접근한다.

04 (22-02-04) 일정 연령이나 일정 연령 범위 내 사람들의 집단이 조사대상인 종단연구는 코호트(동년배)조사이다.

05 (21-02-03) 시간에 따른 변화를 가장 정확하게 알려주는 것은 패널연구이다.

06 (21-02-05) 지난해 발생한 데이트폭력 사건의 빈도와 유형을 자세히 보고하는 것은 기술적 연구이다.

07 (20-02-06) 추세연구와 동년배(cohort)연구는 둘 이상의 시점에서 조사가 이루어지며, 동일대상 반복측정을 원칙으로 하지 않는다.

08 (20-02-09) 양적 조사방법에서 개념적 정의는 측정가능성을 전제로 하지 않는다.

09 (19-02-06) 일정한 시간간격을 두고 연구대상을 표본추출하여 반복적으로 조사하는 방법에는 패널조사, 경향조사, 동년배조사 등이 있다.

10 (18-02-07) 탐색적 연구는 선행 자료가 부족한 주제를 연구하는 경우에 실시한다.

11 (18-02-09) 조사대상의 추적과 관리 때문에 가장 많은 비용이 드는 것은 패널연구(panel study)이다.

12 (16-02-20) 패널조사는 조사대상자의 상실로 변화를 확인하기 어려울 수 있다.

13 (15-02-19) 매 조사시점마다 동일인을 대상으로 조사하는 종단조사는 패널조사이다.

14 (14-02-18) 종단연구는 특정 현상의 추이를 분석할 수 있다.

15 (12-02-10) 탐색, 기술, 설명적 조사는 조사의 목적에 따른 구분이다.

16 (11-02-14) 특정 집단의 변화에 대한 연구는 종단연구의 한 유형인 동년배집단 연구이다.

17 (10-02-12) 종단적 조사는 조사대상을 일정한 시간간격을 두고 2회 이상 관찰하는 조사를 말한다.

18 (09-02-19) 설명적 조사는 변수 간의 인과관계를 규명하려는 조사이다.

19 (09-02-22) 경향분석은 각각 다른 시기에 일정한 연령집단을 관찰하여 비교하는 조사이다.

20 (08-02-29) 패널조사는 행동과 태도 등의 변화과정을 분석하기 용이하다.

21 (06-02-04) 1990~2000년 국가 간 건강수준 변화 비교연구는 종단연구에 해당한다.

22 (05-02-05) 종단연구는 시계열적인 현상 연구에 적합하다.

대표기출 확인하기

23-02-03　난이도 ★★☆

"여성가족부는 2022년 전국가정폭력실태조사 결과를 이전에 실시한 동일한 조사내용과 비교하여 보고하였다. 2025년 조사에서도 전국의 가구 중 일부를 선정하여 동일한 조사항목에서 어떠한 변화가 있는지를 보고할 것이다." 이에 관한 조사유형에 해당하는 것으로 모두 묶인 것은?

ㄱ. 종단조사
ㄴ. 표본조사
ㄷ. 패널조사
ㄹ. 경향조사

① ㄷ　　　　　　② ㄱ, ㄴ
③ ㄴ, ㄷ　　　　④ ㄱ, ㄴ, ㄹ
⑤ ㄱ, ㄴ, ㄷ, ㄹ

▶ 알짜확인

• 조사목적에 따른 조사유형별 특징을 이해해야 한다.
• 시간적 차원에 따른 조사유형별 특징을 이해해야 한다.

답 ④

✔ 응시생들의 선택

① 3%	② 14%	③ 7%	④ 65%	⑤ 11%

ㄱ. 2022년과 2025년이라는 시간의 흐름에 따른 조사항목의 변화를 측정하였으므로 종단조사에 해당한다.
ㄴ. 전국의 가구 중 일부를 표본으로 선정하였으므로 표본조사에 해당한다.
ㄹ. 시간의 흐름에 따라 나타나는 일반적인 대상집단의 변화를 조사하였으므로 경향조사에 해당한다.

➕ 덧붙임

조사유형과 관련한 문제들은 설명적 조사, 패널조사와 같은 개별 유형에 대한 이해를 묻는 유형부터 종단조사와 횡단조사를 비교하는 유형, 조사유형 전반에 대한 이해를 묻는 유형 등 다양한 형태로 출제되고 있다. 특히 종단조사의 대표적인 3가지 유형(패널조사, 동년배조사, 경향조사)을 구분할 수 있는 능력을 요구하는 문제가 주로 출제되고 있기 때문에 각 유형의 차이를 정확히 이해하는 것이 필요하다.

관련기출 더 보기

22-02-04　난이도 ★★☆

다음에서 설명하는 조사유형을 바르게 짝지은 것은?

ㄱ. 동일한 표본을 대상으로 시간을 달리하여 추적 관찰하는 연구
ㄴ. 일정 연령이나 일정 연령 범위 내 사람들의 집단이 조사대상인 종단연구

① ㄱ: 경향조사, ㄴ: 코호트(cohort)조사
② ㄱ: 경향조사, ㄴ: 패널조사
③ ㄱ: 코호트(cohort)조사, ㄴ: 경향조사
④ ㄱ: 패널조사, ㄴ: 경향조사
⑤ ㄱ: 패널조사, ㄴ: 코호트(cohort)조사

답 ⑤

✔ 응시생들의 선택

① 7%	② 7%	③ 5%	④ 40%	⑤ 41%

ㄱ. 동일한 표본을 대상으로 시간을 달리하여 추적 관찰하는 연구는 패널조사이다. 장기간 반복적으로 조사를 실시하는데, 매 조사시점마다 동일인을 대상(동일한 표본)으로 조사하는 것이 특징이다. 다만, 비용이 많이 들며 시간이 지나면서 조사대상(패널)이 중도에 탈락하는 문제가 있다.
ㄴ. 일정 연령이나 일정 연령 범위 내 사람들의 집단이 조사대상인 종단 연구는 코호트조사(동년배조사)이다. 코호트조사는 시간의 변화에 따른 특정 동년배집단(일정 연령이나 일정 연령 범위 내 사람들의 집단)의 변화를 조사하는 것이다.

사회조사의 목적에 관한 설명으로 옳지 않은 것은?

① 지난해 발생한 데이트폭력 사건의 빈도와 유형을 자세히 보고하는 것은 기술적 연구이다.
② 외상 후 스트레스로 퇴역한 군인을 위한 서비스 개발의 가능성을 파악하기 위한 초기면접은 설명적 연구이다.
③ 사회복지협의회가 매년 실시하는 사회복지기관 통계조사는 기술적 연구이다.
④ 지방도시에 비해 대도시의 아동학대 비율이 높은 이유를 보고하는 것은 설명적 연구이다.
⑤ 지역사회 대상 설문조사를 통해 사회복지서비스의 만족도를 조사하는 것은 기술적 연구이다.

답 ②

✓ 응시생들의 선택

① 20%	② 44%	③ 5%	④ 17%	⑤ 14%

② 서비스 개발이 가능한지를 파악하기 위한 연구는 탐색적 연구이다. 즉, 기존에 연구되지 않았거나 혹은 사전 지식이 부족한 경우 등 어떠한 내용을 탐색하기 위한 목적으로 수행하는 조사이다.

다음에서 설명하는 조사유형에 해당하는 것은?

- 둘 이상의 시점에서 조사가 이루어진다.
- 동일대상 반복측정을 원칙으로 하지 않는다.

① 추세연구, 횡단연구
② 패널연구, 추세연구
③ 횡단연구, 동년배(cohort)연구
④ 추세연구, 동년배(cohort)연구
⑤ 패널연구, 동년배(cohort)연구

답 ④

✓ 응시생들의 선택

① 13%	② 6%	③ 9%	④ 63%	⑤ 9%

④ 둘 이상의 시점에서 조사가 이루어졌다는 것은 반복 측정이 이루어진 것이므로 종단조사에 해당한다. 종단조사에는 패널연구, 추세연구(경향연구), 동년배연구가 있는데, 종단조사 중 패널연구만이 동일대상을 반복적으로 측정하기 때문에 동일대상 반복측정을 원칙으로 하지 않는 것은 추세연구(경향연구), 동년배연구가 해당된다.

다음 연구 상황에 유용한 조사유형은?

일본 후쿠시마 원전 유출이 지역주민들의 삶에 초래한 변화를 연구하고자 하였으나 관련 연구나 선행 자료가 상당히 부족함을 발견하였다.

① 평가적 연구
② 기술적 연구
③ 설명적 연구
④ 탐색적 연구
⑤ 척도개발 연구

답 ④

✓ 응시생들의 선택

① 3%	② 5%	③ 7%	④ 79%	⑤ 6%

④ 주어진 사례처럼 관련 연구나 선행 자료가 부족한 주제를 연구하는 경우에 실시하는 것을 탐색적 연구라 한다. 탐색적 연구는 기존에 연구되지 않았던 새로운 주제에 대해 연구하는 경우, 연구문제에 대한 사전 지식이 부족한 경우, 연구문제를 형성하거나 연구가설을 수립하기 위한 경우 등에 실시한다.

종단연구(longitudinal study)에 관한 설명으로 옳지 않은 것은?

① 시간흐름에 따른 조사대상의 변화를 측정하는 연구이다.
② 일정기간의 변화에 대해 가장 포괄적 자료를 제공하는 것은 동년배집단연구(cohort study)이다.
③ 조사대상의 추적과 관리 때문에 가장 많은 비용이 드는 것은 패널연구(panel study)이다.
④ 일정 주기별 인구변화에 대한 조사는 경향연구(trend study)이다.
⑤ 동년배집단연구는 언제나 동일한 대상을 조사하는 것은 아니다.

답 ②

✓ 응시생들의 선택

① 3%	② 61%	③ 9%	④ 15%	⑤ 12%

② 일정기간의 변화에 대해 가장 포괄적 자료를 제공하는 것은 패널연구이다. 종단조사 중 패널연구만이 동일인을 반복적으로 조사하기 때문에 일정 기간에 걸쳐 나타나는 변화에 대해 가장 포괄적인 자료를 제공할 수 있다.

다음에서 설명하는 조사는?

> 기초연금의 노인 빈곤 감소효과를 알아보기 위해 동일한 노인을 표본으로 10년간 매년 조사한다.

① 전수조사
② 추세조사
③ 패널조사
④ 탐색적 조사
⑤ 횡단적 조사

답 ③

✔ 응시생들의 선택

① 4%	② 7%	③ 81%	④ 3%	⑤ 5%

③ 매 조사시점마다 동일인을 대상으로 조사하는 종단조사는 패널조사이다.

사회조사의 유형에 관한 설명으로 옳은 것을 모두 고른 것은?

> ㄱ. 탐색, 기술, 설명적 조사는 조사의 목적에 따른 구분이다.
> ㄴ. 패널조사와 동년배집단(cohort)조사는 동일대상인에 대한 반복측정을 원칙으로 한다.
> ㄷ. 2차자료 분석연구는 비관여적 연구방법에 해당한다.
> ㄹ. 탐색적 조사의 경우에도 명확한 연구가설과 구체적 조사계획이 사전에 수립되어야 한다.

① ㄱ, ㄴ, ㄷ
② ㄱ, ㄷ
③ ㄴ, ㄹ
④ ㄹ
⑤ ㄱ, ㄴ, ㄷ, ㄹ

답 ②

✔ 응시생들의 선택

① 13%	② 65%	③ 5%	④ 5%	⑤ 12%

ㄴ. 동일인에 대한 반복측정을 원칙으로 하는 것은 패널조사에 해당하는 설명이다.
ㄹ. 탐색적 조사는 새로운 연구주제에 대한 조사를 진행하거나 조사의 가능성을 탐색하기 위해서 본격적인 조사가 시작되기 전에 진행하며, 조사설계를 확정하기 전에 즉, 명확한 연구가설이나 구체적인 조사계획이 수립되기 전에 진행되는 경우가 많다.

횡단연구와 종단연구에 관한 설명으로 옳은 것은?

① 일정기간에 걸쳐 발생하는 변화에 관한 연구는 종단연구이다.
② 횡단연구는 상대적으로 비용이 많이 든다.
③ 종단연구는 한 시점에서 대상을 관찰한다.
④ 동일대상을 반복 관찰하는 것은 횡단연구이다.
⑤ 특정 집단의 변화에 대한 횡단연구는 경향연구(trend study)이다.

답 ①

✔ 응시생들의 선택

① 81%	② 4%	③ 3%	④ 5%	⑤ 7%

② 조사를 한 번만 하는 횡단조사보다는 여러 번에 걸쳐 조사가 이루어지는 종단연구가 상대적으로 많은 비용이 든다.
③ 한 시점에서 대상을 관찰하는 연구는 횡단연구이다.
④ 동일대상을 반복 관찰하는 것은 종단연구이다.
⑤ 특정 집단의 변화에 대한 연구는 종단연구의 한 유형인 코호트(혹은 동년배집단)연구이다.

종단적 조사에 관한 설명으로 옳지 않은 것은?

① 조사대상을 일정한 시간간격을 두고 2회 이상 관찰하는 조사를 말한다.
② 패널조사는 매 조사시점마다 동일인이 조사대상이 되도록 계획된다.
③ 개인의 노동시장활동과 같은 장기적 추이를 분석하는 데 활용된다.
④ 경향분석(trend analysis)은 매 조사시점마다 조사대상이 동일인이 아니다.
⑤ 1990년대와 2000년대 10대들의 직업선호도 비교는 동류집단(cohort) 조사이다.

답 ⑤

✔ 응시생들의 선택

① 8%	② 10%	③ 11%	④ 10%	⑤ 61%

⑤ 1990년대와 2000년대 10대들의 직업선호도 비교는 경향조사이다.

정답훈련

다음 내용이 왜 틀렸는지를 확인해보자

01 `18-02-09`
일정기간의 변화에 대해 가장 포괄적 자료를 제공하는 것은 **동년배집단연구**이다.

> 일정기간의 변화에 대해 가장 포괄적 자료를 제공하는 것은 패널연구이다.

02 **표본조사**란 조사대상이라고 생각되는 모든 부분, 즉 모집단 전체를 대상으로 조사하는 조사연구로서 대표적인 것이 인구조사이다.

> 전수조사란 조사대상이라고 생각되는 모든 부분, 즉 모집단 전체를 대상으로 조사하는 조사연구로서 대표적인 것이 인구조사이다.

03 `11-02-14`
일정기간에 걸쳐 발생하는 변화에 관한 연구는 **횡단연구**이다.

> 일정기간에 걸쳐 발생하는 변화에 관한 연구는 종단연구이다.

04 `09-02-19`
기술적 조사는 변수 간의 인과관계를 규명하려는 조사이며, 가설을 검증하려는 조사이다.

> 설명적 조사는 변수 간의 인과관계를 규명하려는 조사이며, 가설을 검증하려는 조사이다.

05 `08-02-29`
동년배조사는 동일한 대상을 조사하므로 반복할 때마다 표본을 유지하기가 어렵다.

> 패널조사는 동일한 대상을 조사하므로 반복할 때마다 표본을 유지하기가 어렵다.

06 조사목적에 따른 유형에서 인구주택총조사, 실태조사, 여론조사 등이 대표적인 **탐색적 조사**에 해당한다.

> 조사목적에 따른 유형에서 인구주택총조사, 실태조사, 여론조사 등이 대표적인 기술적 조사에 해당한다.

빈칸에 들어갈 알맞은 말을 채워보자

21-02-03

01 베이비붐 세대를 시간변화에 따라 연구하는 것은 (   )이다.

20-02-06

02 (   )와 동년배조사는 둘 이상의 시점에서 조사가 이루어지며, 동일대상을 반복하여 측정하지 않는다.

03 (   )은/는 시간이 지나면서 조사대상이 중도에 탈락하는 문제가 발생할 수 있다.

04 (   )은/는 일정 시점에서 특정 표본이 가지고 있는 특성을 파악하거나, 특성에 따라 집단을 분류하는 것으로 사회복지 분야에서 널리 사용된다.

05 현상의 모양이나 분포, 크기, 비율 등 단순 통계적인 것에 대한 조사는 (   )이다.

13-02-06

06 (   )은/는 장기간에 걸쳐 조사하는 연구로 질적 연구로도 이루어진다.

12-02-10

07 조사의 목적에 따라 탐색적 조사, 기술적 조사, (   )(으)로 구분할 수 있다.

10-02-12

08 1990년대 10대와 2000년대 10대의 직업선호도를 비교조사하는 것은 (   )에 해당한다.

04-02-08

09 (   )은/는 예비조사의 성격인 경우가 많고 융통성 있게 운영하고 연구문제를 확인한다.

10 (   )은/는 전수조사가 어려운 경우 모집단의 일부만을 추출하여 모집단 전체를 추정하는 조사이다.

답 **01** 동년배조사 **02** 경향조사 **03** 패널조사 **04** 횡단조사 **05** 기술적 조사 **06** 종단연구 **07** 설명적 조사 **08** 경향조사 **09** 탐색적 조사 **10** 표본조사

다음 내용이 옳은지 그른지 판단해보자

01 횡단조사는 유형에 따라 서로 다른 시점에서 동일 대상자를 추적해 조사해야 하므로 표본의 크기가 작아지게 된다.

13-02-06
02 추이(trend)조사는 패널연구보다 개인의 변화에 대해 더 명확한 자료를 제공한다.

03 종단조사 중 패널조사만이 동일인을 반복적으로 조사한다.

04 예비조사는 탐색적 조사에 해당하며, 보통 설문지 작성의 사전단계에서 이루어진다.

05 종단조사는 장기간 반복적으로 측정이 이루어지므로 비용이 많이 든다.

06 패널조사는 상당 기간에 걸쳐 표본의 거처를 지속적으로 파악해야 하므로 종단조사들 중 가장 수행이 어렵다.

07 질적 조사는 대상의 속성을 계량적으로 표현하고 그들의 관계를 통계분석을 통해 밝혀내는 조사이다.

11-02-14
08 종단연구는 한 시점에서 대상을 관찰한다.

10-02-12
09 종단적 조사는 개인의 노동시장활동과 같은 장기적 추이를 분석하는 데 활용된다.

06-02-07
10 A대학교 재학생의 연령별 소비실태조사는 종단연구가 될 수 있다.

답 01 ✕ 02 ✕ 03 ○ 04 ○ 05 ○ 06 ○ 07 ✕ 08 ✕ 09 ○ 10 ✕

해설 **01** 종단조사는 유형에 따라 서로 다른 시점에서 동일 대상자를 추적해 조사해야 하므로 표본의 크기가 작아지게 된다.
02 특정 개인들의 변화에 대한 전체적인 모습을 보여줄 수 있으며, 가장 포괄적이고 명확한 자료를 제공하는 것은 패널연구의 특징에 해당한다.
07 양적 조사는 대상의 속성을 계량적으로 표현하고 그들의 관계를 통계분석을 통해 밝혀내는 조사이다.
08 한 시점에서 대상을 관찰하는 연구는 횡단연구이다.
10 일정 시점에서 이루어지는 연구이므로 횡단연구에 해당한다.

033 조사의 절차

1회독 월 일　　2회독 월 일　　3회독 월 일

최근 10년간 **3문항** 출제

복습 1 이론요약

23회 기출　19회 기출

문제형성

- 조사의 주제, 목적, 이론적 배경, 중요성 등을 파악하고, 이를 체계적으로 정립하는 과정이다.
- 기존의 관련 자료나 문헌조사, 전문가의 의견, 예비조사 등을 참고로 할 수 있다.
- 조사문제의 형성은 주제선정과 문제설정으로 구분된다.

기본개념

사회복지조사론
pp.53~

가설형성

- 선정된 조사문제를 실증적으로 검증 가능하도록 구체화하는 과정이다.
- 가설은 연구목적과 조사문제와 일관성을 유지하면서 세부적이고 경험적이며, 현실적으로 연구가 가능해야 하며, 측정 가능해야 하고, 문제에 대한 구체적인 해답을 제공할 수 있어야 한다.

조사설계

- 조사연구를 효과적·효율적·객관적으로 수행하기 위한 논리적인 전략이다.
- 가설을 검증하기 위해 자료를 수집하고 분석하는 전반적인 과정을 계획하고 통제하기 위한 전략이다.

자료수집

- 자료는 관찰, 면접, 설문지 등 여러 가지 방법을 통해 수집된다.
- 과학적 조사자료는 조사자가 직접 수집하는 1차 자료와 이미 다른 주체가 수집한 2차 자료로 구분된다.

자료분석 및 해석

- 수집된 자료의 편집과 코딩과정이 끝나면 통계기법을 이용해 분석이 이루어진다.
- 통계분석 방법은 조사설계 때부터 수집할 자료의 성격을 일관성 있게 결정해야 한다.
- 자료분석이 끝나면 결과에 대해 의미 있는 해석이 이뤄져야 한다.

보고서 작성

연구결과를 객관적으로 증명하고 경험적으로 일반화시키기 위해 일정한 형식으로 기술하여 타인에게 전달하기 위한 보고서를 작성한다.

01 (23-02-04) 사회복지조사는 '연구가 필요한 주제 선정 → 연구문제의 잠정적 결론으로 가설 설정 → 표집방법 수립 → 검증된 측정도구로 자료수집 → 자료를 분석하고 가설의 지지여부 결정'의 순으로 진행된다.

02 (19-02-04) 사회복지조사의 과학적 수행과정은 '조사문제형성(설정) → 가설형성(설정) → 조사설계 → 자료수집 → 자료분석 및 해석 → 보고서 작성'으로 진행된다.

03 (17-02-17) 조사연구는 '조사문제 형성 → 가설형성 → 조사설계 → 자료수집 → 자료분석 및 해석 → 보고서 작성'의 과정으로 진행된다.

04 (12-02-12) 연구문제설정은 가설설정과 조사설계의 전 단계이다.

05 (11-02-02) '연구주제 선정 → 연구문제 선정 → 문헌검토 → 가설구성 → 조사설계 → 설문지 문항 검토 → 자료수집 → 자료분석과 해석 → 보고서 작성'의 순서로 진행된다.

06 (09-02-11) 자료분석단계는 수집된 자료의 코딩이 끝난 후, 통계기법을 이용하여 분석하는 단계이다.

07 (05-02-04) 자료수집 방법 결정, 조사대상 선정, 조사도구 작성 및 검증 등은 자료조사 설계와 관련 있다.

08 (02-02-03) 노인의 우울증에 대한 조사연구를 할 때 우울증에 대한 개념 정의는 조사연구의 문제형성 단계이다.

대표기출 확인하기

23-02-04 | 난이도 ★★☆

사회복지조사 과정을 순서대로 나열한 것은?

> ㄱ. 표집방법을 수립하였다.
> ㄴ. 연구문제의 잠정적 결론으로 가설을 설정하였다.
> ㄷ. 연구가 필요한 주제를 선정하였다.
> ㄹ. 검증된 측정도구로 자료를 수집하였다.
> ㅁ. 자료를 분석하고 가설의 지지여부를 결정하였다.

① ㄱ → ㄴ → ㅁ → ㄷ → ㄹ
② ㄴ → ㄱ → ㄷ → ㄹ → ㅁ
③ ㄴ → ㄷ → ㄱ → ㅁ → ㄹ
④ ㄷ → ㄱ → ㄹ → ㅁ → ㄴ
⑤ ㄷ → ㄴ → ㄱ → ㄹ → ㅁ

▶ 알짜확인

• 사회복지조사의 과학적 조사절차를 이해해야 한다.

답 ⑤

응시생들의 선택

① 1%	② 4%	③ 1%	④ 12%	⑤ 82%

⑤ 사회복지조사의 과학적 수행과정은 'ㄷ. 문제형성(주제선정, 문제설정) → ㄴ. 가설형성 → ㄱ. 조사설계 → ㄹ. 자료수집 → ㅁ. 자료분석 및 해석 → 보고서 작성'의 순으로 진행된다.

덧붙임

조사연구 과정과 관련해서는 조사연구 과정 전반에 대한 이해를 묻는 문제, 각 단계에 해당하는 경우를 고르는 문제, 순서대로 조사과정을 연결하는 문제 등이 출제되고 있다.

관련기출 더 보기

17-02-17 | 난이도 ★★★

조사연구 과정의 일부분이다. 이를 올바르게 나열한 것은?

> ㄱ. '대학생들의 전공에 따라 다문화수용성이 다를 것이다'라는 가설설정
> ㄴ. 표본을 추출하여 자료수집
> ㄷ. 대학생들의 다문화수용성에 관한 선행연구 고찰
> ㄹ. 구조화된 설문지 작성

① ㄱ → ㄴ → ㄷ → ㄹ
② ㄱ → ㄷ → ㄴ → ㄹ
③ ㄱ → ㄷ → ㄹ → ㄴ
④ ㄷ → ㄱ → ㄴ → ㄹ
⑤ ㄷ → ㄱ → ㄹ → ㄴ

답 ⑤

응시생들의 선택

① 9%	② 21%	③ 18%	④ 23%	⑤ 29%

⑤ 조사연구는 '조사문제 형성 → 가설형성 → 조사설계 → 자료수집 → 자료분석 및 해석 → 보고서 작성'의 과정으로 진행된다. 따라서 대학생들의 다문화수용성에 관한 선행연구를 고찰(문제형성)하고 '대학생들의 전공에 따라 다문화수용성이 다를 것이다'라는 가설을 설정한 다음에 구조화된 설문지를 작성한 뒤 표본을 추출하여 자료를 수집한다.

12-02-12 | 난이도 ★☆☆

조사연구의 과정에 관한 설명으로 옳지 않은 것은?

① 연구문제의 발견 및 설정은 조사에서 핵심적인 부분이다.
② 가설은 연구문제와 그 이론에 따라 구성되는 것이 바람직하다.
③ 연구문제설정은 가설설정과 조사설계의 전 단계이다.
④ 연구문제설정에서 비용, 시간, 윤리성 등이 고려되어야 한다.
⑤ 조사연구과정은 자료의 분석으로 마무리된다.

답 ⑤

응시생들의 선택

① 6%	② 4%	③ 10%	④ 7%	⑤ 73%

⑤ 조사연구과정의 마지막 단계는 조사보고서를 작성하는 것이다.

다음 내용이 **왜 틀렸는지**를 확인해보자

12-02-12

01 조사연구과정은 **자료의 분석으로 마무리**된다.

> 조사연구과정의 마지막 단계는 조사보고서를 작성하는 것이다.

11-02-02

02 조사과정의 단계는 **연구문제 설정 → 연구주제 선정 → 문헌검토 → 조사설계 → 가설구성 → 설문지 문항 검토 → 자료수집 → 자료분석과 해석 → 보고서 작성**의 순서이다.

> 조사과정의 단계는 연구주제 선정 → 연구문제 설정 → 문헌검토 → 가설구성 → 조사설계 → 설문지 문항 검토 → 자료수집 → 자료분석과 해석 → 보고서 작성의 순서이다.

03 조사과정 중 가설형성 단계는 **양적 연구와 질적 연구에 반드시 포함**되어야 하는 단계이다.

> 조사과정 중 가설형성 단계는 주로 양적 연구에 포함되며, 질적 연구에서는 생략된다.

05-02-04

04 자료수집 방법 결정, 조사대상 선정, 조사도구 작성 및 검증을 하는 단계는 **문제형성 단계**이다.

> 자료를 수집하고 분석하는 전반적인 과정을 계획하는 단계는 조사설계 단계이다.

05 **자료수집 단계**는 선정된 주제와 관련하여 연구대상의 문제를 보다 구체적이고 체계적으로 표현하여 가설로 발전할 수 있도록 체계화하는 과정이다.

> 문제형성 단계는 선정된 주제와 관련하여 연구대상의 문제를 보다 구체적이고 체계적으로 표현하여 가설로 발전할 수 있도록 체계화하는 과정이다.

빈칸에 들어갈 알맞은 말을 채워보자

01 조사대상 변수들 사이의 논리적 구조를 설정하고 가설설정에서 일반화에 이르기까지 필요한 제반활동에 대하여 계획을 세우는 단계는 (　　　　　　　) 단계이다.

02 연구결과를 객관적으로 증명하고 경험적으로 일반화시키기 위해 일정한 형식으로 기술하여 타인에게 전달하기 위한 (　　　　　　　)을/를 작성한다.

03 (　　　　　　　) 단계는 선정된 조사문제를 실증적으로 검증 가능하도록 구체화하는 과정이다.

답 **01** 조사설계　**02** 보고서　**03** 가설형성

다음 내용이 옳은지 그른지 판단해보자

01 노인의 우울증에 대한 조사연구를 할 때 우울증에 대한 개념 정의는 문제형성단계이다.　

02 가설은 연구목적과 조사문제와 일관성을 유지하면서 세부적이고 경험적이어야 한다.　

03 과학적 조사자료는 조사자가 직접 수집하는 1차자료와 이미 다른 주체가 수집한 2차자료로 구분된다.　

답 **01** ○　**02** ○　**03** ○

034 분석단위

강의 QR코드

최근 10년간 **3문항** 출제

복습 1 이론요약

 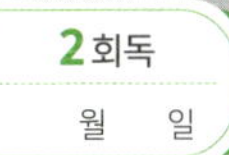 22회 기출 20회 기출

분석단위의 유형

- 개인: 가장 전형적인 연구대상으로 클라이언트의 개인적 속성이나 지역사회 주민의 욕구조사를 하는 경우 분석단위는 개인이다.
- 집단: 부부, 또래, 동아리, 읍·면·동, 시·도, 국가 등이 있으며, 여기서 집단구성원을 분석단위로 하면 미시조사가 되고 집단 자체를 분석단위로 하면 거시조사가 된다.
- 공식적 사회조직: 지역사회복지관, 시설, 학교, 교회, 시민단체 등을 말한다.
- 사회적 가공물: 신문의 사설, 도서, 그림, 대중음악, 인터넷 등 사회적 존재에 의해 가공된 행위나 결과를 분석하는 것을 말한다.

기본개념

사회복지조사론
pp.55~

분석단위와 관련된 오류

- 생태학적 오류: 집단을 분석단위로 한 조사결과에 기초해 개인(들)에 대한 결론을 내리는 오류이다. 즉, 집단을 대상으로 한 조사결과에 근거해서 개인에 대해서도 똑같을 것이라고 가정할 때 발생하는 오류이다.
- 개인주의적 오류: 개인을 분석단위로 한 조사결과에 기초해 집단을 단위로 하는 해석(결론)을 내리는 오류를 말한다. 즉, 개인을 분석단위로 한 조사결과에 기초해 집단에 대해서도 똑같을 것이라고 가정할 때 발생하는 오류이다.
- 환원주의 오류: 사회현상의 원인은 다양한 것이 있을 수 있는데도 불구하고 인간과 사회에 대한 현상들의 원인으로 생각되는 개념이나 변수를 지나치게 제한하거나 한 가지로 환원시킴으로써 **지나친 단순화로 잘못을 범하는 오류**, 즉 복합적 현상을 단 하나 혹은 몇 개의 개념으로 협소하게 설명해 버리는 오류를 말한다.

기출문장 CHECK

01 `22-02-05` 이혼, 폭력, 범죄 등과 같은 분석단위는 사회적 가공물(social artifacts)에 해당한다.

02 `15-02-20` 생태학적 오류는 집단을 분석단위로 한 조사결과에 기초해 개인(들)에 대한 결론을 내리는 오류이다.

03 `08-02-21` 발달장애인 가족구성원의 대처전략이라는 연구에서 분석단위는 개인이다.

04 `03-02-05` 환원주의 오류란 넓은 범위의 인간의 사회적 행위를 지나치게 한정된 변수로 귀착시키려는 오류를 말한다.

대표기출 확인하기

22-02-05 | 난이도 ★★★

분석단위에 관한 설명으로 옳은 것을 모두 고른 것은?

> ㄱ. 이혼, 폭력, 범죄 등과 같은 분석단위는 사회적 가공물(social artifacts)에 해당한다.
> ㄴ. 생태학적 오류는 집단에 대한 조사를 기초로 하여 개인을 분석단위로 주장하는 오류이다.
> ㄷ. 환원주의는 특정 분석단위 또는 변수가 다른 분석단위 또는 변수에 비해 관련성이 높다고 설명하는 경향이 있다.

① ㄴ
② ㄱ, ㄴ
③ ㄱ, ㄷ
④ ㄴ, ㄷ
⑤ ㄱ, ㄴ, ㄷ

알짜확인

- 분석단위의 유형과 이에 해당하는 사례를 이해해야 한다.
- 분석단위와 관련된 오류를 파악해야 한다.

답 ⑤

응시생들의 선택

① 22%	② 19%	③ 17%	④ 19%	⑤ 23%

ㄱ. 분석단위 유형 중 사회적 가공물이란 신문의 사설, 도서, 그림, 대중음악, 인터넷 등 사회적 존재에 의해 가공된 행위나 결과를 분석하는 것을 말한다.

ㄴ. 생태학적 오류는 집단을 분석단위로 한 조사결과에 기초해 개인(들)에 대한 결론을 내리는 오류이다. 즉, 집단을 대상으로 한 조사결과에 근거해서 개인에 대해서도 똑같을 것이라고 가정할 때 발생하는 오류이다.

ㄷ. 환원주의(축소주의)는 사회현상의 원인은 다양한 것이 있을 수 있는데도 불구하고 인간과 사회에 대한 현상들의 원인으로 생각되는 개념이나 변수를 지나치게 제한하거나 한 가지로 환원시킴으로써 지나친 단순화로 잘못을 범하는 오류, 즉 복합적 현상을 단 하나 혹은 몇 개의 개념으로 협소하게 설명해 버리는 오류를 말한다.

덧붙임

분석단위의 개념, 분석단위의 유형, 분석단위와 관련된 오류 등에 관하여 정리해둘 필요가 있으며, 특히 분석단위의 유형과 오류에 관한 문제는 사례형 문제가 자주 출제되므로 반드시 해당하는 사례와 함께 정리해두어야 한다.

관련기출 더 보기

15-02-20 | 난이도 ★★☆

다음에서 설명하는 오류는?

> 17개 시·도를 조사하여 대학 졸업 이상의 인구비율이 높은 지역이 낮은 지역에 비해 중위소득이 더 높음을 알게 되었다. 이를 통해 학력수준이 높은 사람이 낮은 사람에 비해 소득수준이 높다는 결론에 도달했다.

① 무작위 오류
② 체계적 오류
③ 환원주의 오류
④ 생태학적 오류
⑤ 개체주의적 오류

답 ④

응시생들의 선택

① 4%	② 22%	③ 19%	④ 43%	⑤ 12%

④ 생태학적 오류는 집단을 분석단위로 한 조사결과에 기초해 개인(들)에 대한 결론을 내리는 오류이다. 즉, 집단을 대상으로 한 조사결과에 근거해서 개인에 대해서도 똑같을 것이라고 가정할 때 발생하는 오류이다.

08-02-21 | 난이도 ★★☆

연구주제와 분석단위가 올바르게 연결되지 않은 것은?

① 사회복지 지출에 있어서의 국가 간 비교 – 국가
② 발달장애인 가족구성원의 대처 전략 – 개인
③ 사회복지사 직무만족도에 영향을 미치는 요인 – 개인
④ 지역 간 재정자립도 비교 – 지역
⑤ 직원 구성에 있어서의 사회복지기관 간 유형 비교 – 개인

답 ⑤

응시생들의 선택

① 8%	② 15%	③ 12%	④ 9%	⑤ 56%

⑤ 직원 구성에 있어서의 사회복지기관 간 유형 비교에서 분석단위는 기관이다.

정답훈련

다음 내용이 왜 틀렸는지를 확인해보자

08-02-21

01 지역 간 재정자립도 비교에 관한 연구에서 <u>분석단위는 지역에 살고 있는 개인</u>이다.

> 지역 간 재정자립도 비교에 관한 연구에서 분석단위는 지역이다.

22-02-05

02 <u>개인주의적 오류</u>는 집단을 분석단위로 한 조사결과에 기초해 개인(들)에 대한 결론을 내리는 오류이다.

> 집단을 분석단위로 한 조사결과에 기초해 개인(들)에 대한 결론을 내리는 오류는 생태학적 오류이다. 개인주의적 오류는 개인을 분석단위로 한 조사결과에 기초해 집단을 단위로 하는 결론을 내리는 오류를 말한다.

---

03 흑인 거주비율이 높은 지역의 범죄율이 높다는 조사결과에 기초하여 흑인들이 범죄를 많이 저지른다고 결론짓는 것은 <u>환원주의</u>에 해당한다.

> 흑인 거주비율이 높은 지역의 범죄율이 높다는 조사결과에 기초하여 흑인들이 범죄를 많이 저지른다고 결론짓는 것은 생태학적 오류에 해당한다. 환원주의는 복합적 현상을 단 하나 혹은 몇 개의 개념으로 협소하게 설명해버리는 오류를 말한다.

빈칸에 들어갈 알맞은 말을 채워보자

01 가장 전형적인 연구대상으로 클라이언트의 개인적 속성이나 지역사회 주민의 욕구조사를 하는 경우 분석단위는 (　　　　　)이다.

02 사회복지 지출에 있어서의 국가 간 비교에 관한 연구에서 분석단위는 (　　　　　)이다.

03 넓은 범위의 인간의 사회적 행위를 지나치게 한정된 변수로 귀착시키려는 오류를 (　　　　　)(이)라고 한다.

답 **01** 개인　**02** 국가　**03** 환원주의

다음 내용이 옳은지 그른지 판단해보자

01 20대 부부와 40대 부부사이의 결혼만족도 차이에 관한 연구에서 분석단위는 개인이다.　

02 개인주의적 오류는 개별주의적 오류, 개체주의적 오류라고도 한다.　

03 배아줄기세포에 관한 신문사설을 조사 비교했다면, 이 연구에서 분석단위는 사회적 가공물이다.　

답 **01** ✕　**02** ○　**03** ○

해설 **01** 20대 부부와 40대 부부사이의 결혼만족도 차이에 관한 연구에서 분석단위는 집단이다.

조사문제와 가설

이 장에서는

조사문제의 특성, 가설의 특성과 작성방법, 가설의 유형, 변수의 종류와 의미를 다룬다.

10년간 출제분포도

평균 출제문항수

035 조사문제

강의 QR코드

1회독	2회독	3회독
월 일	월 일	월 일

최근 10년간 **5문항** 출제

복습 1 이론요약

23회 기출 21회 기출

조사문제의 해결가능성

- 조사문제의 명확한 구조화: 의도가 모호하고 문제 범위가 명확하지 못한 조사문제를 제기할수록 조사문제의 해결가능성은 낮아진다.
- 조사문제에 진술된 용어의 명확한 표현: 문제의 진술에 표현된 용어가 명확하게 정의되어 있지 않으면, 문제가 정확히 이해되지 않으므로 조사문제의 해결가능성은 낮아진다.
- 연구의 경험적 검증가능성과 실현가능성: 조사문제가 경험적 검증과정을 거쳐 수행될 수 없다면 조사문제에 대한 정확한 해답을 구하기 어렵다.

기본개념

사회복지조사론
pp.61~

조사문제의 선정기준

- 독창성: 독창성이란, 기존의 것을 답습하지 않고 비교 분석 또는 재구성하거나 새로운 관점 혹은 견해를 제시하는 것이다.
- 경험적 검증가능성: 사회복지조사는 과학적 조사이기 때문에 경험적 검증가능성이 중요하다. 조사문제로 선정되기 위해서는 그 문제에 대한 해답을 찾는 것이 가능하고 구체적인 가설이 도출될 수 있고 가설에서 사용된 조작적 정의를 통해 경험적으로 측정될 수 있어야 한다.
- 윤리적 배려: 사회복지조사는 사회복지윤리에 지배된다. 조사문제의 해답이 사회구성원의 행복을 증진시키는 데 기여해야 하고 정신적·신체적으로 피해를 주지 않아야 한다.
- 현실적 제한: 조사문제의 해답을 찾는 데 드는 시간적·비용적 노력, 조사인력, 장비 등과 같은 현실적인 상황을 고려해서 해답을 찾아야 한다.

개념적 정의와 조작적 정의

▶ **개념적 정의**
- 명목적 정의라고도 한다.
- 연구대상인 사람, 사물의 속성, 사회적 현상 등의 변수를 **개념적으로 정의하는 것**이다.
- 사전적 정의와 마찬가지로 특정 용어가 의미하는 바가 무엇인지를 말로 서술해 놓은 것이다.
- 어떤 변수에 대해 개념적 정의를 내리는 과정을 **개념화(conceptualization)**라 한다.

- 개념적 정의의 예: 빈곤(정신적, 물질적인 박탈상태), 학업스트레스(학업으로 인해 유발되는 긴장상태로 개개인이 느끼는 불안과 갈등)

▶ **조작적 정의**
- 추상적인 개념을 실증적·경험적으로 **측정 가능하도록 구체화한 정의**이다.
- 어떤 변수를 측정할 수 있는 방법이 무엇인지를 제시해주는 것이다.
- 조작적 정의는 추상적 세계와 경험적 세계를 연결하는 중간다리 역할을 한다.
- 어떤 변수에 대해 조작적 정의를 내리는 과정을 조작화(operationalization)라 한다.
- 조작적 정의의 예: 사회경제적 지위[직업(종사상 지위), 학력(교육기간), 소득(월 가구소득)], 실업급여제도의 관대성(실업급여의 순소득 대체율), 과부담 의료비(가구 총 소비지출에서 식료 품비를 제외한 소비지출 중 의료비 지출이 40%를 넘는 경우)

01 (23-02-10) 조작적 정의는 개념적 정의에 비해 주관적 해석의 수준이 낮다.

02 (23-02-10) 측정하고자 하는 개념의 의미는 조작적 정의가 아닌 개념적 정의를 통해 확장된다.

03 (23-02-10) '개념 → 개념적 정의 → 조작적 정의 → 측정'의 순서로 이루어진다.

04 (21-02-18) 변수의 조작적 정의는 개념적 정의를 실제로 관찰할 수 있는 수준으로 전환시키는 것이다.

05 (16-02-06) 연구문제가 변수 간의 관계를 예측할 필요는 없다.

06 (15-02-08) 조작화를 통해 추상적인 용어를 관찰 가능한 변수로 만들고, 두 가지 이상의 변수들 간의 관계를 경험적으로 검증 가능하도록 진술하는 가설로 만들 수 있다.

07 (14-02-10) 연구문제는 연구의 관심이나 의문의 대상이 서술되어야 한다.

08 (12-02-21) 노인의 우울에 관하여 연구할 때 조작적 정의를 하기 위하여 우울관련 척도를 탐색 후 선정한다.

09 (11-02-13) 조작화 과정의 최종 산물은 수량화이다.

10 (10-02-13) 개념의 조작화는 양적 조사에서 매우 중요한 과정이다.

11 (08-02-03) 개념을 경험적 수준으로 구체화하는 과정은 '개념적 정의 – 조작적 정의 – 변수의 측정'이다.

12 (06-02-06) 신앙심은 종교의식 참여빈도로 조작적 정의할 수 있다.

13 (04-02-07) 연구주제는 기존 연구로 설명이 충분하지 않은 것을 주제로 선정하는 것이 좋다.

14 (02-02-06) 연구문제는 경험적으로 검증 가능해야 한다.

대표기출 확인하기

23-02-10 난이도 ★★★

측정의 개념적 정의와 조작적 정의에 관한 설명으로 옳은 것은?

① 조작적 정의는 개념적 정의에 비해 주관적 해석의 수준이 낮다.
② 조작적 정의는 양적 조사에 비해 질적 조사에서 더욱 중요하다.
③ 측정하고자 하는 개념의 의미는 조작적 정의를 통해 확장된다.
④ '조작적 정의 → 개념적 정의 → 측정'의 순서로 이루어진다.
⑤ 개념적 정의를 통해 변수를 직접 측정할 수 있다.

▶ 알짜확인

• 조사문제의 특성과 선정기준에 관하여 이해해야 한다.
• 개념적 정의와 조작적 정의의 차이에 대해 파악해야 한다.

답 ①

✔ 응시생들의 선택

① 33%	② 23%	③ 35%	④ 5%	⑤ 4%

② 조작적 정의는 추상적인 개념을 실증적 · 경험적으로 측정 가능하도록 구체화하는 것이기 때문에 양적 조사에서 더욱 중요하다.
③ 조작적 정의는 측정하고자 하는 개념을 측정 가능하도록 구체화하는 것이지 개념의 의미를 확장하는 것은 아니다. 즉, 측정하고자 하는 개념의 의미는 조작적 정의가 아닌 개념적 정의를 통해 확장된다. 개념적 정의는 연구대상인 사람, 사물의 속성, 사회적 현상 등의 변수를 개념적으로 정의하는 것으로써 사전적 정의와 마찬가지로 특정 용어가 의미하는 바가 무엇인지를 말로 서술해 놓은 것이다.
④ '개념 → 개념적 정의 → 조작적 정의 → 측정'의 순서로 이루어진다.
⑤ 개념적 정의는 사전적, 추상적, 일반적, 주관적일 수 있기 때문에 그 자체로는 측정이 어렵다. 따라서 조작적 정의를 통해 경험적으로 측정 가능한 실증적 지표로 변환해야 한다.

➕ 덧붙임

조사문제에 관해서는 조사문제 설정 및 서술 시 고려해야 하는 사항, 개념적 정의와 조작적 정의에 관한 문제가 주로 출제되고 있다. 특히 개념적 정의와 조작적 정의의 특성을 비교하는 문제가 가장 많이 출제되고 있다.

관련기출 더 보기

21-02-18 난이도 ★★☆

변수의 조작적 정의에 관한 설명으로 옳은 것을 모두 고른 것은?

> ㄱ. 개념적 정의를 실제로 관찰할 수 있는 수준으로 전환시키는 것이다.
> ㄴ. 조작적 정의를 하면 개념의 의미가 다양하고 풍부해진다.
> ㄷ. 조작적 정의를 통해 개념이 더욱 추상화된다.
> ㄹ. 조작적 정의가 없어도 가설검증이 가능하다.

① ㄱ
② ㄱ, ㄴ
③ ㄴ, ㄷ
④ ㄱ, ㄴ, ㄷ
⑤ ㄱ, ㄷ, ㄹ

답 ①

✔ 응시생들의 선택

① 47%	② 24%	③ 8%	④ 12%	⑤ 9%

ㄴ. 조작적 정의를 하면 개념의 의미가 다양하고 풍부해지는 것이 아니라 경험적으로 측정 가능하도록 구체화된다.
ㄷ. 조작적 정의는 추상적인 개념을 실증적 · 경험적으로 측정 가능하도록 하는 것이다.
ㄹ. 가설검증을 위해서는 조작적 정의가 필요하다. 따라서 양적 연구방법에서 사용되어 진다.

다음 조합된 단어들과 동일한 논리적 구성을 가진 것은?

> 개념화 : 개념 : 명제

① 이론화 : 개념 : 가설
② 이론화 : 가설 : 개념
③ 조작화 : 변수 : 가설
④ 조작화 : 가설 : 변수
⑤ 조작화 : 개념 : 가설

답 ③

✔ 응시생들의 선택

① 20%	② 9%	③ 32%	④ 17%	⑤ 22%

③ <보기>에 제시된 단어들의 구성을 살펴보면 개념화를 통해 개념이 되고, 두 가지 이상의 개념이 연결되어 진술을 의미하는 명제가 된다. 이러한 흐름과 동일한 논리적 구조를 보이는 것은 조작화 : 변수 : 가설이다. 조작화를 통해 추상적인 용어를 관찰 가능한 변수로 만들고, 두 가지 이상의 변수들 간의 관계를 경험적으로 검증 가능하도록 진술하는 가설로 만들 수 있다.

연구문제(research question)의 서술에 관한 설명으로 옳은 것은?

① 주로 평서문 형태로 서술되어야 한다.
② 다루는 범위가 넓게 서술되어야 한다.
③ 연구결과의 함의에 맞추어 서술되어야 한다.
④ 연구의 관심이나 의문의 대상이 서술되어야 한다.
⑤ 정(+)의 관계로 서술되어야 한다.

답 ④

✔ 응시생들의 선택

① 7%	② 4%	③ 17%	④ 67%	⑤ 5%

① 주로 의문문 형태로 서술되어야 한다.
② 다루는 범위가 좁게 서술되어야 한다.
③ 함의는 연구문제에 따른 연구결과를 통해 서술된다.
⑤ 정(+)의 관계 또는 부(–)의 관계로 서술되어야 한다.

노인의 우울에 관하여 연구할 때 조작적 정의 (operational definition) 단계에 해당하는 것은?

① 사전(dictionary)을 참고하여 우울을 명확히 정의한다.
② 노인의 우울에 대한 기존 연구 결과를 정리한다.
③ 우울관련 척도를 탐색 후 선정한다.
④ 우울한 노인과 그렇지 않은 노인의 차이에 대해 조사한다.
⑤ 우울한 노인의 현황을 파악한다.

답 ③

✔ 응시생들의 선택

① 23%	② 12%	③ 36%	④ 22%	⑤ 7%

③ 조작적 정의 단계는 추상적인 개념을 실증적, 경험적으로 측정 가능하도록 구체화하는 단계이다. 이를 위해서 개념이나 변수를 측정할 수 있는 측정도구, 즉 척도를 선택하는 과정이 포함된다.

개념의 조작화 과정에 관한 설명으로 옳은 것은?

① 조작적 정의, 명목적 정의, 측정의 순서로 이루어진다.
② 조작적 정의의 개념에 대한 사전적 정의이다.
③ 변수를 조작적으로 정의하는 방법은 한정되어 있다.
④ 조작화 과정의 최종 산물은 수량화이다.
⑤ 질적 조사에서 중요한 과정이다.

답 ④

✔ 응시생들의 선택

① 8%	② 13%	③ 12%	④ 48%	⑤ 20%

① 명목적 정의(= 개념적 정의), 조작적 정의, 측정의 순서로 이루어진다.
② 개념에 대한 사전적 정의는 명목적 정의(혹은 개념적 정의)이다.
③ 조작적 정의는 어떤 개념을 어떻게 측정할지에 대한 방법을 제시하는 것으로 어떤 개념을 조작적으로 정의하는 방법은 많다.
⑤ 조작적 정의나 측정은 추상적 개념을 수량화하기 위한 과정이기 때문에 양적 조사에서 매우 중요한 과정이다.

다음 내용이 **왜 틀렸는지**를 확인해보자

14-02-10

01 연구문제는 다루는 **범위가 넓게** 서술되어야 한다.

> 연구문제가 명확하려면 다루는 범위가 좁게 서술되어야 한다.

02 학업 스트레스를 학업으로 인해 느끼는 불안과 감정이라고 정의한 것은 **조작적 정의**에 해당한다.

> 학업 스트레스를 학업으로 인해 느끼는 불안과 감정이라고 정의한 것은 측정을 가능하게 정의하는 것이 아닌 사전적 의미를 정의하는 것으로써 개념적 정의에 해당한다.

03 조사문제의 선정기준에 있어서 **시간적·비용적 노력, 조사인력, 장비 등과 같은 현실적인 제한들**은 고려하지 않아도 된다.

> 조사문제의 해답을 찾는 데 드는 시간적·비용적 노력, 조사인력, 장비 등과 같은 현실적인 상황을 고려해서 해답을 찾아야 한다.

10-02-13

04 **명목적 정의**로서 충분히 조작화가 가능하다.

> 명목적 정의는 조작화가 아닌 개념화의 요건에 해당한다. 사전적 정의와 마찬가지로 특정 용어가 의미하는 바가 무엇인지를 말로 서술해 놓은 것이다.

06-02-06

05 빈곤을 물질적 결핍상태로 정의하는 것은 **조작적 정의**에 해당한다.

> 빈곤을 물질적 결핍상태로 정의하는 것은 측정을 가능하게 정의하는 것이 아닌 사전적 의미를 정의하는 것으로써 개념적 정의에 해당한다.

06 조사문제에 사용된 용어는 경험적이고 측정 가능해야 하므로 **개념적 정의**를 통해 문제해결 가능성을 높일 수 있다.

> 조사문제에 사용된 용어는 경험적이고 측정 가능해야 하므로 조작적 정의를 통해 문제해결 가능성을 높일 수 있다.

빈칸에 들어갈 알맞은 말을 채워보자

15-02-08

01 (   )(이)란 어떤 현상이나 사물의 의미를 추상적인 용어를 사용하여 관념적으로 구성한 것이다.

02 개념적 정의를 (   )(이)라고도 한다.

12-02-21

03 노인의 우울에 관하여 연구할 때 우울관련 척도를 탐색 후 선정하는 단계는 (   )에 해당한다.

10-02-13

04 개념의 조작화는 (   )에서 매우 중요한 과정이다.

 **답** **01** 개념　**02** 명목적 정의　**03** 조작적 정의　**04** 양적 조사

다음 내용이 옳은지 그른지 판단해보자

21-02-18

01 조작적 정의를 하면 개념의 의미가 다양하고 풍부해진다. 

14-02-10

02 연구문제는 반드시 정(+)의 관계로 서술되어야 한다. 

03 조작적 정의는 개념적 정의를 벗어나 광범위하게 측정 가능하도록 재정의하는 것이어야 한다. 

04 조사문제로 선정되기 위해서는 구체적인 가설이 도출될 수 있고 가설에서 사용된 조작적 정의를 통해 경험적으로 측정될 수 있어야 한다. 

08-02-03

05 개념을 경험적 수준으로 구체화하는 과정은 '조작적 정의 – 개념적 정의 – 변수의 측정' 순으로 이루어진다. 

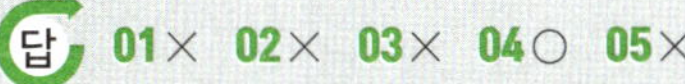 **답** **01** ×　**02** ×　**03** ×　**04** ○　**05** ×

해설 **01** 조작적 정의를 하면 개념의 의미가 다양하고 풍부해지는 것이 아니라 경험적으로 측정 가능하도록 구체화된다.
02 연구문제는 정(+)의 관계 또는 부(-)의 관계로 서술되어야 한다.
03 조작적 정의는 개념적 정의를 벗어나지 않는 범위에서 측정 가능하도록 재정의하는 것이어야 한다.
05 개념을 경험적 수준으로 구체화하는 과정은 '개념적 정의 – 조작적 정의 – 변수의 측정' 순으로 이루어진다.

1 회독	2 회독	3 회독
월 일	월 일	월 일

최근 10년간 **11문항** 출제

 복습 1 이론요약

가설의 정의

- 가설은 <u>두 개 이상의 변수나 현상 간의 특별한 관계를 검증 가능한 형태</u>로 서술하여 변수들 간의 관계를 가정/예측하는 진술이나 문장이다.
- 가설은 이론에서 도출되며, 가설에 대한 검증을 통해 이론을 발전시켜 나간다.
- 가설은 검증될 수 있으며, 연구주제의 객관적인 검증을 위한 수단이 되므로 가설의 검증은 과학적 조사연구에서 핵심적인 요소가 된다.
- 가설은 실증적인 확인을 위해 **구체적이어야 하고, 현상과 관련성을 가져야 하며, 아직 진실여부가 확인되지 않은 사실**이다.

기본개념

사회복지조사론
pp.64~

가설의 특성

- 문제해결성: 가설검증을 통해 <u>연구문제해결에 도움</u>을 준다.
- 상호연관성: 변수는 2개 이상으로 구성되며 <u>그것들 간의 관계</u>를 나타내고 있어야 한다.
- 검증가능성: 경험적으로 검증하기 위해 변수의 <u>조작적 정의가 필요</u>하다.
- 명확성: 가설은 **명확해야** 한다.
- 추계성: 가설은 아직 진실 여부가 확인되지 않은 사실이므로 **확률적으로 표현**된다.
- 구체성: 가설은 측정가능한 변수 간의 관계를 나타내므로 **구체적이어야** 한다.

가설의 유형

▶ 연구가설

- 과학적 가설, 작업가설, 실험가설이라고 불린다. 영가설을 통해 간접적으로 검증된다. 즉, 직접적으로 검증되지 않는다.
- 이론으로부터 도출된 가설로서 검증될 때까지는 조사문제에 대한 잠정적 해답으로 간주되는 가설이다.

▶ 영가설

- 연구가설을 부정하거나 기각하기 위해(= **연구가설을 반증하기 위해**) 설정하는 가설이다.
- 변수 간의 차이가 없다거나 관계가 없다는 내용으로 서술된다.
- 'A와 B는 관계가 없을 것이다.', 'A에 따라 B는 차이가 없을 것이다.'라는 형식으로 표현된다.

▶ 대립가설

- 영가설에 대립되는 가설, 즉 영가설이 거짓일 때 채택하기 위해 설정되는 가설이다.
- 'A와 B는 관계가 있을 것이다.', 'A에 따라 B는 차이가 있을 것이다.'라는 형식으로 표현된다.

제1종 오류와 제2종 오류

영가설이 참인데도 이를 부정(기각)하는 결정을 하는 오류를 제1종 오류(type I error: α오류)라고 하고, 영가설이 거짓인데도 이를 긍정(채택)하는 결정을 하는 오류를 제2종 오류(type II error: β오류)라고 한다. 이 두 가지 오류는 하나를 줄이면 다른 하나가 높아지기 때문에 둘 다 낮게 할 수는 없다.

기출문장 CHECK

01 (23-02-05) 유의확률(p)이 설정한 유의수준(α)보다 낮으면 영가설을 기각한다.

02 (23-02-05) 신뢰수준을 95%에서 99%로 높이면 제1종 오류의 가능성이 낮아진다.

03 (22-02-07) 연구가설은 그 자체를 직접 검증할 수 없고 영가설을 통해 간접적으로 검증된다.

04 (21-02-04) 연구가설에 대한 반증가설이 영가설이다.

05 (20-02-19) 통계치에 대한 확률(p)이 유의수준(α)보다 낮으면 영가설이 기각된다.

06 (18-02-02) 영가설(null hypothesis)은 변수 간 관계가 우연임을 말하는 가설이다.

07 (18-02-08) 가설은 이론적 배경을 가져야 한다.

08 (17-02-08) '여성의 노동참여율이 높을수록 출산율은 낮을 것이다'라는 가설은 경험적으로 검증할 수 있는 가설이다.

09 (16-02-03) 가설은 변수 간의 관계를 가정하는 문장이다 .

10 (15-02-04) 2종 오류는 실제로는 참이 아닌 영가설을 기각하지 못하는 것을 말한다.

11 (15-02-17) 영가설은 독립변수가 종속변수에 영향을 미치지 않는다고 가정한다.

12 (14-02-11) 영가설은 연구가설을 반증하기 위해 사용되는 가설이다.

13 (13-02-01) 탐색적 조사는 가설을 설정할 필요가 없다.

14 (11-02-25) 바람직한 가설은 변수 간의 관계를 기술하여야 한다.

15 (10-02-14) 영가설은 가설검정에 있어 후건긍정의 오류를 피하기 위한 논리적 필요성 때문에 설정한다.

16 (09-02-03) 가설은 2개 이상의 변수들 간의 관계를 서술한 것이다.

17 (08-02-04) 가설은 이론에 대한 경험적 검증이 가능하다.

18 (07-02-02) 대립가설이란 영가설이 거짓일 때 채택하기 위해 설정하는 가설이다.

19 (06-02-07) 좋은 가설은 변수 간 명확한 관계 정의가 있어야 한다.

20 (05-02-06) 가설 설정 시 다른 이론들과 연관이 있는지를 고려해야 한다.

21 (04-02-06) 귀무가설은 변수 간의 차이가 없다거나 관계가 없다는 내용으로 서술된다.

22 (03-02-06) 연구가설을 검증하기 위해 영가설이 필요하다.

23 (02-02-08) 영가설은 연구가설을 검증하기 위한 가설이다.

복습 2 기출확인

대표기출 확인하기

영가설(null hypothesis)과 연구가설(research hypothesis)에 관한 설명으로 옳은 것은?

① 연구가설은 연구의 개념적 틀 혹은 연구모형으로부터 도출될 수 있다.
② 연구가설은 그 자체를 직접 검증할 수 있다.
③ 영가설은 연구가설의 검정 결과에 따라 채택되거나 기각된다.
④ 연구가설은 수집된 자료에서 나타난 차이나 관계가 표본추출에서 오는 우연에 의한 것으로 진술된다.
⑤ 연구가설은 영가설에 대한 반증의 목적으로 설정된다.

 **알짜확인**

- 가설의 주요 특성과 작성방법에 대해 파악해야 한다.
- 가설의 유형별 특징을 이해해야 한다.

답 ①

응시생들의 선택

① 50%	② 6%	③ 29%	④ 8%	⑤ 7%

② 연구가설은 그 자체를 직접 검증할 수 없고 영가설을 통해 간접적으로 검증된다.
③ 연구가설은 영가설의 검정 결과에 따라 채택되거나 기각된다.
④ 영가설은 수집된 자료에서 나타난 차이나 관계가 표본추출에서 오는 우연에 의한 것으로 진술된다.
⑤ 영가설은 연구가설에 대한 반증의 목적으로 설정된다.

➕ 덧붙임

가설의 원칙과 가설의 유형에 따른 특성 등 가설에 대한 설명으로 옳은 것(옳지 않은 것)을 고르는 형태로 주로 출제되었으며, 최근 시험에서는 영가설에 관한 문제가 자주 출제되고 있다. 영가설의 개념에 관한 내용뿐만 아니라 제1종 오류와 제2종 오류, 유의수준 등 통계적 가설검증에 관한 내용과 접목시켜 출제되기 때문에 문제의 난이도가 높으므로 이에 대비해야 한다.

관련기출 더 보기

통계적 가설검증에 관한 설명으로 옳은 것은?

① 가설의 지지여부는 연구가설을 직접 검증하여 반증한다.
② 신뢰수준을 95%에서 99%로 높이면 제1종 오류의 가능성이 높아진다.
③ 연구가설은 두 변수 간의 관계가 오류에 의해 발생하였음을 가정한다.
④ 유의확률(p)이 설정한 유의수준(α)보다 낮으면 영가설을 기각한다.
⑤ 신뢰수준을 낮추면 제2종 오류의 가능성은 높아진다.

답 ④

응시생들의 선택

① 11%	② 9%	③ 11%	④ 54%	⑤ 15%

유의확률(p)이 유의수준(α)보다 낮다는 것은 관측된 결과가 우연히 일어날 확률이 낮음을 의미하므로, 영가설을 기각하고 연구가설을 지지하게 된다.

① 통계적 가설검증에서는 영가설을 설정하여 이를 기각할 수 있는지를 검증한다. 연구가설은 직접 검증하지 않고, 영가설을 기각함으로써 간접적으로 지지하게 된다.
② 신뢰수준을 95%에서 99%로 높이면 유의수준(α)은 낮아지고, 그 결과 제1종 오류의 가능성이 낮아진다.
③ 두 변수 간의 관계가 오류에 의해 발생하였음을 가정하는 것은 영가설이다. 연구가설은 조사과정을 통해 연구자가 검증하고자 하는 가설로서, 검증될 때까지는 조사문제에 대한 잠정적 해답으로 간주된다.
⑤ 신뢰수준을 낮춘다는 것은 유의수준(α)을 높인다는 의미가 되고, 이 경우 제1종 오류의 가능성은 높아지며, 제2종 오류의 가능성은 낮아진다.

영가설에 관한 설명으로 옳은 것을 모두 고른 것은?

> ㄱ. 연구가설에 대한 반증가설이 영가설이다.
> ㄴ. 영가설은 변수 간에 관계가 없음을 뜻한다.
> ㄷ. 대안가설을 검증하여 채택하는 가설이다.
> ㄹ. 변수 간의 관계가 우연이 아님을 증명한다.

① ㄱ, ㄴ
② ㄱ, ㄹ
③ ㄴ, ㄷ
④ ㄱ, ㄷ, ㄹ
⑤ ㄴ, ㄷ, ㄹ

답 ①

✅ **응시생들의 선택**

① 47%	② 24%	③ 8%	④ 12%	⑤ 9%

ㄷ. 영가설은 연구가설을 부정하거나 기각하기 위해 설정하는 가설이다.
ㄹ. 영가설은 변수 간의 관계가 우연임을 말하는 가설이다.

경험적으로 검증할 수 있는 가설의 예로 옳은 것은?

① 불평등은 모든 사회에서 나타날 것이다.
② 대한민국에서 65세 이상인 노인이 전체 인구의 14% 이상이다.
③ 다양성이 존중되는 사회가 그렇지 않은 사회보다 더 바람직하다.
④ 여성의 노동참여율이 높을수록 출산율은 낮을 것이다.
⑤ 모든 행위는 비용과 보상에 의해 결정된다.

답 ④

✅ **응시생들의 선택**

① 5%	② 29%	③ 7%	④ 52%	⑤ 7%

④ 가설은 2개 이상의 변수로 구성되어야 하며, 그것들 간의 관계를 나타내고 있어야 한다. '여성의 노동참여율이 높을수록 출산율은 낮을 것이다.'라는 가설은 여성의 노동참여율과 출산율이란 2개의 변수로 구성되어 있으며, 이 2개의 변수 간에 관계를 나타내고 있으므로 검증 가능하다.

가설에 관한 설명으로 옳은 것을 모두 고른 것은?

> ㄱ. 이론적 배경을 가져야 한다.
> ㄴ. 변수 간 관계를 가정한 문장이다.
> ㄷ. 가설구성을 통해 연구문제가 도출된다.
> ㄹ. 창의적 해석이 가능하도록 개방적으로 구성되어야 한다.

① ㄱ, ㄴ
② ㄱ, ㄷ
③ ㄱ, ㄴ, ㄹ
④ ㄴ, ㄷ, ㄹ
⑤ ㄱ, ㄴ, ㄷ, ㄹ

답 ①

✅ **응시생들의 선택**

① 35%	② 5%	③ 10%	④ 10%	⑤ 40%

ㄷ. 연구문제가 먼저 도출된 후 가설구성이 진행된다.
ㄹ. 가설은 경험적으로 검증 가능해야 하므로 객관적이고 명확해야 하며, 측정가능한 변수 간의 관계를 구체적으로 나타내야 한다.

양적 연구의 가설에 관한 설명으로 옳지 않은 것은?

① 변수 간 관계를 검증 가능한 형태로 서술한 문장이다.
② 가설은 연구문제 해결에 도움을 줄 수 있다.
③ 영(null)가설은 독립변수가 종속변수에 영향을 미치지 않는다고 설정한다.
④ 하나의 가설에 변수가 많을수록 가설 검증에 유리하다.
⑤ 탐색적 조사는 가설을 설정할 필요가 없다.

답 ④

✅ **응시생들의 선택**

① 1%	② 1%	③ 5%	④ 71%	⑤ 21%

④ 3개 이상의 변수들을 포함하는 가설의 검증은 복잡해질 가능성이 있기 때문에 가능하면 단순한 가설을 만들어 검증하는 것이 적절하다.

다음 내용이 **왜 틀렸는지**를 확인해보자

15-02-04

01 유의수준을 낮추면 1종 오류가 늘어난다.

> 유의수준은 조사가설이 참이 아닌데 우연히 조사가설과 같은 연구결과가 나올 확률로, 다시 말하면 연구결과를 가지고 조사가설을 받아들임으로써 범할 수 있는 오류의 수준이다. 이것은 1종 오류의 확률과 같은 것으로 유의수준을 낮추면 1종 오류도 줄어든다.

15-02-17

02 가설은 반드시 방향성을 가져야 한다.

> 반드시 방향성을 가져야 하는 것은 아니다. 방향이 제시되지 않은 비방향성 가설도 존재한다.

13-02-01

03 연구가설은 독립변수가 종속변수에 영향을 미치지 않는다고 설정한다.

> 독립변수가 종속변수에 영향을 미치지 않는다고 설정하는 것은 영가설이다.

04 항상 참인 문장과 항상 거짓인 문장도 가설이 될 수 있다.

> 항상 참인 문장과 항상 거짓인 문장은 가설이 될 수 없으며, 참일 수도 거짓일 수도 있는 문장이 가설로 사용될 수 있다.

05 가설에서 변수는 1개 이상으로 구성되어야 한다.

> 가설은 2개 이상의 변수로 구성되며 그것들 간의 관계를 나타내고 있어야 한다.

06 영가설이 참인데도 이를 부정(기각)하는 결정을 하는 오류를 제2종 오류라고 한다.

> 영가설이 참인데도 이를 부정(기각)하는 결정을 하는 오류를 제1종 오류라고 한다.

빈칸에 들어갈 알맞은 말을 채워보자

01 `21-02-04` (   )(이)란 영가설이 거짓일 때 채택하기 위해 설정하는 가설이다.

02 `18-02-02` (   )은/는 연구가설을 반증하기 위해 사용되는 가설이다.

03 `13-02-01` (   ) 조사는 가설을 설정할 필요가 없다.

04 검증하고자 하는 관계의 방향이 제시되지 않는 가설을 (   ) 가설이라고 한다.

05 (   )은/는 과학적 가설, 작업가설, 실험가설이라고 불리며, 영가설을 통해 간접적으로 검증된다.

답 **01** 대립가설　**02** 영가설　**03** 탐색적　**04** 비방향성　**05** 연구가설

다음 내용이 옳은지 그른지 판단해보자

17-02-08

01 "여성의 노동참여율이 높을수록 출산율은 낮을 것이다."라는 가설은 경험적으로 검증할 수 있다.　◎ ⊗

02 가설은 이론에서 도출되며, 가설에 대한 검증을 통해 이론을 발전시켜 나간다.　◎ ⊗

03 3개 이상의 변수들을 포함하는 가설의 검증은 보다 수월하게 검증할 수 있다.　◎ ⊗

11-02-25

04 가설은 반드시 정(+)의 관계로 기술되어야 한다.　◎ ⊗

05 영가설을 설정하는 근거는 가설은 검증되는 것이 아니라 반증되는 것이라는 포퍼의 반증주의에 있다.　◎ ⊗

06 조사문제가 형성되었으면 이것을 바탕으로 경험적으로 검증 가능한 명제 형태의 가설을 구성한다.　◎ ⊗

07 $p < .05$의 유의수준은 제2종 오류가 있을 확률이 5% 미만이라고 할 수 있다.　◎ ⊗

08 가설을 경험적으로 검증하기 위해서는 변수의 조작적 정의가 필요하다.　◎ ⊗

답 01 ○　02 ○　03 ×　04 ×　05 ○　06 ○　07 ×　08 ○

해설 **03** 3개 이상의 변수들을 포함하는 가설의 검증은 복잡해질 가능성이 있기 때문에 가능하면 단순한 가설을 만들어 검증하는 것이 적절하다.

04 가설은 변수 간 관계의 성격에 따라 정(+)의 관계로도, 부(-)의 관계로도 기술될 수 있다.

07 $p < .05$의 유의수준은 제1종 오류가 있을 확률이 5% 미만이라고 할 수 있다.

037 변수

빈출

최근 10년간 **11문항** 출제

1회독 월 일 | 2회독 월 일 | 3회독 월 일

강의 QR코드

복습 1 이론요약

 23회 기출  22회 기출  20회 기출  19회 기출

변수의 의미

- 개념: 정신적 이미지 또는 인식으로서 어떤 현상이나 사물의 의미를 추상적인 용어를 사용하여 관념적으로 구성한 것이다.
- 변수: 한 연속선상에서 둘 이상의 값을 가지는 개념으로서 연구대상의 속성에 계량적인 수치를 부여하여 경험적으로 측정 가능하게 하는 개념이다.
- 상수: 결코 변하지 않는 단 하나의 값을 갖는 것으로써 일부 변수들은 숫자에 의해서라 기보다는 낱말부호로 지정된 범주를 가지고 있다.

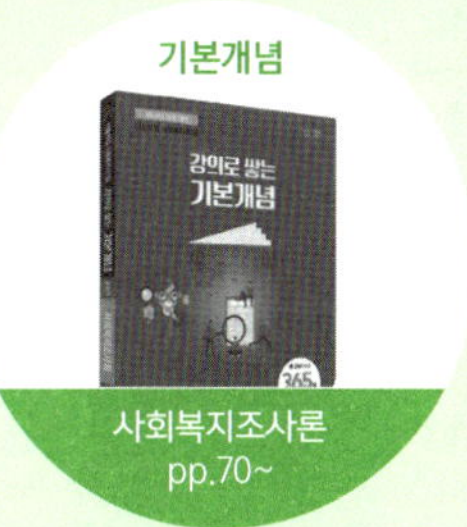
기본개념
강의로 보는
기본개념
사회복지조사론
pp.70~

변수의 종류

- 독립변수: 인과관계에서 다른 변수의 변화를 일으키는 변수로서 **인과관계에서 원인**을 나타낸다. 실험설계에서는 실험 처치 또는 실험자극이 독립변수에 해당되며, 원인변수, 설명변수, 예측변수라고도 부른다.
- 종속변수: 다른 변수에 영향을 받지만, 다른 변수에 영향을 미칠 수 없는 변수로서 **인과관계에서 결과**를 나타낸다. 독립변수의 영향을 받아 일정한 결과를 나타내는 변수로서 실험설계에서는 관찰대상의 속성이 종속변수에 해당된다. 결과변수, 피설명변수, 피예측변수, 반응 변수, 가설적 변수라고도 부른다.
- 매개변수: **독립변수의 결과인 동시에 종속변수의 원인이 되는 변수**이다. 독립변수가 매개변수를 통해 종속변수에 간접적인 영향을 미치게 한다. 종속변수에 이르는 시간적 전후 관계와 논리적 과정에 대한 이해를 가능케 함으로써 인과관계에 대해 정확히 규명할 수 있다.
- 조절변수: **독립변수가 종속변수에 미치는 영향력을 조절하는 변수**를 말한다. 독립변수와 종속변수 간의 관계를 강화시키거나 약화시키는 등 강도를 조절하거나 방향에 영향을 미치는 변수이다.
- 외생변수: 독립변수가 종속변수에 표면상으로는 영향을 미쳐 관계가 있는 것처럼 보이지만, 제3의 변수로 인해 그렇게 보이는 것일 뿐 실제로는 관계가 없는 경우, 두 변수는 **가식적 관계에 있다고 하며, 이때의 제3의 변수**를 외생변수라 한다. 두 변수 사이의 관계가 가식적 관계인지 아닌지를 밝히기 위해서는 외생변수를 통제해야 한다.
- 억압변수: 독립변수와 종속변수 중 하나의 변수와는 정적으로 상관되어 있고, 다른 하나의 변수와는 부적으로 상관되어 있어 **독립변수와 종속변수 간에 마치 아무런 관계가 없는 것처럼 보이게 만드는 변수**를 말한다.
- 통제변수: 독립변수와 종속변수에 영향을 미칠 법한 외생변수, 매개변수, 조절변수, 억제변수 등 **제3의 변수 중 조사설계에서 조사자가 통제하려는 변수**를 말한다.

01 (23-02-06) "사회복지사가 느끼는 업무부담에 따른 소진정도는 동료와의 친밀도에 따라 달라질 것이다."라는 가설에서 동료와의 친밀도는 조절변수이다.

02 (22-02-06) 독립변수는 설명변수이고, 종속변수는 결과변수이다.

03 (20-02-08) 통제변수는 제3의 변수 중 조사설계에서 조사자가 통제하려는 변수이다.

04 (19-02-05) 독립변수 앞에서 독립변수에 영향을 주는 변수를 선행변수라고 한다.

05 (18-02-05) 조절변수는 독립변수와 종속변수 간의 관계의 강도나 방향에 영향을 미치는 변수이다.

06 (18-02-24) 명목변수로 분석가능한 통계수치는 최빈값이다.

07 (17-02-04) '사회복지사의 근무지역에 따른 직업만족도 차이의 연구'라는 논문의 제목에서 알 수 있는 것은 독립변수, 종속변수, 분석단위, 독립변수의 측정수준이다.

08 (17-02-13) 종속변수를 유발할 수 있는 독립변수 이외의 변수들을 총칭하여 외생변수라고 한다.

09 (17-02-21) 변수는 연속형 또는 비연속형으로 측정될 수 있다.

10 (14-02-07) 모든 측정수준(명목, 서열, 등간, 비율)의 변수가 매개변수로 사용될 수 있다.

11 (14-02-13) '청소년이 제공받은 전문가 지지는 외상경험이 정신건강에 미치는 부정적 영향을 완화시켜 줄 것이다'라는 가설에서 전문가 지지는 조절변수이다.

12 (13-02-07) 독립변수와 종속변수의 관계를 밝히기 위해 실제 자료의 통계분석에서 사용하는 변수로는 조절변수, 통제변수, 매개변수 등이 있다.

13 (13-02-10) '연령의 많고 적음에 따라서 지역사회응집력에 거주기간이 미치는 영향력은 다를 것이다'라는 가설에서 연령은 조절변수이다.

14 (12-02-04) '소득이 삶의 만족도에 미치는 영향은 성별에 따라 다르다'라는 가설은 조절변수를 활용한 가설이다.

15 (12-02-19) 독립변수는 모든 형태의 척도(명목, 서열, 등간, 비율)가 활용될 수 있다.

16 (11-02-21) 복지정책이 소득수준 향상의 원인일 때 복지정책은 독립변수이다.

17 (10-02-11) 통제변수는 독립변수와 종속변수 간의 허위적 관계를 밝히는 데 활용된다.

18 (09-02-13) 독립변수는 예측변수, 종속변수는 피예측변수이다.

19 (09-02-23) '교사의 지지가 높으면 집단따돌림이 아동의 자아존중감에 미치는 영향을 감소시킬 것이다'라는 가설에서 교사의 지지는 조절변수이다.

20 (08-02-02) '사회복지사의 전문성은 실천관계를 향상시켜 궁극적으로는 클라이언트의 만족도에 영향을 미칠 것이다'라는 가설에서 실천관계는 매개변수이다.

21 (05-02-07) '사회복지시설 근무자의 업무 자율성은 자아실현 충족을 높이고 높아진 자아실현 충족은 업무 능률성을 향상시킨다'라는 가설에서 자아실현 충족은 매개변수이다.

22 (04-02-05) 종속변수는 독립변수에 의해 설명된다.

23 (02-02-09) '사회복지기관에 1급 사회복지사가 많으면 서비스 질이 높아진다'라는 가설에서 서비스 질은 종속변수이다.

기출확인

대표기출 확인하기

23-02-06　난이도 ★★☆

다음 가설에 포함된 변수에 관한 설명으로 옳은 것은?

> 사회복지사가 느끼는 업무부담에 따른 소진정도는 동료와의 친밀도에 따라 달라질 것이다.

① 소진정도: 통제변수
② 업무부담: 매개변수
③ 소진정도: 독립변수
④ 업무부담: 종속변수
⑤ 동료와의 친밀도: 조절변수

 **알짜확인**

- 변수의 의미를 이해해야 한다.
- 변수의 종류별 특징을 살펴보고 이에 해당하는 사례를 접목시켜 이해해야 한다.

답 ⑤

응시생들의 선택

① 3%	② 9%	③ 7%	④ 4%	⑤ 77%

⑤ 사회복지사가 느끼는 업무부담은 독립(원인)변수, 소진정도는 종속(결과)변수에 해당한다. 업무부담(독립변수)과 소진정도(종속변수) 간의 관계가 동료와의 친밀도에 따라 달라지므로 동료와의 친밀도는 조절변수에 해당한다. 조절변수는 독립변수와 종속변수 간의 관계를 강화시키거나 약화시키는 등 강도를 조절하거나 방향에 영향을 미치는 변수이다.

덧붙임

변수의 종류에 따른 특징과 기능을 구분하는 문제나 가설 사례에서 변수의 종류를 구분하는 유형이 주로 출제되고 있다. 특히 매개변수, 조절변수, 통제변수가 가장 많이 출제되므로 의미를 명확하게 구분해서 이해할 필요가 있다. 대부분 사례형태로 제시되기 때문에 조사사례를 보고 무엇이 독립변수이고, 종속변수인지 그리고 그 둘 사이에 영향을 미치는 성격에 따라 제3의 변수가 무엇인지를 구분할 수 있어야 한다.

관련기출 더 보기

22-02-06　난이도 ★★☆

변수에 관한 설명으로 옳지 않은 것은?

① 매개변수는 독립변수의 영향을 받아 종속변수에 영향을 미치는 변수이다.
② 통제변수는 독립변수와 종속변수의 관계에 영향을 줄 수 있기 때문에 통제대상이 되는 변수이다.
③ 독립변수는 결과변수이고, 종속변수는 설명변수이다.
④ 조절변수는 독립변수와 종속변수 간의 관계의 강도에 영향을 미칠 수 있다.
⑤ 변수들 간의 관계는 그 속성에 따라 직선이 아닌 곡선의 형태로도 나타날 수 있다.

답 ③

응시생들의 선택

① 2%	② 5%	③ 86%	④ 3%	⑤ 4%

③ 독립변수가 설명변수이고, 종속변수는 결과변수이다.

20-02-08　난이도 ★★★

다음 사례에서 부모의 재산은 어떤 변수인가?

> 한 연구에서 부모의 학력이 자녀의 대학 진학률에 영향을 미치는 것으로 나타났다. 그러나 부모의 재산이 비슷한 조사대상에 한정하여 다시 분석해 본 결과, 부모의 학력과 자녀의 대학 진학률 사이에는 통계적으로 유의미한 관계가 없는 것으로 나타났다.

① 독립변수　　　② 종속변수
③ 조절변수　　　④ 억제변수
⑤ 통제변수

답 ⑤

응시생들의 선택

① 7%	② 5%	③ 22%	④ 28%	⑤ 38%

⑤ 독립변수는 '부모의 학력'이 되고, 종속변수는 '자녀의 대학 진학률'이 된다. 사례에서 '부모의 재산'을 의도적으로 통제시켜서(비슷한 수준의 조사대상을 한정시켜서) 다시 분석했다는 것이므로 '부모의 재산'은 통제변수가 된다.

다음 (　　)에 알맞은 내용으로 옳은 것은?

- 독립변수 앞에서 독립변수에 영향을 주는 변수를 (ㄱ)라고 한다.
- 독립변수의 결과인 동시에 종속변수의 원인이 되는 변수를 (ㄴ)라고 한다.
- 다른 변수에 의존하지만 다른 변수에 영향을 미칠 수 없는 변수를 (ㄷ)라고 한다.
- 독립변수와 종속변수 모두에 영향을 미치는 제3의 변수를 (ㄹ)라고 한다.

① ㄱ: 외생변수, ㄴ: 더미변수, ㄷ: 종속변수, ㄹ: 조절변수
② ㄱ: 외생변수, ㄴ: 매개변수, ㄷ: 종속변수, ㄹ: 더미변수
③ ㄱ: 선행변수, ㄴ: 조절변수, ㄷ: 종속변수, ㄹ: 외생변수
④ ㄱ: 선행변수, ㄴ: 매개변수, ㄷ: 외생변수, ㄹ: 조절변수
⑤ ㄱ: 선행변수, ㄴ: 매개변수, ㄷ: 종속변수, ㄹ: 외생변수

답 ⑤

✓ 응시생들의 선택

① 1%	② 4%	③ 5%	④ 23%	⑤ 67%

- 독립변수 앞에서 독립변수에 영향을 주는 변수를 선행변수라고 한다. 선행변수를 통제해도 독립변수와 종속변수 사이의 관계는 사라지지 않지만, 독립변수를 통제하면 선행변수와 종속변수 사이의 관계는 사라진다.
- 독립변수의 결과인 동시에 종속변수의 원인이 되는 변수를 매개변수라고 한다. 독립변수와 종속변수를 중간에서 연결시켜 두 변수가 간접적으로 관계를 갖게 한다.
- 다른 변수에 의존하지만 다른 변수에 영향을 미칠 수 없는 변수를 종속변수라고 한다. 독립변수의 영향을 받아 일정한 결과를 나타내는 변수이다.
- 독립변수와 종속변수 모두에 영향을 미치는 제3의 변수를 외생변수라고 한다. 독립변수와 종속변수의 가식적 관계를 만드는 변수이다.

또래관계증진 프로그램이 결혼이민자 가정 자녀들의 자아정체감에 미치는 영향을 평가하는 연구를 실시하고자 한다. 이때 자아정체감의 차이를 불러올 수 있는 부모의 사회경제적 지위는 다음 중 무엇에 해당하는가?

① 산출변수
② 외생변수
③ 투입변수
④ 종속변수
⑤ 전환변수

답 ②

✓ 응시생들의 선택

① 3%	② 74%	③ 11%	④ 6%	⑤ 6%

② 독립변수(또래관계증진 프로그램)와 종속변수(자아정체감)의 관계를 대안적으로 설명하는 제3의 변수(부모의 사회경제적 지위)는 외생변수이다. 종속변수를 유발할 수 있는 독립변수 이외의 변수들을 총칭하여 외생변수라고 한다. 외생변수인 부모의 사회경제적 지위를 통제하지 않으면 독립변수인 또래관계증진 프로그램과 종속변수인 자아정체감의 관계가 잘못 설명되어져 결과인 자아정체감의 차이를 불러올 수 있다.

다음 가설에서 ㄱ~ㄷ이 의미하는 변수의 종류를 바르게 짝지은 것은?

청소년이 제공받은 전문가 지지(ㄱ)는 외상경험(ㄴ)이 정신건강(ㄷ)에 미치는 부정적 영향을 완화시켜 줄 것이다.

① ㄱ: 독립변수, ㄴ: 매개변수, ㄷ: 조절변수
② ㄱ: 조절변수, ㄴ: 독립변수, ㄷ: 종속변수
③ ㄱ: 독립변수, ㄴ: 종속변수, ㄷ: 통제변수
④ ㄱ: 통제변수, ㄴ: 종속변수, ㄷ: 매개변수
⑤ ㄱ: 매개변수, ㄴ: 독립변수, ㄷ: 종속변수

답 ②

✓ 응시생들의 선택

① 5%	② 63%	③ 3%	④ 1%	⑤ 28%

② 외상경험이 정신건강에 미치는 영향에 관한 연구인 것으로 보아 외상경험은 독립변수, 정신건강은 종속변수가 된다. 이 연구에서 청소년이 제공받은 전문가 지지가 두 변수의 관계의 강도나 방향에 영향을 미치므로 전문가 지지는 조절변수이다.

 난이도 ★★☆

다음 가설에서 ㄱ~ㄷ이 의미하는 것을 바르게 짝지은 것은?

> 연령(ㄱ)의 많고 적음에 따라서 지역사회응집력(ㄴ)에 거주기간(ㄷ)이 미치는 영향력은 다를 것이다.

① ㄱ: 조절변수, ㄴ: 독립변수, ㄷ: 종속변수
② ㄱ: 독립변수, ㄴ: 종속변수, ㄷ: 매개변수
③ ㄱ: 조절변수, ㄴ: 종속변수, ㄷ: 독립변수
④ ㄱ: 독립변수, ㄴ: 매개변수, ㄷ: 종속변수
⑤ ㄱ: 매개변수, ㄴ: 종속변수, ㄷ: 독립변수

답 ③

✔ 응시생들의 선택

① 16%	② 8%	③ 61%	④ 12%	⑤ 4%

③ 가설에서는 거주기간(독립변수)이 지역사회응집력(종속변수)에 미치는 영향력을 연령이 조절하고 있다고 볼 수 있다. 따라서 연령은 조절변수에 해당한다. 조절변수란 독립변수가 종속변수에 미치는 영향력을 조절하는 변수이다.

 난이도 ★★★

조절변수를 활용한 가설에 해당하는 것은?

① 소득은 삶의 만족도에 영향을 미친다.
② 소득이 삶의 만족도에 미치는 영향은 성별에 따라 다르다.
③ 소득과 삶의 만족도는 밀접한 관계가 있다.
④ 소득은 의료접근성을 통하여 삶의 만족도에 영향을 미친다.
⑤ 비슷한 소득일 때 거주지역에 따라 삶의 만족도는 차이가 난다.

답 ②

✔ 응시생들의 선택

① 5%	② 28%	③ 6%	④ 26%	⑤ 35%

② 조절변수란 독립변수와 종속변수 간의 관계의 강도나 방향에 영향을 미치는 변수를 말한다. 소득이라는 독립변수가 삶의 만족도라는 종속변수에 미치는 영향이 성별에 따라 다르다고 했기 때문에 성별은 조절변수가 된다.

 난이도 ★★★

변수에 관한 설명으로 옳은 것은?

① 독립변수는 모든 형태의 척도(명목, 서열, 등간, 비율)가 활용될 수 있다.
② 매개변수는 독립변수와 종속변수에게 영향을 미친다.
③ 통제변수는 종속변수와 관련성이 없어야 한다.
④ 조절변수는 독립변수에게 영향을 미친다.
⑤ 종속변수의 수는 외생변수의 수에 따라 결정된다.

답 ①

✔ 응시생들의 선택

① 28%	② 44%	③ 11%	④ 11%	⑤ 6%

② 매개변수는 독립변수의 결과인 동시에 종속변수의 원인이 되는 변수이다. 시간적으로 독립변수 다음에 위치하며, 종속변수에만 영향을 미치는 변수이다.
③ 통제변수란 독립변수와 종속변수의 인과관계에 영향을 주는 제3의 변수 중 통제하려는 변수를 말한다. 통제변수는 종속변수와 관련성이 있다.
④ 조절변수란 독립변수와 종속변수의 관계의 강도나 방향에 영향을 미치는 변수이다. 조절변수는 종속변수에 영향을 미친다.
⑤ 종속변수의 수가 외생변수의 수에 따라 결정되는 것은 아니다.

 난이도 ★★☆

변수 간의 관계에 대한 설명으로 옳지 않은 것은?

① 복지정책이 소득수준 향상의 원인일 때 복지정책은 독립변수이다.
② 소득수준 향상이 경제발전의 결과라면 소득수준은 종속변수이다.
③ 경제수준이 비슷한 국가를 대상으로 복지정책의 빈곤감소효과를 조사할 때 경제수준은 통제변수이다.
④ 경제발전으로 복지정책의 재원이 늘어 생활수준이 향상되었다면 경제발전은 매개변수이다.
⑤ 경제여건에 따라 복지정책의 빈곤감소효과가 달라진다면 경제여건은 조절변수이다.

답 ④

✔ 응시생들의 선택

① 4%	② 12%	③ 34%	④ 40%	⑤ 10%

④ A(경제발전)가 B(복지정책 재원)에 영향을 미쳐 C(생활수준)가 향상되었다면, 여기서 A는 독립변수, B는 매개변수, C는 종속변수가 된다.

다음 내용이 **왜 틀렸는지**를 확인해보자

17-02-21

01 변수는 직접 관찰할 수 있는 것들만 측정한 것이다.

> 변수는 한 연속선상에서 둘 이상의 값을 가지는 개념이며, 연구대상의 속성에 계량적인 수치를 부여하여 측정가 능하게 하는 것으로써 직접 관찰할 수 있는 것들만 측정한 것은 아니다.

02 조절변수는 독립변수와 종속변수 간의 관계의 강도나 방향에 영향을 미치는 변수로서 **독립변수가 없으면 존재** 할 수 없다.

> 조절변수는 독립변수와 종속변수 간의 관계의 강도나 방향에 영향을 미치는 변수로서 독립변수가 없어도 존재 할 수 있다.

03 직장 동료와의 관계가 좋으면 직장 만족도가 높아져 근로자의 장기근속에 영향을 미친다는 가설에서 **직장 만족 도는 조절변수에 해당**한다.

> 직장 동료와의 관계는 독립변수, 직장 만족도는 매개변수, 근로자의 장기근속은 종속변수에 해당한다.

10-02-11

04 **매개변수**는 독립변수와 종속변수 간의 허위적 관계를 밝히는 데 활용된다.

> 통제변수는 독립변수와 종속변수 간의 허위적 관계를 밝히는 데 활용된다.

07-02-26

05 '실업의 결정요인에 관한 연구: 고용지원센터 이용자를 중심으로'라는 논문의 제목만으로 알 수 있는 사항은 독립변수, 종속변수, 분석단위이다.

> 독립변수(종속변수인 실업에 영향을 미치는 각종 원인들)에 대한 내용은 구체적으로 나타나 있지 않다.

06 사례관리 개입이 퇴원한 정신질환자들의 지역사회 적응수준을 증가시킨다고 하면, **독립변수는 지역사회 적응수 준이고 종속변수는 사례관리 개입 여부**이다.

> 사례관리 개입이 퇴원한 정신질환자들의 지역사회 적응수준을 증가시킨다고 하면, 독립변수는 사례관리 개입 여부이고 종속변수는 지역사회 적응수준이다.

19-02-05

01 독립변수와 종속변수 모두에 영향을 미치는 제3의 변수를 (　　　　　)(이)라고 한다.

12-02-19

02 (　　　　　)은/는 독립변수의 결과인 동시에 종속변수의 원인이 되는 변수이다.

03 제3의 변수로 인해 두 변수의 실제 관계를 정 반대의 관계로 나타나게 하는 변수를 (　　　　　)(이)라고 한다.

04 (　　　　　)은/는 한 연속선상에서 둘 이상의 값을 가지는 개념으로서 연구대상의 속성에 계량적인 수치를 부여하여 경험적으로 측정 가능하게 하는 개념이다.

05 A는 B에 영향을 미친다는 가설에서 A는 (　　　　　)이다.

11-02-21

06 경제발전으로 복지정책의 재원이 늘어 생활수준이 향상되었다면 복지정책의 재원은 (　　　　　)이다.

22-02-06

07 (　　　　　)은/는 다른 변수에 영향을 받지만, 다른 변수에 영향을 미칠 수 없는 변수로서 인과관계에서 결과를 나타낸다.

08 원래 관계가 있는 두 변수가 제3의 변수로 인해 관계가 없는 것처럼 보이는 가식적 영관계가 나타난 경우, 이때의 제3의 변수를 (　　　　　)(이)라고 한다.

 **답** **01** 외생변수　**02** 매개변수　**03** 왜곡변수　**04** 변수　**05** 독립변수　**06** 매개변수　**07** 종속변수　**08** 억압변수

14-02-07

01 매개변수가 2개 이상인 연구모형이 가능하다. ◎ ✕

12-02-19

02 독립변수는 모든 형태의 척도(명목, 서열, 등간, 비율)가 활용될 수 있다. ◎ ✕

09-02-13

03 선행변수를 통제해도 독립변수와 종속변수 간의 관계는 유지된다. ◎ ✕

22-02-06

04 독립변수는 결과변수, 피설명변수라고도 부른다. ◎ ✕

05 통제변수는 종속변수에 이르는 시간적 전후 관계와 논리적 과정에 대한 이해를 가능케 함으로써 인과관계에 대해 정확히 규명할 수 있도록 한다. ◎ ✕

06 두 변수 사이의 관계가 가식적 관계인지 아닌지를 밝히기 위해서는 외생변수를 통제해야 한다. ◎ ✕

07 종속변수는 독립변수의 영향을 받아 일정한 결과를 나타내는 변수로서 실험설계에서는 관찰대상의 속성이 종속변수에 해당된다. ◎ ✕

08 독립변수와 종속변수 이외의 변수를 총칭하여 제3의 변수라고 한다. ◎ ✕

09 독립변수와 종속변수에 영향을 미칠 법한 외생변수, 매개변수, 조절변수, 억제변수 등을 조사에서 실제 통제시키면 이때부터 통제변수가 된다. ◎ ✕

10 상수(constant)란 결코 변하지 않는 단 하나의 값을 갖는 것이다. ◎ ✕

답 01 ○ 02 ○ 03 ○ 04 ✕ 05 ✕ 06 ○ 07 ○ 08 ○ 09 ○ 10 ○

해설 04 결과변수, 피설명변수는 종속변수를 말한다. 독립변수는 원인변수, 설명변수, 예측변수라고도 부른다.
05 매개변수는 종속변수에 이르는 시간적 전후 관계와 논리적 과정에 대한 이해를 가능케 함으로써 인과관계에 대해 정확히 규명할 수 있도록 한다.

조사설계와 인과관계

조사설계의 내적 타당도와 외적 타당도의 특징, 조사설계의 내적 타당도와 외적 타당도의 저해요인 및 통제방법, 인과관계의 논리 등을 다룬다.

10년간 출제분포도

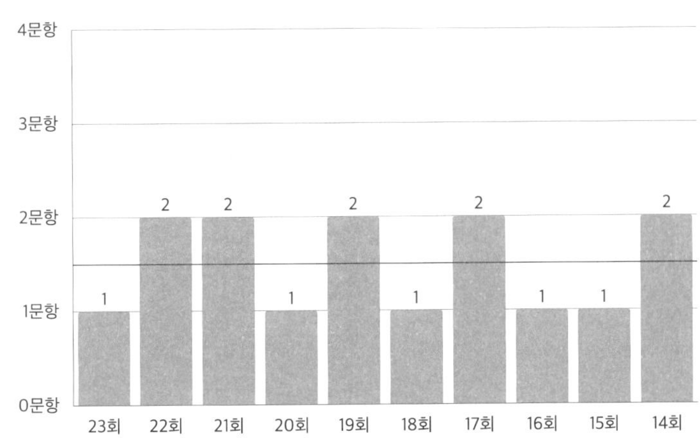

038

조사설계의 타당도

강의 QR코드

1회독	2회독	3회독
월 일	월 일	월 일

최근 10년간 **14문항** 출제

이론요약

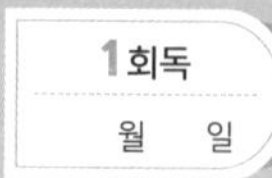 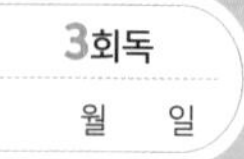
23회 기출 22회 기출 21회 기출 20회 기출 19회 기출

조사설계의 의미와 목적

- 조사문제의 답을 얻기 위한 조사연구의 계획, 구조, 전략 등을 포괄하는 것으로써 조사의 전반적인 과정을 의미한다.
- 연구자에게 타당성이 있고 객관적이며 정확하고 경제적으로 조사문제의 해답을 제공한다.
- 가설상의 조사질문을 신뢰할 수 있고 타당한 해답을 구할 수 있도록 만든다.
- 변수 간의 관계가 검증될 수 있도록 만들면, 관찰이나 분석의 방향을 제시한다.
- 통계분석의 방법을 제시하며, 가능한 결론의 윤곽을 제시한다.

기본개념

사회복지조사론
pp.84~

조사설계의 타당도

- 내적 타당도: 어떤 연구결과 각 변수 사이의 인과관계를 추론해 보았을 때, 어느 한 쪽의 변수가 다른 쪽 변수의 <u>원인이 되는지를 확신할 수 있는 정도</u>를 말한다. 조사설계에서는 내적 타당도와 외적 타당도 가운데 우선적으로 내적 타당도를 높이는 것이 중요하며, 연구의 내적 타당도는 그 연구가 내적 타당도의 다양한 저해요인을 얼마나 잘 통제했는지 여부에 따라 정해진다.
- 외적 타당도: 어떤 연구결과에 기술된 인과관계가 그 연구의 조건을 넘어서서 <u>일반화될 수 있는 정도</u>를 의미한다. 내적 타당도의 핵심이 '인과관계'라면, 외적 타당도의 핵심은 '일반화'이다.

내적 타당도

▶ **내적 타당도 저해요인**

- 역사(우연한 사건): <u>사전-사후 검사 사이에 발생하는 통제 불가능한 사건</u>이다.
- 성장(성숙, 시간적 경과): <u>연구 기간 중에 발생하는 개인의 신체적·심리적 성숙</u>을 말한다.
- 검사(측정, 테스트, 시험효과, 주시험효과): <u>사전검사가 사후검사에 영향을 미쳐</u> 변수 간 변화를 초래하는 것이다.
- 도구요인(도구, 도구화): 검사효과를 제거하기 위해 <u>사전-사후 검사 시 서로 다른 척도를 사용하거나 신뢰도가 낮은 척도를 사용할 경우</u> 전후 차이가 진정한 변화인지 알 수 없다.
- 통계적 회귀: 종속변수의 값이 <u>지나치게 높거나 지나치게 낮은 사람들을 실험집단으로 선택했을 경우</u> 다음 검사에는 독립변수의 효과가 없더라도 높은 집단은 낮아지고 낮은 집단은 높아지는 현상을 말한다.

- 피험자의 상실(실험대상의 변동, 탈락, 소멸): 실험과정에서 일부 실험대상자가 이사, 사망, 질병, 싫증 등의 사유로 탈락하는 경우 조사대상의 표본 수가 줄어들면서 잘못된 실험결과가 될 수 있다.
- 선택과의 상호작용: 선택의 편의가 있을 때 잘못된 선택과 역사 또는 성장이 상호작용하여 문제를 일으키는 것이다.
- 인과관계 방향의 모호성: 독립변수와 종속변수 간에 어느 것이 원인인지 불확실해서 인과관계의 방향을 결정하기 어려운 경우가 있다.
- 확산/모방: 실험집단의 효과가 통제집단에 전파되어 두 집단 간의 차이가 약해져 비교가 어려워지는 경우를 말한다.
- 선정상의 편견(편향된 선별, 선택적 편의): 조사대상을 실험집단과 통제집단으로 나눌 때 종속변수에 영향을 미칠 수 있는 요인이 어느 한 집단으로 편향되는 경우이다.

▶ **내적 타당도를 높이는 방법**
- 무작위 할당: 연구대상자들을 실험집단과 통제집단에 유사한 속성으로 배치하는 방법이다.
- 배합/짝짓기: 연구주제에 영향을 미칠 것이라고 여겨지는 속성을 실험집단과 통제집단에 동일하도록 만드는 방법이다.
- 통계적 통제: 통제해야 할 변수들을 독립변수로 간주하여 실험설계에 포함시키고 실험을 실시한 후 결과를 분석함에 있어 통계적으로 그 영향을 통제하는 방법이다.

외적 타당도

▶ **외적 타당도 저해요인**
- 표본의 대표성: 연구결과를 실제 상황에 일반화할 수 있으려면 연구대상이 모집단을 대표해야 한다.
- 연구환경과 절차: 연구의 환경이나 절차들도 모집단의 일반적인 상황과 유사해야 한다.
- 실험조사에 대한 반응성: 조사대상자가 자신이 실험에 참여하고 있다는 것을 의식하지 않아야 한다.

▶ **외적 타당도를 높이는 방법**
- 표본의 대표성: 확률적 표집 또는 무작위 표집으로 대표성을 높일 수 있다.
- 가실험효과 통제: 조사상황을 피험자에게 알리지 않거나 가실험통제집단 설계를 사용한다.

01 (23-02-17) 일부 참여자들이 프로그램에 참여하고 있다는 것을 의식해서 평소와는 다르게 행동하는 반응성은 외적 타당도 저해요인에 해당한다.

02 (22-02-24) 통계적 회귀는 프로그램의 개입과 관계없이 사후검사 측정치가 평균값에 근접하려는 경향을 말한다.

03 (21-02-07) 어떤 변수가 다른 변수의 원인임을 정확하게 기술하는 것이 내적 타당도이다.

04 (21-02-14) 자발적 참여자만을 대상으로 연구표본을 구성하게 되면 연구의 외적 타당도가 저해된다.

05 (19-02-07) 외적 타당도를 높이기 위해서는 확률표집방법으로 연구대상을 선정하거나 표본크기를 크게 하여야 한다.

06 (19-02-18) 연구 참여자의 반응성은 외적 타당도를 저해하는 요인이다.

07 (18-02-12) 사전점수가 매우 높은 집단을 선정하면 내적 타당도를 저해한다.

08 (17-02-03) 외적 타당도를 높이는 중요한 전략 중 하나는 연구를 반복적으로 실시하여 결과를 축적하는 것이다.

09 (16-02-21) 선정편향은 조사설계의 타당도 저해요인으로서 조사대상을 실험집단이나 통제집단으로 나눌 때 종속변수에 영향을 미칠 수 있는 요인이 어느 한 집단으로 편향되는 경우를 말한다.

10 (15-02-10) 역사, 성숙, 중도탈락은 조사설계의 내적 타당도 저해요인에 해당한다.

11 (14-02-02) 동일한 프로그램의 효과성이 서울과 제주에서 같지 않은 것은 외적 타당도의 문제이다.

12 (14-02-04) 편향된 집단 선택은 조사대상을 실험집단이나 통제집단으로 나눌 때 종속변수에 영향을 미칠 수 있는 요인이 어느 한 집단으로 편향되는 경우를 말한다.

13 (13-02-12) 호손효과를 통제하기 위해서는 통제집단을 추가하여 조사결과의 진위여부를 파악할 필요가 있다.

14 (13-02-15) 성숙효과는 단순히 시간의 경과나 연구대상자들의 성장이나 노화와 같은 자연적인 발달상의 변화가 종속변수에 영향을 미치는 것을 의미한다.

15 (12-02-14) 도구효과는 사전검사와 사후검사에 있어서 각각 측정도구를 달리했을 때 발생할 수 있다.

16 (12-02-20) 내적 타당도는 인과관계에 대한 확신의 정도와 관련 있다.

17 (11-02-05) 통계적 회귀는 사전검사에서 너무 높거나 낮은 극단적인 점수를 나타냈다면 사후검사에서는 독립변수의 효과와 무관하게 평균값으로 수렴하는 경향을 의미한다.

18 (11-02-28) 연구대상의 조사반응성은 외적 타당도를 저해할 수 있다.

19 (10-02-27) 사전-사후검사에서 서로 다른 척도를 사용해서 발생하는 타당도 저해요인은 도구효과(instrumentation)이다.

20 (09-02-07) 개입확산은 집단들 간에 통제되지 않은 교류와 상호작용, 모방으로 인해 집단 간 차이에 대한 설명이 불분명해지는 경우를 의미한다.

21 (09-02-27) 외부 사건(history)은 사전-사후 검사 사이에 발생하는 통제 불가능한 사건을 의미한다.

22 (08-02-06) 실직자 재훈련과정이 실직자들의 자격증 취득 시험점수를 향상시키는 데 도움이 되는지 알아보기 위해 동일한 대상자를 두 차례 반복 측정을 했다면 검사효과가 발생할 수 있다.

23 (07-02-17) 동일한 대상자에게 반복적으로 조사를 시행할 때 가장 많이 나타날 수 있는 내적 타당도는 검사요인이다.

24 (06-02-08) 테스트요인은 동일한 측정도구를 사용하여 두 번 이상 테스트를 실시하는 경우 나타나는 현상을 의미한다.

25 (05-02-09) 너무 점수가 높거나 낮은 대상을 선정할 경우 중간값으로 변화하는 통계적 회귀가 나타날 수 있다.

26 (04-02-09) 내적 타당도를 저해하는 내적 요인은 우연한 사건/역사, 시간적 경과 또는 성숙, 테스트 효과/검사, 도구, 통계적 회귀, 실험대상자 상실, 선택과의 상호작용, 개입(치료)의 확산 또는 모방 등이 있다.

27 (03-02-07) 외적 타당도 저해요인으로는 표본의 대표성과 실험에 대한 민감성이 있다.

대표기출 확인하기

23-02-17　난이도 ★★★

실험설계에서의 내적 타당도 저해요인으로 옳지 않은 것은?

① 실험집단과 통제집단의 참여자 간 프로그램 내용에 대해 소통하면서 상호작용이 이루어졌다.
② 프로그램 진행과정에서 일부 대상자가 참여를 중단하였다.
③ 사전검사 결과 학교 부적응 학생들이 실험집단에 과도하게 모인 것이 확인되었다.
④ 사전검사와 사후검사 척도가 동일하기 때문에 참여자의 학습효과가 발생하였다.
⑤ 일부 참여자들이 프로그램에 참여하고 있다는 것을 의식해서 평소와는 다르게 행동하였다.

▶ 알짜확인

- 조사설계의 내적 타당도와 외적 타당도의 특징을 이해해야 한다.
- 조사설계의 내적 타당도와 외적 타당도의 저해요인 및 통제방법을 파악해야 한다.

답 ⑤

✔ 응시생들의 선택

① 11%	② 14%	③ 22%	④ 15%	⑤ 38%

⑤ 실험 참여자들이 프로그램에 참여하고 있다는 것을 의식해서 평소와 다르게 행동하는 것을 실험조사에 대한 반응성이라고 한다. 이러한 반응성은 실험설계의 외적 타당도 저해요인에 해당한다.

➕ 덧붙임

내적 타당도와 외적 타당도의 개념을 명확하게 구분할 줄 알아야 한다. 특히, 타당도 저해요인과 관련해서는 사례를 제시한 뒤, 해당 사례에서 타당도를 저해하는 요인이 무엇인지를 묻는 형태가 가장 많이 출제되고 있으므로 사례와 접목시켜 이해해야 한다.

관련기출 더 보기

21-02-07　난이도 ★★☆

조사설계의 내적 타당도와 외적 타당도에 관한 설명으로 옳은 것은?

① 어떤 변수가 다른 변수의 원인임을 정확하게 기술하는 것이 외적 타당도이다.
② 연구결과를 연구조건을 넘어서는 상황이나 모집단으로 일반화하는 정도가 내적 타당도이다.
③ 내적 타당도는 외적 타당도의 필요조건이지만 충분조건은 아니다.
④ 실험대상의 탈락이나 우연한 사건은 외적 타당도 저해요인이다.
⑤ 외적 타당도가 낮은 경우 내적 타당도 역시 낮다.

답 ③

✔ 응시생들의 선택

① 5%	② 5%	③ 67%	④ 11%	⑤ 12%

① 어떤 변수가 다른 변수의 원인임을 정확하게 기술하는 것은 내적 타당도이다. 즉, 내적 타당도는 어떤 연구결과 각 변수 사이의 인과관계를 추론해 보았을 때, 어느 한 쪽의 변수가 다른 쪽 변수의 원인이 되는지를 확신할 수 있는 정도를 말한다.
② 연구결과를 연구조건을 넘어서는 상황이나 모집단으로 일반화하는 정도가 외적 타당도이다. 즉, 외적 타당도는 어떤 연구결과에 기술된 인과관계가 그 연구의 조건을 넘어서서 일반화될 수 있는 정도를 의미한다.
④ 실험대상의 탈락이나 우연한 사건은 내적 타당도 저해요인이다.
⑤ 외적 타당도가 낮더라도 내적 타당도는 높을 수 있다.

연구의 외적 타당도를 저해하는 상황으로 옳은 것은?

① 연구대상의 건강 상태가 시간 경과에 따라 회복되는 상황
② 자아존중감을 동일한 측정도구로 사전-사후 검사하는 상황
③ 사회적 지지를 다른 측정도구로 사전-사후 검사하는 상황
④ 실험집단과 통제집단 간 연령 분포의 차이가 크게 발생하는 상황
⑤ 자발적 참여자만을 대상으로 연구표본을 구성하게 되는 상황

답 ⑤

응시생들의 선택

① 7%	② 5%	③ 16%	④ 26%	⑤ 46%

① 연구대상의 건강 상태가 시간 경과에 따라 회복되는 상황에서는 '시간적 경과/성숙'이라는 내적 타당도 저해요인이 발생할 수 있다.
② 자아존중감을 동일한 측정도구로 사전-사후 검사하는 상황에서는 '테스트효과/주시험효과/측정효과/검사효과'라는 내적 타당도 저해요인이 발생할 수 있다.
③ 사회적 지지를 다른 측정도구로 사전-사후 검사하는 상황에서는 '도구효과'라는 내적 타당도 저해요인이 발생할 수 있다.
④ 실험집단과 통제집단 간 연령 분포의 차이가 크게 발생하는 상황에서는 '편향된 선별/선택의 편의/선정상의 편견'이라는 내적 타당도 저해요인이 발생할 수 있다.

다음 (　　)에 알맞은 내용으로 옳은 것은?

- 내적 타당도를 높이기 위해서는 (ㄱ) 이외의 다른 변수가 (ㄴ)에 개입할 조건을 통제하여야 한다.
- 외적 타당도를 높이기 위해서는 (ㄷ)으로 연구대상을 선정하거나 표본크기를 (ㄹ)하여야 한다.

① ㄱ: 원인변수, ㄴ: 결과변수, ㄷ: 확률표집방법, ㄹ: 크게
② ㄱ: 원인변수, ㄴ: 결과변수, ㄷ: 무작위할당, ㄹ: 작게
③ ㄱ: 원인변수, ㄴ: 결과변수, ㄷ: 확률표집방법, ㄹ: 작게
④ ㄱ: 결과변수, ㄴ: 원인변수, ㄷ: 확률표집방법, ㄹ: 크게
⑤ ㄱ: 결과변수, ㄴ: 원인변수, ㄷ: 무작위할당, ㄹ: 작게

답 ①

응시생들의 선택

① 69%	② 9%	③ 11%	④ 9%	⑤ 2%

- 내적 타당도를 높이기 위해서는 원인변수(독립변수) 이외의 다른 변수가 결과변수(종속변수)에 개입할 조건을 통제하여야 한다. 내적 타당도는 어떤 연구결과가 각 변수 사이의 인과관계를 추론해 보았을 때, 어느 한 쪽의 변수가 다른 쪽 변수의 원인이 되는지를 확신할 수 있는 정도를 말한다. 내적 타당도를 높이기 위해서는 무작위할당, 배합/짝짓기, 통계적 통제 등의 방법으로 저해요인들이 실험과정에 개입되지 않도록 통제하여야 한다.
- 외적 타당도를 높이기 위해서는 확률표집방법으로 연구대상을 선정하거나 표본크기를 크게 하여야 한다. 외적 타당도는 어떤 연구결과에 기술된 인과관계가 그 연구의 조건을 넘어서서 일반화될 수 있는 정도를 의미한다. 외적 타당도를 높이기 위해서는 표본의 대표성을 높이거나 가실험 통제집단 설계 등의 방법을 사용할 수 있다.

외적 타당도를 저해하는 요인으로 옳은 것은?

① 실험대상의 탈락　　　　② 외부사건(history)
③ 통계적 회귀　　　　　　④ 개입의 확산 또는 모방
⑤ 연구 참여자의 반응성

답 ⑤

응시생들의 선택

① 8%	② 20%	③ 15%	④ 15%	⑤ 42%

⑤ 외적 타당도의 저해요인으로는 표본의 대표성, 연구환경과 절차, 실험조사에 대한 반응성, 가실험효과 등이 있다. 실험대상의 탈락, 외부사건, 통계적 회귀, 개입의 확산 또는 모방은 모두 내적 타당도 저해요인에 해당한다.

외적 타당도와 내적 타당도에 관한 설명으로 옳지 않은 것은?

① 사전검사의 실시가 내적 타당도에 부정적으로 영향을 미칠 수 있다.
② 외적 타당도를 높이는 중요한 전략 중 하나는 연구를 반복적으로 실시하여 결과를 축적하는 것이다.
③ 내적 타당도가 높으면 외적 타당도 또한 높다.
④ 자신이 연구대상자라는 인식이 외적 타당도를 낮출 수 있다.
⑤ 내적 타당도는 인과관계를 추론할 수 있는 정도를 의미한다.

답 ③

✔ 응시생들의 선택

① 5%	② 11%	③ 68%	④ 14%	⑤ 2%

③ 내적 타당도의 핵심이 인과관계라면, 외적 타당도의 핵심은 일반화이다. 내적 타당도가 높다 하더라도 외적 타당도는 낮을 수 있다.

조사설계의 타당성에 관한 설명으로 옳은 것은?

① 내적 타당도와 외적 타당도는 서로 필요조건의 관계에 있다.
② 조사대상의 성숙은 외적 타당도에 영향을 미치는 요인이다.
③ 동일한 프로그램의 효과성이 서울과 제주에서 같지 않은 것은 외적 타당도의 문제이다.
④ 외적 타당도는 연구결과에 대한 대안적 설명 가능성 정도를 의미한다.
⑤ 특정 프로그램의 효과를 확인하기 위해 연구의 외적 타당도를 확보해야 한다.

답 ③

✔ 응시생들의 선택

① 26%	② 4%	③ 43%	④ 16%	⑤ 11%

① 내적 타당도와 외적 타당도는 서로 상반되는 관계에 있다.
② 조사대상의 시간적 경과 또는 성숙은 내적 타당도에 영향을 미치는 요인이다.
④ 외적 타당도는 연구의 결과가 연구대상 이외의 경우로 확대, 일반화될 수 있는 정도를 의미한다.
⑤ 특정 프로그램의 효과를 확인하기 위해 연구의 내적 타당도를 확보해야 한다.

다음 연구의 내적 타당도에 영향을 미칠 수 있는 요인은?

> 아동학대 예방을 위한 부모교육의 효과성 검증을 위해 아동보호전문기관을 통해 교육참여를 희망하는 부모를 모집하고 교육을 실시하였다. 교육 종료 후 1년 동안, 교육을 받은 부모집단과 받지 않은 부모집단에서 아동학대 사례로 확인된 부모의 비율을 비교하였다.

① 통계적 회귀
② 편향된 집단선택
③ 반복된 검사
④ 동시타당도
⑤ 인과관계 방향성의 모호함

답 ②

✔ 응시생들의 선택

① 15%	② 64%	③ 3%	④ 6%	⑤ 12%

② 실험집단에 교육참여를 희망하는 부모를 배치하는 것은 종속변수에 영향을 미칠 수 있는 요인이 어느 한 집단으로 편향된 경우이다.

매우 건강한 90대 남성노인들에게 건강서비스를 1년 동안 제공한 후 건강상태를 측정한 결과, 이들의 상태가 나빠졌고 통제집단인 여성 노인들에 비해서도 낮게 나타났다. 이 연구에서 영향을 미칠 수 있는 내적 타당도 저해요인을 모두 고른 것은?

> ㄱ. 성숙효과
> ㄴ. 선택(selection)과의 상호작용
> ㄷ. 통계적 회귀
> ㄹ. 위약(placebo)효과

① ㄱ, ㄴ, ㄷ
② ㄱ, ㄷ
③ ㄴ, ㄹ
④ ㄹ
⑤ ㄱ, ㄴ, ㄷ, ㄹ

답 ①

✔ 응시생들의 선택

① 67%	② 3%	③ 3%	④ 15%	⑤ 12%

ㄱ. 1년 동안 제공되었기에 성숙효과(노화)가 나타날 수 있다.
ㄴ. 실험집단은 남성노인, 통제집단은 여성노인으로 구분하였기에 집단의 차이로 인한 선택과의 상호작용이 나타날 수 있다.
ㄷ. 매우 건강한 노인들을 실험집단으로 선택하였기에 통계적 회귀가 나타날 수 있다.

다음 연구설계의 내용에서 확인될 수 있는 내·외적 타당도 저해요인에 관한 설명으로 옳은 것은?

> 지진에 의해 정신적 충격에 빠진 재난지역주민 대상위기개입 프로그램의 효과성을 검증하고자 한다. 이를 위해 위기개입 직전과 개입 후 한 달 만에 각각 동일한 척도로 디스트레스(SCL-90) 정도를 측정하여 비교하였다.

① 우연한 사건이 내적 타당도를 저해하고 있다.
② 도구효과가 내적 타당도를 저해하고 있다.
③ 실험대상자의 상실(attrition)이 외적 타당도를 저해하고 있다.
④ 성숙효과가 내적 타당도를 저해하고 있다.
⑤ 선택효과가 외적 타당도를 저해하고 있다.

답 ④

응시생들의 선택

① 15%	② 39%	③ 12%	④ 29%	⑤ 5%

① 우연한 사건은 우연히 발생한 외부적인 사건이 연구결과에 영향을 미치는 것을 의미한다. <보기>에서는 이와 관련한 특별한 설명을 찾아볼 수 없다.
② 도구효과란 사전검사와 사후검사에 있어서 각각 측정도구를 달리했을 때 발생할 수 있다. <보기>에서는 동일한 척도로 측정하고 있기 때문에 도구효과는 해당하지 않는다.
③ 실험대상자의 상실(attrition)이란 내적 타당도 저해요인으로 실험대상자들이 여러 가지 이유로 실험 도중에 탈락하거나 그만두는 경우 표본수가 줄어들면서 발생하는 문제를 의미한다.
⑤ 선택효과(편향된 선별, 선택의 편의라고도 함)는 조사대상을 실험집단이나 통제집단으로 나눌 때 발생한 집단 간의 차이가 결과에 영향을 미치는 것으로 종속변수에 영향을 미칠 수 있는 요인이 어느 한 집단으로 편향되는 경우를 말한다. 이것은 내적 타당도 저해요인에 해당한다.

다음의 사례내용과 내적 타당도 저해요인을 옳게 나타낸 것은?

> • 사례 1 - 동일한 지역 내의 두 복지관 가운데 한 복지관에서 효과가 높았던 여가프로그램이 다른 복지관에서는 높지 않은 것으로 나타났다.
> • 사례 2 - 노인을 대상으로 물리치료 프로그램을 1년 동안 실시한 후, 프로그램의 성과를 평가한 결과 노인들의 신체적 건강상태에 변화가 없는 것으로 나타났다.

	사례 1	사례 2
①	개입확산	성숙효과
②	플라시보효과	개입확산
③	통계적 회귀	개입확산
④	성숙효과	개입확산
⑤	통계적 회귀	플라시보효과

답 ①

응시생들의 선택

① 70%	② 12%	③ 8%	④ 7%	⑤ 3%

① 개입확산은 실험집단에서 실시한 프로그램이나 특정한 자극들에 의해서 실험집단의 사람들이 효과를 얻게 되고, 그 효과들이 다른 집단의 사람들(통제집단)에게 전파되어 두 집단 간의 차이가 약해지는 것이다. 성숙효과는 연구기간 중에 발생하는 개인의 신체적·심리적 성숙을 의미한다.

다음에서 나타날 수 있는 내적 타당도 저해요인으로 가장 가까운 것은?

> 50명 학급에 사전검사를 통해 학습능력이 가장 저조한 학생들 10명을 대상으로 테스트를 실시하였다. 그 결과 평균 3점이 향상되었다.

① 역사요인
② 실험대상 변동
③ 통계적 회귀
④ 선정 요인
⑤ 표본의 대표성

답 ③

응시생들의 선택

① 2%	② 8%	③ 72%	④ 6%	⑤ 12%

③ 너무 점수가 높거나 낮은 대상을 선정할 경우 중간값으로 변화하는 통계적 회귀가 나타날 수 있다.

다음 내용이 **왜 틀렸는지**를 확인해보자

18-02-12

01 사전점수가 매우 높은 집단을 선정하면 **내적 타당도를 높일 수 있다.**

> 사전점수가 매우 높은 집단을 선정하면 내적 타당도를 저해한다.

15-02-10

02 역사, 성숙, 표본의 대표성, 중도탈락은 조사설계의 내적 타당도 저해요인에 해당한다.

> 표본의 대표성은 조사설계의 외적 타당도 저해요인에 해당한다.

03 사전–사후검사 사이에 발생하는 통제 불가능한 사건으로서 조사기간이 길수록 **도구효과의 영향**을 받을 가능성은 커진다.

> 사전–사후 검사 사이에 발생하는 통제 불가능한 사건으로서 조사기간이 길수록 우연한 사건(history)의 영향을 받을 가능성은 커진다.

10-02-27

04 사전–사후검사에서 서로 다른 척도를 사용해서 발생하는 타당도 저해요인은 **검사효과**이다.

> 사전–사후검사에서 서로 다른 척도를 사용해서 발생하는 타당도 저해요인은 도구효과이다.

05 **개입의 확산**은 사전검사에서 극단적인 점수를 나타내어 사후검사에서는 독립변수의 효과와 무관하게 평균값으로 수렴하는 경향을 의미한다.

> 통계적 회귀는 사전검사에서 극단적인 점수를 나타내어 사후검사에서는 독립변수의 효과와 무관하게 평균값으로 수렴하는 경향을 의미한다.

06 내적 타당도를 높이기 위한 방법으로는 확률적 표집 또는 무작위 표집, 가실험 통제집단 설정 등이 있고, 외적 타당도를 높이기 위한 방법으로는 무작위 할당, 배합 혹은 짝짓기, 통계적 통제, 외생변수의 제거 등이 있다.

> 내적 타당도를 높이기 위한 방법으로는 무작위 할당, 배합 혹은 짝짓기, 통계적 통제, 외생변수의 제거 등이 있고, 외적 타당도를 높이기 위한 방법으로는 확률적 표집 또는 무작위 표집, 가실험 통제집단 설정 등이 있다.

빈칸에 들어갈 알맞은 말을 채워보자

01 `19-02-07` (　　　　　　　)을/를 높이기 위해서는 확률표집방법으로 연구대상을 선정하거나 표본크기를 크게 하여야 한다.

02 `14-02-02` 동일한 프로그램의 효과성이 서울과 제주에서 같지 않은 것은 (　　　　　　)의 문제이다.

03 내적 타당도의 핵심이 인과관계라면, 외적 타당도의 핵심은 (　　　　　)이다.

04 내적 타당도를 저해하는 외적 요인들을 통제하기 위해서는 연구대상자들을 실험집단 및 통제집단에 무작위로 배치하는 (　　　　　) 방법을 사용해야 한다.

05 `07-02-20` (　　　　　　)은/는 피실험자들을 주요 변수에 따라 실험집단과 통제집단에 일일이 일치하도록 배치시키는 방법이다.

06 (　　　　　　)은/는 동일한 측정도구를 사용하여 두 번 이상 테스트를 실시하는 경우 나타나는 현상을 의미한다.

07 극단적인 측정값을 보이는 대상자를 선정하면 (　　　　　)(이)라는 내적 타당도 저해요인이 발생할 가능성이 있다.

08 가실험효과가 발생하는 경우 실험조사에서는 나타났던 결과가 자연적인 상황에서는 나타나지 않을 가능성이 있기 때문에 (　　　　　)을/를 떨어뜨리는 요인으로 작용한다.

답 **01** 외적 타당도　**02** 외적 타당도　**03** 일반화　**04** 무작위 할당　**05** 정밀배합　**06** 테스트효과/주시험효과/검사효과
07 통계적 회귀　**08** 외적 타당도

다음 내용이 옳은지 그른지 판단해보자

01 내적 타당도는 외적 타당도의 필요조건이지만 충분조건은 아니다.

02 내적 타당도를 높이는 중요한 전략 중 하나는 연구를 반복적으로 실시하여 결과를 축적하는 것이다.

03 특정 프로그램의 효과를 확인하기 위해 연구의 외적 타당도를 확보해야 한다.

04 내적 타당도를 높이기 위해 철저히 통제된 실험을 하게 되는 경우 내적 타당도는 높아지는 대신, 모집단의 일반적인 상황과는 다르기 때문에 외적 타당도가 떨어질 수 있다.

05 선택의 편의라는 요인과 역사요인 혹은 성숙요인이 상호작용을 일으키는 경우 외적 타당도를 저해할 수 있다.

06 내적 타당도를 높이기 위한 방법 중 하나인 배합은 연구주제에 영향을 미칠 것이라고 여겨지는 속성을 실험집단과 통제집단에 동일하도록 만드는 것이다.

07 초등학교 학생들에 대한 농구교실이 아동의 신장에 미치는 효과를 연구했다면 농구교실이 아동의 성장에 미치는 효과도 있지만 연구기간 동안 아동의 자연 성장, 즉, 내적 타당도 저해요인인 성숙의 결과일 수도 있다.

08 성숙효과는 연구기간 중에 발생하는 개인의 신체적·심리적 성숙을 의미한다.

09 조사대상을 확률적 표집 또는 무작위 표집으로 선정하는 방식으로 대표성을 높이면 외적 타당도를 높일 수 있다.

10 연구대상자들을 실험집단 및 통제집단에 무작위로 배치하여 내적 타당도 저해요인을 통제할 수 있다.

답 01○ 02× 03× 04○ 05× 06○ 07○ 08○ 09○ 10○

해설 **02** 외적 타당도를 높이는 중요한 전략 중 하나는 연구를 반복적으로 실시하여 결과를 축적하는 것이다.
03 특정 프로그램의 효과를 확인하기 위해서는 연구의 내적 타당도를 확보해야 한다.
05 선택의 편의라는 요인과 역사요인 혹은 성숙요인이 상호작용을 일으키는 경우 내적 타당도를 저해할 수 있다.

039 인과관계의 논리

강의 QR코드

1 회독	2 회독	3 회독
월 일	월 일	월 일

최근 10년간 **2문항** 출제

복습 1 이론요약

22회 기출

인과관계의 성립

기본개념

사회복지조사론
pp.94~

- 공변성: 원인으로 추정되는 변수와 결과로 추정되는 변수가 동시에 존재하며, 상호연관성을 가지고 변화해야 한다.
- 시간적 우선성: 원인이 결과보다 시간적으로 우선해야 한다.
- 개방체계 전제: 사회현상은 통제된 조건의 폐쇄체계보다는 개방체계를 전제로 할 수밖에 없어서 어떤 원인에 노출된 실험대상이 다른 사회현상과도 접촉해서 결과에 영향을 미친다.
- 확률적 결론: 사회과학의 연구가 개방된 시스템에서 이루어지고 외생변수가 존재하기 때문에 여러 가지 원인이 작용하여 확률적일 수밖에 없다.
- 외생변수 통제: 외부의 영향력(외생변수)을 배제한 상태에서 독립변수와 종속변수라는 두 변수 간의 공변성과 시간적 우선성을 확인할 수 있어야 한다.
- 원인의 조작화: 사회과학에서 인과관계는 원인이 조작가능할 때, 이론의 가치가 보다 높아진다.
- 비대칭적 관계: A변수가 변하면 B변수도 변하지만 역은 성립하지 않는다.

인과관계를 추리하는 방법

- 일치법: 주어진 현상에 관한 두 개 또는 그 이상의 사례들이 공통된 하나의 조건을 가지고 있을 때, 그 조건을 현상의 원인 또는 결과로 간주하는 방법이다.
- 공변법: 어떤 현상이 특정한 방식으로 변화할 때마다 다른 현상도 특정한 방식으로 변화하면 이들 두 현상은 인과적으로 관련되어 있다고 간주하는 방법이다.
- 차이법: 둘 이상의 사례에서 한 가지 조건에만 차이가 있고 다른 조건들은 공통적으로 포함하고 있는데 두 사례의 결과에서 차이가 나타난다면, 그 한 가지 조건이 결과에서의 차이를 설명하는 원인이라고 간주할 수 있다.
- 잔여법: 어떤 현상의 일부에 대해서 다른 선행요건이나 원인이 밝혀졌다면, 그 현상의 잔여부분이 나머지 조건이나 사실의 원인이 될 수 있다.
- 일치차이병용법: 어떤 현상이 나타난 둘 이상의 사례에서 한 가지 공통된 요소가 존재하고, 그 현상이 나타나지 않는 둘 이상의 사례에서는 그러한 요소가 없을 때 그것들의 차이점인 요소를 원인으로 간주하는 것이다.

01 (22-02-08) 독립변수와 종속변수 간의 관계는 두 변수 모두의 원인이 되는 제3의 변수로 설명되어서는 안 된다.

02 (17-02-02) 인과관계를 성립시키기 위해서는 독립변수와 종속변수가 일정한 방식으로 같이 변해야 한다.

03 (09-02-14) 통제성은 독립변수와 종속변수 간 인과관계에 영향을 미칠 수 있는 제3의 요인을 적절히 통제했는지를 말한다.

04 (05-02-08) A변수가 변하면 B변수도 변하지만 역은 성립하지 않는다는 것은 비대칭적 관계를 말한다.

05 (04-02-10) 둘 이상의 사례에서 한 가지 조건에만 차이가 있고 다른 조건들은 공통적으로 포함하고 있는데 두 사례의 결과에서 차이가 나타난다면, 그 한 가지 조건이 결과에서의 차이를 설명하는 원인이라고 간주할 수 있다.

06 (02-02-11) A가 변하면 B가 변한다는 것은 원인과 결과에 대한 인과관계를 나타낸다.

대표기출 확인하기

22-02-08 · 난이도 ★★★

인과관계 추론에 관한 설명으로 옳은 것은?

① 독립변수들 사이의 상관관계는 인과관계 추론의 일차적 조건이다.
② 독립변수와 종속변수 간의 관계는 두 변수 모두의 원인이 되는 제3의 변수로 설명되어서는 안 된다.
③ 종속변수가 독립변수를 시간적으로 앞서야 한다.
④ 횡단적 연구는 종단적 연구에 비해 인과관계 추론에 더 적합하다.
⑤ 독립변수의 변화는 종속변수의 변화와 관련성이 없어야 한다.

▶ 알짜확인

- 인과관계의 성립 요건을 파악해야 한다.
- 인과관계를 추리하는 근거 방법을 파악해야 한다.

답 ②

✓ 응시생들의 선택

① 40%	② 36%	③ 4%	④ 14%	⑤ 6%

① 독립변수와 종속변수 사이의 상관관계는 인과관계 추론의 일차적 조건이다.
③ 독립변수가 종속변수를 시간적으로 앞서야 한다. 즉, 원인이 결과보다 시간적으로 우선해야 한다.
④ 일정 시간의 흐름에 따라 반복적으로 측정한 종단적 연구가 일정 시점에서만의 측정으로 연구한 횡단적 연구보다 인과관계 추론에 더 적합하다.
⑤ 독립변수의 변화는 종속변수의 변화와 관련성이 있어야 한다. 즉, 원인으로 추정되는 변수와 결과로 추정되는 변수가 동시에 존재하며, 상호연관성을 가지고 변화해야 한다.

⊕ 덧붙임

조사설계에서는 가설에서 설정한 인과관계를 밝히는 것을 목적으로 하는 만큼 인과관계를 이해하는 것이 중요하다. 인과관계가 성립되기 위한 기본 요건, 인과관계를 추리하는 방법을 중심으로 정리해두자.

관련기출 더 보기

17-02-02 · 난이도 ★★☆

인과관계를 성립시키기 위한 요건에 해당하는 것을 모두 고른 것은?

ㄱ. 독립변수가 종속변수를 시간적으로 앞서야 한다.
ㄴ. 독립변수와 종속변수가 일정한 방식으로 같이 변해야 한다.
ㄷ. 독립변수와 종속변수의 관계가 허위적 관계이어야 한다.

① ㄱ   ② ㄱ, ㄴ
③ ㄱ, ㄷ   ④ ㄴ, ㄷ
⑤ ㄱ, ㄴ, ㄷ

답 ②

✓ 응시생들의 선택

① 36%	② 55%	③ 4%	④ 1%	⑤ 4%

독립변수와 종속변수의 관계가 허위적 관계(ㄷ)이면 인과관계를 성립시킬 수 없다.

09-02-14 · 난이도 ★★☆

다음 내용과 관련하여 A 사회복지사가 간과하고 있는 인과관계의 조건은?

아동보호전문기관의 A 사회복지사는 지역사회의 아동학대발생을 줄이기 위해 예방 프로그램을 실시하였다. 프로그램을 시행한 후 지역사회의 아동학대발생 비율을 조사한 결과, 그 비율이 줄어들었음을 발견하고 예방 프로그램이 효과적이라고 판단하였다.

① 공변성   ② 논리성
③ 간결성   ④ 통제성
⑤ 시간적 우선성

답 ④

✓ 응시생들의 선택

① 8%	② 10%	③ 12%	④ 62%	⑤ 8%

④ 프로그램(독립변수)과 아동학대 비율(종속변수) 사이의 인과관계에 영향을 미칠만한 제3의 요인이 전혀 고려되지 않고 있으므로 통제성을 간과하고 있다고 할 수 있다.

다음 내용이 **왜 틀렸는지**를 확인해보자

01 가식적 영관계는 두 변수가 단지 제3의 변수(외생변수)로 발생했기 때문에 두 변수가 서로 관련되어 있어 보이는 관계이다.

> 두 변수가 단지 제3의 변수(외생변수)로 발생했기 때문에 두 변수가 서로 관련되어 있어 보이는 관계는 가식적 관계이다.

02 고학력일수록 소득이 높다는 가설에서 교육수준의 변화가 있을 때 반드시 소득수준의 변화도 일어나야 한다는 것은 인과관계 성립 요건 중 **시간적 우선성**으로 설명할 수 있다.

> 고학력일수록 소득이 높다는 가설에서 교육수준의 변화가 있을 때 반드시 소득수준의 변화도 일어나야 한다는 것은 인과관계 성립 요건 중 공변성으로 설명할 수 있다. 공변성은 원인으로 추정되는 변수와 결과로 추정되는 변수가 동시에 존재하며, 상호연관성을 가지고 변화해야 한다는 것이다.

03 어떤 현상의 일부에 대해서 다른 선행요건이나 원인이 밝혀졌다면, 그 현상의 잔여부분이 나머지 조건이나 사실의 원인이 될 수 있다는 것은 **차이법**이다.

> 어떤 현상의 일부에 대해서 다른 선행요건이나 원인이 밝혀졌다면, 그 현상의 잔여부분이 나머지 조건이나 사실의 원인이 될 수 있다는 것은 잔여법(잉여법)이다.

04 사회과학의 인과관계는 **확률적으로가 아니라 결정론적으로** 표현된다.

> 사회과학의 인과관계는 결정론적으로가 아니라 확률적으로 표현된다.

05 사회과학에서 인과관계는 **원인의 조작이 불가능할 때**, 이론의 가치가 보다 높아진다.

> 사회과학에서 인과관계는 원인이 조작가능할 때, 이론의 가치가 보다 높아진다.

빈칸에 들어갈 알맞은 말을 채워보자

01 (　　　　　　)(이)란 어떤 변수가 원인으로 작용해서 다른 변수에 영향을 미치는 결과로서 나타나는 관계를 의미한다.

02 (　　　　　　)은/는 일치법과 차이법을 함께 적용하는 것이다.

`05-02-08`

03 "운동을 많이 할수록 비만도가 작고, 비만도가 작을수록 운동을 많이 한다."는 것은 (　　　　　　)의 경우에 해당한다.

 **01** 인과관계　**02** 일치차이병용법　**03** 대칭적 관계

다음 내용이 옳은지 그른지 판단해보자

`22-02-08`

01 인과관계가 성립되기 위해서는 원인이 결과보다 시간적으로 우선해야 한다.　

02 차이법은 주어진 현상에 관한 두 개 또는 그 이상의 사례들이 공통된 하나의 조건을 가지고 있을 때, 그 조건을 현상의 원인 또는 결과로 간주하는 방법이다.　

03 원인으로 추정되는 요인의 양과 빈도수를 증가시킴에 따라 표적문제의 양태가 일관되게 심한 변화를 일으킨다면, 양자 간에 인과관계가 있다고 판단할 수 있다.　

답 　**01** ○　**02** ×　**03** ○

해설 　**02** 주어진 현상에 관한 두 개 또는 그 이상의 사례들이 공통된 하나의 조건을 가지고 있을 때, 그 조건을 현상의 원인 또는 결과로 간주하는 방법은 일치법이다.

조사설계의 유형

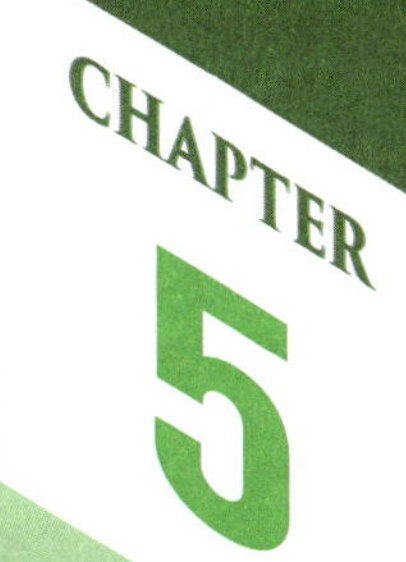

이 장에서는

실험설계의 전반적인 특성, 순수실험설계의 유형별 특징, 유사실험설계의 유형별 특징, 전실험설계의 유형별 특징 등을 다룬다.

10년간 출제분포도

040

실험설계의 유형별 특징

강의 QR코드

| 1회독
월 일 | 2회독
월 일 | 3회독
월 일 |

최근 10년간 **17문항** 출제

복습 **1** **이론요약**

23회 기출 · 22회 기출 · 21회 기출 · 20회 기출 · 19회 기출

순수실험설계

- 통제집단 사전사후검사 설계: 연구대상을 실험집단과 통제집단에 무작위로 배치하고 **실험집단에 독립변수를 실험처치하기 전에 양 집단에 사전검사를 실시한다.** 실험처치를 한 후 양 집단에 사후검사를 실시하고 두 결과 간의 차이를 비교한다.
- 통제집단 사후검사 설계: 통제집단 사전사후검사 설계에서 **사전검사를 실시하지 않는다.**
- 솔로몬 4집단 설계: **통제집단 사전사후검사 설계와 통제집단 사후검사 설계가 결합**된 형태이며, 내적 타당도가 가장 높다.
- 요인 설계: **독립변수가 두 개** 이상일 때 적용되는 설계이다.
- 가실험 통제집단 설계: 통제집단 사후검사 설계에 **가실험효과를 측정할 수 있는 집단**을 추가적으로 결합해 만든 설계이다.

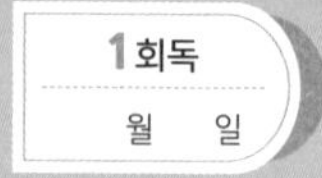
기본개념

사회복지조사론
pp.107~

유사실험설계

- 단순시계열 설계: 독립변수를 노출시키기 전후에 일정 기간을 두고 **정기적으로 몇 차례 종속변수를 측정**한다.
- 복수시계열 설계: 단순시계열 설계에 **통제집단을 추가**한 설계이다.
- 비동일 통제집단 설계: **임의적인 방법으로 양 집단을 선정**하고 사전사후검사를 실시하여 종속변수의 변화를 비교한다.

전실험설계

- 1회사례 설계: **어떤 단일 집단에 실험처치**를 하고, 그 후에 그 집단의 종속변수의 특성을 검사하여 결과를 평가하는 설계이다.
- 단일집단 사전사후검사 설계: 조사대상자에 대해서 **사전검사를 실시하고 독립변수를 도입한 후 사후검사를 실시**하여 인과관계를 추정한다.
- 정태적 집단비교 설계: 통제집단 사후검사 설계에서 **무작위 할당만 제외**된 형태이다.

01 (23-02-15) 단순시계열 설계의 예: 부모를 대상으로 한 아동학대 예방 프로그램의 효과성을 평가하기 위해 연구 참여자의 아동양육 태도 등을 여러 차례 측정하였다. 프로그램 개입 이후에도 여러 차례 측정하여 프로그램 개입 전후비교를 실시하였다.

02 (23-02-18) 솔로몬 4집단 설계는 순수실험설계 유형이다.

03 (23-02-19) 순수실험설계는 실험대상의 무작위화를 통해 개입 전 실험집단과 통제집단의 동질성을 가정한다.

04 (22-02-18) 통제집단 사전사후검사 설계는 무작위 할당을 통해 외적 요인의 통제를 시도한다.

05 (22-02-22) 정태적 집단비교 설계는 통제집단 사후검사 설계에서 무작위 할당만 제외된 형태이다.

06 (21-02-13) 통제집단 사전사후검사 설계는 실험집단과 통제집단을 무작위로 배치하여 집단 간의 동질성을 확보한다.

07 (20-02-23) 순수실험설계는 실험집단과 통제집단의 동질성 확보가 필요하다.

08 (20-02-24) 단순시계열 설계의 개입효과는 사전검사와 사후검사 측정치의 평균을 비교해서 측정할 수 있다.

09 (18-02-10) 통제집단 사후검사 설계는 사전조사를 실시하지 않아 내적 타당도를 저해하지 않는다.

10 (17-02-09) 비동일 통제집단 설계는 임의적인 방법으로 양 집단을 선정하고 사전-사후검사를 실시하여 종속변수의 변화를 비교하는 것이다.

11 (17-02-12) 단일집단 사전사후검사 설계는 전실험설계로서 내적·외적 타당도 저해요인을 거의 통제하지 못한다.

12 (16-02-02) 요인 설계는 독립변수의 속성에 따라 할당행렬을 만들고 행렬 상의 각 범주에 따라 집단을 설정한다.

13 (15-02-18) 통제집단 사후검사 설계는 무작위 할당으로 통제집단과 실험집단을 나누고 실험집단에만 개입을 한다.

14 (14-02-12) 순수실험설계는 준(유사)실험설계에 비해 내적 타당도가 높다.

15 (13-02-18) 정태(고정) 집단비교(static group comparison) 설계는 집단 간 동질성 보장이 어렵다.

16 (13-02-21) 단순시계열(simple time-series) 설계는 종속변수의 변화를 추적·비교할 수 있다.

17 (11-02-09) 솔로몬 4집단 설계와 통제집단 사후검사 설계는 검사효과(testing)를 통제할 수 있는 실험설계이다.

18 (11-02-12) 단일집단 사전사후검사 설계는 일회사례 연구보다 진일보한 설계이다.

19 (10-02-29) 솔로몬 연구설계는 통제집단 사전사후검사 설계와 통제집단 사후검사 설계를 합한 형태이다.

20 (10-02-30) 1회검사사례 설계는 어떤 단일집단에 실험처치를 한 뒤에 종속변수의 특성을 검사하여 결과를 평가하는 방법이다.

21 (09-02-15) 비동일 비교집단 설계(nonequivalent comparison groups design)는 시계열 설계와 달리 실험집단과 비교집단으로 구성된다.

22 (08-02-07) 복수시계열 조사는 단순시계열 설계의 우연한 사건 등에 의한 내적 타당도의 문제점을 개선하기 위해 단순시계열 설계에 통제집단을 추가한 것이다.

23 (08-02-08) 인과관계의 시간적 우선성을 파악하기 가장 어려운 조사설계는 상관관계 설계이다.

24 (08-02-10) 순수실험설계는 실험집단과 통제집단을 무작위로 배치한다.

25 (07-02-15) 솔로몬 4집단비교 설계는 내적 타당도 저해요인을 통제할 수 있다.

26 (06-02-10) 솔로몬 4집단비교 설계는 내적 타당도가 가장 높다.

27 (05-02-11) 솔로몬 4집단 설계는 설계의 타당도는 높으나 실험의 어려움이 있다

28 (04-02-11) 실험집단과 통제집단에 무작위 할당을 할 수 없는 경우에는 순수실험설계를 포기하고 유사실험설계를 실시한다.

29 (02-02-12) 순수실험설계는 독립변수와 종속변수의 관계를 알기 위해 통제집단을 설정한다.

기출확인

대표기출 확인하기

23-02-15 | 난이도 ★★☆

다음에서 활용된 조사설계로 옳은 것은?

> 부모를 대상으로 한 아동학대 예방 프로그램의 효과성을 평가하기 위해 연구 참여자의 아동양육 태도 등을 여러 차례 측정하였다. 프로그램 개입 이후에도 여러 차례 측정하여 프로그램 개입 전후비교를 실시하였다.

① 비동일 비교집단 설계(nonequivalent comparison group design)
② 분리표본 사전사후검사 설계(separate-sample pretest-posttest design)
③ 솔로몬 4집단 설계(Solomon four-group design)
④ 단순시계열 설계(simple time-series design)
⑤ 단일집단 사전사후검사 설계(one-group pretest-posttest design)

▶ 알짜확인

- 순수실험설계의 유형별 특징을 이해해야 한다.
- 유사실험설계의 유형별 특징을 이해해야 한다.
- 전실험설계의 유형별 특징을 이해해야 한다.

답 ④

✓ 응시생들의 선택

① 2%	② 3%	③ 7%	④ 42%	⑤ 46%

④ 부모를 대상으로 한 아동학대 예방 프로그램의 효과성을 평가하기 위해 프로그램 개입 전 연구 참여자의 아동양육 태도 등을 여러 차례 측정하였고, 프로그램을 개입한 이후에도 다시 여러 차례 측정하였으므로 단순시계열 설계에 해당한다. 단순시계열 설계는 독립변수를 노출시키기 전후에 일정 기간을 두고 정기적으로 몇 차례 종속변수를 측정하는 방법으로서 통제집단을 별도로 두지 않고 그 대신 실험처치로 인한 효과 확인을 위해 동일집단 내 여러 번에 걸쳐 실시된 사전검사 점수와 사후검사 점수를 비교한다.

➕ 덧붙임

설계유형의 특징이나 사례를 제시하고 이에 해당하는 적합한 설계유형을 고르는 형태가 주로 출제되고 있다. 또한 개별 설계유형에 국한하지 않고 여러 설계유형에 공통적인 특징을 제시하고 이에 해당하는 설계유형을 비교해서 파악하는 능력을 요구하는 문제도 출제되고 있다.

관련기출 더 보기

23-02-19 | 난이도 ★★★

다음의 조사설계에 관한 설명으로 옳은 것은?

> A기관에서는 사회복지 프로그램의 효과성을 측정하기 위한 조사설계를 진행하였다. 이를 위해 참여자를 실험집단과 통제집단에 무작위로 배정하여 종속변수의 변화를 측정하였다.

① 인과적 추론 정도가 무작위 배정을 하지 않은 실험설계보다 낮다.
② 외생변수 통제, 독립변수 조작, 종속변수의 비교 등에 한계가 있을 때 주로 활용한다.
③ 개입 전에 두 집단의 동질성을 가정할 수 없다.
④ 정태적 집단비교 설계(static-group comparison design)에 해당된다.
⑤ 전실험설계(pre-experimental design)보다 내적 타당도가 높다.

답 ⑤

✓ 응시생들의 선택

① 5%	② 18%	③ 29%	④ 13%	⑤ 35%

⑤ 사례의 조사설계는 종속변수의 비교(종속변수 변화 측정), 독립변수의 조작(사회복지 프로그램 실시), 외생변수의 통제(통제집단 설정), 무작위화(실험집단과 통제집단의 무작위 할당) 등 실험의 기본 요소를 모두 갖추고 있는 순수실험설계에 해당한다. 순수실험설계는 전실험설계보다 내적 타당도가 높다.

솔로몬 4집단 설계에 관한 설명으로 옳지 않은 것은?

① 사회복지 현장에서 실제 활용하기에 용이하다.
② 외부사건을 통제할 수 있다.
③ 내적 타당도가 매우 높은 설계 유형이다.
④ 통제집단 사전사후검사 설계와 통제집단 사후검사 설계를 병행하는 방식이다.
⑤ 순수실험설계 유형이다.

답 ①

✅ 응시생들의 선택

① 65%	② 10%	③ 7%	④ 7%	⑤ 11%

① 솔로몬 4집단 설계는 4개의 집단을 무작위로 선정하는 어려움과 복잡성, 비용적 문제 등으로 인해 사회복지 현장에서 실제 활용하기에는 어려움이 있다.

다음에서 설명하는 설계에 해당하는 것은?

> 심리상담 프로그램이 시설입소노인의 정서적 안정감에 미치는 영향을 알아보기 위해 사전조사 없이 A요양원의 노인들을 대상으로 프로그램을 실시하였다. 프로그램 종료 후, 인구사회학적 배경이 유사한 B요양원 노인들을 비교집단으로 하여 두 집단의 정서적 안정감을 측정하였다.

① 비동일 통제집단 설계
② 정태적 집단비교 설계
③ 다중시계열 설계
④ 통제집단 사후검사 설계
⑤ 플라시보 통제집단 설계

답 ②

✅ 응시생들의 선택

① 26%	② 46%	③ 7%	④ 16%	⑤ 5%

② 해당 사례에서 무작위 할당이 아닌 임의적으로 유사한 A요양원 노인들과 B요양원 노인들로 집단을 구분하였으며, 두 집단 모두 사전조사는 실시하지 않았다. A요양원의 노인들(실험집단)에게만 실험처치(심리상담 프로그램)를 실시하였고, 실험처치를 하지 않은 B요양원의 노인들(통제집단)과 함께 두 집단 모두 사후검사를 실시하였다. 따라서 해당 사례는 정태적 집단비교 설계에 해당한다.
정태적 집단비교 설계는 실험집단과 통제집단을 임의적으로 선정하고 실험집단은 실험처치를 한 후 사후검사를, 통제집단은 실험처치를 하지 않고 사후검사를 실시한다. 이 방법은 통제집단 사후검사 설계에서 무작위 할당만 제외된 형태이다.

다음의 연구에서 활용한 연구설계에 관한 설명으로 옳은 것은?

> 청소년의 자원봉사의식 향상 프로그램의 효과성을 검증하기 위하여 청소년 200명을 무작위로 두 개의 집단으로 나눈 후 A측정도구를 활용하여 사전검사를 실시하였다. 하나의 집단에만 프로그램을 실시한 후 두 개의 집단 모두를 대상으로 A측정도구를 활용하여 사후검사를 실시하였다.

① 테스트효과의 발생 가능성이 낮다.
② 집단 간 동질성의 확인 가능성이 낮다.
③ 사전검사와 프로그램의 상호작용효과의 통제가 가능하다.
④ 자연적 성숙에 따른 효과의 통제가 가능하다.
⑤ 실험집단의 개입효과가 통제집단으로 전이된다.

답 ④

✅ 응시생들의 선택

① 4%	② 20%	③ 43%	④ 11%	⑤ 22%

④ 프로그램의 효과성 검증을 위해 청소년 200명을 무작위로 두 개의 집단(실험집단과 통제집단)으로 나누었고, 양 집단에 사전검사를 실시한 후 하나의 집단(실험집단)에만 프로그램을 실시하고, 이후 다시 양 집단에 사후검사를 실시하였으므로 이 사례는 '통제집단 사전사후검사 설계'에 해당한다. 통제집단 사전사후검사 설계는 자연적 성숙에 따른 효과, 통계적 회귀 등의 내적 타당도 저해 요인의 통제가 가능하다.

다음과 같은 절차로 진행된 유사(준)실험설계의 특징으로 옳지 않은 것은?

> - 우울예방 프로그램에 참여할 하나의 집단을 모집함
> - 우울검사를 일정한 간격으로 여러 차례 실시함
> - 우울예방 프로그램을 진행함
> - 우울검사를 동일한 측정도구를 이용해 일정한 간격으로 여러 차례 실시함

① 통제집단을 두기 어려울 때 사용할 수 있다.
② 검사효과가 발생할 수 없다.
③ 정태적 집단비교설계보다 내적 타당도가 높다.
④ 개입효과는 사전검사와 사후검사 측정치의 평균을 비교해서 측정할 수 있다.
⑤ 사전검사와 개입의 상호작용효과가 발생할 수 있다.

답 ②

✅ 응시생들의 선택

① 4%	② 73%	③ 13%	④ 4%	⑤ 6%

② 단순시계열 설계에 해당한다. 프로그램 진행 전후에 동일한 측정도구를 이용하여 우울검사를 실시하였기 때문에 검사효과가 발생할 수 있다.

외부사건(history)을 통제할 수 있는 실험설계를 모두 고른 것은?

> ㄱ. 솔로몬 4집단 설계
> ㄴ. 단일집단 사전사후검사 설계
> ㄷ. 단일집단 사후검사 설계
> ㄹ. 통제집단 사후검사 설계

① ㄹ
② ㄱ, ㄹ
③ ㄴ, ㄷ
④ ㄱ, ㄴ, ㄹ
⑤ ㄴ, ㄷ, ㄹ

답 ②

✅ 응시생들의 선택

① 6%	② 55%	③ 6%	④ 24%	⑤ 9%

통제집단 사후검사 설계(ㄹ)는 사전검사를 실시하지 않고 사후검사만을 통해 집단 간의 차이를 측정하므로 사전검사와 사후검사 사이에 발생하는 외부사건을 통제할 수 있다. 솔로몬 4집단 설계(ㄱ)는 사전검사로 인한 영향을 통제하기 위해 통제집단 사전사후검사 설계에 사전검사를 실시하지 않는 또 다른 실험집단과 통제집단을 추가한 설계이므로 외부사건을 통제할 수 있다.

다음 연구설계에 관한 설명으로 옳지 않은 것은?

> 노인복지관의 노노케어 프로그램 자원봉사자 40명을 무작위로 골라 20명씩 두 집단으로 배치하고, 한 집단에는 자원봉사 교육을 실시하고 다른 집단에는 아무런 개입을 하지 않았다. 10주 후 두 집단 간 자원봉사 만족도를 비교·분석하였다.

① 사전조사를 실시하지 않아 내적 타당도를 저해하지 않는다.
② 무작위 선정으로 내적 타당도를 저해하지 않는다.
③ 통제집단을 확보하기 어려울 때 사용할 수 있는 설계이다.
④ 사전검사를 하지 않아도 집단 간 차이를 어느 정도 통제할 수 있다.
⑤ 통제집단 전후비교에 비해 설계가 간단하여 사회조사에서 많이 활용된다.

답 ③

✅ 응시생들의 선택

① 20%	② 9%	③ 45%	④ 20%	⑤ 6%

③ 주어진 사례는 통제집단 사후검사 설계로서 큰 어려움 없이 통제집단을 확보할 수 있다. 무작위로 두 집단을 나누어 한 집단에는 자원봉사 교육을 실시하고 다른 집단에는 아무런 개입을 하지 않았는데, 아무런 개입을 하지 않은 이 집단이 통제집단이 된다.

다음에 해당하는 설계로 옳은 것은?

> 학교폭력 예방프로그램의 효과를 평가하기 위해 ○○시 소재 중학교 중에서 학교와 학생들의 특성이 유사한 A학교와 B학교를 선정하였다. 두 학교 학생들을 대상으로 사전검사를 실시한 다음 A학교에서 학교폭력 예방프로그램을 실시한 후 다시 한 번 두 학교 학생들을 대상으로 사후검사를 실시하였다.

① 비동일 통제집단 설계
② 통제집단 사후검사 설계
③ 정태적 집단(고정집단) 비교 설계
④ 일회검사사례연구
⑤ 솔로몬 4집단 설계

답 ①

✅ 응시생들의 선택

① 43%	② 23%	③ 21%	④ 1%	⑤ 12%

① 주어진 사례는 A학교와 B학교라는 실험집단과 통제집단을 무작위 할당 없이 임의로 선정한 후 사전–사후검사를 실시하였으므로 비동일 통제집단 설계이다.

다음 연구에 관한 설명으로 옳지 않은 것은?

> 요가가 노인의 우울감에 미치는 영향을 조사하기 위해 우울감을 호소하는 노인 100명을 모집하였다. 이들 중 50명을 무작위로 선정하여 화요일에 요가강좌를 실시하고 이틀 후인 목요일에 100명을 대상으로 우울감 정도를 측정하였다.

① 요가강좌가 실험자극이다.
② 통제집단이 존재한다.
③ 요가강좌에 참여한 50명과 참여하지 않은 50명의 동질성을 확보하는 것이 중요하다.
④ 유사실험설계에서 사전조사가 생략되었다.
⑤ 내적 타당도 저해요인이 존재한다.

답 ④

✓ 응시생들의 선택

① 3%	② 12%	③ 17%	④ 47%	⑤ 21%

④ 순수실험설계 중 통제집단 사후검사 설계에 해당한다. 참고로 유사실험설계는 모두 사전조사를 실시한다.

실험설계에 관한 설명으로 옳지 않은 것은?

① 통제집단 사후검사 설계는 무작위할당으로 통제집단과 실험집단을 나누고 실험집단에만 개입을 한다.
② 정태적(static) 집단비교 설계는 실험집단과 개입이 주어지지 않은 집단을 사후에 구분해서 종속변수의 값을 비교한다.
③ 비동일 통제집단 설계는 임의적으로 나눈 실험집단과 통제집단 간의 교류를 통제한다.
④ 솔로몬 4집단 설계는 통제집단 사전사후검사 설계와 통제집단 사후검사 설계를 결합한 것이다.
⑤ 복수시계열 설계는 실험집단과 통제집단에 대해 개입 전과 개입 후 여러 차례 종속변수를 측정한다.

답 ③

✓ 응시생들의 선택

① 14%	② 38%	③ 29%	④ 9%	⑤ 10%

③ 비동일 통제집단 설계는 임의적으로 나눈 실험집단과 통제집단 간의 교류 등을 통제하지 못해 실험집단의 결과가 통제집단으로 모방되거나 확산되는 효과 등을 제거하지 못한다는 단점이 있다.

실험설계에 관한 설명으로 옳지 않은 것은?

① 순수실험설계는 무작위할당을 활용해야 한다.
② 순수실험설계는 준(유사)실험설계에 비해 내적 타당도가 높다.
③ 준(유사)실험설계에는 사전 측정이 있어야 한다.
④ 준(유사)실험설계에는 두 개 이상의 집단이 필요하다.
⑤ 단일집단 사전사후검사 설계는 전실험설계이다.

답 ④

✓ 응시생들의 선택

① 5%	② 16%	③ 29%	④ 31%	⑤ 19%

④ 반드시 두 개 이상의 집단이 필요한 것은 아니다. 준(유사)실험설계의 유형 중 하나인 단순시계열설계는 통제집단을 별도로 두지 않고 동일집단 내 여러 번에 걸쳐 정기적으로 측정한다.

다음 가설을 검증하기 위해 적합한 실험설계 방식은?

> ADHD 아동에게 프로그램 유형(놀이치료/음악치료)과 실시시기(낮시간/밤시간)를 달리함에 따라 개입의 효과가 달라질 것이다.

① 1회검사사례 설계
② 통제집단 사후검사 설계
③ 요인 설계
④ 복수시계열 설계
⑤ 단일집단 사전사후검사 설계

답 ③

✓ 응시생들의 선택

① 1%	② 7%	③ 47%	④ 32%	⑤ 13%

③ 요인 설계는 독립변수가 2개 이상일 때 적용되는 설계로서, 각 변수의 분류항목의 조합의 수만큼 실험집단을 설정하고 개별 독립변수-종속변수, 두 개 이상의 독립변수-종속변수의 인과관계를 검증하는 방법이다. 두 개 이상의 독립변수가 상호작용하면서 종속변수에 미치는 영향을 파악할 수 있고, 조사결과의 일반화(외적 타당도) 정도가 높은 상섬이 있나.

다음 내용이 **왜 틀렸는지**를 확인해보자

20-02-23

01 순수실험설계의 인과성 검증에 있어서 사전조사와 사후조사를 실시할 때 통제집단의 종속변수 측정치는 **통계적으로 유의미한** 차이가 있어야 한다.

> 사전조사와 사후조사에서 통제집단의 종속변수 측정치는 통계적으로 유의미한 차이가 없어야 한다. 반면, 실험집단의 종속변수 측정치는 통계적으로 유의미한 차이가 있어야 한다.

16-02-02

02 요인 설계는 외적 타당도를 높일 수 있으며, **시간과 비용적인** 측면에서도 **효율적**이다.

> 요인 설계는 외적 타당도를 높일 수 있으나, 고려해야 할 독립변수의 수가 많은 경우, 시간과 비용면에서 효율적이지 못하다.

15-02-18

03 **단순시계열 설계**는 실험집단과 통제집단에 대해 개입 전과 개입 후 여러 차례 종속변수를 측정한다.

> 복수시계열 설계는 실험집단과 통제집단에 대해 개입 전과 개입 후 여러 차례 종속변수를 측정한다.

11-02-09

04 검사효과를 통제할 수 있는 실험설계는 **통제집단 사전사후검사 설계와 통제집단 사후검사 설계**이다.

> 검사효과를 통제할 수 있는 실험설계는 솔로몬 4집단 설계와 통제집단 사후검사 설계이다.

05 통제집단 사후검사 설계에서 무작위 할당만 제외된 형태의 설계는 **분리표본 사전사후검사 설계**이다.

> 통제집단 사후검사 설계에서 무작위 할당만 제외된 형태의 설계는 정태적 집단비교 설계이다.

06-02-10

06 **통제집단 사후검사 설계**는 인과관계를 파악하기 위한 가장 보편적인 방법으로 실험집단과 통제집단을 무작위로 배치하고 개입 전후 두 집단에 대한 검사를 실시한다.

> 인과관계를 파악하기 위한 가장 보편적인 방법으로 실험집단과 통제집단을 무작위로 배치하고 개입 전후 두 집단에 대한 검사를 실시하는 것은 통제집단 사전사후검사 설계이다.

07 유사실험설계는 순수실험설계에 비해 <u>내적 타당도와 외적 타당도 모두 떨어진다.</u>

> 유사실험설계는 순수실험설계에 비해 내적 타당도는 떨어지지만 외적 타당도는 높은 경우가 많다.

빈칸에 들어갈 알맞은 말을 채워보자

`19-02-24`

01 다중시계열 설계는 단순시계열 설계의 내적 타당도 저해요인에 의한 문제점을 개선하기 위해 단순시계열 설계에 (　　　　　)을/를 추가한 것이다.

`17-02-09`

02 (　　　　　)은/는 임의적인 방법으로 양 집단을 선정하고 사전–사후검사를 실시하여 종속변수의 변화를 비교하는 것이다.

`15-02-18`

03 (　　　　　)은/는 통제집단 사전사후검사 설계와 통제집단 사후검사 설계를 결합한 것이다.

`22-02-22`

04 (　　　　　)은/는 실험집단과 통제집단을 임의적으로 선정하고 실험집단은 독립변수를 도입한 후 사후검사를, 통제집단은 독립변수를 도입하지 않고 사후검사를 실시한다.

05 (　　　　　)은/는 준실험설계라고도 하며, 실험설계의 기본 요소 중 한두 가지가 결여된 설계이다.

06 (　　　　　)은/는 독립변수가 두 개 이상일 때 적용되는 설계이다.

답 **01** 통제집단　**02** 비동일 통제집단 설계　**03** 솔로몬 4집단 설계　**04** 정태적 집단비교 설계　**05** 유사실험설계　**06** 요인 설계

다음 내용이 옳은지 그른지 판단해보자

01 솔로몬 4집단 설계는 외부사건(history)을 통제할 수 있다. ◎ ✕

02 순수실험설계는 무작위 할당, 통제집단, 독립변수의 조작, 종속변수에 대한 사전–사후 검사 및 비교 등 실험의 기본 요소를 모두 갖추고 있다. ◎ ✕

03 순수실험설계는 인위적인 통제와 조작이 수월하여 실제 연구에서 많이 사용된다. ◎ ✕

04 복수시계열 설계는 무작위 할당이 이루어지지 않아 실험집단과 통제집단이 이질적일 가능성이 크다. ◎ ✕

05 전실험설계는 내적 타당도와 외적 타당도 저해요인을 거의 통제하지 못한다. ◎ ✕

06 통제집단 사후검사 설계는 사전검사를 하지 않아도 집단 간 차이를 어느 정도 통제할 수 있다. ◎ ✕

07 단순시계열 설계는 우연한 사건들의 영향을 통제할 수 있다. ◎ ✕

08 비동일 통제집단 설계는 통제집단 사전사후검사 설계와 유사하지만 단지 무작위 할당에 의해 실험집단과 통제집단이 선택되지 않은 점이 다르다. ◎ ✕

09 통제집단 사전사후검사 설계는 자연적 성숙에 따른 효과의 통제가 가능하다. ◎ ✕

10 솔로몬 4집단비교 설계는 통제집단이 3개이고, 실험집단이 1개이다. ◎ ✕

답 01 ○ 02 ○ 03 ✕ 04 ○ 05 ○ 06 ○ 07 ✕ 08 ○ 09 ○ 10 ✕

해설 **03** 순수실험설계는 인위적인 통제와 조작을 하는 것이 현실적으로 어렵기 때문에 실제 연구에서는 유사실험설계를 더 많이 사용한다.
07 단순시계열 설계는 통제집단을 사용하지 않기 때문에 종속변수의 변화가 우연한 사건들의 영향을 받았을 가능성을 배제하지 못한다.
10 솔로몬 4집단비교 설계는 실험처치를 가하는 실험집단이 2개, 가하지 않는 통제집단이 2개이다.

041 실험설계의 특성

1회독 월 일　**2회독** 월 일　**3회독** 월 일

최근 10년간 **1문항** 출제

복습 1 이론요약

실험설계의 특징

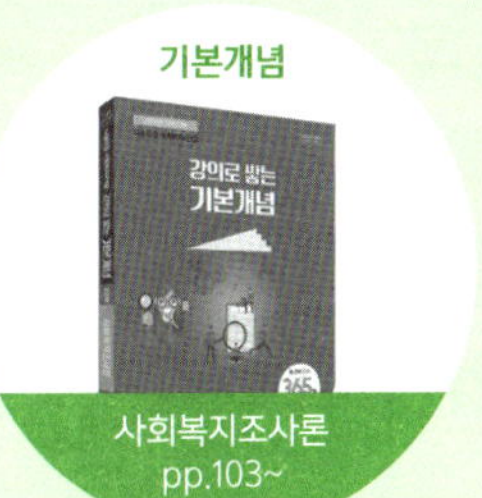

- 연구자의 의도에 따라 독립변수를 조작하면서 효과를 관찰할 수 있다.
- 장기간에 걸친 연구를 가능하게 해준다.
- 실험조건을 연구자가 임의로 조작하여 원하는 방향으로 진행시킬 수 있다.
- 실험상황을 다시 조성하게 되면 반복적으로 동일하거나 유사한 연구를 다시 수행할 수 있어 연구의 보편성과 일반성을 높일 수 있다.
- 실험환경이 인위적이므로 현실성이 결여될 수 있다.
- 대상자가 실험자의 기대에 따라 의도적으로 행동함으로써 실험결과에 영향을 미칠 수 있다.
- 표집된 연구대상이 모집단의 특성과 이질적인 경우가 많다.
- 엄격한 실험적 상황을 수립하여 변수를 통제하고 조작하기 어려운 대상이 많다.
- 복잡한 사회문제를 실험이라는 방법으로 규명하는 데 한계가 있다.

실험설계의 기본 요소

- 조사설계의 기본요소로는 **종속변수의 비교, 독립변수의 조작, 외생변수 통제, 실험대상의 무작위화**가 있다.
- 실험의 기본적인 구성은 실험대상을 실험집단과 통제 집단에 무작위 할당하고, 독립변수를 실험집단에 도입하며, 통제집단에는 도입하지 않고, 실험집단과 통제집단이 종속변수에서 보이는 변화를 비교하는 것이다.

기출문장 CHECK

01 (14-02-14) 실험설계에서 무작위 할당으로 우연한 사건의 영향 같은 내적 타당도 저해요인을 예방할 수 있다.

02 (12-02-11) 무료급식 서비스를 받은 노인의 변화를 분석하고자 할 때는 실험설계가 적합하다.

03 (09-02-24) 실험설계에서 외생변수가 종속변수에 미치는 효과를 통제하기 위해서는 무작위 집단할당 방법을 이용한다.

04 (02-02-13) 실험집단과 통제집단은 실험처치 유무라는 차이가 있다.

대표기출 확인하기

14-02-14 | 난이도 ★★★

실험설계에서 무작위 할당으로 예방할 수 있는 문제는?

① 낮은 응답률
② 과다한 연구비용
③ 과다한 표본추출오차
④ 연구 일정의 지연
⑤ 우연한 사건의 영향

 **알짜확인**

• 실험조사설계의 주요 특징을 파악해야 한다.
• 실험조사설계의 기본 요소를 파악해야 한다.

답 ⑤

✔ **응시생들의 선택**

① 5%	② 8%	③ 50%	④ 5%	⑤ 32%

⑤ 실험설계에서 독립변수가 도입되기 이전의 두 집단(실험집단과 통제집단)은 가능한 한 집단이 동질적일수록 실험의 내적 타당도가 높아진다. 따라서 연구대상을 두 집단으로 나눌 때는 가능한 두 집단의 차이가 나지 않도록 무작위 할당을 하는 것이 필요하며, 이는 우연한 사건의 영향 같은 내적 타당도 저해 요인을 예방할 수 있다.

➕ **덧붙임**

실험설계의 전반적인 특성을 묻는 문제가 출제되었다. 출제빈도가 높지는 않지만 순수실험설계, 유사실험설계, 전실험설계를 좀 더 명확하게 학습하기 위해서는 실험설계의 전반적인 특성을 반드시 알아야 한다. 특히, 조사설계 유형의 구분은 실험의 요건을 얼마나 충족하는가에 따라 분류되므로 실험의 기본 요소가 무엇인지를 파악하는 것이 매우 중요하다.

관련기출 더 보기

09-02-24 | 난이도 ★★★

실험설계에서 외생변수가 종속변수에 미치는 효과를 통제하기 위한 방법으로 옳지 않은 것은?

① 무작위 집단할당 방법을 이용한다.
② 동질적 집단할당을 위해 표본의 크기를 작게 한다.
③ 사전에 집단의 특성을 파악하여 이질적 구성 요소를 최소화한다.
④ 실험집단과 통제집단에 피실험자들을 동일 비율로 할당한다.
⑤ 피실험자들을 대상으로 제비뽑기 방법을 이용하여 실험집단과 통제집단으로 구분한다.

답 ②

✔ **응시생들의 선택**

① 10%	② 35%	③ 14%	④ 16%	⑤ 25%

② 실험설계에서는 외생변수를 통제하기 위해 실험집단과 통제집단의 동질적 구성을 위한 무작위 할당이나 배합, 통계학적 통제(공분산분석 등) 등의 방법을 이용한다.

02-02-13 | 난이도 ★★★

실험집단과 통제집단의 차이는 무엇인가?

① 집단 크기의 차이
② 집단 구성원의 차이
③ 집단 구성 시기의 차이
④ 검사 여부의 차이
⑤ 실험처치 유무

답 ⑤

✔ **응시생들의 선택**

① 1%	② 1%	③ 2%	④ 8%	⑤ 88%

⑤ 실험설계의 기본 조건 중에서 독립변수의 조작(실험처치)은 독립변수의 변화가 종속변수에 미치는 영향을 관찰하기 위한 것이다.

다음 내용이 왜 틀렸는지를 확인해보자

01 실험조사설계는 가치−윤리적 문제에 대처가 가능하므로 **결과에 제한이 없다.**

> 가치−윤리적 문제를 제대로 다룰 수 없기 때문에 인간 행태문제와 관련된 실험의 연구결과는 항상 제한이 있다.

02 독립변수를 통제집단에 도입하며, 실험집단에는 도입하지 않고 두 집단이 종속변수에서 보이는 변화를 비교한다.

> 독립변수를 실험집단에 도입하고, 통제집단에는 도입하지 않는다.

03 실험조사설계의 기본 요소는 **독립변수의 비교, 종속변수의 조작, 외생변수 통제, 실험대상의 무작위화**이다.

> 실험조사설계의 기본 요소는 종속변수의 비교, 독립변수의 조작, 외생변수 통제, 실험대상의 무작위화이다.

04 **통계적 통제**는 연구대상을 확률표본추출의 방법을 통해서 두 집단으로 나눔으로써 두 집단의 속성을 비슷하게 만들고자 하는 것이다.

> 무작위화는 연구대상을 확률표본추출의 방법을 통해서 두 집단으로 나눔으로써 두 집단의 속성을 비슷하게 만들고자 하는 것이다.

05 실험설계에서는 **독립변수가 도입된 이후**에 실험집단과 통제집단을 가능한 한 동질적으로 나누어야 한다.

> 실험설계에서는 독립변수가 도입되기 이전에 실험집단과 통제집단을 가능한 한 동질적으로 나누어야 한다.

빈칸에 들어갈 알맞은 말을 채워보자

14-02-14

01 실험설계에서 (　　　　　　　)(으)로 우연한 사건의 영향을 예방할 수 있다.

02 (　　　　　　)(이)란, 연구의 초점이 되는 현상 가운데 원인이 되는 변수인 독립변수를 실험자가 인위적으로 변화시키는 것을 말한다.

03 실험조사설계는 가능한 (　　　　　　)을/를 위협하는 요인들을 제거해서 인과관계를 보다 명확히 규명하고자 하는 설계방법이다.

다음 내용이 옳은지 그른지 판단해보자

01 실험설계에서 독립변수가 도입되기 이전의 실험집단과 통제집단은 가능한 한 집단이 동질적일수록 내적 타당도가 높아진다.　

02-02-13

02 실험집단과 통제집단은 집단 크기의 차이가 있다.　

03 연구대상의 특성과 연구의 상황에 따라 짝짓기/배합의 방법을 사용하여 두 집단의 차이를 줄일 수도 있다.　

단일사례설계

단일사례설계의 특성, 단일사례설계의 유형, 단일사례설계의 평가 등을 다룬다.

10년간 출제분포도

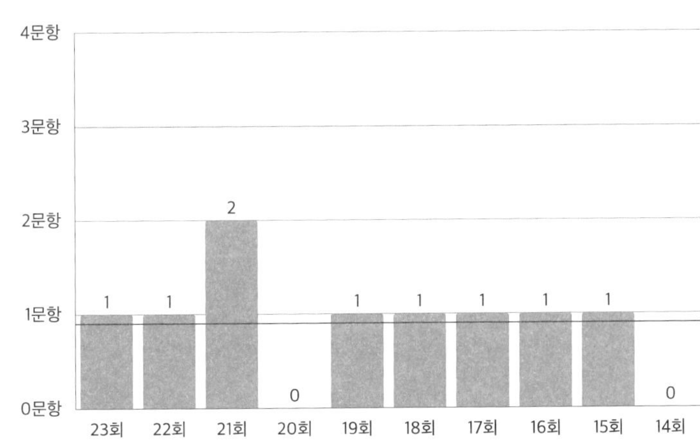

0.9
문항

평균 출제문항수

단일사례설계의 특성

강의 QR코드

1회독	2회독	3회독
월 일	월 일	월 일

최근 10년간 **6문항** 출제

복습 1

이론요약

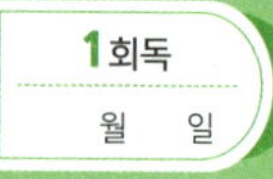 23회 기출 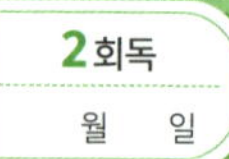 22회 기출 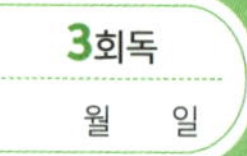 21회 기출

단일사례설계의 특성

- 단일사례연구의 1차적인 목적은 가설의 검증에 있는 것이 아니라 어떤 표적행동에 대한 **개입의 효과성을 분석**하는 데 있다.
- 하나의 대상 또는 사례를 가지고 **반복적인 측정을 통해 개입의 효과**를 평가한다.
- 개인이나 집단뿐만 아니라 조직이나 지역사회도 연구대상이 될 수 있다.
- 조사연구의 과정이 실천 과정과 분리되지 않고 통합 가능하다.
- 개인의 효과성에 대한 즉각적인 피드백을 얻을 수 있다.
- 기초선 단계에서 경향을 충분하게 파악하기 위하여 개입을 지연시키는 것은 윤리적으로 문제가 될 수 있다.
- 단일사례연구만으로 **인과관계를 확신하기는 어렵다.**
- 조사연구의 대상이 하나의 사례에 국한되기 때문에 그 결과를 **일반화하는 데 제약**이 따른다.

단일사례설계의 기본 구조

▶ **기초선단계**
- 연구자가 개입하기 이전 단계로서 'A'로 표시한다.
- 개입 전의 문제상황, 표적행동을 반복 측정하여 경향을 알아내는 단계로서 통제집단과 유사한 역할을 수행한다.
- 충분히 관찰이 이루어질 때 단일사례연구의 내적 타당도가 향상된다.
- 그래프에 시간 순서대로 측정점을 표시하고 측정점들을 줄로 연결한 후 그래프 경향을 관찰한다.

▶ **개입단계**
- **표적행동에 대한 개입이 이뤄지는 기간**이다.
- 이 기간 동안에는 표적행동의 상태에 대한 관찰을 병행해야 한다.
- 단일사례설계의 구조를 설명하는 데 있어서 개입국면을 일반적으로 'B'로 표시한다.
- 개입단계에서는 측정을 하는 사람, 장소, 측정방법, 기타 조건을 기초선 단계와 동일하게 해야 한다.

개입평가 기준 및 유의성 분석

▶ 개입평가 기준
- 변화의 파동: 관찰된 표적행동의 특성이 시간의 경과에 따라 파동을 일으키며 변화되는 정도를 말한다.
- 변화의 경향: 기초선기간과 개입기간 동안 경향의 방향이 일치되면 개입영향을 판단하기 어렵고, 상반되면 개입영향의 판단이 쉽다.
- 변화의 수준: 관찰된 행동 특성의 점수의 위치를 말하는 것으로 기초선 점수 수준과 개입기간 점수 수준 사이에 차이가 클수록 개입효과에 대한 확신이 높아진다.

▶ 개입의 유의성 분석
- 시각적 유의성: 기초선의 수준과 개입선의 변화들을 시각적으로 분석한다.
- 통계적 유의성: 개입단계 동안 관찰된 자료가 예상되는 변화의 파동과 어떻게 다른지를 통계적으로 분석한다.
  - 평균비교법: **기초선이 비교적 안정적이고 수치화하는 것이 가능할 경우**에 기초선과 개입단계의 평균을 구하여 비교하는 방법이다.
  - 경향선 접근법: **기초선이 다소 불안정한 경우**에 기초선에 나타난 측정값들의 경향선을 활용하여 개입 전과 후의 차이를 평가하는 방법이다.
- 실용적 유의성: 변화의 크기가 실천적 의미에서 정당성을 보장하는지 임상적인 기준에서 판단하는 것이다.

기출문장 CHECK

01 (23-02-22) 사회복지실천현장에서 단일사례설계는 조사연구의 대상이 하나의 사례에 국한되기 때문에 그 결과를 일반화하는 데 제약이 따른다.

02 (22-02-20) 단일사례연구는 윤리적인 문제가 발생할 수 있다.

03 (21-02-16) 단일사례설계의 경향선 분석에서는 기초선의 측정값을 두 영역으로 나누어 경향선을 구한다.

04 (18-02-11) 기초선과 개입기간 두 평균값의 통계적 검증을 통해 개입효과를 판단한다.

05 (17-02-16) 단일사례설계 중 다중기초선설계는 동일한 개입을 특정 연구대상자의 여러 표적행동에 적용하여 개입의 효과를 평가할 수 있다.

06 (16-02-25) 단일사례설계는 경향과 변화를 파악하도록 반복 관찰한다.

07 (15-02-16) 경향선 접근은 단일사례설계에서 기초선이 불안정하게 형성되어 있는 경우, 기초선의 변화의 폭과 기울기까지 고려하여 결과를 분석하는 것이다.

08 (13-02-14) 단일사례연구는 조사연구 과정과 실천 과정이 통합될 수 있다.

09 (12-02-01) 단일사례연구는 여러 명의 조사대상들에게 개입시기를 다르게 하면 우연한 사건효과를 통제할 수 있다.

10 (04-02-12) 단일사례연구는 개입의 효과성을 알기 위한 설계다.

11 (03-02-10) 단일사례연구는 변화의 파동, 경향, 수준 등을 평가한다.

12 (01-02-04) 단일사례연구는 개인, 1가족, 1집단, 1조직에 적용 가능하다.

대표기출 확인하기

23-02-22 · 난이도 ★★☆

사회복지실천현장에서 단일사례설계에 관한 설명으로 옳은 것을 모두 고른 것은?

> ㄱ. AB설계는 기초선단계(A)와 개입단계(B)로 구성된다.
> ㄴ. 복수기초선설계는 AB설계를 다양한 대상이나 상황 등에 적용하여 동일한 효과를 보이는지를 확인하는 설계방법이다.
> ㄷ. 사례가 집단일 경우 개별 구성원의 정보들은 평균이나 전체 빈도 등으로 요약되어 단일사례로 취급될 수 있다.
> ㄹ. 외적 타당도가 높아 일반화의 가능성이 높다.

① ㄱ
② ㄴ, ㄷ
③ ㄴ, ㄹ
④ ㄱ, ㄴ, ㄷ
⑤ ㄱ, ㄴ, ㄷ, ㄹ

 **알짜확인**

- 단일사례설계의 주요 특성을 파악한다.

답 ④

✔ 응시생들의 선택

① 26%	② 2%	③ 3%	④ 47%	⑤ 22%

ㄹ. 단일사례설계는 조사연구의 대상이 하나의 사례에 국한되기 때문에 그 결과를 일반화하는 데 제약이 따른다. 즉, 외적 타당도가 낮다.

➕ 덧붙임

단일사례설계의 주요 특성과 기본적인 구조를 묻는 문제가 출제되고 있다. 출제 비중이 높지는 않지만 최근 시험에서는 평균적으로 1문제씩 출제되고 있다. 단일사례설계와 관련된 내용은 사회복지조사론에서 출제되지 않더라도 <사회복지실천기술론>의 사회복지실천 평가 영역에서 출제될 가능성이 있다.

관련기출 더 보기

22-02-20 · 난이도 ★★☆

단일사례연구에 관한 설명으로 옳지 않은 것은?

① 복수의 각기 다른 개입방법을 연속적으로 도입할 수 없다.
② 시계열 설계의 논리를 개별사례에 적용한 것이다.
③ 윤리적인 문제가 발생할 수 있다.
④ 실천 과정과 조사연구 과정이 통합될 수 있다.
⑤ 다중기초선 설계의 적용이 가능하다.

답 ①

✔ 응시생들의 선택

① 62%	② 5%	③ 10%	④ 8%	⑤ 15%

① 복수의 각기 다른 개입방법을 연속적으로 도입할 수 있다. ABCD설계와 같이 하나의 기초선 자료에 대해서 여러 개의 각기 다른 방법(BCD)으로 개입할 수 있다.

21-02-16 · 난이도 ★★☆

단일사례설계의 결과분석 방법에 관한 설명으로 옳지 않은 것은?

① 시각적 분석은 변화의 수준, 파동, 경향을 고려해야 한다.
② 통계적 분석을 할 때 기초선이 불안정한 경우 평균비교가 적합하다.
③ 평균비교에서는 평균과 표준편차를 함께 고려해야 한다.
④ 경향선 분석에서는 기초선의 측정값을 두 영역으로 나누어 경향선을 구한다.
⑤ 임상적 분석은 결과 판단에 주관적 요소의 개입 가능성이 크다.

답 ②

✔ 응시생들의 선택

① 5%	② 53%	③ 7%	④ 19%	⑤ 16%

② 기초선이 다소 불안정한 경우에 사용하는 방법은 경향선 접근법이다.

단일사례설계의 개입효과에 관한 설명으로 옳지 않은 것은?

① 개입 후 변화의 파동이 심하면 효과 판단이 어렵다.
② 기초선이 불안정할 경우 기초선의 경향선을 이용하여 통계적으로 개입효과를 판단한다.
③ 기초선에서 개입기간까지의 경향선을 통해 시각적으로 개입효과를 판단한다.
④ 기초선과 개입기간 두 평균값의 통계적 검증을 통해 개입효과를 판단한다.
⑤ 개입 후 상당한 기간이 지나 최초의 변화가 발생할 경우 개입효과가 있다고 판단한다.

답 ⑤

✅ 응시생들의 선택

① 11%	② 6%	③ 6%	④ 7%	⑤ 70%

⑤ 개입 후 상당한 기간이 지나 최초의 변화가 발생한 것은 이것이 개입의 효과로 인한 변화인지, 다른 요인으로 인한 변화인지 확신할 수 없다.

단일사례설계에 관한 설명으로 옳지 않은 것은?

① 기초선 국면과 개입 국면이 있다.
② 연구대상과 개입방법은 여러 개가 될 수 없다.
③ 조사연구 과정과 실천 과정의 통합이 가능하다.
④ 경향과 변화를 파악하도록 반복 관찰한다.
⑤ 통계적 원리를 적용하여 분석할 수 있다.

답 ②

✅ 응시생들의 선택

① 3%	② 69%	③ 7%	④ 12%	⑤ 9%

② 단일사례설계는 개인, 집단, 조직, 지역사회 등도 연구대상이 될 수 있으며, ABCD설계와 같이 여러 개의 각기 다른 방법으로 개입할 수 있다.

다음에서 설명하는 것은?

> 단일사례설계에서 기초선이 불안정하게 형성되어 있는 경우, 기초선의 변화의 폭과 기울기까지 고려하여 결과를 분석한다.

① 평균비교
② 시각적 분석
③ 경향선 접근
④ 임상적 분석
⑤ 이론적 분석

답 ③

✅ 응시생들의 선택

① 6%	② 29%	③ 50%	④ 11%	⑤ 4%

③ 경향선 접근법은 단일사례설계에서 기초선이 다소 불안정하게 형성되어 있는 경우 사용하는 방법이다. 기초선(A)의 관찰점을 전반부와 후반부로 나눠 각 평균을 구해 두 점을 잇는 직선을 그어 개입(B)부분까지 연장하는 경향선을 긋는다. 만일 개입단계에서의 관찰점이 모두 경향선 아래 또는 위에 있으면 그 개입은 효과적이라고 할 수 있다.

단일사례연구에 관한 설명으로 옳지 않은 것은?

① 개인과 집단뿐만 아니라 조직이나 지역사회도 연구대상이 될 수 있다.
② 외적 타당도가 높다.
③ 개입효과에 대한 즉각적인 피드백이 가능하다.
④ 조사연구 과정과 실천 과정이 통합될 수 있다.
⑤ 반복측정으로 통제집단 효과를 볼 수 있다.

답 ②

✅ 응시생들의 선택

① 9%	② 39%	③ 29%	④ 4%	⑤ 19%

② 외적 타당도가 낮다. 즉, 일반화하기 어렵다. 조사연구의 대상이 하나의 사례에 국한되기 때문에 그 결과를 일반화하는 데 제약이 따른다.

다음 내용이 **왜 틀렸는지**를 확인해보자

18-02-11

01 기초선이 안정할 경우 기초선의 경향선을 이용하여 통계적으로 개입효과를 판단한다.

> 기초선이 불안정할 경우 기초선의 경향선을 이용하여 통계적으로 개입효과를 판단한다.

02 단일사례설계는 우연한 사건과 같은 내적 타당도 저해요인을 통제하는 데 유리한 설계방법이다.

> 단일사례설계는 우연한 사건과 같은 내적 타당도를 저해하는 요인을 충분히 통제할 수 없다. 따라서 개입이 표적행동의 변화에 미치는 효과의 신뢰도가 낮다.

03 연구자가 개입하기 이전 단계를 개입단계라고 하며, B로 표시한다.

> 연구자가 개입하기 이전 단계를 기초선단계라고 하며, A로 표시한다.

13-02-14

04 단일사례설계는 외적 타당도가 높다.

> 단일사례설계는 하나의 사례에 국한되기 때문에 일반화의 어려움이 있어 외적 타당도가 낮다.

05 단일사례설계의 목적은 가설의 검증이다.

> 단일사례설계의 1차적인 목적은 가설의 검증에 있는 것이 아니라 표적행동에 대한 개입의 효과성을 분석하는 데 있다.

06 단일사례설계의 일반적인 연구대상 선정방법은 모집단으로부터 무작위 표본추출하는 것이다.

> 연구대상을 모집단으로부터 무작위 표본추출하는 것은 표본조사설계에 해당한다.

07 단일사례설계는 즉각적인 평가가 어려워 결과를 얻는 데 오랜 시간이 걸린다.

> 단일사례설계는 개입에 대한 평가가 즉각적으로 이루어질 수 있으므로 신속하게 결과를 얻을 수 있다.

빈칸에 들어갈 알맞은 말을 채워보자

01 기초선이 비교적 안정적이고 수치화하는 것이 가능할 경우, 기초선과 개입단계의 평균을 구하여 비교하는 방법을 (　　　　　)(이)라고 한다.

02 표적행동에 대한 개입이 이뤄지는 기간을 (　　　　　)(이)라고 하며, B로 표시한다.

03 (　　　　　)은/는 개입 전의 문제상황, 표적행동을 반복 측정하여 경향을 알아내는 단계로서 통제집단과 유사한 역할을 수행한다.

04 기초선이 불안정하게 형성되어 있는 경우, 기초선의 변화의 폭과 기울기까지 고려하여 결과를 분석하는 방법을 (　　　　　)(이)라고 한다.

05 단일사례설계만으로 (　　　　　)을/를 확신하기는 어렵다.

 **답** **01** 평균비교법　**02** 개입단계　**03** 기초선단계　**04** 경향선 접근법　**05** 인과관계

다음 내용이 옳은지 그른지 판단해보자

01 단일사례설계는 조사연구 과정과 실천 과정이 통합될 수 없다. 

02 단일사례설계는 개입효과에 대한 즉각적인 피드백이 가능하다. 

03 외적 타당도가 낮은 것을 보완할 수 있는 방법은 동일한 개입방법을 여러 대상과 상황에서 반복 실시하는 것이다. 

04 단일사례설계는 개인이나 집단만 연구대상이 될 수 있다. 

05 변화의 파동은 관찰된 표적행동의 특성이 시간의 경과에 따라 파동을 일으키며 변화되는 정도를 말한다. 

 **답** **01** ✕　**02** ○　**03** ○　**04** ✕　**05** ○

해설 **01** 단일사례설계는 조사연구의 과정이 실천 과정과 분리되지 않고 통합 가능하다.
04 개인이나 집단뿐만 아니라 조직이나 지역사회도 연구대상이 될 수 있다.

강의 QR코드

1회독　월　일　2회독　월　일　3회독　월　일

최근 10년간 **3문항** 출제

복습 1 이론요약

21회 기출 · 19회 기출

AB설계

- 기초선 설정 후 바로 개입하는 설계로서 가장 기본적인 단일사례설계 유형이다.
- 개입으로 인한 효과인지에 대한 인과관계 확인이 어렵다.

기본개념

사회복지조사론
pp.126~

ABA설계

- 기초선 → 개입 → 기초선
- AB설계의 낮은 신뢰도 문제를 극복할 수 있지만 개입효과를 평가하기 위해 개입을 중단하기 때문에 윤리적 문제가 제기될 수 있다.

ABAB설계(반전설계)

- 기초선 → 개입 → 기초선 → 개입
- 연구목적 달성을 위해 개입을 중단하고 일정 기간 관찰한 후 다시 개입을 재개한다.
- 개입과 철회를 반복함으로써 같은 결과가 나오면 인과관계를 명확히 파악할 수 있다.

BAB설계(선개입설계)

- 개입 → 기초선 → 개입
- 위기개입이나 기초선을 측정할 수 없는 상황에 유용하지만 기초선 없이 개입이 이루어져 개입의 효과성을 판단하기 어렵다.

ABCD설계(다중요소설계)

- 기초선 → 개입 → 각기 다른 C, D 개입
- 도움이 되지 않는 개입을 수정하거나 실제로 표적문제에 변화를 가져오는지 설명하고자 할 때 유용하다.
- 이월효과, 순서효과, 우연한 사건과 관련된 제한점들이 존재한다.

복수기초선

- 둘 이상의 기초선을 사용하는 설계이다.
- 둘 이상의 클라이언트, 둘 이상의 문제에 대해 적용하는 설계로서 동시에 기초선을 측정하면서 각각 다른 시점에 개입한다.
- 개입을 중단하는 대신에 동시에 개입을 시작하므로 윤리적·실천적 문제를 피할 수 있다.

01 (21-02-15) BA설계는 개입의 긴급성이 있는 상황에 적합하다.

02 (19-02-17) ABAB설계는 외부요인을 통제할 수 있어 개입의 효과를 확인할 수 있다.

03 (17-02-16) 다중기초선설계는 동일한 개입을 특정 연구대상자의 여러 표적행동에 적용하여 개입의 효과를 평가할 수 있다.

04 (10-02-28) 단일사례설계 중 ABCD설계는 기초선 형성 후 서로 다른 복수의 개입방법을 연속적으로 도입한다.

05 (07-02-19) ABAB설계는 윤리적 문제를 야기할 수 있다.

06 (02-02-14) 위급한 상황에 즉시 개입을 하고 문제가 호전되면 기초선을 설정하고 다시 개입단계로 돌아가는 설계는 BAB설계이다.

07 (01-02-05) 단일사례연구 설계에서 하나의 문제에 대해서 여러 가지 각기 다른 방식으로 개입하는 설계방법은 ABCD설계이다.

대표기출 확인하기

19-02-17 · 난이도 ★★★

단일사례설계방법에 관한 설명으로 옳은 것은?

① ABCD설계는 여러 개의 개입효과를 개별적으로 증명하기 위한 설계이다.
② AB설계는 외부요인을 충분히 통제할 수 있기 때문에 여러 유형의 문제에 적용가능하다.
③ 복수기초선설계는 기초선단계 이후 여러 개의 다른 개입방법을 순차적으로 적용한다.
④ ABAB설계는 외부요인을 통제할 수 있어 개입의 효과를 확인할 수 있다.
⑤ 평균비교는 기초선이 불안정할 때 기초선의 변화의 폭과 기울기까지 고려하여 결과를 분석하는 방법이다.

알짜확인

· 단일사례설계의 유형별 특징을 파악해야 한다.

답 ④

응시생들의 선택

① 31%	② 4%	③ 20%	④ 31%	⑤ 14%

① ABCD설계는 여러 개의 개입효과를 개별적으로 증명하는 것이 아닌 하나의 기초선 자료에 대해서 여러 개의 각기 다른 방법(BCD)으로 개입하는 것이다.
② AB설계는 하나의 기초선단계와 개입단계로 구성되어 있기 때문에 우연한 사건과 같은 내적 타당도를 저해하는 요인을 충분히 통제할 수 없다.
③ 복수기초선설계는 하나의 동일한 개입방법을 여러 문제, 대상, 상황에 적용하여 개입의 효과성을 파악하는 것이다. 여러 문제, 상황에 대하여 개입시점을 다르게 적용하여 같은 효과를 얻는다면, 표적문제의 변화가 외부사건에 의한 영향이 아닌 개입에 의한 변화임을 확인할 수 있다.
⑤ 평균비교는 기초선이 비교적 안정적이고 수치화하는 것이 가능할 경우, 기초선과 개입단계의 평균을 구하여 비교하는 방법이다.

덧붙임

사례를 제시하고 이 사례가 어떤 유형의 단일사례설계에 해당하는지를 묻는 문제와 단일사례설계의 유형별 특징을 묻는 문제가 출제되고 있다. 단일사례설계의 기본적인 특성과 함께 단일사례설계의 유형(AB설계, ABA설계, ABAB설계, BAB설계, ABCD설계 등)별 특징들을 비교해서 이해할 필요가 있다.

관련기출 더 보기

21-02-15 · 난이도 ★★☆

단일사례설계에 관한 설명으로 옳은 것을 모두 고른 것은?

ㄱ. BA설계는 개입의 긴급성이 있는 상황에 적합하다.
ㄴ. ABAC설계는 선행효과의 통제가 가능하다.
ㄷ. ABAB설계는 AB설계에 비해 외부사건의 영향력에 대한 통제력이 크다.
ㄹ. 복수기초선디자인은 AB설계에 비해 외부사건의 영향력에 대한 통제력이 크다.

① ㄱ, ㄴ　　② ㄴ, ㄹ　　③ ㄷ, ㄹ
④ ㄱ, ㄴ, ㄷ　　⑤ ㄱ, ㄷ, ㄹ

답 ⑤

응시생들의 선택

① 11%	② 6%	③ 9%	④ 26%	⑤ 48%

ㄴ. ABAC설계는 선행된 개입의 효과와 혼재될 수 있다는 단점이 있다.

10-02-28 · 난이도 ★☆☆

단일사례설계 중 ABCD설계에 관한 설명으로 옳은 것을 모두 고른 것은?

ㄱ. 기초선 형성 후 서로 다른 복수의 개입방법을 연속적으로 도입한다.
ㄴ. 우연한 사건은 개입효과에 영향을 미치지 않는다.
ㄷ. 서로 다른 개입방법의 효과성을 비교한다.
ㄹ. 다중기초선설계는 순서효과를 통제할 수 있게 한다.

① ㄱ, ㄴ, ㄷ　　② ㄱ, ㄷ　　③ ㄴ, ㄹ
④ ㄹ　　⑤ ㄱ, ㄴ, ㄷ, ㄹ

답 ②

응시생들의 선택

① 7%	② 81%	③ 2%	④ 3%	⑤ 7%

ㄴ. ABCD설계는 우연한 사건을 배제할 수 없다는 한계를 갖는다.
ㄹ. 순서효과는 다중기초선설계와는 무관하다.

다음 내용이 **왜 틀렸는지**를 확인해보자

01 ABCD설계는 **기초선 → 개입단계 → 제2기초선 → 제2개입단계**의 순서로 진행된다.

> ABCD설계는 기초선 → 개입단계 → 각기 다른 C, D 개입단계의 순서로 진행된다.

`02-02-14`

02 클라이언트가 위기상황에 있어서 즉각적 개입이 필요한 경우 **AB설계**를 사용한다.

> 클라이언트가 위기상황에 있어서 즉각적 개입이 필요한 경우 BAB설계를 사용한다. 기초선 없이 일단 개입부터 실시(B)한 후에 개입을 중단하는 기초선단계(A)를 도입한 후 다시 개입을 재개(B)하는 설계이다.

03 ABCD설계는 **융통성이 없어 개입계획을 변경하기 어렵다**는 단점이 있다.

> ABCD설계는 융통성이 있어서 연속적인 단계에서 옳다고 입증된 대로 개입계획을 변경할 수 있다.

04 **BAB설계**는 개입효과를 높이 확신할 수 있기 때문에 실천현장에서 가장 유용한 설계이다.

> 개입효과를 높이 확신할 수 있기 때문에 실천현장에서 유용한 설계는 ABAB설계이다.

05 **ABCD설계**는 개입효과를 평가하기 위한 목적으로 개입을 중단하므로 윤리적 문제를 일으킬 수 있다.

> ABA설계는 개입효과를 평가하기 위한 목적으로 개입을 중단하므로 윤리적 문제를 일으킬 수 있다.

빈칸에 들어갈 알맞은 말을 채워보자

01 ABAB설계는 기초선 → 개입단계 → (　　　　　　　) → 제2개입단계의 순서로 진행된다.

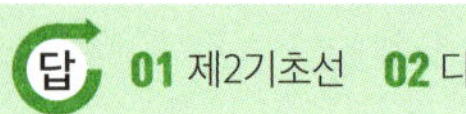

02 (　　　　　)은/는 하나의 동일한 개입방법을 여러 문제, 대상, 상황에 적용하여 개입효과가 나타나는지 확인하여 개입의 효과성을 파악하는 설계 유형이다.

03 (　　　　　)은/는 클라이언트에게 적합한 새로운 개입방법을 적용해볼 수 있다는 장점이 있다.

답 **01** 제2기초선　**02** 다중기초선설계　**03** ABCD설계

다음 내용이 옳은지 그른지 판단해보자

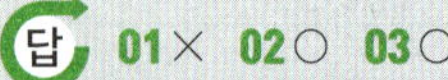

01 ABAB설계가 ABA설계보다 신뢰도가 더 낮다. 

02 ABCD설계는 이월효과, 순서효과, 우연한 사건 등의 제한점이 발생할 수 있다. 

03 BAB설계는 외생요인을 통제하기 어려운 것과 개입의 효과가 지속적인 경우 기초선단계와 제2개입단계에서 표적행동의 상태가 유사하므로, 개입효과를 평가하기 어렵다. 

답 **01** ×　**02** ○　**03** ○

해설 **01** ABAB설계는 ABA설계보다 개입과 표적행동 간 인과관계의 설명을 좀 더 믿을만하게 해준다.

측정

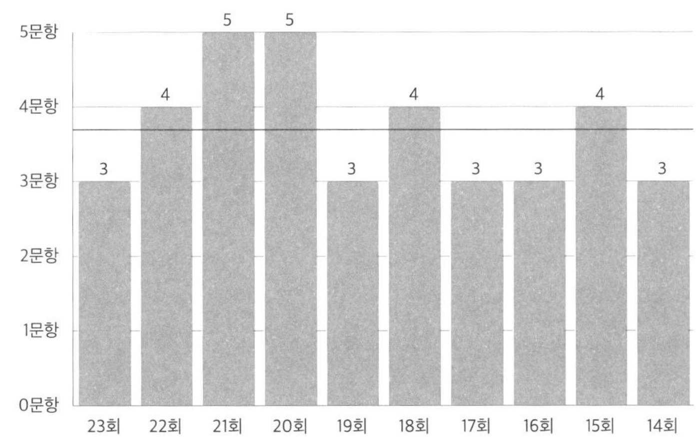

5문항
4문항
3문항
2문항
1문항
0문항
3
4
5
5
3
4
3
3
4
3
23회
22회
21회
20회
19회
18회
17회
16회
15회
14회
3.7
문항
평균 출제문항수

044 측정수준

강의 QR코드

빈출

최근 10년간 **11문항** 출제

1회독 월 일 | 2회독 월 일 | 3회독 월 일

복습 1 이론요약

 23회 기출  22회 기출  21회 기출  20회 기출

명목수준의 측정

- 측정대상의 특성을 분류할 목적으로 대상에 숫자를 부여하는 것이다.
- 가장 낮은 수준의 측정으로 글자 그대로 이름을 부여하는 **명목적인 것을 의미**한다.
- 명목수준의 측정에서 사용되는 숫자는 양적인 크기를 갖지 못한다.
- 명목척도는 **상호배타적이고 포괄적인 특성**을 갖는다.
- **성별, 계절, 인종, 종교, 지역, 혈액형 등**

기본개념

사회복지조사론
pp.140~

서열수준의 측정

- 측정대상을 그 특징이나 속성에 따라 일정한 범주로 분류하고, 범주들 간의 **상대적 순서관계**를 밝히는 것이다.
- 측정대상 간의 대소, 고저, 전후, 상하 등에 따라 **서열화**한다.
- 상호배타적인 특성과 함께 **순서의 의미**도 지닌다.
- 서열 간 간격이 동일하지 않고 절대량의 크기를 나타내지 않는다.
- **노인장기요양등급, 정치성향(보수, 중도, 진보), 생활수준(상, 중, 하), 석차, 학점, 선호도 등**

등간수준의 측정

- 어떤 대상의 속성에 대해 순위를 부여할 수 있을 뿐 아니라 각 순위(서열)범주 사이의 거리를 계산할 수 있고 **범주 사이의 간격이 동일**한 척도이다.
- 등간격이므로 **산술적 계산(±)에 사용**될 수 있다.
- **절대 영점이 없기** 때문에 곱하기, 나누기 같은 비율계산에는 사용할 수 없다.
- **도덕지수(MQ), 지능지수(IQ), 섭씨온도, 화씨온도, 물가지수, 생산성 지수, 사회지표, 시험점수 등**

비율수준의 측정

- 속성이 전혀 존재하지 않는 상태의 **절대 영점이 존재**한다.
- '0'이 실제적 의미를 가지고 있기 때문에 **모든 사칙연산(±, ×, ÷)이 가능**하다.
- 비율척도의 숫자는 속성의 **실제 양을 나타낸다**.
- **TV 시청률, 투표율, 길이, 높이, 서비스 횟수, 자녀수, 가격, 연령, 체중, 신장 등**

측정수준별 특성 비교

특성 \ 척도	명목척도	서열척도	등간척도	비율척도
범주(category)	○	○	○	○
순위(order)	×	○	○	○
등간격	×	×	○	○
절대 영(0)	×	×	×	○
비교방법 (숫자부여방법)	확인, 분류	순위비교	간격비교	절대력, 크기비교
수학 (산술적 계산)	=	=, >, <	=, >, <, ±	=, >, <, ±, ×, ÷
통계 (평균의 측정)	최빈값	중앙값	산술평균	기하평균 모든 통계

기출문장 CHECK

01 (23-02-12) 상 · 중 · 하 등급으로 평가한 국어 교과목의 성적은 서열수준의 척도에 해당한다.

02 (23-02-12) 연 단위로 측정한 청소년의 총 재학 기간은 비율수준의 척도에 해당한다.

03 (22-02-09) 교육연수(정규 학교 교육을 받은 기간)는 비율척도에 해당한다.

04 (22-02-10) 온도(℃), 지능지수(IQ)는 모두 등간수준의 측정에 해당한다.

05 (21-02-06) 장애인의 성별, 장애 유형, 장애인의 거주지역, 장애인의 직업 종류는 모두 명목척도에 해당한다.

06 (21-02-09) 교육수준은 서열척도에 해당하며, 백분율, 최빈값, 중앙값(중위수) 등을 사용할 수 있다.

07 (20-02-10) 연령, 백신접종률은 비율수준의 측정에 해당한다.

08 (18-02-18) 장애 유형은 정신장애, 지체장애 등 장애의 특성에 따른 유형을 분리한 것으로 명목변수에 해당한다.

09 (17-02-23) 학점(A, B, C)은 서열등급이며 최빈치 분석이 가능하다.

10 (16-02-08) 연령은 모든 척도 수준으로 분석이 가능하다.

11 (16-02-11) 사회복지사가 이수한 보수교육 시간(분)은 비율측정에 해당한다.

12 (15-02-23) 인종과 종교는 명목척도이다.

13 (13-02-16) 1만원과 2만원의 차이는 400만원과 401만원의 차이와 동일하다.

14 (12-02-25) 출신 고등학교 지역은 명목척도에 해당한다.

15 (11-02-04) 비율변수 0은 경험세계에서 속성이 존재하지 않는다.

16 (08-02-11) 사회복지학과 졸업생수는 비율변수이다.

17 (07-02-08) 사회복지시설 이용만족도는 서열척도이며, 화씨 온도는 등간척도이다.

18 (04-02-13) 명목척도는 상호배타성을 갖추어야 한다.

대표기출 확인하기

23-02-12 · 난이도 ★★☆

다음의 변수 중 산술평균의 산출이 적합한 변수를 모두 고른 것은?

ㄱ. 만원 단위로 측정한 청소년의 월평균 용돈
ㄴ. 상·중·하 등급으로 평가한 국어 교과목의 성적
ㄷ. 연 단위로 측정한 청소년의 총 재학 기간
ㄹ. 가출 횟수로 측정한 청소년의 가출 경험

① ㄴ
② ㄱ, ㄷ
③ ㄴ, ㄹ
④ ㄱ, ㄷ, ㄹ
⑤ ㄱ, ㄴ, ㄷ, ㄹ

▶ 알짜확인

• 측정의 수준별 특성을 비교하여 이해해야 한다.

답 ④

✔ 응시생들의 선택

① 9%	② 17%	③ 7%	④ 45%	⑤ 22%

산술평균은 등간수준의 측정(등간척도)과 비율수준의 측정(비율척도)에서 산출이 가능하다. ㄱ, ㄷ, ㄹ은 모두 비율수준의 측정(비율척도)에 해당하는 변수이다. ㄴ. 상·중·하 등급으로 평가한 국어 교과목의 성적은 서열수준의 측정(서열척도)에 해당하는 변수이다. 서열수준의 측정(서열척도)에서는 최빈값이나 중앙값을 산출할 수 있다.

➕ 덧붙임

측정수준에 관한 설명으로 옳지 않은 것을 고르는 유형, 변수와 측정수준을 연결하는 유형 등이 출제되고 있다. 4가지 측정수준의 사례와 특징, 수학적인 속성상의 차이를 중심으로 이해할 필요가 있다. 측정수준별 주요 사례들을 반드시 정리해두어야 한다.

관련기출 더 보기

21-02-06 · 난이도 ★★☆

다음 연구과제의 변수들을 측정할 때 ㄱ~ㄹ의 척도 유형을 바르게 짝지은 것은?

장애인의 성별(ㄱ)과 임금수준의 관계를 정확하게 파악하기 위해서는 장애 유형(ㄴ), 거주지역(ㄷ), 직업 종류(ㄹ)와 같은 변수들의 영향력을 적절히 통제해야 한다.

① ㄱ: 명목, ㄴ: 명목, ㄷ: 명목, ㄹ: 명목
② ㄱ: 명목, ㄴ: 서열, ㄷ: 서열, ㄹ: 명목
③ ㄱ: 명목, ㄴ: 서열, ㄷ: 명목, ㄹ: 비율
④ ㄱ: 명목, ㄴ: 등간, ㄷ: 명목, ㄹ: 명목
⑤ ㄱ: 명목, ㄴ: 등간, ㄷ: 서열, ㄹ: 비율

답 ①

✔ 응시생들의 선택

① 60%	② 4%	③ 12%	④ 19%	⑤ 5%

① ㄱ. 장애인의 성별(남자, 여자), ㄴ. 장애 유형(지체장애인, 시각장애인 등), ㄷ. 거주지역(서울, 인천 등), ㄹ. 직업 종류(회사원, 자영업 등)는 모두 명목척도에 해당한다.

20-02-10 · 난이도 ★★★

측정수준이 서로 다른 변수로 묶인 것은?

① 연령, 백신 접종률
② 학년, 이수과목의 수
③ 섭씨(℃), 화씨(℉)
④ 강우량, 산불발생 건 수
⑤ 거주 지역, 혈액형

답 ②

✔ 응시생들의 선택

① 26%	② 33%	③ 6%	④ 19%	⑤ 16%

① 연령, 백신 접종률 – 비율수준의 측정
② 학년 – 서열수준의 측정, 이수과목의 수 – 비율수준의 측정
③ 섭씨(℃), 화씨(℉) – 등간수준의 측정
④ 강우량, 산불발생 건 수 – 비율수준의 측정
⑤ 거주 지역, 혈액형 – 명목수준의 측정

다음 변수의 측정수준을 고려하여 변수의 유형을 순서대로 나열한 것은?

> - 장애 유형 – 정신장애, 지체장애 등
> - 장애 등록 후 기간 – 개월 수
> - 장애 등록 연령 – 나이
> - 장애인의 건강 정도 – 상, 중, 하

① 비율변수, 비율변수, 서열변수, 명목변수
② 명목변수, 비율변수, 비율변수, 서열변수
③ 명목변수, 등간변수, 명목변수, 서열변수
④ 등간변수, 비율변수, 서열변수, 비율변수
⑤ 명목변수, 비율변수, 비율변수, 명목변수

답 ②

☑ 응시생들의 선택

① 1%	② 65%	③ 28%	④ 3%	⑤ 3%

- 장애 유형: 정신장애, 지체장애 등 장애의 특성에 따른 유형을 분리한 것으로 명목변수에 해당한다.
- 장애 등록 후 기간: 장애 등록 후 기간을 나타내는 개월 수는 절대 영점이 성립되는 비율변수에 해당한다.
- 장애 등록 연령: 장애 등록 연령을 나타내는 나이는 절대 영점이 성립되는 비율변수에 해당한다.
- 장애인의 건강 정도: 장애인의 건강 정도를 나타내는 상, 중, 하는 상호배타적인 특성과 함께 순서(서열)의 의미를 지니므로 서열변수에 해당한다.

측정의 4등급 – 사례 – 가능한 통계분석의 연결이 옳지 않은 것은?

① 명목등급 – 베이비붐세대 여부 – 백분율
② 서열등급 – 학점(A, B, C) – 최빈치
③ 등간등급 – 온도(℃) – 중위수
④ 비율등급 – 시험점수(0~100점) – 산술평균
⑤ 명목등급 – 성별, 현재흡연 여부 – 교차분석

답 ④

☑ 응시생들의 선택

① 55%	② 7%	③ 12%	④ 13%	⑤ 13%

④ 0~100점을 나타내는 시험점수는 등간등급(등간수준, 등간척도)이다.

척도 수준(level of measurement)에 관한 설명으로 옳은 것은?

① 연령은 모든 척도 수준으로 분석이 가능하다.
② 표준화된 지능검사점수는 비율척도다.
③ 소득을 비율척도로 질문하면 다른 척도 수준으로 질문할 때보다 응답률이 높은 편이다.
④ 등간척도는 절대영점이 있다.
⑤ 서열척도는 비율척도로 변환이 가능하다.

답 ①

☑ 응시생들의 선택

① 23%	② 14%	③ 40%	④ 13%	⑤ 10%

② 표준화된 지능검사점수는 등간척도다.
③ 소득을 비율척도로 질문하면 다른 척도 수준으로 질문할 때보다 비교적 자신의 소득 수준이 상세하게 노출되므로 응답률이 낮아질 수 있다.
④ 등간척도는 절대영점이 없다. 절대영점이 있는 척도는 비율척도이다.
⑤ 서열척도는 비율척도보다 하위수준의 척도이므로 비율척도로 변환이 불가능하다.

한 연구에서 사용된 "소득(단위: 원)" 변수에 관한 설명으로 옳지 않은 것은?

① 1만원과 2만원의 차이는 400만원과 401만원의 차이와 동일하다.
② 0원은 실제적 의미가 있는 절대영점이다.
③ 표준편차를 계산할 수 없다.
④ 사칙연산이 가능하다.
⑤ 명목척도로 변환할 수 있다.

답 ③

☑ 응시생들의 선택

① 10%	② 36%	③ 32%	④ 4%	⑤ 18%

③ 비율척도는 모든 통계기법의 활용이 가능하며, 표준편차를 계산할 수 있다.

다음 내용이 **왜 틀렸는지**를 확인해보자

16-02-08

01 소득을 비율척도로 질문하면 <u>다른 척도 수준으로 질문할 때보다 응답률이 높은 편이다.</u>

> 소득을 비율척도로 질문하면 다른 척도 수준으로 질문할 때보다 비교적 자신의 소득 수준이 상세하게 노출되므로 응답률이 낮아질 수 있다.

16-02-11

02 사회복지사의 근무기관 평가등급 점수(A, B, C, D)는 **등간측정**에 해당한다.

> 사회복지사의 근무기관 평가등급 점수(A, B, C, D)는 범주들 간의 상대적 순서관계가 있지만, 서열 간 간격이 동일하지 않고 절대량의 크기를 나타내는 것이 아니므로 서열측정에 해당한다.

15-02-23

03 석차로 평가된 성적은 **등간척도**이다.

> 석차의 간격은 동일하지 않으므로 석차로 평가된 성적은 서열척도이다.

04 20세는 10세보다 나이가 두 배 더 많다는 것처럼 비율적 계산이 가능한 것은 <u>서열척도</u>이다.

> 20세는 10세보다 나이가 두 배 더 많다는 것처럼 비율적 계산이 가능한 것은 비율척도이다.

05 <u>서열수준</u>의 측정에서 숫자의 크기는 아무런 의미가 없고 단지 부여된 숫자가 다르면 그 대상의 특성이 다르다는 의미이다.

> 명목수준의 측정에서 숫자의 크기는 아무런 의미가 없고 단지 부여된 숫자가 다르면 그 대상의 특성이 다르다는 의미이다.

06 <u>명목수준</u>으로 갈수록 측정수준이 높으며, 하위 측정수준의 속성을 내포한다.

> 비율수준으로 갈수록 측정수준이 높으며, 하위 측정수준의 속성을 내포한다.

15-02-23

01 IQ와 온도는 대표적인 (　　　　　)이다.

02 성별, 계절, 인종, 종교, 지역 등은 (　　　　　)에 해당한다.

11-02-04

03 비율척도는 속성이 전혀 존재하지 않는 상태의 (　　　　　)이 존재한다.

04 (　　　　　)은/는 정확하게 정량화하기 어려운 응답자의 태도, 선호도, 사회계층 등의 측정에 이용된다.

22-02-09

05 정규 학교 교육을 받은 기간(년)인 교육연수는 (　　　　　)에 해당한다.

 **답** **01** 등간척도　**02** 명목척도　**03** 절대영점　**04** 서열척도　**05** 비율척도

21-02-09

01 연령(10대, 20대, 30대, 40대 이상)은 서열척도에 해당하며, 중앙값을 분석방법으로 사용할 수 있다. ◎ ✕

02 상위수준의 측정은 하위수준으로 전환이 가능하지만, 하위수준에서 이루어진 측정은 상위수준으로 전환할 수 없다. ◎ ✕

17-02-23

03 베이비붐 세대 여부는 명목등급이며, 백분율을 분석할 수 있다. ◎ ✕

16-02-08

04 서열척도는 비율척도로 변환이 가능하다. ◎ ✕

05 비율척도의 예로는 투표율, 자녀수, 가격 등이 있다. ◎ ✕

13-02-16

06 1만원과 2만원의 차이는 400만원과 401만원의 차이와 동일하므로 소득은 비율척도에 해당한다. ◎ ✕

07 노인장기요양등급, 정치성향(보수, 중도, 진보)은 등간척도에 해당한다. ◎ ✕

08 서열척도는 기하평균 등 대부분의 통계분석 방법을 사용할 수 있다. ◎ ✕

09 비율척도의 숫자는 속성의 실제 양을 나타낸다. ◎ ✕

10 장애 유형, 결혼 여부, 인종, 출생률은 모두 명목척도에 해당한다. ◎ ✕

답 **01** ○ **02** ○ **03** ○ **04** ✕ **05** ○ **06** ○ **07** ✕ **08** ✕ **09** ○ **10** ✕

해설 **04** 서열척도는 비율척도보다 하위수준의 척도이므로 비율척도로 변환이 불가능하다.
07 노인장기요양등급, 정치성향(보수, 중도, 진보)은 서열척도에 해당한다.
08 기하평균 등 대부분의 통계분석 방법을 사용할 수 있는 것은 비율척도이다.
10 출생률은 비율척도에 해당한다.

복습
1

이론요약

 23회 기출  22회 기출  21회 기출  20회 기출  19회 기출

측정의 의미

- 일정한 규칙에 따라 대상에 값을 부여하는 과정이다.
- 이론을 구성하고 있는 추상적 개념들을 현실세계에서 경험할 수 있는 자료와 연결시켜주는 수단이다.
- 특정 분석단위에 대해 질적·양적 값이나 수준을 결정하고 이를 규칙화해 숫자를 부여하는 과정이다.
- 측정은 변수에 대한 조작적 정의에 입각해 이뤄진다.

기본개념

사회복지조사론
pp.145~

측정의 신뢰도

▶ 신뢰도의 개념
- **측정값의 일관성**을 의미한다.
- 같은 대상에 대해 반복적으로 측정할 때 어느 정도 동일한 측정값을 산출하는지의 정도를 말한다.

▶ 신뢰도의 평가방법
- **검사-재검사법**: 한 번의 측정이 이뤄진 후에 동일한 상황에서 동일한 측정도구, 동일한 대상을 다시 한 번 측정하여 두 측정값이 어느 정도 일관되는지를 비교하는 방법이다.
- **대안법**: 서로 다른 유사한 양식의 두 가지 측정도구로 동일한 대상을 측정해서 상관관계를 검증하여 신뢰도를 측정하는 방법이다.
- **내적 일관성 신뢰도법**
  - 반분법: 측정도구를 반으로 나눠 같은 시간에 각각 독립된 두 개의 척도로 사용함으로써 신뢰도를 추정하는 방법이다.
  - 크론바하의 알파계수: 반분법에서 산출한 모든 신뢰도계수들의 평균값으로 신뢰도를 계산하는 방법이다.

측정의 타당도

▶ 타당도의 개념
- 측정하고자 하는 개념을 **얼마나 정확히 측정하였는가**를 의미한다.
- 측정한 값과 대상의 진정한 값과의 일치 정도를 말한다.

▶ **타당도의 평가방법**
- **내용타당도**: 측정도구에 포함된 관찰내용들이 측정하려고 하는 속성이나 개념을 얼마나 대표성 있게 포함하고 있는가에 대해 논리적으로 판단하는 것이다.
- **기준타당도**
  - 예측타당도: 측정도구를 이용하여 측정한 결과가 미래의 사건이나 행위, 태도, 결과 등을 얼마나 잘 예측할 수 있는가를 통해서 타당도를 평가하는 방법이다.
  - 동시타당도: 측정도구의 측정값을 외적인 기준과 동시적인 시점에서 비교하여 타당도를 평가하는 방법이다. 타당도를 평가하고자 하는 측정도구로 측정한 값이 기준이 되는 다른 측정도구의 측정값 혹은 이미 존재하고 있는 측정도구와 비교하여 그 결과가 얼마나 일치하는가를 따진다.
- **구성타당도**
  - 이해타당도: 측정도구가 특정 구성개념을 이론적 구성도에 따라 체계적 · 논리적 · 포괄적으로 이해하고 있는 정도를 의미한다. 여러 개념을 체계적으로 이용한 이론이나 측정도구가 이해타당도가 높다
  - 집중(수렴)타당도: 동일한 개념이나 이론적으로 연관성이 높을 것으로 예상되는 개념들을 측정하는 서로 다른 측정도구의 측정결과 간의 상관관계가 높을 경우 집중타당도가 높다고 볼 수 있다.
  - 판별타당도: A와 B라는 측정도구가 서로 다른 개념을 측정(혹은 이론적으로 연관성이 낮은 개념을 측정)하는 도구라면, 동일한 대상을 측정했을 때 얻은 측정값들 간의 상관관계가 낮아야 함을 의미한다.

신뢰도와 타당도의 관계

- 타당도가 높으면 신뢰도도 반드시 높다. 타당도가 낮으면 신뢰도는 높을 수도 있고, 낮을 수도 있다.
- 신뢰도가 높으면 타당도는 높을 수도 있고, 낮을 수도 있다.
- 신뢰도는 타당도의 필요조건이지만 충분조건은 아니다. 즉, 신뢰도는 타당도 확보를 위한 기본적 전제 조건이다.

기출문장 CHECK

01 (23-02-07) 전문가들을 대상으로 프로그램, 사회복지사의 전문성 등의 요소가 측정문항에 충분히 포함되어 있는지에 대한 의견을 확인하는 것은 내용타당도에 해당한다.

02 (23-02-09) 타당도가 높으면 신뢰도는 높은 경우가 많다.

03 (22-02-12) 내적 일관성 신뢰도법에는 반분법과 크론바하의 알파계수가 있다.

04 (22-02-13) 신뢰도가 높으면 타당도는 높을 수도 있고, 낮을 수도 있다.

05 (21-02-23) 개발된 측정도구의 측정값을 현재 사용되고 있는 측정도구와 비교하는 것은 동시타당도(concurrent validity)이다.

06 (21-02-24) 동일한 상황에서 동일한 측정도구로 동일한 대상을 다시 측정하는 방법은 신뢰도를 측정하는 방법이다.

07 (20-02-13) 하나의 개념을 측정하는 개별 항목들 간의 일관성은 신뢰도를 의미한다.

08 (20-02-14) 신뢰도를 높이기 위해서는 조사대상자가 알지 못하는 내용에 대해서 측정하지 않는 것이 좋다.

09 (20-02-15) 측정할 때마다 실제보다 5g 더 높게 측정되는 저울은 신뢰도가 있다.

10 (19-02-11) 신뢰도를 측정하는 방법에는 재검사법, 대안법, 반분법 등이 있다.

11 (18-02-16) 신뢰도는 일관성으로 표현될 수 있는 개념이다.

12 (18-02-21) 구성타당도(construct validity)는 측정되는 개념이 속한 이론 체계 내에서 다른 개념들과 논리적으로 어느 정도 관련성을 갖고 있는 지를 경험적으로 검증하는 가장 수준이 높은 타당도이다.

13 (17-02-07) 측정도구의 신뢰도는 일관성 또는 안정성으로 표현될 수 있는 개념이다.

14 (17-02-15) 기준타당도 중 동시타당도는 측정도구의 측정값을 외적인 기준과 동시적인 시점에서 비교하여 타당도를 평가하는 방법이다.

15 (16-02-13) 측정할 때마다 항상 30분 빠르게 측정되는 시계는 신뢰도가 높은 것이다.

16 (15-02-02) A시설 어린이들의 발달 상태를 조사하기 위해 체중계를 이용하여 몸무게를 측정했는데 항상 2.5kg이 더 무겁게 측정되었다면 이 체중계는 신뢰도는 높지만 타당도는 낮다.

17 (14-02-17) 반분법은 내적 일관성 신뢰도를 평가하는 방법이다.

18 (13-02-08) 반분법은 일관성 확인을 위해 두 번 조사해야 하는 불편함이 없다.

19 (12-02-06) 내용타당도는 측정도구가 측정하고자 하는 개념을 골고루 포함하고 있다고 전문가들이 인정하고 동의할 때 확보되는 타당도이다.

20 (12-02-13) 측정도구의 높은 신뢰성이 측정의 타당성을 보증하지 않는다.

21 (11-02-07) 판별타당도는 A와 B라는 측정도구가 서로 다른 개념을 측정하는 도구라면, 동일한 대상을 측정했을 때 얻은 측정값들 간의 상관관계가 낮아야 함을 의미한다.

22 (11-02-24) 재검사법을 사용하여 신뢰도를 평가할 경우 측정대상이 동일해야 한다.

23 (10-02-21) 동일대상에게 시기만 달리하여 동일 측정도구로 조사한 결과를 비교하는 신뢰도 측정법은 검사-재검사법이다.

24 (10-02-26) 예측타당도는 측정도구가 장래의 사건을 예견하는 능력이 어느 정도인지에 따라 측정도구의 타당도를 평가하는 방법이다.

25 (09-02-12) 크론바하 알파(Cronbach's alpha)는 척도를 구성하는 전체 문항 조합들의 상관관계 평균값을 계산한 것이다.

26 (08-02-12) 내용타당도는 전문가의 판단에 기초한다.

27 (07-02-18) 구성타당도는 추상적인 속성을 측정하는 척도의 타당도 검증에 적절하다.

28 (06-02-12) 타당도는 측정하고자 하는 값과 일치하는 여부정도다.

29 (05-02-12) 신뢰도가 높을수록 크론바하 알파 값이 높다.

30 (02-02-15) 신뢰도 평가방법으로서 외생변수, 반복검사로 인한 주시험효과가 큰 방법은 검사-재검사법이다.

대표기출 확인하기

22-02-13 · 난이도 ★★☆

신뢰도와 타당도에 관한 설명으로 옳은 것은?

① 타당도가 있다면 어느 정도 신뢰도가 있다고 볼 수 있다.
② 신뢰도가 높을 경우 타당도도 높다고 할 수 있다.
③ 요인분석법은 신뢰도를 측정하는 방법이다.
④ 신뢰도는 측정하려고 의도된 개념을 얼마나 정확하게 측정하는가를 나타내는 것이다.
⑤ 주어진 척도가 측정하고자 하는 내용을 담고 있다고 일련의 전문가가 판단할 때 판별타당도가 있다고 한다.

알짜확인

- 측정의 신뢰도의 개념과 평가 방법을 이해해야 한다.
- 측정의 타당도의 개념과 평가 방법을 이해해야 한다.
- 신뢰도와 타당도의 관계를 파악해야 한다.

답 ①

☑ 응시생들의 선택

① 68%	② 9%	③ 6%	④ 8%	⑤ 9%

② 신뢰도가 높으면 타당도는 높을 수도 있고, 낮을 수도 있다.
③ 요인분석법은 연구하고자 하는 현상 또는 추상적인 개념이 몇 개의 요인들로 구성되어 있다고 가정하고, 그러한 요인들 각각을 측정할 수 있는 여러 개의 질문문항들을 만들어 조사를 실시한 후, 그 결과를 분석하여 타당도를 검증하는 방법이다.
④ 측정하려고 의도된 개념을 얼마나 정확하게 측정하는가를 나타내는 것은 타당도이다. 신뢰도는 같은 대상에 대해 반복적으로 측정할 때 어느 정도 동일한 측정값을 산출하는지의 정도를 말한다.
⑤ 주어진 척도가 측정하고자 하는 내용을 담고 있다고 일련의 전문가가 판단할 때 내용타당도가 있다고 한다.

➕ 덧붙임

측정의 신뢰도와 타당도에 관한 문제는 사례를 제시하고 해당하는 신뢰도와 타당도를 고르는 문제, 신뢰도와 타당도에 대한 전반적인 내용을 동시에 비교하는 문제 등이 출제되고 있다. 특히 평가 방법의 경우 사례형 문제로 자주 출제되고 있으므로 반드시 개념과 사례를 접목시켜 정리해야 한다.

관련기출 더 보기

23-02-09 · 난이도 ★☆☆

측정도구의 타당도와 신뢰도에 관한 설명으로 옳지 않은 것은?

① 신뢰도는 측정값의 일관성 정도를 의미한다.
② 타당도는 측정하고자 하는 바를 반영하는 정도를 의미한다.
③ 측정항목의 수가 적어지면 신뢰도가 낮아지는 경향이 있다.
④ 신뢰도는 타당도의 필요충분조건이 된다.
⑤ 타당도가 높으면 신뢰도는 높은 경우가 많다.

답 ④

☑ 응시생들의 선택

① 3%	② 8%	③ 6%	④ 73%	⑤ 10%

④ 신뢰도는 타당도의 필요조건이지만 충분조건은 아니다. 즉, 신뢰도는 타당도 확보를 위한 기본적 전제 조건이다.

21-02-24 · 난이도 ★★★

신뢰도를 측정하는 방법으로 옳지 않은 것은?

① 동일한 상황에서 동일한 측정도구로 동일한 대상을 다시 측정하는 방법
② 측정도구를 반으로 나누어 두 개의 독립된 척도로 구성한 후 동일한 대상을 측정하는 방법
③ 상관관계가 높은 문항들을 범주화하여 하위요인을 구성하는 방법
④ 동질성이 있는 두 개의 측정도구를 동일한 대상에게 측정하는 방법
⑤ 전체 척도와 척도의 개별항목이 얼마나 상호연관성이 있는지 분석하는 방법

답 ③

☑ 응시생들의 선택

① 13%	② 13%	③ 30%	④ 16%	⑤ 28%

③ 상관관계가 높은 문항들을 범주화하여 하위요인을 구성하는 방법을 요인분석이라고 한다. 요인분석은 타당도를 검증하는 방법이다.

신뢰도에 관한 설명으로 옳은 것을 모두 고른 것은?

> ㄱ. 재검사법, 반분법은 신뢰도를 평가하는 방법이다.
> ㄴ. 신뢰도는 타당도의 필요충분조건이다.
> ㄷ. 측정할 때마다 실제보다 5g 더 높게 측정되는 저울은 신뢰도가 있다.

① ㄱ
② ㄴ
③ ㄱ, ㄴ
④ ㄱ, ㄷ
⑤ ㄱ, ㄴ, ㄷ

답 ④

✅ 응시생들의 선택

① 7%	② 4%	③ 15%	④ 45%	⑤ 29%

ㄴ. 신뢰도는 타당도의 필요조건이지만 충분조건은 아니다. 타당도가 높으면 신뢰도는 반드시 높지만, 신뢰도가 높다고 타당도가 반드시 높진 않다.

다음 사례에서 측정하고자 하는 타당도로 옳은 것은?

> 연구자는 새로 개발한 우울척도 A의 타당도를 확인하기 위하여 자아존중감 척도 B와의 상관계수를 산출하였다. 그 결과, A와 B의 상관관계가 매우 낮은 것을 확인하였다.

① 동시타당도(concurrent validity)
② 판별타당도(discriminant validity)
③ 내용타당도(content validity)
④ 수렴타당도(convergent validity)
⑤ 예측타당도(predictive validity)

답 ②

✅ 응시생들의 선택

① 28%	② 45%	③ 14%	④ 7%	⑤ 6%

② 판별타당도는 A와 B라는 측정도구가 서로 다른 개념을 측정(혹은 이론적으로 연관성이 낮은 개념을 측정)하는 도구라면, 동일한 대상을 측정했을 때 얻은 측정값들 간의 상관관계가 낮아야 함을 의미한다. 주어진 사례처럼 A와 B의 상관관계가 매우 낮게 나왔다면 판별타당도가 높다고 볼힐 수 있다.

측정도구의 신뢰도에 관한 설명으로 옳은 것은?

① 일관성 또는 안정성으로 표현될 수 있는 개념이다.
② 측정도구가 의도하는 개념의 실질적 의미를 반영하는 정도와 관련이 있다.
③ 검사-재검사 신뢰도는 가장 널리 사용되는 신뢰도 유형이다.
④ 사회적 바람직성 편향은 신뢰도를 낮추는 주요 요인이다.
⑤ 특정 개념을 측정하는 문항수가 많을수록 신뢰도는 낮아진다.

답 ①

✅ 응시생들의 선택

① 61%	② 7%	③ 22%	④ 5%	⑤ 5%

② 측정도구가 의도하는 개념의 실질적 의미를 반영하는 정도와 관련이 있는 것은 타당도이다.
③ 일반적으로 가장 널리 사용되는 신뢰도 유형은 크론바하의 알파계수를 이용한 방법이다.
④ 사회적 바람직성 편향은 체계적 오류에 속하며, 체계적 오류는 타당도와 관련이 있다.
⑤ 특정 개념을 측정하는 문항수가 많을수록 신뢰도는 높아진다.

신뢰도와 타당도에 관한 설명으로 옳은 것은?

① 측정할 때마다 항상 30분 빠르게 측정되는 시계는 신뢰도가 높은 것이다.
② 측정도구의 신뢰도가 높으면 타당도도 높아진다.
③ 측정도구를 동일 응답자에게 반복 적용했을 때 일관된 결과가 나오면 타당도가 높은 것이다.
④ 동일한 변수를 측정할 때 신뢰도와 타당도를 높이기 위해서는 관련 문항 수를 줄인다.
⑤ 타당도를 검사하기 위해 복수양식법을 활용한다.

답 ①

✅ 응시생들의 선택

① 66%	② 11%	③ 11%	④ 3%	⑤ 9%

② 측정도구의 신뢰도가 높다고 해서 반드시 타당도가 높은 것은 아니다.
③ 측정값의 일관성을 의미하는 것은 신뢰도이다. 즉, 측정도구를 동일 응답자에게 반복 적용했을 때 일관된 결과가 나오면 신뢰도가 높은 것이다. 타당도는 측정하고자 하는 개념을 얼마나 정확히 측정하였는가를 말한다.
④ 동일한 변수를 측정할 때 신뢰도와 타당도를 높이기 위해서는 관련 문항 수를 늘려야 한다.
⑤ 복수양식법은 신뢰도 평가 방법에 해당한다.

A시설 어린이들의 발달 상태를 조사하기 위해 체중계를 이용하여 몸무게를 측정했는데 항상 2.5kg이 더 무겁게 측정되었다. 이 측정에 관한 설명으로 옳은 것은?

① 타당도는 높지만 신뢰도는 낮다.
② 신뢰도는 높지만 타당도는 낮다.
③ 신뢰도도 높고 타당도도 높다.
④ 신뢰도도 낮고 타당도도 낮다.
⑤ 신뢰도나 타당도를 평가할 수 없다.

답 ②

✅ 응시생들의 선택

① 15%	② 66%	③ 3%	④ 11%	⑤ 5%

② 신뢰도는 측정값의 일관성을 의미하며, 타당도는 측정한 값과 대상의 진정한 값의 일치 정도를 의미한다. A시설 어린이들의 몸무게를 측정한 결과, 항상 2.5kg이 더 무겁게 일관적으로 측정되었으므로 신뢰도는 높다고 할 수 있지만, 어린이들의 실제 몸무게와는 2.5kg의 차이가 나는 것이므로 타당도는 낮다고 할 수 있다.

내적 일관성 신뢰도에 관한 설명으로 옳지 않은 것은?

① 반분법은 내적 일관성 신뢰도를 평가하는 방법이다.
② 척도 내 문항들 간 상관관계를 분석하여 평가한다.
③ 가장 일반적인 신뢰도 평가방법이다.
④ 크론바 알파(Cronbach's alpha)를 사용하여 나타낼 수 있다.
⑤ 동등한 것으로 추정되는 2개의 측정도구를 사용하여 평가하는 방법이 최근 추세이다.

답 ⑤

✅ 응시생들의 선택

① 9%	② 10%	③ 11%	④ 10%	⑤ 60%

⑤ 동등한 것으로 추정되는 2개의 측정도구를 사용하는 것은 복수양식법에 해당하며, 동일한 현상을 측정하는 데 사용될 2개의 동등한 측정도구를 개발하는 것이 어려워 사용하기가 번거로울 수 있다.

다음에서 사용한 타당도는?

> 새로 개발된 주관적인 행복감 측정도구를 사용하여 측정한 결과와 이미 검증되고 널리 사용되고 있는 주관적인 행복감 측정도구의 결과를 비교하여 타당도를 확인한다.

① 내용(content)타당도
② 동시(concurrent)타당도
③ 예측(predictive)타당도
④ 요인(factor)타당도
⑤ 판별(discriminant)타당도

답 ②

✅ 응시생들의 선택

① 11%	② 39%	③ 6%	④ 5%	⑤ 39%

② 타당도를 평가하고자 하는 측정도구로 측정한 값이 기준이 되는 다른 측정도구의 측정값 혹은 이미 존재하고 있는 측정도구와 비교하여 그 결과가 얼마나 일치하는가를 따짐으로써 측정도구의 타당도를 평가하는 방법은 동시타당도이다.

총 20문항의 척도를 10문항씩 두 조합으로 나눈 후, 평균점수 간 상관관계를 보고 측정의 일관성을 확인하였다. 이에 관한 설명으로 옳지 않은 것은?

① 신뢰도 측정방법 중 하나다.
② 일관성 확인을 위해 두 번 조사해야 하는 불편함이 없다.
③ 20문항이 동일 개념을 측정해야 적용할 수 있다.
④ 문항을 어떻게 두 조합으로 나누는지에 따라 상관관계가 달라진다.
⑤ 상관관계가 낮을 경우 어떤 문항을 제거할지 알 수 있다.

답 ⑤

✅ 응시생들의 선택

① 32%	② 20%	③ 12%	④ 7%	⑤ 28%

⑤ 반분법은 척도의 문항을 어떻게 절반, 즉 두 조합으로 나누느냐에 따라서 상관관계, 즉 신뢰도가 달라질 수 있다. 문항 전체의 신뢰도는 측정할 수 있지만 개별 문항의 신뢰도나 개별 문항이 전체 척도의 신뢰도에 미치는 영향을 별도로 측정할 수 없는 한계가 있다. 따라서 2개의 척도의 상관관계가 낮을 경우 개별 문항의 신뢰도를 측정할 수 없기 때문에 어떤 문항을 제거해야 할지 알 수 없다.

다음 내용이 **왜 틀렸는지**를 확인해보자

20-02-14

01 신뢰도를 높이기 위해서는 **조사대상자가 알지 못하는 내용도 반드시 측정해야** 한다.

> 신뢰도를 높이기 위해서는 조사대상자가 알지 못하는 내용에 대해서는 측정하지 않는 것이 좋다.

16-02-13

02 측정도구를 동일 응답자에게 반복 적용했을 때 일관된 결과가 나오면 **타당도가 높은 것**이다.

> 측정값의 일관성을 의미하는 것은 신뢰도이다. 즉, 측정도구를 동일 응답자에게 반복 적용했을 때 일관된 결과가 나오면 신뢰도가 높은 것이다. 타당도는 측정하고자 하는 개념을 얼마나 정확히 측정하였는가를 말한다.

03 타당도는 측정값들 사이의 일치도를 말하는 개념이고, 신뢰도는 측정값과 실제값 사이의 일치도를 말하는 개념이다.

> 신뢰도는 측정값들 사이의 일치도를 말하는 개념이고, 타당도는 측정값과 실제값 사이의 일치도를 말하는 개념이다.

10-02-21

04 동일대상에게 시기만 달리하여 동일 측정도구로 조사한 결과를 비교하는 신뢰도 측정법은 **대안법**이다.

> 동일대상에게 시기만 달리하여 동일 측정도구로 조사한 결과를 비교하는 신뢰도 측정법은 검사-재검사법이다. 검사-재검사법은 한 번의 측정이 이뤄진 후에 동일한 상황에서 동일한 측정도구, 동일한 대상을 다시 한 번 측정하여 두 측정값이 어느 정도 일관되는지를 비교하는 방법이다.

05 **기준타당도**는 궁극적으로 전문가의 주관적 판단에 의존할 수밖에 없는 한계를 지니며, 통계적 검증이 어렵다.

> 내용타당도는 궁극적으로 전문가의 주관적 판단에 의존할 수밖에 없는 한계를 지니며, 통계적 검증이 어렵다.

06-02-12

06 문항의 내용과 관계없이 **문항의 수가 많을수록** 신뢰도가 높아진다.

> 동일한 개념의 항목이 많아야 신뢰도를 높일 수 있으며, 문항의 수가 지나치게 많아지면 타당도를 유지하기 어려워진다.

빈칸에 들어갈 알맞은 말을 채워보자

18-02-21

01 측정되는 개념이 속한 이론 체계 내에서 다른 개념들과 논리적으로 어느 정도 관련성을 갖고 있는 지를 경험적으로 검증하는 가장 수준이 높은 타당도는 (　　　　　)이다.

16-02-13

02 측정도구를 동일응답자에게 반복 적용했을 때 일관된 결과가 나오면 (　　　　　)가 높은 것이다.

14-02-17

03 내적 일관성 신뢰도는 척도 내 문항들 간 (　　　　　)을/를 분석하여 평가한다.

13-02-08

04 (　　　　　)은/는 측정도구를 반으로 나눠 같은 시간에 각각 독립된 두 개의 척도로 사용함으로써 신뢰도를 추정하는 방법이다.

12-02-13

05 동일인이 한 체중계로 여러 번 몸무게를 측정하는 것은 체중계의 (　　　　　)와 관련되어 있다.

11-02-07

06 우울 척도 A의 측정치가 우울 척도 B보다는 자아존중감 척도 C의 측정치와 더 일치할 때 척도 A의 (　　　　　)은/는 문제가 된다.

07 공무원시험 성적이 좋으면 업무도 잘한다는 사실로부터 알 수 있는 공무원시험의 타당도는 (　　　　　)이다.

08 (　　　　　)은/는 서로 다른 두 가지 형태의 측정도구로 동일한 대상을 차례로 측정하고 그 점수들 사이의 상관관계를 통해 신뢰도를 검증하는 방법이다.

09 (　　　　　)(이)란 측정도구에 포함된 내용들이 측정하려고 하는 속성이나 개념을 얼마나 대표성 있게 포함하고 있는가에 대해 논리적으로 판단하는 것이다.

10 크론바하의 알파계수는 0에서 1까지의 값을 가지며, (　　　　　)에 가까울수록 신뢰도가 높다.

다음 내용이 옳은지 그른지 판단해보자

21-02-23
01 예측타당도의 하위타당도에는 기준 관련 타당도와 동시타당도가 있다.

14-02-17
02 반분법은 내적 일관성 신뢰도를 평가하는 방법이다.

09-02-12
03 크론바하 알파는 척도를 구성하는 전체 문항 조합들의 상관관계 평균값을 계산한 것이다.

22-02-13
04 신뢰도가 높으면 반드시 타당도도 높다.

05 측정항목이 많거나 선택범위가 넓을수록 신뢰도는 낮아진다.

06 신뢰도를 높이기 위해서는 응답자가 무관심하거나 잘 모르는 내용은 측정하지 않는 것이 좋다.

07 반분법은 반분을 어떻게 하느냐에 따라 다양한 상관계수(신뢰도계수)가 산출되지만, 크론바하의 알파계수는 단일한 신뢰도계수를 산출한다.

08 대안법은 동일한 현상을 측정하는 데 사용될 두 개의 동등한 측정도구를 개발하는 것이 어렵다는 단점이 있다.

09 구성타당도는 이해타당도, 집중타당도, 판별타당도로 구성되어 있는데, 이 세 가지의 타당도가 높아야 구성타당도가 높다고 말할 수 있다.

10 반분법은 개별 문항의 신뢰도나 개별 문항이 전체 척도의 신뢰도에 미치는 영향을 별도로 측정할 수 있다.

답 01× 02○ 03○ 04× 05× 06○ 07○ 08○ 09○ 10×

해설 **01** 기준 관련 타당도의 하위타당도에는 예측타당도와 동시타당도가 있다.
04 타당도가 높은 측정은 신뢰도도 높은 경향이 있지만, 신뢰도가 높다고 반드시 타당도가 높은 것은 아니다.
05 신뢰도를 높이기 위해서는 측정항목(하위변수)을 늘리고 선택범위(값)를 넓혀야 한다.
10 반분법은 문항 전체의 신뢰도는 측정할 수 있지만 개별 문항의 신뢰도나 개별 문항이 전체 척도의 신뢰도에 미치는 영향을 별도로 측정할 수 없는 한계가 있다.

046 측정의 오류

강의 QR코드

<table>
<tr><td>1 회독
월 일</td><td>2 회독
월 일</td><td>3 회독
월 일</td></tr>
</table>

최근 10년간 **6문항** 출제

복습 1

이론요약

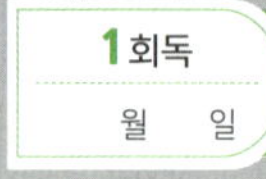 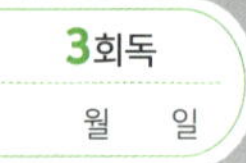

체계적 오류

- 변수에 **일정하게 체계적으로 영향을 주어** 측정결과가 모두 높아지거나 모두 낮아지게 되는 편향된 경향을 보이는 오류이다.
- 인구통계학적·사회경제적 특성으로 인한 오류, 개인적 성향으로 인한 오류, 측정하려는 개념이 태도인지 행동인지 모호할 때 발생하는 오류, 편향(고정반응에 의한 편향, 사회적 적절성의 편향, 문화적 차이에 의한 편향)에 따른 오류가 있다.

비체계적 오류(무작위적 오류)

- 오류의 값이 인위적이거나 편향된 것이 아니라 다양하게 분산되어 있어 **무작위적으로 발생**하는 오류이다.
- 측정대상, 측정과정, 측정수단, 측정자 등에 일관성 없이 영향을 미침으로써 발생하는 오류이다.
- 비체계적 오류를 줄이기 위해서는 측정도구의 내용을 명확하게 하고, 측정항목 수를 가능한 범위 안에서 늘리며, 신뢰할 수 있는 측정도구를 사용해야 한다. 또한 측정자들의 측정방식이나 태도에 일관성이 있어야 하며, 조사대상자가 모르는 내용은 측정하지 말아야 하고, 측정자에게 측정도구에 대한 교육을 철저히 해야 한다.

기본개념

사회복지조사론
pp.154~

기출문장 CHECK

01 (21-02-17) 연구자의 의도가 포함된 질문은 체계적 오류를 발생시킨다.

02 (18-02-23) 비관여적 관찰은 체계적 오류를 최소화한다.

03 (15-02-14) 체계적 오류는 측정의 타당도를 저해한다.

04 (14-02-08) 측정의 무작위 오류(random error)는 설문문항이 지나치게 많을 경우 발생하기 쉽다.

05 (09-02-09) 측정오류는 신뢰도와 타당도가 확보된 측정도구를 이용하여 예방할 수 있다.

06 (03-02-12) 체계적 오류, 무작위 오류는 측정에서 나타날 수 있는 오류이다.

07 (02-02-16) 측정오류를 최소화하기 위해서는 측정자를 대상으로 측정도구에 대한 사전교육을 충분히 해야 한다.

대표기출 확인하기

21-02-17 ・ 난이도 ★★☆

측정의 오류에 관한 설명으로 옳지 않은 것은?

① 연구자의 의도가 포함된 질문은 체계적 오류를 발생시킨다.
② 사회적으로 바람직한 응답은 체계적 오류를 발생시킨다.
③ 측정의 오류는 연구의 타당도를 낮춘다.
④ 타당도가 낮은 척도의 사용은 무작위 오류를 발생시킨다.
⑤ 측정의 다각화는 측정의 오류를 줄여 객관성을 높인다.

 **알짜확인**

- 측정의 체계적 오류의 특성을 이해해야 한다.
- 측정의 비체계적 오류의 특성을 이해해야 한다.

답 ④

응시생들의 선택

① 10%	② 20%	③ 12%	④ 46%	⑤ 12%

④ 측정오류는 변수를 측정하는 과정에서 나타나는 오류로서 본질적으로 신뢰도와 타당도의 문제이다. 타당도는 체계적 오류, 신뢰도는 비체계적 오류(무작위 오류)와 관련된 개념이다. 따라서 타당도가 낮은 척도의 사용은 체계적 오류를 발생시킨다.

덧붙임

한동안 출제되지 않다가 최근 시험에서 다시 출제되고 있다. 주로 체계적 오류와 비체계적 오류(무작위적 오류)의 특성을 비교하는 형태로 출제되었으며, 측정오류를 줄이기 위해서는 어떠한 노력들이 필요한지에 대해 묻는 문제도 출제되었다.

관련기출 더 보기

18-02-23 ・ 난이도 ★★★

측정 시 나타날 수 있는 체계적 오류에 관한 설명으로 옳지 않은 것은?

① 코딩 왜곡은 체계적 오류를 발생시킨다.
② 익명의 응답은 체계적 오류를 최소화한다.
③ 편견 없는 단어는 체계적 오류를 최소화한다.
④ 척도구성 과정의 실수는 체계적 오류를 발생시킨다.
⑤ 비관여적 관찰은 체계적 오류를 최소화한다.

답 ①

응시생들의 선택

① 14%	② 35%	③ 8%	④ 19%	⑤ 24%

① 코딩 왜곡은 비체계적 오류를 발생시킨다. 비체계적 오류는 오류의 값이 인위적이거나 편향된 것이 아니라 다양하게 분산되어 있어 무작위적으로 발생하는 오류이다. 측정대상, 측정과정, 측정수단, 측정자 등에 일관성 없이 영향을 미침으로써 발생한다.

15-02-14 ・ 난이도 ★★☆

측정의 오류에 관한 설명으로 옳은 것은?

① 편향에 의해 체계적 오류가 발생한다.
② 무작위 오류는 측정의 타당도를 저해한다.
③ 체계적 오류는 측정의 신뢰도를 저해한다.
④ 표준화된 측정도구를 사용하더라도 체계적 오류를 줄일 수 없다.
⑤ 측정자, 측정 대상자 등에 일관성이 없어 생기는 오류를 체계적 오류라 한다.

답 ①

응시생들의 선택

① 49%	② 14%	③ 10%	④ 13%	⑤ 14%

② 무작위 오류는 측정의 신뢰도를 저해한다.
③ 체계적 오류는 측정의 타당도를 저해한다.
④ 표준화된 측정도구를 사용하는 것은 체계적 오류를 줄일 수 있다.
⑤ 측정자, 측정 대상자 등에 일관성이 없어 생기는 오류를 무작위 오류라 한다.

측정의 무작위 오류(random error)에 관한 설명으로 옳은 것은?

① 응답자가 자신에 대한 이미지를 좋게 만들기 위해 응답할 때 발생한다.
② 타당도를 낮추는 주요 원인이다.
③ 설문문항이 지나치게 많을 경우 발생하기 쉽다.
④ 연구자가 응답자에게 유도성 질문을 할 때 발생한다.
⑤ 일정한 양태와 일관성을 갖는 오류이다.

답 ③

✔ 응시생들의 선택

① 8%	② 41%	③ 36%	④ 6%	⑤ 9%

① 응답자가 자신에 대한 이미지를 좋게 만들기 위해 응답할 때 발생하는 것은 체계적 오류이다.
② 무작위 오류는 신뢰도와 관련된 개념이다.
④ 연구자가 응답자에게 유도성 질문을 할 때 발생하는 것은 체계적 오류이다.
⑤ 일정한 양태와 일관성을 갖는 오류는 체계적 오류이다.

측정에서 나타날 수 있는 오류를 나타낸 것 중 맞는 것은?

ㄱ. 체계적 오류
ㄴ. 생태학적 오류
ㄷ. 무작위 오류
ㄹ. 표준오차

① ㄱ, ㄴ, ㄷ
② ㄱ, ㄷ
③ ㄴ, ㄹ
④ ㄹ
⑤ ㄱ, ㄴ, ㄷ, ㄹ

답 ②

✔ 응시생들의 선택

① 2%	② 92%	③ 2%	④ 1%	⑤ 3%

ㄴ. 생태학적 오류는 분석에서 나타날 수 있는 오류이다.
ㄹ. 표준오차는 표집에서의 오류이다.

측정오류(measurement error)에 관한 설명으로 옳은 것을 모두 고른 것은?

ㄱ. 체계적 오류는 측정도구의 구성에서 발생할 수 있다.
ㄴ. 측정오류의 정도는 측정대상과 측정도구의 성격에 따라 차이가 나타난다.
ㄷ. 측정오류는 신뢰도와 타당도가 확보된 측정도구를 이용하여 예방할 수 있다.
ㄹ. 무작위 오류는 수집된 자료를 코딩하는 과정에서 잘못 입력하는 경우에 발생한다.

① ㄱ, ㄴ, ㄷ
② ㄱ, ㄷ
③ ㄴ, ㄹ
④ ㄹ
⑤ ㄱ, ㄴ, ㄷ, ㄹ

답 ⑤

✔ 응시생들의 선택

① 31%	② 18%	③ 12%	④ 7%	⑤ 32%

ㄱ. 측정도구 작성 시 편견이 섞인 단어나 특정 문화집단만 이해할 수 있는 단어를 사용하는 경우 사회적 적절성의 편향이라든가 문화적 차이에 의한 편향 등으로 체계적 오류가 발생할 수도 있다.
ㄴ. 측정오류는 측정도구, 측정환경, 측정대상자에 따라 달라질 수 있다.
ㄷ. 체계적 오류는 타당도와 관련되며, 비체계적 오류는 신뢰도와 관련된 오류이므로 신뢰도와 타당도가 확보된 측정도구를 이용하면 오류를 줄일 수 있다.
ㄹ. 비체계적 오류(무작위 오류)는 측정대상, 측정과정, 측정수단, 측정자 등에 일관성 없이 영향을 미침으로써 발생하는 오류이다.

다음 내용이 **왜 틀렸는지**를 확인해보자

01 측정하려는 개념이 태도인지 행동인지 모호할 때 발생하는 오류는 **비체계적 오류**에 해당한다.

> 측정하려는 개념이 태도인지 행동인지 모호할 때 발생하는 오류는 체계적 오류에 해당한다.

02 비체계적 오류를 줄이기 위해서는 **측정항목 수를 최대한 줄여야 한다**.

> 비체계적 오류를 줄이기 위해서는 측정항목 수를 가능한 범위 안에서 늘려야 한다.

03 타당도는 비체계적 오류, 신뢰도는 체계적 오류와 관련된 개념이다.

> 타당도는 체계적 오류, 신뢰도는 비체계적 오류와 관련된 개념이다.

04 인구통계학적 또는 사회경제적인 특성으로 인해 일정한 방향으로 오류가 나타나는 경향과 개인적 성향으로 일정하게 나타나는 경향에서 발생하는 것을 **비체계적 오류**라고 한다.

> 인구통계학적 또는 사회경제적인 특성으로 인해 일정한 방향으로 오류가 나타나는 경향과 개인적 성향으로 일정하게 나타나는 경향에서 발생하는 것을 체계적 오류라고 한다.

05 고정반응에 의한 편향은 응답자들이 조사자의 의도에 맞춰 대답하거나 집단적 규범에 일치하는 응답을 하는 경우이다.

> 응답자들이 조사자의 의도에 맞춰 대답하거나 집단적 규범에 일치하는 응답을 하는 경우는 사회적 적절성의 편향이다.

빈칸에 들어갈 알맞은 말을 채워보자

01 측정자, 측정 대상자 등에 일관성이 없어 생기는 오류를 (   )(이)라 한다.

02 측정오류는 신뢰도와 타당도가 확보된 (   )을/를 이용하여 예방할 수 있다.

03 (   )은/는 설문지에서 일정한 유형의 질문 문항들이 연속될 때 응답자들이 고정된 반응을 나타내는 것을 말한다.

 **답** **01** 무작위 오류   **02** 측정도구   **03** 고정반응에 의한 편향

다음 내용이 옳은지 그른지 판단해보자

01 비체계적 오류는 측정도구, 측정대상, 측정상황의 3가지 측면에서 모두 발생한다. 

02 개인적 성향으로 인한 오류는 무작위적 오류에 해당한다. 

03 무작위 오류는 연구자가 응답자에게 유도성 질문을 할 때 발생한다. 

04 자료수집과정에 편향 또는 편견이 개입될 때도 체계적 오류가 발생할 수 있다. 

05 비체계적 오류를 줄이기 위해서는 조사대상자가 잘 모르거나 관심이 없는 내용도 반드시 응답하도록 유도해야 한다. 

답 **01** ○   **02** ×   **03** ×   **04** ○   **05** ×

해설 **02** 개인적 성향으로 인한 오류는 체계적 오류에 해당한다.
03 연구자가 응답자에게 유도성 질문을 할 때 발생하는 것은 체계적 오류이다.
05 비체계적 오류를 줄이기 위해서는 조사대상자가 잘 모르거나 관심이 없는 내용에 대해서는 측정하지 않는다.

척도

척도의 개념과 척도화의 유형 등을 다룬다.

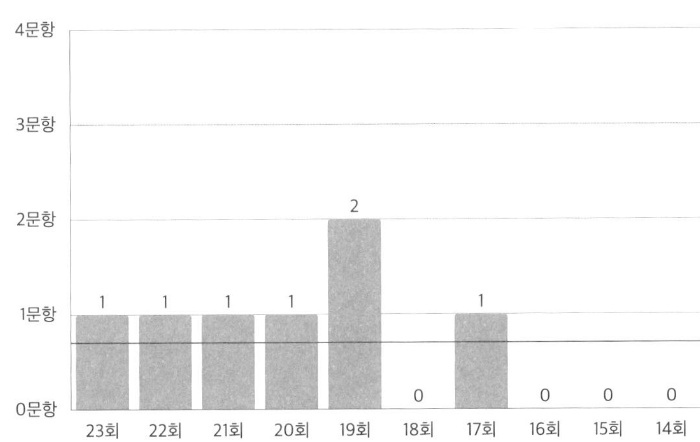

평균 출제문항수

047 척도화의 유형

강의 QR코드

최근 10년간 **7문항** 출제

1회독	2회독	3회독
월 일	월 일	월 일

복습 1 이론요약

 23회 기출  22회 기출  21회 기출  20회 기출  19회 기출

척도의 의미와 필요성

- 관찰된 현상에 대해 일정한 규칙에 따라 수치나 기호를 부여하는 것을 측정이라 하고, 이 측정을 위한 도구를 척도라고 한다.
- 척도는 측정하고자 하는 대상에 부여하는 숫자나 기호들의 체계이다.
- 척도는 하나의 단순지표로서는 제대로 측정하기 어려운 복합적인 개념들을 측정할 수 있다.
- 척도는 변수에 대한 양적인 측정치를 제공함으로써 정확성을 높인다.

기본개념

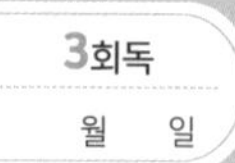

사회복지조사론
pp.163~

평정 척도

- 평가자가 측정대상의 연속성을 전제로 하여, 일정한 등급법에 따라 평가함으로써 대상의 속성을 구별하는 척도이다.
- 대부분 서열척도이지만 항목 간 거의 비슷한 정도의 차이가 있다고 가정하면 등간척도로 간주할 수도 있다.

리커트 척도

- 단순합계척도의 대표적 방법이며, 설문조사에서 가장 보편적으로 사용된다.
- 개별문항에 응답자가 답한 점수를 합산해 해당 개념의 점수를 산출한다.
- 각 문항들은 **동등한 가치를 가지며, 총점에 따라 서열**이 새겨진다.

거트만 척도

- **누적척도이며, 단일차원적 척도**의 대표적인 방법이다.
- 개별 항목들이 일정한 기준에 의해 일관성 있게 서열을 이루고 있다.
- 예측성이 높으며, 복잡한 계량적 과정 없이 쉽게 서열적으로 척도화가 가능하다.
- 척도를 구성하는 질문문항의 내용을 강도에 따라 일관성 있고 누적적이게 되도록 작성하는 것이 쉽지 않다.
- 각 문항들 간에 서열이 매겨진다.

의미분화 척도

- 개념에 **함축된 의미를 평가**하기 위해 고안한 척도이다.
- 일직선으로 도표화된 척도의 양극단에 서로 상반되는 형용사를 배열한다.

사회적 거리 척도

- 보가더스가 인종적 편견의 강도를 측정하기 위해 제시한 척도로서, 누적척도에 해당된다.
- 응답자 자신과 다른 사회적 범주(국적, 인종)의 구성원 간에 인지되는 **거리감을 측정**한다.

써스톤 척도

- 리커트 척도의 단점을 보완하는 등간-비율 척도이다.
- 어떤 사실에 대해 가장 우호적인 태도와 가장 비우호적인 태도를 나타내는 양 극단을 등간격으로 구분하여 여기에 수치를 부여함으로써 등간척도를 구성한다.
- 등간 성격을 갖는 척도를 만들기 위해 문항평가자들을 통해 사전평가 시행 후 결과를 분석하여 **각 문항에 대한 중앙값을 척도치로 부여**한다.

기출문장 CHECK

01 (23-02-08) 보가더스의 사회적 거리 척도는 집단이 다른 인간이나 집단에 대하여 가지는 친밀감의 정도를 사회적 거리라는 개념으로 정의하고 이를 측정하기 위한 몇 개의 하위 문항으로 구성된다.

02 (22-02-11) 리커트(Likert) 척도는 각 문항의 점수를 합산하여 전체적인 경향이나 특성을 측정하는 방법이다.

03 (21-02-22) 보가더스(Bogardus)의 사회적 거리 척도는 누적 척도이다.

04 (20-02-11) 리커트 척도(Likert scale)는 문항 간 내적 일관성이 중요하다.

05 (19-02-09) 서열척도의 대표적인 유형은 리커트 척도이다.

06 (17-02-05) 써스톤 척도는 어떤 사실에 대하여 가장 긍정적인 태도와 가장 부정적인 태도를 나타내는 양 극단을 등간적으로 구분하여, 여기에 수치를 부여함으로써 등간척도를 구성하는 방법이다.

07 (13-02-22) 척도 구성을 위한 요인분석(factor analysis)을 통해 문항들의 단일차원성, 척도 내의 불필요한 문항, 하위척도의 존재가능성, 각 문항의 상대적 영향력 등을 확인할 수 있다.

08 (12-02-22) 의미분화(semantic differential) 척도는 한 쌍의 반대가 되는 형용사를 사용한다.

09 (11-02-08) 리커트 척도는 서열척도이다.

10 (10-02-23) 사회적 거리감 척도는 보가더스가 인종적 편견의 강도를 측정하기 위해 제시한 척도이다.

11 (09-02-05) 리커트(Likert) 척도의 각각의 문항은 측정하고자 하는 개념의 속성에 대해 동일한 기여를 한다.

12 (08-02-14) 척도구성의 기본 요건으로는 응답범주의 포괄성, 응답범주 간 상호배타성, 응답범주 간 내적 일관성 등이 있다.

13 (07-02-09) 평정 척도(rating scale)는 찬반의 응답범주 수가 균형을 이루어야 한다.

14 (07-02-10) 리커트 척도는 합산법 척도의 대표적 방법이다.

15 (06-02-14) 척도구성 시 응답범주들은 응답 가능한 상황을 포괄하고 있어야 한다.

16 (05-02-16) 써스톤의 유사등간법은 한 개념을 여러 개의 문항을 통해 조사한다.

17 (04-02-15) 리커트 척도는 실용적이며 사용의 용이성이 높아 널리 쓰인다.

18 (03-02-14) 높은 수준의 척도일수록 많은 정보를 담고 있다.

대표기출 확인하기

21-02-22 난이도 ★★☆

척도에 관한 설명으로 옳은 것은?

① 리커트 척도는 개별문항의 중요도를 차등화한다.
② 보가더스의 사회적 거리 척도는 누적 척도이다.
③ 평정 척도는 문항의 적절성 평가가 용이하다.
④ 거트만 척도는 다차원적 내용을 분석할 때 사용된다.
⑤ 의미차별 척도는 느낌이나 감정을 나타내는 한 쌍의 유사한 형용사를 사용한다.

알짜확인

• 척도화의 유형별 특징을 이해해야 한다.

답 ②

응시생들의 선택

① 12%	② 49%	③ 13%	④ 10%	⑤ 16%

① 리커트 척도는 하나의 개념을 측정하기 위해 여러 문항들을 이용하는 척도로서, 각 문항들은 동일한 응답범주를 사용하며 모두 동등한 가치를 부여받는다. 즉, 개별문항에 가중치를 부여하지 않는다.
③ 평정 척도는 문항의 적절성 평가가 어렵다. 평정 척도는 평가자가 측정대상의 연속성을 전제로 하여, 일정한 등급법에 따라 평가함으로써 대상의 속성을 구별하는 척도이다. 즉, 설정한 각 단계에 임의 수치를 부여하여 여기서 얻어진 수치의 합계 또는 평균을 측정대상이 가지는 척도점수로 가정하는 척도이다. 객관적 평가도구의 작성이 어려우며, 척도에 대한 주관적 판단을 요구하기 때문에 평가자의 주관, 편견 등이 작용할 가능성이 높다.
④ 거트만 척도는 단일한 개념을 측정하는 단일차원성을 특징으로 한다. 단일차원성이란 척도가 한 가지 혹은 단일한 개념, 차원만을 측정하고 있는 것을 의미한다. 따라서 둘 이상의 개념을 측정하는 다차원적인 척도로는 사용되기 어렵다.
⑤ 의미차별 척도는 느낌이나 감정을 나타내는 서로 상반되는 형용사를 사용한다. 즉, 어떤 개념에 대한 생각이나 느낌을 다양한 차원에서 평가하기 위해 그에 대한 형용사를 정하고 양 극단에 서로 상반되는 형용사를 배치하여 그 속성에 대한 평가를 내리도록 하는 척도이다.

덧붙임

척도 구성의 기본 요건을 묻는 문제, 개별 척도 유형에 대한 문제, 척도의 사례를 제시하고 해당하는 척도를 고르는 문제 등이 출제되고 있다. 실제 척도 사례를 보고 척도 유형을 구분할 수 있는 능력이 필요하다.

관련기출 더 보기

23-02-08 난이도 ★★☆

○○고등학교에서는 전교생을 대상으로 취약 청소년 집단(A, B, C)에 대한 사회적 거리감을 조사하고자 한다. 아래에서 제시되는 척도로 옳은 것은?

※ 각 대상에 관한 귀하의 생각에 해당 되는 칸에 "O"표 하십시오.			
문항	A집단 청소년	B집단 청소년	C집단 청소년
1. 친밀한 동아리 구성원으로 받아들임			
2. 같은 학교의 구성원으로 받아들임			
3. 일시적인 방문객으로 받아 들임			

① 리커트 척도(Likert scale)
② 어의적 분화 척도(semantic differential scale)
③ 보가더스 척도(Bogardus scale)
④ 소시오매트릭스(sociomatrix)
⑤ 써스톤 척도(Thurstone scale)

답 ③

응시생들의 선택

① 17%	② 6%	③ 53%	④ 13%	⑤ 11%

③ 보가더스의 사회적 거리 척도에 해당한다. 개인 혹은 집단이 다른 인간이나 집단에 대하여 가지는 친밀감의 정도를 사회적 거리라는 개념으로 정의하고 이를 측정하기 위한 몇 개의 하위 문항으로 구성된다. 서열척도에 해당하며, 거트만 척도와 같이 누적적인 문항으로 구성되는 척도이다.

다음이 설명하는 척도로 옳은 것은?

① 리커트 척도(Likert scale)
② 거트만 척도(Guttman scale)
③ 보가더스 척도(Borgadus scale)
④ 어의적 분화 척도(Semantic differential scale)
⑤ 써스톤 척도(Thurstone scale)

답 ④

응시생들의 선택

① 25%	② 13%	③ 5%	④ 44%	⑤ 13%

④ 의미분화 척도라고도 한다.

다음은 무엇에 관한 설명인가?

A연구소가 정치적 보수성을 판단할 수 있는 문항들의 상대적인 강도를 11개의 점수로 평가자들에게 분류하게 한다. 다음 단계로 평가자들 간에 불일치도가 높은 항목들을 제외하고, 각 문항이 평가자들로부터 받은 점수의 중위수를 가중치로 하여 정치적 보수성 척도를 구성한다.

① 거트만(Guttman) 척도
② 써스톤(Thurstone) 척도
③ 리커트(Likert) 척도
④ 보가더스(Borgadus) 척도
⑤ 의미차이(sematic differential) 척도

답 ②

응시생들의 선택

① 20%	② 41%	③ 19%	④ 12%	⑤ 8%

② 써스톤 척도는 어떤 사실에 대하여 가장 긍정적인 태도와 가장 부정적인 태도를 나타내는 양 극단을 등간적으로 구분하여, 여기에 수치를 부여함으로써 등간척도를 구성하는 방법이다. 주어진 사례에서 '평가자들로부터 받은 점수의 중위수를 가중치로 하여 척도를 구성하였다'고 하였으므로 이는 써스톤 척도에 해당한다.

척도에 관한 설명으로 옳지 않은 것은?

① 보가더스의 사회적 거리 척도는 누적척도의 한 종류이다.
② 의미분화(semantic differential) 척도는 한 쌍의 반대가 되는 형용사를 사용한다.
③ 리커트 척도의 각 문항은 등간척도이다.
④ 거트만 척도는 각 문항을 서열적으로 구성한다.
⑤ 써스톤 척도를 개발하는 과정은 리커트 척도와 비교하여 많은 시간과 노력이 요구된다.

답 ③

응시생들의 선택

① 16%	② 7%	③ 55%	④ 12%	⑤ 10%

③ 리커트 척도는 서열척도에 해당한다.

리커트(Likert) 척도에 관한 설명으로 옳은 것은?

① 비율척도이다.
② 개별 문항의 중요도는 동등하지 않다.
③ 단일 문항으로 측정하는 장점이 있다.
④ 질적 조사에서 보편적으로 사용된다.
⑤ 척도나 지수 개발에 용이하다.

답 ⑤

응시생들의 선택

① 9%	② 11%	③ 27%	④ 12%	⑤ 41%

① 리커트 척도는 서열척도이다.
② 개별 문항의 중요도가 동등하다고 간주된다.
③ 리커트 척도, 거트만 척도, 의미분화 척도, 써스톤 척도는 모두 복수의 문항으로 측정한다.
④ 측정이 쉽고 단순하여 양적 조사에서 가장 보편적으로 사용된다.

다음 내용이 왜 틀렸는지를 확인해보자

01 등간-비율 척도화에는 평정 척도화, 총화평정 척도화, 리커트 척도화, 거트만 척도화 등이 있다.

> 평정 척도화, 총화평정 척도화, 리커트 척도화, 거트만 척도화 등은 서열척도화이다.

02 의미분화 척도는 주관적인 개념 측정이 어렵다는 단점이 있다.

> 의미분화 척도는 가치와 태도와 같은 주관적인 개념 측정에 용이하다는 장점이 있다.

03 써스톤 척도가 문항들의 서열성을 두어 척도 구성을 했다면, 거트만 척도는 서열 문항들 간에 등간성까지 갖춘 척도이다.

> 거트만 척도가 문항들의 서열성을 두어 척도 구성을 했다면, 써스톤 척도는 서열 문항들 간에 등간성까지 갖춘 척도이다.

`11-02-08`

04 거트만 척도는 하나의 개념을 측정하기 위해 여러 문항들을 이용하며, 각 문항들은 동일한 응답범주를 사용하며 모두 동등한 가치를 부여받는다.

> 리커트 척도는 하나의 개념을 측정하기 위해 여러 문항들을 이용하며, 각 문항들은 동일한 응답범주를 사용하며 모두 동등한 가치를 부여받는다.

`10-02-23`

05 의미분화 척도는 보가더스가 인종적 편견의 강도를 측정하기 위해 제시한 척도이다.

> 사회적 거리 척도는 보가더스가 인종적 편견의 강도를 측정하기 위해 제시한 척도이다.

06 리커트 척도는 어떤 사실에 대하여 가장 긍정적인 태도와 가장 부정적인 태도를 나타내는 양 극단을 등간적으로 구분하여, 여기에 수치를 부여한다.

> 써스톤 척도는 어떤 사실에 대하여 가장 긍정적인 태도와 가장 부정적인 태도를 나타내는 양 극단을 등간적으로 구분하여, 여기에 수치를 부여한다.

빈칸에 들어갈 알맞은 말을 채워보자

01 리커트 척도의 각 문항은 (   )이다.

02 (   )은/는 서열척도에 해당하며, 척도를 구성하는 문항들이 내용의 강도에 따라 일관성 있게 서열을 이루고 있어서 단일차원적이고 누적적인 척도를 구성하고 있다.

03 (   )은/는 어떤 개념에 대한 생각이나 느낌을 다양한 차원에서 평가하기 위해 그에 대한 형용사를 정하고 양 극단에 서로 상반되는 형용사를 배치하여 그 속성에 대한 평가를 내리도록 하는 척도이다.

04 (   )(이)란 척도가 한 가지 혹은 단일한 개념만을 측정하고 있는 것으로써 척도를 구성하는 문항, 항목들이 단일한 차원을 반영해야 한다는 것을 의미한다.

05 (   )은/는 척도를 구성하는 여러 개의 문항들 중 불필요한 문항을 제거하고 각 문항의 상대적 영향력을 비교하여 적절한 문항을 선택하는 과정에서 활용된다.

답 **01** 서열척도　**02** 거트만 척도　**03** 의미분화 척도　**04** 단일차원성　**05** 요인분석

다음 내용이 옳은지 그른지 판단해보자

21-02-22

01 보가더스의 사회적 거리 척도는 거트만 척도와 같이 누적적인 문항으로 구성되는 척도이다. 

02 리커트 척도는 각 문항별 응답점수의 총합이 측정하고자 하는 개념을 대표한다는 가정에 근거한다. 

07-02-10

03 리커트 척도는 사전 문항평가자를 활용한다. 

04 리커트 척도는 두 명의 응답자의 총점이 동일하더라도 각 문항에 대한 응답은 다를 수 있기 때문에 총점으로 각 문항에 대해 어떻게 응답했는지는 알기 어렵다. 

05 측정대상의 성별을 분류할 목적으로 숫자를 부여하는 측정방법은 서열척도이다. 

06 요인분석에서 하나의 요인으로 묶여진 측정 문항들은 판별타당도가 높은 것으로 판단하고, 서로 다른 요인들 간에는 수렴타당도가 높은 것으로 해석할 수 있다. 

07 명목척도화의 응답범주들은 논리적 연관성을 가지고 있어야 한다. 

08 서열적 척도화에는 평정 척도, 총화평정 척도, 리커트 척도, 써스톤 척도 등이 있다. 

 **답** **01** ○ **02** ○ **03** × **04** ○ **05** × **06** × **07** ○ **08** ×

해설 **03** 사전 문항평가자를 활용하는 것은 써스톤 척도이다.

05 측정대상의 성별을 분류할 목적으로 숫자를 부여하는 측정방법은 명목척도이다.

06 요인분석에서 하나의 요인으로 묶여진 측정 문항들은 수렴타당도가 높은 것으로 판단하고, 서로 다른 요인들 간에는 판별타당도가 높은 것으로 해석할 수 있다.

08 써스톤 척도는 서열적 척도화가 아닌 등간-비율척도화에 해당한다.

표집(표본추출)

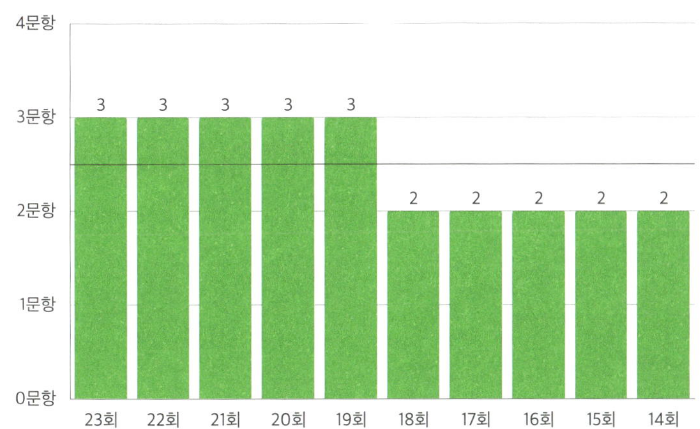

이 장에서는

표집의 특성, 표집방법, 표본의 크기와 표본오차 등을 다룬다.

10년간 출제분포도

4문항
3문항
2문항
1문항
0문항
3 3 3 3 3
2 2 2 2 2
23회 22회 21회 20회 19회 18회 17회 16회 15회 14회

2.5
문항

평균 출제문항수

표집방법

최근 10년간 **19문항** 출제

1회독	2회독	3회독
월 일	월 일	월 일

복습 1 이론요약

 23회 기출  22회 기출  21회 기출  20회 기출  19회 기출

표집 관련 용어

- 모집단: 연구대상이 되는 집단 전체이다.
- 표집틀: 표본을 추출하기 위한 모집단의 목록이다.
- 표집단위: 표본이 추출되는 각 단계에서 표본으로 추출되는 요소들의 단위이다. 일반적으로 표집단위는 분석단위와 일치하지만 표집방법에 따라 일치하지 않는 경우도 있다.
- 관찰단위: 자료를 직접 수집하는 요소 또는 요소의 총합체를 말하는 것으로 자료수집단위라고도 한다. 대부분은 분석단위와 관찰단위가 일치하지만 항상 그런 것은 아니다.
- 모수: 모집단의 변수를 요약하여 기술한 수치, 모집단의 특성을 수치로 표현한 것, 모집단의 속성을 나타내는 값이다.
- 통계치: 표본에서 변수의 특성을 요약하여 기술한 수치이다. 연구조사자는 표본조사를 통해 구한 통계치를 바탕으로 모수를 추정한다.

기본개념
사회복지조사론
pp.178~

표본설계의 과정

모집단 확정 → 표집틀 선정 → 표집방법 결정 → 표본의 크기 결정 → 표본추출

확률표집방법

▶ **확률표집방법의 개념**
- 모집단의 각 표집단위가 모두 추출될 기회를 가지고 있고, 각 단위가 추출될 확률을 정확히 알고 무작위 방법에 기초하여 표집하면, 이를 확률표집이라고 하고 이 방법으로 추출된 표본을 확률표본이라고 한다.
- 확률표집방법은 통계치로부터 모수치를 정확히 추정하는 방법을 제시해준다.

▶ **확률표집방법의 유형**
- 단순무작위표집법: 표집틀에서 각 사람이나 표집단위에 번호를 할당하여 조사자가 일정한 유형 없이 **단순히 무작위로 추출하는 방법**이다.
- 체계적 표집법: 표집틀인 모집단 목록에서 **일정한 순서에 따라** 매 k번째 요소를 표본으로 추출하는 방법이다.
- 층화표집법: 모집단을 먼저 서로 중복되지 않는 **여러 개의 층으로 분류한 후**, 각 층에서 단순무작위표집에 따라 표본

을 추출하는 방법이다.

- 군집표집법: 모집단을 여러 개의 집락 또는 집단들로 구분하여, 이들 집락이나 집단 중 일부를 선택하고, **선택된 집락 또는 집단 안에서만** 표본을 무작위 추출하는 방법이다.

비확률표집방법

▶ 비확률표집방법의 개념

- **모집단에 대한 지식·정보가 제한되어 있거나 모집단으로부터 선택될 확률이 미리 알려지지 않은 경우** 사용한다.
- 표집절차가 복잡하지 않으며 비용이 훨씬 적게 든다. 통계의 복잡성이 없으며 활용 가능한 응답자를 즉석에서 활용할 수 있다.
- 각 단위가 표본에 포함될 확률을 알 수 없고 표본오차를 산정할 수 없다. 어떤 사람이 선택될 확률이 알려지지 않기 때문에 표본이 모집단을 대표하고 있다고 말할 수 없고, 따라서 연구의 일반화에도 제한점이 있다.

▶ 비확률표집방법의 유형

- 편의표집법: 표본 선정의 편리성에 기준을 두고 **조사자 임의대로** 확보하기 쉽고 편리한 표집단위를 표본으로 추출하는 방법이다.
- 유의표집법: 전문가의 판단으로 **조사의 목적과 의도에 맞는 대상**을 표본으로 선정하는 방법이다.
- 할당표집법: 모집단의 속성 중 조사내용에 영향을 주는 요소를 정해서 이를 기준으로 몇 개의 범주로 구분하고, 각 범주에 해당하는 표본을 모집단에서 차지하는 범주의 비율에 따라 할당하고 각 범주로부터 **할당된 수의 표본을 임의적으로 추출**하는 방법이다.
- 눈덩이표집법: 연구에 필요한 특성을 갖춘 소수의 표본을 찾고, 그 표본을 통해서 다른 사람을 소개받아 **점차 표본의 수를 늘려가는 방법**이다.

질적 연구의 표집방법

- 기준표집: 연구자가 연구의 초점에 맞추어 미리 결정한 어떤 기준을 충족시키는 사례들을 선정하는 방법이다.
- 최대변화량 표집: 적은 수의 표본이지만 다양한 속성을 가진 사례들을 골고루 확보하기 위한 방법이다.
- 동질적 표집: 최대변화량 표집과 대조적이며, 동질적인 사례들로 표본을 선정하는 방법이다.
- 결정적 사례: 어떤 상황이나 문제에 대한 구체적인 정보를 제공하는 결정적인 사례를 표집하는 방법이다.
- 예외사례표집: 규칙적인 유형에 맞지 않는 극단적이거나 예외적인 사례를 검토하는 방법이다.
- 극단적/일탈적 사례: 연구자가 관심을 보이고 있는 현상이 전형적으로 나타나는 사례와 매우 특이하고 예외적인 사례를 표집하여 주요 현상에 대한 이해를 넓히는 방법이다.
- 준예외사례표집: 예외사례표집의 경우처럼 극단적인 사례나 예외적인 사례가 너무 특이해서 연구하는 현상을 왜곡할 가능성을 우려하여 일상적인 것보다는 약간 예외적이라고 할 수 있을 정도의 사례를 선정하는 방법이다.

01 (23-02-11) 확률표집은 비확률표집에 비해 정확한 표집틀이 필요하다.

02 (23-02-13) 층화표집법은 군집표집에 의한 조사에 비해 표집오차를 줄일 수 있다.

03 (22-02-15) 눈덩이표집(snowball sampling)은 질적 연구나 현장연구에서 많이 사용된다.

04 (22-02-17) 판단(judgemental) 표집, 결정적 사례(critical case) 표집, 극단적 사례(extreme case) 표집, 최대변이(maximum variation) 표집은 질적 연구에서 사용된다.

05 (21-02-21) 표집오류를 줄이기 위해 층화표집방법(stratified sampling)을 사용할 수 있다.

06 (21-02-25) 할당표집방법은 우발적 표집보다 표본의 대표성이 높다.

07 (20-02-17) 체계적 표집법은 주기성으로 인해 오차가 개입되어 대표성의 문제가 발생할 수 있다.

08 (20-02-18) 단순무작위표집(simple random sampling)은 모집단으로부터 표본으로 추출될 확률을 알 수 있다.

09 (19-02-14) 이론적(theoretical) 표본추출, 눈덩이(snowball) 표본추출, 극단적 사례(extreme case) 표본추출, 최대변이(maximum variation) 표본추출은 일반적으로 질적 조사에서 사용된다.

10 (18-02-19) 조사대상을 전문가의 판단으로 조사의 목적과 의도에 맞게 선정한 것은 의도적 표집이다.

11 (18-02-22) 확률표집은 모집단의 규모와 특성을 알 때 사용할 수 있다.

12 (17-02-19) 할당표본추출은 모집단의 구성요소들이 표본으로 선정될 확률이 동일하지 않다.

13 (16-02-23) 할당표집은 모집단의 속성 중 조사내용에 영향을 주는 요소를 정해서, 이를 기준으로 몇 개의 범주로 구분하고 각 범주에 해당하는 표본을 모집단에서 차지하는 범주의 비율에 따라 할당하고 각 범주로부터 할당된 수의 표본을 임의적으로 추출하는 방법이다.

14 (15-02-01) 체계적 표집은 확률표집방법에 해당하며, 표집틀인 모집단 목록에서 일정한 순서에 따라 매 k번째 요소를 표본으로 추출하는 방법이다.

15 (14-02-19) 층화표본추출은 전체 모집단이 아니라 여러 하위집단에서 표본을 추출한다.

16 (13-02-05) 질적 연구를 진행할 때는 편의(convenience)표집, 극단적 사례(extreme case)표집, 이론적(theoretical) 표집, 1사례(one case)표집 등을 사용한다.

17 (13-02-13) 체계적 표집은 확률표집방법에 해당하며, 일정한 순서를 정해서 매번 그 순서에 해당하는 요소를 표본으로 추출하는 방법이다.

18 (12-02-23) 비확률표집은 연구자의 편견이 개입될 수 있다.

19 (11-02-16) 이질적 집단보다 동질적 집단에서 추출한 표본의 표집오차가 작다는 이론에 기초한 표집방법은 할당(quota)표집, 층화(stratified)표집 등이 있다.

20 (11-02-29) 일반적으로 극단적 사례(extreme case)표집, 전형적 사례(typical case)표집, 눈덩이(snowball)표집, 편의(convenience)표집 등은 질적 연구에서 사용된다.

21 (10-02-24) 군집표집은 서로 동질적인 몇 개의 집단으로 나누고 이중 일부 집단을 선정하여 선택된 집단에서만 표본을 선정하는 방법이다.

22 (09-02-04) 유의표집은 표본의 대표성을 보장할 수 없다.

23 (07-02-12) 시·도 2개를 선정하고, 읍·면·동 10개를 선정하고, 그 중에서 사회복지전담공무원 2명을 선정하는 방법은 집락표집이다.

24 (06-02-26) 남녀 비율을 각각 50%씩 할당한 후 비율이 채워질 때까지 유의표집하는 것은 비확률표집에 해당한다.

25 (04-02-16) 모집단을 동질적인 하위집단으로 나누고 다시 그 하위집단을 단순무작위 표집이나 체계적 표집으로 표본을 추출하는 방법은 층화표집이다.

대표기출 확인하기

22-02-15　　난이도 ★★★

표집에 관한 설명으로 옳지 않은 것은?

① 의도적 표집(purposive sampling)은 비확률표집이다.
② 할당표집(quota sampling)은 동일추출확률에 근거한다.
③ 눈덩이표집(snowball sampling)은 질적 연구나 현장연구에서 많이 사용된다.
④ 집락표집(cluster sampling)은 모집단에 대한 표집틀이 갖추어지지 않더라도 사용가능하다.
⑤ 체계적 표집(systematic sampling)은 주기성(periodicity)이 문제가 될 수 있다.

 **알짜확인**

- 확률표집방법의 유형별 특징을 이해해야 한다.
- 비확률표집방법의 유형별 특징을 이해해야 한다.
- 질적 연구 표집방법의 유형별 특징을 이해해야 한다.

답 ②

✔ 응시생들의 선택

① 8%	② 29%	③ 12%	④ 45%	⑤ 6%

② 할당표집은 비확률표집방법에 해당한다. 비확률표집은 각 단위가 표본에 포함될 확률을 알 수 없고 표본오차를 산정할 수 없다. 즉, 동일추출확률에 근거하지 않고 어떤 사람이 선택될 확률이 알려지지 않기 때문에 표본이 모집단을 대표하고 있다고 말할 수 없고, 따라서 연구의 일반화에도 제한점이 있다.

➕ 덧붙임

표집방법에 관한 문제는 매년 1문제 이상 반드시 출제되는 영역 중 하나이다. 초창기 시험에서는 확률표집방법과 비확률표집방법의 특징을 비교하는 문제가 출제되었지만 최근 시험에서는 개별 표집방법들을 실제 사례와 연결하는 문제가 자주 출제되고 있다.

관련기출 더 보기

23-02-13　　난이도 ★★★

다음의 연구에서 활용한 표집방법에 관한 설명으로 옳은 것은?

> 노인복지관 만족도 조사를 위해 지역 내 전체 노인복지관별 등록자명단에서 등록인원수에 비례해서 난수표를 활용하여 표본을 선정하였다.

① 최종적인 표본 선정은 비확률표집방법을 활용하여 이루어진다.
② 군집표집에 의한 조사에 비해 표집오차를 줄일 수 있다.
③ 표집단계에서의 편향성을 해결하기 위해 분석단계에서 가중치를 활용한다.
④ 표집틀의 부재로 상위군집에서 하위군집으로 이동하여 최종 표본을 추출한다.
⑤ 표본의 집단별 분포를 미리 정하고 할당된 수만큼의 표본을 임의로 선정한다.

답 ②

✔ 응시생들의 선택

① 12%	② 31%	③ 13%	④ 5%	⑤ 39%

지역 내 전체 노인복지관별 등록자명단에서 등록인원수에 비례하여 표본을 선정했다는 것은 층화된 각 집단에서 등록인원수에 비례하는 비율로 추출한 것이며, 난수표를 활용한 것은 단순무작위를 통한 확률표집방법을 사용한 것이므로 주어진 사례는 층화표집법 중 비례층화표집에 해당한다.

① 난수표를 활용하여 단순무작위를 통한 확률표집방법을 사용하였다.
③ 사례에서는 비례적으로 표집했기 때문에 가중치가 불필요하다. 즉, 표집단계에서의 편향성을 해결하기 위해 분석단계에서 가중치를 활용하는 것은 비례층화표집이 아닌 비비례층화표집에 해당한다. 비비례층화표집은 각 하위집단에서 차등 비율로 표본을 추출하기 때문에 편향성이 발생될 수 있어 분석단계에서 가중치를 활용한다.
④ 지역 내 전체 노인복지관별 등록자명단이라는 표집틀이 존재한다.
⑤ 표본을 임의로 선정하지 않고 난수표를 활용하여 확률적으로 표본을 선정하였다.

질적 조사에서 일반적으로 사용되는 표본추출방법으로 옳지 않은 것은?

① 이론적(theoretical) 표본추출
② 집락(cluster) 표본추출
③ 눈덩이(snowball) 표본추출
④ 극단적 사례(extreme case) 표본추출
⑤ 최대변이(maximum variation) 표본추출

답 ②

응시생들의 선택

① 20%	② 43%	③ 18%	④ 10%	⑤ 9%

② 집락 표본추출은 확률표집방법에 해당한다. 질적 조사는 일반적으로 확률표집방법이 아닌 비확률표집방법을 사용하여 연구자가 연구에 필요한 표본을 의도적으로 선택하는 방법을 사용한다. 질적 조사의 표집방법에는 이론적 표본추출, 최대변이 표본추출, 동질적 표본추출, 결정적 사례 표본추출, 극단적 사례 표본추출, 예외사례 표본추출, 눈덩이 표본추출 등이 있다.

다음 사례에서 설명하는 표본추출방법은?

사회복지사들의 감정노동 정도를 조사하기 위하여 설문조사를 실시하였다. 표본은 전국 사회복지관에 근무하는 사회복지사를 대상으로 연령(30세 미만, 30세 이상 50세 미만, 50세 이상)을 고려하여 연령 집단별 각각 100명씩 총 300명을 임의 추출하였다.

① 비례층화 표본추출
② 할당 표본추출
③ 체계적 표본추출
④ 눈덩이 표본추출
⑤ 집락 표본추출

답 ②

응시생들의 선택

① 30%	② 47%	③ 10%	④ 2%	⑤ 11%

② 주어진 사례는 연령을 기준으로 범주를 구분하고 각 범주로부터 할당된 수의 표본을 임의적으로 추출하였으므로 할당 표본추출에 해당한다.

다음에 해당하는 표집방법은?

빈곤노인을 위한 새로운 사회복지서비스 개발을 위해 사회복지관의 노인 사례관리 담당자에게 의뢰하여 자신의 욕구를 잘 표현할 수 있는 빈곤노인을 조사대상으로 선정하였다.

① 층화표집　　　　② 할당표집
③ 의도적 표집　　　④ 우발적 표집
⑤ 체계적 표집

답 ③

응시생들의 선택

① 4%	② 9%	③ 78%	④ 1%	⑤ 8%

③ 노인 사례관리 담당자에게 의뢰하여 자신의 욕구를 잘 표현할 수 있는 빈곤노인을 조사대상으로 선정하였다고 한 것은 조사대상을 전문가의 판단으로 조사의 목적과 의도에 맞게 선정하였다는 것을 의미하는데 이를 의도적 표집이라고 한다. 유의표집, 판단표집이라고도 한다.

초·중·고등학생의 행복도를 조사하기 위해 모집단에서 차지하는 비율에 맞춰 조사대상자를 표집하고자 한다. 이때 적절하게 사용할 수 있는 비확률표집방법은?

① 층화(stratified)표집
② 체계(systematic)표집
③ 할당(quota)표집
④ 눈덩이(snowball)표집
⑤ 편의(convenience)표집

답 ③

응시생들의 선택

① 25%	② 6%	③ 62%	④ 4%	⑤ 3%

① 층화표집: 확률표집방법에 해당하며, 모집단을 먼저 서로 중복되지 않는 여러 개의 층으로 분류한 후, 각 층에서 단순무작위표집에 따라 표본을 추출하는 방법이다.
② 체계표집: 확률표집방법에 해당하며, 표집틀인 모집단 목록에서 일정한 순서에 따라 매 k번째 요소를 표본으로 추출하는 방법이다.
④ 눈덩이표집: 비확률표집방법에 해당하며, 처음에는 연구에 필요한 특성을 갖춘 소수의 표본을 찾고, 그 표본을 통해서 다른 사람을 소개받아 점차로 표본의 수를 늘려가는 방법이다.
⑤ 편의표집: 비확률표집방법에 해당하며, 표본 선정의 편리성에 기준을 두고 조사자 임의대로 확보하기 쉽고 편리한 표집단위를 추출하는 방법이다.

다음 조사에 해당하는 표집방법은?

> 한국산업인력공단은 2015년 사회복지사 1급 국가시험 합격
> 자 명단에서 수험번호가 가장 앞 쪽인 10명 중 무작위로 첫
> 번째 요소를 추출하였다. 그 후 첫 번째 요소로부터 매 10번
> 째 요소를 추출하여 합격자들의 특성을 파악하였다.

① 체계적 표집
② 단순무작위표집
③ 층화표집
④ 할당표집
⑤ 다단계 집락표집

답 ①

✓ 응시생들의 선택

① 64%	② 12%	③ 13%	④ 8%	⑤ 3%

① 표집틀인 모집단 목록에서 일정한 순서에 따라 매 k번째 요소를 표
본으로 추출하는 방법은 확률표집방법 중 체계적 표집법에 해당
한다.

'시설보호아동이 경험한 학교생활의 본질과 맥락에 대한 연구'를 진행할 때, 일반적으로 사용되는 표집방법이 아닌 것은?

① 편의(convenience)표집
② 극단적 사례(extreme case)표집
③ 이론적(theoretical) 표집
④ 층화(stratified)표집
⑤ 1사례(one case)표집

답 ④

✓ 응시생들의 선택

① 8%	② 25%	③ 15%	④ 20%	⑤ 31%

④ 질적 연구를 진행할 때 일반적으로 사용되는 표집방법을 고르는 문
제이다. 층화표집은 확률표집방법에 해당하며 양적 연구에 주로 활
용된다.

➕ 덧붙임

양적 연구와 질적 연구에서 사용하는 표집방법을 구분할 수 있어야 한
다. 질적 연구에서 사용하는 표집방법은 주로 비확률표집방법에 해당하
다는 것을 기억하자.

1,000명을 번호 순서대로 배열한 모집단에서 4번이 처음 무작위로 선정되고 9번, 14번, 19번, ⋯ 등이 차례로 체계(systematic)표집을 통해 선정되었다. 이 표집에서 표집간격(ㄱ)과 표본 수(ㄴ)가 바르게 짝지어진 것은?

① (ㄱ) 4 (ㄴ) 200
② (ㄱ) 4 (ㄴ) 250
③ (ㄱ) 5 (ㄴ) 200
④ (ㄱ) 5 (ㄴ) 250
⑤ (ㄱ) 10 (ㄴ) 200

답 ③

✓ 응시생들의 선택

① 8%	② 7%	③ 63%	④ 14%	⑤ 8%

③ 표집간격(k)은 모집단 수(N)를 표본 수(n)로 나눈 것이다(k=N/n).
이 문제에서는 4번, 9번, 14번, 19번, ⋯ 등을 차례로 표집하고 있기
때문에 표집간격이 5임을 알 수 있다. 따라서 5=1000/n이므로 표
본 수(n)는 200이 된다.

다음에 해당하는 표집방법은?

> 성인의 정치의식을 조사하기 위해 소득을 기준으로 최상,
> 상, 하, 최하로 구분한 다음, 각각의 계층이 모집단에서 차지
> 하고 있는 비율에 맞추어 1,500명의 표본을 4개의 소득계층
> 별로 무작위 표집하였다.

① 층화(stratified) 표집
② 군집(cluster) 표집
③ 할당(quota) 표집
④ 체계적(systematic) 무작위표집
⑤ 단순(simple) 무작위표집

답 ①

✓ 응시생들의 선택

① 66%	② 8%	③ 7%	④ 18%	⑤ 1%

① 층화표집은 독립변수에 영향을 미칠 것으로 간주되는 주요변수 또
는 모집단에서 같은 비율로 표집되지 못할 가능성이 있는 주요 변수
의 카테고리별로 모집단을 나누어(층화하여) 각각의 모집단 카테고
리별로 무작위 표집을 하는 방법을 말한다.

다음 내용이 왜 틀렸는지를 확인해보자

15-02-13

01 확률표집은 모집단으로부터 표본으로 추출될 확률을 알 수 없다.

> 확률표집은 모집단으로부터 표본으로 추출될 확률을 알 수 있다. 확률표집은 모집단의 각 표집단위가 모두 추출될 기회를 가지고 있고, 각 단위가 추출될 확률을 정확히 알고 무작위 방법에 기초하여 표집하는 방법이다.

14-02-19

02 확률표집방법 중 단순무작위표집법은 주기성(periodicity)이 문제가 될 수 있다.

> 확률표집방법 중 체계적 표집법은 주기성(periodicity)이 문제가 될 수 있다. 체계적 표집법은 표집틀인 모집단 목록에서 일정한 순서에 따라 매 k번째 요소를 표본으로 추출하는 방법이다.

03 층화표집법은 층화를 위한 기준으로 연구목적에 부합하는 변수를 사용하는데, 이렇게 층화한 하위집단은 이질적인 특성을 갖는다.

> 층화표집법은 층화를 위한 기준으로 연구목적에 부합하는 변수를 사용하는데, 이렇게 층화한 하위집단은 동질적인 특성을 갖는다.

04 유의표집법은 모집단을 중복되지 않는 집단들로 분리한 후, 각 집단으로부터 체계적으로 표본을 추출하는 방법이다.

> 모집단을 중복되지 않는 집단들로 분리한 후, 각 집단으로부터 체계적으로 표본을 추출하는 방법은 층화표집법이다. 유의표집법은 연구자/전문가의 판단으로 조사의 목적과 의도에 맞는 대상을 표본으로 선정하는 방법이다.

05 일탈적인 대상을 연구하거나 모집단의 구성원을 찾기 어려운 대상을 연구할 때는 할당표집법을 주로 사용한다.

> 약물중독, 성매매, 도박 등과 같이 일탈적인 대상을 연구하거나 노숙인, 이주노동자, 불법이민자 등 모집단의 구성원을 찾기 어려운 대상을 연구하는 경우에는 눈덩이표집법을 주로 사용한다.

06 층화표집과 할당표집은 이질적 집단에서 추출한 표본의 표집오차가 작다는 논리에 기초한 표집방법이다.

> 층화표집과 할당표집은 이질적 집단보다 동질적 집단에서 추출한 표본의 표집오차가 작다는 논리에 기초한 표집방법이다.

빈칸에 들어갈 알맞은 말을 채워보자

01 할당표본추출은 (　　　　　　)(으)로서 모집단의 구성요소들이 표본으로 선정될 확률이 동일하지 않다.

02 모집단을 여러 개의 집단들로 구분하여 이들 집단 중 일부를 선택하고, 선택된 집단 안에서만 표본을 무작위로 추출하는 방법은 (　　　　　)이다.

03 (　　　　　　)은/는 층화표집법과 유사하지만 할당된 표본의 수를 무작위 표집이 아닌 임의표집한다는 점에서 층화표집과 다르다.

04 질적 연구의 표집방법 중 (　　　　　　)은/는 규칙적인 유형에 맞지 않는 극단적이거나 예외적인 사례를 검토하는 방법이다.

05 1,000명을 번호 순서대로 배열한 모집단에서 4번이 처음 무작위로 선정되고 9번, 14번, 19번 등이 차례로 체계표집을 통해 선정되었다면 이 표집에서 표본 수는 (　　　　　　)이 된다.

06 눈덩이표집법은 주로 (　　　　　)에서 많이 활용된다.

07 모집단에 대한 지식이나 정보가 제한되어 있거나 모집단으로부터 선택될 확률이 미리 알려지지 않은 경우에는 (　　　　　)을/를 사용한다.

08 모집단의 각 표집단위가 모두 추출될 기회를 가지고 있고, 각 단위가 추출될 확률을 정확히 알고 무작위 방법에 기초하여 표집하는 것을 (　　　　　)(이)라고 한다.

답 **01** 비확률표집방법　**02** 집락표집법　**03** 할당표집법　**04** 예외사례표집법　**05** 200　**06** 질적 연구　**07** 비확률표집방법　**08** 확률표집방법

다음 내용이 옳은지 그른지 판단해보자

20-02-18
01 임의표집은 모집단의 대표성이 높은 표본을 추출한다. ◎ ✕

18-02-22
02 확률표집은 의식적이거나 무의식적인 편향(bias)을 방지할 수 있다. ◎ ✕

14-02-19
03 할당표본추출은 연구자의 편향적 선정이 이루어 질 수 있다. ◎ ✕

12-02-08
04 최대변화량표집은 적은 수의 표본이지만 다양한 속성을 가진 사례들을 골고루 확보하기 위한 방법 ◎ ✕
이다.

05 집락표집법은 집락 간의 동질성이 확보되지 않는다면 표집오차가 발생할 가능성이 커진다. ◎ ✕

06 비확률표집방법은 각 단위가 표본에 포함될 확률을 알 수 없고 표본오차를 산정할 수 없다. ◎ ✕

07 체계적 표집법은 모집단을 구성하는 요소들이 일정한 순서대로 배열되어 있다면 표본추출 과정에 ◎ ✕
서 체계적인 오류가 발생할 수 있다.

09-02-04
08 유의표집은 표본의 대표성을 보장할 수 있다. ◎ ✕

09 할당표집은 비확률표집이지만 가능한 한 모집단을 대표하는 표본을 얻고자 하는 방법이다. ◎ ✕

10 집락표집은 하위 집단 각각에서 모두 표본을 추출하지만, 층화표집은 하위 집단들 중 선택된 집단 ◎ ✕
에서만 표본을 추출한다.

답 01 ✕ 02 ○ 03 ○ 04 ○ 05 ○ 06 ○ 07 ○ 08 ✕ 09 ○ 10 ✕

해설 **01** 임의표집은 표본의 대표성 문제와 표집의 편의 문제가 발생할 수 있다.
08 유의표집은 표본의 대표성을 보장할 수 없다.
10 층화표집은 하위 집단 각각에서 모두 표본을 추출하지만, 집락표집은 하위 집단들 중 선택된 집단에서만 표본을 추출한다.

049

표본의 크기와 표본오차

강의 QR코드

1회독	**2**회독	**3**회독
월 일	월 일	월 일

최근 10년간 **9문항** 출제

복습 1 이론요약

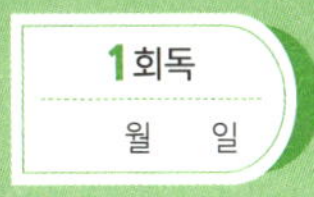 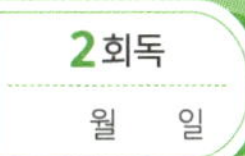 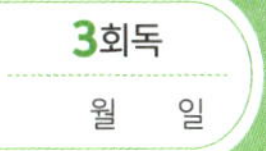
23회 기출 22회 기출 21회 기출 20회 기출 19회 기출

표본의 크기

- 표본의 크기는 조사자가 선택하는 신뢰수준에 따라 달라지는데, <u>신뢰수준이 높으면 표본의 크기도 커져야 한다</u>.
- 표본의 크기는 조사문제나 조사가설의 내용에 따라서도 달라지는데, 일반적으로 연구하고자 하는 <u>주요 변인의 수가 많으면 표본의 크기도 커져야 한다</u>.
- 모집단 요소들이 유사한 속성을 많이 가지고 있다면 표본의 크기는 작아도 되지만 모집단의 이질성이 크다면 표본의 크기는 커야 한다.
- 연구하고자 하는 <u>변수의 수가 증가할수록 표본의 크기는 더욱 커져야 한다</u>.
- 실험연구나 사례연구, 또는 다른 질적 연구의 경우 그들이 가지고 있는 속성상 사례 수가 적을 수밖에 없는 반면, 서베이조사에서는 표본의 크기가 대체로 크다.
- 표본 하나에 대한 소요비용이 일정하다고 간주한다면 표본의 크기가 클수록 비용이 증가하게 된다.
- **표본의 크기를 크게 하면 표본오차는 감소하지만, 비표본오차의 발생가능성은 높아진다.**

표본오차

- 표집오차라고도 하며, <u>모집단 값과 표본의 값 간의 차이</u>를 말한다.
- 실질적인 의미에서는 모집단 전체의 값을 알 수 없기 때문에 표본으로부터 얻어진 값을 토대로 연구자가 정한 일정한 신뢰수준에서 나타날 수 있는 오차의 범위를 추정하게 된다.
- 표본오차를 추정할 때 영향을 주는 요인은 표본의 크기, 신뢰구간 등이다.

비표본오차

- 비표집오차라고도 한다.
- 표본추출과정에서 유발되는 오차가 아니라 설문지나 조사자료의 작성, 또는 인터뷰과정에서 비롯되는 오류, 분석된 자료의 그릇된 해석, 자료집계나 자료를 분석하는 도중에 발생하는 요인들, 응답자의 불성실한 태도 등에서 야기되는 오차이다.

기본개념

사회복지조사론
pp.184~

01 (23-02-14) 표본의 크기와 표본오차는 반비례한다.

02 (22-02-16) 표집오차는 표집방법에 따라 달라질 수 있다.

03 (21-02-19) 표본으로 추출될 기회가 동등하면 표집오차는 감소한다.

04 (20-02-16) 층화를 통해 단순무작위추출의 표집오차를 줄일 수 있다.

05 (19-02-13) 신뢰수준을 높이려면 표본의 크기도 커져야 한다.

06 (17-02-20) 무작위로 추출된 표본의 크기는 표본의 대표성과 관계가 있다.

07 (16-02-09) 동일한 조건이라면 이질적 집단보다 동질적 집단에서 추출한 표본의 표집오차가 작다.

08 (14-02-16) 양적 연구에서 표본의 크기가 클수록 유의미한 결과를 얻는데 유리하다.

09 (13-02-09) 표본크기가 커질수록 모수와 통계치의 유사성이 커진다.

10 (12-02-05) 표집오차(sampling error)는 일반적으로 표본규모가 클수록 감소한다.

11 (10-02-25) 표본의 크기는 조사자가 선택하는 신뢰수준에 따라 달라진다.

12 (09-02-17) 표본의 크기는 모집단의 특성을 추정하는 정확성과 관계가 있다.

13 (07-02-11) 표본의 크기를 결정하는 요인으로는 조사가설의 내용, 조사비용의 한도, 모집단의 동질성, 모집단의 크기 등이 있다.

14 (06-02-28) 표본조사에 있어서 대표성을 높이기 위해서는 표본의 크기를 늘려야 한다.

15 (04-02-18) 표본오차는 표본값과 모수의 차이이다.

16 (03-02-17) 표본의 크기는 표집오차에 직접적으로 영향을 준다.

17 (02-02-17) 신뢰수준과 분석변수의 수는 표본의 크기를 결정하는 데 직접적인 영향을 미친다.

대표기출 확인하기

23-02-14   난이도 ★★★

표본의 크기에 관한 설명으로 옳은 것은?

① 추정치가 모수에 근접할 확률은 표본의 크기에 반비례한다.
② 모집단 내 편차가 클수록 표본의 크기를 늘려야 한다.
③ 조사비용과 시간의 한계는 표본의 크기와 관련이 없다.
④ 표본의 크기와 표본오차는 비례한다.
⑤ 통계분석방법은 표본의 크기와 관련이 없다.

 **알짜확인**

- 표본의 크기에 따른 표본오차, 신뢰수준, 신뢰구간의 관계를 파악해야 한다.
- 표본오차와 비표본오차의 특징을 파악해야 한다.

답 ②

응시생들의 선택

① 9%	② 73%	③ 1%	④ 15%	⑤ 2%

모집단 내 편차가 크다는 것은 집단을 구성하는 구성원의 차이(이질성)가 크다는 것을 나타내므로 대표성 있고 신뢰도가 높은 결과를 얻기 위해 더 많은 표본이 필요하므로 표본의 크기를 늘려야한다.

① 추정치가 모수에 근접할 확률은 표본의 크기에 비례한다. 즉, 표본의 크기가 클수록 추정치가 모수에 근접할 확률도 증가한다.
③ 조사비용과 시간의 한계는 표본의 크기와 관련이 있다. 현실적으로 조사비용이 많이 들고 시간 제약이 크면 표본의 크기를 줄이게 된다.
④ 표본의 크기와 표본오차는 반비례한다. 즉, 표본의 크기가 커지면 표본오차는 감소한다.
⑤ 통계분석방법은 표본의 크기에 따라 다르다.

덧붙임

표본의 크기는 표본의 대표성, 표본오차 등과 밀접한 관련이 있다. 따라서 표본의 크기에 대한 개념뿐만 아니라 표본의 크기에 따른 표본오차와의 관계, 신뢰수준과 신뢰구간의 관계 등에 대한 이해가 필요하다. 최근 시험에서도 표본의 크기, 표본오차 등과 관련된 다양한 개념 및 관계를 종합적으로 묻는 문제가 지속적으로 출제되고 있으므로 이에 대비해야 한다.

관련기출 더 보기

22-02-16   난이도 ★★☆

표집오차(sampling error)에 관한 설명으로 옳지 않은 것은?

① 표본의 선정과정에서 발생하는 오차이다.
② 표집방법에 따라 달라질 수 있다.
③ 동일한 조건이라면 표본크기가 클수록 감소한다.
④ 모집단의 크기와 표본크기의 차이를 말한다.
⑤ 동일한 조건이라면 이질적 집단보다 동질적 집단에서 추출한 표본의 표집오차가 작다.

답 ④

응시생들의 선택

① 11%	② 3%	③ 25%	④ 54%	⑤ 7%

④ 표집오차란 모집단 값과 표본의 값 간의 차이를 말한다.

20-02-16   난이도 ★★★

다른 조건이 같다면, 확률표집에서 표집오차(sampling error)에 관한 설명으로 옳지 않은 것은?

① 표준오차(standard error)가 커지면 표집오차도 커진다.
② 신뢰수준(confidence level)을 높이면 표집오차가 감소한다.
③ 표본의 수가 증가하면 표집오차가 감소한다.
④ 이질적인 모집단보다 동질적인 모집단에서 추출한 표본의 표집오차가 작다.
⑤ 층화를 통해 단순무작위추출의 표집오차를 줄일 수 있다.

답 ②

응시생들의 선택

① 28%	② 25%	③ 20%	④ 8%	⑤ 19%

② 신뢰수준을 높게 잡으면 표집오차가 커지고, 표본의 크기가 커지면 표집오차는 작아진다.

표본크기와 표집오차에 관한 설명으로 옳은 것을 모두 고른 것은?

ㄱ. 자료수집 방법은 표본크기와 관련 있다.
ㄴ. 표본크기가 커질수록 모수와 통계치의 유사성이 커진다.
ㄷ. 표집오차가 커질수록 표본이 모집단을 대표하는 정확성이 낮아진다.
ㄹ. 동일한 표집오차를 가정한다면, 분석변수가 많아질수록 표본크기는 커져야 한다.

① ㄱ, ㄴ, ㄷ
② ㄱ, ㄷ
③ ㄴ, ㄹ
④ ㄹ
⑤ ㄱ, ㄴ, ㄷ, ㄹ

답 ⑤

✅ 응시생들의 선택

① 20%	② 12%	③ 10%	④ 20%	⑤ 37%

ㄱ. 실험설계나 사례연구, 혹은 질적 연구의 경우 특징상 표본의 크기가 작을 수 있고, 반면에 서베이조사에서는 표본의 크기가 대체로 큰 편이다.
ㄴ, ㄷ. 표집오차란 표본추출에서 발생하는 모집단의 값(모수)과 표본 값(통계치)의 차이를 의미하며 표본크기가 커질수록 표집오차는 줄어든다. 즉, 모수와 통계치의 유사성이 커진다는 것은 통계치가 모수에 근접할 확률이 높아진다는 것이다. 반대로 표집오차가 커진다는 것은 모수와 통계치의 차이가 커진다는 것이며, 표본이 모집단을 대표하는 정확성이 낮아진다는 것이다.
ㄹ. 표본크기는 분석에 포함되는 변수의 수에 통계분석 방법에서 변수당 요구하는 최소 사례 수를 곱해 결정하는 경우가 많다. 즉, 분석변수가 많아질수록 표본크기는 커져야 한다.

표집오차에 관한 설명으로 옳지 않은 것은?

① 표본의 통계치와 모수 간의 차이를 의미한다.
② 일반적으로 표본규모가 클수록 감소한다.
③ 표본의 선정과정에서 발생하는 오차이다.
④ 모집단의 크기에 비례한다.
⑤ 모집단의 동질성에 영향을 받는다.

답 ④

✅ 응시생들의 선택

① 5%	② 16%	③ 15%	④ 52%	⑤ 12%

④ 표집오차의 크기는 모집단의 크기에 따라 좌우되는 것이 아니라 표본의 크기에 좌우된다. 표집오차는 표본오차라고도 하며 표본의 크기에 반비례하며, 모집단이 동질적일수록 낮다.

표본에 관한 설명으로 옳은 것을 모두 고른 것은?

ㄱ. 표본의 크기는 조사자가 선택하는 신뢰수준에 따라 달라진다.
ㄴ. 표집오차는 모수(parameter)와 표본의 통계치(statistics) 간의 차이를 의미한다.
ㄷ. 다른 조건이 일정할 때, 표본의 크기가 커지면 표준오차는 작아진다.
ㄹ. 신뢰수준을 95%에서 99%로 높이려면 표본의 크기를 줄여야 한다.

① ㄱ, ㄴ, ㄷ
② ㄱ, ㄷ
③ ㄴ, ㄹ
④ ㄹ
⑤ ㄱ, ㄴ, ㄷ, ㄹ

답 ①

✅ 응시생들의 선택

① 65%	② 11%	③ 11%	④ 1%	⑤ 12%

ㄹ. 신뢰수준을 95%에서 99%로 높이려면 표본의 크기가 커져야 한다.

표본의 크기에 관한 설명으로 옳지 않은 것은?

① 표본의 크기는 표집 비용과 시간에 영향을 받는다.
② 한 변수 내의 범주의 수가 많을수록 표본의 크기는 커져야 한다.
③ 표본의 크기가 커질수록 비표집오차는 표집오차처럼 감소한다.
④ 표본의 크기는 모집단의 특성을 추정하는 정확성과 관계가 있다.
⑤ 표본의 크기가 작으면 통계적 검증력이 떨어지고 제2종 오류를 범하기 쉽다.

답 ③

✅ 응시생들의 선택

① 4%	② 2%	③ 82%	④ 4%	⑤ 8%

③ 표본의 크기가 커지면 표집오차는 줄어드는 경향이 있지만 조사기간이 길어지거나 조사인력이 많아지면서 비표집오차는 오히려 증가할 수 있다.

다음 내용이 **왜 틀렸는지**를 확인해보자

16-02-22

01 95% 신뢰수준은 100번 조사하면 **95번 정도는 오차가 허용될 수 있다는 의미**이다.

> 신뢰수준은 동일한 조사를 100번 하면 동일한 결과가 나올 확률을 의미한다. 95% 신뢰수준은 동일한 조사를 100번 하면 95번은 동일한 결과가 나올 확률을 의미하며, 5번 정도는 오차가 허용될 수 있다는 의미이다.

02 표본의 크기를 크게 하면 **표본오차는 커지지만, 비표본오차의 발생가능성은 낮아진다.**

> 표본의 크기를 크게 하면 표본오차는 감소하지만, 비표본오차의 발생가능성은 높아진다.

14-02-16

03 표본의 대표성은 **표본오차와 정비례**한다.

> 표본의 대표성은 표본오차와 반비례한다.

10-02-25

04 신뢰수준을 95%에서 99%로 높이려면 **표본의 크기를 줄여야** 한다.

> 신뢰수준을 95%에서 99%로 높이려면 표본의 크기가 커져야 한다.

05 모집단이 **이질적인 경우에는 동질적인 경우보다 표본의 크기를 작게 할 수 있다.**

> 모집단이 동질적인 경우에는 이질적인 경우보다 표본의 크기를 작게 할 수 있다.

06 연구하고자 하는 변수의 수가 증가할수록 **표본의 크기는 작아야** 한다.

> 연구하고자 하는 변수의 수가 증가할수록 표본의 크기는 더욱 커져야 한다. 각 변수에 일정 수의 표본이 있어야 그 변수가 통계적으로 유의미하게 분석되고 분석결과를 신뢰할 수 있다.

빈칸에 들어갈 알맞은 말을 채워보자

16-02-09

01 표본오차는 모수와 (　　　　　　) 간의 차이를 의미한다.

16-02-09

02 (　　　　　　　　)은/는 모집단에서 정해진 크기 N의 표본을 무수히 많이 뽑아서 그 표본의 평균값들을 각각 구한 후 그 표본 평균값들 간에 계산한 표준편차를 의미한다.

03 표본오차를 추정할 때 영향을 주는 요인은 표본의 크기, (　　　　　　) 등이다.

04 표본추출과정에서 유발되는 오차가 아닌 설문지 작성, 자료분석, 응답자의 불성실한 태도 등에서 야기되는 오차를 (　　　　　　)(이)라고 한다.

05 표본의 크기는 모집단의 구성요소들이 연구하고자 하는 속성들을 유사하게 가지고 있는 정도인 (　　　　　　)에 따라 달라진다.

 **답** **01** 표본의 통계치　**02** 표준오차　**03** 신뢰구간　**04** 비표본오차　**05** 모집단의 동질성

다음 내용이 옳은지 그른지 판단해보자

20-02-16

01 층화를 실시하여도 단순무작위추출의 표집오차는 줄일 수 없다.　

19-02-13

02 같은 표본추출방법을 사용한다면 표본의 크기가 클수록 대표성은 커진다.　

22-02-16

03 동일한 조건이라면 이질적 집단보다 동질적 집단에서 추출한 표본의 표집오차가 작다.　

12-02-05

04 표본오차는 모집단의 크기에 반비례한다.　

09-02-17

05 표본의 크기가 작으면 통계적 검증력이 떨어지고 제2종 오류를 범하기 쉽다.　

답 **01** ×　**02** ○　**03** ○　**04** ×　**05** ○

해설 **01** 층화를 통해 단순무작위추출의 표집오차를 줄일 수 있다.
04 표본오차는 모집단의 크기가 아닌 표본의 크기에 반비례한다.

자료수집방법 Ⅰ:
서베이(설문조사)

이 장에서는

서베이 방법의 특징, 서베이의 유형 등을 다룬다.

10년간 출제분포도

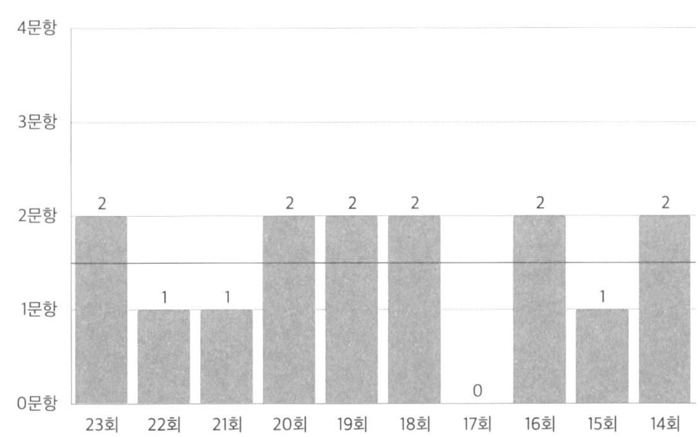

050 서베이 방법의 특징

강의 QR코드

1회독	2회독	3회독
월 일	월 일	월 일

최근 10년간 **8문항** 출제

복습 1 이론요약

20회 기출　19회 기출

서베이 방법의 특징

- **대규모 모집단의 특성**을 기술하는 데 유용하다.
- 연구결과를 **일반화하기가 상대적으로 용이**하다.
- 표준화된 설문지를 사용함으로써 객관적으로 측정할 수 있다.
- 외생변수의 통제가 불가능하기 때문에 변수들 간의 인과관계를 규명함에 있어 내적 타당도가 결여될 수 있다.
- 한 시점에서 끝나는 경우가 많아 시계열적인 정보를 얻기 어렵다.

기본개념

사회복지조사론
pp.192~

설문지 질문의 형태

- 개방형 질문: 미리 정해진 응답범주를 제공하는 것이 아니라 응답자의 생각, 느낌, 의견 등을 자유롭게 기록할 수 있는 형태이다. 응답할 수 있는 응답범주를 모두 파악하기 힘든 경우나 응답범주가 너무 많아 열거하기 힘든 경우에 적절하다.
- 폐쇄형 질문: 응답자에게 미리 정해진 응답범주를 제시하여 특정한 응답 범주를 선택하도록 하는 형태이다. 가능한 응답범주가 제한적일 경우에 적절하며, 응답범주는 포괄적이고 상호배타적이어야 한다.

질문 응답범주의 형식

- 찬반형 질문: "예–아니오", "찬성–반대"와 같이 간단한 찬반양론을 묻는 질문에 적당한 형태이다.
- 다항선택형 질문: 여러 개의 응답 범주 중에서 하나 혹은 그 이상의 범주를 선택하도록 하는 질문으로 보통 3~5개의 선택 항목으로 구성된다.
- 서열형 질문: 일련의 응답범주들에 대한 중요성, 선호나 우선순위 등에 따른 순서에 따라 선택하는 질문이다.
- 평정형 질문: 강도를 달리하는 응답범주들 중 하나를 선택하는 것이다.
- 행렬식 질문: 여러 개의 질문들이 동일한 응답 범주를 가지고 있는 경우에 사용한다.

설문지 질문의 구성

- 질문의 내용을 응답자가 정확하게 파악할 수 있도록 작성해야 한다.
- 응답자의 능력과 특성을 고려하여 적절하게 구성해야 한다.
- 추상적으로 질문하기보다는 구체적으로 질문해야 한다.

- 유도질문과 이중질문은 피해야 한다.
- 질문 내에 어떤 가정이나 암시는 피해야 한다.
- 편견을 내포하는 용어나 서술은 피해야 한다.
- 응답 범주에 애매하거나 막연한 내용이 포함되지 않도록 해야 한다.

설문지 질문의 배열

- **흥미롭고 답하기 쉬운 질문을 먼저 배치**해야 한다.
- **민감한 질문이나 개방형 질문은 뒷부분에 배치**해야 한다.
- 질문을 논리적으로 배열해야 한다.
- 응답군이 조성되지 않도록 문항을 적절히 배치해야 한다.
- **신뢰도를 검사하는 질문은 서로 떨어지게 배치**해야 한다.
- **일반적인 것을 먼저 묻고 특수한 것을 뒤에** 물어야 한다.
- 질문지에는 표지, 응답지침 등을 포함해야 한다.

기출문장 CHECK

01 (20-02-20) 표집방법, 표본의 크기, 설문조사의 시기, 측정도구의 신뢰성 등은 설문조사 결과를 해석할 때 유의해야 할 사항에 해당한다.

02 (20-02-21) 질문의 유형과 형태를 결정할 때 조사대상자의 응답능력을 고려할 필요가 있다.

03 (19-02-23) 다항선택식(multiple choice) 질문은 응답범주들 중에서 하나 또는 그 이상을 선택하도록 하는 질문이다.

04 (18-02-20) 명목측정을 위한 질문은 단일차원성의 원칙을 지켜 내용을 구성한다.

05 (16-02-15) 신뢰도 측정을 위해 짝(pair)으로 된 문항들은 가급적 떨어지게 배치한다.

06 (15-02-11) 폐쇄형 질문의 응답범주는 상호배타적이어야 한다.

07 (13-02-20) 응답하기 쉬운 문항일수록 설문지의 앞에 배치하는 것이 좋다.

08 (12-02-18) 심층적이고 질적인 면접은 대부분 개방형 질문으로 구성된다.

09 (10-02-03) 설문지 작성과정 중 사전검사(pretest)를 실시하는 이유는 응답내용 간에 모순 또는 합치되지 않는지를 확인하기 위함이다.

10 (10-02-08) 설문지의 회수율 모니터링은 비응답자들의 추가응답률을 높이는 데 활용된다.

11 (10-02-09) 설문조사는 대단위 모집단의 태도와 성향을 측정할 때 적합한 방법이다.

12 (09-02-30) 질문 문항은 가치중립적인 용어를 사용해야 한다.

13 (08-02-23) 응답의 고정반응을 피하기 위해 질문을 다양화해야 한다.

14 (06-02-19) 설문지 문항은 이중의미를 내포하면 안 된다.

15 (05-02-22) 설문지 작성 시 조사내용을 포함한 항목은 나누고, 항목별 세부문항을 만든다.

16 (04-02-21) 질문은 되도록 짧게 한다.

17 (01-02-09) 이중질문은 하지 않아야 한다.

대표기출 확인하기

19-02-23 　난이도 ★★★

설문지 작성방법에 관한 설명으로 옳은 것은?

① 개방형 질문은 미리 유형화된 응답범주들을 제시해 놓은 질문 유형이다.
② 행렬식(matrix) 질문은 한 주제의 응답에 따라 부가 질문을 연결해서 사용하는 질문이다.
③ 많은 정보가 필요할 경우 이중질문을 사용한다.
④ 신뢰도 측정을 위해 짝(pair)으로 된 문항들을 이어서 배치한다.
⑤ 다항선택식(multiple choice) 질문은 응답범주들 중에서 하나 또는 그 이상을 선택하도록 하는 질문이다.

▶ 알짜확인

- 서베이 방법의 장단점을 이해해야 한다.
- 설문지 질문의 형태와 응답범주 형식의 특성을 파악한다.
- 설문지 질문의 어구구성 및 문항배열의 특성을 파악한다.

답 ⑤

✔ 응시생들의 선택

① 3%	② 19%	③ 3%	④ 5%	⑤ 70%

① 개방형 질문은 미리 정해진 응답범주를 제공하는 것이 아니라 응답자의 생각, 느낌, 의견 등을 자유롭게 기록할 수 있는 형태이다.
② 행렬식 질문은 여러 개의 질문들이 동일한 응답 범주를 가지고 있는 경우에 사용한다. 질문지를 효율적으로 사용할 수 있고 응답하는 데 걸리는 시간을 줄여주는 장점이 있지만, 유사한 질문들이 인접하여 배치되기 때문에 고정반응이 발생할 수 있는 단점이 있다.
③ 이중질문은 두 가지 이상의 질문을 포함하는 질문으로서 질문의 어구를 구성할 때는 이중질문을 피하는 것이 좋다.
④ 신뢰도 측정을 위해 짝(pair)으로 된 문항들은 서로 떨어지게 배치해야 한다.

➕ 덧붙임

주로 서베이 방법의 주요 특징을 묻는 문제와 설문지 작성과 관련된 문제가 출제되고 있다. 특히 설문지에서 질문의 어구를 구성하고 문항을 배열할 때 지켜야 할 원칙들은 출제빈도가 매우 높은 영역이다. 설문지 작성에서 유의할 사항, 설문지를 구성하는 질문 유형, 사전검사를 실시하는 이유, 설문조사의 회수율 모니터링 등에 관한 문제가 출제되었다.

관련기출 더 보기

20-02-21 　난이도 ★★★

자료수집방법에 관한 설명으로 옳은 것은?

① 질문의 유형과 형태를 결정할 때 조사대상자의 응답능력을 고려할 필요가 있다.
② 설문문항 작성 시 이중질문을 넣어야 한다.
③ 비참여관찰법은 연구자가 관찰대상과 상호작용을 유지하는 것이 중요하다.
④ 설문지에서 질문 순서는 무작위 배치를 원칙으로 한다.
⑤ 우편조사는 프로빙(probing) 기술이 중요하다.

답 ①

✔ 응시생들의 선택

① 90%	② 3%	③ 3%	④ 2%	⑤ 2%

② 설문문항 작성 시 이중질문은 피해야 한다.
③ 비참여관찰법은 제3자의 입장으로 관찰하는 것이다.
④ 무작위로 배치된 질문은 주제의 전환이 계속 이루어져 응답을 하는 데 어려움이 생길 수 있다.
⑤ 프로빙 기술, 즉 심층규명(probing)이 중요한 것은 면접조사이다.

18-02-20 　난이도 ★★★

설문지 작성에 관한 내용으로 옳지 않은 것은?

① 개연성 질문(contingency questions)은 사고의 흐름에 따라 배치한다.
② 고정반응(response set)을 예방하기 위해 유사질문들은 분리하여 배치한다.
③ 민감한 주제나 주관식 질문은 설문지의 뒷부분에 배치한다.
④ 명목측정을 위한 질문은 단일차원성의 원칙을 지켜 내용을 구성한다.
⑤ 신뢰도 측정을 위한 질문들을 가능한 서로 가깝게 배치한다.

답 ⑤

✔ 응시생들의 선택

① 4%	② 3%	③ 1%	④ 4%	⑤ 88%

⑤ 신뢰도를 측정하기 위하여서 한 질문지 내에 표현은 각기 다르지만 동일한 질문 목적을 가진 문항 짝들을 배치하는 경우에는 가능한 서로 멀리 떨어져 있게 하는 것이 좋다.

설문지 작성에 관한 설명으로 옳은 것은?

① 개방형 질문은 응답률을 높이기 위해 주로 설문지의 앞부분에 배치한다.
② 수반형(contingency) 질문이 많아질수록 응답률은 높아진다.
③ 명확한 응답을 얻기 위해 이중(double-barreled)질문을 사용한다.
④ 문항은 응답자의 특성과 무관하게 작성되어야 한다.
⑤ 신뢰도 측정을 위해 짝(pair)으로 된 문항들은 가급적 떨어지게 배치한다.

답 ⑤

✅ 응시생들의 선택

① 11%	② 7%	③ 6%	④ 3%	⑤ 73%

① 개방형 질문은 깊은 생각과 시간을 필요로 하기 때문에 응답하기 어렵다는 생각을 심어주어 질문 전체를 거부할 가능성이 있으므로 설문지 뒷부분에 배치한다.
② 여과형 질문과 수반형 질문이 많아질수록 응답률은 낮아질 가능성이 있다.
③ 이중질문이란 두 가지 이상의 질문을 포함하는 질문으로서 가능하면 피해야 한다.
④ 문항은 응답자의 특성과 관련되게 작성되어야 한다.

설문지 문항의 작성방법에 관한 설명으로 옳지 않은 것은?

① 이중(double-barreled)질문과 유도질문은 피하는 것이 좋다.
② 신뢰도 측정을 위해 짝(pair)으로 된 문항들은 함께 배치하는 것이 좋다.
③ 응답하기 쉬운 문항일수록 설문지의 앞에 배치하는 것이 좋다.
④ 일반적인 것을 먼저 묻고 특수한 것을 뒤에 묻는 것이 좋다.
⑤ 객관식 문항의 응답 항목은 상호배타적이어야 한다.

답 ②

✅ 응시생들의 선택

① 13%	② 54%	③ 3%	④ 7%	⑤ 23%

② 신뢰도를 측정하기 위한 문항들은 되도록 서로 멀리 떨어져 있게 하는 것이 좋다.

설문지 작성에 관한 설명으로 옳지 않은 것은?

① 폐쇄형 질문의 응답범주는 포괄적(exhaustive)이어야 한다.
② 응답자의 이해능력을 고려하여 설문문항이 작성되어야 한다.
③ 폐쇄형 질문의 응답범주는 상호배타적(mutually exclusive)이지 않아도 된다.
④ 심층적이고 질적인 면접은 대부분 개방형 질문으로 구성된다.
⑤ 이중질문(double-barreled question)은 배제되어야 한다.

답 ③

✅ 응시생들의 선택

① 24%	② 1%	③ 69%	④ 4%	⑤ 2%

③ 상호배타적이라는 의미는 응답범주들이 서로 중복되어서는 안 된다는 것이다. 폐쇄형 질문의 응답범주는 상호배타적이어야 한다.

다음과 같은 유형의 질문은?

> 귀하는 대통령선거에서 투표한 적이 있습니까?
> □ 예 (1~3번 질문에 답해 주십시오)
> □ 아니오 (1~3번 질문을 건너뛰고 4번 질문으로 바로 가십시오)

① 복수응답 유발형 질문
② 행렬식 질문
③ 동일유형 질문
④ 여과형 질문
⑤ 개방형 질문

답 ④

✅ 응시생들의 선택

① 10%	② 32%	③ 10%	④ 45%	⑤ 3%

④ 여과형 질문은 응답자의 일부를 구분하기 위해 사용하는 질문이다.

다음 내용이 **왜 틀렸는지**를 확인해보자

16-02-15

01 개방형 질문은 응답률을 높이기 위해 주로 **설문지의 앞부분에 배치**한다.

> 개방형 질문은 깊은 생각과 시간을 필요로 하기 때문에 응답하기 어렵다는 생각을 심어주어 질문 전체를 거부할 가능성이 있으므로 설문지 뒷부분에 배치한다.

13-02-20

02 특수한 것을 먼저 묻고 일반적인 것을 뒤에 묻는 것이 좋다.

> 일반적인 것을 먼저 묻고 특수한 것을 뒤에 묻는 것이 좋다.

03 사전조사는 본 조사의 핵심문항으로 구성된 **약식 질문지로 수행**한다.

> 사전조사는 약식이 아닌 본래 작성된 질문지를 가지고 소수의 표본을 대상으로 실시한다.

12-02-18

04 설문지 질문을 구성할 때는 응답의 빠른 진행을 위하여 **이중질문을 많이 활용**해야 한다.

> 설문지 질문을 구성할 때는 두 가지 이상의 질문을 포함하는 이중질문을 피해야 한다.

05-02-22

05 설문지는 통계적 편의를 위해 **개방형 질문을 주로 사용**한다.

> 개방형 질문은 선택항목이 없는 형태이므로 통계적 처리에 불편함이 있다.

06 서베이 방법은 **소규모 모집단의 특성을 기술하는 데 유용**하다.

> 서베이 방법은 대규모 모집단의 특성을 기술하는 데 유용하다.

빈칸에 들어갈 알맞은 말을 채워보자

19-02-23

01 (   )은/는 여러 개의 질문들이 동일한 응답 범주를 가지고 있는 경우에 사용한다.

13-02-20

02 객관식 문항의 응답 항목은 (   )이어야 한다.

10-02-02

03 응답이 한쪽으로 치우치지 않는지 확인하기 위해 (   )을/를 실시해야 한다.

09-02-30

04 (   ) 질문형태는 응답해석에 편견이 개입될 수 있다.

05 응답자가 질문내용을 깊이 고려하지 않고 일정한 방향으로 응답해 버리는 것을 (   )(이)라 한다.

> **답** **01** 행렬식 질문   **02** 상호배타적   **03** 사전검사   **04** 개방형   **05** 응답군

다음 내용이 옳은지 그른지 판단해보자

16-02-15

01 문항은 객관성을 위해 응답자의 특성과 무관하게 작성되어야 한다.   ◎ ✕

13-02-20

02 응답하기 쉬운 문항일수록 설문지의 앞에 배치하는 것이 좋다.   ◎ ✕

03 편향적인 질문은 반드시 피해야 한다.   ◎ ✕

04 평정형 질문은 일련의 응답범주들에 대한 중요성, 선호나 우선순위 등에 따른 순서에 따라 선택하는 질문이다.   ◎ ✕

05 폐쇄형 질문은 응답자가 질문에 응답하기 꺼려한다.   ◎ ✕

> **답** **01** ✕   **02** ○   **03** ○   **04** ✕   **05** ✕

> **해설** **01** 문항은 응답자의 특성과 관련되게 작성되어야 한다.
> **04** 일련의 응답범주들에 대한 중요성, 선호나 우선순위 등에 따른 순서에 따라 선택하는 질문은 서열형 질문이다.
> **05** 폐쇄형 질문은 응답자가 질문에 응답하기 용이하다.

051

서베이의 유형

강의 QR코드

1회독 월 일 2회독 월 일 3회독 월 일

최근 10년간 **8문항** 출제

복습 1 이론요약

 23회 기출  22회 기출  21회 기출  19회 기출

우편조사

기본개념

사회복지조사론
pp.203~

▶ **장점**

- 비용과 시간을 절약할 수 있다.
- 익명성을 보장할 수 있으며, 면접자의 편견을 배제할 수 있다.
- 지리적으로 널리 퍼져 있는 응답자들에게 모두 접근할 수 있다.
- 응답자가 편리할 때 설문지를 완성할 수 있다.

▶ **단점**

- 응답의 융통성이 결여될 수 있다.
- 응답률과 회수율이 낮다.
- 언어적 행동만 조사가 가능하다.
- 응답자의 환경에 대한 통제가 불가능하다.
- 복잡한 질문지 구성체제를 사용할 수 없으며, 추가질의가 어렵다.

면접조사

▶ **장점**

- 응답의 융통성이 있으며, 비교적 응답률이 높다.
- 면접상황에 대한 통제가 가능하며, 비언어적 행위 등 추가적인 정보를 얻을 수 있다.
- 읽고 쓰는 능력이 부족한 사람들을 대상으로 조사를 실시할 수 있다.
- 복잡한 질문을 사용할 수 있으며, 질문의 순서를 통제할 수 있다.

▶ **단점**

- 비용이 많이 들며, 면접자에 의한 오류가 발생할 수 있다.
- 익명성 보장이 미약하므로 민감한 질문에 응답자가 꺼려할 수 있다.
- 응답자가 여러 지역에 퍼져 있는 경우 접근성이 낮다.
- 면접자가 응답자의 응답을 이해하지 못하거나 오기할 가능성이 있다.

조사유형별 장단점 비교

- 우편설문법은 비언어적 행위의 관찰이 불가능하지만, 대인면접법은 응답자의 비언어적 행위에 대한 관찰을 통해 추가적인 정보를 얻을 수 있다.
- 우편설문법에 비해 대인면접법은 면접을 진행하는 조사원의 선발, 훈련, 관리에 많은 비용이 소요되며 이들에 대한 보수 및 교통비 등으로도 많은 비용이 소요된다.
- 우편설문법은 설문을 보낸 대상자가 응답했는지 아니면 대리인이 응답했는지를 확인할 수 없다. 반면에 대인면접법은 직접 조사자와 대상자가 얼굴을 맞대고 자료를 수집하기 때문에 대리응답의 가능성은 낮다.
- 우편설문법에 비해 대인면접법은 질문과정에서 유연성이 높다. 비구조화면접의 경우 상황에 따라 질문의 순서를 변경할 수 있고, 깊이 있게 파고 들어가는 대화가 가능하며 불명확한 응답의 경우 그 자리에서 확인이 가능하다.
- 우편설문법에 비해 대인면접법은 (종류에 따라 구조화 정도에는 차이가 있지만) 응답환경에 대한 통제와 구조화가 용이하다.
- 자기기입식 설문조사는 대인면접법에 비해 응답자의 익명성이 더 잘 보장되며, 응답자가 응답을 꺼려할 수 있는 민감한 질문에 대한 응답에 있어서도 응답자의 부담을 줄일 수 있다.
- 우편설문법과 인터넷조사는 응답자가 지리적으로 광범위하게 분포되어 있어도 응답이 가능한 장점이 있다.

기출문장 CHECK

01 (23-02-16) 온라인 설문은 표적집단 확인이 대면면접에 비해 제한적이다.

02 (23-02-23) 대면면접법이 우편조사법에 비해 조사자의 편견을 배제하기가 힘들다.

03 (23-02-23) 대면면접법은 복잡한 질문을 사용할 수 있다는 장점이 있다.

04 (22-02-23) 심층면접, 비구조화 면접은 질문 내용 및 방법의 표준화 정도가 낮은 자료수집 유형에 해당한다.

05 (21-02-08) 응답자의 익명성 보장 수준은 면접조사보다 우편설문이 더 높다.

06 (19-02-25) 전화조사는 무작위 표본추출이 가능하다.

07 (18-02-17) 대규모 인원을 대상으로 비용 부담이 가장 작고 절차가 간편한 자료수집방법은 온라인조사이다.

08 (16-02-16) 대인면접에 비해 우편설문은 동일 표집조건 시 비용이 절감된다.

09 (13-02-03) 대인면접법은 비언어적 행위의 관찰이 가능하다.

10 (12-02-16) 어린이나 노인에게는 대면면접조사가 가장 적절하다.

11 (11-02-06) 자기기입식 설문조사에 비해 면접설문조사는 개방형 질문에 유리하다.

12 (10-02-04) 자기기입식 설문조사는 개인의 민감한 문제를 다루는 데 유리하다.

13 (09-02-16) 표준화 면접에는 개방형 및 폐쇄형 질문을 모두 사용할 수 있다.

14 (08-02-24) 인터넷조사는 조사비용이 절감되고 설문조사과정이 신속하다는 장점이 있다.

15 (07-02-22) 우편조사 시 회수율을 높이기 위해서 설문지 반송 기한을 기재한다.

16 (06-02-18) 전자서베이(e-mail survey)는 자료수집이 용이하며, 비용이 절감된다는 장점이 있다.

17 (05-02-21) 비구조화된 면접에 비해 구조화된 면접은 신뢰도를 높일 수 있다.

18 (04-02-20) 우편조사 방법은 접근이 용이하여 넓은 지역을 조사할 수 있다.

19 (03-02-21) 면접조사는 예정된 질문 이외의 질문이 가능하다.

대표기출 확인하기

23-02-23　난이도 ★★☆

자료수집방법에 관한 설명으로 옳은 것은?

① 관찰법은 참여자가 면접에 비협조적인 경우에도 활용이 가능하다.
② 우편조사법은 대면면접법에 비해 조사자의 편견을 배제하기 힘들다.
③ 전화면접법은 대면면접법에 비해 익명성 보장이 어렵다.
④ 대면면접법은 복잡한 질문의 사용을 배제해야 한다.
⑤ 대면면접법 중 반구조화된 면접은 질문의 순서, 질문 문항 등을 명확하게 제시해야 한다.

▶ 알짜확인

• 서베이의 유형별 주요 특징을 파악해야 한다.

답 ①

✓ 응시생들의 선택

① 50%	② 11%	③ 2%	④ 23%	⑤ 14%

② 직접 응답자를 대면하는 대면면접법이 우편조사법에 비해 조사자의 편견을 배제하기가 힘들다.
③ 대면면접법은 응답자를 대면하여 진행하므로 전화면접법에 비해 익명성 보장이 어렵다.
④ 대면면접법은 질문이 모호하거나 복잡할 경우 면접자가 추가적인 설명을 제공하여 보다 적절한 응답이 가능하기 때문에 복잡한 질문을 사용할 수 있다는 장점이 있다.
⑤ 대면면접법 중 질문의 순서, 질문 문항 등을 명확하게 제시해야 하는 것은 구조화된 면접이다. 반구조화된 면접은 일정한 수의 주요한 질문은 구조화 면접으로 실시하고 나머지는 비구조화 면접으로 실시하는 것으로써 어느 정도 융통성을 발휘하며 면접하는 방법이다.

➕ 덧붙임

서베이의 유형과 관련해서 개별 유형의 장단점을 묻는 형태뿐만 아니라 유형 간에 비교하는 형태로도 출제되고 있다. 또한 설문조사의 특징, 면접조사의 특징, 자기기입식 설문조사와 면접법을 비교하는 유형도 출제되고 있다. 설문조사의 유형별 장단점과 면접법의 장단점을 비교해서 이해하는 능력이 요구된다.

관련기출 더 보기

23-02-16　난이도 ★★☆

온라인 설문에 관한 설명으로 옳은 것은?

① 표적집단 확인이 대면면접에 비해 제한적이다.
② 인터넷 접근에 상관없이 표집을 광범위하게 할 수 있다.
③ 대면설문보다 비용은 저렴하지만 시간이 더 많이 소요된다.
④ 복잡하거나 문항수가 많은 경우에 적합하다.
⑤ 동일인의 중복응답에 대한 통제가 용이하다.

답 ①

✓ 응시생들의 선택

① 41%	② 10%	③ 11%	④ 30%	⑤ 8%

② 온라인 설문은 네트워크, 인터넷 등에 접근이 가능해야 이뤄지는 조사이다.
③ 온라인 설문은 대면설문보다 비용적·시간적 절감의 효과가 있다.
④ 온라인 설문은 복잡하거나 문항수가 많은 경우에는 적합하지 않다.
⑤ 온라인 설문은 중복응답에 대한 통제가 어려워 이미 응답한 사람이 재응답을 하게 되는 오류가 발생할 수 있다.

21-02-08　난이도 ★☆☆

피면접자를 직접 대면하는 면접조사가 우편설문에 비해 갖는 장점이 아닌 것은?

① 응답자의 익명성 보장 수준이 높다.
② 보충적 자료수집이 가능하다.
③ 대리 응답의 방지가 가능하다.
④ 높은 응답률을 기대할 수 있다.
⑤ 조사 내용에 대한 심층적 이해가 가능하다.

답 ①

✓ 응시생들의 선택

① 92%	② 2%	③ 2%	④ 2%	⑤ 2%

① 응답자의 익명성 보장 수준은 면접조사보다 우편설문이 더 높다. 우편설문은 응답자가 자신의 신분이 직접적으로 노출되는 대면 상황이 없기 때문에 익명성이 보장되며 공개하기 어려운 응답도 가능하다.

19-02-25 난이도 ★☆☆

서베이(survey) 조사에 관한 설명으로 옳은 것을 모두 고른 것은?

> ㄱ. 전화조사는 무작위 표본추출이 가능하다.
> ㄴ. 우편조사는 심층규명이 쉽다.
> ㄷ. 배포조사는 응답 환경을 통제하기 쉽다.
> ㄹ. 면접조사는 우편조사에 비해 비용이 많이 든다.

① ㄱ, ㄴ
② ㄱ, ㄹ
③ ㄴ, ㄷ
④ ㄱ, ㄷ, ㄹ
⑤ ㄴ, ㄷ, ㄹ

답 ②

✅ 응시생들의 선택

① 6%	② 77%	③ 1%	④ 14%	⑤ 2%

ㄴ. 심층규명은 면접조사를 진행하는 과정에서 면접원이 의견 교환을 활성화하고 보다 많은 정보를 획득하기 위해 사용하는 기법이다.
ㄷ. 배포조사는 응답자에게 질문지를 배포한 후 진행되기 때문에 응답자의 응답 환경을 일일이 통제하기 어렵다.

13-02-03 난이도 ★☆☆

서베이(survey)에서 우편설문법과 비교한 대인면접법의 특성으로 옳지 않은 것은?

① 비언어적 행위의 관찰이 가능하다.
② 대리응답의 가능성이 낮다.
③ 질문과정에서의 유연성이 높다.
④ 응답환경을 구조화하기 어렵다.
⑤ 표집조건이 동일하다면 비용이 많이 든다.

답 ④

✅ 응시생들의 선택

① 1%	② 3%	③ 2%	④ 79%	⑤ 15%

④ 우편설문법에 비해 대인면접법은 (종류에 따라 구조화 정도에는 차이가 있지만) 응답환경에 대한 통제와 구조화가 용이하다. 여기서 구조화란 사전에 미리 규정해놓는 것을 의미한다. 가장 구조화된 형태인 구조화면접의 경우 질문내용과 순서, 응답 장소와 시간, 상황 등을 미리 고정하고 통일히여 모든 응답자들에게 동일하게 적용한다.

12-02-16 난이도 ★☆☆

우편조사, 전화조사, 대면면접조사에 관한 비교설명으로 옳은 것은?

① 일반적으로 우편조사의 응답률이 가장 높다.
② 우편조사와 전화조사는 자기기입식 자료수집 방법이다.
③ 대면면접조사에서는 추가질문하기가 가장 어렵다.
④ 원거리 응답자에게는 우편조사보다 대면면접조사가 더 적절하다.
⑤ 어린이나 노인에게는 대면면접조사가 가장 적절하다.

답 ⑤

✅ 응시생들의 선택

① 1%	② 6%	③ 1%	④ 3%	⑤ 89%

① 세 가지 유형 중에서 대면면접조사의 응답률이 가장 높은 편이다.
② 우편조사는 자기기입식 자료수집 방법이지만, 전화조사는 자기기입식 자료수집 방법이 아니다.
③ 우편조사는 추가질문하기가 가장 어렵다.
④ 원거리 응답자에게는 전화조사가 더 적절할 수 있다.

11-02-06 난이도 ★★☆

자기기입식 설문조사에 비해 면접설문조사가 갖는 장점을 모두 고른 것은?

> ㄱ. 자료입력이 편리하다.
> ㄴ. 응답의 결측치를 최소화한다.
> ㄷ. 조사대상 1인당 비용이 저렴하다.
> ㄹ. 개방형 질문에 유리하다.

① ㄱ, ㄴ, ㄷ
② ㄱ, ㄷ
③ ㄴ, ㄹ
④ ㄹ
⑤ ㄱ, ㄴ, ㄷ, ㄹ

답 ③

✅ 응시생들의 선택

① 6%	② 4%	③ 56%	④ 28%	⑤ 5%

자기기입식 설문조사는 표준화된 설문지를 통해 조사가 이루어지기 때문에 자료입력이 편리하다. 그리고 면접조사에 비해 조사비용이 저렴하다. 그러나 무응답률이 높은 단점이 있다. 반면 면접조사의 경우 응답률이 높다(즉 응답의 결측치가 낮다)는 장점을 갖는다. 또한 자기기입식 설문조사의 경우 개방형 질문이 많으면 대답을 잘 안 하는 경향이 높은데 비해 면접조사에서는 개방형 질문이 유리하다는 장점이 있다.

다음 내용이 **왜 틀렸는지**를 확인해보자

16-02-16

01 대인면접법에 비해 **우편설문**은 질문과정에서 유연성이 높다.

> 우편설문에 비해 대인면접법은 질문과정에서 유연성이 높다. 비구조화면접의 경우 상황에 따라 질문의 순서를 변경할 수 있고, 깊이 있게 파고 들어가는 대화가 가능하며 불명확한 응답의 경우 그 자리에서 확인이 가능하다.

02 **우편조사**는 읽고 쓰는 능력이 부족한 사람들을 대상으로도 조사를 실시할 수 있다.

> 읽고 쓰는 능력이 부족한 사람들을 대상으로 조사를 실시하기에 적합한 방법은 면접조사이다.

13-02-03

03 우편설문법은 **비언어적 행위의 관찰이 가능하다는 장점**이 있다.

> 비언어적 행위의 관찰이 가능한 것은 대인면접법이다. 우편설문법은 비언어적 행위의 관찰이 불가능하지만, 대인면접법은 응답자의 비언어적 행위에 대한 관찰을 통해 추가적인 정보를 얻을 수 있다.

11-02-06

04 면접설문조사에 비해 **자기기입식 설문조사는 개방형 질문에 유리**하다.

> 자기기입식 설문조사에 비해 면접설문조사는 개방형 질문에 유리하다. 개방형 질문을 통해 조사자의 의도나 질문형식에 구애받지 않고 응답자가 자유롭게 답할 수 있어 다양한 정보를 얻을 수 있다.

05 연구문제 범위만 정하고 질문의 순서나 내용은 미리 정하지 않은 면접을 **표준화 면접**이라고 한다.

> 연구문제 범위만 정하고 질문의 순서나 내용은 미리 정하지 않은 면접을 비구조화된 면접이라고 한다. 표준화 면접은 질문 내용과 순서, 표현 등이 자세하고 구체적으로 규정된 면접계획표에 따라 면접을 진행한다.

06 **우편설문법과 면접조사**는 응답자가 지리적으로 광범위하게 분포되어 있어도 응답이 가능한 장점이 있다.

> 우편설문법과 인터넷조사는 응답자가 지리적으로 광범위하게 분포되어 있어도 응답이 가능한 장점이 있다.

빈칸에 들어갈 알맞은 말을 채워보자

21-02-08

01 우편조사는 응답자가 자신의 신분을 알리지 않아도 되므로 (　　　　　　)이 보장된다는 장점이 있다.

12-02-16

02 우편조사는 (　　　　　　) 자료수집 방법이다.

03 (　　　　　　)은/는 면접조사를 진행하는 과정에서 면접원이 의견 교환을 활성화하고 보다 많은 정보를 획득하기 위해 사용하는 기법이다.

09-02-16

04 표준화 면접은 비표준화 면접보다 (　　　　　　)가 높다.

05 구조화된 면접은 대부분의 질문이 (　　　　　　) 질문으로 구성된다.

 **01** 익명성　**02** 자기기입식　**03** 심층규명　**04** 신뢰도　**05** 폐쇄형

16-02-16

01 대인면접에 비해 우편설문은 동일 표집조건 시 비용이 절감된다. ◎ ✕

08-02-24

02 구조화된 면접 시 면접조사표가 질문문항, 질문의 순서, 어조까지 정확히 제시한다. ◎ ✕

06-02-18

03 전자서베이(e-mail survey)는 자료수집이 용이하며, 비용이 절감된다는 장점이 있다. ◎ ✕

04 우편조사는 면접조사에 비해 응답률이 높다. ◎ ✕

05 구조화 면접의 경우 면접자에 의한 오류가 발생할 가능성이 높다. ◎ ✕

06 우편설문법과 대인면접법은 모두 대리응답의 가능성이 낮다. ◎ ✕

07 우편조사는 언어적 행동만 조사가 가능하며, 회수율이 낮을 수 있다는 단점이 있다. ◎ ✕

03-02-21

08 면접조사는 예정된 질문 이외의 질문이 가능하다. ◎ ✕

답 **01** ○ **02** ○ **03** ○ **04** ✕ **05** ✕ **06** ✕ **07** ○ **08** ○

해설 **04** 면접조사는 우편조사에 비해 응답률이 높다.
05 비구조화 면접의 경우 면접자에 의한 오류가 발생할 가능성이 높다.
06 대인면접법은 대리응답의 가능성이 낮지만, 우편설문법은 대리인이 응답했는지에 관한 여부를 확인할 수 없다.

자료수집방법 Ⅱ : 관찰과 내용분석법

이 장에서는

관찰법과 내용분석법의 주요 특징을 다룬다.

10년간 출제분포도

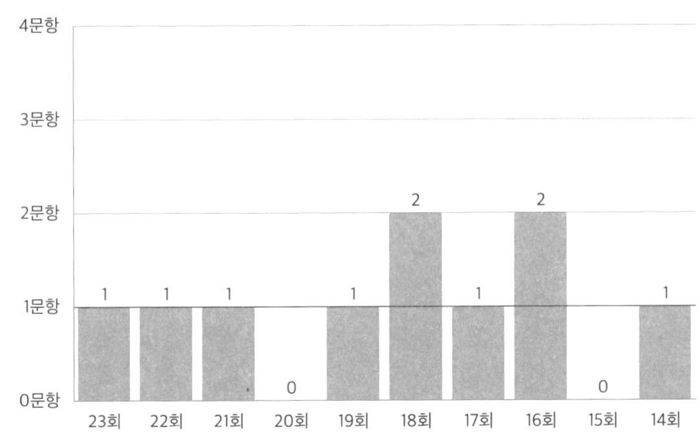

평균 출제문항수

복습 1 이론요약

내용분석법의 특징

- 인간과 사회의 의사소통 기록물인 신문, 서적, 잡지, TV, 라디오, 영화, 일기, 녹음테잎, 녹화테잎, 연설, 편지, 일기, 상담기록서 등을 체계적으로 분석하는 방법이다.
- 문헌연구의 일종이며, **의사전달의 내용(메시지)이 분석대상**이다.
- 의사소통의 드러난 내용뿐만 아니라 **숨은 내용도 분석대상**이다.
- 객관성, 체계성, 일반성 등 과학적 연구방법의 요건을 갖춰야 한다.
- 양적인 분석방법과 질적인 분석방법 모두를 사용한다.

내용분석법의 장단점

- 직접적으로 자료를 수집하는 방법에 비해 상대적으로 **시간과 비용이 절감**된다.
- 비관여적 연구방법이기 때문에 **반응성이 생기지 않는다**.
- 조사에 융통성이 있어 자료의 수정이나 반복이 가능하며, 장기간에 걸친 **종단연구가 가능**하다.
- 다른 연구방법과 함께 사용하는 것이 가능하며, 가치, 태도, 성향, 창의성, 인간성 등 다양한 심리적 변수를 효과적으로 측정할 수 있다.
- 기록된 의사전달 자료에만 의존하므로 기록으로 남아 있지 않은 것은 분석하기 어렵다.
- 이미 기록된 자료를 바탕으로 추상적 개념을 측정하고자 하기 때문에 타당도를 확보하기 어렵다.
- 분석하고 싶은 자료에 접근하거나 구하는 것 자체가 어렵다.

내용분석법의 분석단위

- 단어: 가장 작은 분석단위로서, 경계가 명확해서 구분이 쉽지만 표본이 방대하면 양이 많아 다루기 어렵고 맥락에 따라 그 의미가 달라지는 단점이 있다.
- 주제: 문헌기록이 주장하는 내용이거나 도덕적 목적을 말하며, 대량의 자료를 다룰 때 유용한 분석단위가 될 수 있다.
- 인물: 주로 희곡, 소설, 드라마, 영화 등의 자료를 다룰 때 사용된다.
- 문단(문장)과 단락: 형태적으로 구분하기 쉽지만 하나 이상의 주제를 담은 문장이 있을 수 있기 때문에 어느 하나의 범주에 명확하게 속하기 어려운 단점이 있다.
- 사항(항목, 품목): 어떤 의사소통 전체의 단위로서, 책 한 권, 수필 한 편, 드라마 한 편, 논문 한 편 등으로 사용할 수 있다.
- 공간 또는 시간: 인쇄물의 지면이나 방송의 시간 등의 자료를 다룰 때 사용된다.

01 (23-02-25) 내용분석은 2차적 자료를 분석하고, 내러티브 탐구는 1차적 자료를 분석한다.

02 (22-02-19) 내용분석은 숨은 내용(latent content)의 분석이 가능하다.

03 (19-02-15) 내용분석(content analysis)은 연구대상자의 반응성을 배제할 수 있다.

04 (18-02-13) 내용분석은 양적 조사와 질적 조사에 공통으로 사용할 수 있다.

05 (17-02-10) 내용분석법은 무작위표본추출, 층화표본추출, 체계적 표본추출, 군집표본추출을 사용할 수 있다.

06 (16-02-18) 주제보다 단어를 기록단위로 할 때 자료수집양이 많다.

07 (14-02-24) 내용분석을 해야 할 사례수가 많으면 표본추출하여 줄일 수 있다.

08 (13-02-17) 하나의 단락 안에 두 개 이상의 주제가 들어 있는 경우 주제를 기록단위로 한다.

09 (12-02-02) 내용분석법은 인간의 모든 형태의 의사소통기록물을 활용할 수 있다.

10 (11-02-17) 내용분석법은 필요한 경우 재분석이 가능하다.

11 (09-02-02) 내용분석은 비용과 시간을 절감할 수 있다.

12 (08-02-26) 내용분석은 직접 조사가 어려울 때 사용하기 용이하다.

13 (07-02-29) 내용분석은 비관여적인 조사방법이다.

14 (06-02-20) 내용분석기법은 질적 내용을 양적 자료로 전환한다.

15 (04-02-23) 내용분석은 시간과 비용면에서 경제적이다.

16 (03-02-23) 서적, 신문, 잡지, 라디오, 텔레비전, 영화, 편지, 일기, 상담기록서 등 다양한 자료들이 대상이 된다.

대표기출 확인하기

 난이도 ★★☆

내용분석에 관한 설명으로 옳지 않은 것은?

① 반응적(reactive) 연구방법이다.
② 서베이(survey) 조사에서 사용하는 표본 추출방법을 사용할 수 있다.
③ 연구과정에서 실수를 하더라도 재조사가 가능하다.
④ 숨은 내용(latent content)의 분석이 가능하다.
⑤ 양적 분석과 질적 분석 모두 적용 가능하다.

 **알짜확인**

• 내용분석법의 주요 특징을 파악해야 한다.

답 ①

응시생들의 선택

① 56%	② 16%	③ 12%	④ 10%	⑤ 6%

① 내용분석법은 인간과 사회의 의사소통 기록물을 체계적으로 분석하는 방법으로서 비반응성/비반응적/비관여적 연구방법에 해당한다. 즉, 연구조사자가 연구대상의 반응에 영향을 미치는 조사방법이 아니기 때문에 반응성이 생기지 않는다.

덧붙임

내용분석과 관련해서는 내용분석의 장단점을 묻는 문제와 내용분석 연구의 사례를 제시한 후 해당 연구 방법의 특징을 묻는 문제가 주로 출제되고 있다. 비반응성 연구로 분류할 수 있는 내용분석의 특징과 장단점을 기억해둘 필요가 있다.

관련기출 더 보기

 난이도 ★★☆

내용분석(content analysis)에 관한 설명으로 옳지 않은 것을 모두 고른 것은?

ㄱ. 기존자료에 의존하기 때문에 연구의 범위가 무제한적이다.
ㄴ. 선정편향(selection bias)이 발생할 수 있다.
ㄷ. 연구대상자의 반응성을 배제할 수 있다.
ㄹ. 기존자료를 활용하는 질적 조사이기 때문에 가설검증은 필요하지 않다.

① ㄴ
② ㄱ, ㄴ
③ ㄱ, ㄹ
④ ㄷ, ㄹ
⑤ ㄱ, ㄴ, ㄹ

답 ③

응시생들의 선택

① 11%	② 9%	③ 40%	④ 25%	⑤ 15%

ㄱ. 기존자료에 의존하기 때문에 연구의 범위가 제한적이다.
ㄹ. 내용분석법은 질적인 내용을 양적인 자료로 전환하는 과정이기 때문에 가설검증이 필요할 수도 있다.

 난이도 ★★☆

내용분석에 관한 설명으로 옳지 않은 것은?

① 역사적 분석과 같은 시계열 분석에 어려움이 있다.
② 인간의 의사소통 기록을 체계적으로 분석한다.
③ 분석상의 실수를 언제라도 수정할 수 있다.
④ 양적 조사와 질적 조사에 공통으로 사용할 수 있다.
⑤ 기존 자료를 활용하여 타당도 확보가 어렵다.

답 ①

응시생들의 선택

① 39%	② 5%	③ 14%	④ 5%	⑤ 37%

① 내용분석법은 역사적 분석과 같은 시계열 분석 등 장기간에 걸친 종단연구가 가능하다.

지난 20년 동안 A신문의 사회면 기사를 자료로 노인에 대한 인식변화를 알아보기 위해 진행한 연구에 관한 설명으로 옳은 것을 모두 고른 것은?

> ㄱ. 범주항목들은 신문기사 자료로부터 도출된다.
> ㄴ. 주제보다 단어를 기록단위로 할 때 자료수집 양이 많다.
> ㄷ. 맥락단위는 기록단위보다 더 큰 단위여야 한다.
> ㄹ. 이 연구에서는 양적 분석방법을 사용할 수 없다.

① ㄱ, ㄴ   ② ㄱ, ㄷ
③ ㄱ, ㄴ, ㄷ   ④ ㄱ, ㄴ, ㄹ
⑤ ㄴ, ㄷ, ㄹ

답 ③

✔ **응시생들의 선택**

① 20%	② 9%	③ 62%	④ 8%	⑤ 1%

ㄹ. 내용분석은 양적 분석방법과 질적 분성방법 모두를 사용한다. 내용분석에서는 메시지의 잠재적인 내용에 대한 분석이 이뤄지기 때문에 양적인 정보만을 기술하고 분석하는 것은 진정한 의미의 내용분석이라 보기 어렵고, 자료의 질적인 내용에 대한 분석방법도 함께 사용하는 경향이 있다.

장애인에 대한 인식의 변화를 알아보기 위해 지난 20년간 개봉된 영화 중 장애인이 등장하는 영화를 분석하기로 하였다. 이 연구에 관한 설명으로 옳지 않은 것은?

① 연구 모집단을 규정하고 표본추출의 틀(sampling frame)을 구해야 한다.
② 사례수가 많으면 표본추출하여 줄일 수 있다.
③ '장애인에 대한 인식'의 조작적 정의가 필요하다.
④ 이 조사에서 표본추출의 단위는 사람이다.
⑤ 장애인에 대한 인식에서 현재적 내용과 잠재적 내용을 구분하여 분석할 수 있다.

답 ④

✔ **응시생들의 선택**

① 10%	② 10%	③ 8%	④ 61%	⑤ 11%

④ 이 조사에서 표본추출의 단위는 사람이 아닌 (장애인이 등장하는) 영화이다.

다음과 같은 조사방법의 특징으로 옳은 것은?

> 보편적 복지에 대한 한국사회의 인식변화를 알아보고자 과거 10년간 한국의 주요 일간지 보도자료를 분석하고자 한다.

① 표집(sampling)이 불가능하다.
② 수량분석이 불가능하다.
③ 보도자료 문장에 나타나지 않는 숨은 내용(latent content)은 코딩할 수 없다.
④ 인간의 모든 형태의 의사소통기록물을 활용할 수 있다.
⑤ 사전조사가 따로 필요치 않다.

답 ④

✔ **응시생들의 선택**

① 3%	② 3%	③ 46%	④ 28%	⑤ 20%

① 내용분석에서도 다른 자료수집 방법에서 활용되는 표집방법이 적용될 수 있다.
② 내용분석은 기본적으로 질적인 자료를 양적인 자료로 전환하는 방법으로 수량분석이 가능하다.
③ 문장에 나타나 있기 때문에 분명하게 파악할 수 있는 내용뿐만 아니라 저변에 깔려 있는 숨은 내용도 분석대상으로 코딩할 수 있다.
⑤ 조사자가 관심을 갖고 있는 연구주제에 관한 자료를 파악하기 위해 이러한 예비조사가 필요할 수 있다.

사회복지사 1급 국가시험이 1회부터 10회까지 아동 관련 이슈를 얼마나 다루었는지를 분석할 때 사용된 연구방법에 관한 설명으로 옳지 않은 것은?

① 분석대상에 영향을 미치지 않는다.
② 필요한 경우 재분석이 가능하다.
③ 직접조사보다 경제적이다.
④ 양적 내용을 질적 자료로 전환한다.
⑤ 다양한 기록자료 유형을 분석할 수 있다.

답 ④

✔ **응시생들의 선택**

① 10%	② 2%	③ 5%	④ 65%	⑤ 17%

④ 내용분석은 비관여적인 연구이므로 연구가 분석대상에 영향을 미치지 않으며, 필요한 경우 재분석이 가능하다는 장점이 있다. 직접적으로 자료를 수집하여 분석하는 조사보다 비용이나 시간 면에서 경제적이며, 다양한 기록자료 유형을 분석할 수 있다. 내용분석에서는 질적 자료를 양적 자료로 전환하여 분석한다.

정답훈련

다음 내용이 왜 틀렸는지를 확인해보자

18-02-13

01 내용분석 연구에서는 양적 분석방법을 사용할 수 없다.

> 내용분석은 양적 분석방법과 질적 분성방법 모두를 사용한다.

13-02-17

02 주제를 기록단위로 할 때가 단어를 기록단위로 할 때보다 자료수집 양이 많다.

> 단어를 기록단위로 할 때가 주제를 기록단위로 할 때보다 자료수집 양이 더 많다.

12-02-02

03 내용분석은 의사소통의 드러난 내용만이 분석대상이 된다.

> 내용분석은 의사소통의 드러난 내용뿐만 아니라 숨은 내용도 분석대상이 된다.

04 내용분석은 장기간에 걸친 종단연구는 불가능하다.

> 내용분석은 장기간에 걸친 종단연구가 가능하다.

11-02-17

05 내용분석법은 양적인 내용을 질적 자료로 전환하는 방법이다.

> 내용분석법은 질적인 내용을 양적 자료로 전환하는 방법이다. 연구목적에 따라 변수를 측정할 수 있도록 의사전달의 내용을 객관적이며 계량적으로 전환하는 연구방법이다.

06 주제는 분석단위 중 가장 작은 분석단위로서, 경계가 명확해서 구분이 쉽다는 장점이 있지만, 표본이 방대하면 양이 많아 다루기 어려울 수 있다.

> 단어는 분석단위 중 가장 작은 분석단위로서, 경계가 명확해서 구분이 쉽다는 장점이 있지만, 표본이 방대하면 양이 많아 다루기 어려울 수 있다.

빈칸에 들어갈 알맞은 말을 채워보자

13-02-17

01 (   )은/는 연구문제와 관련해서 내용 범주에 넣어서 집계하고, 기술적 또는 설명적으로 진술할 수 있는 의사소통의 단위를 말한다.

02 (   )(이)란 분석대상 자료들을 분류하고 범주화하는 것을 의미한다.

03 내용분석은 자료의 수정이나 반복이 가능하여 (   )이 있다.

07-02-29

04 내용분석은 반응성이 생기지 않는 (   ) 조사방법이다.

05 내용분석법은 의사전달의 (   )이 주요 분석대상이다.

답 **01** 분석단위　**02** 코딩　**03** 융통성　**04** 비관여적　**05** 내용(메시지)

`19-02-15`

01 내용분석은 기존자료에 의존하기 때문에 연구의 범위가 제한이 없다. ◎ ✕

02 내용분석은 분석하고 싶은 자료를 구하는 것 자체가 어려운 경우가 있다. ◎ ✕

`16-02-18`

03 내용분석의 맥락단위는 기록단위보다 더 작은 단위여야 한다. ◎ ✕

04 분석범주는 연구목적에 적합해야 하고, 포괄적이어야 하며, 상호배타적이어야 한다. ◎ ✕

05 내용분석법은 이미 기록된 자료를 바탕으로 추상적 개념을 측정하고자 하기 때문에 타당도를 확보
하기 어려운 점도 있다. ◎ ✕

06 내용분석의 타당도는 측정에서 타당도의 개념과 마찬가지로 내용타당도, 기준관련 타당도, 개념타
당도 등이 모두 사용될 수 있다. ◎ ✕

답 **01** ✕ **02** ○ **03** ✕ **04** ○ **05** ○ **06** ○

해설 **01** 내용분석은 기존자료에 의존하기 때문에 연구의 범위가 제한적이다.
03 내용분석의 맥락단위는 기록단위보다 더 큰 단위여야 한다.

053 관찰법

강의 QR코드

최근 10년간 **2문항** 출제

1회독	2회독	3회독
월　일	월　일	월　일

복습 1 이론요약

21회 기출

관찰법의 장단점

- 비언어적 행동에 관한 자료수집이 용이하다.
- 자연스러운 상황에서 장기간에 걸친 자료수집이 가능하다.
- 조사대상자의 행동이 발생하는 현장에서 **즉각적으로 자료를 수집**할 수 있다.
- 자연적 환경에서 조사하기 때문에 외생변수를 통제하기가 현실적으로 어렵다.
- 계량화의 어려움이 있으며, 계량화를 하더라도 빈도나 백분율 정도만이 가능하다.
- 관찰자의 주관이나 편견이 개입될 수 있다.

기본개념

사회복지조사론
pp.214~

관찰법의 유형

- 조직적 관찰과 비조직적 관찰: 관찰법의 통제 또는 구조화, 체계화 여부
- 자연적 관찰과 인위적 관찰: 상황이 인공적인지 여부
- 직접 관찰과 간접 관찰: 관찰시기가 행동발생과 일치하는지 여부
- 공개적 관찰과 비공개적 관찰: 응답자가 관찰 사실을 아는지 여부
- 인간 관찰과 기계 관찰: 관찰도구가 인간인가, 기계인가 여부

기출문장 CHECK

01 (21-02-11) 관찰법은 관찰을 통해 자료를 수집하므로 드러나지 않는 내면적 의식의 파악이 어렵다.

02 (16-02-17) 관찰법은 행위가 일어나는 현장에서 즉시 자료수집이 가능하다.

03 (09-02-26) 관찰은 비언어적 행위에 대한 자료수집이 용이하다.

04 (07-02-24) 관찰은 조사반응성에 의해 피관찰자의 행위에 왜곡이 있을 수 있다.

05 (06-02-21) 관찰은 장기간 종단분석이 가능하다.

06 (04-02-22) 관찰지의 타당성을 높이기 위해 유사한 내용은 동일한 용어로 처리하도록 한다.

대표기출 확인하기

21-02-11 난이도 ★★★

관찰을 통한 자료수집에 관한 설명으로 옳은 것은?

① 피관찰자에 의해 자료가 생성된다.
② 비언어적 상황의 자료수집이 용이하다.
③ 자료수집 상황에 대한 통제가 용이하다.
④ 내면적 의식의 파악이 용이하다.
⑤ 수집된 자료를 객관화하는 최적의 방법이다.

 **알짜확인**

• 관찰법의 주요 특징을 파악해야 한다.

답 ②

✔ 응시생들의 선택

① 4%	② 81%	③ 5%	④ 5%	⑤ 5%

① 피관찰자를 관찰하는 관찰자에 의해 자료가 생성된다.
③ 자료수집 상황에 대한 통제가 어렵다.
④ 관찰을 통해 자료를 수집하므로 드러나지 않는 내면적 의식의 파악이 어렵다.
⑤ 관찰자의 추리나 주관이 개입될 가능성이 높기 때문에 수집된 자료를 객관화하는 최적의 방법이라고 볼 수 없다.

➕ 덧붙임

관찰법의 특징 혹은 관찰법의 장단점을 묻는 문제가 주로 출제되고 있다. 관찰법의 특징을 묻는 문제라고 해도 실제 지문들은 장단점으로 제시되는 경우가 대부분이다. 따라서 관찰법의 장점과 단점을 꼭 숙지하자.

관련기출 더 보기

16-02-17 난이도 ★★★

관찰법에 관한 설명으로 옳지 않은 것은?

① 행위가 일어나는 현장에서 즉시 자료수집이 가능하다.
② 관찰자의 주관성이 개입될 수 있다.
③ 비언어적 상황에 대한 자료수집이 가능하다.
④ 서베이에 비해 자료의 계량화가 쉽다.
⑤ 질적 연구나 탐색적 연구에 사용하기 용이하다.

답 ④

✔ 응시생들의 선택

① 1%	② 1%	③ 1%	④ 95%	⑤ 2%

④ 관찰법은 관찰자의 비계량화된 인식의 형태를 취하기 때문에 어떤 특성을 미리 열거하고 측정할 정도를 미리 준비하기보다는 사건이 발생될 때 단순히 관찰하고 기록한다. 따라서 계량화를 하는 데 있어서 어려움이 있다.

09-02-26 난이도 ★★★

자료수집방법으로서 관찰에 관한 설명으로 옳은 것은?

① 관찰 신뢰도는 관찰자의 역량과 관련이 없다.
② 관찰 가능한 지표는 언어적 행위에만 국한된다.
③ 관찰은 면접조사보다 조사환경의 인위성이 크다.
④ 관찰은 자연적 환경에서 외생변수의 통제가 용이하다.
⑤ 관찰은 응답과정에서 발생할 수 있는 오류를 줄일 수 있다.

답 ⑤

✔ 응시생들의 선택

① 2%	② 3%	③ 7%	④ 4%	⑤ 84%

① 관찰의 신뢰도는 관찰대상, 관찰기구, 관찰자의 역량과 관련 있다.
② 관찰은 비언어적 행위에 대한 자료수집이 용이하다.
③ 관찰은 조사의 현장성 및 즉시성이 있어서 응답자의 행위가 일어나는 현장에서 즉시 사실을 포착할 수 있다.
④ 관찰은 자연적 환경에서 조사하기 때문에 외생변수를 통제하기가 현실적으로 어렵다.

다음 내용이 **왜 틀렸는지**를 확인해보자

09-02-26

01 관찰은 자연적 환경에서 **외생변수의 통제가 용이**하다.

> 관찰은 자연적 환경에서 조사하기 때문에 외생변수를 통제하기가 현실적으로 어렵다.

07-02-24

02 관찰법은 **관찰내용을 수량화하여 일반화하는 것이 용이**하다.

> 관찰법은 관찰내용의 수량화가 어렵기 때문에 관찰결과를 일반화시키기가 어렵다.

03 음료수 선호도 조사를 하기 위해 일반 슈퍼에서 불특정 소비자의 음료수 구매를 관찰하는 것은 **인위적 관찰**에 해당한다.

> 음료수 선호도 조사를 하기 위해 일반 슈퍼에서 불특정 소비자의 음료수 구매를 관찰하는 것은 자연적 관찰에 해당한다.

04 관찰법의 신뢰도와 타당도를 높이기 위해서는 하나의 관찰대상을 **한 명의 관찰자가 여러 번 관찰한 후 결과를 비교하여 편견을 제거**한다.

> 관찰법의 신뢰도와 타당도를 높이기 위해서는 하나의 관찰대상을 여러 명의 관찰자가 동시 관찰한 후 결과를 비교하여 편견을 제거한다.

05 관찰은 **익명성이 확실하게 보장**된다는 장점이 있다.

> 관찰은 관찰자와 관찰대상 간의 신분 노출로 인해서 익명성이 보장되기 어려운 경우가 많다.

01 (　　　　　　)은/는 관찰자가 관찰대상자의 활동에 참여하여 관찰하는 방법이다.

`04-02-22`
02 관찰조사의 (　　　　　　)을/를 높이기 위해서는 사실과 해석을 구분하여 기록하도록 한다.

03 일상적인 환경에서 일어나는 자연적 행동을 관찰하는 방법을 (　　　　　　)(이)라 한다.

답　**01** 참여관찰　**02** 타당성　**03** 자연적 관찰

다음 내용이 옳은지 그른지 판단해보자

`16-02-17`
01 관찰법은 서베이에 비해 자료의 계량화가 쉽다.　◎ ✕

02 관찰법은 관찰자가 직접적인 자료수집의 도구가 된다.　◎ ✕

03 관찰법은 관찰자 개인의 주관성이 개입될 수 있다.　◎ ✕

답　**01** ✕　**02** ○　**03** ○

해설　**01** 관찰법은 관찰자의 비계량화된 인식의 형태를 취하기 때문에 계량화를 하는 데 있어서 어려움이 있다.

욕구조사와 평가조사

이 장에서는

욕구조사와 평가조사의 주요 특징을 다룬다.

10년간 출제분포도

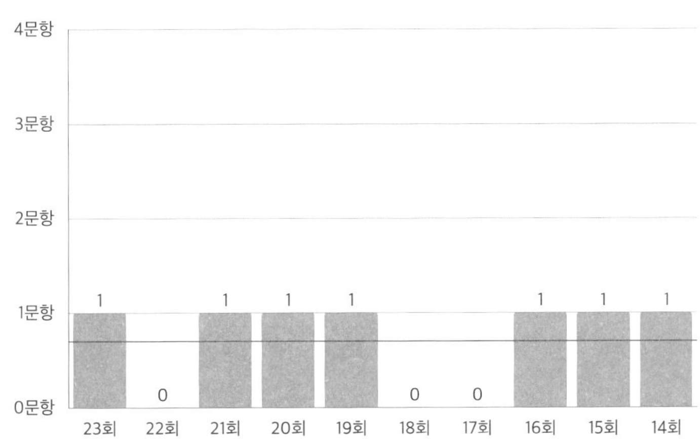

평균 출제문항수

욕구조사

최근 10년간 **6문항** 출제

1회독	2회독	3회독
월 일	월 일	월 일

복습 1 이론요약

 23회 기출  21회 기출  19회 기출

직접적인 자료수집방법

- 표적인구 조사방법: 프로그램 제공을 통해 문제해결의 대상으로 삼는 **표적집단에 설문조사를 실시하여 욕구와 서비스 이용상태를 파악하는 기법**이다.
- 델파이기법: **전문가들에게 우편으로 의견이나 정보를 수집**하여 분석한 결과를 다시 응답자들에게 보내 의견을 묻는 식으로 만족스러운 결과를 얻을 때까지 계속하는 방법이다.
- 초점집단기법: 조사대상 집단 중에서 **중요한 정보를 얻을 수 있는 사람을 추출**하여 심층적으로 면접하는 방법이다.
- 포럼(지역사회 공개토론회): **지역사회의 사람들이 함께 모여** 자신들의 욕구에 대해 자유롭게 의견을 교환하고 상호작용을 할 수 있는 토론회를 통해 욕구를 조사하는 방법이다.
- 주요 정보제공자 조사: 지역사정을 잘 알고 그들을 대변할 수 있는 **주요 정보제공자들을 대상**으로 하는 조사를 말한다.
- 명목집단기법: 소수의 그룹이 공동의 문제나 질문에 대해 우선 각자 나름대로 제안이나 해결책을 제시하고 나중에 **그들의 제안을 공유하는 기법**이다.

간접적인 자료수집방법

- 사회지표분석: 정부기관이나 연구기관의 관련 전문가가 정기적 또는 비정기적으로 발표한 자료를 활용하여 지역사회의 욕구를 파악하는 방법이다.
- 행정자료 조사: 지역사회의 사회복지기관이나 협회, 연구소 등 사회단체에서 행정 및 관리를 위해 수집한 자료를 분석하여 욕구를 파악하는 방법이다.

기본개념

01 (23-02-20) 델파이기법은 익명으로 진행되기 때문에 참가자의 영향력을 줄일 수 있다.

02 (21-02-10) 델파이조사는 반대 의견에 대한 패널 참가자들의 감정적 충돌을 줄일 수 있다.

03 (19-02-22) 초점집단(focus group) 조사는 연구자의 개입에 의해 편향이 발생할 수 있다.

04 (16-02-19) 델파이기법은 전문가들에게 우편으로 의견이나 정보를 수집하여 분석한 결과를 다시 응답자들에게 보내 의견을 묻는 식으로 만족스러운 결과를 얻을 때까지 계속하는 방법이다.

05 (15-02-15) 욕구조사를 위한 자료수집을 위해 정부기관에서 발표하는 사회지표를 활용한다.

06 (14-02-22) 델파이조사는 연구자가 사전에 결정한 방향으로 패널의 의견이 유도될 위험이 있다.

07 (13-02-19) 초점집단조사의 자료수집 과정에서는 연구자의 주관적 개입이 가능하다.

08 (11-02-30) 지역의 일반주민을 대상으로 자료를 수집하는 방법은 지역사회 서베이, 공청회가 포함된다.

09 (10-02-02) 주요 정보제공자(key informants)를 활용한 욕구조사는 비용이 적게 든다.

10 (10-02-06) 지역사회 공개토론회는 관심 있는 사람들만 참석하는 자기선택으로 인해 표본의 편의현상이 나타난다.

11 (09-02-06) 사회지표조사는 지역사회 주민욕구의 장기적 변화를 파악하기 쉽다.

12 (07-02-30) 브래드쇼가 분류한 욕구 중 상대적 욕구는 사회지표를 통해 확인할 수 있다.

13 (06-02-22) 지역사회 욕구조사 방법 중 소수의 사람을 통하여 자료를 획득하는 방법은 초점집단조사이다.

14 (03-02-24) 욕구조사의 자료수집방법에는 주요 정보제공자, 델파이기법, 지역사회 서베이, 사회지표조사 등이 있다.

대표기출 확인하기

23-02-20 ★★☆

델파이기법에 관한 설명으로 옳지 않은 것은?

① 참여자의 다양한 아이디어를 수집할 수 있다.
② 기명으로 진행되기 때문에 참여자들의 책임성을 높일 수 있다.
③ 결과 도출을 위해 반복해서 진행할 수 있다.
④ 비대면을 원칙으로 한다.
⑤ 전문가들의 합의점을 찾는 데 목표를 둔다.

 **알짜확인**

• 욕구조사의 자료수집방법별 주요 특징을 파악해야 한다.

답 ②

✅ 응시생들의 선택

① 15%	② 65%	③ 3%	④ 10%	⑤ 7%

② 델파이기법은 전문가들에게 우편으로 의견이나 정보를 수집하여 분석한 결과를 다시 응답자들에게 보내 의견을 묻는 식으로 만족스러운 결과를 얻을 때까지 반복해서 진행하는 방법이다. 익명으로 진행되기 때문에 참가자의 영향력을 줄일 수 있다.

➕ 덧붙임

욕구조사의 다양한 방법들을 비교하거나 개별 방법들에 대한 특징을 묻는 유형이 주로 출제되고 있다. 각각의 자료수집방법의 장단점과 특징들을 비교해보면서 상황에 따라 적절한 자료수집방법을 연결시켜보는 연습이 필요하다. 사회복지조사론 외에도 <지역사회복지론>이나 <사회복지행정론>에서도 출제되는 내용이니만큼 확실히 정리해둘 필요가 있다.

관련기출 더 보기

21-02-10 ★☆☆

델파이조사에 관한 설명으로 옳지 않은 것은?

① 전문가 패널을 대상으로 견해를 파악한다.
② 되풀이 되는 조사과정을 통해 합의를 도출한다.
③ 반대 의견에 대한 패널 참가자들의 감정적 충돌을 줄일 수 있다.
④ 패널 참가자의 익명성 보장에 어려움이 있다.
⑤ 조사자료의 정리에 연구자의 편향이 발생할 수 있다.

답 ④

✅ 응시생들의 선택

① 1%	② 4%	③ 14%	④ 71%	⑤ 10%

④ 델파이조사는 전문가들에게 우편으로 의견이나 정보를 수집하여 분석한 결과를 다시 응답자들에게 보내 의견을 묻는 식으로 만족스러운 결과를 얻을 때까지 계속하는 방법이다. 어떤 불확실한 사항에 대한 전문가들의 합의를 얻으려고 할 때 적용될 수 있다. 델파이조사는 익명성이 보장되어 참가자의 영향력을 줄일 수 있다.

19-02-22 ★☆☆

초점집단(focus group) 조사에 관한 설명으로 옳지 않은 것은?

① 집단을 활용한 자료수집방법이다.
② 익명의 전문가들을 패널로 활용한다.
③ 욕구조사에서 활용된다.
④ 직접적인 자료수집 방법이다.
⑤ 연구자의 개입에 의해 편향이 발생할 수 있다.

답 ②

✅ 응시생들의 선택

① 3%	② 70%	③ 9%	④ 5%	⑤ 13%

② 익명의 전문가들을 패널로 활용하는 것은 델파이기법이다. 초점집단 조사는 조사대상 집단 중에서 중요한 정보를 얻을 수 있는 사람을 추출하여 심층적으로 면접하는 방법이다. 지역의 집단들을 대표해서 그들의 문제나 관심 또는 욕구를 가장 잘 나타낼 수 있는 대표들을 선출하여 하나의 초점집단을 형성한다.

욕구조사의 방법으로 각각 바르게 짝지어진 것은?

> ㉠ 기존자료를 활용하는 방법
> ㉡ 전문가를 대상으로 직접 수집하는 방법
> ㉢ 지역의 일반주민을 대상으로 직접 수집하는 방법

① ㉠: 사회지표조사 ㉡: 델파이조사 ㉢: 지역사회 서베이
② ㉠: 서비스이용기록분석 ㉡: 주요 정보제공자 조사 ㉢: 이차적 자료분석
③ ㉠: 델파이조사 ㉡: 주요 정보제공자 조사 ㉢: 공청회
④ ㉠: 서비스이용기록분석 ㉡: 지역사회 서베이 ㉢: 이차적 자료분석
⑤ ㉠: 델파이조사 ㉡: 공청회 ㉢: 사회지표조사

답 ①

✔ 응시생들의 선택

① 87%	② 6%	③ 5%	④ 1%	⑤ 1%

① 기존자료를 활용하는 조사로는 사회지표조사, 서비스이용기록분석, 이차적 자료분석이 포함된다. 전문가를 대상으로 직접 수집하는 방법은 델파이조사이다. 지역의 일반주민을 대상으로 자료를 수집하는 것은 지역사회 서베이, 공청회가 포함된다. 주요 정보제공자 조사는 해당 지역사회복지단체의 간부, 인접 직종의 전문직 종사자, 지역유지, 정치적 지도자, 행정관료 등 지역사회문제에 대해 직접적으로 잘 알고 있다고 생각되는 사람들을 조사하는 것이다.

대규모 설문조사와 비교하여 주요 정보제공자(key informants)를 활용한 욕구조사에 관한 설명으로 옳지 않은 것은?

① 표본추출이 용이하다.
② 표본의 대표성이 높다.
③ 비용이 적게 든다.
④ 양적 정보뿐만 아니라 질적 정보도 파악할 수 있다.
⑤ 정보제공자들이 가지고 있는 정보의 양과 질에 의존하게 된다.

답 ②

✔ 응시생들의 선택

① 7%	② 37%	③ 6%	④ 43%	⑤ 7%

② 주요 정보제공자 조사의 단점은 의도적 표집으로 표본의 편의현상이 나타날 수 있나. 따라서 대규모 설문조사와 비교하여 주요 정보제공자 조사는 표본의 대표성이 낮다.

욕구조사에서 지역사회 공개토론회의 특징으로 옳은 것을 모두 고른 것은?

> ㄱ. 모든 지역주민이 동등하게 의견을 제시할 기회를 갖는다.
> ㄴ. 표본의 대표성이 높다.
> ㄷ. 현실적 실행가능성이 낮다.
> ㄹ. 이익집단의 영향을 배제할 수 없다.

① ㄱ, ㄴ, ㄷ　　　　② ㄱ, ㄷ
③ ㄴ, ㄹ　　　　　　④ ㄹ
⑤ ㄱ, ㄴ, ㄷ, ㄹ

답 ④

✔ 응시생들의 선택

① 14%	② 18%	③ 16%	④ 19%	⑤ 33%

ㄱ. 표현력이 부족한 사람들과 소수집단의 문제는 반영되지 못할 위험성이 있다.
ㄴ. 관심 있는 사람들만 참석하는 자기선택으로 인해 표본의 편의현상이 나타난다.
ㄷ. 비용·시간 측면에서 매우 효율적이고 현실적 실행가능성이 높다.

욕구조사의 유형에 관한 설명으로 옳지 않은 것은?

① 지역주민서베이는 수요자 중심의 욕구사정에 적합하다.
② 지역자원재고조사는 지역사회 서비스 자원에 대한 정보 획득이 용이하다.
③ 사회지표조사는 지역사회 주민욕구의 장기적 변화를 파악하기 쉽다.
④ 지역사회포럼은 조사대상자를 상대로 개별적으로 자료를 수집하는 데 유리하다.
⑤ 주요 정보제공자(key informant) 조사는 정보제공자의 편향성이 나타날 수 있다.

답 ④

✔ 응시생들의 선택

① 2%	② 3%	③ 6%	④ 87%	⑤ 2%

④ 지역사회포럼은 지역사회 주민들이 자신의 욕구나 문제를 잘 알고 있다는 것을 전제로 하여, 조사자가 주민들을 한 자리에 참여시켜 공개적인 모임을 통하여 욕구나 문제를 관찰하고 파악하는 방법이다.

다음 내용이 **왜 틀렸는지**를 확인해보자

16-02-19

01 델파이기법은 **대면집단의 상호작용을** 중요시한다.

> 델파이기법은 익명 집단이 서로 대면하지 않고 상호작용한다.

02 명목집단기법에서는 참가자들이 서로를 전혀 모르지만, 델파이기법에서는 참가자들이 서로 누구인지 알 수 있다는 차이점이 있다.

> 델파이기법에서는 참가자들이 서로를 전혀 모르지만, 명목집단기법에서는 참가자들이 서로 누구인지 알 수 있다.

10-02-02

03 초점집단기법은 정보제공자들이 가지고 있는 정보의 양과 질에 의존하게 된다.

> 주요 정보제공자 조사는 정보제공자들이 가지고 있는 정보의 양과 질에 의존하게 된다.

10-02-06

04 지역사회 공개토론회는 **모든 지역주민이 동등하게 의견을 제시할 기회를 갖으며, 표본의 대표성이 높다.**

> 지역사회 공개토론회는 모든 지역주민이 동등하게 의견을 제시할 기회를 갖지 못하며, 표본의 대표성이 낮다.

06-02-22

05 초점집단기법은 **대규모 집단을 통하여 자료를 획득**하는 방법이다.

> 초점집단기법은 조사대상 집단 중에서 중요한 정보를 얻을 수 있는 사람을 추출하여 소규모로 진행된다.

06 델파이기법은 **창의적인 의견들을 수렴하는 데 가장 효과적인 방법**이다.

> 극단적인 판단은 의견일치를 위해 제외되는 경향이 있어 창의적인 의견들이 손상될 수 있다는 단점이 있다.

빈칸에 들어갈 알맞은 말을 채워보자

01 (　　　　　　　)은/는 전문가 패널의 의견을 수렴하는 방법으로 활용된다.

02 (　　　　　　　)(으)로부터 얻은 정보는 해당 지역의 조사대상 집단들의 특정한 실태를 파악하고 변화 후의 차이를 확인하는 데 유용하다.

03 (　　　　　　　)은/는 서비스를 직접 제공하는 사람을 만나 조사하는 방법으로 전문적인 욕구를 바탕으로 욕구조사를 할 수 있다.

04 (　　　　　　　)은/는 현실적 실행가능성이 높지만 이익집단의 영향을 배제할 수 없다.

05 (　　　　　　　)은/는 조사대상 집단 중에서 중요한 정보를 얻을 수 있는 사람을 추출하여 심층적으로 면접하는 방법이다.

 **답** **01** 델파이조사　**02** 사회지표분석　**03** 프로그램 운영자 조사　**04** 지역사회 공개토론회　**05** 초점집단기법

다음 내용이 옳은지 그른지 판단해보자

01 델파이기법은 익명이므로 참가자의 영향력을 줄일 수 있다. 

02 표적인구 조사방법은 시간적·비용적 측면에서 경제적이지 못하다. 

03 초점집단조사는 내용타당도를 높이는 목적으로 사용될 수 있다. 

04 지역사회 공개토론회는 토론과정을 적절히 통제하지 않을 경우 도출되는 의견이 방만하거나 지엽적일 수 있다. 

05 주요 정보제공자 조사는 표본추출이 어렵다. 

답 **01**○　**02**○　**03**○　**04**○　**05**×

해설 **05** 주요 정보제공자 조사는 표본을 쉽게 선정할 수 있어 표본추출이 용이하다.

055 평가조사

강의 QR코드

1회독	2회독	3회독
월 일	월 일	월 일

최근 10년간 **2문항** 출제

복습 1 이론요약

20회 기출

평가조사의 의미

- 프로그램 평가조사는 프로그램의 효과성, 효율성, 적절성, 만족도 등을 체계적으로 분석하여 결정권자로 하여금 합리적인 결정을 내릴 수 있도록 정보를 산출하는 사회적 과정이다.
- 평가조사의 대상은 프로그램의 효과성, 프로그램의 운영과정, 프로그램의 효율성, 프로그램의 내용, 프로그램 운영자의 전문성 등이다.

기본개념

사회복지조사론
pp.240~

평가조사의 목적

- 프로그램 과정상 환류(feedback)적 목적
- 이론 형성
- 설계적 목적
- 서비스 전달체계의 개선
- 기관운영의 책임성을 이행
- 프로그램 진행과정의 개선
- 합리적인 자원배분

프로그램 평가조사의 중요성

- 사회복지 분야의 책임성 요구
- 내부적으로 효과적이고 효율적인 기관 운영
- 수혜자 중심적 프로그램 운영
- 객관적 이론의 정립
- 사회복지 기관의 정체성 확립
- 전문성 형성
- 운영방향의 일관성

평가조사의 종류

▶ **목적에 따른 분류**

- 형성평가: **프로그램 운영 도중에** 프로그램의 개선과 발전을 위해 이뤄지는 평가이다
- 총괄평가: 프로그램의 지속, 중단, 확대 등에 관한 **총괄적인 의사결정을 해야 할 때** 실시한다.
- 통합평가: 형성평가와 총괄평가를 합쳐 놓은 평가이다.

▶ **평가대상에 따른 분류**

- 프로그램 평가: 프로그램의 효과성, 효율성, 영향, 질, 클라이언트 만족도 등에 관심을 두고 평가가 이뤄진다.

- 기관평가: 기관의 프로그램을 평가하고 서비스 전달의 진행상황을 확인한다.

▶ 평가규범에 따른 분류

- 효과성 평가: 프로그램의 **목적달성 정도**를 평가한다.
- 효율성 평가: 투입과 산출을 비교 평가, 즉 **비용최소화와 산출극대화**를 평가한다.
- 공평성 평가: 프로그램의 효과와 비용이 사회집단 간에 **공평하게 배분되었는지** 평가한다.

▶ 평가주체에 따른 분류

- 자체평가: 프로그램 담당자 스스로 행하는 평가이다.
- 내부평가: 프로그램을 직접 담당하지 않는 기관 내부자에 의해 이뤄지는 평가이다.
- 외부평가: 프로그램을 담당하는 기관의 외부자에 의해 이뤄지는 평가이다.

프로그램 평가의 기준

- 노력성: 프로그램 활동의 양을 기준으로 한다.
- 효과성: 프로그램 목표의 달성 정도를 기준으로 한다.
- 효율성: 투입 대비 산출 정도를 기준으로 한다.
- 서비스의 질: 프로그램의 전문성을 기준으로 한다.
- 과정: 프로그램 결과의 경로를 기준으로 한다.
- 영향: 사회문제나 이용자 변화에 미친 영향을 기준으로 한다.
- 형평성: 프로그램 배분의 공평성을 기준으로 한다.

기출문장 CHECK

01 (20-02-04) 평가연구는 질적 연구방법을 적용할 수 있다.

02 (15-02-03) 프로그램 평가연구에서 결과를 해석할 때 정치적 관점이 개입될 수 있다.

03 (10-02-07) 외부평가자와 비교하여 내부평가자를 활용할 때 현실적인 제약요건들을 융통성 있게 감안하여 평가할 수 있다는 장점이 있다.

04 (09-02-18) 실행오류는 매개변수 변화가 의도한 대로 발생하지 않는 경우를 말한다.

05 (09-02-25) 비용편익(cost-benefit)평가는 프로그램에 드는 비용과 성과를 모두 화폐적 단위로 나타냄으로써 효율성을 평가하는 방법이다.

06 (08-02-28) 메타평가는 기존의 평가에서 발견했던 사실을 재분석하는 평가에 대한 평가이다.

07 (07-02-21) 총괄평가는 프로그램의 종료 후에 실시하며, 프로그램의 지속, 중단, 확대 등에 관한 총괄적인 의사결정을 하기 위해 진행하는 평가이다.

08 (06-02-23) 만족도에 대한 평가는 주관적일 가능성이 크다.

09 (05-02-26) 성과평가는 프로그램의 전반적인 영향을 평가하는 방법으로서 목표지향적인 평가에 적합하다.

10 (04-02-24) 형성평가는 프로그램 운영 도중에 프로그램의 개선과 발전을 위해 이뤄지는 평가이다.

11 (03-02-26) 프로그램 평가의 기준으로서 통합성은 서로 연관된 서비스를 통합해서 제공하고 있는 정도를 말한다.

대표기출 확인하기

20-02-04 난이도 ★★★

평가연구에 관한 설명으로 옳지 않은 것은?

① 보고서의 형식은 의뢰기관의 요청에 따를 수 있다.
② 목표달성에 대한 해석이 다양한 이해관계에 영향을 받을 수 있다.
③ 질적 연구방법을 적용할 수 있다.
④ 프로그램의 실행과정도 평가할 수 있다.
⑤ 과학적 객관성을 저해하더라도 의뢰기관의 요구를 수용하여 평가결과를 조정할 수 있다.

알짜확인

• 평가조사의 종류별 주요 특징을 파악해야 한다.
• 평가조사의 주요 내용을 이해해야 한다.

답 ⑤

응시생들의 선택

① 1%	② 1%	③ 3%	④ 3%	⑤ 92%

⑤ 과학은 이해관계, 선입견이나 편견의 영향을 최소화할 수 있도록 객관성을 추구하는 것을 강조하기 때문에 평가결과 역시 객관적으로 해석되어야 한다. 의뢰기관의 요구에 따라 자료를 가감, 조작한다거나 연구자의 의도와 다른 결과가 나왔다고 해서 이 부분을 고의적으로 제외하고 결과를 발표해서는 안 된다. 또한 긍정적인 결과뿐만 아니라 부정적인 결과도 보고해야 한다.

덧붙임

최근 시험에서는 자주 출제되지는 않고 있지만 평가조사의 다양한 유형에 따른 특징을 이해할 필요가 있다. 주로 제시된 사례에 적합한 평가유형을 고르는 형태의 문제가 꾸준히 출제되고 있으므로 각 유형을 비교해보는 연습이 필요할 것이다. 특히, 효과성 평가와 효율성 평가의 개념은 많이 헷갈리는 내용이기 때문에 명확하게 개념을 정리해야 한다.

관련기출 더 보기

09-02-25 난이도 ★☆☆

A복지관에서는 전년 대비 예산축소로 인해 현재 운영하고 있는 서로 다른 프로그램들의 비용과 성과를 화폐 가치기준으로 평가하여 차등 지원하였다. 이때 사용된 평가방법은?

① 메타(meta)평가
② 형성(formative)평가
③ 비용편익(cost-benefit)평가
④ 비용성과(cost-outcome)평가
⑤ 비용효과(cost-effectiveness)평가

답 ③

응시생들의 선택

① 1%	② 3%	③ 82%	④ 6%	⑤ 8%

③ 프로그램에 드는 비용과 성과를 모두 화폐적 단위로 나타냄으로써 효율성을 평가하는 방법이다.

08-02-28 난이도 ★★☆

제3평가자가 여러 복지관에서 완성한 자체평가서들을 신뢰도, 타당도, 유용성, 비용 측면에서 다시 점검하는 것은?

① 총괄평가
② 형성평가
③ 효율성평가
④ 효과성평가
⑤ 메타평가

답 ⑤

응시생들의 선택

① 5%	② 8%	③ 12%	④ 10%	⑤ 65%

⑤ 메타평가는 평가를 잘 했는지에 대한 평가, 즉 평가에 대한 평가이다. 평가계획서나 평가결과를 다른 평가자에 의해 점검받는 것으로써 평가의 신뢰도, 타당도, 유용도, 평가의 방식, 보고의 문제, 적정성, 평가비용 등을 평가한다.

다음 내용이 **왜 틀렸는지**를 확인해보자

01 형성평가는 프로그램의 지속, 중단, 확대 등에 관한 총괄적인 의사결정을 해야 할 때 실시한다.

> 프로그램의 지속, 중단, 확대 등에 관한 총괄적인 의사결정을 해야 할 때 실시하는 것은 총괄평가이다.

`09-02-18`

02 실행오류는 프로그램 개입이 매개변수들의 변화는 초래하였지만, 개입 목표의 성과지표는 변화하지 않는 경우를 말한다.

> 프로그램 개입이 매개변수들의 변화는 초래하였지만, 개입 목표의 성과지표는 변화하지 않는 경우를 이론적 오류라고 한다. 실행오류는 매개변수 변화가 의도한 대로 발생하지 않는 경우를 말한다.

`08-02-28`

03 제3평가자가 여러 복지관에서 완성한 자체 평가서들을 다시 점검하는 것은 **적합성 평가**이다.

> 제3평가자가 여러 복지관에서 완성한 자체 평가서들을 다시 점검하는 것은 메타평가이다. 메타평가는 평가를 잘 했는지에 대한 평가, 즉 평가에 대한 평가이다.

04 비용-효과분석은 모든 비용과 편익을 화폐로 환산함으로써 서로 다른 목표를 갖는 프로그램까지도 비교할 수 있다.

> 모든 비용과 편익을 화폐로 환산함으로써 서로 다른 목표를 갖는 프로그램까지도 비교할 수 있는 것은 비용-편익분석이다. 비용-효과분석은 단지 비용 측면만을 금전적 가치로 분석하고 편익(성과)에 대해서는 화폐단위 환산을 하지 않는 분석방법이다.

05 내부평가는 **외부평가에 비해 객관적이고 독립적**이다.

> 내부평가는 프로그램을 직접 담당하지 않는 기관 내부자에 의해 이뤄지는 평가이고, 외부평가는 프로그램을 담당하는 기관의 외부자에 의해 이뤄지는 평가이다. 내부평가는 외부평가에 비해 객관적이지 못하거나 독립적이지 못할 수 있다.

빈칸에 들어갈 알맞은 말을 채워보자

01 프로그램 평가에서 기대한 효과성이 나타나지 않는 오류는 크게 (　　　　　　)와/과 실행오류로 나뉜다.

02 (　　　　　　)은/는 프로그램 운영 도중에 프로그램의 개선과 발전을 위해 이뤄지는 평가이다.

03 프로그램 평가의 기준 중 (　　　　　　)은/는 목적달성 정도를 나타내는 평가기준으로서 프로그램의 성공 여부로 나타난다.

답 **01** 이론적 오류　**02** 형성평가　**03** 효과성

다음 내용이 옳은지 그른지 판단해보자

01 공평성 평가는 투입과 산출을 비교 평가, 즉 비용최소화와 산출극대화를 평가한다.　

02 적절성은 현실적으로 적합한 양과 질의 범위 내에서 프로그램이 계획되고 운영되는가를 기준으로 평가한다.　

03 프로그램 평가 기준으로 형평성은 동일한 접근기회와 균등한 배분이 이루어지는 것을 말한다.　

 **답** **01** ✕　**02** ○　**03** ○

해설 **01** 효율성 평가는 투입과 산출을 비교 평가, 즉 비용최소화와 산출극대화를 평가한다.

질적 연구방법론

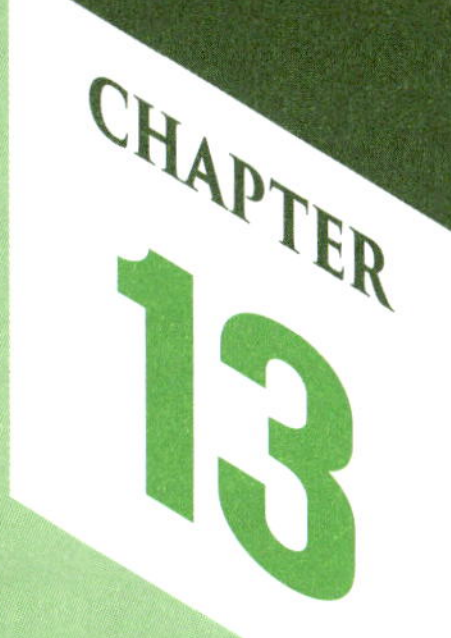

이 장에서는

질적 연구의 특성 및 질적 연구의 유형별 주요 특징을 다룬다.

10년간 출제분포도

056 질적 연구의 특성

강의 QR코드

1회독	2회독	3회독
월 일	월 일	월 일

최근 10년간 **9문항** 출제

1 이론요약

 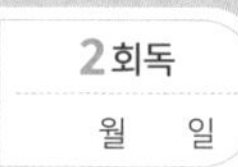 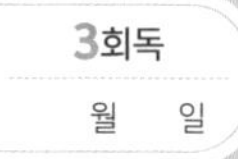

질적 연구의 특징

- **귀납적 방법을 주로 활용**하지만, 연역적 방법을 배제하는 것은 아니다.
- 양적 연구에 비해 자료수집 및 **분석과정이 유연하고 융통성**이 있다.
- **연구자 자신을 자료수집의 중요한 도구**로 활용한다.
- 주로 **기술적이고 탐색적인 연구에 활용**된다.
- 조사대상자의 삶의 현장에서 이루어지는 구체적인 삶에 대한 심층적인 이해와 파악을 추구한다.
- 조사대상이 되는 **표본의 수가 양적 연구에 비해 적다.**
- 질적 연구는 연구 과정에서 잠정적인 가설들이 형성되는 것이 일반적이다.
- 정밀한 표본추출과 표준화된 측정에 기초한 연구보다 일반화 가능성이 적다.

기본개념

사회복지조사론
pp.252~

질적 연구가 적절한 사례

- 잘 알려지지 않은 주제에 대한 탐색적 접근을 하고자 하는 경우
- 자연스러운 상황에서 생생한 경험에 대한 이해와 그 의미를 분석하고자 하는 경우
- 다양한 유형의 행위, 지위나 역할과 관련된 행위, 사회적 관계, 소규모 집단, 생활양식이나 하위 문화 등의 주제를 연구하는 경우

질적 연구의 엄격성

- 연구자와 연구대상자 간의 장기간에 걸친 관계형성은 연구대상자의 반응성과 연구자의 편견을 줄이는 데 도움이 될 수도 있다. 하지만, 연구자의 지나친 몰입으로 인해 관찰과 해석에 있어서 문제가 생길 수도 있다.
- 다른 동료연구자들의 점검을 통해 자료수집과 해석에 있어서 편견이나 문제점을 점검한다.
- 연구자가 연구대상자에게 관찰결과와 해석의 정확성에 대해 확인할 수 있도록 한다.
- 연구자의 해석에 적합하지 않은 예외사례를 충분히 찾아보도록 한다.
- 연구자뿐만 아니라 다른 사람들이 연구결과를 살펴볼 수 있도록 자료수집 및 분석의 과정을 모두 기록하고 공개한다.

다원측정/삼각측정/다원화/다각화(triangulation)

- **질적 연구의 신뢰도와 타당도를 확보하기 위한 전략 중에 하나**이다. 측정오류를 최소화하고 조사자나 조사대상자의

편견과 오류를 수정, 완화하고 자료수집의 객관성을 높이기 위한 방법이다.
- 대표적인 유형으로 이론의 다원화(하나의 자료를 해석하기 위해 다양한 이론과 복수의 관점을 활용, 대조적인 이론적 지향을 가진 동료 연구자가 자료를 분석), 연구방법의 다원화(한 연구에서 여러 가지 연구방법을 함께 활용), 관찰자 다원화(한 연구에서 여러 명의 관찰자가 관찰), 자료의 다원화[다양한 출처의 자료(면접, 문헌자료, 관찰자료 등)를 활용], 학제 간 다원화(다른 학문영역에 있는 연구자들과 공동으로 연구)가 있다.

질적 연구에 관한 쟁점

- 질적 연구와 양적 연구의 병행에 관한 쟁점: 양자를 상호보완적으로 사용하여 질적 연구의 단점인 객관성을 보완할 수 있다. 양자를 동시에 사용하는 것이 바람직하다는 의견이 있지만 실질적으로 두 접근은 각기 서로 다른 가정에 근거를 두고 있기 때문에 동시에 사용하는 것은 쉽지 않다.
- 질적 연구의 과학성에 관한 쟁점: 과학적이라고 반드시 연역적이고 가설검증적인 연구만 의미하는 것은 아니다. 질적 연구에 있어서 과학적인 연구란, 엄격하고 체계적인 경험적 탐구를 의미하며 현실에 기반한 이론을 추구하는 것이다.
- 질적 연구의 일반화 가능성에 관한 쟁점: 질적 연구는 연구결과를 일반적으로 적용하기보다는 그 연구결과가 다른 상황과 대상에 어느 정도 일반화될 수 있는지에 초점을 둔다.
- 질적 연구에서 연구자의 주관성 배제에 관한 쟁점: 질적 연구의 목적은 주관적인 것을 객관적으로 연구하는 것이다. 질적 연구자는 주관성에 대한 반성을 포함하는 세부적인 현장기록을 통해 편견 개입의 가능성을 줄여야 한다.
- 관찰자 효과의 제거에 관한 쟁점: 연구자의 존재가 연구 대상자의 행동에 변화를 일으키는 일종의 반응성이다. 질적 연구자들은 자연스럽고 비강요적이며, 비심판적인 태도로 대상자와 상호작용을 하고자 노력하지만 영향력을 모두 제거할 수는 없기 때문에 순수하게 '자연 상태로의 연구'란 사실상 어렵다.
- 질적 연구의 신뢰성 확보에 관한 쟁점: 질적 연구자들이 주장하는 신뢰성은 양적 연구자들이 주장하는 관찰결과의 일관성이 아니라 연구자가 기록하는 내용과 실제로 일어나는 상황 간에 일치되는 정도, 즉 자료의 정확성과 포괄성을 신뢰성으로 간주한다.

01 (22-02-21) 질적 연구는 관찰로부터 이론을 도출하는 귀납적 방법을 활용한다.

02 (21-02-20) 질적 연구의 엄격성을 높이기 위해서는 연구자의 해석에 적합하지 않은 예외 사례를 충분히 찾아본다.

03 (19-02-03) 양적 조사는 가설검증을 지향하고, 질적 조사는 탐색, 발견을 지향한다.

04 (19-02-21) 질적 조사의 엄격성(rigor)을 높이는 방법에는 장기간 관찰, 부정적 사례(negative cases) 분석, 다각화 (triangulation) 등이 있다.

05 (18-02-14) 질적 연구는 풍부하고 자세한 사실의 발견이 가능하다.

06 (17-02-11) 실천, 이야기, 생활방식, 하위문화 등이 질적 조사의 주제가 된다.

07 (15-02-05) 질적 연구는 소수의 사례를 깊이 있게 관찰할 수 있다.

08 (14-02-09) 질적 연구의 엄격성(rigor)을 높이기 위해서 해석에 적합하지 않은 부정적인 사례(negative case)를 찾아야 한다.

09 (12-02-07) 질적 연구는 연구자 자신이 도구가 된다.

10 (11-02-19) 질적 연구는 자료의 수집과 분석이 단계상 분명히 구분되지 않을 수 있다.

11 (08-02-30) 질적 연구결과와 양적 연구결과는 서로 보완적인 관계를 갖는다.

12 (07-02-27) 질적 조사의 엄밀성을 높이기 위해 다각적 접근방법을 활용한다.

13 (06-02-24) 질적 연구는 현상학적 인식론에 기반한다.

14 (05-02-24) 가정폭력 피해 여성에 대한 심층면접, 거리 노숙인에 대한 관찰참여 연구, 장수마을에서의 생활경험 등의 연구는 질적 조사에 적합하다.

15 (03-02-25) 질적 연구는 복잡한 사회적 현상이나 문제를 단순화시키지 않고 가능한 '있는 그대로' 개방적인 체계에서 파악한다.

16 (02-02-19) 질적 연구방법은 일반화가 어렵다.

대표기출 확인하기

22-02-21 난이도 ★★☆

질적 연구에 관한 설명으로 옳은 것은?

① 변수 중심의 분석이 이루어진다.
② 논리실증주의적 관점을 견지한다.
③ 인간행동의 규칙성과 보편성을 중시한다.
④ 모집단을 대표할 수 있는 표본을 추출한다.
⑤ 관찰로부터 이론을 도출하는 귀납적 방법을 활용한다.

 **알짜확인**

• 질적 연구의 주요 특성을 파악해야 한다.
• 질적 연구의 엄격성에 대해 이해해야 한다.

답 ⑤

✔ 응시생들의 선택

① 5%	② 5%	③ 6%	④ 5%	⑤ 79%

⑤ 질적 연구는 귀납적 방법을 주로 활용한다. 양적 연구에 비해 연구과정이 덜 구조화되어 있고, 과정에 보다 많은 관심을 두며, 주로 탐색적인 연구에 활용된다. 대상자의 삶의 현장에서 이루어지는 구체적인 일상에 대한 심층적인 이해와 파악을 추구하며, 심층적이고 풍부한 사실의 발견, 상황이나 맥락을 중요시한다. 해석주의 관점을 견지하며, 연구자가 의도적으로 표본을 추출하기 때문에 대상자가 소규모일 경우가 많다. ①~④는 모두 양적 연구에 관한 설명이다.

➕ 덧붙임

질적 연구방법의 주요 특징을 묻는 문제, 질적 연구방법과 양적 연구방법의 특징을 비교하는 문제, 질적 연구의 조사도구에 관한 문제, 질적 연구의 엄격성에 관한 문제, 질적 연구의 표본추출방법에 관한 문제, 질적 연구에 적합한 연구주제를 찾는 문제 등 다양한 유형으로 출제되고 있다.

관련기출 더 보기

21-02-20 난이도 ★★☆

「마을만들기 사업 참여경험에 관한 연구」의 엄격성을 높이는 방법으로 옳은 것을 모두 고른 것은?

ㄱ. 삼각측정(triangulation)
ㄴ. 예외 사례 표본추출
ㄷ. 장기적 관찰
ㄹ. 연구윤리 강화

① ㄱ, ㄴ
② ㄷ, ㄹ
③ ㄱ, ㄴ, ㄷ
④ ㄱ, ㄴ, ㄹ
⑤ ㄱ, ㄴ, ㄷ, ㄹ

답 ⑤

✔ 응시생들의 선택

① 4%	② 6%	③ 13%	④ 12%	⑤ 65%

질적 연구의 엄격성을 높이는 방법
• 연구자와 연구대상자가 장기간에 걸쳐 긍정적 관계를 형성한다.
• 다른 동료연구자들을 통해 자료수집과 해석에 있어서 편견이나 문제점이 있는지 점검받는다.
• 연구자가 연구대상자에게 관찰결과와 해석의 정확성에 대해 확인할 수 있도록 한다.
• 연구자의 해석에 적합하지 않은 예외사례를 충분히 찾아본다.
• 연구자뿐만 아니라 다른 사람들이 연구결과를 살펴볼 수 있도록 자료수집 및 분석의 과정을 기록하고 공개한다.
• 다원측정/삼각측정/다원화/다각화(triangulation)와 같은 신뢰도와 타당도를 확보하기 위한 전략을 사용한다.

양적 조사와 질적 조사의 비교로 옳지 않은 것은?

① 질적 조사에 비하여 양적 조사의 표본크기가 상대적으로 크다.
② 질적 조사에 비하여 양적 조사에서는 귀납법을 주로 사용한다.
③ 양적 조사에 비하여 질적 조사는 사회 현상의 주관적 의미에 관심을 갖는다.
④ 양적 조사는 가설검증을 지향하고, 질적 조사는 탐색, 발견을 지향한다.
⑤ 양적 조사에 비하여 질적 조사는 조사결과의 일반화가 어렵다.

답 ②

✔ 응시생들의 선택

① 4%	② 78%	③ 4%	④ 9%	⑤ 5%

② 귀납법은 개별적인 사실들로부터 일반적인 원리나 이론으로 전개해 나가는 논리적 과정으로서 주로 질적 조사에서 사용한다.

질적 연구에 관한 설명으로 옳지 않은 것은?

① 풍부하고 자세한 사실의 발견이 가능하다.
② 문제에 대한 통찰력을 제공한다.
③ 연구참여자의 상황적 맥락 안에서 이루어진다.
④ 다른 연구자들이 재연하기 용이하다.
⑤ 현상에 대해 심층적으로 기술한다.

답 ④

✔ 응시생들의 선택

① 8%	② 4%	③ 6%	④ 79%	⑤ 3%

④ 질적 연구는 잘 알려지지 않은 주제에 대한 탐색적 접근을 하고자 하는 경우에 활용되며, 양적 연구에 비해 비교적 적은 표본의 수를 대상으로 연구자 자신이 자료수집의 중요한 도구가 되어 연구문제에 대한 심층적인 이해와 파악을 추구한다. 따라서 다른 연구자들이 이와 유사하거나 똑같은 연구를 재연하기가 쉽지 않다.

질적 조사의 자료수집에 관한 설명으로 옳은 것은?

① 심층면접은 주요 자료수집 방법 중 하나이다.
② 연구자는 자료수집과정에서 배제되는 것이 원칙이다.
③ 완전관찰자로서의 연구자는 먼저 자료제공자들과 라포형성이 요청된다.
④ 가설설정은 자료수집을 위해 필수적 요건이다.
⑤ 표준화된 측정도구를 갖추어야 자료수집이 가능하다.

답 ①

✔ 응시생들의 선택

① 77%	② 3%	③ 8%	④ 7%	⑤ 5%

② 질적 연구에서 연구자는 자료수집의 중요한 도구로 활용되며, 연구자의 관찰과 통찰 등을 통해 자료를 수집하고 분석한다.
③ 완전관찰자는 비관여적이며, 제3자의 입장에서 관찰한다.
④ 가설설정이 자료수집을 위해 필수적 요건인 것은 양적 조사이다.
⑤ 표준화된 측정도구를 갖추어야 자료수집이 가능한 것은 양적 조사이다.

질적 조사에 관한 설명으로 옳지 않은 것은?

① 실천, 이야기, 생활방식, 하위문화 등이 질적 조사의 주제가 된다.
② 자연주의는 질적 조사의 오랜 전통이다.
③ 확률표본추출방법이 사용될 수 있다.
④ 일반화 가능성이 양적 조사보다 높다.
⑤ 현장연구라고 명명되기도 한다.

답 ④

✔ 응시생들의 선택

① 2%	② 8%	③ 16%	④ 71%	⑤ 3%

④ 일반화 가능성은 양적 조사가 질적 조사보다 높다.

양적 연구와 비교한 질적 연구의 특성으로 옳지 않은 것은?

① 연구자의 역할이 더 중요하다.
② 소수의 사례를 깊이 있게 관찰할 수 있다.
③ 연구결과의 일반화가 목표가 아니다.
④ 일반적으로 신뢰도가 더 높다.
⑤ 귀납적 추론의 경향이 더 강하다.

답 ④

✅ 응시생들의 선택

① 4%	② 1%	③ 17%	④ 69%	⑤ 9%

④ 질적 연구는 양적 연구에 비해 신뢰도가 낮을 수밖에 없다.

'연장입양아동이 주관적으로 경험한 입양됨의 의미'와 같은 연구주제를 다룰 때 주로 사용되는 연구방법에 관한 설명으로 옳지 않은 것은?

① 초기의 분석틀을 도중에 변경할 수 있다.
② 개방형 질문과 구조화 면접으로 심층정보를 얻는다.
③ 연구도구로서 연구자가 가진 자질이 중요하다.
④ 자료의 수집과 분석이 단계상 분명히 구분되지 않을 수 있다.
⑤ 연구자의 주관성이 개입될 수 있다.

답 ②

✅ 응시생들의 선택

① 41%	② 32%	③ 7%	④ 15%	⑤ 5%

② 질적 연구에서는 개방형 질문과 비구조화 면접을 통해 심층정보를 얻는다. 구조화 면접은 질문의 내용과 말 표현, 순서 등이 미리 고정되어 있으며, 모든 응답자들에게 똑같이 이를 적용해야 한다. 깊이 있는 탐색적 조사를 시도하는 질적 연구들에서는 이처럼 엄격히 구조화된 면접조사 방법이 오히려 부적절할 수 있다.

질적 연구의 엄격성(rigor)을 높이는 전략을 모두 고른 것은?

> ㄱ. 장기적 관여(prolonged engagement)를 위한 노력
> ㄴ. 연구자의 원주민화(going native)를 경계하는 노력
> ㄷ. 해석에 적합하지 않은 부정적인 사례(negative case) 찾기
> ㄹ. 내부자적(emic) 시각을 유지하기 위해 완전관찰자 역할 지향

① ㄱ, ㄴ, ㄷ　　　② ㄱ, ㄷ
③ ㄴ, ㄹ　　　④ ㄹ
⑤ ㄱ, ㄴ, ㄷ, ㄹ

답 ①

✅ 응시생들의 선택

① 38%	② 17%	③ 18%	④ 5%	⑤ 22%

ㄹ. 내부자적 시각을 유지하기 위해서는 완전관찰자의 역할이 아닌 완전참여자의 역할을 지향해야 할 것이다.

다음 중 질적 조사를 하기에 적당한 것은?

> ㄱ. 가정폭력 피해 여성에 대한 심층면접
> ㄴ. 거리 노숙인에 대한 관찰참여 연구
> ㄷ. 장수마을에서의 생활경험
> ㄹ. 노인의 장기요양 욕구에 대한 전국조사

① ㄱ, ㄴ, ㄷ　　　② ㄱ, ㄷ
③ ㄴ, ㄹ　　　④ ㄹ
⑤ ㄱ, ㄴ, ㄷ, ㄹ

답 ①

✅ 응시생들의 선택

① 33%	② 12%	③ 5%	④ 2%	⑤ 48%

질적 연구는 주로 서술적이고 탐색적인 연구에 활용되며, 조사대상자의 삶의 현장에서 이루어지는 구체적인 일상의 삶에 대한 심층적인 이해와 파악을 추구한다. 또한 연구대상자가 소규모일 경우가 많다. (ㄹ) 노인의 장기요양 욕구에 대한 전국조사는 연구대상자가 대규모이며, 통계적이고 양적인 조사에 해당한다.

다음 내용이 왜 틀렸는지를 확인해보자

19-02-21

01 질적 조사의 엄격성을 높이기 위해서는 관찰 기간이 짧아야 한다.

질적 조사의 엄격성을 높이기 위해서는 연구대상자를 장기간 충분히 관찰하여야 한다.

17-02-06

02 질적 연구에서 연구자는 자료수집과정에서 배제되는 것이 원칙이다.

질적 연구에서 연구자는 자료수집의 중요한 도구로 활용되며, 연구자의 관찰과 통찰 등을 통해 자료를 수집하고 분석한다.

03 질적 연구는 주로 실증주의적 인식론에 기반을 두고 있다면, 양적 연구는 현상학적 인식론에 기반을 두고 있다.

양적 연구는 주로 실증주의적 인식론에 기반을 두고 있다면, 질적 연구는 현상학적 인식론에 기반을 두고 있다.

13-02-23

04 질적 연구방법은 선(先)이론 후(後)조사의 방법을 활용한다.

양적 연구방법은 일반적으로 이론에서 출발하여 가설을 구체화하고, 경험적인 검증 과정을 거치는 연역적 방법을 선호한다. 반면에 질적 연구방법은 관찰에서 출발하여 유형화와 잠정적인 결론으로 이어지는 귀납적 방법을 선호한다.

05 질적 연구는 정밀한 표본추출과 표준화된 측정에 기초한 연구보다 일반화 가능성이 높다.

질적 연구는 정밀한 표본추출과 표준화된 측정에 기초한 연구보다 일반화 가능성이 낮다.

04-02-25

06 질적 연구를 수행할 때 연구자와 대상은 중도에 변경하여도 연구의 결과에는 큰 영향을 미치지 않는다.

질적 연구에서 연구자는 대상과 긴밀한 관계를 유지하면서 주관적으로 수행하므로 대체해서는 안 된다.

빈칸에 들어갈 알맞은 말을 채워보자

01 `21-02-20`
(　　　　　　)은/는 질적 연구에서 측정오류를 최소화하고, 조사자나 조사대상자의 편견과 오류를 수정, 완화하며 자료수집의 객관성을 높이기 위한 방법이다.

02 `19-02-03`
(　　　　　　)은/는 개별적인 사실들로부터 일반적인 원리나 이론으로 전개해 나가는 논리적 과정으로서 주로 질적 조사에서 사용한다.

03 `15-02-09`
자료 수집원을 다양화하여 질적 연구의 (　　　　　　)을/를 높일 수 있다.

04 질적 연구는 주로 기술적이고 (　　　　　　)인 연구에 활용된다.

05 질적 연구는 양적 연구에 비해 연구과정이 덜 구조화되어 있으므로 자료수집 및 분석과정에 (　　　　　　)이 있다.

답 **01** 다각화/다원측정/삼각측정　**02** 귀납법　**03** 엄격성　**04** 탐색적　**05** 융통성

18-02-14

01 질적 연구는 다른 연구자들이 재연하기가 쉽지 않다.　　　◎ ✕

17-02-11

02 실천, 이야기, 생활방식, 하위문화 등이 질적 조사의 주제가 된다.　　　◎ ✕

15-02-05

03 양적 연구에 비하여 질적 연구가 일반적으로 신뢰도가 더 높다.　　　◎ ✕

04 질적 연구는 연구 과정에서 잠정적인 가설들이 형성되는 것이 일반적이다.　　　◎ ✕

05 자연스러운 상황에서 생생한 경험에 대한 이해와 그 의미를 분석하고자 하는 경우에는 질적 연구가 적합하다.　　　◎ ✕

11-02-19

06 질적 연구는 연구자의 주관성이 개입될 수 없기 때문에 객관적인 결과를 도출할 수 있다.　　　◎ ✕

07 질적 연구는 상대적으로 비용이 적게 들 수 있지만, 장기간에 걸친 연구는 많은 시간과 비용을 필요로 한다.　　　◎ ✕

04-02-25

08 질적 연구는 관찰자에 따라 사물이 서로 다르게 인식된다고 전제한다.　　　◎ ✕

09 질적 연구는 엄격한 인과관계를 규명하기보다는 복합적인 상호작용의 규명에 초점을 둔다.　　　◎ ✕

10 질적 연구의 엄격성을 위해서는 다른 동료연구자들의 점검을 통해 자료수집과 해석에 있어서 편견이나 문제점을 점검해야 한다.　　　◎ ✕

답 　01 ○　02 ○　03 ✕　04 ○　05 ○　06 ✕　07 ○　08 ○　09 ○　10 ○

해설 　**03** 질적 연구에 비하여 양적 연구가 일반적으로 신뢰도가 더 높다.
　　06 질적 연구는 연구자의 주관성이 개입될 확률이 높다.

057 질적 연구의 유형과 방법

1회독	2회독	3회독
월 일	월 일	월 일

최근 10년간 **12문항** 출제

복습 1 이론요약

질적 연구의 유형

- 근거이론(현실기반이론): 조사과정을 통해 체계적으로 수정되고 분석된 자료를 상호 비교함으로써 이론을 추출해내는 방법이다. **기존에 이론적 기반이 갖추어지지 않은 분야를 연구하는 데 적합**하다.
- 민속지학(문화기술지): 어떤 문화 속에서 생활하는 사람들의 관점에서 문화를 연구하는 방법이다. **연구자가 오랜 기간 대상자와 함께 생활하면서 관찰대상자의 관점으로 문화를 이해**한다.
- 현상학적 연구: 어떤 경험이 그 경험을 한 사람에게 주는 의미가 무엇인지를 탐구하는 방법이다. **사물이나 현상의 본질보다는 경험이 드러내는 본질을 탐구**한다.
- 참여행동연구: **대상자들에게 연구의 목적과 절차에 대한 통제권이 주어진 사회조사의 한 접근 방법**이다. 연구자는 대상자가 자신의 이익을 위해 효과적으로 일할 수 있는 기회를 제공한다.
- 내러티브 탐구: 한 명 이상의 개인을 면접하거나 관련 문서들을 활용하여 자료를 수집하고 **개인의 인생 이야기에 대한 내러티브를 전개해 나가는 질적 탐구전략**이다.

근거이론의 자료분석

- 개방코딩: 확보된 자료를 전사한 후, 각 의미 단위마다 속성과 차원에 따라 '명명'하는 과정이다.
- 축코딩: 개방코딩을 통하여 도출된 각 범주와 하위 범주들 간의 관계를 연결시키고, 범주를 속성과 차원의 수준으로 계속 발전시키며, 범주의 관련성을 패러다임 모형으로 파악하는 것이다.
- 선택코딩: 코딩의 마지막 단계로서 모든 범주의 유형을 통합시키고 정교화하여 이후 새로운 이론을 생성하고, 이를 도식화하기 위한 과정이다.

질적 연구의 방법

▶ 참여관찰
- 자료가 연구자에 의해 직접 구해지므로 연구대상자의 보고능력이나 의지에 방해받지 않는다.
- 어린이와 같이 언어구사력이 떨어지는 집단에 효과적이다.
- 조사연구설계를 수정할 수 있어서 연구에 유연성이 있다.

- 비용적인 측면에서 경제적이다.
- 관찰자의 선입견이 개입될 수 있으며, 관찰자 효과가 나타날 수 있다.
- 연구대상이 소수의 개인이나 집단 등으로 제한되며, 대규모 집단은 어렵다.

완전 참여자 (complete participant)	• 관찰자는 대상자와 자연스럽게 생활하고 상호작용한다. • 연구대상자들은 완전 참여자의 신분과 목적을 모른다.
관찰 참여자 (participant-as-observer)	• 연구자는 조사대상 집단의 일원으로 참여하여 활동한다. • 연구대상자들에게 참여자의 신분과 목적을 알린다.
참여 관찰자 (observer-as-participant)	• 연구대상자들에게 참여자의 신분과 목적을 알린다. • 조사집단에 완전히 참여하지는 않는다.
완전 관찰자 (complete observer)	• 완전관찰자는 사회과정의 일부가 되지 않으면서 사회과정을 관찰한다. • 연구조사자가 비관여적이므로 관찰자효과를 일으킬 가능성은 적지만, 연구대상의 완전한 이해의 가능성도 낮다.

▶ 심층면접
- 응답의 이유, 의견, 가치, 동기, 경험 등 언어적인 표현뿐만 아니라 몸짓, 표정 등 비언어적 반응까지 관찰이 가능하다.
- 개인면접과 달리 면접시간이 많이 걸리고 내용도 깊어져 매우 상세한 정보를 얻을 수 있다.
- 무작위 표집방법을 사용하지 않고 표본의 수도 작기 때문에 면접의 결과를 일반화시키는 데 무리가 있고, 조사과정에서 면접원의 편견의 개입 등이 문제가 된다.
- 유형: 비공식 대화면접, 면접지침 접근법, 표준화 개방형 면접

혼합연구방법론(mixed methodology)
- 혼합연구방법은 질적 연구와 양적 연구를 결합하거나 연합하여 탐구하는 접근방법이다.
- 양적 연구의 결과에서 질적 연구가 시작될 수도 있고, 질적 연구의 결과에서 양적 연구가 시작될 수도 있다. 연구자에 따라 어떤 연구방법에 더 비중을 두는 가에는 차이가 있을 수 있다.
- 양적 연구는 주로 실증주의 패러다임에 토대를 두고, 질적 연구는 주로 해석주의 패러다임에 토대를 두는데, 혼합연구방법은 다양한 연구 패러다임을 수용할 수 있어야 한다.

01 (23-02-24) 근거이론 연구, 참여행동 연구, 민속학적 연구, 현상학적 연구는 모두 질적 연구방법에 해당한다.

02 (22-02-25) 완전 참여자(complete participant)는 관찰대상의 승인을 받지 않고 관찰한다는 점에서 연구윤리 문제가 제기될 수 있다.

03 (21-02-12) 참여행동연구는 사회변화와 임파워먼트에 초점을 둔다.

04 (20-02-01) 문화기술지연구, 심층사례연구, 근거이론연구, 내러티브연구는 질적 연구의 유형에 해당한다.

05 (20-02-25) 근거이론의 분석방법에서 축코딩은 발견된 범주를 가지고 중심현상을 중심으로 인과적 조건을 만든다.

06 (19-02-19) 축코딩은 수집된 자료에서 나타난 범주들 간의 관계를 파악하기 위해 범주들을 특정한 구조적 틀에 맞추어 연결하는 과정이다.

07 (18-02-15) 혼합연구방법(mixed methodology)은 질적 연구방법으로 발견한 연구주제를 양적 연구방법을 이용하여 탐구하기도 한다.

08 (18-02-25) 현상학은 사물이나 현상의 본질을 탐구한다기보다는 사물이나 현상에 대한 경험의 본질을 탐구하는 것이다.

09 (17-02-06) 심층면접은 질적 조사의 주요 자료수집 방법 중 하나이다.

10 (16-02-24) 혼합연구방법론(mixed methodology)은 질적 연구의 결과에 기반하여 양적 연구를 시작할 수 있다.

11 (15-02-09) 현상학은 개인의 주관적인 경험의 본질과 의미에 초점을 둔다.

12 (11-02-22) 참여행동연구(participatory action research)에서 연구대상자는 자신의 문제와 해결책을 스스로 정의한다.

13 (10-02-05) 현장연구조사(field research)는 연구대상자를 자연적 상황에서 탐구할 수 있다.

14 (09-02-29) 근거이론(grounded theory) 접근을 채택한 연구는 자료분석을 통해 이론을 도출하는 데 관심을 갖는다.

15 (06-02-24) 질적 연구는 현상학적 인식론에 기반한다.

대표기출 확인하기

21-02-12　　난이도 ★★☆

다음의 연구에서 활용한 질적 연구방법에 관한 설명으로 옳은 것은?

> A사회복지사는 가정 밖 청소년들의 범죄피해와 정신건강의 문제를 당사자의 관점에서 이해하고 주체적으로 해결하기 위해 연구를 시작하였다. 연구에 참여한 가정 밖 청소년들은 A사회복지사와 함께 범죄피해와 정신건강과 관련된 사회구조적인 문제를 해결하기 위한 다양한 방안들을 스스로 만들고 수행하였다.

① 개방코딩-축코딩-선택코딩의 방법을 활용한다.
② 범죄피해와 정신건강을 설명하는 이론 개발에 초점을 둔다.
③ 단일사례에 대한 깊이 있는 분석에 초점을 둔다.
④ 관찰대상의 개인적 설화를 만드는 것에 초점을 둔다.
⑤ 사회변화와 임파워먼트에 초점을 둔다.

 **알짜확인**

- 질적 연구의 유형별 특징을 파악해야 한다.
- 질적 연구의 주요 연구 방법을 파악해야 한다.

답 ⑤

☑ 응시생들의 선택

① 11%	② 6%	③ 15%	④ 5%	⑤ 63%

⑤ 주어진 사례는 참여행동연구에 해당한다. 참여행동연구에서 연구자의 기능은 연구대상자가 자신의 이익을 위해 효과적으로 일할 수 있는 기회를 제공하는 것이다. 즉, 소외계층 참여자들은 그들의 문제를 정의하고 필요한 해결책을 찾으며, 그들의 목적을 실현시키는 데 도움이 될 만한 연구가 어떻게 설계되어야 하는지를 이끌어간다. 연구자와 연구대상자가 함께 집합적으로 토론과 상호작용을 통해 문제를 분석해나가는 교육과정이기도 하며, 급진적인 변화와 연구대상자의 임파워먼트를 목적으로 추구하기도 한다.

➕ 덧붙임

최근 시험에서 질적 연구의 유형에 관한 문제가 빠짐없이 출제되고 있다. 특히 근거이론의 자료분석방법인 개방코딩, 축코딩, 선택코딩에 관한 내용이 자주 다뤄지고 있다. 질적 연구방법과 양적 연구방법을 통합하는 혼합연구방법에 관한 문제도 단독 문제로 종종 출제된다.

관련기출 더 보기

23-02-24　　난이도 ★★☆

다음의 사회복지 연구방법에서 성격이 다른 것은?

① 근거이론(grounded theory) 연구
② 참여행동(participatory action) 연구
③ 서베이(survey) 연구
④ 민속학적(ethnographic) 연구
⑤ 현상학적(phenomenological) 연구

답 ③

☑ 응시생들의 선택

① 10%	② 10%	③ 66%	④ 11%	⑤ 3%

③ 서베이 연구는 모집단의 특성을 파악하기 위해 일정 수의 표본을 추출하여 설문조사를 실시하는 양적 연구방법에 해당한다. ① 근거이론 연구, ② 참여행동 연구, ④ 민속학적 연구, ⑤ 현상학적 연구는 모두 질적 연구방법에 해당한다.

22-02-25　　난이도 ★★☆

완전 참여자(complete participant)에 관한 설명으로 옳은 것은?

① 연구대상이 관찰된다는 사실을 알기에 자연적인 상태에서의 관찰이 불가능하다.
② 관찰대상과 상호작용 없이 연구대상을 관찰할 수 있다.
③ 관찰대상의 승인을 받고 관찰대상과 어울리면서도 객관성을 유지할 수 있다.
④ 관찰대상의 승인을 받지 않고 관찰한다는 점에서 연구윤리 문제가 제기될 수 있다.
⑤ 관찰 상황을 인위적으로 통제한 상황에서 관찰을 진행할 수 있다.

답 ④

☑ 응시생들의 선택

① 14%	② 7%	③ 25%	④ 48%	⑤ 6%

④ 완전 참여자는 연구대상자(관찰대상)의 승인 없이 활동에 완전히 참여하여 연구대상자와 자연스럽게 생활하고 상호작용하는 것이기에 연구의 윤리적 문제가 제기될 수 있다.

다음 중 질적 연구와 가장 거리가 먼 것은?

① 문화기술지(ethnography)연구
② 심층사례연구
③ 사회지표조사
④ 근거이론연구
⑤ 내러티브(narrative)연구

답 ③

응시생들의 선택

① 7%	② 6%	③ 70%	④ 11%	⑤ 6%

③ 사회지표조사는 정부기관이나 연구기관의 관련 전문가가 정기적 또는 비정기적으로 발표한 2차 자료를 활용하여 조사하는 방법이다.

근거이론의 분석방법에서 축코딩(axial coding)에 관한 설명으로 옳은 것은?

① 추상화시킨 구절에 번호를 부여한다.
② 개념으로 도출된 내용을 가지고 하위범주를 만든다.
③ 발견된 범주의 속성과 차원을 고려하여 유형화를 시도한다.
④ 이론개발을 위해 핵심범주를 중심으로 다른 범주와의 통합과 정교화를 만드는 과정을 진행한다.
⑤ 발견된 범주를 가지고 중심현상을 중심으로 인과적 조건을 만든다.

답 ⑤

응시생들의 선택

① 7%	② 21%	③ 22%	④ 28%	⑤ 22%

⑤ 축코딩은 개방코딩을 통하여 도출된 각 범주와 하위 범주들 간의 관계를 연결시키고, 범주를 속성과 차원의 수준으로 계속 발전시키며, 범주의 관련성을 패러다임 모형으로 파악하는 과정이다. 연구자는 중심현상, 인과적 조건, 상호작용 전략을 확인·구체화하고, 맥락적 조건, 중재적 조건을 확인하며 이 현상의 결과를 묘사한다.

질적 연구방법과 적절한 연구 주제가 바르게 연결된 것을 모두 고른 것은?

> ㄱ. 현상학 – 늙어간다는 것이 어떤 의미인지를 이해할 수 있다.
> ㄴ. 참여행동연구 – 이혼 가족이 경험한 가족해체 사례를 심층적으로 이해할 수 있다.
> ㄷ. 근거이론 – 지속적 비교 기법을 통해 노인의 재취업경험을 이론화할 수 있다.
> ㄹ. 생애사 – 위안부 피해자 할머니 삶의 중요한 사건을 이해할 수 있다.

① ㄱ, ㄴ
② ㄴ, ㄷ
③ ㄷ, ㄹ
④ ㄱ, ㄷ, ㄹ
⑤ ㄱ, ㄴ, ㄷ, ㄹ

답 ④

응시생들의 선택

① 7%	② 5%	③ 7%	④ 32%	⑤ 49%

ㄱ. 현상학은 사물이나 현상의 본질을 탐구한다기보다는 사물이나 현상에 대한 경험의 본질을 탐구하는 것이다. 따라서 늙어간다는 것이 어떤 의미인지를 이해할 수 있다.
ㄷ. 근거이론은 조사과정을 통해 체계적으로 수정되고 분석된 자료를 상호 비교 검토함으로써 이론을 추출해내는 방법으로서 지속적 비교 기법을 통해 노인의 재취업경험을 이론화할 수 있다.
ㄹ. 생애사는 특정 개인의 생애에 대해 탐구하는 방법으로서 위안부 피해자 할머니 삶의 중요한 사건을 이해할 수 있다.

질적 조사로 보기 어려운 것은?

① 근거이론연구
② 문화기술지연구
③ 솔로몬설계연구
④ 내러티브연구
⑤ 현상학적 연구

답 ③

응시생들의 선택

① 14%	② 9%	③ 62%	④ 7%	⑤ 8%

③ 질적 조사의 유형에는 근거이론(현실기반이론)연구, 민속지학(문화기술지)연구, 현상학적 연구, 참여행동연구, 내러티브연구 등이 있다.

혼합연구방법론(mixed methodology)에 관한 설명으로 옳지 않은 것은?

① 질적 연구 결과와 양적 연구 결과는 일치해야 한다.
② 양적 연구와 질적 연구에 대한 전문적 지식이 모두 필요하다.
③ 연구에 따라 양적 연구와 질적 연구의 상대적 비중이 상이할 수 있다.
④ 질적 연구의 결과에 기반하여 양적 연구를 시작할 수 있다.
⑤ 상충되는 패러다임들도 수용할 수 있어야 한다.

답 ①

응시생들의 선택

① 68%	② 2%	③ 3%	④ 22%	⑤ 5%

① 질적 연구결과와 양적 연구결과는 경우에 따라 상반될 수도 있다.

질적 연구방법에 관한 설명으로 옳지 않은 것은?

① 근거이론의 목적은 사람, 사건 및 현상에 대한 이론의 생성이다.
② 문화기술지(ethnography)는 특정 문화를 이해하기 위한 방법, 과정 및 결과이다.
③ 현상학은 개인의 주관적인 경험의 본질과 의미에 초점을 둔다.
④ 자료 수집원을 다양화하여 연구의 엄격성을 높일 수 있다.
⑤ 부정적 사례(negative case)의 목적은 연구자가 편견에 빠지지 않게 동료집단이 감시기제로서의 역할을 하는 것이다.

답 ⑤

응시생들의 선택

① 9%	② 4%	③ 11%	④ 23%	⑤ 53%

⑤ 부정적 사례 분석은 연구조사자가 반대적인 증거(연구조사자의 해석에 적합하지 않은 예외사례 찾기)를 충분히 찾아보는 것으로, 질적 연구의 신뢰성을 검증하기 위해 사용한다.

다음은 어떤 연구에 관한 설명인가?

- 연구자가 연구대상자보다 우위에 있다는 암묵적 가정에 도전한다.
- 연구대상자는 자신의 문제와 해결책을 스스로 정의한다.
- 연구대상자는 연구설계에 주도적 역할을 수행한다.

① 현상학(phenomenology)
② 문화기술지(ethnography)
③ 근거이론(grounded theory)
④ 참여행동연구(participatory action research)
⑤ 내러티브탐구(narrative inquiry)

답 ④

응시생들의 선택

① 21%	② 2%	③ 14%	④ 53%	⑤ 11%

④ 참여행동연구에서는 연구대상자들이 보통 소외계층인 경우가 많고 연구자는 이들이 자신들의 이익을 위해 효과적으로 일할 수 있는 기회를 제공하는 역할을 수행한다. 연구대상자들이 그들의 문제를 정의하고 필요한 해결책을 찾으며, 그들의 목적을 실현시키는 데 도움이 될 만한 연구가 어떻게 설계되어야 하는지를 이끌어간다. 이 연구는 조사연구가 단순히 지식생산의 수단만이 아니라 "교육과 의식개발, 그리고 그런 의식을 행동으로 옮기는 수단"으로 기능해야 한다는 신념을 토대로 한다.

근거이론(grounded theory) 접근을 채택한 연구에 관한 설명으로 옳지 않은 것은?

① 조사과정에서 조사자의 관점이 중요시된다.
② 자료 분석을 통해 이론을 도출하는데 관심을 갖는다.
③ 연구결과의 일반화를 극대화하기 위해 확률표집이 선호된다.
④ 비구조화된 인터뷰와 관찰을 사용하므로 자료의 체계화가 중요하다.
⑤ 조사연구의 상황에서 조사자와 조사대상자 간 상호작용이 반영될 수 있다.

답 ③

응시생들의 선택

① 4%	② 6%	③ 70%	④ 11%	⑤ 9%

③ 근거이론은 질적 연구의 한 방법으로 비확률표집을 선호한다.

다음 내용이 **왜 틀렸는지**를 확인해보자

19-02-19

01 개방코딩은 수집된 자료에서 나타난 범주들 간의 관계를 파악하기 위해 범주들을 특정한 구조적 틀에 맞추어 연결하는 과정이다.

> 축코딩에 관한 내용이다. 축코딩은 범주를 하위범주와 연결시키는 과정이다. 축코딩 단계에서는 패러다임을 구성하고, 구조를 만들며, 과정을 발견한다.

17-02-14

02 근거이론연구, 문화기술지연구, 솔로몬설계연구 등은 질적 조사에 해당한다.

> 솔로몬설계연구는 질적 조사에 해당하지 않는다. 질적 조사의 유형에는 근거이론연구, 민속지학(문화기술지)연구, 현상학적 연구, 참여행동연구, 내러티브연구 등이 있다.

03 민속지학은 귀납적인 과정을 거쳐 현실적인 자료에 근거하여 개발된 이론으로서 현실기반이론 또는 기초이론이라 한다.

> 귀납적인 과정을 거쳐 현실적인 자료에 근거하여 개발된 이론으로서 현실기반이론 또는 기초이론이라 하는 것은 근거이론이다.

04 참여관찰은 정교하고 객관적이므로 일반화 가능성이 높다.

> 참여관찰은 주관성이 많이 개입되고, 일반화 가능성이 낮을 수 있으므로 결론이 제한적이다. 또한 연구대상이 소수의 개인이나 집단 등으로 제한되며, 관찰자의 선입견이 개입될 수 있어 관찰자 효과가 나타날 수 있다.

15-02-09

05 개인의 주관적인 경험의 본질과 의미에 초점을 두는 연구를 수행할 때는 질적 연구의 유형 중 **문화기술지 방법**을 사용하는 것이 가장 적절하다.

> 개인의 주관적인 경험의 본질과 의미에 초점을 두는 연구를 수행할 때는 현상학 방법을 사용하는 것이 가장 적절하다. 문화기술지 방법은 어떤 문화 속에서 생활하는 사람들의 관점에서 문화를 연구할 때 적절한 방법이다.

06 참여관찰자의 유형 중 **완전 참여자(complete participant)**는 관찰자 효과를 일으킬 가능성이 적지만, 연구대상의 완전한 이해의 가능성도 낮다.

> 완전 관찰자(complete observer)는 연구조사자가 비관여적이므로 관찰자 효과를 일으킬 가능성은 적지만, 연구대상의 완전한 이해의 가능성도 낮다.

빈칸에 들어갈 알맞은 말을 채워보자

`21-02-12`

01 ( )은/는 연구대상자들에게 연구의 목적과 절차에 대한 통제권이 주어진 사회조사의 한 접근방법이다.

`18-02-15`

02 ( )은/는 질적 연구와 양적 연구를 결합하거나 연합하여 탐구하는 접근방법이다.

03 ( )은/는 개인의 인생을 탐색하는 데 초점을 두는 질적 탐구전략으로, 그들이 의식하지 못하는 더 깊은 이야기들을 통해 그 안에 살고 있음을 인식시키는 방법이다.

04 근거이론의 자료분석 방법 중 ( )은/는 코딩의 마지막 단계로서 모든 범주의 유형을 통합시키고 정교화하여 이후 새로운 이론을 생성하고, 이를 도식화하기 위한 과정이다.

`17-02-06`

05 자료수집방법으로서 ( )은/는 개인면접과 달리 면접시간이 많이 걸리고 내용도 깊어져 매우 상세한 정보를 얻을 수 있다.

답 **01** 참여행동연구 **02** 혼합연구방법 **03** 내러티브 탐구 **04** 선택코딩 **05** 심층면접

다음 내용이 **옳은지 그른지** 판단해보자

18-02-15
01 혼합연구방법은 질적 연구방법으로 발견한 연구주제를 양적 연구방법을 이용하여 탐구하기도 한다. ◎ ⊗

02 양적 연구와 질적 연구를 통합한 혼합연구는 다원측정(triangulation)이 불가능하다. ◎ ⊗

17-02-11
03 질적 조사는 확률표본추출방법을 사용할 수 없다. ◎ ⊗

04 질적 연구에서 활용되는 면접은 개방형인 경우가 많다. ◎ ⊗

05 참여관찰은 어린이와 같이 언어구사력이 떨어지는 집단에는 비효과적이다. ◎ ⊗

15-02-09
06 근거이론의 목적은 사람, 사건 및 현상에 대한 이론의 생성이다. ◎ ⊗

09-02-29
07 근거이론 접근을 채택한 연구는 비구조화된 인터뷰와 관찰을 사용하므로 자료의 체계화가 중요하다. ◎ ⊗

07-02-28
08 질적 연구방법은 구조화된 면접을 많이 활용한다. ◎ ⊗

09 자료분석 시 범하기 쉬운 오류 중 원주민화(going native)는 연구자가 대상자와 동일시하여 정체성과 분석감을 상실하는 것이다. ◎ ⊗

10 근거이론 연구에서 많이 활용하는 이론적 표집은 이론적으로 의미를 부여할 수 있는 표본을 구성하는 데 초점을 둔다. ◎ ⊗

답 01 ○ 02 × 03 × 04 ○ 05 × 06 ○ 07 ○ 08 × 09 ○ 10 ○

해설 **02** 다원측정은 복수의 관점을 활용하여 조사대상의 의미를 명확히 파악하는 방법으로서 혼합연구에서도 다원측정이 가능하다.
03 질적 조사도 확률표본추출방법이 사용될 수 있다.
05 참여관찰은 어린이와 같이 언어구사력이 떨어지는 집단에 효과적이다.
08 질적 연구에서는 사회현상에 대해 주관적이고 해석적인 접근방법을 사용하므로 틀에 짜인 구조화된 면접은 적절하지 않다.